国家出版基金项目
NATIONAL PUBLICATION FOUNDATION

“十四五”时期国家重点出版物出版专项规划项目

中国黄河文化大典

古近代部分

黄河治理（古代部分）二

《中国黄河文化大典》编委会 编

中国水利水电出版社
www.waterpub.com.cn
·北京·

图书在版编目（CIP）数据

中国黄河文化大典. 古近代部分. 黄河治理. 古代部分. 二 / 《中国黄河文化大典》编委会编. -- 北京 : 中国水利水电出版社, 2022.12
ISBN 978-7-5226-1190-7

Ⅰ. ①中… Ⅱ. ①中… Ⅲ. ①黄河流域－文化史②黄河－河道整治－史料－古代 Ⅳ. ①K29②TV882.1

中国版本图书馆CIP数据核字(2022)第257643号

项目负责人：营幼峰　王厚军　陈玉秋
选 题 策 划：马爱梅　宋建娜　戴甫青

书　　名	**中国黄河文化大典（古近代部分）** ZHONGGUO HUANG HE WENHUA DADIAN (GU - JINDAI BUFEN)
卷　　名	**黄河治理（古代部分）二** HUANG HE ZHILI (GUDAI BUFEN) ER
作　　者	《中国黄河文化大典》编委会　编
出版发行	中国水利水电出版社 （北京市海淀区玉渊潭南路1号D座　100038） 网址：www.waterpub.com.cn E-mail：sales@mwr.gov.cn 电话：（010）68545888（营销中心）
经　　售	北京科水图书销售有限公司 电话：（010）68545874、63202643 全国各地新华书店和相关出版物销售网点
排　　版	中国水利水电出版社微机排版中心
印　　刷	涿州市星河印刷有限公司
规　　格	184mm×260mm　16开本　50.5印张　589千字
版　　次	2022年12月第1版　2022年12月第1次印刷
印　　数	001—800册
定　　价	**396.00**元

《中国黄河文化大典》
编 委 会

《中国黄河文化大典》编委会办公室

《中国黄河文化大典》
学术顾问及专家委员会

序　一

5000多年前，中华大地形成了裴李岗文化、仰韶文化、良渚文化、红山文化、马家窑文化、大汶口文化、龙山文化等众多的文明雏形，考古学家形象地比喻为满天星斗。但最终能延续并发展成为中华文明主体的都集中在黄河中下游地区，绝不是偶然的。

黄河中下游绝大部分属于黄土高原和黄土冲积平原，地形平坦，土壤疏松，大多为稀树草原地貌，是对早期农业开发极其有利的条件。在尚未拥有金属农具的条件下，先民用简单的石器、木器就能完成开垦荒地、平整土地、松土、播种、覆土、除草、排水、收获。

黄土高原和黄土冲积的平原地处北温带，总体上适合人类的生活、生产和生存。5000年前，这一带的气候正经历一个温暖期，3000年前后有过一个短暂的寒冷期，然后又重新进入温暖期，直到公元前1世纪才转入持续的寒冷。因此在5000多年前，这一带气候温暖，降水充沛，农作物能获得更多热量和水分，物种丰富，成为当时东亚大陆最适宜的成片农业区。

这片土地是当时北半球面积最大的宜农土地，足以满足不断扩大的农业生产和持续增长的人口的需要。在这片土地中间，没有太大的地理障碍，函谷关、太行山以东更是连成一片的大平原。黄河及其支流、独立入海的河流、与河流相通的湖泊，形成天然的水上交通网。交通便利，人流、物流和行政管理的成本较低。这样的地理环境，使一些杰出人物萌发统一的理念，逐步形成大一统观念，由政治家付诸实行。这一片土地成为大一统观念的实践和基础，“中国”的概念由此产生，并逐步扩大到整个中国。

中华文明的起源和早期发展阶段，呈现出多元格局，并在长期交流互动中相互促进、取长补短、兼收并蓄，最终融汇凝聚出以二里头文化为代表的文明核心，开启了夏商周三代文明。黄河文明是早期中华文明的核心和基础，黄河中下游地区是中华文明的摇篮，黄河是中华民族的母亲河。

中国历史上的统一时期，政治中心都在黄河流域（包括历史时期黄河改道形成的流域）。宋代以前，全国的经济中心和大多数区域经济中心都处于黄河流域。春秋战国时的黄河流域是文化最发达的地区。儒家学说的创始人孔子是鲁国陬邑（今山东曲阜）人。他曾周游列国，晚年回到家乡，致力于儒家典籍的整理和教学；他的众多学生主要来自鲁、卫、齐、宋等国；他的主要传承人孟子、曾子等也都在这一带。齐鲁地区是儒家文化的中心。春秋战国时百家争鸣，几种主要学派的创始人和主要传播地区也集中在黄河流域。墨子（墨翟），道家学派的创始人老子，道家学派代表人物杨朱、宋钘、尹文、田骈、庄子，从道家分化出来的法家慎到，战国中期产生的黄老学派，法家商鞅，荀子（荀况），法家韩非等，以及其他各家的代表人物，都不出黄河流域的范围。

秦汉时代，黄河中游已是名副其实的全国性政治中心，其影响还远及亚洲腹地。黄河下游是全国的经济中心，是最主要的农业区、手工业区和商业区。黄河流域的优势地位由于政治中心的存在而更加强。两汉时期见于记载的各类知识分子、各种书籍、各个学派、私家教授、官方选拔的博士和孝廉等的分布，绝大多数跨黄河流域。“关东出相，关西出将”的说法反映了当时人才分布高度集中的实际状况。

从公元589年隋朝统一至755年安史之乱爆发，黄河流域又经历一个繁荣时期。隋唐先后在长安和洛阳建都，关中平原和伊洛平原再次成为全国的政治中心。唐朝的开疆拓土和富裕强盛还使长安的影响远及西亚、朝鲜、日本，成为当时世界上最大最繁荣的城市。尽管长江流域和其他地区已有了很大的发展，但黄河流域在农业、手工业、商业以及国家财政收入中还占着更多的份额。唐朝这一阶段的诗人和进士主要分布在黄河流域，显示出文化重心所在。

从河源到出海口，亿万中华各族人民在黄河流域生活，生产，生存。他们或农，或牧，或工，或商，或狩，或采；或住通都大邑，或居茅屋土房，或凿窑洞，或栖帐篷，或依山傍水，或逐水草而居。他们的方言、饮食、服饰、民居、婚丧节庆、崇拜信仰，形成丰富多彩的地域文化。

总之，中华文明的源头就是黄河文明，就是中华民族的先人在黄河流域创造的；中华民族最早的生活方式、生产方式、行为规范、审美情趣、礼乐仪式、伦理道德、价值观念、意识形态、思想流派、文学艺术、崇拜信仰，都是在黄河流域形成的，或者是以黄河流域所形成的为主体，为规范，然后才传播到其他地区。

黄河，不愧为中华民族的魂。

大量历史事实足以证明，黄河曾经哺育了华夏民族的主体，曾经哺育了中华民族的大部分先民。她的儿女子孙遍布于中华大地，并已走向世界各地。

夏朝的建立和长期存在形成了由各个部族融合成的夏人，又称诸夏。在商、周时代，人口的主体是夏、诸夏，他们被美誉为华夏（华的本义是花，象征美丽、高尚、伟大），以后常被简称为夏或华。华夏聚居于黄河流域，通过周朝的分封和迁移，扩散到更大的地域范围，并不断融合残留的戎、狄、蛮、夷人口。到秦始皇统一六国时，长城之内的黄河流域，非华夏族都已被融合在华夏之中。

秦汉期间，华夏人口从中原迁入河套地区、阴山南麓、河西走廊、长江两岸、巴蜀岭南、辽东朝鲜。在两汉之际、东汉末年至三国期间、西晋永嘉之乱后至南北朝后期、安史之乱至唐朝末年、靖康之乱至宋元之际，一次次大规模的人口南迁使华夏人口遍布于南方各地。一部分人口主动或被动迁入匈奴、乌桓、鲜卑、高句丽、突厥、吐蕃、南诏、回鹘、契丹、渤海、党项、女真、蒙古、满族的聚居区，在与这些民族融合的同时，传播了华夏的制度、礼仪、文化、技艺、习俗、器物，扩大了中华文明的影响范围，促进了中华民族大家庭的逐渐形成。到了近代，成百万上千万的内地移民闯关东，走西口，渡台湾，迁新疆，开发和巩固了祖国的边疆。至20世纪初，从黄河流域迁出的人口与他们的后裔，已经遍布中国大地。

在向各地输出移民的同时，黄河流域也在大量吸收其他地区的移民，特别是来自周边地区的非华夏移民。匈奴、东瓯、闽越、乌桓、鲜卑、西域诸族、昭武九姓、突厥、粟特、吐谷浑、吐蕃、党项、高句丽、百济、契丹、奚、女真、蒙古等先后迁入黄河流域，这些民族的整体或大部分人口在这里融合于中华民族的主体之中。

尽管今天全国各地的汉族人口并非都来自黄河流域，在南方一些地区和边疆地区其实是世代土生土长的人口占了多数，但绝大多数汉族家族，甚至一些少数民族家族都将中原视为祖先的根基所在。显然他们所认同的不仅是血统之根，更是文化之根，而这个根就在黄河之滨、黄河流域。

黄河，不愧为中华民族的根。

黄河流域有世界上黄土覆盖面积最大、覆盖最厚的黄土高原，本身植被稀少，经农业开发和人为破坏，加剧了水土流失。黄河中游降水往往集中在夏秋之际，在局部时间和地点会将大量泥沙冲入黄河，使河水含沙量达到世界之最。泥沙淤积在下游河床，形成高于两岸地表的“悬河”，一遇洪水就泛滥成灾，决溢改道。黄河成为世界大河中改道最频繁、波及范围最大的河流。

这条哺育了中华民族的母亲河，也曾经使她的儿女子孙历经磨难，黄河的安危历来是国运民瘼所系。“海晏河清”“黄河清，圣人出”，是从帝王到庶民的千古期盼；但面对现实，多少人不得不发出“俟河之清，人寿几何”的浩叹。大禹治水的成果奠定了华夏立国的根基，历代治黄的成功保障了中华民族的繁衍。从《尚书·禹贡》到历代《河渠志》、各地的水利志，从《水经注》到《水道提纲》，从贾让的“治河三策”到潘季驯的“束水攻沙”，从“导河积石”到《河源纪略》，从金匮石室的秘籍档案到野老村夫的私人记录，历代治黄留下皇皇经典和浩如烟海的史料。

黄河作为一条饱经忧患的河，凝聚了中华民族的苦难和与苦难的奋争。“黄河宁，天下平。”历朝历代都将治理黄河作为兴邦安民的大事。特别是1946年以来，中国共产党领导人民开展了波澜壮阔的治黄实践，取得了举世瞩目的伟大成就。黄河文化经久不息、历久弥新，是中华文明的重要组成部分，是中华民族的根和魂。习近平总书记强调，要深入挖掘黄河文化蕴涵的时代价值，讲好“黄河故事”，延续历史文脉，坚定文化自信，为实现中华民族伟大复兴的中国梦凝聚精神力量。

水利部领导有鉴于此，成立以党组书记、部长李国英为主任的编纂委员会，组织专家学者、水利部门领导和专业人士编纂《中国黄河文化大典》，举凡河流与人类文明之关系，黄河文明与其他河流文明之异同，黄河及其流域之自然地理和人文地理，黄河何以为中华民族之魂与根，黄河文化之内涵、外延、特色和变迁，历代治黄之实录、经验和教训，新中国治黄之巨大成就与未来展望，黄河流域生态保护和高质量发展的理念与实践，黄河文化之传播与弘扬，史籍文献、档案资料、旧典新篇、巨著零札，无不广搜博引，严选精编。

盛世修典，功在千秋。我忝为编纂委员会学术顾问，得参与其事，躬逢其盛，曷其幸哉！是为序。

葛剑雄

2021年10月

序　二

黄河流域文明源远流长，首先表达为中国新石器时代的仰韶文化（公元前5000年—前3000年）、大汶口文化（公元前4300年—前2400年）、龙山文化（公元前2400年—前1900年）。至于中国水利文明的开始，则是妇孺皆知的距今4000年前的大禹治水的传说。有人说当时的大暴雨是全球性的，因为一些民族的神话传说都流露出一些痕迹。大禹治水主要发生于黄河流域，在中华民族形成过程中是有着强大凝聚力的伟大事件。黄河流域也在此后几千年间成为中华民族政治、经济、文化的重心地带。

文化是民族的血脉，是人民的精神家园。在我国5000年文明发展历程中，各族人民共同创造出源远流长、博大精深的中华文化。它凝聚着中华民族自强不息的精神追求，为中华民族的发展提供了强大的精神支撑。回顾历史为的是着眼于未来。人类文明发展史证明，先进的文化筑就国家强盛之基。从文艺复兴的历史来看，它曾开创人文主义的思想解放运动。当年一些思想家挣脱欧洲中世纪宗教神权的精神枷锁和封建君主专制，在古希腊和古罗马的优秀思想中寻求智慧，从而开创了欧洲社会发展的新纪元，促成了18世纪末由英国开始又很快传播到欧洲的第一次工业革命，成为人类思想史辉煌的一页。然而以优胜劣汰为指针的西方文化，在以“大同世界”“天下为公”为目标的中华传统文化面前，却难掩其不足。当年辜鸿铭就曾当面责备翻译《天演论》的严复说，“自严复译出《天演论》，国人只知物竞天择，而不知有公理，于是兵连祸结”，直指只讲自由竞争的西方价值观的缺憾。真正的大国强国，不仅取决于它的经济和军事实力，也取决于它的精神文化的感召力。历史经验提示，文化是社会政治、经济、技术发展的原动力。在前人的基础上，我们应该探寻优秀传统文化的时代内涵和新的发展理念，走出一条新的道路。如今编纂的《中国黄河文化大典》系统总结黄河流域的文化演进，是水利部党组落实习近平总书记关于黄河流域生态保护和高质量发展讲话精神的重要部署，是保护、传承、弘扬黄河文化的重大出版工程，是服务于当代水利实践的重要文化建设。

如何理解前人沉淀在众多文化典籍中的古老智慧，青蒿素的发现就是有说服力的例证。从20世纪60年代开始，由屠呦呦领衔的研究者从众多古代医药书中筛选出有研究前景的几种治疗疟疾的中药。从大约1900年前晋代葛洪著《肘后备急方》记载的“绞汁”获得灵感，发现青蒿素，获得诺贝尔奖。后来又从其他典籍和民间验方中发现黄花蒿等几种高效抗疟药物，进一步打开传统医学研究服务当代的成功之路。

在前沿科学创新中也不乏传统文化的身影。2001年数学家吴文俊指出，他发现并因此获得国家最高科学技术奖的“几何定理证明的机械化问题，从思维到方法，至少在宋元时代就有蛛丝马迹可寻”。他在《东方数学的使命》中再次强调，现代计算机数学和我国古代数学算法的思维方式相一致，“从这个意义上讲，我们最古老的数学，也是计算机时代最适合、最现代化的数学”。既然现代基础科学尚可以从传统文化的继承中推陈出新，在经验性很强的以大自然为背景的科学领域，尤其要进行综合研究。

科学发展史说明，在古代文明中，科学是一个统一的体系。直至15世纪下半叶，在文艺复兴运动推动下，科学才逐渐分化为自然科学与人文科学两大部类，而每一部类又逐渐分化为各门学科。正是由于学科的分解才有力地促进了科学的深入发展，生产力大为提高。在科学不断分化的同时，近百年来科学的融合也在悄然兴起。自然科学内部的有关学科之间加强了交叉联系，进而自然科学也开始注重与历史、管理等社会科学的相互渗透。尤其是像水科学这样以大自然为背景的科学领域，边界条件十分复杂，还不可能分析一切自然界的影响因素，何况其间还加入了人类大规模改造自然所产生的对水环境的影响。而水科学与历史的交叉研究恰恰在构建一个包括人类活动在内的自然界的统一景象，并由此在增进对自然的理解方面显现出自己的优势。

例如，以往的防洪方针主要是控制自然态洪水。水利规划就是根据算水账来进行工程布置，认为控制了洪水也就控制了灾害。但多年来的实践却未能尽如人意，灾害损失大幅度提高，主要江河都发生了不利于防洪的变化。但这些防洪形势的不利变化并非由于水利工程不足，也不是自然洪水显著变异所致，而主要是社会无序发展所产生的负面效果。然而直到20世纪末，世界各国都仍将水灾只称作自然灾害，其实2000年前汉代贾让“治水上策”早就强调：水灾与过度的社会开发有关。自此之后，在2000年的治河史上，当出现单纯运用工程防洪走投无路时，几乎无例外地提出了人类发展要主动适应洪水客观规律的类似见解。世界各主要国家在20世纪中叶以来所普遍推行的工程与非工程相结合的防洪措施的精神实质也相类似。由此我们在自然科学和社会科学交叉研究的基础上，通过历史模型方法提出："灾害具有自然属性和社会属性，双重属性全面概括了灾害的本质属性，缺一不成其为灾害。"灾害双重属性不是防灾减灾政策制定的依据，也不是工程与非工程减灾措施的另一种表达方式，而是对灾害本质属性的哲学概括。在双重属性当中，二者缺一就不能构成灾害。没有人类活动，就算天崩地裂也无所谓灾害。水利部原部长汪恕诚在2003年发表署名文章，认为"灾害双重属性进一步阐明了灾害的本质属性，这是一种哲学思维方面的进步，也是中国政府在1998年长江发生大洪水后对洪水问题进行深刻思考得出的结论"。他还进一步指出：这些基础理论成果在2002年新修订的《中华人民共和国水法》中得到了体现。古代治水思想研究为当代防洪减灾方针提供了有益借鉴。

在高科技时代，为什么还能够从传统哲学中寻求借鉴？古代生产力低下，自然力对人类社会处于支配地位，人们不得不怀着敬畏的心情，更多地关心和记录自然变异对人类社会的影响，注重天文、地理与人事之间的综合思考。虽然前人对自然规律的认识不及今人深刻，但这种综合思考的原始自然观和世界观，反映的却是和现代相似的客观事实。可见，科学与人文的分割，曾经妨碍了我们的视野。"灾害双重属性"的提出是在许多水利及相关历史典籍的整理中，在1991年淮河、长江和太湖大水灾的实地调查中得到的启示，继而将视野扩展至世界防洪减灾现实，终于有所感悟。

近年来，基于传统水利典籍的搜集整理，在水科学和水文化上做出重要贡献的还有许多。例如中国大运河申请世界文化遗产的基础论证；世界灌溉工程遗产的研究与申报；水利风景区规划；古代水利典籍汇编；以及向社会推介12位历史治水名人，无不借重于传统水利及文化典籍的学习和研究。从事这些工作的心得，是期待更广泛、更系统地搜罗宏富的系统文献。如今《中国黄河文化大典》率先启动，邀约部内精英和社会贤达共襄盛举，汇编流域内水科学水文化典籍，规模巨大，蔚为大观。此外还安排有和黄河治水文化有关的专题研究。在流域范围里产出如此大体量系统的文献整理和研究成果，彰显出组织者促进水科学与水文化融合的深邃思考。

被喻为“中华民族的摇篮”的黄河，既造就了广大的华北平原，提供了民族生存和发展的基础环境，又是一条“善淤、善决、善徙”的多灾多难的河流。2000多年来，它曾北夺海河，自天津入渤海；又南夺淮河，从云梯关入黄海。它在华北平原上往复摆动，频繁决溢，对面积达25万平方千米的国家腹心经济区构成重大的威胁。黄河之所以如此不安定，主要是由于河水挟带的大量泥沙淤积在下游，将河床年复一年抬升的缘故。以往黄河每年从中游带下约16亿吨泥沙，除12亿吨可以直接输送入海外，其余4亿吨堆积在下游河床里。下游河床越淤越高，形成高于两岸地平面的“悬河”。黄河也因此成为“中国之忧患”。黄河下游地区历来是国家的重要经济区，因而历代王朝都把治理黄河，减轻黄河洪水灾害，作为国家的大政方针。

黄河的根本出路何在，是古往今来人们关注的重大宏观研究课题。今天的宏观研究应不同于古代。为了科学地制定黄河防洪战略，对于它的高含沙量以及由此带来的种种后果和问题，都应有准确科学的答案。也就是说，宏观研究必须以一系列的微观研究做基础。因此，为了把黄河治理纳入科学的轨道，为防止和减轻黄河水灾，基础科研亟待加强。近百年来曾经用过模型方法，试图求得解决之道。在模型运用上首先是物理模型和数学模型，这是运用最多的两种方法。加上上面提到的历史模型，三种模型都有着共同的特点，即无论哪种模型，都是中介物。模型方法都是通过对中介物的研究来认识原型。区别则在于它们模拟原型的方法和形态各有不同。近百年间通过对黄河下游的水沙调节，谋求防洪安澜的努力，就曾结合我国古代治河经验，开展了以上三种模型方法的试验。

黄河上第一次物理模型试验，是在20世纪30年代进行的，那是由李仪祉先生推动，委托德国水工模型实验创始人恩格斯教授主持，在瓦痕湖试验场开展，共进行了两次。第二次试验采用平面比尺1∶165，垂直向比尺1∶110的变态模型，河床质采用从国内带去的黄土。验证试验肯定了明代治河专家潘季驯“束水攻沙”理论和他所设计的系统堤防。然而限于当时的条件，模型比尺小，悬移质模拟困难，因而只得出了定性结论，没有取得定量成果。

在20世纪60年代，也曾直接依据历史文献说明黄河下游河床演变规律，首见于钱宁和周文浩所著《黄河下游河床演变》。这是国内研究黄河泥沙和河床演变的力作。在该书绪论中，作者就详细说明：“研究河床演变不可能离开河道的历史背景……这些丰富的历史遗产使我们有条件重温河道的历史演变过程”，历史治水文献“是造床科学中一份最宝贵的历史遗产”。他们还在该书的许多章节中大段引用历代先贤治理河道状况和水力输沙的创造性见解，如欧阳修、苏辙、万恭、潘季驯、陈潢等一众先贤的认识。而在写到黄河游荡性河段特性时，还记录了沿河群众“一弯变，弯弯变”和“一枝动，百枝摇”的民谚，生动地说明了由于险工挑溜角度的改变，或滩岸河势变化，河床左右摆动会向下游传播的游荡性河道特征。可见，汇编整理治黄历史典籍和民间谚语等智慧，对于了解和研究黄河科技和文化，对于社会可持续发展有重要的意义。

当然，历史研究能再现实在的历史过程，但历史与现实只具有一定程度的相似性。历史研究不可能穷尽对研究对象的所有认识，并且主要在宏观问题上具有显著的优势。黄河含沙量居于世界诸大河之冠，带来了黄河治理的复杂性。1949 年后，我们曾对黄河下游防洪做了许多工作，主要依靠堤防和险工，取得 50 年无决口的历史纪录；也曾在中游河道建设系列水库滞蓄洪水和泥沙，并提出黄河水沙同是宝贵资源的新理念。但黄河安定的最终出路何在，仍是国家关注的重大课题。直到 21 世纪初，开始了旷古未有且极具魄力的黄河下游河道治理的全新探索，相较于模型研究，它是在 1∶1 的黄河下游原型上的“模型”实验。于是，调水调沙应运而生。其主要目标是，在黄河下游河道堤防现状下，运用现代化高新技术以及万家寨、三门峡、小浪底等水库对水沙的调配，使黄河进入健康发展阶段。

调水调沙试验在 2002 年开展，通过水库调蓄泄放，形成人造洪峰，加大了对下游河床的冲刷。20 年来黄河调水调沙取得的成果是：黄河主槽不断萎缩的状况得到初步遏制；下游河道主槽平均降低2.6米，主河槽过流能力（水不上滩流量）由2002年汛前的1800立方米每秒，提升到2021年汛前的5000立方米每秒左右。调水调沙以来，黄河累计入海总沙量达28.8亿吨，防洪减淤效果明显。得益于调水调沙，黄河下游河道沿线以及河口三角洲生态状况好转，取得了显著的社会效益，在适应自然规律的基础上，助推了黄河的健康发展。调水调沙实践将成为科学技术史上的重要篇章。

如今，社会以前所未有的速度在前进，物质层面的新技术新产品令人炫目且极具诱惑，科学技术也因此走上圣殿，被公认为社会发展的动力。而孕育科学发展原动力的文化，却一度被冷落。然而看似柔软的文化，却是人类社会持续发展的内在动力，对传统文化的重新整理研究，也应成为科学创新的源泉之一，为科学带来灵感和想象力。可见，科学的发展非但不应该排斥文化，相反，提炼文化中的历史经验和信息，并与之相融合，正是科学所要完成的重要课题。为了大力加强黄河水文化建设，为水利科学发展提供精神营养，我们期待着《中国黄河文化大典》的早日问世。

周魁一

2021年11月

编纂说明

《中国黄河文化大典》全面记录了我国历代黄河治理的辉煌成就，系统展现了历代黄河治理的理论与实践，传承了经典典籍中蕴含的思想观念、人文精神和道德规范。《中国黄河文化大典》是胸怀国之大者、保护传承弘扬黄河文化的具体体现，是坚定文化自信、延续历史文脉的重大出版工程，对中华优秀传统文化创造性转化、创新性发展意义重大。

《中国黄河文化大典》编纂出版原则是：句读合理，标点正确，校雠细致，校勘有据。

一、为方便阅读，将底本的繁体竖排改为简体横排，原文中表示前后关系的“如左”“如右”等予以保留，实际表达的含义为“如下”“如上”，只在每个编纂单元首次出现时统一注释说明。

二、底本中的异体字、俗字等原则上改为简体字，不出校。“粘”“爬”等用字因字词的义项发生变化，虽然已经不适用于现在的字词义项，但仍保持原貌不予修改，只在每个编纂单元首次出现时统一注释说明。

三、原文中的数字用法仍依底本不改；人名、地名易生歧义者，不予简化；底本中的双行小字注释改为单行小字注释。

四、对原文献分段，逐句加标点，标点遵循 GB/T

15834—2011《标点符号用法》。

五、文献正文以及文中引文部分，除校改明显错误外，一般不作不同版本的校注。对原文献进行校勘，凡有可能影响理解的文字差异和讹误（脱、衍、倒、误）都标出并改正。如有必要再以校勘记进行说明，校勘记置于页下，文中校码紧附于原文附近。正文改字在正文中标注增删符号，拟删文字用圆括号标记，正确文字用六角括号标记，如把拟删的“下”改成“卜”，格式为“（下）〔卜〕”。

六、对于史实记载过于简略，明显谬误之处，以及古代水利技术专有术语、专业管理机构、工程专有名称及名词等，进行必要的简单注释。

七、每个编纂单元前，有文献整理人撰写的“整理说明”，其主要内容包括文献的时代背景，作者简介及其主要学术成就，文献的基本内容、特点和价值，文献的创作、成书情况和社会影响，整理所依据的版本及其他需要说明的问题。

八、每分册前设有“前言”，其主要内容包括本分册涵盖的典籍内容、文献价值、出版意义和版本特色，本分册典籍入选原则以及与编纂有关的需要特别说明的情况等。

九、为保持文献历史原貌，本次整理不对插图进行技术处理。

《中国黄河文化大典》的编纂出版得到了水利行业及社会各界的广泛关注和大力支持，中共中央宣传部、中央政策研究室、文化和旅游部、中国科学院、中国社会科学院、中国工程院、清华大学、北京大学、复旦大学等部门及单位给予了大力支持，不少院士、专家、学者担任编委会及专家委员会委员，指导编纂工作。本书的点校专家、审稿专家、编纂工作组织者亦付出了巨大努力，在此诚表谢意。

由于工程浩大、编校繁难，编纂过程中难免存在疏漏，欢迎广大读者、专家批评指正。

《中国黄河文化大典》编委会办公室

《中国黄河文化大典》

黄河治理（古代部分）二

主　　编　吕　娟

副 主 编　岳德军　朱　军

参编人员　戴甫青

审稿专家　任　慧　邵权熙

前　言

治河是中华民族生存发展永恒的主题，是中国特殊的自然地理、气象水文条件下的必然选择。在古代，治河大多是指治理黄河，后随着时代的发展，治河泛指所有治理河流的行为。不同的时间、不同的地点，治河的重点也会有所不同。如缺水地区，治河的重点是引水灌溉；多水地区，治河的重点是防洪排涝；丰水地区，治河的重点是发展水运等。当代，治河的重点还有水资源保护、水生态保护等，从用水、防水，向用水、防水、护水方向发展。总之，治河都是为了满足人类生产、生活的需要和生态环境保护的需要。本册收录的《治河全书》，其治河的时间段是清康熙二十三年（1684 年，康熙帝首次南巡）至康熙四十二年（1703 年，康熙帝第四次南巡）这二十年，治河的地点是与京杭运河相关的运河全线及相关的黄河、淮河河段。

我们知道，清代以前的历代封建王朝都实行一项重要的经济制度，那就是漕运。漕运就是朝廷将征收的部分粮食（漕粮）利用水道（河道或海道）解往京师或其他指定地点。漕运的粮食主要用于宫廷消费、百官俸禄、军饷支付和民食调剂等。由于清朝延续元、明两朝定都北京，粮食供给仰赖南方，京杭运河则成为南北漕运的主要通道。所以，京杭运河的安全与否，关系着国家的安全与否。

京杭运河面临的安全问题主要有两个方面，一是北方段干旱缺水，二是南方段洪水侵袭，这都会导致京杭运河断航，而威胁最重的是后者，即黄、淮洪水。12 世纪以后，黄河频繁决口南侵，黄、淮、运交织于江苏淮安，局面十分复杂，因此，淮安成为明、清两代水治理的重点，并将漕运总督和河道总督的办事机构都设在淮安。

黄河具有善淤、善决、善徙的特点，徙由于决，决由于淤。从有文献记载到民国 36 年（1947 年），黄河总计决口 1590 余次，黄河在中国的东部及东南一带肆意游荡，也因此造就了黄淮海大平原。黄河南侵大约始于北宋，北宋熙宁十年（1077 年）黄河在澶州曹村决口，后以南宋建炎二年（即金天会六年，1128 年）和南宋绍熙五年（即金明昌五年，1194 年）南侵对后世产生深远的影响。

到了明代，黄河夺淮日久，黄河泥沙随河东下，下游河道逐渐淤积，尾闾不畅。加上黄河经常泛流涡河、颍河入淮，流势渐盛，于是沿淮州县，屡书淮溢，大水成灾。特别是明嘉靖、隆庆时，河决邳、睢，淮决高堰，黄蹑淮后，不断冲击运道，淮扬及里下河地区几无宁日，灾害连年不绝。由于黄强淮弱，淮河大水泛滥成灾，潘季驯“蓄清刷黄”的策略遭遇了失败，包括杨一魁提出的“分黄导黄”办法，都没有彻底解决黄、淮的淤决问题。

明末清初，黄河侵淮更加严重，几乎不岁不决，灾害异常频繁。康熙十五年（1676 年），黄河倒灌洪泽湖，高家堰大堤决口 34 处，淮扬七州县被淹，清口以下河道被淤，漕运严重受阻。面临这样严峻的局势，康熙帝下决心治理黄河，派多位河道总督主持治河。康熙帝曾对河务治理十分感慨，“以三藩及河务、漕运为三件大事，夙夜廑念，曾书而悬之宫中柱上”（《清圣祖实录》卷一百五十四）作为座右铭。康熙帝还亲自六次南巡视察河工。康熙三十八年（1699年），康熙第三次南巡视察高家堰后，对诸臣说："治河上策，惟以深浚河身为要。河底浚深，则洪泽湖水直达黄河，兴化、盐城等七州县无泛滥之患，田产自然涸出。若不治源，治流终无裨益。今黄、淮交会之口过于径直，应将河、淮之堤各迤东湾曲拓筑，使之斜行会流，则黄不致倒灌矣。"（《清史稿·河渠一》）

清后期，由于清政府走向衰败，经济拮据，军事废弛，朝廷对河务疏于管理，加之下游河道淤积甚重，黄河终于在清咸丰五年（1855年）于铜瓦厢（今河南省兰考县北部）决口，穿过运河，由山东利津附近注入渤海，实现了黄淮分离，但黄河对淮河流域的影响并未就此结束，江苏淮扬及里下河地区并未平安。据统计，从1901—1948年的48年中，淮河全流域共发生42次水灾和23次旱灾。最大的水灾有1916年、1921年、1931年和1938年，水灾使淮河下游大片土地沦为泽国，受灾人口数千万，死亡人口几百万。

为整治被黄河侵蚀得千疮百孔的淮河，近代史上的著名人物曾国藩、左宗棠、李鸿章、曾国荃等都呼吁过导淮；清末状元、著名实业家张謇还组织实地勘查淮河，制定导淮计划，奔波20多年；伟大的革命先行者孙中山也不止一次地筹划过导淮计划，他在《建国方略》中指出："修浚淮河为中国今日刻不容缓之问题。"1938年6月9日，蒋介石为阻止日军西进，不顾百姓死活，在花园口扒开黄河大堤，黄水再度入淮，造成了千里黄泛区。

新中国成立后，1949年、1950年，淮河连续发生大水。在毛主席的指示下，周恩来总理多次组织召开治淮会议，确定了淮河上游以蓄洪发展水利为长远目标，中游蓄泄并重，下游开辟入海水道的治淮方针；20 世纪 50 年代后期至 60 年代末，疏浚整治了骨干排涝河道，开挖淮沭新河，加固洪泽湖巨型水库，整治京杭运河，开辟淮河入江水道，建成江淮水北调系统工程中的 7 个抽水站；20 世纪 70 年代至 90 年代末，综合整治了山水田、沟渠路，整治低洼地区，初步形成了防洪、灌溉、排涝工程体系；21 世纪以来，先后建成了淮河入海水道、淮安水利枢纽工程、淮安境内南水北调东线工程，以及一批节水灌溉工程和维修除险加固工程等，实现了毛泽东主席“一定要把淮河修好”的愿望，也真正实现了张鹏翮“黄淮告成”的治河目标。

本册收录的《治河全书》是清代治河的重要著作，见证了清康熙年间二十年“治河保运”的历史过程。书中记载的治河思路与技术，绘制的黄、淮、运河图及河湖源流，具有极大的史料、科技、文化传承价值，对今天的河湖开发治理、生态保护，提供重要的参考，同时对推进黄河文化遗产系统保护、创新黄河文化传承利用，具有重要的意义。

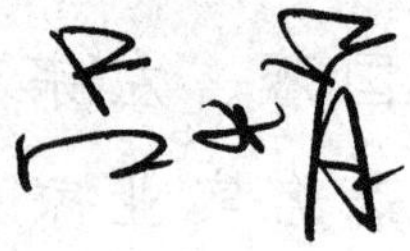

2022 年 11 月

目　录

〔清〕张鹏翮　纂
戴甫青　整理

治河全书

整理说明

《治河全书》，清张鹏翮纂。张鹏翮（1649—1725），字运青，号宽宇、信阳子，四川潼川州遂宁县黑柏沟（今属四川省遂宁市蓬溪县）人。清代名臣、治河专家，被康熙誉为“天下廉吏，无出其右”。

康熙九年（1670年），张鹏翮进士及第，后历任刑部主事、苏州知府、兖州知府、河东盐运使、通政司参议、大理寺少卿、浙江巡抚、兵部右侍郎、左都御史、刑部尚书、江南江西总督、河道总督、户部尚书，雍正元年（1723年），任武英殿大学士。其中，康熙三十九年（1700年），张鹏翮由两江总督调任河道总督，主持治理黄河、淮河、运河。

黄河与淮河本来各自独流入海，自宋代黄河夺淮之后，黄河对淮河的影响日益加重。元代开通南北大运河后，南北物资实现了便捷的内河运输。明永乐年间定都北京之后，作为政治中心的京城与北方的边防前线所需要的粮食等物资大多依赖运河的漕运，京杭大运河日益成为王朝赖以生存的经济命脉。然而当时的情况是，黄河东南夺淮入海，徐州以下黄河河道又兼作运河的航道，于是黄河的治理直接关系到漕运的通塞与否。故治河即治运，为明清两代的共识和国策。为了治理黄河，确保运河的畅通，明清两代都选择不断增筑洪泽湖大堤，用蓄积洪泽湖的淮河清水，冲刷黄河的泥沙。到了清代，随着黄河河患的日渐南移，导致黄河、淮河、运河交织于淮安的清口，致此一隅之地竟成为全河治理的中心。

清初，洪泽湖大堤屡决，黄流倒灌，黄淮交会处的清口淤塞严重，黄河裹挟而来的泥沙，淤垫了洪泽湖以下淮河下游的河道，也严重影响了漕运。于是在康熙年间，开启了大规模治理黄、淮、运的历史进程。康熙三十九年（1700 年），张鹏翮调任河道总督后，遵从康熙的旨意，当年即疏浚张福口、烂泥浅、三岔三条引河，继而于四十年（1701 年）开天然、天赐引河，新挖裴家场、张家庄引河，重新建成七条引河，并在引河出口与运河交会处筑一坝台，使清水“三分入运，七分敌黄”。又堵塞高堰六坝，建洪泽湖大堤石工，以防洪泽湖异涨；拆除董安国所筑海口拦河大坝，使黄河之水畅流入海；利用旧中河上段与新中河下段合成一条新中河，并加以修浚，使得运道顺畅方便。

经过张鹏翮三年的努力，达到漕运、民生两利的效果。康熙于四十二年（1703 年）正月十六日第四次南巡清口，检阅张鹏翮三年来的治河成果，康熙很满意，赐张鹏翮《河臣箴》和《览淮黄成》诗。这年正逢康熙皇帝五十寿辰，特颁诏天下，大沛恩赉，加张鹏翮太子太保衔。

康熙四十二年（1703 年），张鹏翮组织门人和僚属，将治河通运的有关文件编纂成书，是为《治河全书》。该书共二十四卷。卷一、卷二，辑录自康熙二十三年（1684 年）至康熙四十二年（1703 年）治河上谕，卷首有康熙四十二年的《遵旨恭进等事》与康熙四十年的《黄淮交会等事》两篇奏折；末有康熙皇帝于“癸未春日，舟中书赐河臣张鹏翮”的《御制河臣箴》。

卷三至卷十三，记载了运河、黄河、淮河三大水域的源流、支派、地理位置及清初顺治、康熙两朝对其治理的情况等。卷三为运河全图与图说。卷四、卷五由北向南对运河各段的里程，堤岸的修筑长度、时间以及管辖关系等进行了介绍。卷四在运河全图说之后，详细介绍了直隶所属通州、香河、武清三州县，天津，以及山东所属上河、下河、张秋、南旺、泇河各图说。卷五为江南省所属邳州、宿迁运河，中河，里河，扬河，瓜仪运河事宜，以及江南、浙江运河图说，并附有卫河图与图说。卷六、卷七、卷八主要介绍了山东运河沿岸各县的河道、泉水、湖泊，以及州县的地理位置、历史沿革等。卷九为黄河全图与图说，图上标出了沿河州县及汇入支流，对沿岸山脉、府县分界、挑挖引河及堤工等有明确的记载。卷十为河南黄河图说和山东曹、单二县黄河事宜。卷十一分述徐州、邳州、宿迁、桃源、清河、山阳、安东等州县黄河事宜。卷十二介绍了高家堰事宜，以及淮河全图与图说。卷十三为官制和修防事宜。卷十四至卷二十四，为历任河道总督靳辅、王新命、张鹏翮等人有关治河奏疏，其中以张鹏翮为最多。《治河全书》是研究黄河史、运河史的重要资料，对今天仍有重要参考价值。

《治河全书》有清代抄本。2007 年天津古籍出版社曾影印出版天津图书馆所藏抄本。本次整理，即以此为底本。

本书由戴甫青整理，不当之处敬请批评指正。

整理者

目　录

卷之一　上谕

〔遵旨恭进等事〕[1]

兵部尚书兼都察院右都御史、总督河道、提督军务臣张鹏翮谨奏，为遵旨恭进治河上谕事宜，仰祈睿鉴，敕下史馆，纂辑成书，永著平成伟绩事。

钦惟我皇上文德武功，弥天际地，南平三孽，北靖沙漠，薄海内外，饮和食德，无一民一物不得所。惟是河工一事，关系国计民生，时勤睿虑。荷蒙亲临阅视，洞悉原委，一切疏浚修筑机宜，断自宸衷，指授精详，区画尽善。如尽拆拦黄坝以导黄归海，广辟清口，坚闭六坝，以束淮敌黄，而淮、黄交会矣。增筑挑水坝，加挑陶庄引河，逼黄溜北行，而清口安澜矣。堵邵伯更楼，浚淮扬里河，改新、旧中河，开人字、泾、涧等河，以利转输，而漕运通行矣。开归仁引河，以导睢水刷黄，而上流之沮洳悉去矣。浚虾、须等沟，以引积水入海，而下河之巨浸尽消矣。塞时家马头，筑河堰堤岸以资捍御，而堤防巩固矣。挖戚字堡、杨横庄等河，以排湾曲，而黄流直泻矣。又亲临河上，指授善后机宜，改中河出水口门于杨家庄，俾无逼

[1] 标题为整理者据正文补。余同。

溜，使南运口永无倒灌之虞矣。建龙窝等处挑水坝，使溜不扫湾，以保堤防，而险工无恙矣。开鲍家营引河，泄黄河异涨之水，以利节宣，而清、黄并涨无虞，淮扬保障有资矣。其他分势开浚，随时修筑，莫不洞照无遗。总之，清水出而刷黄益深，黄河深而清流益畅。洋洋圣谟，凡烛照于事前者，一一符验于事后，不资群策，不使旁挠，不惜数百万金钱，大智独断，尽善尽美，故能易污莱为乐土，起灾黎于更生，烟火桑麻之象盈于目，欢呼颂祷之声溢于耳，巍巍荡荡，峻德丰功，诚足以上迈千古，下垂无穷也。臣前于康熙四十年正月二十七日题请将钦颁上谕与宸断治河事宜，敕下史馆，纂集成书，奉旨着臣纂辑呈鉴。兹谨汇辑缮写，敬以康熙二十三年圣驾阅视河工之日为始，共计上谕二卷，事宜二十二卷，恭呈御览。窃念臣学识疏陋，兼以外臣不谙体裁，仰恳皇上敕下史馆，如式编辑，钦定书名，与《荡平方略》并行刊布，用以昭示臣民，法今传后，则平地成天之伟绩，亿万世永赖之矣。为此具折，差淮徐道佥事张弼、徐属同知李梅赍捧请旨等因。

康熙四十二年四月二十四日奏，五月二十四日奉旨："着该衙门编辑具奏，书册并发。"

〔黄、淮交会等事〕

兵部尚书兼都察院右都御史、总督河道、提督军务臣张鹏翮谨题，为淮、黄交会，谨陈善后二策，以昭法守事。

钦惟我皇上睿智性成，圣仁天纵，三阅河工，区画精详。凡堤防之处，疏浚之方，洞悉机宜，无微弗照，咸出宸断，指画于未然，应验于事后，虽神禹之大智，不是过也。伏思我皇上削除三孽，荡定沙漠，圣德神功，已载在《方略》。请将钦颁治河上谕与宸断治河事宜，敕下史馆，纂集成书，用昭平成伟绩。更祈颁赐河工，遴选进士、举人中年力英敏者，令其学习精通，发往河工效力，著有劳绩，遇缺题补。诵治河之圣谟，以开其心思，历河工之形势，以广其见闻。行之数年，则内外臣工皆能谙习河务，永保安澜之绩，有裨河道匪浅鲜矣。臣从河工起见，谨陈善后之计，伏乞皇上睿鉴施行等因。

康熙四十年正月二十七日题，二月十五日奉旨："该部议奏。钦此。"

康熙四十年三月初五日题，本月十一日奉旨："治河上谕及治河事宜，着张鹏翮纂辑呈览。其进士、举人不必遴选学习发往河工。"钦遵，于本月十七日抄出到部。该臣等会议得，河道总督张鹏翮疏称"皇上三阅河工，区画精详，咸出宸断，指画于未然，应验于事后。请将治河上谕与宸断治河事宜，敕下史馆，纂集成书，用昭平成伟绩。更祈颁赐河工，遴选进士、举人中年力英敏者，令其学习精通，发往河工效力，著有劳绩，遇缺题补。行之数年，皆能谙习河务，永保安澜之绩矣"等因前来。臣等仰惟我皇上圣仁如天，圣智如神，念河工为国计民生攸系，亲临阅视，至再至三，从前未经见及者，无不洞悉机宜，指画周详，烛照于事前，符验于事后，诚万世永赖之神谟也。应如河臣所请，将治河上谕与宸断治河事宜纂集成书，用昭伟绩。俟命下之日，工部转行部院各衙门，凡系河工事件，查取汇送翰林院，速行编集，恭呈御览。将此编集之书，工部行文总河，颁赐河工，令总河转行直隶各省督抚，将进士、举人中情愿效力，年力精敏者，该督抚遴选发往河工学习效力，著有劳绩，遇相当员缺，该督题补可也等因。

康熙四十年三月初五日题，本月十一日奉旨："治河上谕及治河事宜，着张鹏翮纂辑呈览。其进士、举人不必遴选学习发往河工。"

〔上谕〕

康熙二十三年九月二十日奉上谕："谕户部：朕轸念苍生，勤求治理，迩年以来，于畿辅郡县时行历览，补助兼施。今俯允廷议，诹吉东巡，正欲体察民情，周知吏治，一应沿途供用，皆令在京所司储备无缺，毫不取之民间。犹恐地方官役不能悉体朕怀，借端支应，妄行滥取。今特加申饬，如有悖旨私征，一经发觉，定行从重治罪。更念朕此番巡历，原以抚息编氓，问俗观风，于闾阎休戚，务期洞晓。凡经过地方，百姓须各安生业，照常宁处，毋得迁移回避，反滋扰累。尔部即行令该地方官于府州县城市村庄、穷乡僻壤，大张告示，编行晓谕，务令通知，以副朕惠爱元元之至意。特谕。"

康熙二十三年十月十二日上谕："大学士明珠前至黄河，当祭河神，应行典礼，尔衙门会同礼部、太常寺议奏。"

康熙二十三年十一月初六日，吏部尚书伊桑阿等奉上面谕："朕车驾南巡，省民疾苦，路经高邮、宝应等处，见民庐舍田畴被水淹没，朕心深为轸念，访问其故，具悉梗概。高、宝等处湖水下流，原有海口，以年久沙淤，遂至壅塞。今将入海故道浚治疏通，可免水患。自是往还，每念及此，不忍于怀。此一方生灵，必图拯济安全，咸使得所，始称朕意。尔同工部尚书萨穆哈往被水灾州县，逐一详勘，期于旬日内覆奏。务期济民除患，（总）〔纵〕有经费，在所不惜。尔等体朕至意速行。"

康熙二十三年十二月初一日奉旨："徐州长樊大坝等处，虽经冲决，河流未徙，该管各官革职赔修，俱着宽免。嗣后堤岸冲决，若河流迁徙，应照定例处分。倘系河水漫决，河流不移者，应否免其革职，止令赔修，着确议定例具奏。"

康熙二十六年正月十七日奉旨："修理下河成功，不在高邮州所有闸坝，而在堵塞高家堰之坝，并黄河南岸毛城铺等处所有减水闸坝堵塞，则黄河之水不流入洪泽湖。如洪泽湖既无黄河流入之水，止有淮水，将高家堰之坝暂行堵塞一年，挑浚下河，方得有益。"

康熙二十六年正月二十八日奉旨："下河工程，今年着止将高邮州大小坝及高家堰闸坝，照靳辅等所奏，定限堵塞，令孙在丰等挑浚海口。其黄河南岸闸坝，着于来年堵塞一年，并高邮、高堰等闸坝，俱仍照见议限期堵塞，令其预先备齐工料人夫，自今年十二月兴工，挑浚下河，勿致违误。"

康熙二十六年十月十七日，奉上谕："大学士明珠，学士禅布、额尔（格）〔赫〕图、舜拜，修河事务，关系甚属紧要，又闻屯田累民，着差部院大臣会同江南江西总督、总漕确勘议奏。应差堂官职名，速行开列具奏。"钦遵钦此。康熙二十六年十月十九日奉旨："着佛伦、熊一潇去。"

康熙二十八年正月初九日，左都御史马（奇）〔齐〕，侍郎舜拜，学士凯音布、朱都纳、西安奉、敦住传上谕："朕看阅河道，巡察地方，恐地方官派民修路，或预备修理无用之处，烦劳百姓，亦未可定。朕不择路而行，何用修治，徒劳民力，应通行严饬，尔等议奏。"

康熙二十八年正月十三日，准工部为钦奉上谕事。康熙二十八年正月初二日奉上谕："谕吏、户、兵、工四部：朕统莅寰宇二十八年于兹，早作夜思，勤求治理，务恤黎庶，永图乂安。如黄、运两河运道，民生攸系，朕日切心劳。比年工役虽渐有绪，而应修应塞，议论纷纭。曩岁巡幸，曾允淮扬士民所请，疏浚下河，前已兴工，尚稽底绩。屡经廷议，请朕亲行阅视。今特诹吉南巡，躬历河道，兼欲观览民情，周知吏治。所至沿途供亿，皆令在京所司储偫，一切不取之民间。即有日用应需，该衙门于所在地方照市估平买，不许锱铢抑勒小民。犹恐地方官吏不能悉体朕怀，借名科派供应。今特颁谕严饬，如有悖旨借端私征者，察实即以军法从事。地方文武大小官员，不许与扈从官员指称交戚，辄通馈遗，违者馈送收受人员并以军法从事。其扈从大小官及随往傔役，如有横行生事扰民者，一并从重治罪。朕兹巡省，原以轸恤编氓，咨诹风俗，凡经过地方，百姓各安生业，务令廛无废市，陇不辍耕，毋得仓皇惊避，辄滋烦扰。其军民人等怀奸挟诈，希逞私愤，擅于驻跸处所渎行告讦者，一概严处。倘有妄控，除所告事不与准理外，仍严加治罪。尔部即传谕扈从大小官员人等，并行令各该督抚，于府州县城市村庄、穷乡僻壤，编悬告示，备行晓谕，务令通知，以副朕惠爱元元之至意。特谕。”

康熙二十八年正月二十九日，皇上驻跸瓜（州）〔洲〕陈家湾地方，奉上谕：“高邮州南北一带残缺砖石工程、高堰石工着修理。”

康熙二十八年二月二十日，准扈从部院诸大臣为钦奉上谕事。康熙二十八年二月十一日，奉上谕：“谕尚书张玉书、图纳、苏赫，左都御史马齐，侍郎傅腊塔、赛毕汉、席尔达、张英、库勒纳，学士凯音布、朱都纳、西安、李光地，少卿张鹏翮，朕稽古省方，咨求治理，阅视河道，期底平成。凡有利于民生，必令沾夫实惠。兹行次浙省，禹陵在望，念大禹功德隆盛，万世永赖，应行亲诣，以展企慕之忱。其致祭礼典，所司即察例举行。政治所先，在崇文教，江南、浙江为人文萃集之地，入学额数，应酌量加增，永昭弘奖。着该督抚详议奏请。江宁、镇江、杭州驻防满州汉军兵丁，镇守要地，久历岁时，深用轸念，应作何恩赉，以彰优恤，着该部议奏。自南巡以来，所经过地方官员，除八法处分及列款纠劾外，凡因公诖误降级留任者，俱准与开复；降级调用者，着带所降之级留任。其经过地方现在监禁人犯，除十恶及诏款所不赦等罪，并官员犯赃不宥外，其余自康熙二十八年二月十一日以前死罪及军、流、徒罪以下，已结未结，俱着宽释，以示朕赦罪宥过之意。备办船只地方各官效力勤劳，着该督抚会同奉差官员确查具题，各加一级。纤夫供役劳苦，亦着该督抚察明人数，量给恩赏。朕廑念民依，特蠲租赋，总期实德润泽苍生。近见民间有建立碑亭称颂德意者，虽出郡黎感戴之诚，但恐各郡皆然，未免致损民力。诚使闾阎殷阜，则裨益良多，碑亭何与焉？嗣后亦宜停止。江浙钱粮既经蠲豁，犹虑有不肖有司借端词讼，朘削民生，着该督抚严行禁饬。至各处榷关，原有则例，朕舟行所至，咨访过关商民，每不难于输纳额税，而以稽留关次不能速过为苦。榷关官员理宜遵奉屡颁谕旨，恤商惠民，岂可反贻商民之累？自今应力除积弊，凡商民抵关交纳正税，即与放行，毋得稽留苛勒，以致苦累，违者定行从重处分。朕蚤夜孜孜，惟冀官吏军民士农工商无一人不获其所，故于民生吏治，图维区画，务极周详。尔等可即传谕，俾一体奉行，称朕意焉。特谕。”

康熙二十八年三月初三日，奉上谕：“朕前阅中河，初疑其狭隘，今行经丹阳，阅视河道，亦复狭隘。又闻众官民俱言中河挑浚有益，所关甚大。尔等会同总河、总漕确议具奏。”

康熙二十九年六月初二日，准工部咨为钦奉上谕事。康熙二十九年五月二十二日，上谕：“河道关系最为重要，已前一二年，雨水鲜少，河道官员必将河务视为常事。今年景象，雨水似多，应行文总河，着严行晓示所属官员，无分昼夜防守，务使河道不致有危。”

康熙三十年九月十九日，大学士伊桑阿等奉上谕：“河道关系甚属紧要，今河道情形如何、修理如何之处，须差大臣前往看阅。应差大臣着列名具奏。”钦此钦遵。康熙三十年九月二十四日奉旨：“看阅河道，着博济、李光地、徐廷玺去。”

康熙三十一年十一月二十四日奉旨：“高堰障淮敌黄，关系最为紧要，若使堤内受水，则内外浸灌冲激，甚属危险。高堰之堤不固，虽另增堤数层，有何裨益？这运料小河增加堤岸无用，高堰应作何加修，以期永远坚固。应遣大臣前往察视，所遣大臣职名开列具奏。其中河张庄运口筑堤建闸等项，着河臣将工费估计题到，再议具奏。”钦此钦遵。康熙三十一年十二月初一日奉旨：“着张玉书、图纳去。”

康熙三十二年七月十八日奉旨：“这预给夫役银两，工程中止，且已经年久，着免追取。余依议。”

康熙三十三年闰五月十六日，准工部咨为钦奉上谕事。康熙三十三年闰五月初十日，大学士伊桑阿、阿兰泰、王熙、张玉书，学士德珠、温宝、戴通、沈图、宋柱、王掞、李柟、顾藻转传上谕：“保护中河堤岸子堤，先经总河于成龙以甚属紧要，应速修理等因具题。今又以水长不能修理，俟水涸之时修理等因具题。河道关系甚大，若俟水涸之时修理，如伏秋水长之时，堤岸有无致于冲决之处，速行文与于成龙，再行详察定夺具奏。”

康熙三十七年十二月初一日，上谕大学士伊桑阿、阿兰泰、王熙、李天馥、吴琠，学士布泰、噶礼、温泰、钱齐保、恩丕、顾藻、徐嘉炎、李录予：“河道紧要，董安国工程未完之处，尽多关系钱粮，今若不清楚，日后董安国、于成龙至于彼此推诿，差部院堂官一员，带领才能章京前往，会同总漕桑格等，将工程已完未完之处，用过钱粮数目，逐一查明丈量，开造清册带回。钦此。”本日绿头牌启奏，奉旨：“着尚书马齐，侍郎常绶、喻成龙去。”

康熙三十八年正月二十一日奉上谕：“谕吏、户、兵、工四部：朕抚驭寰区，乂安中外，孜孜图治，宵旰勤民，期于天下咸遂生成，物无不得其所。今边烽永靖，四方无事，独是黄、淮为患，冲决时闻，下河地方田庐漂没。朕轸念民艰，曩曾屡遣大臣往修，不惜数百余万帑金，务期奠绥黎庶。乃历年已久，迄无成功。今水势仍复横溢，浸漫城庐，沉没陇亩，以致民多失业。董其役者，未有上策可以宜民，时廑朕怀，未尝稍释。在内诸臣，咸请亲临指示，以为一劳永逸之图。方今春雨水减少，正宜讲求疏浚，以遂安澜。爰诹吉南巡，亲加看阅。更以吴地及东南奥壤，襟带江湖，励俗省耕，兼行临视。凡一切往返供亿，已皆备办于京师，即途次日用所需，亦令各衙门照本地时价采买，总于民间一无所累。诚恐沿途官吏借名科派，致累闾阎，特颁谕严行申饬，如有悖旨假托派索者，察实即以军法从事。该地方大小文武官员，不许与扈从官员借称亲旧，擅相馈遗，违者与受人员并以军法从事。其扈从大小官员、随行仆从人等，如有横行生事者，一并从重治罪。凡经过地方，百姓各安生业，皆如常时，务令廛无废市，陇不辍耕，毋得惶惧引避。其军民人等怀挟私怨，受人指使，擅于驻跸处所辄行告讦者，一概严禁不准，仍照冲突仪仗例严加治罪。尔部即传谕扈从大小官员人等，并行各督抚，于各府州县城市乡村遍张告示，备行晓谕，务令亿兆通知，以副朕体恤惠养之至意。特谕。”

康熙三十八年二月十六日戌时，为钦奉上谕事，准乾清门侍卫马武、兵部尚书席尔达咨开，于康熙三十八年二月十二日奉旨：“于成龙近经自京出去，着不必来迎接，即令在伊修河处所料理。俟朕至宿迁县，着再行迎接。应将伊所修河工如何之处，着先行明白写来具奏。”

康熙三十八年二月二十八日奉上谕：“原任总河董安国、原任河道冯佑，将河工敝坏，本因治罪，姑令于运口并陶家庄、王家营等处挑挖引河，筑挑水坝、缕堤戗堤，认工（续）〔赎〕罪。”

康熙三十八年三月初一日，皇上巡幸高家堰，阅视毕，随谕大学士伊桑阿、阿兰泰，尚书马齐，侍郎常绶、喻成龙、李柟，总漕桑格，总河于成龙，协理河务府尹徐廷玺，江宁巡抚宋荦，员外郎赫韶瑟、登德、费扬古等：“朕念河道国储，民生攸关，亲行巡幸。由运河一带以至徐州迤南黄河，细加看阅。黄河底高湾多，以致各处受险。又至归仁堤、高家堰、运口等处，留心细阅，见各堤岸愈高而水愈大，此非水大之过，皆因黄河淤垫甚高，以致节年漫溢。黄河若淤高二尺，则水高二尺；淤高一丈，水即高一丈。若治河单以筑堤，终属无益。如不将黄河刷深，徒费钱粮。且运口太直，黄水倒灌，兼之湖口淤垫，以致清水不能畅流，各河与洪湖之水，如何得能敌黄？若将清河至惠济祠埽湾，由北岸挑引入惠济祠后入河，而运河再向东斜流入惠济祠交汇，黄水如何得能倒灌？朕欲将黄河各险工顶溜湾处开直，使水直行刷沙。若黄河刷深一尺，则各河之水少一尺；深一丈，则各河之水浅一丈。如此刷去，则水由地中而行，各坝亦可不用。不但运河无漫溢之虞，而下河淹漫之患，似可永除矣。朕意如此，是否尔等直奏，不得以朕旨为必是。朕亦是一时意见，亦不保其必然。且拦黄坝湾曲，马家港窄狭，虽将时家马头之口堵筑，而黄水不能畅流，山阳南岸韩家庄等处险工甚属可虞。至于下河，不必挑浚，如将上河修筑坚固，则下河不治而自治矣。今朕念民生、运道，亲行巡幸，如不溯本穷源，分晰条治，于民生何益？将来每岁加帮高家堰等堤，堵筑时家马头等口，徒至糜费钱粮，淹害百姓。今应将清口之西坝台加添挑水坝，修筑坚固，加长过于东坝台。将清口安置里边，洪泽湖择其水深之处开直成河，使湖水流出黄河湾曲之处，直挑引河，使各险处不得受冲。董安国、冯佑将河道废坏已极，此各工程责令赔修赎罪。其下河见有积水，不得不引出归海。将串场河，射阳湖，虾、须、沙沟一带挑通，引积水流出归海。其（栏）〔拦〕黄坝应行挑拆，时家马头暂缓堵筑，俟黄水流定，汰黄堤筑成之日，再将时家马头决口堵塞。至于归仁堤，人皆称系保护明季皇陵，此俱系妄谈。三四十里路之堤，如何护得明季皇陵？此堤之修，专因水涨之时，毛城铺等处发来之水至归仁堤拦回，仍归黄河之意。此堤亦应酌量修筑。至于运河之水少有不济，治之甚易，尔等系河臣，系尔等专责，若此治法一成，则河道可保无虞。如不然，另想别策，务必将被淹州县之水灾尽除，方不负朕南巡救民之意。尔等若挑挖引河，其原有工程仍照旧，令各官修防，不可怠忽。俟挑完引河，黄水归入故道，再将下河串场河，射阳湖，泾河，虾、须、沙沟挑数处通流，使水归海。至于邳州、清河、桃源、安东、山阳、宝应、高邮、江都、泰州、兴化、盐城等州县，百姓困苦已极，如欲赈济，而穷民不沾实惠，殷实之人反得行其冒卖。每一州县或截留漕粮一万石，或截留数千石，比时值减价粜卖，则穷民实有裨益。邳州差部官一员粜卖，其余别处米石，责成总漕桑格、总河于成龙同地方大臣委令地方官粜卖。如此救治，谅百姓似不致流离，河道永无冲决。朕意如此，是否允当，尔等直奏，不得以朕旨为必是。尔等会同速议具奏。”

康熙三十八年三月初一日，总河于成龙、协理河务徐廷玺等奉上谕：“将拦黄坝拆开，新河口亦不必堵塞，其时家马头亦不必合龙门，俟汰黄堤筑成之日，另行定夺。”

康熙三十八年三月初三日，圣驾看阅黄河堤岸，传上谕：“王公堤甚属险要，务须加帮高宽，修筑坚固。”

康熙三十八年三月初四日，奉上谕：“朕未到之前，将王家营、陶家庄引河挑完放水，即写折子具奏。”

康熙三十八年三月初六日，奉上谕：“谕河道总督于成龙：朕初五日自淮安起行，沿途细阅河堤，除河底已高，东边甚洼，毋庸置议外，朕所驻跸界首镇前湖边，用水平测算，河水比湖水高五尺八寸。揆此湖水，似不能越此堤而入运河。前往高邮，未知若何。但当河之石堤，虽被水汕坏，朕公同细阅，被人搬去损坏之处亦复不少。此固属要工，修筑亦不甚难。尔差贤员作速查验，应即趱工修筑。嗣后查阅工程，有应修筑之处，照此颁旨。特谕。”

康熙三十八年三月十一日，岁贡马泰转传上谕：“朕自淮安一路详阅河道，测算高邮以上河水比湖水高四尺八寸，自高邮至邵伯，河水、湖水始见平等。应将高邮以上当湖堤岸修筑坚固，高邮以下河之东堤，亦应修筑坚固。有月堤之处，照旧存留，有应修堤岸，仍照旧堤直筑坚固。至于邵伯地方，因无当湖堤岸，而河湖合而为一矣，不必修筑堤岸，听其流行。高邮东岸之滚水坝涵洞，俱不必留用。将河水、湖水俱由芒稻河、人字河引出归江。入江之河口，如有浅处，责令挑深。如此条治，则湖水、河水俱归大江，各河之水既不归下河，下河不必挑修。尔马泰速行前去，将朕旨转谕于成龙，令其具本启奏。”

康熙三十八年三月二十一日，准户部咨为钦奉上谕事。云南清吏司案呈，康熙三十八年三月初二日奉上谕：“谕户部：朕君临天下，期于黎民乐业，各获其所。凡兴利除害之事，靡不举行，蠲免赈济之恩，靡不下逮。比年以来，因淮扬所属地方叠罹水患，业已岁蠲额赋，赒恤频施。又动支数百万帑金，责令在河诸臣，于应挑应筑之处，酌量修理，务使泛滥之水汇归入海，被淹之庐舍田亩尽皆涸出，用底干宁。乃钱粮竟尔虚费，卒不能积潦有归，田庐未涸，民生未遂。朕闻之恻然轸怀。值兹四方无事之时，欲将一切修举事宜，详阅指示，用是躬亲临幸，沿途审视黄河水势，咨访地方父老。比至归仁堤、高家堰，量度地形高下，应挑应筑之处，已经一一明示河臣。惟是被淹地方，米价翔涌，生计维艰，朕目击民依，深用廑念。着将漕粮截留十万石，于高邮、宝应、兴化、泰州、盐城、山阳、江都受灾七州县各留一万石，悉较时价减值发粜。余米三万石，着于邳州留八千石，宿迁、桃源、清河、安东四县各留五千五百石，亦照时价减粜。此各州县发粜之米，着就近交与漕运总督、河道总督。邳州着遣司官一员前往监视。再截留米十万石，于扬州、淮安各收贮五万石。这应留漕粮，不论何处米石，着就近截留，尔部即遵谕行。特谕。”

康熙三十八年三月二十九日，准刑部咨为钦奉上谕事。山东清吏司案呈，康熙三十八年三月十九日奉上谕："谕刑部：朕为爱养民生，慎重刑狱，凡有奏谳，时示矜全。兹銮舆南巡，见沿途老稚男妇环跪钦迎，心甚嘉悦。念此编民，皆吾赤子，原期生聚教训，共底善良，其或陷于刑章，致困囹圄，改过无路，恻然伤之。所经过山东、江南两省，见在监禁人犯，除十恶真正死罪及诏款不赦等罪，并官吏犯赃不宥外，其余自康熙三十八年三月十五日以前死罪及军、流、徒罪以下，已结未结，俱着宽释。此朝廷巡幸所至，欲使并生之至意，可通行晓谕，令咸悉朕怀。尔部即遵谕行。特谕。"

康熙三十八年四月初二日，奉上谕："山东采办河工，应用石块，尔即行文总河于成龙，作速预运沿河两岸，俟回空粮船至日，带赴河工应用。"

康熙三十八年四月二十二日，河道总督于成龙奉旨："着将运河东岸堤工，凡有石工残缺者，仍补修石工。其土工堤内有水之处，下埽帮筑减水坝，俱堵塞坚固，用心防护。越坝更为紧要，亦着加帮防护。淮安府泾、涧两河，必须挑浚深通，毋任淤垫。"

康熙三十八年四月二十二日，河道总督于成龙、协理河道府尹徐廷玺奉上谕："人字河若有窄狭处，可以相机挑挖。凡有需水旧口，修砌涵洞，令民灌田。堤岸单薄处，亦酌量加帮。"

康熙三十八年四月二十二日，河道总督于成龙等口奏："时家马头急须堵塞，但钱粮见准部覆，令董安国、冯佑赔修，伊等目下挑挖引河筑堤等项钱粮尚且拮据，若堵塞时家马头工程，伊等钱粮修筑，恐一时不能兴工，伊等赔修钱粮应听该部查算外，臣等另请钱粮，以便即时兴工。"奉旨："是。董安国等钱粮着该部与他查算，尔等即动捐助银两，堵塞时家马头，如果成功，即将各捐工人员议叙，即如运米人员功成议叙。”

康熙三十八年四月二十二日，河道总督于成龙、协理河道府尹徐廷玺奉旨：“引河挑水坝可曾建筑?”奏称：“清河县陶家庄旧河水溜甚远，兼料物未曾运到，俟大溜稍近引河口再行建筑。”又奉旨：“河身戗堤可曾建筑?”奏称：“一因料物未到，又因离堤甚远，尚未修筑。”奉旨：“此堤不论远近，必于要修，朕业已指示，不用高宽，止用高五尺，底宽二丈，顶宽七八尺，以遏水头。董安国等引河功成，方可赎罪。功若不成，如何赎罪?”

康熙三十八年四月二十二日，河道总督于成龙奉旨：“如有漫顶堤内积水之处，即钉排桩帮筑减水各坝，俱着堵塞坚固，堤防要紧。凡有懒惰河官，不留心防范者，轻则即行惩处，重则处后逐斥，切不可姑容从事，致误河工。”

康熙三十八年四月二十三日，河道总督于成龙、协理河道府尹徐廷玺奉旨：“堤内有水之处，必下埽方好帮筑。时家马头旧河从前淤垫之处，挑挖引河决口，趁此时亦应堵塞。至修河之图，朕至京斟酌妥当发来。”

康熙三十八年四月二十四日，总督河道于成龙、协理河道府尹徐廷玺奉上谕：“这运河东岸再加高宽，再不必开减水坝。其涵洞与金湾滚坝，旧有河身，民间用水灌田，仍照例开放。减水坝，着河官堵塞坚固，用心防守要紧。至新加堤岸，亦着尔带来官员内选择，或五十丈，或六十丈，责令加意防守。西堤土石各工，亦上紧趱修，高家堰亦速速修完。下河田地，不过一二年，可以见出。”

康熙三十八年四月二十四日，河道总督于成龙、协理河道府尹徐廷玺奉上谕：“东岸有一段堤工修得甚好，朕已给箭一枝，执箭说与尔知。此等官员不奖励，何以服众?”

康熙三十八年四月二十七日奉旨：“这黄河湾曲之处，俱应挑挖引河。”于成龙奏称：“徐州杨横庄一带湾曲，臣已遵旨行该道厅挑挖，其各险湾曲之处，容臣陆续挑挖。”奉旨：“是。凡有湾曲之处，俱各挑直。高邮等处运河越堤湾曲，亦着取直。”

康熙三十八年四月二十八日，据郎中朱成格、员外赫韶瑟折开：“康熙三十八年四月二十七日，皇上坐船出清口，唤郎中朱成格、员外赫韶瑟传上谕：‘这南岸所堆石块，今若不令收起，恐大水之时被冲流失，着速令收起。’皇上下船上南岸，传上谕：‘这南岸若不修挑水坝，新挑引河必不能畅流。’朱成格、赫韶瑟奏称：‘前日于接驾之前，于成龙等亲至看过修挑水坝基址，若在陈家庄修挑水坝，恐清河县东关危险。在陈家庄迤下二里余，对引河嘴处之上一里余，应修挑水坝，钉过桩。’又奉上谕：‘理应速修，为何迟了?’朱成格等奏称：‘挑水坝尾堤若不接着南大坝，恐水涨之时，水从挑水坝尾冲进，挑水坝难以存立。且应修堤岸甚远，所需料物甚多，因一时未能齐备，是以稍迟。’又奉上谕：‘朕所钉桩处修挑水坝二三十丈，挑出水头大溜向北，以至引河流畅。尾堤在陈家庄，旱地，曲筑，高五尺，水长之时，若从陈家庄南，任其流去无碍。这事关紧要，朕旨交与尔等。’”

康熙三十八年四月二十八日，河道总督于成龙、协理河道府尹徐廷玺奉旨：“蜀山湖黄家山石块，尔等速差员采买，运至运河，俟粮船回空，令其满船装来工所应用。”于成龙奏称：“如有采买石块，装完石块，余船令装土至邵伯、高邮等处无土地方应用。”奉旨：“从前亦曾装过，尔等即行文与总漕知道。”

康熙三十八年四月二十八日，奉旨：“于成龙，尔回去即看归仁堤、高家堰，其归仁堤应作何修补，尔等即议明具奏。清口甚属紧要，徐廷玺着往扬州去，往回查勘永安各石工，并东西岸各工，与堵塞减水坝要紧，将京中带来各官，每员或五十丈、六十丈，逐名交给，用心防守，毋得疏虞。”

康熙三十八年四月二十九日，准户部咨开山东清吏司案呈，康熙三十八年四月初二日奉上谕：“谕户、礼二部：朕子育黎元，勤求治理，日孜孜以施德泽、厚民生为急务。而江、浙两省尤东南要地，朕时切轸念。比岁以来，蠲豁田赋，赈济凶荒，有请必行，无灾不恤。虽漕项钱粮从未蠲免者，亦曾经特旨蠲免。爱养之道，备极周详，庶几民生日益康阜。用是乘舆时迈，于视河事竣，巡历江浙，咨访民间情形。见淮扬一路既困潦灾，而他所过州县，察其耕获之盈虚，市廛之赢绌，视十年以前实为不及。此皆由地方有司奉行不善，不能使实惠及民，所以小民虽怀爱戴之诚，而朝廷恩泽卒未下究。朕目击廑怀，亟思拯恤，截留漕粮，宽免积欠，已另有谕旨。惟各盐差、关差，向以军需繁费，于正额外，令在差官员以所私得赢余交纳充用。今思各官孰肯自损私橐，势必仍行苛取，商瘠民困，均坐此弊。着将加增银两一概停罢，以纾商民之累。其两淮盐课，康熙十六年曾加增四十万两，今恐商人办课维艰，渐至匮乏，着减去二十万两。此外有应行应革事宜，朕还都以后，仍加商确，次第举行。该督、抚、藩、臬皆地方大吏，亦着细心体访，凡有可为民兴利除害者，作速勘实陈奏，严革杂派，禁止刁讼，然后胥吏不能作奸，良民得以安业。倘官吏有悖旨妄行者，许商民首告，该督抚察出，即行参奏。朕视民如伤，惟恐一夫不获其所。兹值海宇升平，兵革不事，正当与民休息之时，故特涣沛德音，减征宽税，以为闾阎留有余之力。万一嗣后别有急需，或不得已而稍议加增，想在小民亦能共谅朕怀，输将之恐后也。至于江南、浙江人文入学名数，前已酌定增额，今着于府学、大学、中学、小学各增五名，举行一次，以示奖励人才至意。尔二部即遵谕行。特谕。”

康熙三十八年六月二十六日，准工部咨开康熙三十八年六月十八日批本，桑格转传上谕：“运河、黄河关系甚要，今值夏季，正系水涨之时，应拣选贤能官员各处分守。于成龙系有年之人，来往巡查，恐其不能见随。于成龙效力官员甚多，将此内贤能大臣官员，令于成龙酌量拣选几员具题。将高堰堤工、运河堤工、湖堤引河、黄河危险之处，俱照徐廷玺一样，将各处分给在堤所住，遇雨水之时，不时巡查看守。着差出工部贤能善跑章京一员，明日即行速去，交与于成龙，并将水势情形看明回来。钦此。”于本日尚书萨穆哈、侍郎罗察、差去员外郎费扬古具奏。奉旨：“好，着前去。”

康熙三十八年七月十一日，准工部咨为再报扬属水势情形事。内开：都水清吏司案呈，奉本部送工科抄出，该本部覆河道总督于成龙等题前事等因。康熙三十八年五月二十九日题，六月十六日奉〔旨〕：“该部知道。”钦此钦遵。于六月十七日抄出到部。该臣等议得，河道总督于成龙等疏称，黄、中、里河既称水势并未加长，工程俱皆平稳等语，应毋容议。康熙三十八年六月二十六日题，本月二十七日奉旨：“依议速行。”今年运河滚水坝既经堵塞，水势洪大，势所必然。该督着遵前旨，不时谨慎防备，务使堤岸坚固。

康熙三十八年七月二十四日，赍捧上谕：“谕总河于成龙：尔送船来佐领佟世毅到来，问尔病状及所赐之药，奏称药于五月内已完，甚有效验等语。先曾谕尔服完即行启奏，缘何竟不启奏？今夏尽秋汛方长之际，正劳心费力，溽暑重蒸，跋涉泥水之时，虽年力强壮者失养，尚且不可，何况尔有年之人。今将前所赐之药封固，付尔子驰驿速往。其河道情形险与不险之处，明白具折，给所去之人，速行启奏。为此特谕。”

康熙三十八年闰七月初九日，准工部咨为钦奉上谕事。七月二十六日奉旨：“时家马头地方最关紧要，如有修筑机会，恐致迟误，着该督不拘何项钱粮，动用修理，工完之日，将数目明白题报，着原修人等赔补。”

康熙三十八年九月二十日，准工部咨开康熙三十八年九月十三日奉上谕：“大学士、学士、九卿：今岁朕南巡，看得黄河逼近清口，黄水每多倒灌，以致淤垫。洪泽湖水不出，自高堰减坝流入高、宝诸湖，自高、宝湖流入运河，以至下河田地尽被淹没。淮扬所属钱粮，虽频年蠲免赈济，动帑修理堤岸，群黎尚在水中，朕深为轸念，遂谕于成龙动帑挑浚洪泽湖出水堤岸，令其完工。近差工部官员前往查看“清口仍然淤垫，洪泽湖水仍未出口，堤岸尚未告竣”等语。清口甚为紧要，如不将清口挑浚，湖水不出，高堰堤工并运河堤工虽加高厚，均属无益。董安国所挑之河，因放水太蚤，河水不流，如不趁今冬修理，俟水长之时，又难动工。今或将董安国所挑之河再行挑浚，此河如不可挑，或将清口迤北远移挑浚之处，大学士、九卿、詹事、科道会同看阅河图，速行详议具奏。”

康熙三十八年十一月二十三日，准工部咨为敬陈两河堤岸修治情形，仰祈睿鉴事。都水清吏司案呈，奉本部送工科抄出，该本部等衙门会覆河道总督于成龙奏前事等因，于康熙三十八年十月二十日奏，奉旨：“朕抚御寰区，爱养兆民，视同赤子，务期无一人不获其所。比年淮扬所属地方罹于水患，百姓田庐俱被淹没，生业荡然，朕怀深切轸念，屡经蠲租赈济。乃黄河垫高，清口低下，淮水不能流出，百姓仍被水灾，弗获宁处。念此淮扬数州县生灵，岂可不急为拯救乎？今海内无事，惟河工最为紧要，水患未平，民生失所，朕用是时廑于怀。若何修理河道以济民生？尔等与九卿、詹事、科道各官亦宜切念。顷问南省来人，云黄水比淮水高一尺有余，若将高堰堤岸增加坚筑，以束淮水，使刷黄而行，亦似有益。但淮水潴聚，而黄河桃汛又至，则高堰危险，亦未可定。今或坚修高堰堤岸，以束淮水，使之刷黄，或移清口于清江浦之左右，或另浚河道以通舟楫，俱宜一一讲求。此事关系甚巨，尔等会同九卿、詹事、掌印不掌印科道等官，细阅河图详议，再将二本一并议奏。钦此。”臣等恭聆上谕，仰见我皇上轸念淮扬地方百姓，必欲拯除水患，底于安全，河务关系运道、民生，甚属紧要，难以悬议。总河于成龙、徐廷玺见在地方，应令率同贤能道厅等官，亲身前往，将作何兴工之处详勘，速行定议，具题到日，臣等再行会同请旨可也。康熙三十八年十一月十一日题。本日奉旨：“河工关系重大，岂惟另寻河道不可得，从新创作亦属繁难。高堰堤岸纵多方坚筑，清水亦不能出。今惟当议清口于他处，两岸俱用石工坚砌，使清水流通。朕南巡时，曾以另开清口面谕于成龙，于成龙亦奏称淮水可从武家墩向清江浦移改。此事着总河于成龙及府尹徐廷玺会同河道各官详看清口当移于何处，所用石工等项作何速行办备，着即详议，于岁前具奏。余依议。”

康熙三十八年十二月十七日，工部等衙门会覆侍郎常绶等疏，为钦奉上谕事。本月十八日奉旨：“若将高堰减水坝堵闭，建造滚水坝土堤，加帮高厚，则湖水必高，黄水又大，湖水不出之时，高堰堤工危险，而泗州等处必至水淹。着大学士、九卿、詹事、掌印不掌印科道会同确议具奏。”

康熙三十九年三月初九日，侍郎常绶口奏：“皇上指示黄河挑引河，打挑水坝，于高堰管工大臣内交给某人修造之处，恭请钦点。”奉旨：“着差出董纳、范承勋承修，令他们二人于捐修人内将捐银多者拣选十人，带领修造。尔等将邵伯决口月河、芒稻河、人字河亦俱看奏。或堵塞黄水入湖之清口，或闭塞清江闸之处，会同徐廷玺议。此系河官专责，如已定，即交与徐廷玺修造，尔等俱驰驿前去。”

卷之二　上谕

皇帝敕谕兵部尚书兼都察院右都御史、总督河道、提督军务张鹏翮："兹以总河关漕运大计，特命尔总督河道、提督军务，驻扎济宁州。凡山东曹、濮、临清、沂州，河南睢、陈，直隶大名、天津，江南淮、扬、徐、颍各该地方，俱照旧督理。尔督率守巡河道等官，将各该地方新旧漕河及河南、山东等处上源，往来经理，遇有浅涩冲决，堤岸单薄，应该帮筑挑浚者，皆先事预图，免致淤塞，有碍运道。合用人夫，照常于河道项下附近有司军卫衙门调取应用。其各省直岁修河工钱粮，但系河道工程，俱照近日新行事例，通融计处支放，务要规画停当，毋得糜费。若所属大小官员果能尽心河务，即据实举荐。有侵渔溺职、怠玩误事，及权豪势要之家侵占阻截，并违例盗取河防，应拿问者，竟行拿问；应参奏者，指名参奏。其河道紧要机宜，有干漕运，督抚衙门会同计议施行。若有重大事情，奏请定夺。年终将修理过河道人夫钱粮，照例备细造册图画，贴说奏缴。或有土贼不时窃发，虑河运为梗，尔尚精选将领，严核兵马，勤加训练，申明纪律。如遇贼寇窥犯，即督发镇将官兵剿灭，勿使蔓延。如有将领临阵退缩，杀良冒功，及粮运稽迟，失误军机者，武官自四品以下，文官自六品以下，会同巡抚、提督，准以军法从事。镇、道等官，飞章参处，务期消弭乱萌，保安地方。其山东、河南各巡抚，悉听尔节制。河道、军务有开载未尽者，许以便宜举行，不从中制。尔以才望简用，须（躓）〔殚〕竭忠猷，不避劳怨，斯称委任。毋或因循怠忽，及处置乖方，有负委托，尔其勖之。故谕。”

康熙三十九年三月十四日，河道总督臣张鹏翮面奉圣训：“古人之法与今河势不同，其最紧要者，黄河何以使之深，清水何以使之出？尔详加筹画。”

康熙三十九年三月十四日，河道总督臣张鹏翮恭聆天语：“朕亲书河工事宜二条，差笔帖式马泰交与于成龙。你到衙门查看，就知河工流弊，早已知有今日，岂至今日而始言也。”钦此钦遵。臣到清江浦，询笔帖式马泰，检出御书上谕一条，由清字译出，系康熙三十八年七月初三日上谕：“谕河道总督于成龙，画河图去的董殿邦等于七月初三日到来，问你身上好么？伊说你脸色甚瘦。如今你身上好了么？饮食如何？再细观河图内要紧应修两处，今特谕在南方面谕你将人字、芒稻河紧急挑挖等谕。闻得至今未曾动工，若真未动工，大有所失。似此迟误，不但运河东堤难保，关系民生最重。如今若不紧紧挑宽五六十丈，使不得为此又专谕尔等。又一件事，看得河图内归仁堤、便民闸等口俱已堵塞，毛城铺以下等口，俱未堵塞。将便民闸等口堵塞，毛城铺等口所出之水将归何处？必定散漫各处，民大受害。此处关系紧要，宜速筹一策。这二事外，各处工程修至何等光景，将水势情形紧急奏闻。为此特谕等谕。”

又一件，据马泰回称，御书上谕已缴，有录出原稿，系康熙三十八年三月初七日钦奉上谕：“初六日到清水潭、九里等处，测量水平，看得河水与湖水相高二尺三寸九分，这一带隔湖石堤，关系紧要，宜当速造。朕在此处步行看工，未见一个做工之员，着查明参处。至高邮等处，河水向湖而流，河水似高一尺，乘黄水未深通之前，这些处堤工虽一丈不可忽略，不可不急速趲做。为此特谕。”

康熙三十九年三月初七日，河道总督臣张鹏翮面奉圣训：“引湖水使之由人字河、芒稻河入江，朕所见最真，尔必须要行。”

康熙三十九年三月初七日，河道总督臣张鹏翮面奉圣训：“将黄河曲处挑挖，使直，水流畅快，则泥沙不淤。”

康熙三十九年四月二十五日，准工部咨为钦奉上谕事。都水清吏司案呈，奉本部送工科抄出，该本部等衙门会覆兵部尚书范承勋等奏前事等因。康熙三十九年三月二十九日奏，四月初八日奉旨：“九卿、詹事、科道会议具奏。”钦此钦遵。该臣等会议得，先经臣等会议，以时至桃汛，其未堵高堰减水坝，暂行停堵，将高堰可修之处，乘时速行修筑完工。如桃汛水发，有修筑不及之处，停其修筑，将物料备办，秋汛水落，即行修筑完工。如别有善策，将黄、淮两河并高堰堤工作何修治，裨益运道、民生之处，所去大臣、河道官员公同详议，速行具奏等因具题。奉旨：“这本内事情，着行文前往河工尚书范承勋等，会同河道总督，这所议可否，伊等意见又复何如之处，速议具奏。将董安国所挑引河再行挑浚，堵闭黄水倒灌清口之口，或将清江闸堵闭，及查看修理更楼决口等工，着侍郎常绶等前往看阅具奏。”

康熙三十九年五月十二日，准户部咨为题明事。云南清吏司案呈，工科抄出总漕桑格题前事。康熙三十九年二月二十四日题，三月十五日奉旨：“这邵伯更楼决口，自去岁奏报后，屡据奏称趱工修筑，乃迄今尚未报完，以致漕艘十有余只漂没击碎，其阻滞江干及瓜、扬一带地方，不能前进者甚多。迟误漕运，关系重大，在工官员所司何事，怠缓延玩，殊为可恶，着严加议处具奏。仍着该督设法倍料兼工堵筑，刻期报完，勿致再误。邵伯更楼系船只往来要地，已经冲决十个月有余，船只阻滞不能前进之处，桑格并不题报，至于成龙故后始行具题，不合，着一并察议具奏。该部知道。”

康熙三十九年五月十四日，接员外郎拖克拖和、中书张古礼传奉上谕：“康熙三十九年五月初六日，大学士伊桑阿、马齐奉上谕：‘员外郎拖克拖和、中书张古礼，着驰驿前往河道总督张鹏翮处，将修过河工情形阅看。伊等无有专责，将工程令河道总督张鹏翮明白缮誊写折子，交与伊等带来启奏。’”

康熙三十九年六月二十五日，接钦差户部员外郎拖克拖和赍捧上谕，内开：康熙三十九年六月十五日上谕：“谕大学士伊桑阿、马齐，见在清口淤垫，着差人往总河张鹏翮处，明年漕船行走，有无迟误。至其漕粮装载沙船，可否从江下海，入黄河海口，由中河行走，此外有无另见之处，议明具奏。”

康熙三十九年七月十四日，准工部咨为敬陈治河条例，仰祈圣裁以固河防事。都水清吏司案呈，奉本部送工科抄出，该本部等衙门会覆河道总督张鹏翮题前事等因。康熙三十九年六月十七日题，本月三十日奉旨：“览奏条陈河工弊端，详悉切要，极其周备。着九卿、詹事、科道会同速行确议具奏。”

康熙三十九年八月初四日，接笔帖式关住赍捧上谕，内开吏部科道行取官员事件，于康熙三十九年七月二十五日，大学士伊桑阿、马齐折本启奏。奉旨：“见今遣人往张鹏翮处，着将这次各省行取知县职名抄出问他。此知县内张鹏翮有曾经识认，居官优、为人好者，着明白开写折子，即付遣去笔帖式关住赍回启奏。又河水情形，各处工程修理若何，亦着明白开写折子，并交与遣去笔帖式赍回启奏。”

康熙三十九年九月十六日，准工部咨为钦奉上谕事。都水清吏司案呈，奉本部送工科抄出，该本部等衙门会覆河道总督张鹏翮题前事等因。康熙三十九年九月初六日奉旨：“总河职任宜专，这遣往督修高家堰范承勋等九臣，俱着撤回，其督修工程，着交与总河张鹏翮。余依议。”

康熙三十九年十月初九日，准工部咨为钦奉上谕事。都水清吏司案呈，奉本部送工科抄出，该本部等衙门会覆河道总督张鹏翮奏前事，请修归仁堤堤河工程等因。康熙三十九年九月初十日奏，本月二十四日奉旨：“此事曾屡经面谕于成龙最为紧要，乃于成龙性偏，未行详看，迁延时日，以至于今。观张鹏翮所奏，甚为合理。此事所关至要，着九卿、詹事、科道会同速行详议具奏。趁今年黄河水小之时兴工，毋误。图并发。”

康熙三十九年十月十二日，准户部等部咨为钦奉上谕事。云南清吏司案呈，吏部郎中叶舒题前事等因。康熙三十九年九月十三日面奏，奉旨：“知道了。折子交与户部。钦此。”又康熙三十九年九月二十五日奉旨：“总督阿山将修理沙船之处具题，前因运河难以行走，欲由海内运粮，曾差官查看沙唬船只，总河张鹏翮既称将运河淤垫处再加挑浚，来岁粮船不致有误等语，是粮船不必海运。总河张鹏翮又称将沙船暂行取用，此所查沙船俱给张鹏翮应用之处，交与该部议。”钦此钦遵。又康熙三十九年九月二十九日缮写折子启奏，本日奉旨：“沙唬船水手应用什物，见在俱有，总河张鹏翮欲用若干，着尽其取用。将此船只行文江南总督、镇江将军，委贤能官员押送应用，勿致有误。余依议。”

康熙三十九年十月二十日，准工部咨为题明事。都水清吏司案呈，工科抄出河道总督张鹏翮题前事，钦部事件，扣除勘河日期等因。康熙三十九年九月十三日题，十月初五日奉旨：“张鹏翮前任江南江西总督，朕南巡时任以事务，见其料理明敏，非迟误案件之人。这事情着照所题行。该部知道。”

康熙三十九年十月二十一日，准工部咨为钦奉上谕事。都水清吏司案呈，工科抄出河道总督张鹏翮题前事，请修中河等因。康熙三十九年九月二十日题，十月初七日奉旨：“前于成龙奏称将中河改移，朕屡经谕其恐有未便。今张鹏翮所议中河事宜甚当，着照所奏行。该部知道。”

康熙三十九年十月二十一日，准工部咨为钦奉上谕事。都水清吏司案呈，工科抄出，河道总督张鹏翮疏称“武家墩起至小黄庄止一带，旧石工桩朽石欹，必另行修砌，除拨发钱粮等事案内拨过银五十万两外，尚有不足银一十八万六千二百四十八两零，应请拨给”等因。于康熙三十九年九月十七日题，十月初九日奉旨：“这修筑高堰不足银两，着照该督所请，速行拨给，乘此冬令水涸，作速修筑完工，勿致迟误。该部知道。”

康熙四十年正月初六日，准工部咨为钦奉上谕事。都水清吏司案呈，奉本部送工科抄出，河道总督张鹏翮题前事，挑浚下河虾、须等河等因。康熙三十九年十二月初二日题，本月二十日奉旨：“这本内事情，着照该督所题行。该部知道。”

康熙四十年正月初六日，准工部咨为估计挑挖引河以资保固事。都水清吏司案呈，奉本部送工科抄出，河道总督张鹏翮题前事，估挑时家马头对岸、韩家庄对岸引河工程等因。康熙三十九年十二月初二日题，本月二十日奉旨：“这本内事情，着照该督所题行。该部知道。”

康熙四十年二月二十八日，准工部咨为河工底绩可期，罅漏尚宜早塞等事。都水清吏司案呈，奉本部送工科抄出，该本部覆河道总督张鹏翮题前事等因。康熙三十九年十二月十八日题，正月二十五日奉旨：“该部议奏。”钦此钦遵。于正月二十六日抄出到部。该臣等议得，先经刑科给事中陈诜以自天妃闸至清江浦共有五闸，必复天妃闸以塞其罅漏，然后淮水可出。又新旧中河应多建闸座，重运来时，节级启闭，重运过后，勿令常开等因具题。奉旨：“这事应否可行，着总河张鹏翮速议具奏。该部知道。”

康熙四十年三月十三日，接内阁中书殷德纳捧旨到臣，内开：康熙四十年三月初五日，张鹏翮题请河员应照台湾例用赔修钱粮应豁免等因。据九卿会议不准行，具题折奏。奉旨：“这本收贮尔衙门，着尔衙门能驰马中书一员，前往张鹏翮处。张鹏翮悉知河务，何处作为第一险要工程，何处作为其次险工，何处作为岁修工程，详加分晰，逐段开明。再，何处冲决应赔修，何处冲决不应赔修之处，一并定议具奏。这本着差去中书带来启奏。”

康熙四十年四月初三日，准礼部咨为淮、黄交会谨陈善后二策以昭法守事。仪制清吏司案呈，奉本部送礼科抄出，该本部会同吏部覆总河张鹏翮题前事。康熙四十年正月二十七日题，二月十五日奉旨：“该部议奏。”钦此钦遵。于本月十七日到部。该臣等会议得，河道总督张鹏翮疏称，皇上三阅河工，区画精详，请将治河上谕与宸断治河事宜，敕下史馆，纂集成书，更祈遴选进士、举人中年力英敏者，发往河工效力，著有劳绩，遇缺题补等因。康熙四十年三月初五日题，本月十一日奉旨：

“治河上谕及治河事宜，着张鹏翮纂辑呈览，其进士、举人不必遴选学习，发往河工。”

康熙四十年四月初四日，工部郎中王进楫传奉上谕：“对总河张鹏翮说，保守高家堰第一要紧。”

康熙四十年四月初六日，内阁中书殷德纳捧旨到臣，内开：康熙四十年三月二十六日，大学士伊桑阿、马齐、王熙、吴琠、熊赐履、张英，学士法良、辛保、希福纳、傅绅、范承勋、王九龄、曹鉴伦等，以九卿议覆总河张鹏翮题为河员应照台湾之例叙用，及恳免赔修钱粮等事毋庸议，并分晰险要岁修工程折子奏请。奉旨：“据张鹏翮疏称‘自砀山县起至海口止，湖河自石磡起至高家堰六坝止，运河自大墩起至淮关止，自宝应起至更楼止，自古城起至仲庄闸止，俱属第一险要工程。运河自淮安起至泾河止，自湾头起至瓜（州）〔洲〕止，自支河口起至猫儿窝迤北止，中河自刘老涧起至张家庄止，俱属其次险工’等语。但水性靡常，倏尔变迁，岁修工程或变为险要，险工淤塞即变为岁修。督理此等工程各官内，亦有实心效力奉行者，然不无随众塞责之员，岂可俱照台湾之例，一体叙用？又疏称‘九卿但知台湾官员赴任去任俱有冒涉风涛之险，殊不知风涛之险，河员不时冒涉’等语。其台湾官员，定有历俸三年即行升迁之例，本意迥殊，并非仅为越海冒涉风涛起见，张鹏翮未悉此意。这事情前者九卿题覆曾议准行，与九卿无涉。朕以事关更改条例，难以遽为准行，故遣人询问。此情节，张鹏翮未尝不知。且河员现今俱系保题，从优补授，若将河员照台湾之例叙用，必致更改条例。如此更改，则吏、兵、工三部条例俱致更改矣。今将河员若照台湾之例叙用，或仍补授河工员缺乎？或升补他省员缺乎？若升补他省，则河工历练之员同时升去，独剩新任之员，有无裨益河工之处，未经议及。即今河员已经历任二载，其限三年，自任事之日扣算，或自今岁明岁扣算。又疏称‘伊行年五十三岁，再过三载，能保尚在河工’等语。如此，则张鹏翮后接任河臣，焉知从前官员贤否，乃欲将河员遽为升用？此等情由并未声明，行令张鹏翮将三部条例逐一再行详细确议具奏。仍着原遣中书前去，将九卿议覆准行稿抄写，令前往中书赍去，着张鹏翮看。”

康熙四十年五月二十九日为钦奉上谕事。接内阁中书李保柱捧旨到臣，内开：康熙四十年五月二十一日，大学士伊桑阿、马齐、王熙、吴琠、熊赐履、张英，学士法良、辛保、傅绅、范承勋、王九龄、曹鉴伦奉旨：“高承爵奏报泗州、盱眙地方水灾，着总河张鹏翮会同两江总督阿山亲行察勘具奏。前高家堰闭塞六坝时，朕谓六坝塞完后，泗州、盱眙等处必被水淹，曾向九卿降有谕旨。今六坝方经闭完，洪泽湖水长泛溢，泗州、盱眙等处城郭、田亩果被水灾，高家堰堤益觉危险，朕为此时廑于怀。且天灾靡定，万一有异常风暴及地动、雷震之事，亦未可知。倘若高家堰至于危险，则扬州、淮安等处皆被灾矣。朕为此日夜甚切忧惧。高家堰堤作何保守坚固，或另有修治善策，着张鹏翮陈奏。着差尔衙门中书一员前往。”

康熙四十年七月二十五日辰时，准工部咨为钦奉上谕事。七月初九日奉旨：“这堤岸修筑防护，着照议行。前总河于成龙具疏，欲将高堰六坝堵塞，蓄湖水以敌黄水，疏通清口。九卿覆奏时，朕以为高堰六坝若行堵塞，湖水泛涨，泗州等州县必被水淹没，曾谕九卿，迨遣范承勋等堵塞六坝，此非张鹏翮到任之后始行堵塞。顷因巡抚高承爵题报泗州、盱眙水灾，朕敕张鹏翮会同江南总督阿山踏看情形，将泗州、盱眙泛溢之水设法修治，作何赈济蠲租，令其奏闻。又以洪泽湖水泛涨，高家堰堤工似致危险，朕于此事，时切踌躇。若高家堰至于危险，扬州、淮安等处州县皆被淹没，朕为此日夜殊切忧惧。高家堰作何保守坚固，更有何修治善策？着张鹏翮陈奏。曾遣人敕谕张鹏翮，称病未往泗州、盱眙。今具疏称‘泗州、盱眙水灾自古已然，即六坝全开，泗州亦被水灾。臣往泗州查勘水势情形，询据土人云“明季时有水灾”。则泗州水灾，不系六坝之闭。按：《泗州志》载宋臣欧阳修《先春亭记》云：“民所素病而治其尤暴者，莫大于淮。”则知淮之为暴于泗，自古而已然矣。今清口水流甚畅，洪泽湖水渐消，泗州水势亦渐消，且六坝既闭之后，水不东注，高邮、宝应、兴化、泰州、山阳、盐城、江都等州县田地涸出，民得耕种，皆河伯效灵之所致’等语。朕着张鹏翮会同阿山，将泗州、盱眙泛涨之水，作何设法筑堤帮修，或赈或蠲，俱有益于灾黎，并非欲开高堰六坝，救泗州、盱眙之民，而令淮扬百姓罹于水灾也。朕念黄河、运河关系国计民生，三次看阅河工，屡行简任河臣，修筑堤岸，每岁不惜数百万帑金解发。夏月雨水时，昼夜忧虑，不时遣人看视。凡被水灾，截留漕米，尽出仓粮赈济者，总为拯救灾民，并非止救泗州、盱眙百姓之灾，而淮安、扬州等处百姓听其罹灾之意也。据张鹏翮谓：“泗州、盱眙水灾自古已然，而淮扬水灾亦素有也。”张鹏翮奏称：“六坝既闭，淮安、扬州百姓俱免水灾。”是但知淮扬地方，岂独不知有泗州、盱眙？天下之大，亦并不知，其为愚昧已至于极。朕念四海一家，凡有来朝见者，必细询雨泽田禾。见有居住贺兰山后公允木春来见，问陕省河西田禾雨泽、黄河水势。据允木春奏称‘今岁自正月至六月，滴雨未降，黄河水消二丈有余，西地赖黄河水引入田亩耕种。今年因河水小，不但田禾，即茎草亦未生发。’朕以陕西河西百姓作何拯救，虽督抚未经具题，已昼夜筹度。张鹏翮与众河官乃谓：‘清口水出，皆赖河伯效灵，伊等效力所致。’此实因黄河水小，清口之水幸而得出，并非伊等效力之所致也。统一天下之主，坐视灾黎不为拯救，张鹏翮既系读书之人，此果载之何记何书耶？至张鹏翮《题请议叙河员疏》内，明知朕有谕旨，故称九卿未晰。今览此奏，又含怒具题，意谓必有人阻挠。果如此悬拟，昏愦之极未有如张鹏翮者。这事情又似盐犯大贼孔文泰之案，希图好胜，冒昧不顾，将取罪戾。着将朕谕旨及张鹏翮所奏，一并刊刻于淮安、扬州、泗州、盱眙等处，编行张挂，令众民观看。天下之人，自有公论。”

康熙四十年九月十一日，准工部咨为题报开放陶庄引河日期事。九月初一日奉旨：“张鹏翮奏称开陶庄引河，黄河水向北岸流去等语。若黄河水向北岸流，离清口甚远，乘此时自范承勋所筑挑水坝起，宽长加筑堤岸，过清口，将黄河清口之水尽向下流，再合为一处，则黄河之水可永无倒灌之虞。朕先曾面敕过于成龙，今在河官员亦有知者。着张鹏翮将此事问知道的官员，详明定议。其修堤所需钱粮，即为估计，所修之处，着画图速行具奏。此事甚为紧要，不得轻忽。该部知道。”

康熙四十年十一月二十二日，中书永奇赍工部议覆总河张鹏翮请将高邮州陆漫闸岸改筑土堤一事，于康熙四十年十一月十四日，大学士伊桑阿、马齐、吴琠、熊赐履，学士辛保、傅绅、来道、常寿、来福、范承勋、曹鉴伦等折本启奏。奉旨：“陆漫闸西岸改筑土堤，内外镶柴，见今钱粮虽省，但芦柴易至朽烂，不能坚久，二三年后，又致重修。张鹏翮在任时虽无可虞，若张鹏翮或离任，或淮、黄水涨，有险危之处，镶柴工程朽烂，岂不更难？着将这情由备写差员前往张鹏翮处，令其确议具奏。”

康熙四十一年六月十八日，准内阁咨，康熙四十一年六初三日，大学士伊桑阿、马齐、吴琠、熊赐履，学士来道、常寿、铁图、纪尔塔浑、王九龄、曹鉴伦、刘光美等奉上谕：“朕因永定河南岸不时冲坍，特旨令将南岸修筑石堤，看来甚有裨益。今黄河两岸，自徐州以下至于清口，通行修筑石堤，可否永远有益？若果有益，见在库帑不为缺少，朕于钱粮一无所惜。修筑此堤，应于何处采取石料，作何转运，约计几年可以告成，着张鹏翮齐集河员，详议具奏。”

康熙四十一年九月二十四日，准工部咨为钦奉上谕事。康熙四十一年九月十六日，奉上谕：“谕吏、户、兵、工四部：朕念黄、淮两河为运道、民生所系，屡次南巡，亲临阅视，以疏浚修筑之法，指授河臣，闭六坝以束淮敌黄，通海口以引黄归海。比岁以来，工程次第告竣，修防渐有成效。昨年冬月，河臣张鹏翮曾以河工善后之策及应修之处，请朕亲阅指示。兹当农事之隙，减约从员，轻装南下，自徐州一路循视堤堰，沿途皆设营幄，不御屋庐，日用所需，悉已储偫。经过地方，一切供张，宜通行禁止。倘有官吏借名科派，累及小民，或指称预办，擅动库帑，察出定严加治罪。地方大小文武官员与扈从官员，托言亲旧，私相馈遗，及随从人等有妄行生事者，俱以军法从事。闾阎百姓，各事本业，不须引避。有怀挟私怨，擅于驻跸处所告讦者，一概不准，仍照律治罪。尔部即传谕扈从人员，并行各该督抚，于所属府州县遍张告示，务令通知，以副朕体恤民生至意。特谕。”

康熙四十一年十月十七日，准工部咨为恭报秋汛水势情形事。康熙四十一年九月二十日，奉旨："览奏。挑水坝筑成，逼黄河大溜直趋陶庄引河，循北岸而行，黄水从大通口畅出，海口极其深通，淮水从清口畅流敌黄，绝无黄水倒灌之患。高家堰堤工完固，加谨防守，经伏秋大涨，俱获平稳。运河水由泾河、涧河、人字、芒稻等河分泄，各处工程亦皆保固。知道了。该部知道。"

康熙四十二年正月二十六日，奉上谕："谕户部：朕甲子、乙巳两次南巡，路经东省，见民生丰裕，士庶共庆。近来淮、黄告成，朕不辞远涉，减从轻行，待旦而兴，夜分乃寐，再经齐鲁，存问民生休戚，不及甲子、乙巳，朕深憯怛恫瘝之在怀也。若闾阎蓄积有余，即遇有水旱，亦不致困苦。今特加恩蠲恤，用弘爱养。朕所经地方，德州、平原、禹城、齐河、历城、长清、恩县、夏津、武城、馆陶、临清、清平、博平、堂邑、聊城、东阿、阳谷、寿张、滕、峄二十州县，康熙四十一年未完地丁钱粮，着通行蠲免。济南府属之海丰、利津、沾化，兖州府属之宁阳、滋阳、泗水、金乡、单、曹、郓城、曲阜、费县十二州县，去岁收成歉薄，四十一年未完钱粮，亦通行免征。其去岁曾被水灾者，东平、新泰、蒙阴、沂水、沂州、莱芜六州县，康熙四十二年钱粮以及四十一年未完钱粮，亦俱着全免。其泰安、郯城、鱼台、汶上、嘉祥、巨野、济宁七州县，虽未成灾，四十一年未完钱粮，俱着蠲免；四十二年地丁钱粮，着分三年带征。尔部即移文该抚，董率各州县有司，详慎奉行，务令人沾实惠，户有余藏，以称朕重期黎元殷阜之至意。倘有不肖官吏侵蚀私征者，察出定从重治罪。尔部即遵谕行。特谕。"

康熙四十二年二月初二日，侍卫马武传旨："朕经过泰安州、新泰县、蒙阴县、沂州、郯城县等处，见民有饥色，应急行赈救。经过地方，虽经赈济蠲免钱粮，但州县仓谷年久朽烂，无裨于散赈。今着将总漕桑格漕米内二万石交与张鹏翮，拣选贤能官员，运至济宁州、兖州府等处州县，减价平粜。有应赈之处，即行赈济，亦交米二万石与桑格，于泰安州一路散给。又将收税有力之官七员，并发在京旗民犯罪降级赎罪人一百名，伊等俱照养蒙古例，以所用之多寡分别议叙。”

康熙四十二年二月初二日，河道总督臣张鹏翮奉上谕：“骆马湖竹络坝口门宜留。”

康熙四十二年二月初三日，河道总督臣张鹏翮奉上谕：“看黄河矶觜坝太短，不能逼溜，今欲照永定河修长挑水坝。”臣回奏：“永定河与黄河形势不同，黄河万里而来，势大水深，矶嘴加长，一遇长水，易致冲坏。河官虑赔修之苦，不敢接长。”又奉上谕：“将一两处试作长挑水坝，即有冲坏，免其赔补。”

康熙四十二年二月初三日，河道总督臣张鹏翮奉上谕：“烟墩甚险，虽有越堤，必须保守缕堤，此挑水坝应行建筑。”

康熙四十二年二月初四日辰时，河道总督臣张鹏翮奉上谕：“桃源烟墩至龙窝一带，堤工卑矮，应行加高。”

康熙四十二年二月初四日，河道总督臣张鹏翮奉上谕。“仲庄闸清水出口，逼溜使南，恐运口有碍，应于陶家庄以下杨（横）〔家〕庄[1]处，着挑引河，令中河之水从此出口，于运口有益。虽杨家庄地势低洼，即使倒灌，不过一二里，清水仍然顶出。着即相度形势，估计具奏。仲庄石闸暂停。”

康熙四十二年二月初五日，河道总督臣张鹏翮奉上谕：“归仁引河开放，分泄洪泽湖水势。若黄水加长，恐清口水弱，着将祥符闸下板，堵闭草坝，将五堡闸应酌量开放，以助清水

❶ 据下文改。

之势。”

康熙四十二年二月初五日，河道总督臣张鹏翮奉上谕：“禹王台沭水由沭阳入海，其沭河淤垫之处，应勘明疏浚。”

康熙四十二年二月初五日，永定河分司齐苏勒钦奉上谕：“朕看黄河险要地方，应下挑水埽坝，见今永定河朕亲指示，挑水等工，俱有裨益。齐苏勒，尔遵照朕指授方略式样，前往烟墩、九里冈、龙窝三处，修挑水坝数座，试看有无裨益，虽被冲没无妨。工完之日，着令该地方官尽心防守，如有折陷，不时修葺。将此旨意说与总河张鹏翮，速派贤员，令其多备料物夫匠，于朕回銮之前完工。需用钱粮，齐苏勒与尔无干，不可经手。工完之日，将用过钱粮数目记明具奏。如遇桃汛水发，即行停止。”

康熙四十二年二月初七日，河道总督臣张鹏翮在邵伯更楼奉上谕：“此地旧日被灾形状，与今山东饥民无异，岂朕今日观此地安居景象，而忘山东之饥民乎？朕念运粮赈济，关系紧要，乘今日顺风，尔作速回清江，料理转运，截留漕粮，差官前往散赈。距扬州十五里沙坝桥河道情形，朕自细阅，回銮时面说与尔知之。”

康熙四十二年三月初二日，河道总督臣张鹏翮奉上谕：“王公堤关系运道、民生，最为紧要，堤岸单薄，桩工渐朽，应再加帮，以资捍御，不可因淤滩可恃而忽之也。”

康熙四十二年三月初三日，河道总督臣张鹏翮奉上谕：“王家营对过鲍家营，开引河泄黄涨之水，以保障清江、淮安地方，着即开挖，两岸筑堤，以卫民田。”

康熙四十二年三月初三日，河道总督臣张鹏翮奉上谕：“高堰工程关系重大，保守最为紧要。朕今日乘舟由洪泽湖阅视，见有残缺石工，以苇草镶填，倘遇水发，危险堪虞。阅至六坝，见新修石坝坚固，方慰朕怀。其残缺石工，着即兴修，乘水未长之前完工，以资捍御。”

康熙四十二年三月初三日，河道总督臣张鹏翮奉上谕：“开减水坝，须于水缓之处，不可迎溜，以防夺河。”

康熙四十二年三月初三日，河道总督臣张鹏翮奉上谕：“朕今见高家堰防险人员，用候选县丞、经历等微员，不过例监书办出身，家产微薄，倘有疏忽，干系不小，须于候选职衔稍大、身家殷实者，委其防险。如此则彼知自爱身家，又有选用之望，自然尽心防险，有裨工程。”

康熙四十二年三月初三日，总督河道臣张鹏翮奉上谕：“黄河逢湾取直，开挖引河，必须于对岸水浅之处，筑挑水坝，逼溜入引河，方为有益。”

康熙四十二年三月初四日，河道总督臣张鹏翮奉上谕：“清口西坝，乘此水浅，再加长数丈有益。”

康熙四十二年三月初四日，河道总督臣张鹏翮奉上谕：“半路刘河流埽湾堤岸单薄，应修挑水坝。”

康熙四十二年三月初八日，河道总督臣张鹏翮奉上谕：“高家堰石工关系紧要，必须严催早完。”

御制河臣箴

癸未春日舟中书赐河臣张鹏翮

自古水患，惟河为大。治之有方，民乃无患。禹疏而九，平成攸赖。降及汉唐，决复未艾。渐徙而南，宋元滋溢。今河昔河，议不可一。昔止河防，今兼漕法。既弭其患，复资其力。矧此一方，耕凿失职。泽国波臣，恫瘝已极。肩兹巨任，曷容怠佚？毋俾金堤溃于蚁穴，毋使田庐沦为蛟窟。毋徒糜国帑而势难终日，毋虚动畚筑而功鲜核实。务图先事尽利导策，莫悔后时饰补苴术。勿以私而背公，勿辞劳而就逸。惟洁清而自持，兼集思而广益，则患无不除，绩可光册。示我河臣，敬哉以勖。

卷之三

运河全图

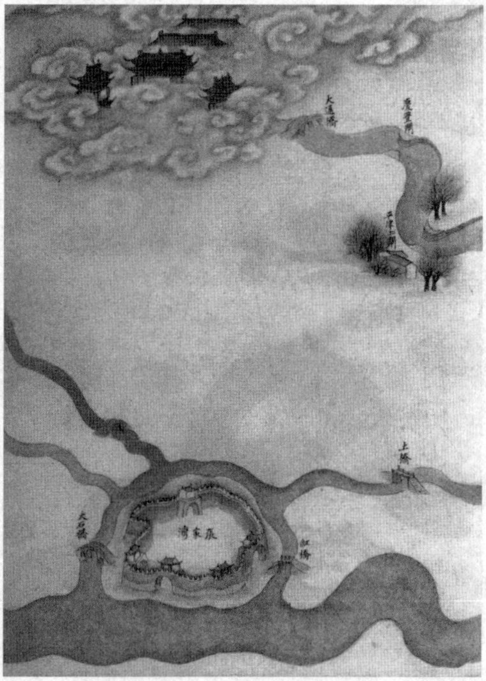

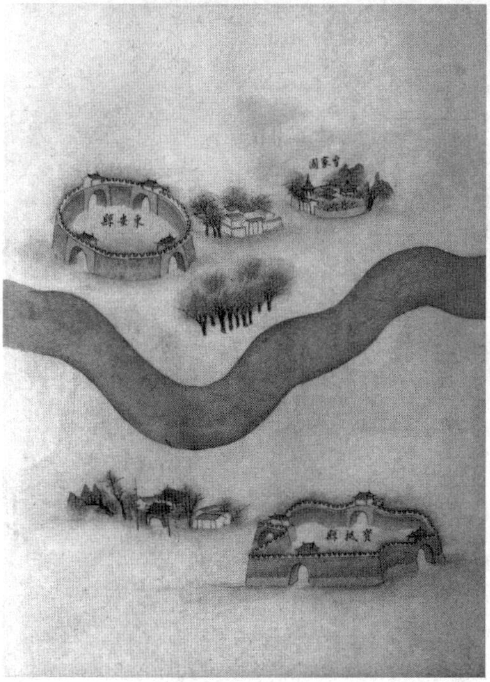

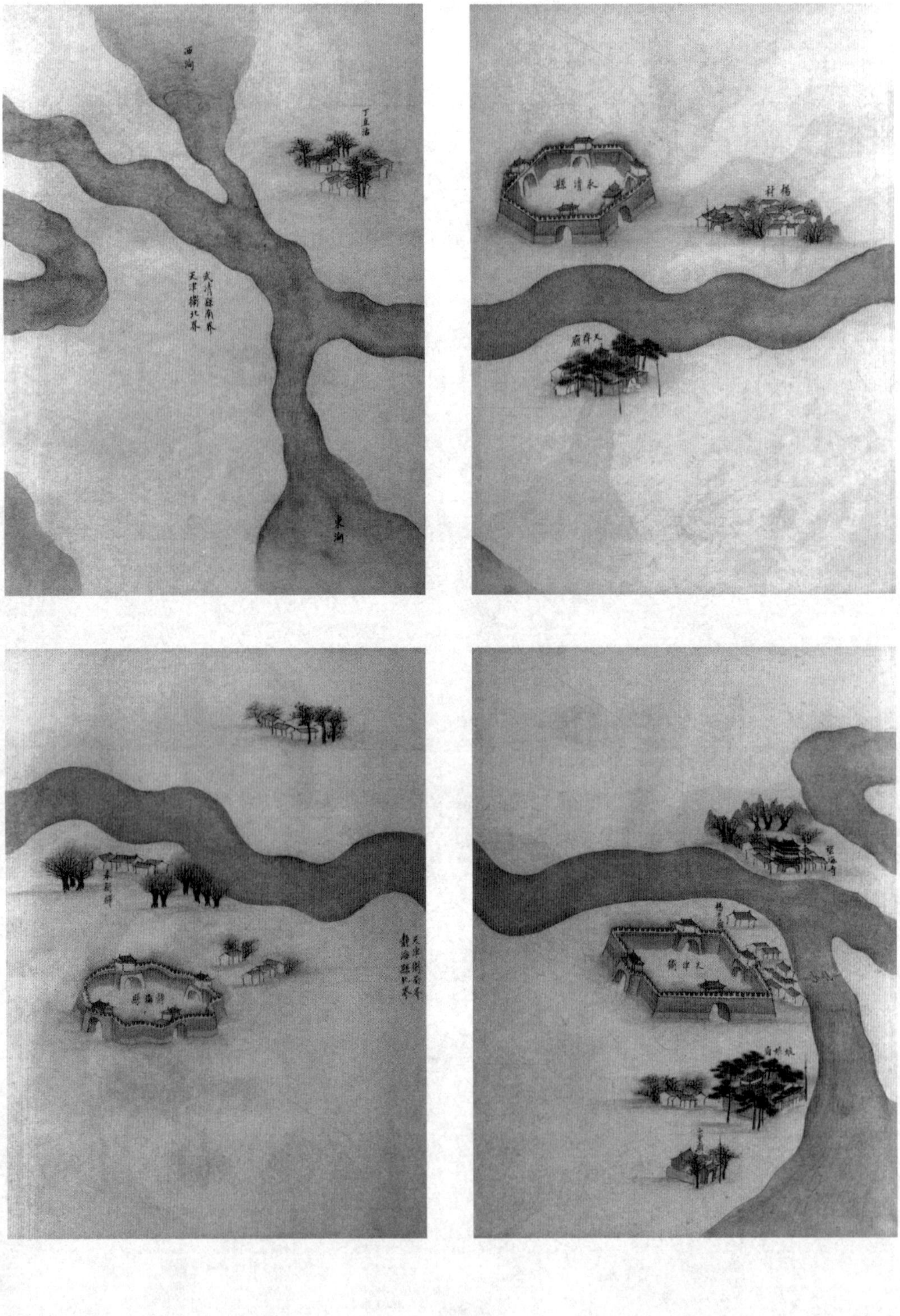
西河
武清縣南界
天津衛北界
東河

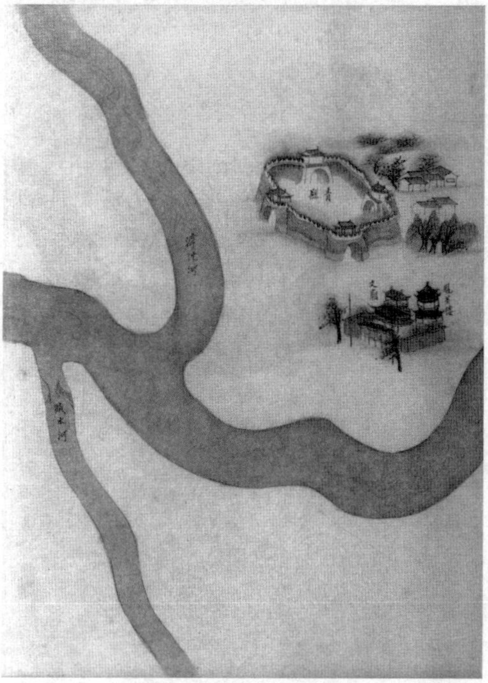
青縣

靜海縣南界
青縣北界
靜海縣南界
天津衛北界

天津左衛南界
滄州北界
興濟縣南界
天津左衛北界

青縣南界
天津左衛北界
興濟縣

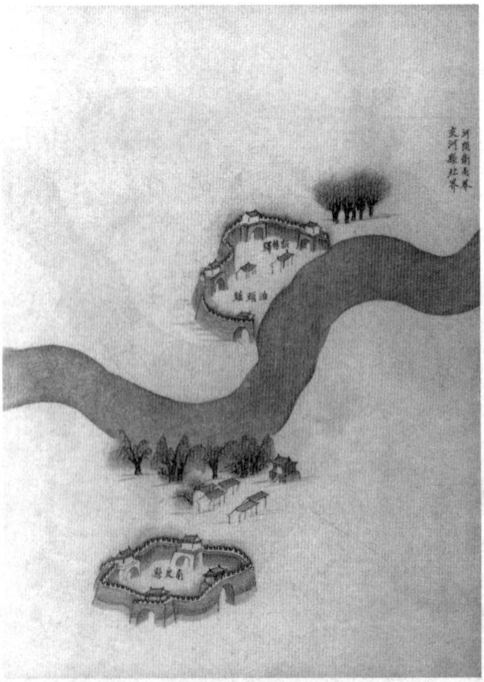
河間衛南界
交河縣北界
泊頭鎮
南皮縣

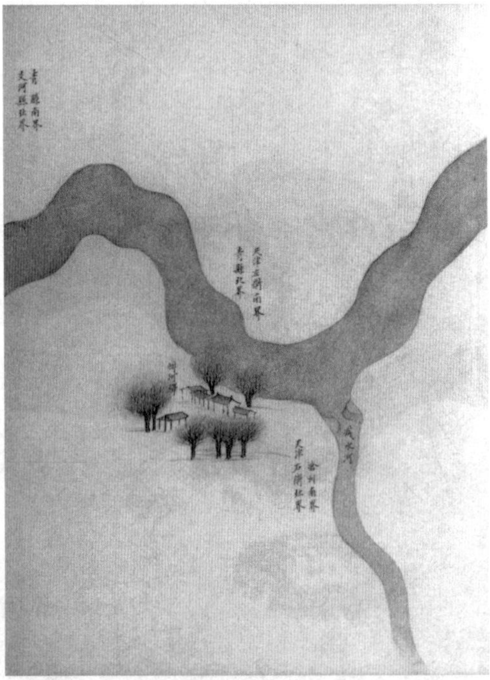
青縣南界
交河縣北界
天津左衛南界
青縣北界
滄州南界
天津右衛北界

東光縣
東光縣南界

交河縣
南皮縣南界
東光縣北界

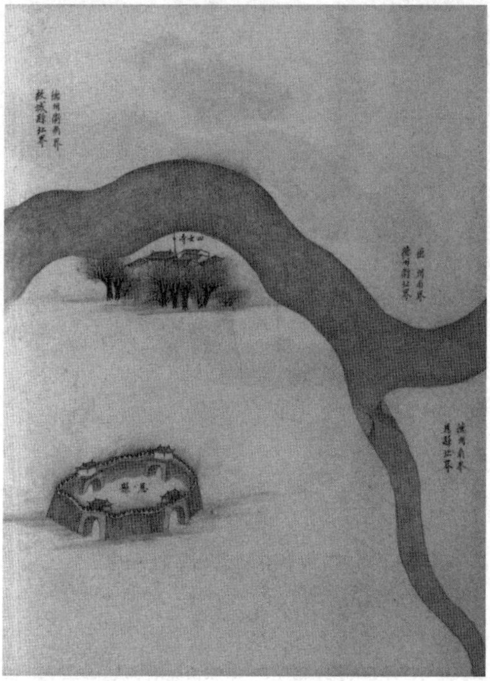

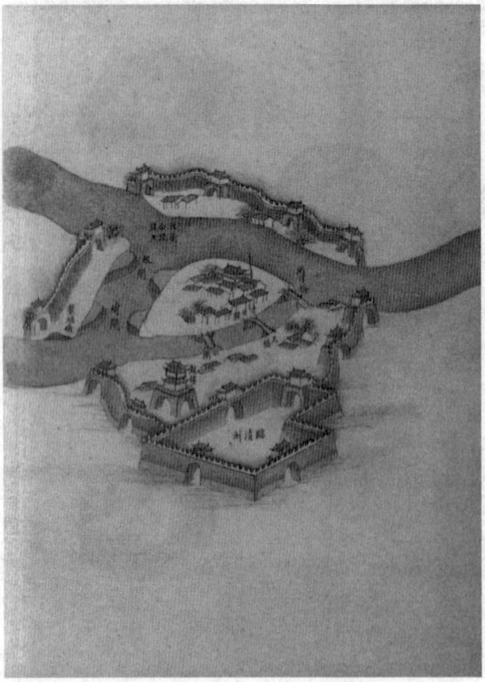

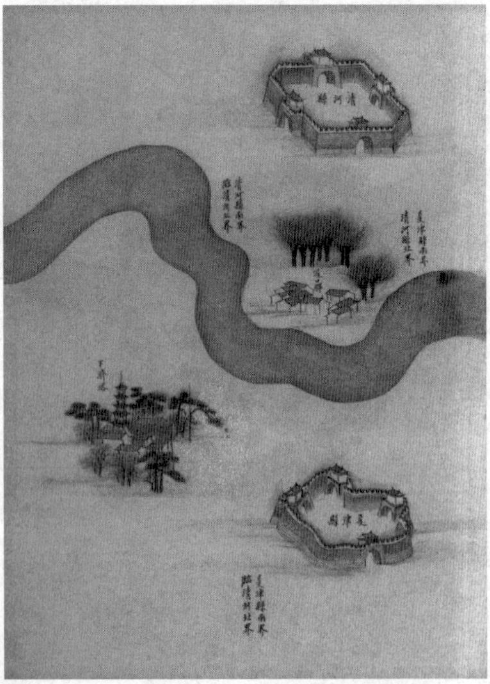

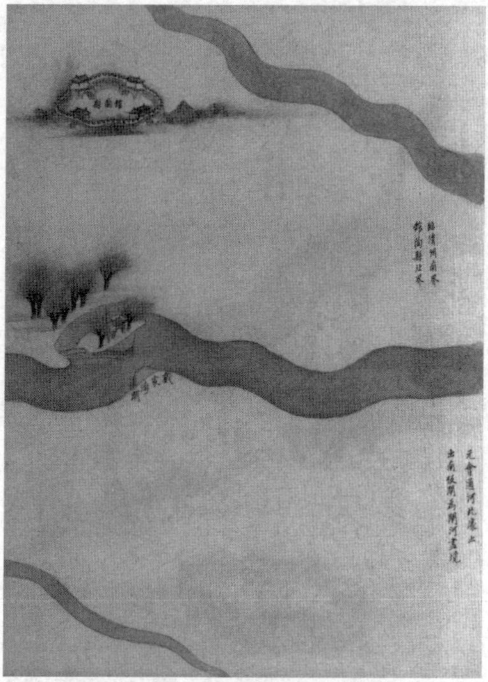

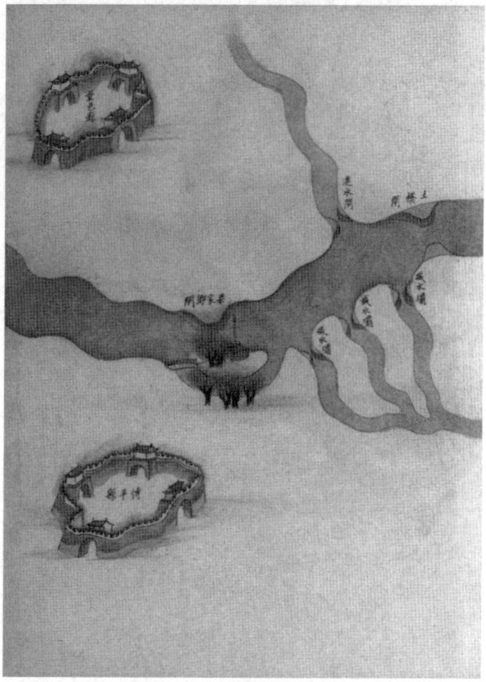

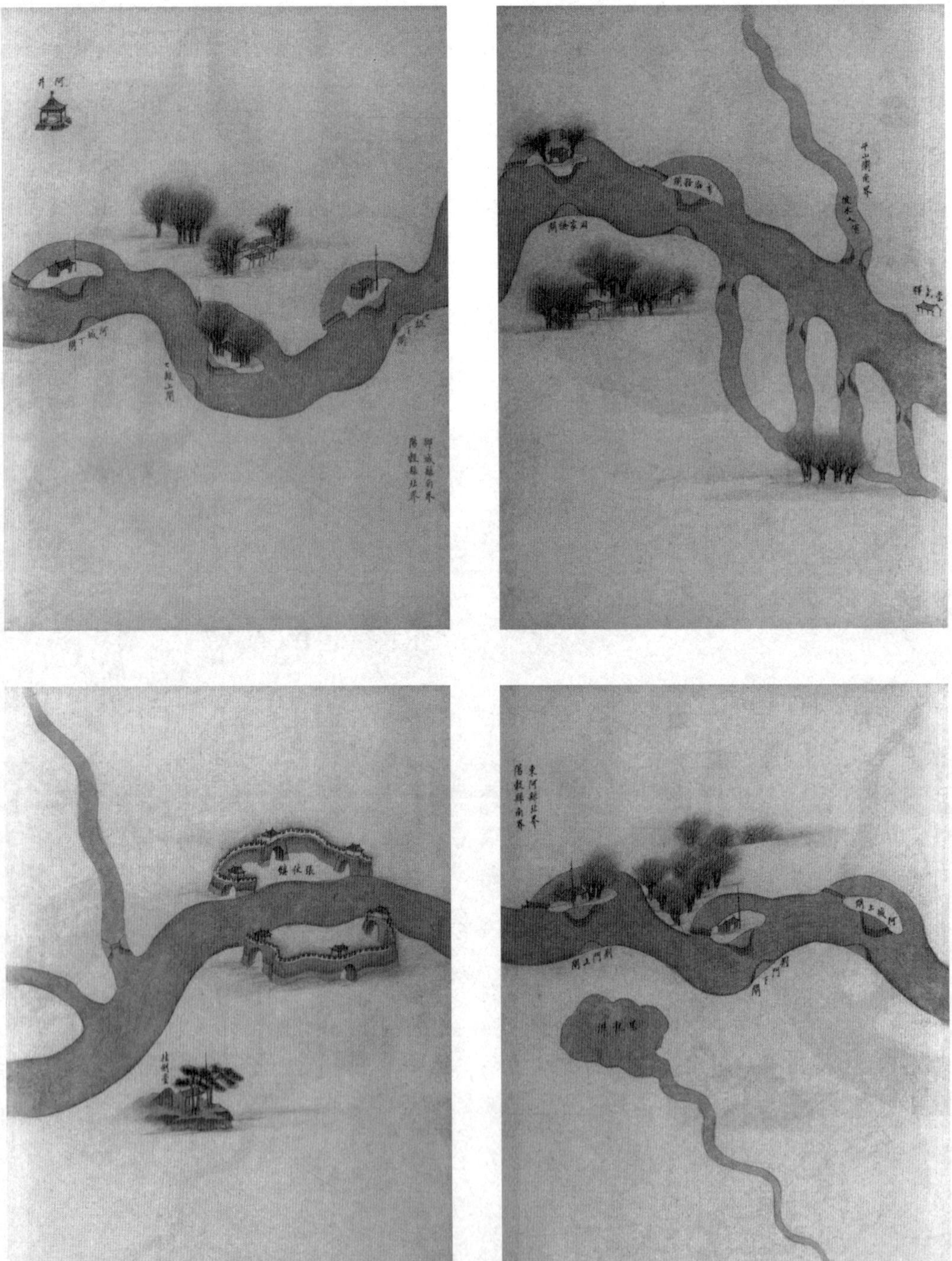

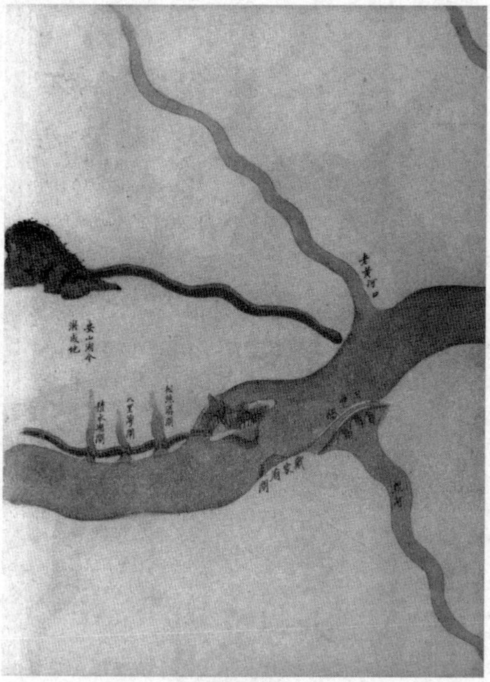

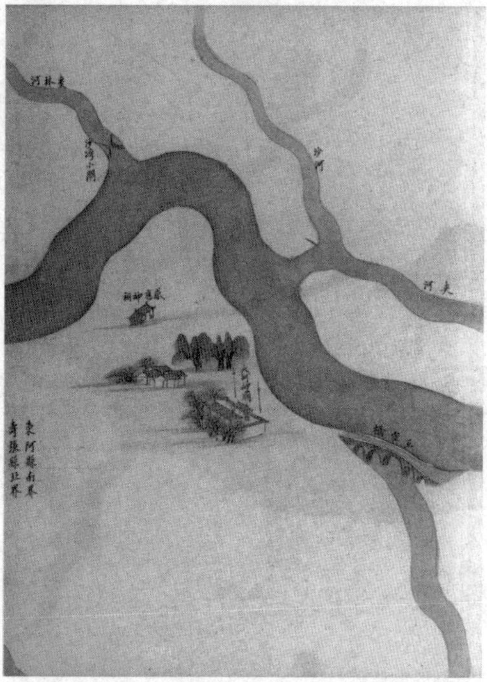

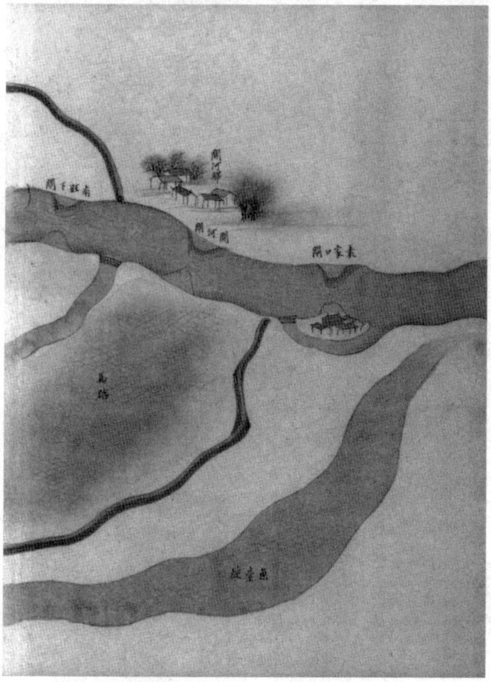

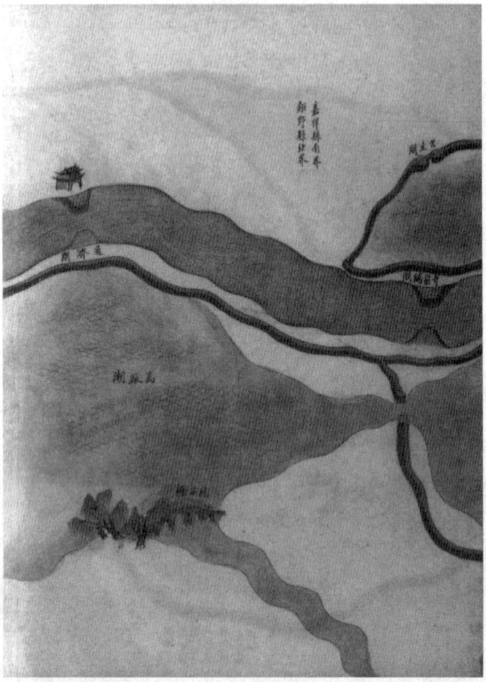

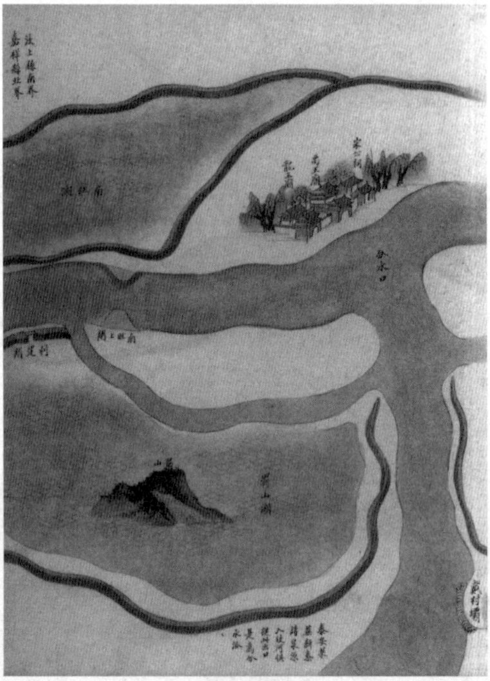

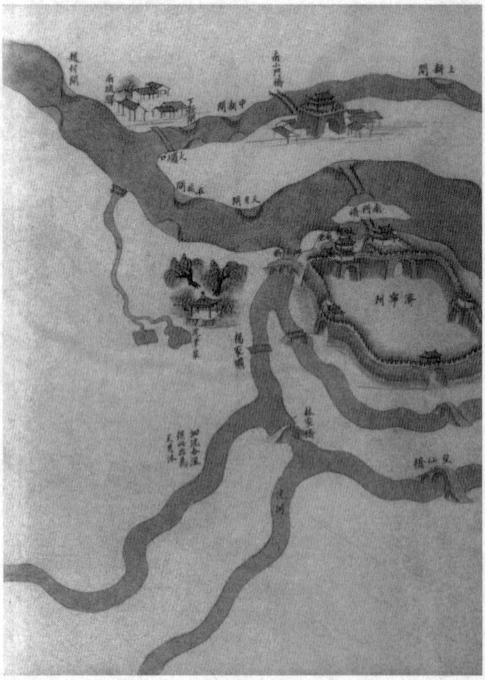

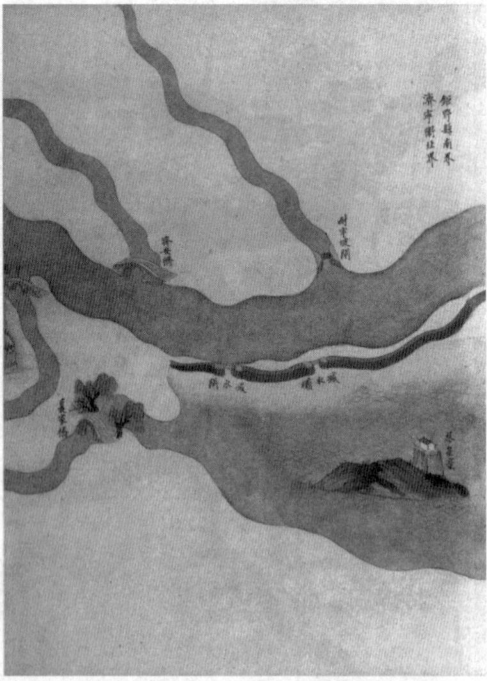

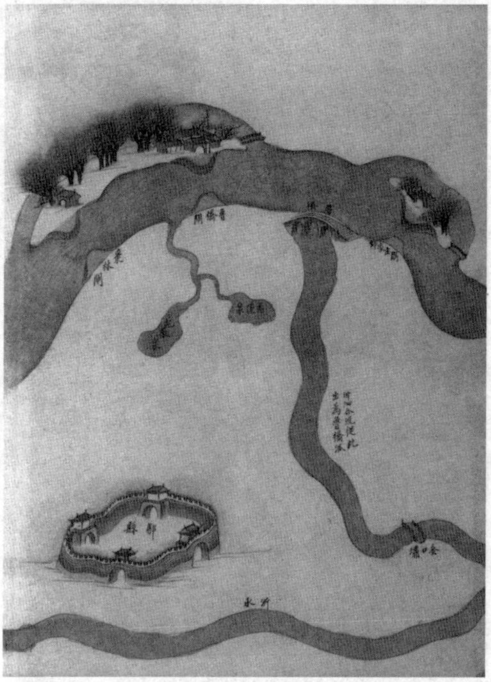

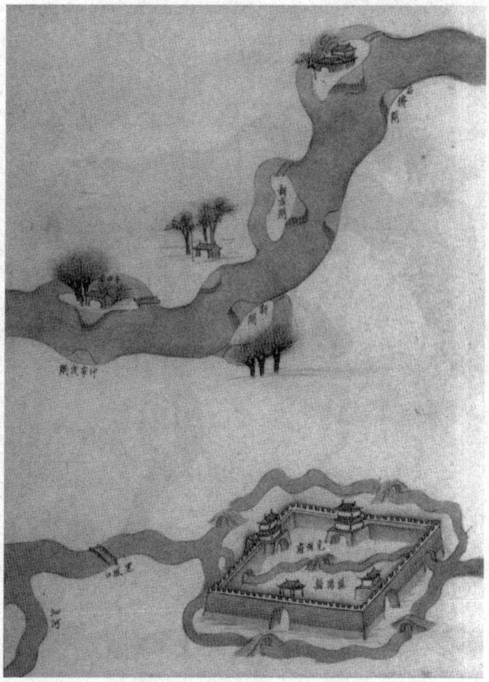

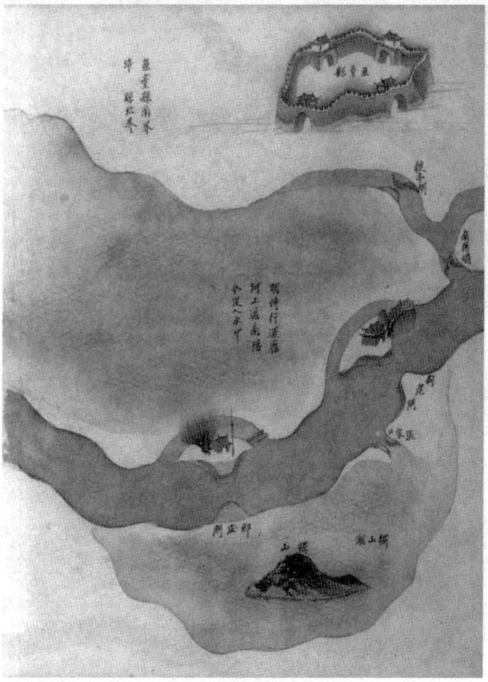

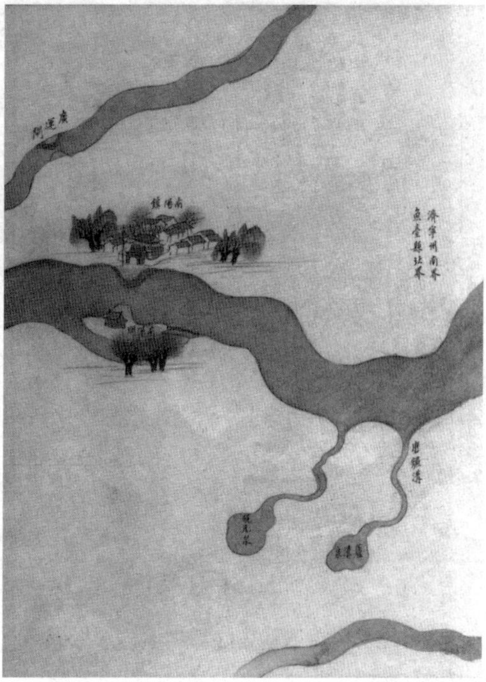

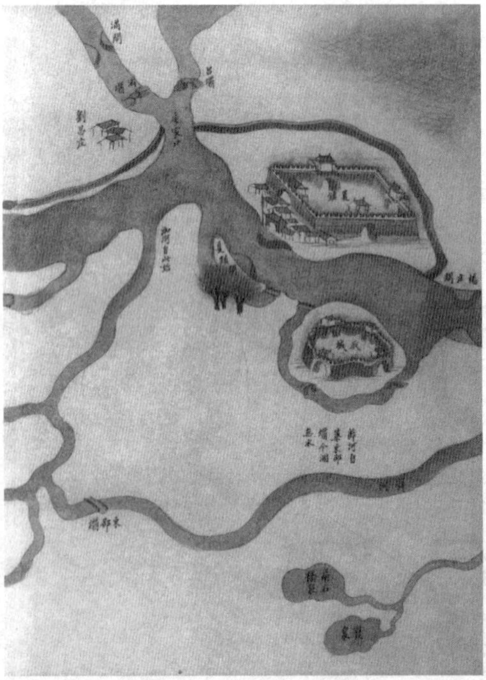

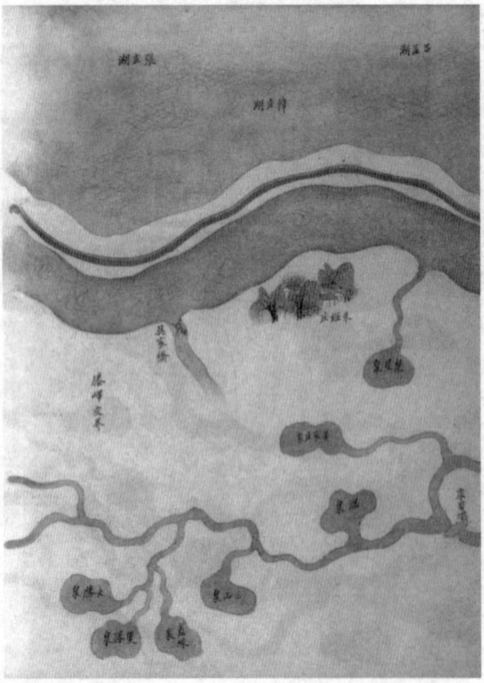

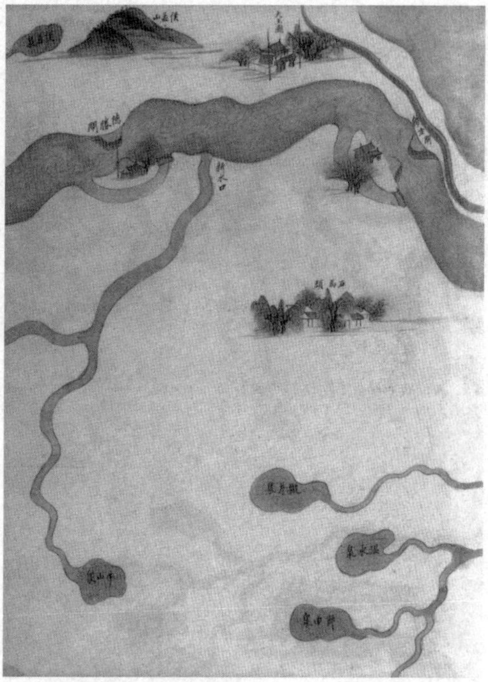

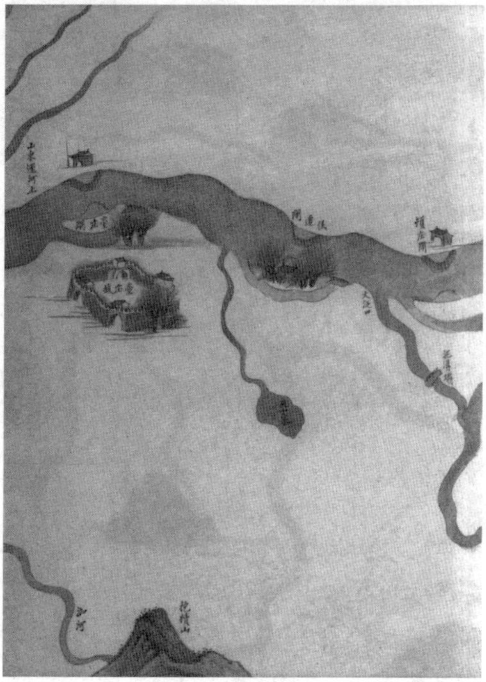

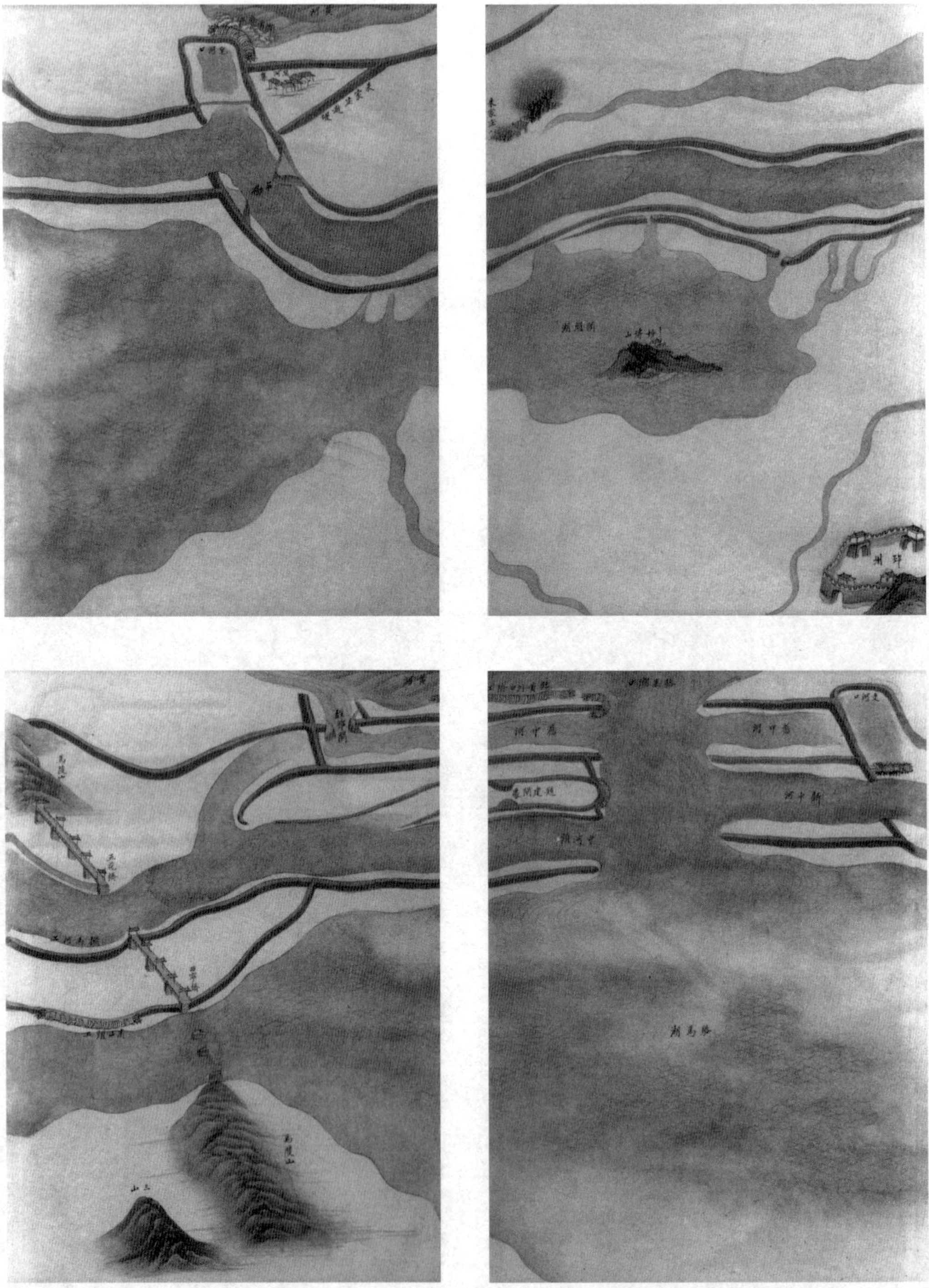

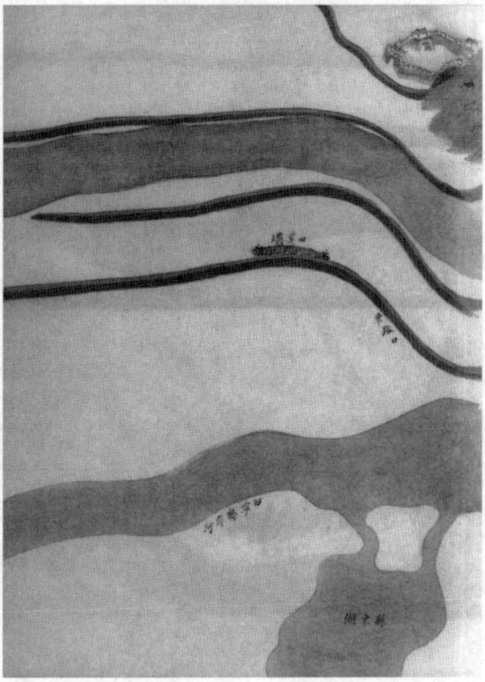

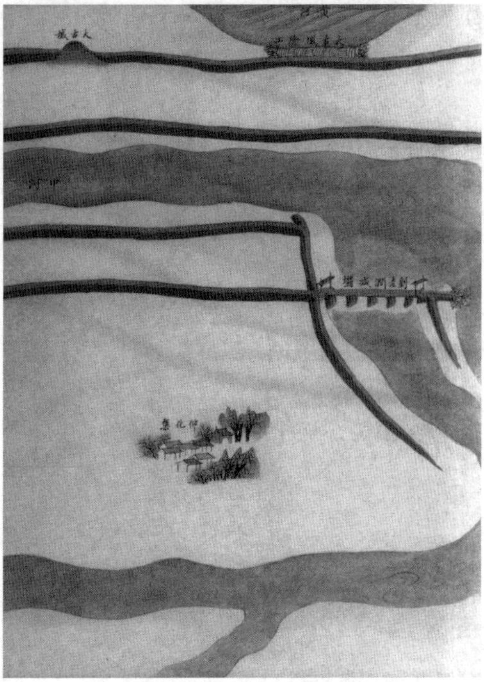

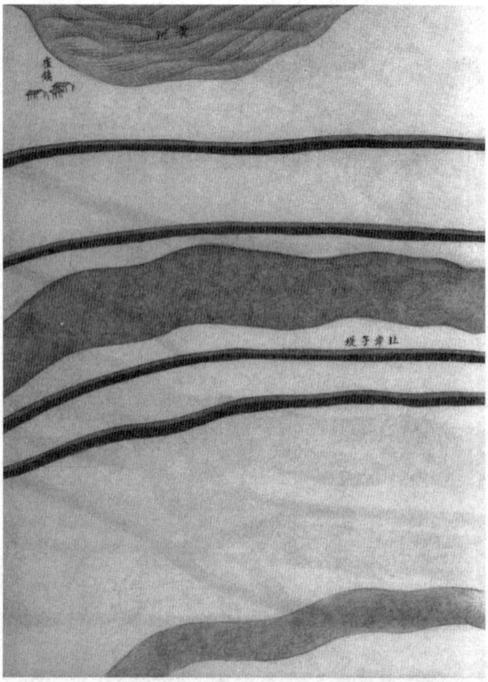

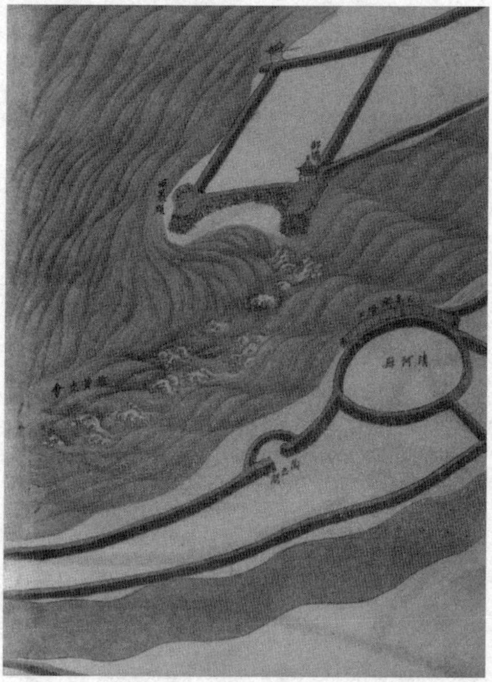

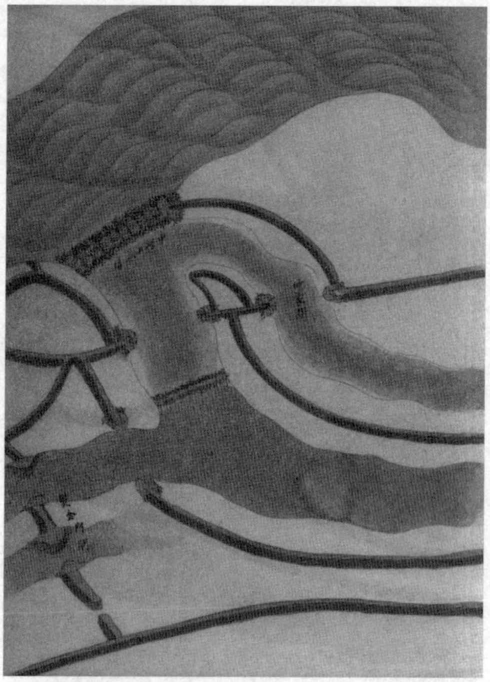

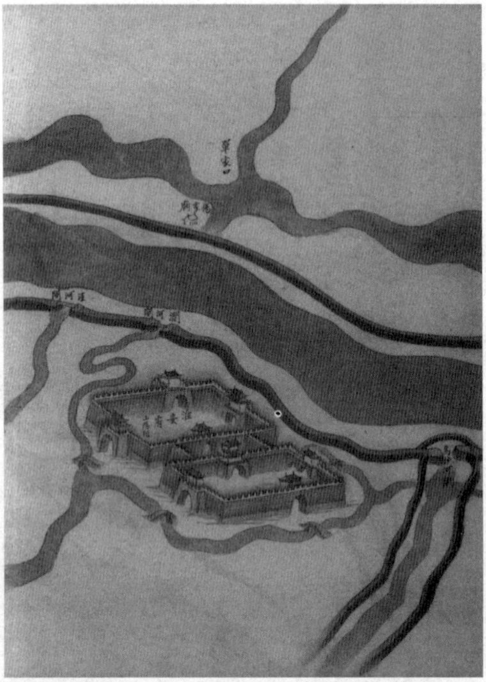

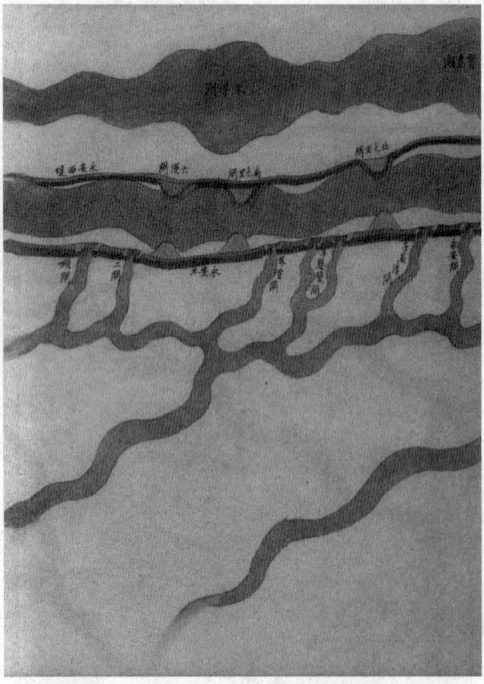

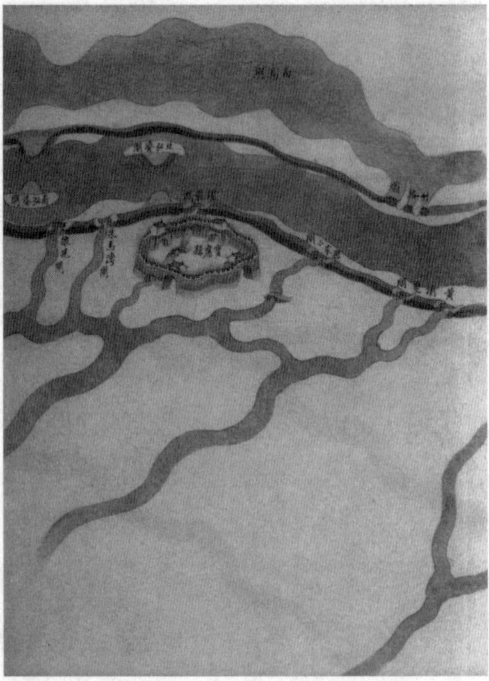

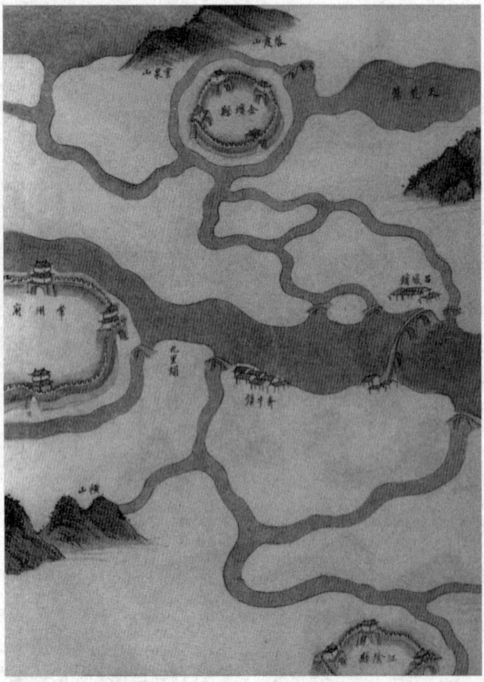

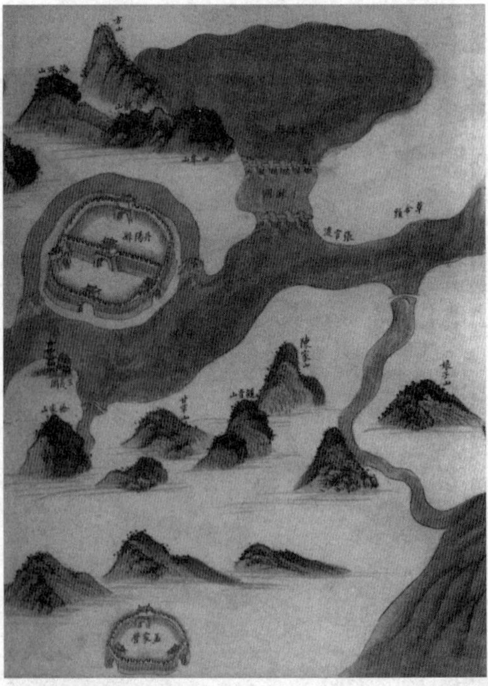

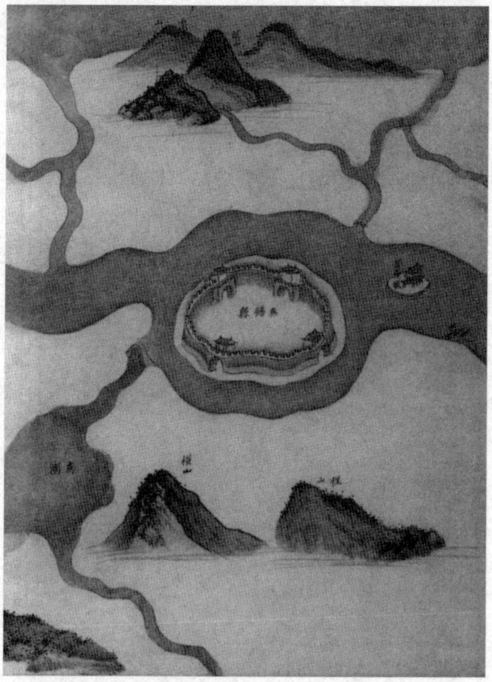

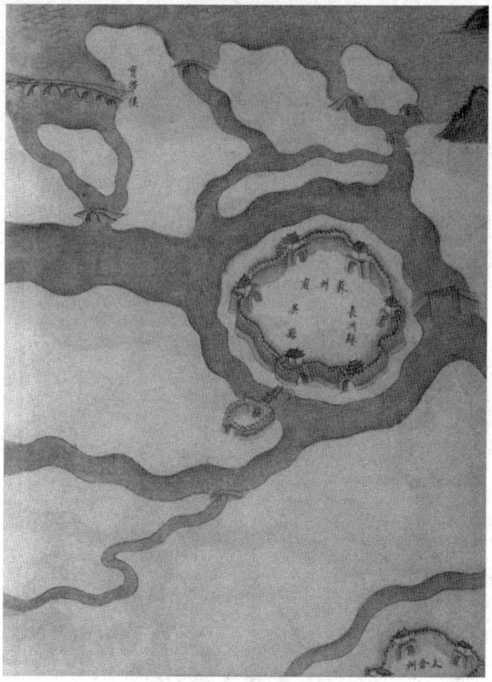

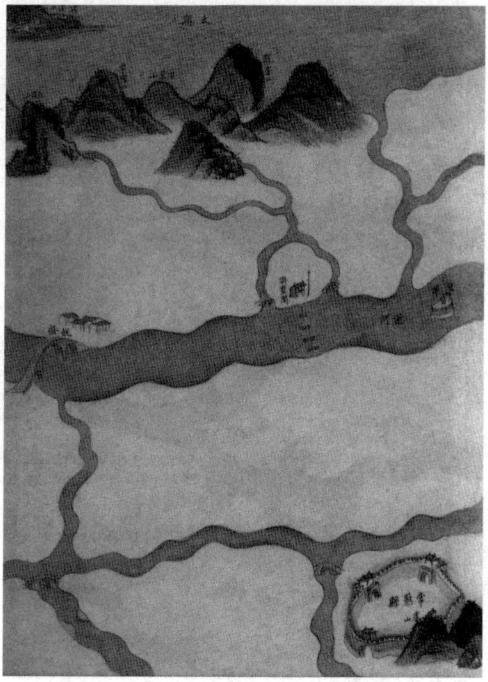

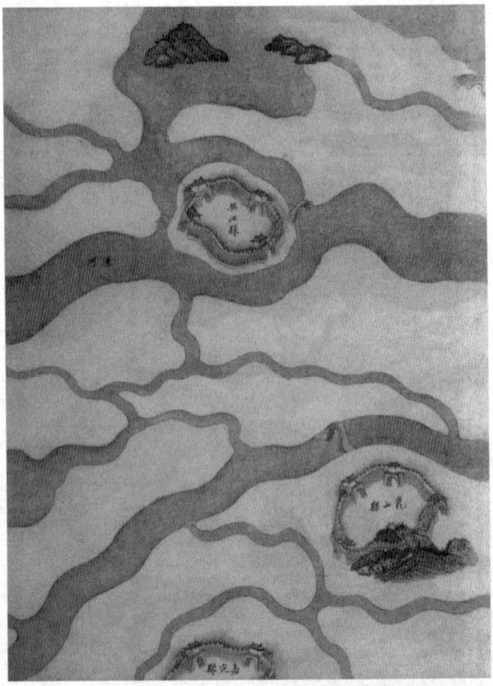

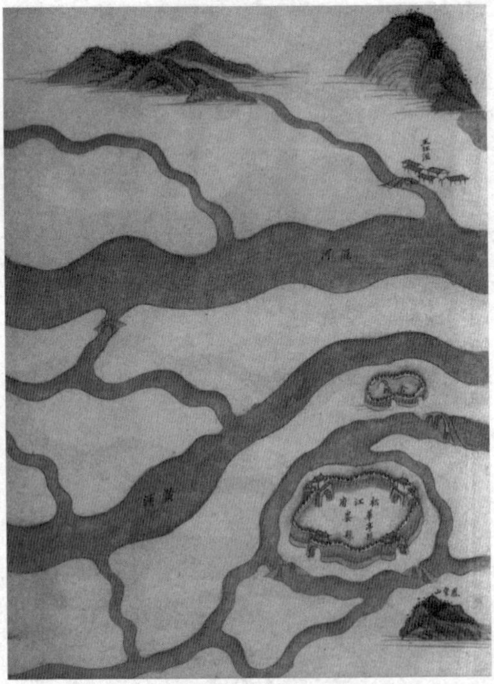

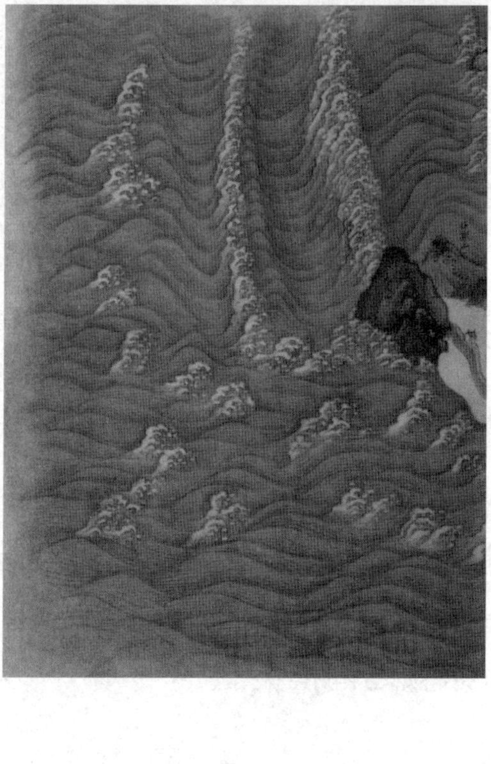

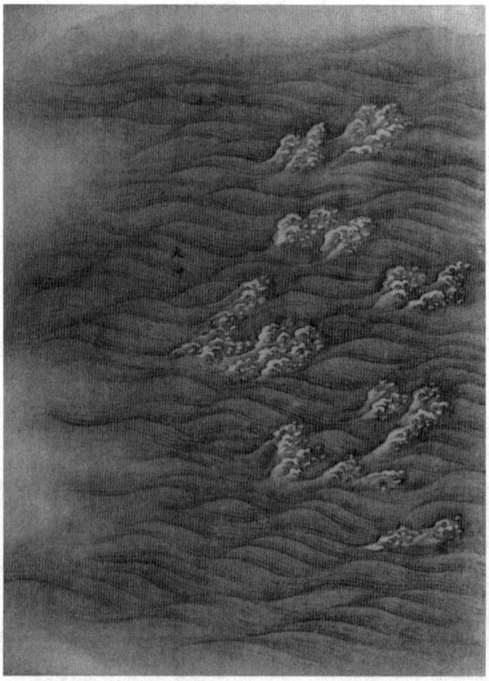

运河全图说

国家朝祭之需，以及百官之匪须，六军之馈饷，皆仰给于东南，漕渠之攸系綦重矣。前代海运有风涛之险，由黄河转运，则逆流而上，经吕梁洪至镇口三百余里，惊涛怒浪中，涉危履险，而于运道之兴废，聚议棼如矣。我皇上睿谟周详，区画尽善，辟清口，浚中河，以利运道。江南、浙江、江西、湖广等省之漕运，于水次受兑后，依限开帮，经长江，进瓜、仪，入扬州运河，衔尾过淮，俱出清口，进中河，由山东洳河历济宁、东昌、临清、德州、天津，以达通州，俱从运河利涉，早登仓庾，国用充足。既无海运风涛之险，又避黄河溯流逆挽之患，古来运道之善，孰逾于此？诚万世永赖之鸿模矣。

卷之四

运河全图说

国家朝祭之需，以及百官之匪须，六军之馈饷，皆仰给于东南，漕渠之攸系綦重矣。前代海运有风涛之险，由黄河则逆流而上，径吕梁洪至镇口三百余里，运道之兴废，聚议棼如矣。我皇上睿谟周详，区画尽善，辟清口，浚中河，以利运道。江南、浙江、江西、湖广等省之漕运，于水次受兑后，依限开帮，经长江，进瓜、仪，入扬州运河，衔尾过淮，俱出清口，进中河，由山东泇河，历济宁、东昌、临清、德州、天津，以达通州，俱从运河利涉，早登仓庾，国用充足。既无海运风涛之险，又避黄河溯流逆挽之患，古来运道之善，莫逾于此，诚万世永赖之鸿模矣。

直隶通州、香河、武清三州县运河图说

通州、香河、武清三州县运河，其北自白河与富河在通州城北石坝处合流，四十里许，至张家湾，而通惠、桑干诸河入焉。南流至天津出海，所谓潞河也，亦称白河。自通州石坝起，

至天津卫交界止，计程三百四十二里。设有杨村通判一员，管理河务。

通州河道，北自本州石坝起，南至香和县交界止，计程一百一十五里。运河堤岸，自龙潭口起，至白浮圈下老堤头止，计长八百二十七丈，康熙三十三年修筑。

香河县河道，北自通州交界板罾口起，南至武清县交界红庙村止，计程三十一里。运河堤岸，官修长四百一十六丈，民修长三百十九丈。

武清县河道，北自香河县交界红庙村起，南至天津卫交界望海寺止，计程一百九十六里。

运河东岸堤工二十号

第一号，东要儿渡口堤，长一千九百一十丈。康熙三十四年六月内被水冲决，修筑。三十七年又修迎水堤五百一丈二尺。三十九年六月内又冲坍。四十年二月内修筑。

第二号，八百户口堤，长九百六十五丈，系旧堤。

第三号，十百户口堤，长九百七十丈，系旧堤。

第四号，东黑龙口堤，长六百四十八丈，系旧堤。

第五号，四百户口，即小王家甫堤，长七百丈。康熙三十五年冲决，修筑。

第六号，三里浅口堤，长一千四百一十四丈。康熙三十二年六月内冲决三百五十五丈，三十三年二月内修筑。

第七号，北蔡村口堤，长八百六十七丈。康熙三十四年六月内漫开十二丈五尺，三十五年四月内修筑。

第八号，桃源口堤，长九百六十丈，系旧堤。康熙三十九年五月内漫开，奉上谕："此堤离河远，不必修筑。"

第九号，筐儿港堤，长一千一百七十八丈七尺。康熙三十六年、三十八年频被水冲决，三十九年二月内奉旨另开新河，筑堤两道。

第十号，徐官村口堤，长一千八百丈。康熙三十五年八月内冲决三十九丈五尺，三十六年修筑。

第十一号，东窦家口堤，长六百一十丈。康熙三十九年五月内漫开，四十年四月内修筑。

第十二号，承安口，即阎王庙口堤，长七百六十丈。康熙三十二年六月内冲决四十五丈，三十三年二月内修筑。

第十三号，朱龙口堤，长二百六十五丈。康熙三十五年八月内漫开六丈，本年九月内修筑。

第十四号，阎家湾口堤，长一千八百九十丈。康熙三十九年五月内冲决，本年九月内修筑。

第十五号，孙明口堤，长一千八百丈。康熙三十九年五月内漫开，本年九月内修筑。

第十六号，白马湾口堤，长一千四百四十丈，系旧堤。

第十七号，阎洪口堤，长九百丈，系旧堤。

第十八号，张官屯口堤，长六百三十丈。康熙三十五年八月内漫开九十二丈，三十六年七月内修筑。

第十九号，小新流河口堤，长九百丈。康熙三十五年八月内漫开五十一丈五尺，三十六年十月内修筑。

第二十号，信艾口堤，长七百二十丈。康熙三十五年六月内漫开七十五丈。

修筑西岸堤工二十四号

第一号，沙河李家口堤，长七百七十六丈。康熙三十四年六月内漫开一百四十八丈，三十五年修筑。

第二号，阎家口堤，长三百一十丈，系旧堤。

第三号，车营口堤，长五百四十四丈，系旧堤。

第四号，刘吉口堤，长一百四十一丈，系旧堤。

第五号，棉花市口堤，长七十三丈，系旧堤。

第六号，铁牛口堤，长十八丈，系旧堤。

第七号，西要儿渡口堤，长四百三十二丈，系旧堤。

第八号，白庙口堤，长八百五十二丈，系旧堤。

第九号，西黑龙口堤，长八百一十丈。康熙三十五年八月内漫开八丈五尺，三十六年九月修筑。

第十号，黄须口，即传官屯堤，长一千一百五十丈。康熙三十二年六月内冲决八十三丈，三十三年二月内修筑。

第十一号，西王家甫口堤，长一千六百一丈。康熙三十五年八月内漫开八丈五尺，三十六年六月内修筑。

第十二号，灰涡口堤，长一千一百二丈五尺，系旧堤。

第十三号，聂卞官屯口堤，长一千二百一十五丈，康熙三十五年八月内漫开二十八丈，三十六年七月内修筑。

第十四号，白驹厂口堤，长一千八百丈。康熙三十九年五月漫开，四十年特发帑委官修筑。

第十五号，郑陈官口堤，长九百三十丈。

第十六号，梓宫淀口堤，长一千二十一丈。

第十七号，王才口堤，长一千三十丈。

第十八号，西窦家口堤，长八百一十丈。

第十九号，马家口堤，长一千九百八十丈。

第二十号，刘滦口堤，长一千六百二十丈。

第二十一号，蔡家口堤，长二百二十丈。

第二十二号，桃花口堤，长三千二百四十丈。

第二十三号，毛家口堤，长三百六十丈。

第二十四号，李家口堤，长七百二十丈，俱系旧堤。

白河

源出密云县雾灵山，南流过顺义县，入通州境，至北关外石坝处与富河会流，是谓潞河也。按：《志》：雾灵山在密云县东北一百里，今在边城外。《通州志》云：河岸皆白沙，不生青草，故曰白河。

富河

富河，源出顺天府西瓮山口，由顺义县界至通州北关外，与白河会。按：富河昔称榆河。《志》云：榆河源发昌平州月儿湾，下流为沙河，经顺义县与白河合。

通惠河

旧名大通河，源出昌平白浮村神山泉，西南会一亩、马眼诸泉，远出瓮山，为西河，又名七里（滦）〔泺〕。东入都城西水门，贯积水潭，又稍东入内府，环绕宫殿，南出玉河桥水门，合南北城河，经大通桥至通州分流。一自旧城西水门流入城内，至东水门出，一自新城西门外，绕新旧城南而折而东北，乃合流至张家湾城东门外入潞河。自大通桥至通州设闸，曰庆丰闸、平津上闸、平津下闸、普济闸。潘季驯曰：杨村以北，通惠之势峻若建瓴，白河之流，淤沙易阻，夏秋水涨则惧其潦，冬春水微则病其涩。浮沙之地，既难建闸以备节宣，惟有浚筑之工，殊为吃紧。

牛家务河

一名绛河，源出牛栏山，经西赵村，过（缝）〔绛〕桥，至王家摆渡入潞河。

南新河

其上源曰凉水河，自大兴县流至张家湾城南入浑河。

浑河

源出大同府桑干山下，经太行山入宛平县境，出芦沟桥下，东南至看丹口分二支：一流至通州高丽庄入潞河；一南经固安县，至武清县小直沽，与卫河合流入海。

直沽

在武清县东南。卫河、白河、丁字沽合流于此。又东南四十里为海口，《通典》谓之三会海口，原于此置海津镇。《武清县志》云：大河以北之水多从直沽入海，此即大禹治水九河入海之处。地势卑下，遇霖潦直与海平。昔人尝欲因其填淤，置稻田以足赋。今府境诸水类以直沽为壑。

附余

通州，秦属渔阳郡；汉置潞县；后魏置潞郡；隋废入涿郡；唐置元州，寻复为潞县；五代、辽皆因之；金为通州，取漕运通济之义，后因之，属顺天府。

香河县，唐之武清县也；辽于新仓置榷盐院，因居民聚集，遂置香河县；明属顺天府；今因之。

武清县，汉为雍奴县，隶渔阳郡；晋属燕国；隋属涿郡；唐为武清县；明属通州；今因之。

天津运河图说

天津运河，其水南自山东临清州，卫水与汶水合流，而北至天津，会潞河入海，故亦名卫河。北自武清县交界三岔河起，南至东岸南皮县交界、西岸交河县交界白洋桥止，历天津卫、静海、霸州、青县、沧州所辖，共计程三百四十五里八分，属天津同知管辖。

天津卫所辖河道堤岸二十九处，错落于静海、青县、沧州之间。

天津天卫东岸十处：

泼涨浅、新庄浅、王官浅、马家浅、东漫撒浅、西漫撒浅、罾鱼口浅、王家浅、界宿浅、蔡家浅。

天津左卫东岸八处：

张家口浅、大埽湾浅、高家马头浅、安都寨浅、索家马头浅、北横堤浅、南横堤浅、南捷地浅。

天津右卫东岸五处：

北阳口浅、南阳口浅、白洋桥浅、萧家楼浅、冯家口浅。

天津天卫西岸系霸州、静海地方。

津左卫西岸六处：

石塘口浅、莲花池浅、许家口浅、官庄口浅、北捷地浅、流佛寺浅。

天津右卫西岸系交河县地方。

静海县所辖河道，北自小园起，南至赵家洼止，计程一百四十四里。

霸州所辖河道堤岸六处，共计程二里八分，错落于静海县境内：

卢家口、程家口、程家口、苏家口、冯家口、北苏家口。

青县所辖河道堤岸，主簿经管河东：

八里塘浅，计长十四里。

李家浅，计长五里。

柳巷浅，计长五里。

安家浅，计长十里。

流洪浅，计长十里。

巡检经管河东：

王家浅，计长六里。

安堵寨浅，计长六里。

主簿经管河西：

新庄浅，计长三十里。

流河浅，计长二十里。

留小浅，计长二十五里。

巡检经管河西：

李家浅，计长二十七里。

运坊浅，计长四十里。

砖河浅，计长一十五里。

沧州所辖河道堤岸：

朱家坟浅、华严庵浅、红孩口浅、回回湾浅、寇家圈浅、王家圈浅、砖河浅。

滹沱河

发源山西繁峙县，东流经献县城南十一里单家桥，至青县南岔河口入运河。

盘古沟

在青县南十五里，深三丈，虽大旱，水亦不竭，东流入于卫水济运。

附余

天津卫，秦为上谷、渔阳二郡地；汉初属燕国，分置涿郡；魏属燕国；唐属幽州总管府；宋属燕山府；元初属燕京路大兴府，后改属大都路；明洪武初属北平府，永乐中始立卫，名曰天津，属河间府；今因之。

静海县，宋大观中以清州涡口寨为静海县；明洪武初更名静海，属河间府；今因之。

霸州，秦上谷郡地；汉属渤海郡；后汉属广阳郡；隋属涿郡；唐为永清县，即益津关也；五代周置霸州；宋治文安县；元仍为霸州；明属顺天府；今因之。

青县，春秋时为清国；唐为幽州芦台军地；宋太平兴国七年置乾宁军乾宁县，大观初改军曰清州；明为青县，属河间府；今因之。

沧州，汉为渤海郡地；后魏为沧州浮阳郡；隋为渤海郡；唐复为沧州；元属河间路；明属河间府；今因之。

交河、南皮、东光、吴桥、景州五州县运河图说

交河、南皮、东光、吴桥、景州五州县河道，北自天津卫交界白洋桥起，南至山东德州卫交界王一光坟止，计程共一百

八十四里，设有河间府管河通判管理修防。

交河县河道，西岸北自天津卫交界白洋桥起，南至东光县交界杨家圈止，计长八十二里。

南皮县河道，东岸北自天津卫交界萧家楼起，南至东光县交界十二里口止，计长八十六里。

东光县河道，西岸北自交河县交界杨家圈起，东岸北自南皮县交界十二里口起，南至吴桥县交界止，计程六十里。

吴桥县河道，北自东光县交界起，西岸南至景州交界清水湾止，东岸南至山东德州卫交界王一光坟止，计程四十二里。

东西两岸共六浅：

东岸连窝浅、小马营浅、铁河圈浅、西岸王家浅、郭家圈浅、朱官屯。

南四浅错落于山东德州卫六十余里河道之间。

降民屯浅坐落山东德州卫第四屯南东岸半边。

罗家口浅坐落山东德州卫第六屯东岸半边。

高家圈浅坐落山东德州卫老君堂北西岸半边。

白草洼浅坐落山东德州卫白草洼西岸半边。

景州河道，西岸北自吴桥县交界清水湾石碣起，南至山东德州卫交界石碑止，计程二十四里。

附余

交河，金大定七年以献州石家圈置交河县，属献州；明属河间府；今因之。

南皮，秦置县，属巨鹿郡；汉属渤海郡；东汉为渤海郡治；魏属河间国；晋仍属渤海郡；唐初属沧州，后改属景州；宋属沧州；金属河间府沧州；后因之。

东光，汉属渤海郡，又为侯井，为弓高，属河间国；晋属渤海郡；隋属平原郡；唐初属观，后属景州；金为观州治；元属景州；明初省入阜城县，后复置，属河间府景州；今因之。

吴桥，隋将陵县地，属平原郡；唐属德州；五代周置保顺军，属沧州；金始置吴桥县，属河间府景州；后因之。

景州，春秋时为晋地，名条；汉为修，为广川，为观津，俱属信都国；东汉以修属渤海郡，广川属清河国，观津属安平国；唐贞元三年置景州，后废，复置；宋为永静军；金复为景州，后改观州；元复为景州；明属河间府；今因之。

山东下河图说

下河，旧系粮河通判管辖，于康熙三十二年添设下河通判一员。北自直隶河间府吴桥县交界德州卫降民口铺起，南至临清州交盐店北半壁店止，计程共三百二十七里三百零一步六尺五寸。属东昌府下河通判管辖。

临河六州县二卫

德州左卫河道，夹在德州卫河道内，计长一里零二十步。

德州卫河道，北自直隶吴桥县交界降民口铺起，南至德州界下八里塘止，计长八十九里二百八十四步五尺。

德州河道，北自德州卫界下八里塘起，南至恩县界曹家口铺止，计长一十五里零四步。

恩县河道，北自德州界曹家口铺起，南至故城县界孟家湾止，计长一十二里三百零二步一尺五寸。东岸有进水闸一座，久废。

故城县河道，北自恩县界孟家湾起，南至武城县界冷家坟止，计长一十六里。

武城县河道，北自故城县界冷家坟起，南至夏津县界横河口止，计长一百四十六里。西岸有进水闸一座，久废。

夏津县河道，北自武城县界横河口起，南至清河县界孙家口止，计长二十七里。

清河县河道，北自夏津县界孙家口起，南至临清州界盐店北半壁店止，计长二十里。

附余

德州，周齐地也；汉为平原郡；至隋始置德州，属平原郡；唐以后皆因之；明属济南府，领德平、平原二县；今因之。州治在运河东岸旁。

恩县，春秋为齐里丘；汉置清河郡；唐改贝州；宋庆历中王则作乱，讨平之，宥其余党，改为恩州；金属大明府；元属东平路；明降为县，属高唐州；今因之。县治在运河东岸五十一里。

故城，古蓨县膏池地也；隋为历亭县，属清河郡；唐贞元五年置今县，属甘陵郡；宋属贝州；金元废为镇，后复置县；明隶景州；今因之。县治在运河西岸二里。

武城，战国时为平原君封邑，世谓言子游所宰处者，误。汉为东武城，属清河郡；唐属贝州；宋属恩州；元属高唐州，后因之。县治在运河东岸一里。

夏津，春秋为齐、晋会盟之要津；汉为鄃县；至隋始置夏津，属贝州；唐属清河郡；宋、金属大名府；元属高唐州，后因之。县治在运河东岸四十里。

清河，齐贝丘地；汉为甘陵；晋始置清河县，历代因之；

宋属恩州；元属大名府；明洪武六年改属广平府；今因之。县治在运河西岸三十里。

渡口，在临清州北七十里，其地为临清清河、夏津之交，有驿。

鲧堤，在故城县西南三十里，延袤千里，自顺德、广宗界来，相传鲧治水时所筑。

陈公堤，在德州东南五里，历恩县，抵东昌，东北抵海。宋时河决浚县，陈尧佐守滑州，筑此以障水患，百姓赖之，名曰陈公堤。

山东上河图说

上河，北自直隶广平府清河县界临清州盐店起，南至兖州府阳谷县界官窑口止，计程共一百七十七里。设闸九座。属东昌府上河通判管辖。

临河五州县二卫

临清州河道，北自直隶清河县界盐店起，南至清平县界二十里铺止，计程四十里。内立二闸：砖闸一，板闸一。又西南，卫河自板闸下起至馆陶县界尖塚铺止，计长六十里。其汶河水到板闸外与卫水合流。

按：闸河地亢，卫河地洼，临清板闸口，正闸、卫两水交会处。每岁三、四月间，雨少泉涩，闸河既浅，卫水又消，高下陡峻，势若建瓴。每一启板，放船无几，水即耗尽，漕船多阻。潘季驯谓宜于闸口百丈之外，用桩草设筑土坝，中留金门，安置活板，如闸制然。将启板闸，先闭活闸，则外有所障，水势稍缓，运艘出口，易于打板，卫水大发，即从拆卸。此亦权宜之要术也。

清平县河道，北自临清州界二十里铺起，南至博平县界魏家湾迤南田家口止，计长三十九里，内有戴家湾闸一座。

德州卫，收并左卫南河河道，计长六里二百六十一步零，在清平县河道境内。

博平县河道，北自清平县界魏家湾迤南田家口起，南至聊城县界吕家湾铺止，计长三十五里，系东岸一边，与堂邑县对岸，其河道截分一十七里半。东岸有减水闸五座，如遇河水涨发，则开此泄水东流入海。

堂邑县河道，北自清平县界函谷洞起，南至聊城县界梭堤止，计长三十五里，系西岸一边，与博平县对岸，其河道截分一十七里半，内建二闸：曰土稿，曰梁家乡。西岸有进水闸三座，如遇伏秋霖潦，坡水积聚，则开此引水入河，以利漕运。

东昌卫收并平山卫河道，在东昌府东南隅，地名南龙湾。北自本营界碑起，南至邓家楼界碑止，西岸一边，长三里。聊城县河道，北自堂邑县界西岸梭堤、博平县界东岸吕家湾铺起，南至兖州府阳谷县界官窑口铺止，计长六十三里。闸座四：曰永通，曰通济桥，曰李海务，曰周家店。西岸有进水闸二座，如遇伏秋霖潦，坡水积聚，则开此引水入河，以利漕，民田不致淹没。东岸有出水闸四座，如遇河水涨发，则开此泄水东流入海，堤岸不致冲决。本县河道内有平山卫河道一段，仅长三里，系西岸一边。

附余

东昌府，古漯河故道也，其迹曰光岳楼，曰鲁连台。春秋齐西鄙也；秦置东郡；汉以后分为魏郡，为济阴，为清河；唐为博州，博平郡；元改为东昌路；明初改为府，领三州十五县；今因之。郡治在运河西岸二里。

聊城，东昌附郭邑也。春秋齐聊摄之地；至秦始置聊城县，历代因之，但所隶不同；元属东昌路；明改路为府，而县属焉。

漯水在城东七里，俗呼湄河，黄河之支流也。按：《水经》云：源自顿丘，出东武阳县，经博平至州境，又东北流入海。《穆天子传》天子自五鹿东征，钓于漯水，即其地也。

光岳楼，在府城中央，创始莫考，台高广数丈，为楼四层，盘互玲珑，矗立云表，雄胜甲于齐鲁，明万历间知府莫与齐重修。

临清，战国赵东鄙也。汉为清源县，属魏郡；晋后赵改置临清，后析为清泉、沙丘、永济；宋属大明府；元属濮州；明属东昌府，弘治初始升为州，领馆陶、丘二县。州治在汶河之北、卫河之东，二水至此合而北流。

清平，齐贝丘地，《左传》襄公田于贝丘，即此。汉置贝丘县；隋改今名，属清河郡；宋、金属大名府；元属德州；明改属东昌府。县治在运河东岸二十里。

博平，周时为齐博陵邑；汉置今县，后析置灵县；唐析置灵泉县，寻废；元属东昌；明因之。县治在运河东岸四十里。

堂邑，汉发干、乐平二县地也。隋开皇初始改今名；石晋改为清河，寻复旧；元属东昌；明因之。县治在运河西南三十里。

馆陶，春秋晋冠氏邑，后属赵，西北有陶丘焉，置馆其侧，因名馆陶。隋为毛州；唐改永清，寻复置。馆陶县，宋属大名府；元属濮州；明改属临清。县治在卫河东岸二里。

张秋河图说

张秋河，北自阳谷县官窑口接东昌府聊城县河道南界起，南至东平州靳家口上接汶上县河道北界止，计程共一百五十五里。设石闸九座。属兖州府捕河通判管辖。

临河四州县一所

阳谷县河道，北自官窑口铺接东昌府聊城县南界起，南至五里铺接东阿县北界止，计长六十里。内石闸六座：曰七级下闸，曰七级上闸，曰阿城下闸，曰阿城上闸，曰荆门下闸，曰荆门上闸。

东阿县河道，北自五里铺接阳谷县南界起，南至沙湾铺接寿张县北界止，计长一十五里。其堤岸北自阳谷县河道荆门闸上红庙起，南至沙湾铺止，计长二十里，而安平镇居其中，安平镇，旧名张秋，系阳谷、寿张、东阿三县地方，为漕运咽喉。

寿张县河道，北自沙湾铺接东阿县南界起，南至东平州界戴家庙闸下三空桥止，计长二十里。内沙湾运河西岸有积水闸一座。旧黄河口，自前成化七年建，每水伏秋，郓、濮等处倒坡之水接流至此济运。

东平州河道，北自戴家庙闸下三空桥接寿张县南界起，南至安山闸接东平所河道止，计长三十里。内石闸二座：曰戴家庙闸，曰安山闸。又北，自安山闸起，南至靳家口汶上县北界止，内除东平所河道一十二里，实管河道一十八里。内石闸一座，曰靳家口闸。共计东平州所管河道四十八里。

戴村坝距东平州六十里，一名周李村，长五里十三步。汶水从陶、泰而来，就盐河由博兴车渎入海。永乐九年，宋礼用老人白英计，分水南旺筑此坝，横遏汶水南流，会通河始得济运，诚全河之屏障也。其坝屡修屡圮，营费不赀。天顺五年，知州潘洪增筑高厚，上植以柳，至今不坏。先年设夫增土植柳，培护周密。张纯《守坝论》曰：漕河之有戴村，譬人身之咽喉也。咽喉病则元气泄走，四肢莫得而运矣。昔在创建之初，岁增土以培之，植柳以护之，多设夫以守之，其防御盖甚密也。后土日增，柳日固，则夫议停役矣，所以宽民力也。然物久则坏，防弛则废，即今单薄日甚，而原植护柳，什无一二存矣。况究地土疏，汶性湍急，万一水失其性，得无虑与？然则为之奈何？乘泉夫之余力，岁加修筑，增铺舍，植新柳，令现役之夫力加守护，则盘错根深，坝将自固，将无所事节乎？曰：不可也。彼其溯湃浩荡之势，非有以顺之则拂，非有以蓄之则溢，拂与溢等害耳。故每遇水潦，须决坎河口以杀之。杀之不足，则开滚水坝；又不足，则开减水诸闸。或顺之入海以披其势，或蓄之入河以纳其流。微则尽塞，令余波悉归于漕。是节之固所以守之，此营卫吐纳之说也。不然，三汶争趋，源大流长，夏秋水潦，怒激奔逸，岂一坝所能支哉？诚笃论也。今宜如旧例，督夫培工栽柳，乃运河第一关键。

坎河口闸，在戴村东。宋礼既筑坝于戴村，遏汶水之入海者，注之南旺。水无旁泄，留坎河口不坝，以备分泄入海。每岁重运过时，止用刮沙板作一沙坝于坎河口，即涓滴尽趋南旺。若水涨，则连沙冲出坎河后，河身渐移近坎河口，全河之水直灌坎口，故土坝岁筑岁决。万历初，侍郎万恭垒石为滩，而每岁筑坝，劳费不赀，且全流漫衍而入盐河，南旺每至胶舟。万历十七年，总河潘季驯筑石坝四十丈，高三尺，上博丈五尺，下益六之一，两翼之长，视坝减五之二，其高倍之。左右为土堤二百三十丈，东岸为石堤，厚一丈。其法用丈许大石，夹砌如墉，实细石其中，涂以垩，拊上锐下丰，状如鱼背。谓若水高于坝，漫而西出，漕可无溢也；水卑于坝，顺流而南，漕可无涸也。二十一年，水大发，尚书舒应龙又于河口之下开渠泄水，因于两旁各筑石堰，以防冲刷之患。

东平所河道，北自安山闸接东平州河道南界起，南至东平州河道北界碑止，计长一十二里，在东平州河道之内。

附余

阳谷，春秋齐地，僖公三年会于阳谷，即此。秦、汉为须昌县；至隋徙置今名；唐属郓州；元改郓为东平，后因之。县治在运河西四十里。

东阿，春秋为齐邑，庄公十三年盟于柯，即此。历汉至唐，俱属济北，后改属郓州；元改郓为东平，后因之。洪武初，以水患徙治谷城，即今邑治。在运河东六十里。

寿张，春秋良邑；战国为刚寿；汉置寿良县，光武避叔父讳改今名；元属东平路，因之。县治在运河西三十里。

东平，春秋四附庸国；汉置东平国；唐为郓州；宋、元为东平府；明降为州，属济宁，后改属兖州。治在运河东北十二里。

安平镇，旧名张秋，春秋为卫地；秦、汉以来为东阿、寿张、阳谷三县之地，或属济北，或属东平；周世宗时遣宰相李谷治堤，自阳谷抵张秋口，镇名昉此；宋改为景德镇；明弘治七年，塞决河功成，赐镇名安平。抱河为城，北河都水郎中治之，其地仍为东阿、寿张、阳谷三邑边界云。

广济渠，在张秋城南，运河西岸。明景泰四年，徐有贞治沙湾河决时，先为疏水之渠，起张秋金堤，通寿张之沙河，西南至于竹口，又西南至大渚潭，乃逾范暨泊而上，又西北接河、沁之水，命曰广济渠。渠口为通源闸，有石堤二道，自大感应庙起至沙湾，长一百六十丈。运堤自沙湾起至荆门驿，长一千九百三丈。有五空桥，在张秋城南，与沙湾相对，即为减水石坝，广袤各十五丈。又于上甃石为五窦，以漕渠余水入之小盐河。顺治七年，黄河决荆隆，冲张秋，南北堤岸俱溃，惟此石堤巍然独存，复行修整，以便纤挽，实为利漕。浅八：曰挂剑，曰新添，曰沙湾，曰北湾，曰安家口，曰仲渡口，曰南浮桥，曰北浮桥。东岸戴家闸东有三空桥，大河神祠北有五空桥，俱泄水入盐河。西岸南自老黄河口，次即沙湾，又次坎河，斜对东岸之五空桥。而西岸沙河由夹河出减水坝，乃在五空桥之北。至荆门上闸，东岸稍远，又有黑龙潭，亦泄水入盐河。此处遏汶西北，与故道清河东北之处呼吸关通，旱不令运河枯涩，潦不致运河涨溢，节宣最宜慎云。

沙湾，在张秋南十二里，黄河旧决口也。明弘治间，塞黄陵冈口，有（裹）〔里〕河一道，由郓城来，经寿张黑虎庙，至此入漕。

安山湖，在东平州西北，运河堤西，周围一百余里。永乐间，宋礼、陈瑄经营漕河既成，建议设水柜以济漕渠。在汶上为南旺，在东平为安山，在济宁为马场，在沛县为昭阳，名曰四水柜。漕河水涨，则减水入湖，水涸则放水入漕，各建闸坝，以时启闭。凡盗决侵种者有禁。万历六年，清丈安山湖，原广百里，其高而宜田者已七十七顷有奇，其卑而宜柜者，止四百一十六顷有奇。当时建议，欲于高下相承之处，筑束湖小堤，画分二区，堤以内柜水济运，堤以外听佃税粮。万历十七年，筑土堤，长四千三百二十丈。又于似蛇沟、八里湾增建二闸，以为蓄泄永利。自通河口起，过焦天禄以西吴家口止，共十七里，系帮湖运堤。自吴家口运堤起至王禹庄，又至青姑堆，环转复至通河口，共十九里。皆□[1]内湖堤。其间不无缺口。吴家口至青姑堆中，有横截东西子堤一千八百一十五丈，亦多缺口。又运堤四闸之内，各有随堤小河，自南而北，共约二十余丈。引流顺下，以出济运，皆宜修治。然总论诸湖，惟蜀山、马踏在漕岸之东，可称水柜。南旺西湖及安山湖在漕岸之西，但称水壑，不可称水柜。且自顺治年间河决荆隆，泛张秋，安山湖淤成平陆。前河臣卢崇俊会议挑复湖心，计费帑金二十余万。无可设法，因而中止。今湮塞已二十余年，挽输如故。则此湖之兴废，无关漕河之利病明矣。康熙十八年，听民开垦佃种，共开湖地九百二十五顷三十八亩九分三厘七毫，起科银两，载入《全书》。本州起解邳睢厅河库，永以为例。是向之所谓安山湖者，今一望皆禾黍之场矣。

靳口闸至安山闸三十里，安山闸至戴家庙闸三十里，戴家庙闸至荆门上闸四十五里，闸路颇远，向借安山湖水为之节宣。今安山湖久为平陆，倘遇亢旱之岁，闸远路长，水力不厚，虑有胶浅。应于三闸适中之地增建一二闸，以节水势，路近则水力自厚，可无阻涩之虞矣。

南旺南河图说

南旺南河，北自汶上县袁家口闸迤北东平州交界起，南至鱼台县辛庄桥王家口止，计程共二百七十五里一百八十步，设

---

[1] 此处缺字。据《山东运河备览》，当为“缩”。

闸十八座。属兖州府运河同知管辖。

临河五州县一卫

汶上县河道，北自靳家口东平州南界起，南至孙村嘉祥县北界止，计长五十六里一百八十步，内有袁口闸一座。

嘉祥县河道，北自汶上县孙村交界起，南至巨野县小长沟迤北交界止，计长十六里。

巨野县河道，北自嘉祥县大长沟迤南交界起，南至济宁卫曹井桥迤北交界止，计长二十五里，内有通济闸一座。

按：会通一河，其源最微，源微而支分，其流益弱，故坝以障其出。流驶而不积则涸，故闭闸以须其盈。盈而启之，以次而进，漕乃可通。潦溢而不泄必溃，于是有减水闸。溢而减河以入湖，涸而放湖以入河，于是有水柜。壅水为埭谓之堰，沙澥之处谓之浅，浅有铺，铺有夫。治之之法无他，惟尽复原设额夫，严饬河官稽察隐占，察核冒破，务令渠道及时挑浚，堤岸及时修筑，则永无艰涩冲啮之患矣。至南北堤岸千有余里，亦宜仿黄堤植柳之法，密栽柳株，上可以蔽挽夫炎日之威，下可以固临流冲激之岸，所当次第举行者也。

济宁卫河道，北自曹井桥迤北巨野县交界起，南至五里营迤东济宁州交界止，计长一十七里八分，置减水闸、安居斗门闸。

济宁州河道，北自五里营之东济宁卫交界止，南至鱼台县四里湾交界止，计长七十五里。闸九座：曰天井，曰在城，曰赵村，曰石佛，曰新店，曰新闸，曰仲家浅，曰师家庄，曰枣林。又月河闸三：曰上新、中新、下新。

鱼台县河道，北自济宁州四里湾交界起，南至江南沛县界辛庄桥王家口止，计长八十五里。闸三座：曰南阳，曰利建，曰邢庄。

蜀山湖，周六十五里，一山独峙湖心，俗传蜀者，独也，故名。其帮湖运堤，属嘉祥者，自冯家坝至孙村二千三百四十四丈。属汶上者，自孙村至分水口南一千五百丈。其湖堤自冯家坝起，至苏鲁桥止，共长三千五百十丈，以蓄水济运，历岁收蓄。汶月原有南月河口、林家村口、田家楼口及胡家楼口，而无子堤。每水大则出长沟滚水坝，入马场湖。而石坝自明季来久废，现从苏鲁桥、陈蔡口注之。又本坝以北，别有岁筑草坝一道，两头泄泻，接联湖堤。其东北受水之处，植柳以禁侵佃。

南旺湖，在汶上县西南，周漕渠两崖，共一百八十里，中为二丈堤，漕渠贯其中，画而为三。漕渠西者为西湖，即名南旺，在汶河堤南。漕渠东者为东湖，在汶河堤南名蜀山，在汶河堤北名马踏。南旺萦回九十三里，成化间，始为石堤，多菱芡、蒲荷、茭荻、鱼鳖，居人采撷为利。嘉靖间，周筑四围堤岸一万五千六百余丈。万历间，除帮湖运堤三千六百丈外，帮筑湖堤南西北三面，共一万二千余丈，复添筑东面子堤一千一百八十八丈。又于五里铺建石坝一座，长五丈，以便蓄泄济运。原湖二千七百顷，向除子堤画界处高亢地，及宋尚书、白老人香火地二百八十顷外，其二千四百余顷为水柜，随堤内开有大渠，以湖身北高南下，复穿小渠二十余道，纵横联络，使湖水通流备济。万历十七年，张居敬奏请南旺等湖各查顷亩，于高下相承之地，筑一束湖小堤，堤内为水柜，堤外为湖田，听民耕种，庶限界分明，内外有辨，小民难于侵占，官司易于稽查。诏从之。是南旺诸胡有淤高之地可耕，自昔已然。其所以不令召种者，虑其有碍于运也。今西湖积沙日久，高地虽多，而低洼之处仍以蓄泄济运，宜开浚深通，复其旧界，否则渐为平陆矣。

何家坝，距汶上县十三里，系南旺湖之尾闾。此口稍卑，汶水就西而下，每决房口而伤运河之地，南旺之水遂涸。万历二十四年筑石坝，平时任其南逝，水涨泄而之西，良得策也。南旺分水地形最高，所谓水脊也。主事王宠《论蓄泄之大略》曰：南旺旱干，常在二、三、四月，方其旱也，每有浅阻之患。前此或浚泉源，或放湖水，或筑土坝，多方以蓄之，愚以为不若一日一启闸为上策。每泛滥于六、七、八月，当其溢也，每有冲覆之患。前此或开南旺湖，或开减水闸，或决金口坝，多方以泄之，愚以为不若不闭闸，开月河行船为上策。余尝当旱涸之时，自分水逆流而上，至黑马沟，凡二十里，或三百料，或五百料，或千料船，皆能通行于两河而无阻，则闸之为紧要可知。又尝穷历汶源，至莱芜原山之阳，不过三百余里。以三百余里之泉源，而欲分流以供三千余里之漕渠，使非筑塞疏浚，启闭有方，又安能行转运哉？则闸座之为紧要，又可知矣。至于旱干之甚，则当行车水之法。试以百船论之，每船漕卒十人，至南旺盘剥，当费百也。此法行，则每船止用一人，给车二十辆，什二守闸，什八踏车，以挽湖水，每车用四人，二十车用八十人，一车加水七寸，二十车则加一丈四尺。逮五十里之湖水干，则天雨必至矣。此所以可行而无弊也。水大之甚，则开南旺以收水，开永通闸以行船，不惟可分杀滔天之势，且免济宁一带闸河之险矣。而潘季驯则曰：南旺地高，决诸南则南流，决诸北则北流，惟吾所用耳。当春夏粮运盛行之时，正汶水微弱之际，分流则不足，合流则有余。宜效轮番法，如运艘浅于南，则闭南旺北闸，令汶尽南流；如运艘浅于北，则闭南旺南闸，令汶尽北流。当其南也，更发滨南诸湖水佐之；当其北也，更发滨北诸湖水佐之。泉湖兼注，南北合流，即遇旱暵，靡不克济，此诚力不劳而功倍也。

马踏（河）〔湖〕，周三十四里，其上为钓台泊，水涨则汇入北湖，出开河闸迤北，由弘仁桥入运。其帮湖运堤，自禹王庙起，至弘仁桥止，二千六百六十三丈。其湖堤亦自禹王庙起，至弘仁桥止，三千三百余丈。系土筑以蓄水济运，历岁收蓄。汶水原有北月河口、王士义口、徐建口，亦无子堤。盖东湖地势渐高，无需防遏，止于官民界分植柳竖石，以杜侵冒。而南至长沟、小河口、苏鲁桥，北至田家楼，受水之处，亦堤而筑之，视西湖工倍焉。为闸者三，在李泰口、弘仁桥。为坝者二，在冯家口、王岩口。其戴村、王堂二口，皆蓄泄要害处也。至于关（阑）〔拦〕全湖，伸缩漕河，则有南北端二闸，东西岸十七斗门，以时启闭，实为水柜，盗决侵种宜禁云。

济宁西湖，曰马场，又名任湖，在漕渠北岸，周围四十里，上受蜀山湖水，北岸为减水闸三，即五里营、十里铺、安居镇也。东为堤一道，长一千六百余丈。湖之西口为冯家坝，万历十七年建，长十余丈，系蜀山之门户，地卑水易泄，故筑石坝以障之。水大则泄入马场湖，水小则蓄以济运。有桥曰陂石，跨于湖口。

杨家坝，在济宁城东，泗河之水贯兖府，西流合洸水，同经此口，南入运道，原未尝设坝。正德间，因刘宠之乱，筑坝引水西绕，以为济城外护，始有坝基。然事平即开，仍得通运。自崇祯十七年复筑此坝，障水护城，此特一时固圉之计耳。每遇伏秋水涨，不能泄泻归湖，两岸民田大受淹没之害。且泗、洸之水为此坝所遏，由夏桥入马场湖而后济运，其道反迂。不若改坝为闸，时启时闭，急则借以济运，缓则储以待用，民田可无淹没之虞矣。

按：鱼台、沛、滕、峄县接境诸湖共十有四：曰昭阳，曰枣庄，曰李家，曰郗山，曰微山，曰吕孟，曰张庄，曰韩庄，曰独山，曰马场坡，曰常阜，曰平山，曰白山，曰南浴，总以昭阳为统领。昭阳湖有大小二，在新河下流，自泇河通资微、吕诸湖，以济韩庄东之运道，则又据上游所受独山诸流，从枣庄湖出李家口，其东即枣湖，又东为李家湖。其在郗山之南者为郗山湖，又南为微山湖，又东南为吕孟湖，又东为张庄湖，又东为韩庄湖，名虽不同，实无限隔。自东北南阳坝至西南徐境利国监，汵漫几二百里，俱隔在运河西岸。运道自韩庄闸至夏镇，计程七十里，皆逼临诸湖，仅隔土堤一道，宽窄不齐，最称危险。其韩庄之北，建有郗山减水闸、韩庄湖口闸及护闸石堤一道，以障诸湖之水，并资蓄泄济运，固岁因修治。而微湖之西南，切近黄河，每有漫泻之患，苟不坚御，浊流一入，不独滕、峄为巨浸，而运道必梗，保运者所宜加意也。若独山、马场坡二湖，皆自南阳横截新河以入。昭阳湖，在新河上游，最为漕利。其余小湖，徒梗纤道，与漕无益。

附余

嘉祥，古武城，子游弦歌地也。汉以后皆为巨野境；金置今县，属济州；元属单州；明改属济宁；今因之。治在运河西二十五里。

获麟渡，在嘉祥县境漕河旁，地名大长沟，上有坊云获麟古渡。

阚亭，在南旺湖中，高阜六七，《春秋》“桓公十年会于阚”是也。鲁自隐桓以下皆葬此，至今时见烟云楼台之状。开河在南旺北十五里，其地每岁以十月下旬为市集，百货聚焉，元至元间置一闸。

巨野，古大野泽，《春秋》“西狩获麟”其地也。汉置巨野县；唐置麟州；宋、元为济州治；明时改济宁于任城，以县隶焉。治在运河西八十里。

泇河图说

泇河联接二省，共长二百六十里。在山东省者，为沛、滕、峄三县地方，计长一百六十里。其一百里隶江南邳州境，沛县属江南，其河道属山东境。论河道从珠梅闸起，至黄林庄止，计程一百九十六里。而泇河则自夏镇稍南李家港起，历八闸以达黄林庄，实一百六十里。设闸十一座。属兖州府泇河通判管辖。

临河三县

沛县河道，北自鱼台县界王家口起，南至滕县界刘昌庄止，计长四十八里。闸座三：曰珠梅，曰杨庄，曰夏镇。

按：沛邑地处低洼，河道四十八里，系漕运要地。其河道与山东诸山接近，一遇水发，即患冲决。所赖吕坝一道，时当水涸，则蓄水以济漕；时当水溢，则泄水以便民。泄蓄得宜，庶可无患。其如下流彭口，因流沙冲塞，每年回空粮艘过毕，例应挑浚，则闭彭而开吕，工竣则闭吕而开彭。此吕坝在冬则开，在春则闭，岁事修筑，所费不赀。况开闭一年一次，修筑未几而秋水暴发，坝仍冲决。及抢修方毕，又值闭彭开吕之期，民力如是其仆仆也。又每开一次，水势湍急，其愈宽愈深。今吕坝之口宽至三四十丈，深至二三丈不等，田庐尽遭淹没，将来水患愈大，修筑愈难，而所费亦愈多，其将何所底止？且也一年之间，时方水涸，而欲蓄水，或彭口之工未完，则筑坝有待。时方水溢而欲泄水，或挑浚之工未起，则开坝又不能。今吕坝之口日加深广，倘或山水非时陡发，再有冲决，将有急不及治之虞。运道、民生，所关非小。今筹一劳永逸之图，莫若建立石闸，则蓄泄为便。然吕坝之口难以筑闸，其吕坝之下，旧有满闸一座，废弃已久，若仍于此处建筑石闸，遇彭口挑浚，则开满闭彭，挑浚工完，则开彭闭满。凡遇水涸水溢，随时启闭蓄泄，可免非时冲决之患，可省岁岁修筑之劳。上有益于漕运，下有利于民生，计诚莫善于此。但工费浩繁，现在会勘，所当斟酌施行者也。

滕县河道，北自江南沛县界刘昌庄起，南至峄县界朱姬庄止，计长五十里。

峄县河道，北自滕县界朱姬庄起，南至江南邳州黄林庄止，计长九十八里。闸座八：曰韩庄，曰德胜，曰张庄，曰万年，曰丁庙，曰顿庄，曰侯迁，曰台庄。

按：元改任城为济州，开会通河，导汶、泗以会其源，置闸以分其流。南自济宁至沽头，地降百十有六尺，为闸九，南入于河，曰分水，曰天井，曰在城，曰赵村，曰石佛，曰新店，曰师家庄，曰枣林，曰南阳；其北至奉符为闸，以接汶水，曰堽城；东北至兖州为闸，以节泗水，自北而南曰金口；出鲁桥，自东而西曰黑风口，由府河以出会源闸，会源即天井闸也。此未开会通以前所建。西北自安民山入于新河，至临清，地降九十尺，为闸十六，以达于漳河，曰戴家庙，曰荆门上，曰荆门下，曰阿城上，曰阿城下，曰七级上，曰七级下，曰周家店，曰李海务，曰通济，曰永通，曰梁家乡，曰土桥，曰戴家湾，曰新开上，曰南板。此既开会通以后所建，皆在至元、大德、延祐之间。至元中，又于金口闸南建减水闸，曰沂河，引沂入泗。又建一闸于兖州之西十里，曰土娄。建一闸于兖州之西三十里，曰杏林，节泗沂之西流者，受阙党诸泉，谓之府河，亦谓之济河。西流至天井闸，又于济宁东北四十里建闸，曰吴泰，曰宫村，以接汶水。又于马驿北建闸，曰减水，以杀洸水。大德间，又于南阳之南建一闸，曰孟阳泊，以通江淮。至正间，又于新店、师庄二闸之间建一闸，曰黄栋林新闸。至顺间，又于孟阳泊南建一闸，曰谷亭，汇黄良、艾河等泉，以厚水势。合观所建坝闸，元人之于会通一河，计已周矣。而南旺一带，止于至正间建开河一闸，其他未及讲也。明初用兵梁晋，大将军徐达于济宁西二十里耐牢坡口建一闸，曰永通，从牛头河以达鱼台之塌场口，出谷亭运道。迨永乐间，宋礼浚会通河，开袁家口至沙湾之二十里，用老人白英计，移堽城坝于青川驿，又筑坝于东平州之戴村，横遏汶水全流，南出汶上之南旺分水。于是成化间，于分水口南建一闸，曰南旺上，于分水口北建一闸，曰南旺下。三年大挑，以疏其淤塞。又于闸之左右各建减水闸一，名曰斗门，一通马踏湖，一通蜀山湖。平时则斗门尽闭，中闸常开，放水入运。一遇洪水，则斗门尽启，中闸下板沙泥尽随斗门入湖，大挑始为省力。又于济宁在城、天井二闸南穿月河四里许，益以闸，曰上新、下新。上下之间更建一闸，曰中新。于师庄闸北增一闸曰仲家浅，于师庄闸南增一闸曰鲁桥，鲁桥、师庄之间复建一小闸曰埝里，横遏泗水入漕。自济宁北至巨野境，筑石堤十二里，自巨野北至嘉祥境，亦筑石堤十里，南旺西湖始砌石堤，并建靳家口、安山、沙湾、高口诸闸，又修沙湾以北元人所建十六闸。又于广建渠口筑石堤二道，自大感应庙起至沙湾，长一百六十丈，自沙湾起至荆门驿，长一千九百三丈。又于永通闸南增建三闸，曰永通下，曰广运，曰广运上。又筑济宁西蓬子山坝、济宁赵村月河石坝。又于孟阳泊闸南建一闸，曰八里湾，修天井以南诸闸。又于宁阳县西四里洸河两涯，引柳泉之水，横过洸河，东西立闸，曰洸河东、西。水涨则闭闸以防其淤，水涩则启闸以达其流。又于堽城石堰上流建一闸，曰堽城新闸。自永乐至嘉靖初，北至临清，南至谷亭，或坝或闸，或堰或堤，岁有修建，会通一河，得以无阻。而曹、单黄河屡决，南冲谷亭，漕渠淤塞。嘉靖四十五年，自南阳至留城，开新河以避谷亭之淤，建闸八：曰利建，曰珠梅，曰杨庄，曰夏镇，曰满家，曰西柳庄，曰马家桥，曰留城，接旧河。自留城南至镇口，又建闸五：曰黄家，曰梁境，曰内华，曰古洪，曰镇口。又减水闸二十，开月河于闸之旁者六，为土若石之坝十有二，筑两涯土堤五十三里，石堤三十里。又于内华闸筑伊家林横堤，于戴家山筑戴家山横堤。凿支河八，筑夹堤六千三百四十余丈。又筑独山湖北岸石堤三十余里，各留口引水入运。建减水闸十四座，大者二，各三洞，小者十二。建南阳坝，以障独山之流。开回回墓支河，以引昭阳之水。又于济宁之北，建通济闸，建小河口减水闸六，筑冯家滚水坝，修大长沟、获麟古渡。又于戴村之东，筑坎河口石坝，以遏汶水入海之路。使水大则漫而西出，漕不至溢；水小则顺流而南，漕不至涸。又开南旺上下月河，各建大闸。大挑之日，汶河及上下二闸各筑土坝，于此通舟。又建五里铺滚水石坝，以备运河水大泄入西湖。又修南旺湖漕渠长堤，筑西湖缺口，加筑旧堤一万二千余丈，添筑东面子堤一千二百余丈。筑蜀山湖东堤，蓄水济运。筑长沟减水二闸，以备蜀山湖水大泄入马场湖。又筑马踏湖土堤三千二百余丈。自嘉靖末至万历中，北自临清，南至镇口，或坝或闸，或堰或堤，亦岁有修建。新旧运河仅能通漕，而地逼于黄，每足为害。万历三十四年，又自李家港口至黄林庄，开泇河以避镇口之淤，并避徐、吕二洪之险。建韩庄、德胜、张庄、万年、丁庙、顿庄、侯迁、台庄等八闸。又建彭家口之三洞闸、郗山之减水闸、韩庄之湖口闸，以备旱潦，蓄泄济运。又筑韩庄湖护闸石堤一道，筑朱姬庄至韩庄纤道堤十八里，以障郗山、韩庄诸湖之水。又筑彭家口坝，以遏许由、三山、龙湾诸泉之由彭口出者。筑拖泥沟坝，以遏许池、沧浪诸泉之由大泛口出者。筑满坝，以遏河水之由满闸河泄者。筑吕坝，以遏河水之由李家口河泄者。自元至元迄明万历开泇工成之日，建筑坝堰堤奚止数百，而一举一废，要必于漕运有关，表而出之，以见古人用意之周云。

卷之五

江南邳州、宿迁运河事宜

邳州运河，上自山东峄县交界黄林庄起，下至宿迁县交界窑湾口止，计河程一百二十里。属邳睢河务同知管辖。

邳州运河西堤，自猫儿窝起，至窑湾口止，计长四千二百一十三丈八尺，康熙三十六年修筑。自猫儿窝迤西起，至唐宋山止，格堤一道，长三千五十丈。东堤自猫儿窝起，至窑湾口止，计长三千九百六十六丈六尺五寸，康熙四十年补修完竣。东岸猫儿窝迤上，滚水大坝一座，康熙二十二年建。万家庄石坝一座，马庄集石坝一座，俱康熙十九年建。又上下竹络坝三座，康熙二十七年建。又窑湾竹络坝一座，康熙二十九年建。俱泄运河出岸之水，由隅头湖入骆马湖。

宿迁运河，上自邳州交界窑湾口起，下至宿迁张庄运口中河头止，计河程四十七里。属宿虹河务同知管辖。

西堤自邳州交界窑湾对岸起，至皂河口石礶止，计长四千八百七十丈九尺；东堤自邳州交界窑湾口起，至皂河石礶止，计长五千二百七十六丈七尺，俱康熙十八年创筑，三十六年加帮。自石礶起，至张庄运口止，支河北岸堤一道，计长三千四百一十八丈，康熙三十八年修筑。支河南岸，即黄河北岸缕堤。查宿迁运道，因明之旧，由宿迁西北十余里董家沟进口，名为董口。迨康熙六年，董口淤断，遂由骆马湖。继骆马湖亦淤，乃另开皂河。康熙二十年七月，黄河大涨，顷刻淤断一千余丈，不得通舟。前河臣靳辅于皂河迤东挑新河，历龙冈岔路口，至张家庄，长三千余丈，使清水至张庄出黄河，是为张庄运口。今俗称支河者，即新河也。至康熙二十六年，又开中河，运艘竟由中河入新河，而张庄运口不复通黄河矣。

附余

邳州，古少皞氏遗墟；夏为邳国；周为郯子国；《春秋》曰良邑，晋会吴于此；秦为下邳县，属郯郡；东汉属下邳国；南北朝宋置下邳郡，北魏为东徐州，北周置邳州；唐为县，隶泗州，元和中属徐州；金复为邳州；明初属凤阳府，后改属淮安府；今因之。查，邳州城于康熙七年间水淹，康熙二十八年在旧城北八十里小艾山迁建新城，康熙三十二年完竣。

宿迁，春秋钟吾子国，亦宿国所迁地；秦下相县；唐置宿迁县，隶泗州，后改隶徐州；元属邳州，后因之。

中河图说

向者，漕艘自清口出黄河，溯流而上，至支河口入运河。康熙二十六年，前河臣靳辅以黄河风涛之险，请自骆马湖凿渠，历宿、桃二邑，至清河仲家庄出口，名曰中河，以通行运。三十八年，前河臣于成龙因桃、清中河南岸逼近黄河，地势卑下，潴水弥漫，难以筑堤，乃自桃源盛家道口至清河，弃中河下段，改凿六十里，名曰新中河。及次年，臣鹏翮任事，见新中河浅狭，未足行运，且盛家道口河头湾曲，重艘挽运不顺，仰遵圣谟，于三义坝以下用新中河之半，三义坝以上用旧中河之半，合为一河，重加挑浚，一律深通，于是运道始成，而漕艘利涉矣。设有宿桃中河、山安清中河各通判一员，管理修防。

宿桃中河通判所辖，上自宿迁境内张庄运口起，下至桃、清交界三岔止，计程一百三十三里。

湖西中河，上自张庄运口起，下至骆马湖止，长一千二百二十一丈三尺七寸。湖东中河，上自骆马湖起，下至拦马河遥上止，长一千一百三十七丈一尺三寸。

湖西中河北岸堤一道，长一千二百二十三丈三尺七寸，湖东中河北岸积土长一千一百三十七丈。

湖东中河头遥南挑挖小越河一道，长三百二十丈，议建石闸一座。

南岸子堤一道，上自拦马河头起，下至桃、清交界止，计长二万三千一百二十七丈六尺。康熙三十九年，择险签钉排桩工一千三百丈。康熙四十年，又修筑工三千七百五十九丈二尺。

北岸子堤一道，自拦马河头起，至桃、清交界止，计长二万二千八百六丈五尺。内康熙三十八年新筑工长七千三百六十一丈，签钉排桩五百五十九丈。康熙三十九年，又加帮新堤一千八百八十二丈，签钉排桩二百四十丈五尺。

拦马河大王庙险工一段，长五十六丈。

宿迁县护城堤一道，自北山根起，至黄河缕堤止，长八百五丈。护城格堤一道，长一百六十丈，康熙三十五年修筑。

北岸遥堤，自张庄运口起，至骆马湖西岸止，长一千一百二丈五尺。又自骆马湖东岸起，至拦马河遥上砂礓嵛止，长八百九十六丈。又自高山头起，至刘老涧旧坝止，长七千五百五丈。又接旧坝起，至宿、桃交界古城止，长一千五百四十九丈。又自宿、桃交界起，至桃、清交界止，长一万四千五百六丈，康熙三十二年修筑。

高山头险工一段，长一百四十二丈。

湾兜险工一段，长七十二丈。

刘老涧越坝一道，长六十丈。康熙三十四年，筑又减水石坝一座，长二十丈，金门九洞。康熙三十九年，建于坝下开引河一道，泄中河有余之水，经三尖、北魏、硕项湖下龙沟归海。

安清中河通判所辖清河县运河，上自桃源县交界三岔起，下至清河县西三里许黄河口门止，计程一十七里。

南岸子堤，上自桃源县交界起，下至广济闸止，长二千七百六十七丈，系旧中河北岸堤，康熙三十八年改作新中河之南岸堤。北岸子堤，上自桃源县交界起，下至旧河边止，长三千四十一丈五尺，系康熙三十八年创筑。其两堤险要处于康熙三十八年签钉排桩，共长二千二百七十五丈。康熙三十九年两岸堤工加帮高厚，又加排桩工一千五百六十九丈。

清河县河口，康熙四十年题建石闸一座，以资蓄泄。

北岸子堤孙家集迤上，题建小石闸一座，以泄中河暴涨之水。撑堤一道，自北岸子堤起，至遥堤止，长一百八十六丈。堤上双金门石闸一座，小石闸一座，泄水入盐河。

盐河一道，自清河县中河北岸盐坝口起，历山阳县朱元庄，至安东县迤下平旺河止，计长一万三千四百五十丈，康熙二十六年开浚，行盐运料，并泄中河涨溢之水，由南潮河归海。康熙三十六年六月，时家马头决口，黄水尽入中河。臣鹏翮恭奉圣谟，于康熙三十九年十一月堵塞完工。然水退沙停，盐河淤垫一千九百一十丈。康熙四十年题准挑浚，一律深通。其平旺河尾孙家林起，至新安镇卢家沟止，共河长六千四十四丈，内除新冲河上口长三百五十丈不挑外，计挑河长五千六百九十四丈，引水由北潮河入海。康熙四十一年伏汛，异涨之水冲刷故道，一支由北卤沟经徐家泓入南潮河下海，一支由莞渎场经头图口入北潮河下海。是以骆马湖之清水与王营减坝之黄水均得分泄，而工料亦借兹通行无阻矣。

清河县中河北岸遥堤一段，上自桃源县交界起，下历山阳县境，至安东县交界止，长一万三百三十九丈七尺，康熙三十二、三十六两年修筑。

安东县中河北岸遥堤一段，上自山阳县交界起，下至平旺河止，计长一万三千五百五十丈。康熙三十六年，时家马头决口，至康熙三十八年，黄水异涨，冲缺塌卸，于康熙四十年题准修筑完固，田庐复业。

安东县中河南岸护城堤一道，上自五里墩起，下至平旺河止，长九千四百五十九丈。康熙三十八年修筑四千九百四十四丈四尺六寸，其余康熙四十年修筑完工。

附余

桃源，汉宿预、淮滨、淮浦三县地也；唐为宿迁桃源镇；宋为淮滨、桃源二县，属淮阳军；元为桃源县，隶淮安路；明属淮安府；今因之。

清河，秦下相地；汉为曲阳县，以在淮曲之阳故名；宋置清河军及县；元属淮安路；明属淮安府；今因之。

古城，去桃源县治西北六十里，相传晋石崇拜太仆，出镇下邳时所筑，故址犹存。

山清里河事宜

里河，北自清口山清外河交界甘罗城迤西起，南至扬河交界黄浦止，计水程九十六里一百一十八步二尺。自甘罗城迤西至季家浅，长一十五里五十丈，系清河县境；自季家浅至黄浦，长八十一里六十八丈，系山阳县境。属山清里河同知管辖。其汛三，曰运口汛、里河上汛、里河下汛。

运口汛

自甘罗城迤西起，至季家浅止，南岸堤长三千六百六十八丈，北岸堤长二千九百一十三丈五尺。又七里闸西岸太山湖周围一带堤长二千五百五十六丈六尺。清口于康熙三十五年七月间，唐埂六坝溃决，淮水东注，黄流倒灌，诸引河一概淤塞。臣鹏翮于康熙三十九年恭奉圣谟，开挖张福口引河一道，长一千二百三十五丈。次年正月，又开张家庄引河一道，长一千六百七十丈。又裴家场、烂泥浅、三岔等引河，俱先后挑浚深通，合众引河之水，会出清口，并力敌黄，而淮、黄交会矣。

运口曾经屡改，今仍在旧大王庙前，有迎清逼黄之势，于漕运大有裨益。旧筑大墩一座，置头、二、三、四草坝，束水济运。康熙四十年，于旧大墩西接筑拦湖堤一道，长一百四十丈，内外排桩镶埽。又接建新大墩一座，周围三十五丈，逼清水七分敌黄，三分济运。又于大墩下运河口门筑拦河坝，南北共长二十四丈，以御湖水异涨。置造铁犀一座于新大墩上，以镇水势。刻词于犀曰：维金克木蛟龙藏，维土制水龟蛇降。铸犀作镇奠淮扬，永除昏垫报吾皇。

南岸自旧大墩前起，经七里闸，至文华寺后止，内除高阜外，堤工长二千八百三十九丈，康熙三十八年修筑。文华寺后高阜，历年未修。

武家墩后横堤一道，长一千一百三十二丈，康熙四十年加帮临湖钉桩镶埽。

北岸自甘罗城迤西起，至惠济祠旁新石工头止，内除甘罗城东门高阜九十丈外，堤工长一千八百八十九丈五尺，康熙四十年补修完竣。

惠济祠旁新石工一段，长一百四十七丈，康熙三十八年创砌。

南岸石磡，于康熙四十一年题建石闸一座，相时启闭，引三岔河之水济运。

七里闸西岸堤长二千五百五十六丈六尺。

七里闸河一道，长一千五百七十三丈七尺。又自惠济祠后起，至季家浅止，运河一段，长七百四十二丈。俱康熙三十九年题准挑浚深通。

里河上汛

自季家浅起，至南角楼止，河道计长四十里四十四丈，康熙三十九年题准挑浚深通。南岸堤长七千三丈七尺，北岸堤长七千三百九十一丈九尺，两岸土堤排桩，于康熙四十年改龙尾埽为丁头埽。

五孔桥于康熙三十五年原任河臣董安国建石闸一座，因地势低洼，土性虚松，未便开放，久经堵塞。

龙汪闸一座，金门宽二丈一尺二寸，康熙三十八年加高石四层，止能束水，因金门上宽下窄，不能下板。月河闸宽二丈七尺六寸，两岸皆砌石工。

北岸檀度寺新闸一座，康熙三十五年创建。

北岸板闸关口石工一段，长一百二十丈，康熙三十八年创砌，康熙四十年完工。

南岸盘粮厅前石工一段，长五十五丈，康熙三十八年创砌，康熙四十年完工。

北岸府城西门护城石工一段，长三百六十丈，康熙三十八年创砌。

里河下汛

自南角楼起，至黄浦扬河交界止，河道计长四十一里二十四丈二尺，康熙三十九年题准挑浚深通。东岸堤长七千三百五十四丈五尺，西岸堤长七千三百七丈五尺，两岸土堤排桩，康熙四十年修补完固。

东岸旧有兴文闸一座，闸内涧河一道，至泾口入射阳湖，由庙湾归海，泄三城之积水，通商贾之舟楫，其利非小。历年黄水内灌，河身淤垫，康熙三十九年复加挑浚。

兴文闸南有头石工、二石工两段，头石工长三百一十八丈，北砖工三十丈，中石工一百五十七丈，南砖工二百三十一丈，其二石工长一百五十丈，俱系砖工。康熙三十八年题估加高二层。

泾河闸一座，其河下通射阳湖，计长八千二百五十丈，面宽五丈，底宽二丈五尺，深六尺，于康熙三十九年挑浚深通，又补修闸座，以备蓄泄。东岸旧有头浅涵洞六座，二浅涵洞二座，三浅涵洞五座，又风水涵洞二座，西岸涵洞四座。

西岸杨家庙新河一道，系康熙二十五年挑浚。

附余

山阳，汉射阳县地，属临淮郡；东汉属广陵郡；晋改置山阳县，又置山阳郡；隋废郡，隶江都郡；唐属楚州，后属淮阴郡；宋置淮安军，又改县为淮安，后复为山阳，又析置新城县；元属淮安路；明以山阳县为淮安府治；今因之。

射阳湖在淮安府治东南七十里，属山阳、宝应、盐城三县，萦回三百里。《志》云：嘉靖间，黄、淮交涨，溃高、宝堤防，并注于湖，日见浅淤，因盈溢浸诸州县，万历九年总漕凌云翼请帑金三千开浚，由庙湾新丰市入海，其害乃止。

扬河事宜

扬河，上自山阳县交界黄浦起，下至江都县三岔河止，历宝应、高邮、江都三州县，计程二百六十里。设有扬河通判一员，管理修防。其汛五，曰宝应汛、汜水汛、永安汛、高邮汛、江都汛。

宝应县宝应汛、汜水汛

宝应县河道，自山阳县交界起，至高邮州交界止，计程七十五里。设闸四，曰北弘济大闸、南弘济大闸、瓦甸大闸、七里闸。东堤闸坝涵洞共二十，曰黄浦双闸二、久坏，今闭。乔家涵洞、儒学涵洞、孙家小闸、跃龙关、杜阳涵洞、朱马湾闸、丘家涵洞、范家涵洞、从家涵洞、狼儿闸、张成涵洞、胡成涵洞、永安小闸、乔家涵洞、军王涵洞、子婴滚坝、子婴双闸二。西堤闸坝三，曰竹络坝、通湖小闸、减水坝。

宝应县河，自山阳县交界起，至界首止，长一万二千一百八十一丈，康熙三十九年题准挑浚深通。

东岸自宝应县黄浦起，至江都县璧虎桥止，计程二百三十三里。康熙三十八年加高三尺，底宽四丈，顶宽二丈，临河签钉排桩。至康熙四十年，排桩损坏，改修坦坡。自宝应县宝林庵起，至江都璧虎桥止，又加修埽湾迎溜处排桩，及加镶石工柴土，共长一万八千七百三十五丈七尺。

五浅西堤秤钩湾，创建石工一段，长二百二十八丈。四浅西堤宋家尖创建石工一段，长九十六丈。康熙三十八年兴砌。

六浅、五浅、四浅、一浅西堤旧石工残缺四十二段，三浅东堤旧石工残缺一段，共长六百六十九丈。又加高石二层，长一千八百九十八丈五尺，康熙三十五年兴修。

南弘济拦河大闸一座，康熙四十一年题准重建。

子婴坝下胭脂沟，泄运河暴涨之水入射阳湖，向年淤垫，康熙四十一年题准挑挖自胭脂沟起，至老河口止，长三百丈，自老河口起，至姚子港止，长三百丈，俱已挑浚深通。

高邮州永安汛、高邮汛

高邮州河道，自宝应县交界起，至江都县交界止，计程九十里。设闸二，曰陆漫闸裹头、金门闸裹头。东堤闸坝涵洞共十六，曰界首小闸、永平大坝、长十四丈，今闭。看花涵洞、二闸、头闸、三里桥闸、今闭。通湖桥涵洞、久坏，今闭。琵琶闸、久坏，今闭。城南滚水大坝、长六十六丈。五里滚水坝、长十丈，今闭。五里小闸、久坏，今闭。八里滚水坝、长十丈，今闭。八里涵洞、久坏，今闭。柏家墩滚水大坝、长五十四丈。车逻滚水坝、长六十四丈。火烧闸。久坏，今闭。西堤闸口三，曰杭家背、通湖闸、窑港口。

自泥甸桥起，至永安南裹头止，河道计长四千九百七十五丈，康熙四十一年题明开浚深通。

永安西堤，石工九百七十丈，康熙四十一年接砌完工。

界首西堤，石工长一千七十五丈七尺，康熙三十八年兴砌。

陆漫闸西堤，石工长一千六百二十五丈五尺，康熙四十年奉旨修建。

永安东堤草大王庙里口埽，工长一百五十丈，又龙门南北湾里口埽工长二百二十六丈，俱于康熙四十年题准修筑。

九里漫缺，工长二十四丈，康熙三十八年堵筑。

护城堤，自挡军楼北石工头起，至华严寺砖工头止，长一千六百五十丈，康熙三十九年题准修筑，于旧石工上镶柴压土，高五尺。

南关减水坝一座，向年冲坏，康熙三十九年题准改建滚水石坝，长六十六丈，水大从坝上滚出，平漕蓄以济运。

车逻减水坝一座，向年冲坏，康熙三十九年题准改建滚水石坝，长六十四丈，水大从坝上滚出，平漕蓄以济运。

南关坝下，康熙四十年题准开挖引河，长三百九十一丈，至朱三家桥与二沟河会合，经兴化县海沟河入海，滚出之水遂有去路，不致淹没民田。

车逻坝下，康熙四十年题准开挖引河，长三百三十丈，至齐家庄与二沟河会合，经兴化县海沟河入海，滚出之水遂有去路，不致淹没民田。

朱家田头埽工，长四十八丈，康熙四十年题准修筑。

西堤，自城北陆漫闸裹头起，至城西窑港口南土地庙止，加高旧石工砖工，共长五千三百九十九丈，康熙三十八年估砌。

江都县江都汛

江都县河道，自高邮州交界起，至金湾滚坝止，计程六十五里。设闸二，曰露筋闸、三沟闸。东堤闸坝五，曰昭关滚水坝、金湾三闸、金湾滚水坝。长十四丈。

西堤，露筋闸起，至三沟闸止，残缺石工二百四十四段，计长一千二百二十七丈五尺，康熙四十一年修补完工。

东堤，嵇家闸，即鳅鱼坝，因水冲卸，康熙四十年题准改于昭关庙建滚水坝一座，长十丈，将嵇家闸缺口堵塞。

四浅、二闸、三闸，康熙三十八年修筑三闸间堤，石工计长五十六丈。

邵伯更楼，康熙三十八年六月冲决长五十六丈五尺，水深四丈，波涛汹涌，难以堵塞，以致粮艘阻滞于邵伯之下，衔尾相连四千余只。虽于西岸另挑越河一道，而决口湍激，不能前进。康熙三十九年，臣鹏翮恭奉圣谟，下埽堵筑，刻日成功，于是粮艘利涉，如限抵通。康熙四十年置铁犀一座以镇之。

金湾三闸金门各宽一丈，康熙四十年题准补修。

东西湾东堤，康熙四十年题准修筑，长五百七十二丈。

金湾三闸之水，由人字河、芒稻河宣泄，向年淤塞，水无去路。康熙三十九年，臣鹏翮恭奉圣谟，挑浚人字河长二千二百九十三丈、芒稻河长八十五丈，一律宽深，分泄入江，水有所归，堤岸保固，民田不致淹没。

凤凰桥引河，土质坚刚，屡挑未成，康熙三十九年题准加挑宽深，计长一千四百九十二丈四尺六寸，水势畅流入江。

湾头闸一座，金门宽二丈，为运盐河路兼泄运河之水。

芒稻河旧有东、西二闸，现议补修。

附余

宝应，汉平安县，属广陵国；隋置安宜县，属江都郡；唐初以安宜县属楚州，上元三年更名宝应县；宋升为州，后又为宝应军；元为宜安府，寻罢府，为宝应县，属高邮府；明属高邮州；今因之。

高邮，春秋时，吴邗沟地；秦置邮亭，因名秦邮；汉置平阿县，属广陵国；隋为高邮县，属江都郡；唐如隋，属邗州；宋置高邮军，仍置高邮县，建炎中升为承州，割泰州之兴化隶焉；元置高邮路，后改为府，仍领高邮县，并兴化、宝应二县；明为州，属扬州府，仍领兴化、宝应；今因之。

江都，汉置县，以江水都聚于此，故名，属广陵国，与广陵县并置；唐始以江都为扬州治；明初为淮海府，又维扬府，后为扬州府治；今因之。

邵伯，晋步丘也。谢安镇广陵，见步丘地势西高东下，每春夏湖水涨辄东浸民田，西又苦旱，安为筑埭以界之，高下两利，民以比邵伯、甘棠，名邵伯埭。

瓜仪运河事宜

瓜仪运河，自江都三汊河以南，经瓜洲出大江，计程二十七里。又自三汊河以西，经仪真出大江，计程七十二里。旧属扬河通判，康熙三十二年改归江防同知管辖。

自三汊河迤南起，至大江口止，系江都县地，设闸二，曰广惠闸、通惠闸。

自三汊河迤南起，西至石人头仪真县交界止，系江都县地，计程十一里。

自石人头江都县交界起，至沙漫洲大江口止，系仪真县地，计程六十一里。设闸有四，曰响水闸、通济闸、罗泗闸、拦潮闸。

河水至此，分流入江，江潮吞吐，消长靡常，故两河皆置闸以启闭行漕。然两岸皆高阜，平田旷野，无事堤防，河底间有浅处，每至冬时，行令江、仪二县管河官拨夫捞浚。

附余

仪真，汉初属江都，后属广陵国；东汉为广陵郡；唐置扬子县；宋置建安军，复改扬子县，后为真州，以县属之，政和中置仪真县；元置真州路，后复为真州，属扬州路；明改仪真县，属扬州府；今因之。

江南、浙江运河图说

江南运河，自大江口经镇江府城西，东南行过丹阳县城，又东过常州府城，又过无锡县，又东南由浒墅关至苏州府城，又南过吴江县，经平望镇，又南入浙江界，经嘉兴府城，又西南过石门县城，又西南抵杭州府北新关，共七百余里。镇江、丹阳之间，水无所源，惟借江潮以为源，故潮大则盈，潮小则涸。丹阳而下至武进，则高淳、溧阳之水自西而来，经运河东流，至孟河入江。武进而下至无锡，则宜兴诸山之水自西而来，经运河东流，至常熟之白茆港入江。长洲、吴江之间，则太湖之水出，经运河而东归娄江、吴淞江以入海。平望而下至秀水，则苕、霅二溪之水自湖州而来，经运河东流，会泖湖，至黄浦以入海。又南则自於潜县天目山发源，由临安、余杭流至运河，历仁和、石门、桐乡，至嘉兴府城，南北分流，而俱会泖湖，归黄浦以入海。此江、浙运河之水，其通流之大略也。

丹徒县运河，自大江口起，至丹阳县界草舍头止，计程七十里。

丹阳县运河，自丹徒县界草舍头起，至武进县界九里铺止，计程八十五里。

武进县运河，自丹阳县界九里铺起，至无锡县五牧镇止，计程一百里。

无锡县运河，自武进县界五牧镇起，至长洲县界望亭止，计程九十里。

长洲县运河，自无锡县界望亭起，至吴江县界止，内自枫桥起，经城濠至广孝阡止，十余里，系吴县河道交错于长洲县境中，共计程八十五里。

吴江县运河，自长洲县界起，至浙江秀水县界王江泾止，计程八十里。

秀水县运河，自吴江县界王江泾起，至桐乡县界正家桥止，计程六十里。

桐乡县运河，自秀水县界正家桥起，至石门县界石门镇接待寺止，计程三十里。

石门县运河，自桐乡县界石门镇接待寺起，至仁和县界大麻止，计程三十里。

仁和县运河，自石门县界大麻起，至北新关止，计程九十里。

查运河在丹徒、丹阳之间，潮汐往来，流沙停滞，而大小夹冈两岸山阜，雨水淋卸，淤泥易壅，是以岁例挑浚。至于苏、常、杭、嘉四郡，河水发源，虽不过天目诸山及太湖一二处，而其间小溪曲港，千支万派，潆洄灌注，涟漪荡漾，非大潦则不至泛溢，非大旱则不至枯涸，非大暴风则不至浪怒涛惊，故无俟疏凿防筑之烦，而岁岁重艘通行无碍者也。若夫太湖东南一巨浸，古名震泽，亦名具区，襟带苏、常、湖三郡，周三万六千顷，凡南、北、西三面诸山溪之水皆归焉。其所潴者多，而其所由以泄者，惟吴淞、娄三江，故滨其傍者，每遇五、六月间，梅雨时雨，霪霖不绝，则田苗有淹没之虞。是其疏浚之方，水利之事，亦守土者之所宜随时讲求而治理者矣。

江南河始于隋大业六年，诏自京口至余杭，穿河八百里，欲通龙舟巡会稽。唐白居易诗“平河七百里，沃壤两三州”，谓此也。

附余

镇江府，春秋属吴，后属越；战国属楚；秦西属鄣，东属会稽郡；汉属会稽；东汉属吴郡；吴孙权（从）〔徙〕丹徒，号京城，又曰京口；晋属毗陵郡，永嘉五年改晋陵，（从）〔徙〕治丹徒；刘宋以南徐州治京口，又分置南东海郡；梁改兰陵；隋为延陵县，属蒋州，开皇中置润州，大业初复以延陵，属江都郡；唐置润州，治丹阳；宋初改镇江军，后升府；元改路；明复为府，领县三：丹徒、丹阳、金坛；今因之。

丹徒，秦谷阳县，望气者以其地有王气，使赭衣三千徒凿京岘山为长坑，因名丹徒；汉置丹徒县；隋省入延陵；唐复置；

后因之。

丹阳，秦云阳县，以有王气因凿北冈，截直道使曲，故名曲阿；汉曲阿县；梁改兰陵；隋复名曲阿；唐天宝初改名丹阳；后因之。

常州府，周为吴公子札采邑；吴亡属越，后属楚；秦隶会稽郡；晋置毗陵郡，立武进县；永嘉末改晋陵郡；隋置常州；元为常州路；明改常州府，领县五：武进、无锡、江阴、宜兴、靖江；今因之。

武进，汉丹徒、曲阿二县地；三国吴改丹徒为武进；晋别置武进于丹阳之东境，属毗陵郡，以旧武进复丹徒；梁改武进为兰陵县；隋省入曲阿，属江都郡；唐复，即兰陵地置武进；明为常州府治；今因之。

无锡，周泰伯始封地，汉置无锡县，有山产锡，至汉锡殚，故名。

苏州，古泰伯仲雍让国出居其地，号勾吴，武王克殷，因封其后为吴国；春秋入越，后入楚；秦为会稽郡；东汉为吴郡；三国属吴；陈置吴州；隋改苏州，以姑苏山得名；宋太平兴国中改平江军，属两浙路，政和中升平江府；元改平江路；明改苏州府，领州县八：吴县、长洲、吴江、常熟、昆山、嘉定、太仓州、崇明县；今因之。

吴县，周泰伯封邑；秦置吴县，为会稽郡治；东汉改吴郡治；隋改苏州治；宋、元、明俱为府路治。

长洲，唐析吴县北境地置长洲县，以长洲苑故名。宋、元、明俱为府路治。

吴江，旧为吴县松陵镇地；五代梁开平年间，吴越王钱氏奏析吴县地置吴江县；宋属松江府；元升为州，属平江路；明复为县，属苏州府；今因之。

嘉兴府，古属越，周初属吴，后入越，越又入楚；秦置长水、武原二县，属会稽郡，后改长水为由拳；汉改武原为海盐；东汉析越为会稽郡，别立吴郡，治吴；吴黄龙三年，由拳野谷生，改名禾兴，赤乌五年避太子和讳，改嘉兴；至后五代晋天福年间，以嘉兴为秀州，另立嘉兴县，自是不复隶吴；宋政和中改秀州为嘉禾郡，后复为州，庆元元年以孝宗毓圣地升为府；元改路；明又改为府，领县七：嘉兴、秀水、嘉善、海盐、平湖、崇德、桐乡；今因之。

秀水，明宣德四年析嘉兴县之五福等乡置县。

石门，五代晋时吴越王元瓘析嘉兴县之义和市及崇德七乡置崇德县；元升为州；明仍为县；本朝康熙元年，避太宗崇德年号改今名。

桐乡，明宣德四年析崇德之梧桐等乡置县。

杭州府，秦属会稽郡；东汉属吴郡；吴析置吴兴郡；陈又置海宁郡、钱塘郡；隋开皇九年废郡置杭州，大业初改杭州为余杭郡；唐复为杭州；梁开平初封钱镠为吴越国；宋太平兴国三年国除，高宗自建康如杭，升为临安府；元改杭州路；明改路为府，领县九：仁和、钱塘、海宁、富阳、余杭、临安、新城、於潜、昌化；今因之。

仁和，唐盐官、钱塘二县地；后五代置钱江县，属吴越国；宋改为仁和县，属杭州，高宗南渡见县名，曰此故都城门名也，意决建都，升杭州为临安府，县属之；元属杭州路；明属杭州府。

卫河图

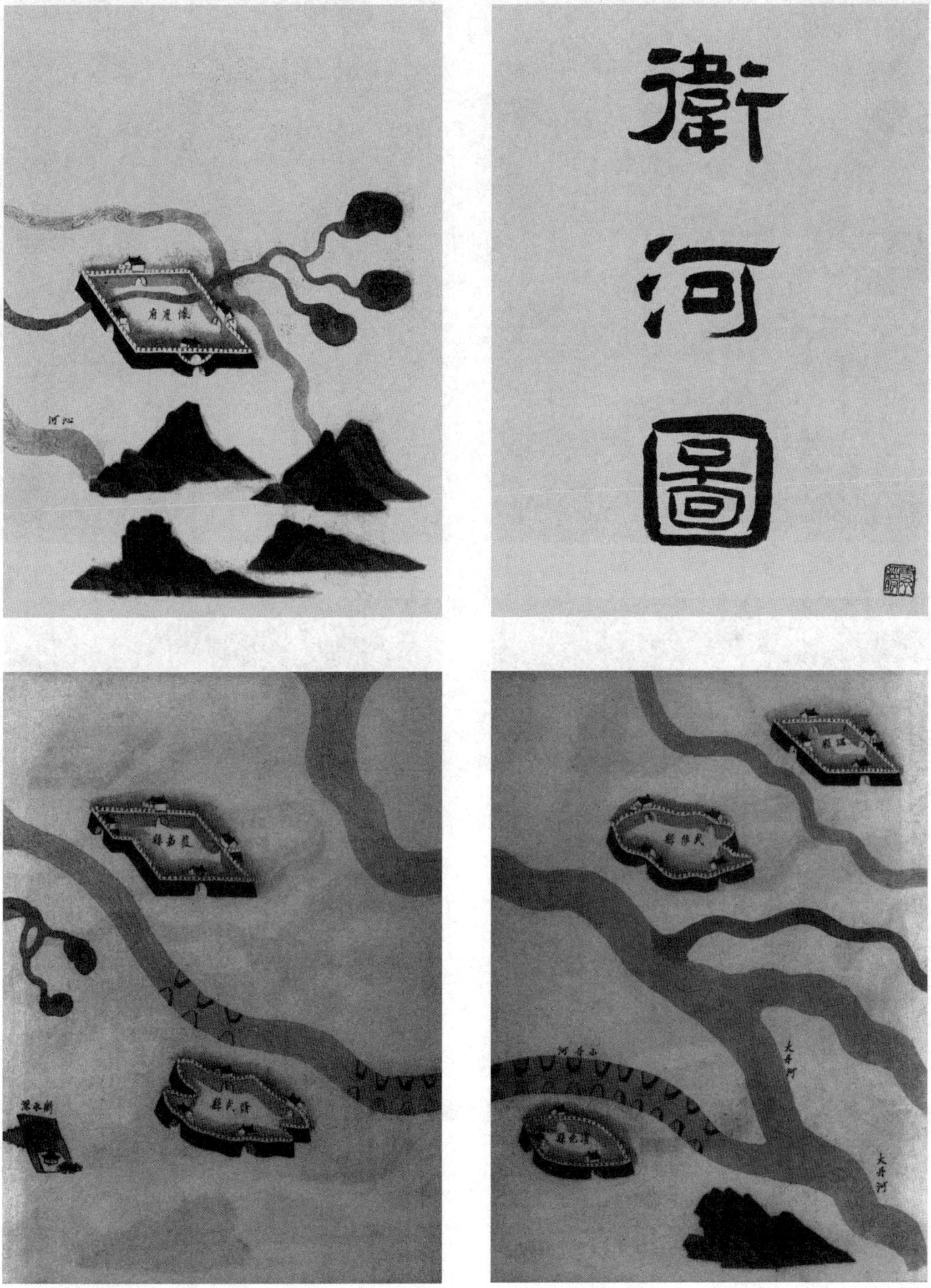

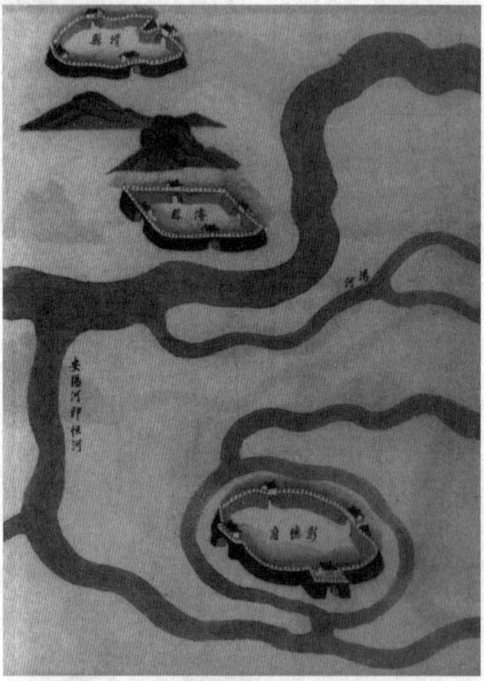

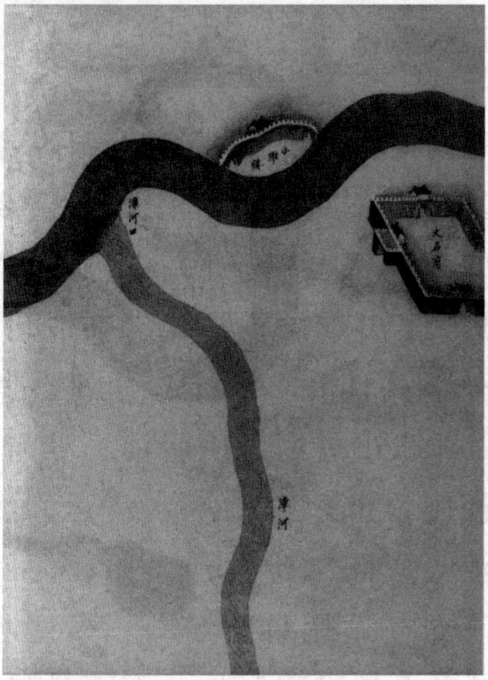
小灘鎮
漳河
大名府
漳河

内黄縣
大名縣

館陶縣
磚閘
板閘
臨清州

卫河图说

卫河，即隋之御河也，源出河南辉县苏门山之百门泉，亦名朔刀泉，方池二十亩许，泉出其中，不可数计。南流至新乡县境，渐深广，通舟楫，蜿蟺而东，经汲县、汤阴、安阳，直隶浚县、滑县、内黄、大名、元城，至山东馆陶县北入临清州，与汶河会流。自发源至汶河会流处，共计九百二十三里零。其间水之入焉者六，其他细流不与焉，曰小丹河、斫胫河、淇河、汤河、安阳河、漳河。查自临清板闸以北，全赖卫水济运，然而春夏之交，漕艘盛行，每患浅涩。康熙二十九年，原任河臣王新命议以丹河口分渠九道，每三月初，用竹络装石，横塞八河渠，使水归小丹入卫，而留涓涓之水与民间溉地。至五月尽，重运过毕，则开八河渠，用竹络装石塞小丹口，以防山水漫溢。奉旨行河抚阎兴邦再议，如雨水足时，照河臣议。倘遇亢旱，令每三日放水济漕，一日塞口灌田，五月十五以后，听民便用。中有浅阻，责令各官量浚。王新命又议：卫河于辉县境内，民间设立五闸，蓄水灌田。往例于五月初一日封板放水济运。惟是五月正当农人需水之时，未免有妨农务，应亦用竹络装石，量渠口之高下堵塞，使各渠之水常盈，而所余之水昼夜常流济运。其万金渠出自安阳县西南六十里善应村山下，约二十余里至高平村。昔人建闸开渠，引水溉地，其水仍由县东北五里许入安阳河，亦应照五闸之法，用竹络装石，塞闸通渠，漕、民两便。康熙三十年俱奉旨允行。历岁以来，漕运无阻，农民乐业，莫不颂皇仁于无既焉。

辉县所管卫河，自百门泉起，至新乡县界止，计长二十五里二百四十八步，河宽三四五丈，深四五尺不等。旧有民建闸五座，曰仁、义、礼、智、信。

新乡县所管卫河，自辉县界块村营起，至汲县界曲里村止，计九十二里，深至一丈七八尺不等。小丹河西自获嘉县境，至岔河尖入焉。

汲县所管卫河，自新乡县界曲里村起，至浚县界双鹅头止，计一百四十五里，河宽至六七丈，深一丈五六尺不等。

淇县所管卫河，在汲县河之北岸，自西沿村起，至薛村口止，计长一十五里，河宽至十三四丈，深至二丈一二尺不等。矿胫河北自太和泉流至西沿村入焉。淇河北自林县境流至薛村口入焉。淇河西岸属淇县，东岸属浚县。

浚县所管卫河，自汲县界双鹅头起，至滑县界伍隆固止，计一百七十五里，内有石冈一道，自屯子镇至老鹳觜十八里，绵亘河底，水稍落则为重艘碍，河宽至十四五丈，深一丈七八尺不等。

滑县所管卫河，自浚县界泥滩口起，至内黄县界韩西口止，内有汤阴县所管河三段，计共长十里。滑县河道计九里一十三步，河宽至十五六丈，深一丈八九尺不等。

内黄县所管卫河，自滑县界草坡村起，至大名县界张儿庄止，内有汤阴县所管河三段，计共长二十七里零，内黄河道计九十里，河宽十四五丈，深一丈七八尺不等。汤河西自汤阴县入焉，安阳河北自安阳县入焉。

汤阴县所管卫河六段，三段在滑县境内，自南而北，第一段长一百八十丈，第二段长五百四十丈，第三段长一千八十丈。三段在内黄县境内，自南而北，第一段长一千丈，第二段长三千八百四十丈，第三段长一百七十二丈九步。共计长三十七里三百一十三步。

大名县所管卫河，自内黄县界张儿庄起，至元城县接界曹家道口止，计九十六里，河宽至十六七丈，深至二丈三四尺不等。

元城县所管卫河，自大名县接界赵家站起，至馆陶县接界善乐营止，计七十三里，河宽十五六丈，深二丈一二尺不等。

馆陶县所管卫河，自元城县接界迁堤铺起，至临清州界尖冢集止，计一百二十里，河宽至十六七丈，深二丈三四尺不等。漳水自北而入焉。

临清州所管卫河，自馆陶县界尖冢集起，至南板闸汶卫合流处止，计六十里，河宽至十七八丈，深至二丈四五尺不等。

小丹河

《汉书》：高都县“莞谷，丹水所出也”。高都，即今山西高平县。其水流至河内丹谷口，自大丹河石斗门分流为小丹河，经河内武陟、修武、获嘉，至新乡县岔河尖入卫。

斫胫河

以纣斫朝涉之胫，故名。发源淇县太和泉，至西沿村入卫。

淇河

《卫诗》所云“淇澳”者是也。《水经》：“淇水出河内隆虑县西大号山。”隆虑，即今林县。发源县南临淇集，至合河口，又淅水自西来注之，至淇县薛村口入卫。

汤河

发源汤阴县西牟山，东流至高汉桥，又永通河自西来注之，至内黄县境入卫。

安阳河

一名洹河，《左传》声伯梦济洹而歌，《注》：“水出汲郡林虑县。”林虑，即隆虑，今林县也。伏而瀑于安阳县西南六十里善应山下，流二十余里至高平村，建闸疏渠，引水溉田，名曰万金渠。盖始自唐刺史李景，后人相继修之，其水仍由县东北五里许合于洹河，流至内黄县境入卫。

漳河

其源有二：一出山西潞州长子县，名浊漳；一出平定州乐平县，名清漳。至林县东北涉县境合流，经临漳县，又分为二，一北流入滹沱河，一东流至馆陶入卫。查前代弘、正、嘉、隆间出没不常，万历中北徙入曲周滏阳河，迩者复归入卫。盖自丹、卫、淇、洹而北，实资漳以济漕，久湮而复通，休征所应，非偶然也。

附余

辉县，古共伯国；周鄘国；春秋时并于卫；汉置共县，属河内郡；三国魏属朝歌郡；晋属汲郡；隋改共城县，属河内郡；唐武德元年改共州，又析置凡城县，寻废州为县，省凡城入焉，属卫州汲郡；金改为河平县，又改苏门县，贞祐三年升为辉州；明降为县，属卫辉府。苏门山在辉县西北七里，即晋孙登隐处，山上至今有孙登啸台遗迹。

新乡，古鄘国地；汉以后为获嘉、汲二县地；隋开皇初始置新乡县，属河内郡；唐改属卫州汲郡；宋熙宁中废为镇，入汲县，元祐中复置；金属卫州河平军；元属卫辉路；明属卫辉府；今因之。

汲县，殷牧野地；周为鄘、卫二国地；战国属魏；秦属河东郡；汉始置汲县，属河内郡；三国魏属朝歌郡；晋置汲郡，治此；北齐改置伍城郡；后周废为伍城县，属卫州；隋复为汲县；唐武德元年以县省入义州，四年复置；金属河平军；元属卫辉路；明属卫辉府；今因之。

淇县，殷为朝歌；周为沬邑；秦属三川郡；汉置朝歌县，属河内郡；三国魏置朝歌郡，以县属焉；晋改属汲郡；东魏析置临淇县，属林虑郡；隋废朝歌以临淇属魏郡；唐省临淇入卫县；宋熙宁中废卫县为镇，元祐中复置，属浚州；元改置淇州属卫辉路；明降为县，属卫辉府；今因之。淇园，在淇县西北礼河社，昔卫武公年九十五犹自箴警，国人赋《淇澳》之诗以美其德，汉武帝塞瓠子河，取淇园之竹以为楗，即此也。

汤阴县，商羑里地；周、战国时魏荡阴地；汉置荡阴县，以临荡水为名，属河内郡；晋改属魏郡；隋属汲郡；唐始改汤阴，属相州邺郡；宋属彰德军；金属彰德府，后因之。

浚县，汉为黎阳县，属魏郡；后魏置黎阳郡及黎州；隋为黎州，大业初州废以县属汲郡；唐属卫州；宋为通利军，政和初为浚州，号浚川军，寻改平川军；金改通州，后复为浚州；明为县，属大名府；今因之。

滑县，商豕韦氏之国；汉置白马县，属东郡；晋为濮阳国地；隋置滑州；唐天宝初改灵昌郡，乾元初复为滑州，后置义成军，光启初改宣义军；宋改武成军，后改滑州；金初属开封府，后属大名府；明改州为县；今因之。

内黄，商河亶甲居相，即此；周初为卫地；春秋属晋；战国属魏；汉置内黄县，属魏郡；晋属顿丘郡，后魏省入临漳；隋复置，属相州；唐初属黎州，寻还属相，天祐中属魏州；宋属大名府；金属滑州；明复属大名府；今因之。

大名，春秋时卫地；汉为元城县之贵乡；后魏析置贵乡县，属昌乐郡；周于此置魏州；隋改置武阳县；唐复置魏州；宋省入元城县；金改置屯营；元复置县；明初省入元城，永乐中复置，属大名府；今因之。

元城，周为卫地；春秋时名沙麓；秦属东郡；汉置元城县，属魏郡；晋属阳平郡；后魏析置贵乡县；北齐省入贵乡；隋复置；唐初省入贵乡，后复置；宋庆历中建大名府为北京，治元城；金因之；元属大名路总管府；明属大名府；今因之。

卷之六

五水济运图

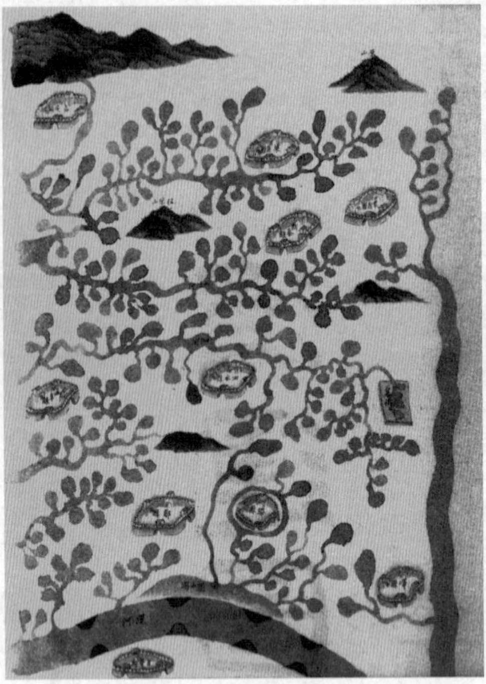

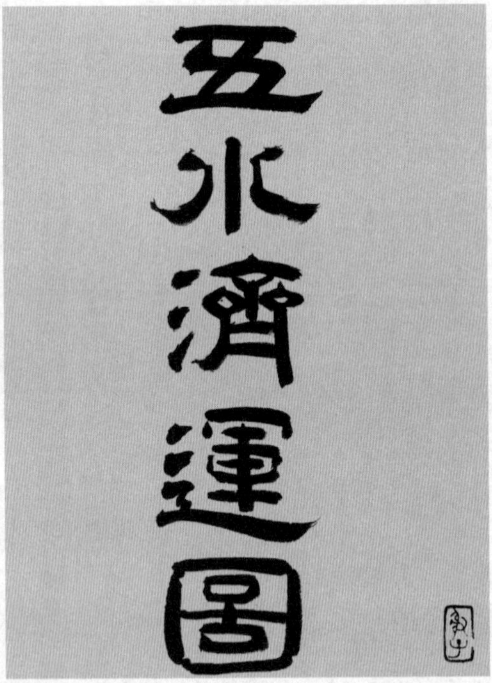

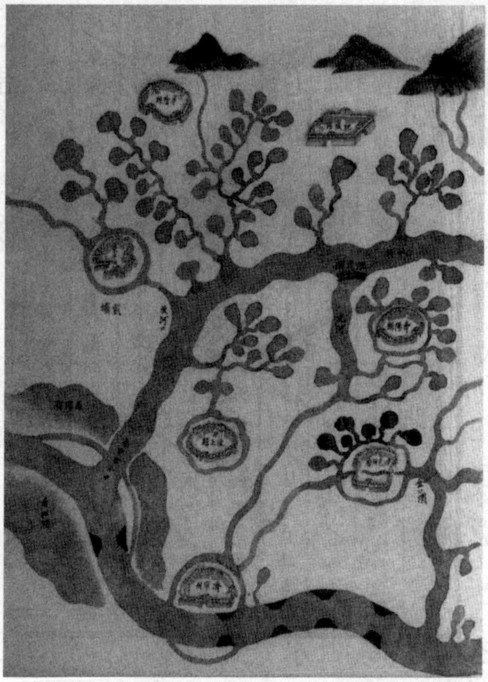

五水济运图说

汶水之源有三：一发泰山仙台岭，一发莱芜原山阳，一发莱芜寨子村，会泰山诸泉至静封镇，在泰安州城南合而为一，谓之大汶口。转西南与小汶河合。小汶源出自新泰龙堂山下，西流至徂徕山阳，入大汶河，合流至宁阳西北，分而为二，其一为元时所改，由堽城南流，别为洸水；其一由堽城西流至东平州东五十里，会坎河诸泉，至四汶口而分。其西流者入大清河，由东阿而北至利津入海，此故道也。明永乐中浚会通河，乃移堽城坝于青川驿，在宁阳北。以遏其入洸之流。于坎河之西筑戴村坝，以遏其入海之路，使其全流尽出于汶上。城北二十五里受泺澢诸泉，谓之鲁沟。又西南流至城北二里，受蒲湾泊水，谓之草桥河。又西南流十里，谓之白马河。又西南流二十里，谓之鹅河。鹅河者，故宋之运道也，涸而为渠，汶水由之。又西南十五里，谓之黑马沟。又西南至南旺，入于漕河。南流者十之三四，北流者十之六七，是为分水口。六分北流，出南旺下闸，至御漳长二百五十里。四分南流，出南旺上闸，会沂、泗，长一百里。分水之法，上闸石底高三尺许，下闸石底卑三尺许，故南少而北多也。分水口有龙王庙，其旁有尚书宋礼祠、老人白英祠。诸泉之由汶济运者，新泰三十六，莱芜四十六，泰安六十三，肥城十二，平阴二，宁阳四，东平三十五，汶上六，蒙阴四。

泗水，源出于陪尾山下，四泉同发，故曰泗水，因以名其县。四泉合而成流，西南行经卞城，其西有泉数十，自县之南境北流入之。又有泉数十，自县之北境南流入之。自此西过其县北，又西过曲阜城北五里，分为二流，北为洙渎，流绕圣墓之前，而泗水绕其后，皆过孔林西，复合为一，西至兖州府城东五里金口闸东，沂水、雩水入之。诸泉之由泗入运者，本县七十九，曲阜六。

沂水，源出尼山麓，过曲阜南而东来，雩水出曲阜南马跑泉，过邹县境而东来，同谓之沂水。沂即合泗于金口坝，复为二流，其十之九即下金口坝，南由济宁境入鲁桥闸，其十之一入兖州府城，出西门外，纳阙党、蒋诩七泉，合流六十里，至济宁城东，复屈从南会于洸水，入天井闸。诸泉之由沂入运者，曲阜二十一，而济宁之托基、浣笔等泉自入运者不与焉。

洸水，即汶之支流，汶水经宁阳之北，元时既为水门于堽城之左，遏之益泗，复为闸于奉符，导之为洸。盖时未知分水南旺，即于济宁会源闸分水，故为会通河之源者，即洸也。明初遏汶全流西北，从南旺分水，仍于宁阳坝西十里增筑新坝一座，于其南别开河十里，浚之南流，以存洸一线。其后为积沙所壅，更于洸北作东、西二闸，以导闸西之柳泉，使穿东闸出，北会宁阳县南蛇眼等泉，环流仍入东闸，以归于洸。西南流至济宁，会泗、沂合流，同入天井闸济运。诸泉之由洸入运者，惟宁阳之西柳、蛇眼等九泉。

济水，源出王屋山，伏见不常，其流遂分南、北汶，合北济故道以入海。而元时自安民山开河，由寿张北至临清，谓之引汶绝济。迨明初，遏汶全流，从南旺分水，屈曲西北达临清为运道，直夺大、小清河东北出海故道，即所谓北济也。泗合南济故道以入淮。元时于堽城之左作斗门，遏汶南流至任城，谓之引汶入济。迨明初遏汶诸流，别从金口东穿兖州府城，西纳阙党等泉，至济宁城东会洸，流入天井闸。今府城会河，俗谓之府河，亦谓之济河。是阙党诸泉即水伏见之源。济宁见行漕河，左右渠流，皆所谓泗合入淮之南济也。诸泉之由济入运者，北则有汶上西北泺（瀼）〔澢〕、蒲湾诸水，南则有滋阳之阙党等泉。

泉源考

山东诸泉，漕河之命脉也。其派有五，而至要者三。其一出于汶上，于东平，于平阴，于肥城，于泰安，于莱芜，于新泰，于蒙阴之西、宁阳之北，会流而入于南旺之分水口者，为分水派。其一出于滋阳，于曲阜，于泗水，于宁阳之南，分流于沂、洸、济、泗，而会归于元之所为会源闸者，为天井派。其一出于邹，于滕，于济宁，于鱼台，于峄之西，通乎埝里、黄良而下，各入漕渠，而不越乎鲁桥闸左右者，为鲁桥派。他如济宁、鱼台、滕、峄诸泉，及昭阳湖分会沙河八泉入上沽头者，旧为沙河派。自开南阳新河，留城一带，即将滕、鱼、峄之泉注之，则为新河派。又沂水、蒙阴及邹县许池等泉，会沂、汶二河而下经古邳与黄河入淮者，旧为邳州派。自新河开而沂水、蒙阴入沂诸泉已废。至泇河开，即并废夏镇以南新河，而滕、峄二县诸泉之向入新河以至留城者，尽移昭阳湖东，改入泇河，并南岸徐、沛之泉出夏镇以南张庄等八闸现在济运者，为泇河派。此二派之泉，酌其缓急，关系稍轻，然皆不可废也。

新泰县泉图

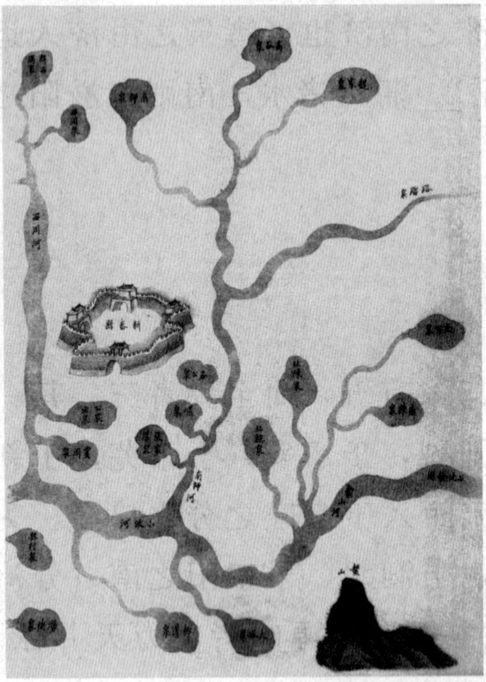

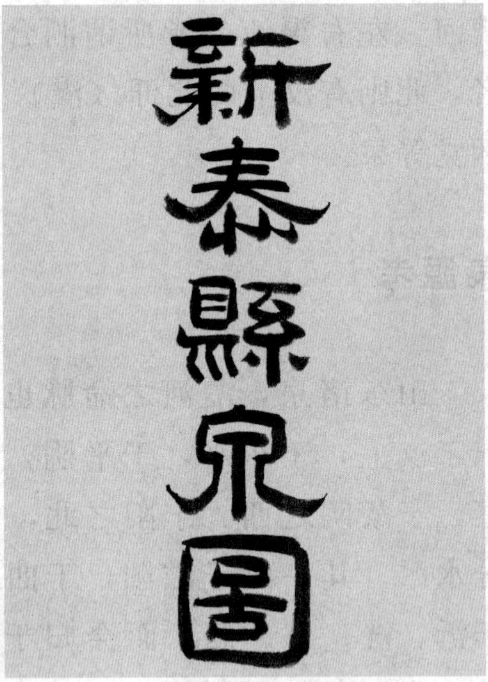

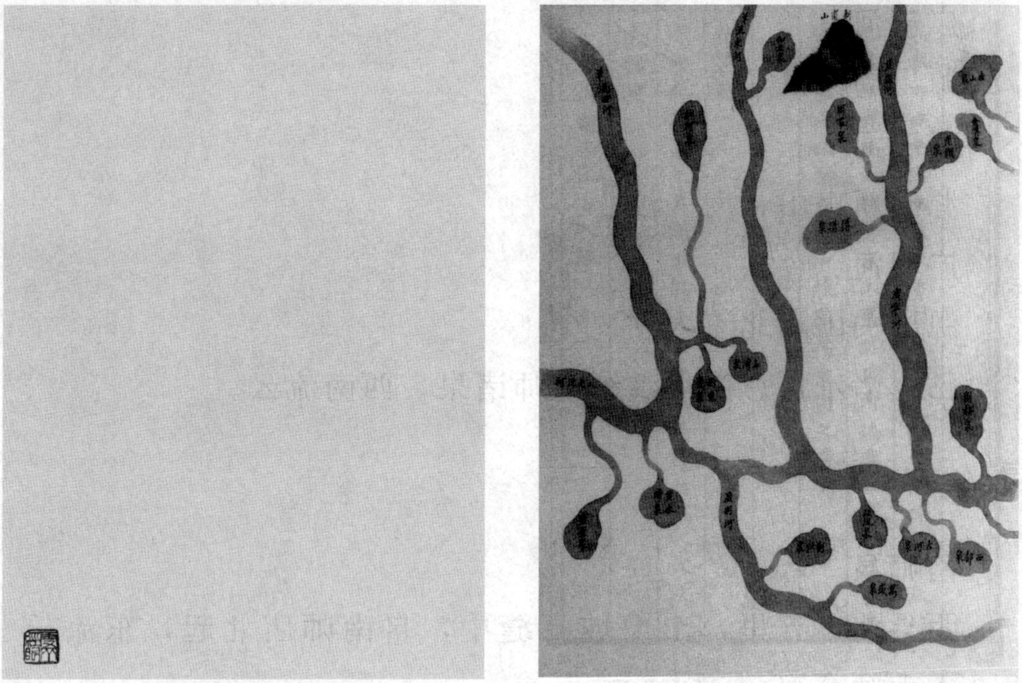

〔新泰县泉事宜〕[1]

新泰，即古平阳地。《春秋》鲁宣公八年城平阳，即此。晋泰始中置新泰县，取新甫、泰山。邑志云：南接洙、泗，东瞰淄、青，西瞻泰岱，北枕新甫，溪山峻隘，据东南之胜焉。

河

小汶河

距县东四十里，源出龙堂山，会平阳西南流入大汶。

羊流河

源出新甫山，右入汶。

平阳河

源出孤山，左经城东始盛，南入汶。

---

[1] 底本题为“新泰县”，现题为整理人据底本目录所改。余同改。

广宁河

源出周家泉，南入汶。

苏庄河

源出新甫山，南入汶。

广明河

源出关山，北流入汶。

已上诸水，总由小汶纳南师诸泉，西南流云。

泉

南师泉

距县北十五里，出山坡石缝中，自南师店北起，东流长一里，入南师会河。

魏家泉

距县东北三十里，出山坡石缝中，自三山庄，东流长一里，入南师会河。

高峪泉

距县北三十里，出土中，自北师庄迤北，南流长一里，入南师会河。

路踏泉

距县东北四十里，出石缝中，自孤山庄迤北，南流长五里，入南师会河。

名公泉

距县东南三里，出名公村沙土中，自果元庄迤西，南流长二里，入南师会河。

张家沟泉

距县南十里，出土中，自名公庄迤西，南流一里五十步，入南师会河。

啸泉

距县南三里，出土中，自大洼庄前流长五里，入南师会河。

已上七泉俱入南师会河，南师河自高峪铺流至小汶，长五十里。

北陈泉

距县东南十里，出平地土中，自北陈庄流长五里，入鳌山会河。

南陈泉

距县东南十五里，出沙土中，自南陈庄流三里，入鳌山会河。

北鲍泉

距县东南十里，出北鲍庄沙中，自陵溪庄流长五里，入鳌山会河。

太公泉

距县东北三十里，出太公峪沙土中，自陵溪庄南流五里，入鳌山会河。

已上四泉入鳌山会河，鳌山河距县东八里，自陵溪庄流至小汶，六十里。

新西周泉

距县西北十五里，出沙土中，自西周庄流长一里，入西周会河。

西周泉

距县西北八里，出沙土中，自西周庄流长一里半，入西周会河。

杏山泉

距县西北十里，出杏山西坡下流长八十五步，入西周会河。

金沟泉

距县西北十里，出土中，自杏山西北流长一里，入西周会河。

公家庄泉

即志公家庄泉，距县西南八里，出石缝中，自公家庄东流长二里，入西周会河。

贾周泉

距县西南十里，出土中，自公家庄南流长八十五步，入西周会河。

已上六泉入西周会河，西周河自魏胡山流至小汶，长四十五里。

周家泉

距县西北三十五里，出周家庄土中，自青莱岭流长五里，入崖头会河。

崖头泉

距县西北三十里，出土中，自崖头庄东流长二里，入崖头会河。

构沟泉

距县西三十里，出土中，自构上村流长二里，入崖头会河。

已上三泉入崖头会河，崖头河自青莱岭流至小汶七十五里。

和庄泉

距县西北五十里，出和庄村沙土中，自和庄南西南流长二里，入羊流会河。

红河泉

距县西北五十里，出土中，自裹头城东南流长二里，入名湾泉上源。

钓鱼台泉

距县西南五十里，出土中，自裹头城东南流长二里，入名湾泉上源。

名湾泉

距县西南四十里，自裹头城东南流长二里，入羊流会河。

已上四泉入羊流会河，羊流河自莲花山前起至小汶八十里。

刘杜泉

距县西南四十里，地名泉头村，出高坡石缝中，自云山寺前流长三里，会刘杜渠入广明河。

万岁泉

即万松泉，距县西南三十里，出刘杜集石缝中，自南流泉庄起，西南流十里，会刘杜入广明河。

涝坡泉

距县西南二十里，出土中，自（捞）〔涝〕坡庄东流长十五里，入广明河。

已上三泉俱入广明会河，广明河自南涝坡泰安界起，至汶河，长七十里。

大峪泉

距县东南二十里，出土中，自大峪庄南流长一里，径入小汶。

里桥泉

距县西南二十里，长一里，会入古河泉，五步汇汶。

柳沟泉

距县南二十里，出东都庄南土中，北流一里，入小汶。

孙村泉

距县西南十五里，出凤凰庄前石缝中，西南流一里，入小汶。

西都泉

距县南二十里，出西都庄渠石中，池名老鼠（注）〔汪〕，北流长二里，径入小汶。

古河泉

距县西南二十里，古河庄出土中，向西北流长一里，径入小汶，会入泰安州大汶河，转入分水龙王庙前接济运道。

北流泉

距县西南二十五里，出石缝中，寺山庄北流长八里，入小汶。

刘都泉

距县西二十里，出刘管庄东土中，南流长二里，入小汶。

黄水湾泉

距县西南四十里，出土中，瓦窑头庄西流长一里，入小汶。

灵查泉

距县西南七十里，出灵查庄南池土中，西北流长一里，入小汶。

已上泉俱入小汶河，小汶自蒙阴交界起，至泰安州安家庄止，共长一百二十里。

莱芜县泉图

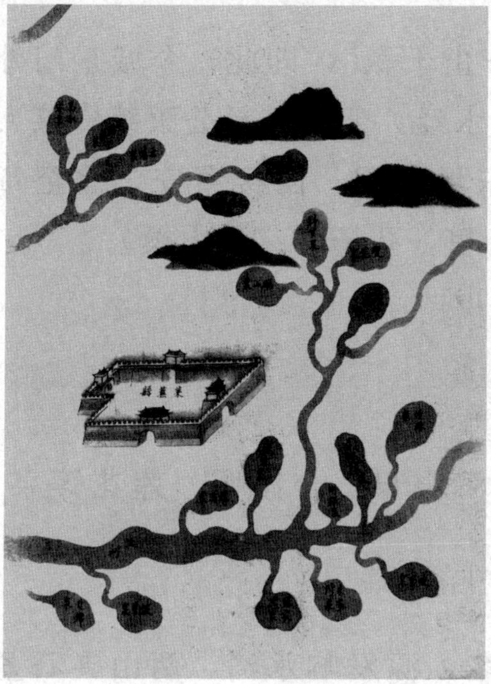

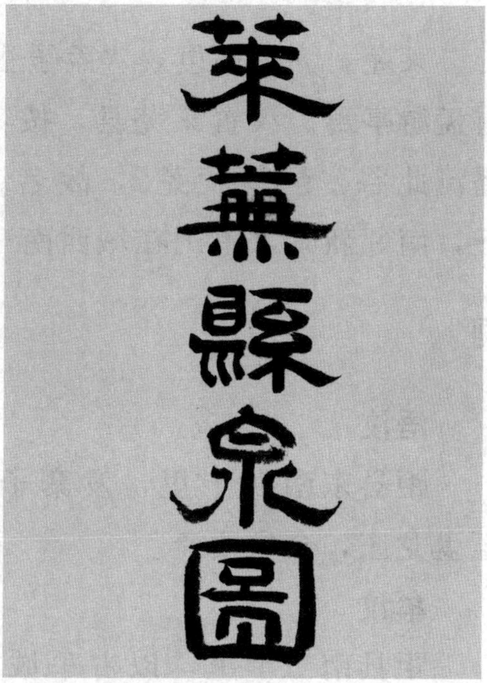

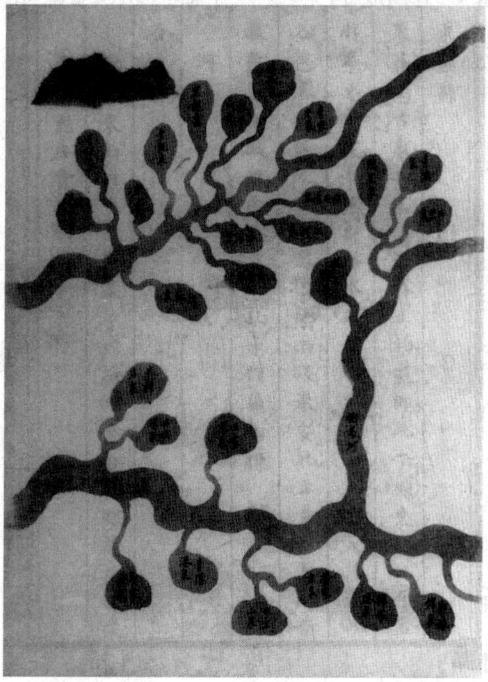

〔莱芜县泉事宜〕

莱芜，为古嬴邑，“孟子去齐止于嬴”，即此，今城东门外有孟游亭焉。汉置莱芜县，按：《水经》云“齐灵公灭莱，莱人播流此谷，邑落荒芜”，故名。东界蒙阴，西接泰安，北至章丘，南邻新泰，龟山在城西南三十里，孔子作《龟山操》。

河

浯汶

距县东南四十里，发寨子村海眼泉，合湖眼、莲花等泉，至盘龙庄，会牟西流。

牟汶

距县南二十里，以古牟城得名，源发响水湾，两山夹石盈亩，清流有声，合鹏山、赵家泉至盘龙庄，合浯汶，西流，即古汶阳田处。

嬴汶

距县南三十里，以嬴、博之间得名。源发宫山之阴，至安仙寺合滤马河，牟、浯二汶，蒲宫洼，郭娘泉，至方下村西南合嘶马河，牛山、王家、五龙泉，青杨行沟，合堑汶河西流。其分支在西北，即所云嬴、博之间。发小龙湾，合乌江岸泉，亦自西北会嘶马河西流。

北汶

距县东北七十里，发原山之阳普通、麻峪、西南等庄，西至危石、雪野、庄镇，折而南流，又由大舟山东合长城岭南汇水河泉，自古博城南西流，又合新兴泉，西至泰安州故县镇，合西南嬴、博西流。

按：汶有五，出莱芜者居四，一紫汶，在泰山之旁，别属泰安州，源发仙台岭，流至静封镇，合莱芜原山寨子诸汶，合流名为大汶，亦名堑汶，合浯、牟、嬴亦名三汶，亦名四汶，合新泰县小汶，而五汶源流之分合见矣。

淄水

《禹贡》“潍、淄其道”，《注》云“水出原山”，是也。又《水经》：淄水出莱芜县原山，东（址）〔北〕过临淄县，又东过利津县，东北入于海。

嘶马河

在县西十里，源出大屋山西，南入汶河。《通志》：一名嘶马河，世传汉韩韶乘牝马来宰莱邑，及归，留驹，其马嘶于河上，故名。

泉

海眼泉

距县东南六十里，出黄山保土中，即发寨子村，为浯汶河源也。长半里，水茂盛通流入汶。

连珠泉

距县东南六十里，水茂盛，长半里，通流入汶河。

坡里泉

距县东南五十里，在棋山保，长二里，西北入大汶。

清泥沟泉

距县东四十里，长半里，通流入汶。

湖眼泉

一名狐眼泉，眼似狐，故名。距县东南三十里，出颜庄保土中，西南流入汶。

朱家湾泉

距县东南二十七里，出黄山保土中，北流入汶。

张家湾泉

距县东南二十六里，出黄山保土中，北流入汶。

莲花泉

距县东南三十里，出棋山保山坡下土中，西流入汶。

已上诸泉从县东入汶。

鹏山泉

距县东北二十一里，出鹏山麓石缝中，即发响水湾牟汶上源也。水茂盛，长三里，西南流会赵家泉，又三里入盘龙河，又五里入大汶。

赵家泉

距县东二十四里，在朋山保出古牟城南土中，水茂盛，长一里，南流至盘龙河入汶。

双睛泉[1]

距县东二十四里，水茂盛，长半里，至盘龙河入汶。

斜里泉

距县东二十四里，长半里，至盘龙河入汶。

已上四泉东北来至盘龙河入汶。

半壁店泉

距县西三十五里，出毛埠保土中，西南流入汶。

西夹沟泉

距县西三十四里，入半壁店泉，同入汶。

---

[1] 图中作“双龙泉”。

青阳港泉

距县西南三十里，长三里，北流入汶。

贺家湾泉

距县西南四十五里，长一里，北流入汶。

王家沟泉

距县西二十八里，出新庄保土中，西南流二里半，入汶。

牛王山泉

距县西南二十五里，出南宫保土中，荫泉三，长二里半，西北流入汶。

卢家庄泉

距县西南二十五里，长八十步，入牛王山泉，转流入汶。

韩家港泉

距县西南十五里，出土中，长一里，西北流入汶。

郭娘锦泉

出石岭下，世传郭娘濯锦于此，距县西南十四里，长二里半，西南流入汶。泉如万珠喷溅，荫泉十九，为莱芜诸泉之最。

片锦泉[1]

距县西南十四里，长三百二十步，水盛，北流入汶。

坡草泉[2]

距县西南五里，出汶南保土中，长一里半，北流入汶。

已上诸泉从县西南入汶。

逯马河泉

距县东三里，长二里半，南流入汶。

---

[1] 图中作“井锦泉”。

[2] 图中作“披草泉”。

小龙湾泉

距县东北五十五里，出苍山保小岭下土中，曲折如龙，故名。长一里，至嘶马河入汶。

大龙湾泉

距县东北四十里，水微细，长一里，至嘶马河入汶。

乌江岸泉

距县北二十五里，出垂杨保沙中，长二里，西南会镇里等泉，至嘶马河入汶，荫泉二。

北海眼泉

距县北二十五里，长半里，水盛，入乌江岸泉，转至嘶马河入汶。

垂杨泉

距县北二十七里，长一里，水盛，入乌江岸泉，至嘶马河入汶。

镇里泉

距县西北二十八里，出镇里保平地石缝中，长十里，上源水微，下流水盛，西南流至嘶马河入汶。

青桥泉

距县西北二十五里，水茂盛，长半里，入镇里泉，至嘶马河转入汶。

西碧泉

距县西北二十五里半，水微细，长一里，入镇里泉，至嘶马河转入汶。

龙兴泉

距县西北十五里，出垂杨保沙中，长十四里，水微细，至嘶马河入汶。

已上县北诸泉入嘶马河转入汶。

北夹沟泉

距县北三十三里，长半里，入水河泉，久枯。

水河泉

距县西北三十三里，出垂杨保土中，长十一里，水微细，至泰安州会河入汶。

沙湾泉

距县西北三十四里，长二里半，水微细，至泰安州会河入汶。

助沙泉

距县西北三十五里，长一里，水微细，至泰安州会河入汶。

李家湾泉❶

距县西北五十八里，长半里，水盛，至泰安州会河入汶。

凉坡泉

距县北六十里，出雪野保，长一里，入薛家庄泉，至泰安州会河入汶。

薛家庄泉❷

距县北六十里，出雪野保，长一里，水盛，至泰安州会河入汶。

黑龙泉

距县西北六十一里，长半里，水盛，至泰安州会河入汶。

老龙泉

距县西北六十二里，水盛，长一里，至泰安州会河入汶。

新兴泉

距县西北三十五里，出新兴保，长十里，会鱼池等泉，西流二十五里，至泰安州会河入汶。

---

❶ 图中作“李家老泉”。

❷ 图中作“苏家庄泉”。

鱼池泉

距县西北四十五里，出旧寨保，长三里，水盛，下流会新兴，至泰安州会河入汶。

星坡泉

距县西北六十里，长十里，水微细，至泰安州鲤鱼沟入汶。

大龙泉

距县西北五十里，长一里，水盛，至泰安州会河入汶。

已上诸泉入泰安州会河入汶。

莱芜古泉三十五眼，额设泉夫一百二十名，后缘枯淤，仅存二十五泉，而夫亦随减存九十名。近陆续搜复古泉十处，又增新开泉十一处，通共泉源四十六，而夫既减少，疏浚易弛，亟宜按泉添夫者也。

泰安州泉图

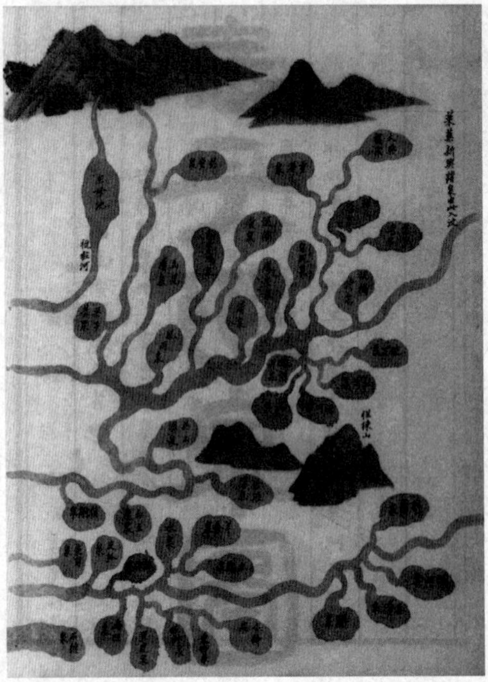

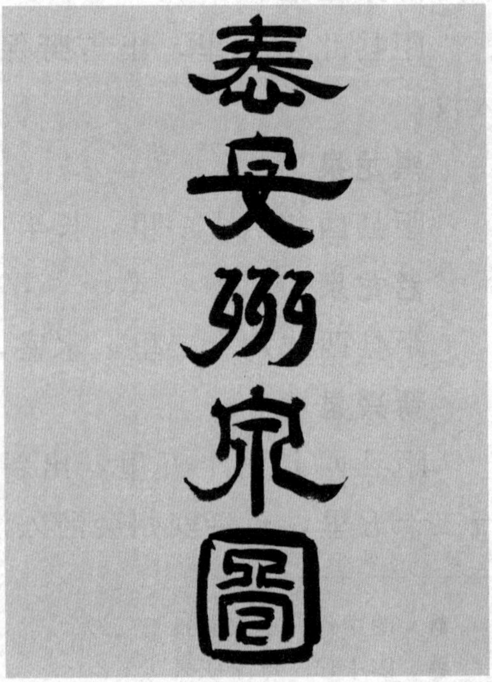

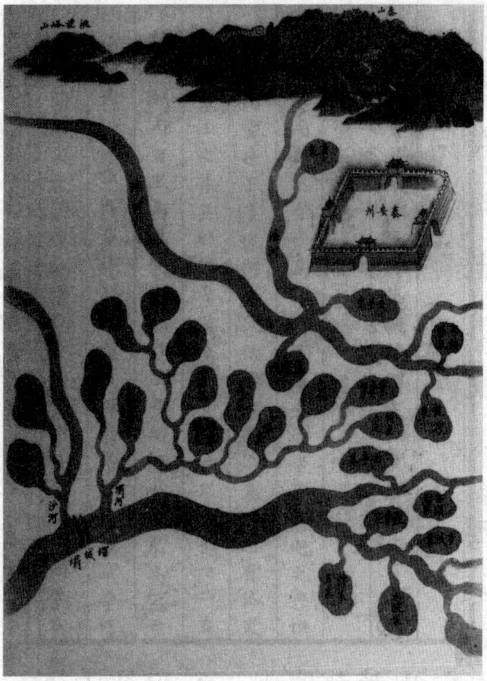

〔泰安州泉事宜〕

名山莫重于岳，莫尊于岱，其神则七十二君之所有事。庙宇崇峻，岁久剥落，本朝又廓而新之，翚飞鸟革，伟哉盛矣！古者举时巡之典，恒先及焉。当时子墨客卿之徒，标奇采异，有《泰山志》，有《岱史》，复有“搜玉”之集，其形胜历历，兹不赘录。姑举州之一二古迹，如城南百里为梁父山，此始皇之所禅也。迤东为云云山，相传七十二君多禅于此。黄帝禅于亭亭山，汉武帝禅于石闾山，宋真宗禅于介石山，俱在州之南境。周明堂在岳之东北，山谷联属四十里，遗址尚存。汉明堂在岳之东南，去州治十里，上有元人题刻“明堂故基”四字。后枕岳麓，支山如扆障，而左右如卫从然。涧水萦回，南会于汶，遥望徂徕诸山，如列屏案，当时朝会规模，宛然在目。长城巨防在泰山西，缘河千余里，至琅琊台入海，昔齐宣王筑之以备楚者。谢过城在岳东南址，汉明堂侧，此齐、鲁会夹谷后归谢之地。岳东南地曰谷里，古夹谷也。龟阴田，即齐人归鲁以谢过者，今名龟阴埠。汶阳田在岳南汶河之上。菟裘在岳之阴，《左传》隐公语公子翚营菟裘以终老，即此。州西南有颜子坡，为颜渊从孔子登泰山处。东南百里有柳下惠墓，其地为柳里村。州之疆域，北历城，南宁阳、泗水，东莱芜、蒙阴，新泰在其东南，肥城在其西北。水之大者曰汶河，泮、漆、梳妆，潆回而与之合。泉源六十余处，皆经此而入于漕，关乎运道，岂浅鲜哉！

河

汶河

出莱芜原山，经徂徕山南，三十里曰大汶口，又西南流入漕渠。

漆河

出岳顶诸峪，汇为西溪，由白龙池大峪口南流入泮河，会汶水以达于漕。

梳妆河

源出黄现岭诸峪，汇为中溪，过王母池，池上有王母梳妆楼故名，由州东会泮水，入汶河。

泮河

源出鹤顶桃花峪，诸水转州治东南二十里入于汶。

浊河

浊河自有本泉，迤西一带总谓之浊河，亦会河入汶。

泉

凤凰泉

距州东四十里，地名郭家庄，出土中，入汶。

清泉

距州东三十里，出王庄土中，入汶。

铁佛堂泉

距州东三十里，地名侯家店，出土中，长二十里，入沙河，六里转入汶。

周家湾泉

距州东二十五里，地名栗林庄，出土中，入沙河，六里转入汶。

皂泥沟泉

距州东五十里，地名乔家庄，出土中，西南流入汶。

风雨泉

距州东三十里，出土中，长六里，入汶。

已上正东诸泉南入汶。

范家湾泉

距州东迤北五十里，出土中，长八里，西南流入汶。

鲤鱼沟泉

距州东迤北五十里，出新店庄土中，长一里，西南流，会范家湾泉，又西南转入汶。

大兴桥泉

距州东迤北六十里，出土中，长二十里，入汶。

板桥湾泉

距州东迤北六十里，出板桥湾土中，长八里，西南入汶。

云潭泉

距州东迤北五十里，出沙中，长二里，入汶。

已上东北诸泉南入汶。

北滚泉[1]

距州东六十里，地名崤峪庄，出沙土中，长五里，入汶。

顺河泉

距州东六十里，出石缝中，长二里，小泉同会北流六里，入汶。

会泉

距州东六十里，出沙中，长七里，入沙河，转入汶。

搬倒井泉

距州东六十里，出沙中，入沙河，转入汶。

坡里泉

距州东六十里，系沙泉，出井中，数步会前泉入沙河，转入汶。

已上正东诸泉由沙河北入汶。

明堂泉

即谢过泉，距州东北十五里，出沙中，长二十五里，入泮河，转入汶。

金星泉

距州西南一里，出沙中，会广生泉，转入泮河。

广生泉

距州西北二里，出石中，入（泮）〔�〕[2] 河，转入汶。

张家泉

距州南八里，出南村保沙土中，入泮河。

木头沟泉[3]

距州南十二里，系泥泉，入泮河，转入汶。

---

❶ 图中作“北湾泉”。

❷ 据图改。

❸ 图中作“水头沟泉”。

龙湾泉

距州南二十五里，系沙泉，入泮河，转入汶。

马儿沟泉

距州东南三十里，出旧县保土中，荫泉四，南流五里入泮，又东南三里，入汶。

梁子沟泉

距州南二十里，系泥泉，合明堂泉入泮，转入汶。

梁家泉

距州南三十里，出高坡土中，东南流入汶。

已上诸泉由泮河转入汶。

吴山沟泉

距州东南四十五里，出崔家庄山沟中，西流入汶。

沧浪沟泉

距州东南五十里，出潦泊店山根下，西流入汶。

颜谢泉

讹为言谢，距州南六十里，出颜谢村沙中，南流入汶。

西颜谢泉

距州南五十里，出土中，入颜谢泉，转入汶。[1]

白土涯泉

距州南七十里，出沙中，入汶。

已上近山诸泉入汶。

龙堂泉

距州南七十里，地名香城保，出沙中，南流五里，入小汶。

香城泉

距州南七十里，出土中，入小汶。

---

[1] 图中西颜谢泉南流入汶。

良甫泉

距州东南八十里，出沙中，入小汶。

韩家庄泉

距州南一百里，地名山阴保，石泉，出土中，北流入小汶。

皮狐泉

距州东南九十里，出沙中，入小汶。

水坡泉

距州东南一百里，出土中，西北流，入小汶。

石缝泉

即新庄石缝泉，距州东南一百里，出土中，入小汶。

西柳泉

又名二柳泉，距州东南一百里，系沙泉，地名楼底集，东、西二柳俱出石缝中，西北合流数步会小柳，又十二里，转入小汶。

东柳泉

又名神泉，距州东南一百里，入西柳泉。

小柳泉

距州东南一百里，出沙中，入西柳泉，转入小汶。

海旺泉

距州东南一百里，出土中，入西柳泉，转入小汶。

黑虎泉

距州东南一百里，系沙泉，入西柳泉，转入小汶。

力沟泉

距州东南一百里，系沙泉，地名力里村，出土中，入小汶。

羊含泉

距州东南一百里，地名羊含村，出石缝中，西南流，入汶。

新兴泉

距州东南九十里，出土中，入小汶。

水泉

距州东南八十里，出土中，入羊含泉，下源转入小汶。

已上东南诸泉俱由小汶转入大汶。

斜沟泉

距州东南一百二十里，地名汶西村，出土中，西南流三里，入小汶。

浊河泉

距州东南一百里，地名泉河集，出平地石缝中，荫泉二，西北流十五里，入小汶，又七十里，入于汶。

真沟泉

距州东南一百里，出土中，入浊河泉，转入小汶。

斗泉

距州东南一百里，系石泉，入真沟泉，转入小汶。

已上极东南泉俱由小汶会东南诸泉入汶。

上泉

距州西南五十里，出石墙村石缝中，荫泉一，西南流入漕河，会马蹄等泉入浊河，四十八里，入汶。

水磨泉

距州西南六十里，地名西界保，出土中，入浊河，转入汶河。

灵应泉

距州西南五十里，出土中，入上泉，转入会河。

新查出泉

距州西南五十里，出土中，入上泉，转入会河。

臭泉

距州西南五十里，出撒象庄土中，入上泉，转入会河。

马蹄泉

距州西南五十里，出土中，入上泉，转入会河。

溯港沟泉

距州西南五十五里，出侯村土中，荫泉一，西南一里会上泉，转入会河。

狗跑泉

距州西南六十里，出下张保石缝中，入会河，转入汶河，小泉一，曰喷金，西南流四十余步，会入报恩泉。

报恩泉

距州西南六十里，出报恩寺井中，石泉，长五十步，入狗跑泉，转入会河，西南二十余步，会陷湾。

陷湾泉

距州西南六十里，出石寨村土中，长一里，入狗跑泉，转入会河，荫泉二，西南流半里，会狗跑。

已上诸泉俱由浊河转入汶。

龙王泉

距州西南一百里，出石中，入沙河，转入汶。

坤温泉

距州西南一百里，出沙中，入沙河，转入汶。

凉泉

距州西南一百里，出土中，入沙河，转入汶。

已上三泉极西，在渠外入沙河转入汶。

胡家沟泉

距州西南六十里，出南仇保土中，枯涸。

马黄沟泉

距州西南九十里，出土中，入汶。

肥城县泉图

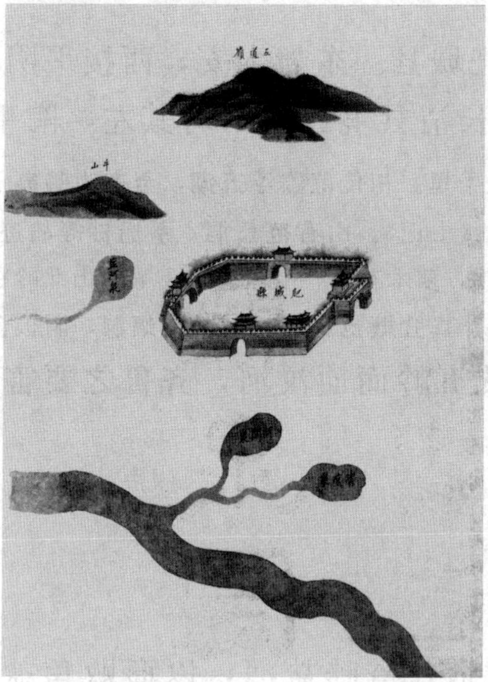

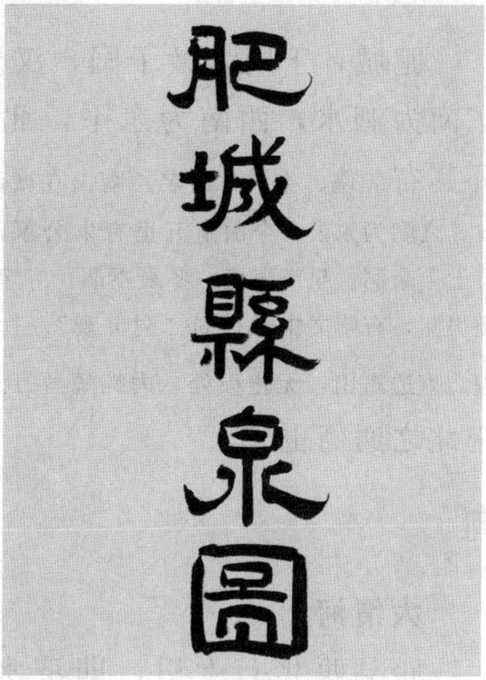

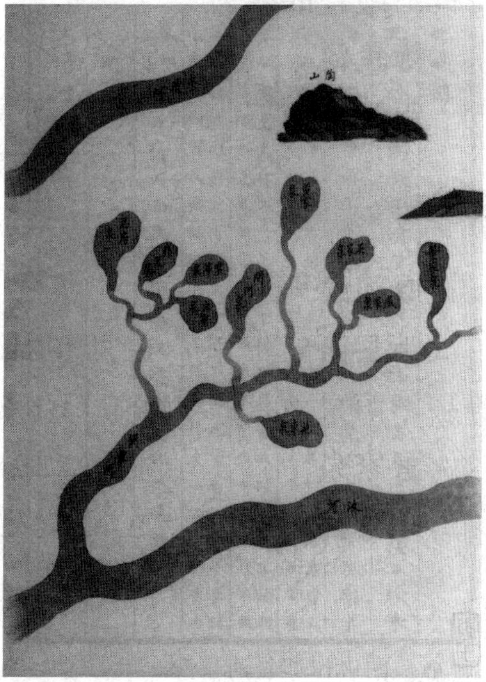

〔肥城县泉事宜〕

肥城，于周为微子国，汉置肥城县。东邻泰安，西接平阴，东南为泗水，西南为东平，北抵长清县境。岱宗峙其左，陶牛环其右。陶、牛，二山名。陶山在城西三十里。相传范蠡浮五湖，至齐为鸱夷子皮，之陶为朱公。今山南五里有朱公冢，见《史记》。山有范蠡洞、系船桩等故迹，有七十余洞。泉声溘溘，冬夏不涸。寺宇宫观，萝木花竹，令人应接不暇。山北岭古庙岿然，有隋文中子石刻“洞灵观”三大字，真胜概也。洞相对为蝙蝠洞，洞极深邃，直透东山，无止极处，内蝙蝠盈万。枕五岭而面汶河，齐鲁之要害，南北之通衢也。

河

大清河

距县西北七十里，即济水故道，俗呼盐河，以商贩鱼盐，舟楫不绝，故名。

衡鱼河

距县西南五十里，会县九泉，东南流百里，入汶。

泉

咸河泉[1]

距县西五十里，在衡鱼社沙土中，西南流长二里，会吴家等泉，荫泉六。此咸河以水味碱卤为言，与盐河名同实异。

董家泉

距县西六十里，在衡鱼社沙中，荫泉三，西南流百步，会

[1] 图中作“盐河泉”。

入咸河泉[1]。

臧家泉

距县西六十里，在衡鱼社沙中，荫泉三，西南流百余步，会董家泉。

已上三泉会渠，至吴家、王家[2]二泉，长二里五十步。

吴家泉

距县西六十里，在衡鱼社沙中，荫泉七，西南流二里，会臧家泉。

黄家泉

一名王家泉，距县西六十里，在衡鱼社沙中，荫泉七。

已上共五泉，会渠至开河泉，长二里一百五十步。

开河泉

距县西南四十五里，在衡鱼社大刘村土中，长六里三十步，下源至拖车泉会渠，长八里五十步，荫泉四。

拖车泉

距县西南五十里，在衡鱼社刘家庄土中，长二里三十步，下源至马房泉渠，又长十里二十步，荫泉四。

马房泉

距县西五十里，出马房村沙沟中，西南长十七里，至平阴会渠界，又长十二里二十步，荫泉一。

圣惠泉

距县西四十里，出土中，接震泽泉。

震泽泉

在圣惠东，出土中，接引兑泉。

---

❶ 图中作“盐河泉”。

❷ 图中作“黄家泉”。

引兑泉

在圣惠西，出土中，合圣惠、震泽二泉，俱入马房泉。

已上诸泉入衡鱼河，转流入汶济运。

清泉[1]

距县东南四十里，出安宁村沙土中，南流入汶河接运。

新开泉

在六房社刘家村，流入清泉河，入汶接运。

又废泉一，曰陶朱泉，在陶山下，从陶山、牛山合流成河，甚沛。惜下源数十里散入坡地，然《志》言从古不能开浚，为废泉矣。

平阴县泉图

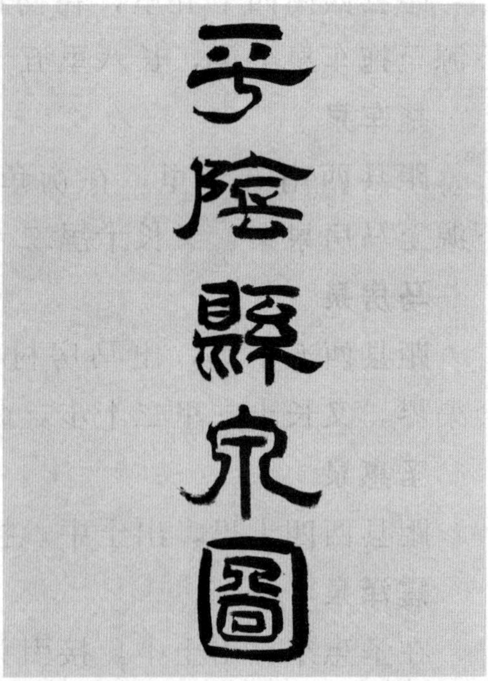

❶ 图中作“清凉泉”。

〔平阴县泉事宜〕

按：《禹贡》“东原底平”。邑在东原之阴，于周为谭子国，《诗》云“谭公维私”是也。后属齐，筑平阴城。隋始置平阴县。东至肥城，西接东阿，东平在其南，长清在其北。山之胜者曰水山、在县西南二十五里，有泉，大旱不涸。古柏蟠拏数千株，皆根无寸土，而附着石上，玲珑嵌空，不可方物。上有宝峰寺，巅有宝峰塔，为邑八景之一。曰函山、在县东南十五里，中有古刹，四围山色如黛，曲涧潺湲，古木蓊蔚，诚胜境也。曰峻玉山、在县北里许。其山雨后出石，明莹如玉，无大小，皆八棱，故名。曰紫盖山、在县南三十里。山腹有孔子教书堂，其麓曰孔子村。弘治间有先师四配像，春秋祀之。曰巫山、在县东北。山上有石室，乃汉孝子郭巨葬母处，世谓之“孝堂”。东壁有蔡邕八分书，为世所珍。曰凤山、在县南三里，其上杂植松柏桃杏，方春如张锦幄，为士女游赏之所。曰石门山。在县西南三十里，为东阿、平阴之限。《春秋》鲁隐公三年，“齐、郑盟于石门”，即其地也。巅有巨窍，可通往来。薄暮返照，赤霞从孔中透射，如长虹亘天，为邑奇胜。水则浊河清济环绕而出其间。其泉之由衡鱼河入汶济运者有二：曰泊头泉，曰柳沟泉。如桥口、天井、拔井、马跑诸泉，即济源发伏，俱入大清河，不济运。大清河西北抵东阿县界，三空桥、五空桥等处，东北邻逼漕河不远，宜慎固堤防云。

河

大清河

在县西迤北，近者三里，远者十里，即济渎。济水即沇水，发源王屋，三伏三见。汶水自泰安出者，由宁阳界西南流至汶上北泗汶村，至东平南，西北流入东阿界，又东北经平阴、肥城、长清、齐河、蒲台、利津入海。《禹贡》所谓“又东北会于汶，又东北入于海”者是也。自废海运，开会通河，尽遏汶水入河，于是入海道塞。汶水既入运河者，又从张秋分流，复由故道会诸州县沟泉之水入于海。成化甲午，参政唐源洁修大、小清河，大学士刘珝记谓“自张秋浚至平阴之滑口镇，大清通矣”，即此河是也。盐运所经，俗又呼为盐河云。

新开河

在县西十里，即济之下流。南岸有山曰“蹲龙”，有盘石跨河，舟行患焉。宋张方平乃凿新河，引水北行避之，民甚称便云。

按：会河共长十七里三百六十步，自肥城县界至徐家桥四里一百八十步为上源，再至曲家桥七里一百八十步为中源，再至东平州交界六里为下源。

泉

泊头泉

距县东五十里，地名孝直浦，迤北出山沟石中，东北流十里余，入衡鱼河。

新柳泉

又名柳沟泉，距县南三十五里柳沟村，出高坡沙土中三十里入衡鱼河，会肥城诸泉，又南流至官桥，历东平州一百四十里，入汶。

桥口泉

在县东南七里山下，西北流至县南门外，东绕城周匝西行又十里铺西南有泉，东北行至南门外，西流与此泉会。又东沟水西流，亦与此泉会，形如“川”字，遇秋澄泓一派，纹错如锦，邑名锦川。以此皆入大清河，为邑八景之一。

天井泉

在县东二十里山涧石井中，泉势如趵突，飞流界道，虽旱不涸，北入大清河，为邑八景之一。

拔井泉

在县西南五十里，出九峪山崖经石峡，入大清河。

马跑泉

在县西南五十里赤沟山北崖石窦间，入大清河。

东平州泉图

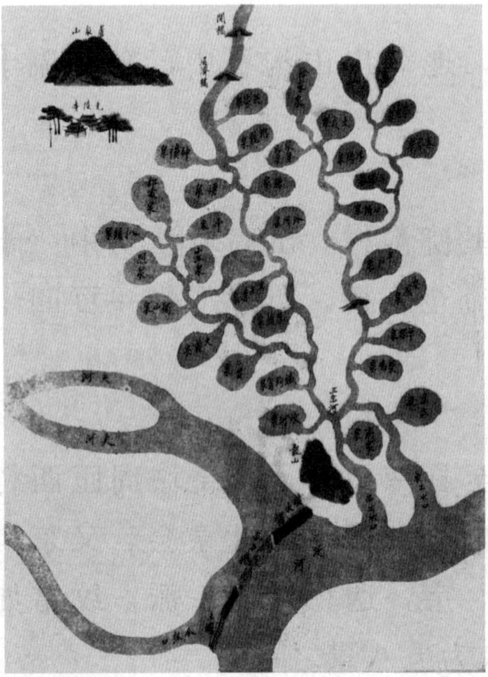

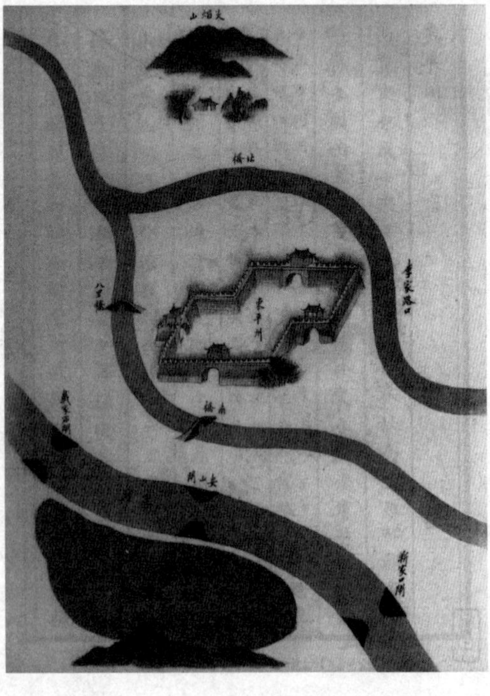

〔东平州泉事宜〕

《禹贡》“东原底平”，东平之名由此。在春秋为须句、郕、郭、宿四附庸之国。州之形势，岱、桃雄据于东北，安、梁角峙于西南。安山在州西南三十里，上有甘罗墓。过此二十里为梁山，与寿张接界，上有虎头崖，古石龛迹。北有峗、凤诸山，凤山在州北三十里，群峰环抱，枫林蔽翳，灿若云霞，骚人墨客题咏甚多。东有汶、泗诸水，南接济、郓之境，西襟会通之河。帝尧陵在州城东北二十里芦泉山阳，冉伯牛墓在州西北十五里，宋龙图阁学士孙奭父子，状元梁灏、梁固，殿中丞孙复，其墓俱在州之东北境，遗踪亦略可问也。所管河道，南自靳家口闸汶上县界，北至戴家庙闸寿张县界，共长六十里。内有安山闸，迤南十二里，属东平所管辖。其闸座在南者，则靳家口石闸一；其堤岸则有花园头、楮桃湾、瓦楂湾、王仲口四处；闸座在中者，则安山石闸一；在北者，则戴家庙石闸一。他若安山湖口、八里湾、十里铺、似蛇沟等四闸，因安山湖淤，无益运行，闸座久废。其堤岸则有三里铺、八里湾、吴家口，并戴家庙南，俱修筑坚固。惟戴村坝一道，乃明永乐中建，横亘五里，遏汶水入海之路，使其全流尽出汶上城北，西至南旺入运。夏秋水盛，则由戴村漫入大清，以疏其溢；春冬水弱，则由戴村遏入南流，以防其涸，最为要区。其戴村坝之东为坎河口，系诸泉入汶济运之所。旧有石坝一道，建自万历中，迄今无存。泉源虽志载七十有二，而现今济运之泉三十有五焉。

河

汶河

距州东六十里，南流径桃乡县故城西。桃乡，即郭城。自桃乡四分，为之四汶口。其右一支西流，《水经》所谓“由安民亭入于济”者也，有戴家坝遏其入济之路。其溢而北出者，由戴村西流，过故宿城，谓之南沙河。又西至州城东，溃而旁出，北为秧稻泊，南为亭纪泊。又西绕城北流，芦泉之水入之，谓之北沙河。西流至城西北，与南沙河合，而为大清河。北过阳谷店西南，东北入东阿境，流至鱼山南庞家口，小盐河水从西来注之。海上盐至泺口放关，由大清河而上，泊于鱼山，西则由小盐河至于张秋，故大清河谓之盐河。

沙河

州城有护堤，方三十里余，其外有河环绕，每汶水泛涨，由东南戴村坝而下，一支由南桥河，一支由北桥河，至州西北玉桥口合流，直抵盐河，经济南以达于海。

席河

自西出水口至三岔河十二里，自东出水口至三岔河九里，三岔河至席桥二里，又十二里至张货郎桥，又九里至李家口，又五里至通济桥，又十里至丁家桥，又五里至关家桥，又五里至张家桥平阴县交界。

泉

高嘉泉

距州东南五十里，出席桥村土中，在河南涯入席河，距坎河坝十四里，西出口入会河。

坎河泉

距州东南五十里，出刘家所山根沙土中，在河北涯入席河，西出水口甚近，荫泉二。

铁勾觜泉[1]

去坎河泉六里，出西庄村土中，在河北涯有荫泉一处，迤东入席河。

已上三泉西出口入会河。

高庄泉

距州东南五十里，系石泉，在河北涯入席河。

双鸣泉

距州东南五十里，出土中，在河东涯分东、西二股，入席河。

单眼泉

距州东南五十里，出土中，在河东涯分二股，入席河。

已上三泉相近，俱入席河。

卷耳泉

距州东五十里，出土中，在河东涯。

半亩泉

距州东五十里，出土中，在河南涯。

三眼泉

距州东五十里，在河北涯。

安宅泉

距州东五十里，出土中，在河东涯。

胜水泉

距州东五十里，出土中，在河北涯。

安圈泉

距州东五十里，出席桥村土中，荫泉二，在河南涯分东、西二流。

---

[1] 图中作“铁钩觜泉”。

饽饎泉

距州东五十里，出土中，在河东涯。

已上七泉相近，皆入席河。

口头泉

距州东北五十里，出土中，在河东涯。

浮问泉

当为浮汶，距州东北五十里，出土中，在河东涯。

大成泉

距州东北五十里，在河东涯。

徐家泉

距州东北五十里，出土中，在河西涯。

张货郎泉

距州东北五十里，出夏雪村土中，在河西涯，荫泉二。

已上五泉相近，皆入席河，由东出口入会河。

冷河泉

即冷和泉，距州东五十里，出土中，分东、西二处，入席河。

席桥泉

距州东五十里，出土中，共十六处出水，为诸荫泉之总领，诸泉并流，差分远近，各入席桥河。

二黄泉

距州东北五十里，有荫泉三处，同入席河。

大黄泉

距州东北五十里，出土中。

王老沟泉

距州东北五十里，出小雪村土中。

已上通计二十二泉，相近，皆入席河会流。

烈泉

距州东北四十里，距独山泉数步，会入席河。

独山泉

距州东北四十里，出套里村山谷石缝中，荫泉二，东南流长三里，会扒头泉。

扒头泉

即芭头泉，距独山三里，夹会出山坡石缝中。

源泉❶

距芭头泉数步，会入席河。

郝家泉

距州东北四十里，出山沟土中，距源泉三里，会入席河。

净泉

距州东北四十里，出石缝中，距郝家泉一里，会入席河。

小王泉

即新泉，距净泉五里，泉水自石缝中出。

已上七泉俱系山泉，水微，渠道或径入或汇归席河。然自席桥泉已下俱西出口入会河。

神瀵泉❷

距州东北五十五里，出土中。

涌泉

距州东北五十五里，出土中。

孙泉

距州东北五十五里，出土中。

---

❶ 图中无此泉。

❷ 图中作“神潾泉”。

游龙泉

距州东北五十五里，出土中。

吴家泉

距州东北五十五里，出苍红村土中，泉身宽大，并荫泉五处，出水甚远。

已上五泉相近，汇流入席河，由东出口入会河。

按：出水口者，自肥城衡鱼河经本州官桥席河，又经坎河坝、戴村坝南流之会河也。

汶上县泉图

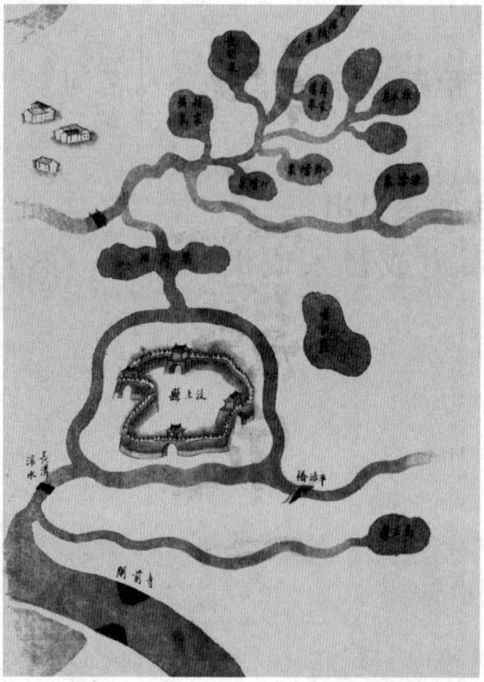

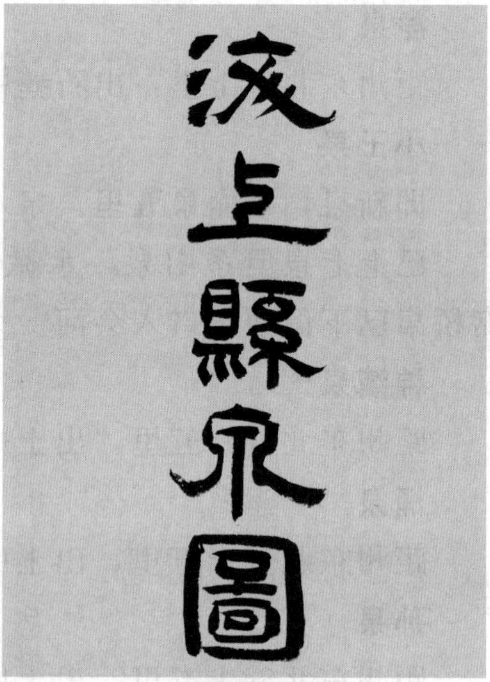

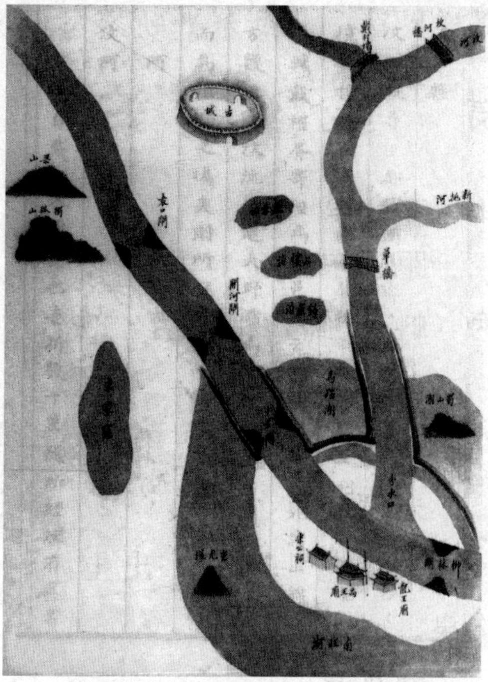

〔汶上县泉事宜〕

汶上，故鲁中都，战国属齐，为平陆。金置汶阳，寻改今名。其境左接鲁甸，右跨梁山，背枕四汶，面据三湖，介两都之间，凭轼鼓棹，胥寄径焉。按邑志云：“汶，泽国也。”东北诸山绵亘方数里，而汶流潆回，大野潴焉。夏秋潦集，市闬掺舟，一望而为沮洳之场矣。则所以申画而慎防之者，不容忽也。

河

汶河

汶之自戴村入漕渠也，委折数十里，随所经流，有异名焉。在戴村以下为席桥河。宋真宗东封时，为梁而渡，以席借之，故名。西南流至草桥堰，受龙斗诸泉及蒲湾泊水，为草桥河。又西南流为白马河、圣泉河。旧名黑马沟。鹅湖，至南旺分流为会通河。南抵嘉祥界首，北抵东平靳家口，凡七十二里。

泉

龙斗泉

距县东北五十里，地名陶成，出云尾村土中泉脉鼎沸，如两（蚪）〔虬〕相击然，故名。流一里，会下源鸡爪泉。

薛家沟泉

在龙斗东，出土中，流一里，会下源龙斗泉。

老源头泉

泉在龙斗东北，出土中，地名陶成，流二里，会下源薛家沟泉。

鸡爪泉

在龙斗泉东一里，地名陶成，出土中，流一里，会玲珰泉。

玲珰泉

即赵家桥泉，左右小泉二，是也，距龙斗南三里，地名渠村，出土中，流四里，会入坡石桥。

泺澢泉

距县东北五十里，出罗山村，在坡当地方土中，距龙斗三里，流三里十三步，自会入坡石桥。

已上共六泉，以龙斗为主，而渠道则同会入坡石桥，西至金龙口，又西至崔家桥，入汶水大渠。

马庄泉

距县东南十八里，出马庄坡土中，泉眼二十四处，流十五里至城南，伏地不见，另出水口四里至崔家桥，则仍出城北，同入前渠道。

汶上泉渠自崔家桥经路家桥至张显桥，共二十四里至泊浪桥，又七里至军德桥，又经毕家桥、何家桥、便易桥，共二十六里至金龙口，此处总谓之鲁沟。又经张家桥、孙家桥、大石桥、屯桥，共二十五里半乃至泺澢泉，又一里半至坡石桥，诸泉之所汇入也。三里半至杨家桥，又一里半至赵家桥左右玲珰泉，又一里半至鸡爪泉，又一里半至龙斗泉。自泺澢以下共八里半至龙斗，尚余三里为龙斗荫泉二：一里至薛家沟泉，又二里至老源头，共长九十五里有奇，而汶上泉渠止矣。上源至下源共长四十一里，由城南下冯家坝，径入马场湖，转流接运。

水一也，其源之发则为泉，委之汇则为湖，导于遂而通焉，则为沟，域于隰而止焉，则为洼为泊；溢于堤堰而决焉，则为口。汶，泽国也，并沟洼泊口附载焉。

沟之有可名者九：其导龙斗诸泉，径蒲湾泊以入汶者，为鲁沟。受诸山潦以注蒲湾者，为南北泉沟及洪沟。蒲湾之西北为沙沟，其南分蒲湾之水以绕城下者，为郭家沟。邑之西南有柳沟、响水沟。又圣泉河，旧名黑马沟。

泊之关于漕者为蒲湾。李太白所咏“城隅绿水明秋月”是也。距邑东北七里，一名仲勾泊，一名五花池。盖鲁沟自军德桥而下，遂无堤岸，水因漫出，周围二十余里。西南流出泊浪桥，径周家河入汶济运。邑之东南为堑王石桥泊，拔剑泉水汇焉。西南为钓台泊，则马踏之余浸也。若鱼营、周围四十里。石楼周围三十里。二泊，秋夏水涨，禾用不殖，然来年之入，常倍余田，是称沃土矣。

洼之大者为宋家洼，在邑西南四十里，郓邑马莲、龙顾诸泊之水汇焉。其旁为韩家洼，寺前闸之北为尹家洼，近于城者为黄泥洼。其在城内者为常家洼、洛家洼、单家洼，虽周回无几，而夺民居已十之三矣。

汶水大渠道泄处不一，自草桥以北至湖城渡口止，草桥以南至分水口止。其左岸则有何家口，泄入鱼营坡。有滚水石坝，又有王堂口土坝，旧议建三墩两空者，又有王岩、徐俭、王士宜诸口，泄入蜀山湖。其右岸则有冯家、邢家、田家诸口，泄入马踏湖。而两岸草桥上下，则俱有明嘉靖时所筑旧堤，共长七十里，为束汶入济以趋分水紧要关节也。

卷之七

宁阳县泉图

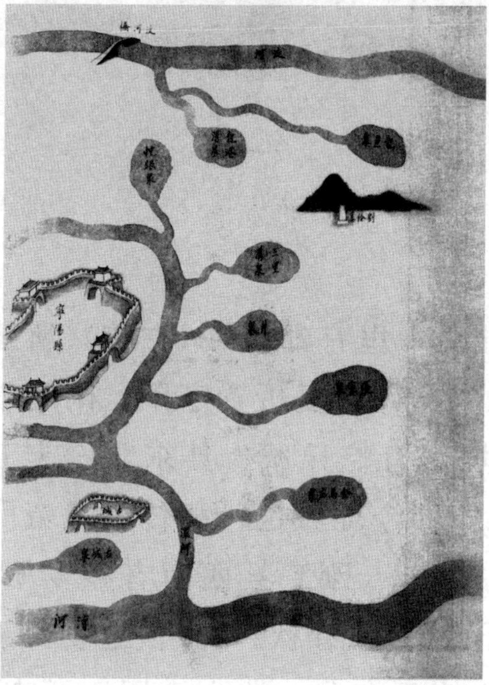

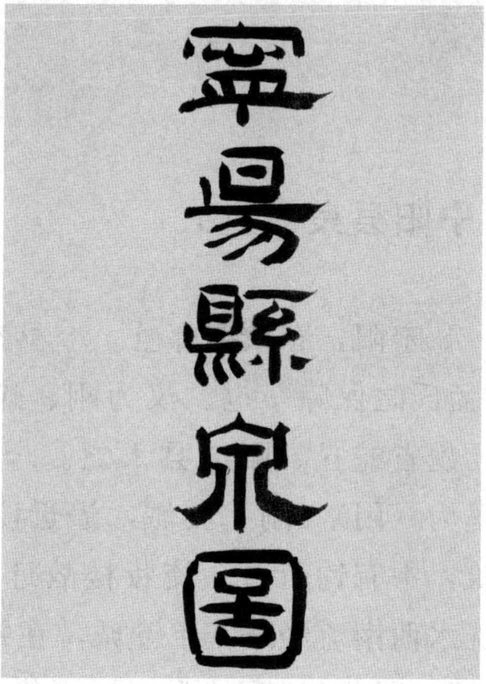

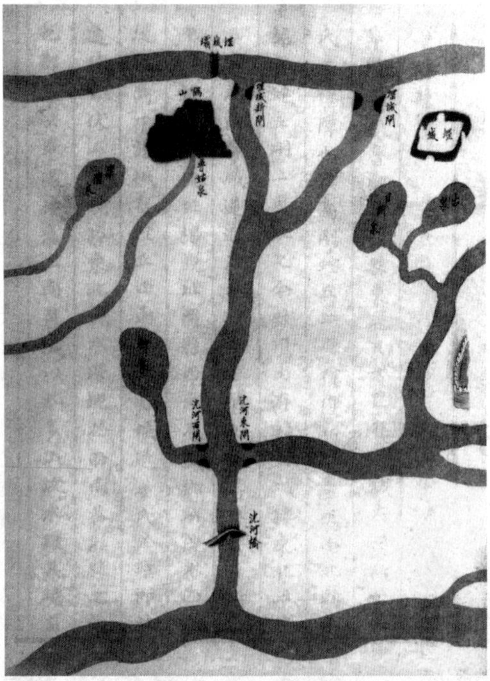

〔宁阳县泉事宜〕

宁阳，春秋鲁郕邑。今县东北九十里有郕城，《左传》所云“孟氏之保障”也。汉为刚、蛇丘二县，后复析置宁阳。南北朝元魏省蛇丘、刚二县入之。今县境内有蛇丘城。县东北三十五里为（冈）〔刚〕县城，逼近汶水，即今堽城也，相传梁武帝所筑，中有钓鱼台、梳妆楼故址。（冈）〔刚〕县西南有盛乡城，洸水西南流经焉。下讙城，在蛇丘西南。《春秋》“齐侯送姜氏于讙”，即此。《通志》云：“伏山盘绕于东北，洸水潆回于西南，盖形胜之区也。”《郡志》云：“宁阳接泰山南麓，城以北多山，汶水经其境，益以诸泉，为运道所资焉。”

河

汶河

出莱芜原山之阳，经县北界西流，历汶上县草桥，出分水龙王庙，入运河。

洸河

汶水至县北堽城，岐而为洸，又循县南流二十里，经滋阳县界，又西南流至济宁，入会通河。

濉河

即城河，纳蛇眼泉、三里沟泉、井泉、张家泉、金马泉、柳泉、古泉、日渊泉诸水而成河，绕城东南，流入于漕。

泉

蛇眼泉

石口，以泉孔如蛇眼故名，在县北门外迤东一里，出土中，东南流长半里，会三里泉等入濉河。

日渊泉

石口，即李家泉，在县北门外迤北三官庙后，东南流长半里，入古泉，会入蛇眼泉。

古泉

石口，距县北门外迤北一里，东流长半里，会入蛇眼，荫泉一。

三里沟泉

土口，在县东门外迤北一里余，出土中，新荫小泉四，旧荫泉七，南流长二里，会蛇眼。

井泉

石口，在县东门外迤北四十步，出土中，西南流长三十步，会蛇眼，会三里沟泉。

金马庄泉

距县东南八里，出刘家村土中，荫泉二，西南十二里，会蛇眼，此泉久枯，水甚微细。

张家泉

土口，在城东蒲庄村迤东十二里，向西流八里，会蛇眼，入灉河，荫泉七。

已上诸泉俱入灉河。按：灉河即县河，历蛇眼诸泉，水南流至府城北三十里，入于洸，即归天井闸矣。

古城泉

石口，在城南十二里沙村庄，出土中，长五里，西南流十二里，会入滋阳县漕河，接济天井闸。

鲁姑泉

以鲁姑弃子存侄得名，距县西北二十五里，在鹤山之阳，出常家村土中，西南流六十里，入渊珰山泉，又西会汶上县龙斗泉入汶。

泺澢泉

距县西北三十五里，距鲁姑十里，出罗山村土中，荫泉六，西南流三里，会汶上县泺澢入蒲湾泊，又西二里，入龙斗泉入汶。

龙鱼泉

距县东北六十里，土口，出黄家村土中，荫泉二十九。又王家等泉三十二，西流十里，会龙港泉。

龙港沟泉

澄泓一派，万孔沸涌，浪花砂砾宛若珠玑，虽旱不涸，距县东北五十里，出韩家村土中，荫泉二十七。又小河等二十七，西北流三里，会龙鱼，又三里，入汶。

新电泉

距县东北二十五里，出刘家庄土中，旱则无水，挑浚微津，有二眼，掘下，源可入洸。

罗星泉

在城东北三十五里，出殷家堂土中，长十五里，流入洸河，去汶五里，以沙阻，开入洸便。

已上二泉前代久枯难浚。

柳泉

土口，距县西十里。旧南流十五里入洸。至嘉靖初，洸水久涸，柳泉南入于洸者悉渗于沙，不达于漕，乃于洸河两岸东西相对，各立一闸，大雨时行，则闭闸门，以防其溢；春冬水浅，则启闸门以达其流。东会蛇眼等泉，灕河合流，悉至天井济运。迨明季，依前南流入洸。及至康熙三年，仍改东流，经城，合诸泉以入灕河。

堽城坝在古堽城，距宁阳县北三十里。元至正间，筑土坝以遏汶水入洸。明永乐中，宋礼移置青川驿。成化中，张盛改筑以石，当汶水中一百二十丈，阔一丈七尺，为水门七。又于新堰凿河十里，南入于洸，谓之洸河。为闸者二：曰堽城闸，在堽城西北隅百步，元至元建；曰堽城新闸，距旧闸八里，在新堰上流，明成化中建，乃遏汶之要津也。然自永乐中改从南旺分水于西南下流增筑戴村坝，而堽城稍轻矣。然汶河百年以来，沙淤底高，俯视洸河若建瓴之势，若坝堤一决，宁、汶、滋、济均受水患，则修筑之勤，有司之责哉！

泗水县泉图

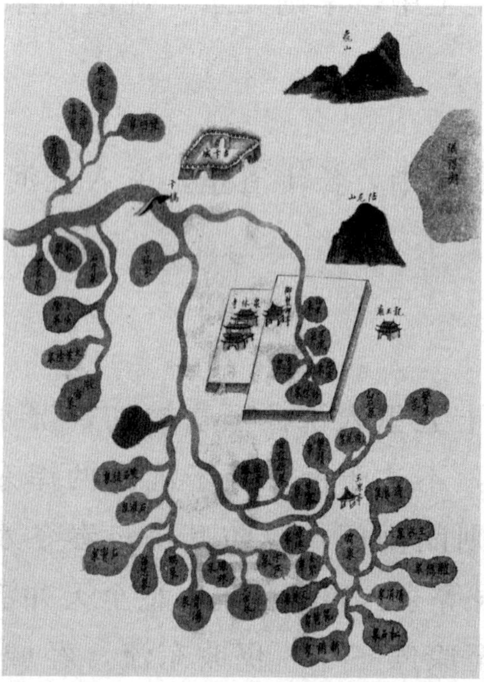

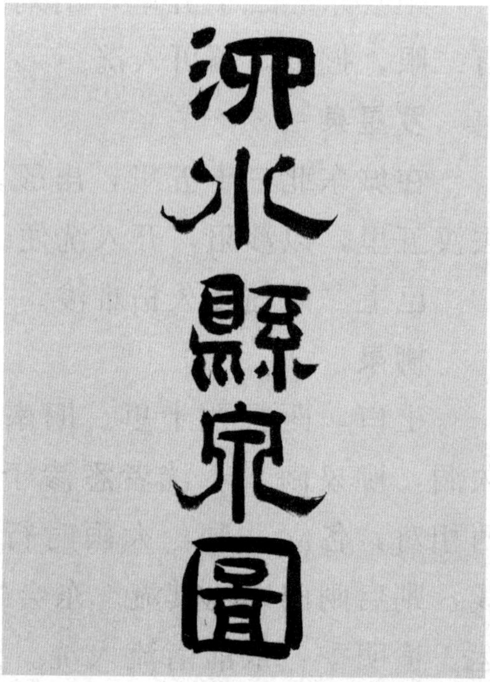

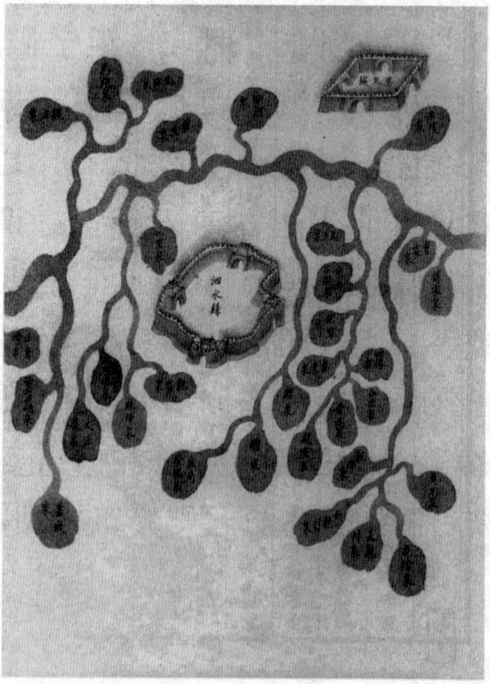

〔泗水县泉事宜〕

泗地，古名锦川，不详所始。于商为卞明国，于周为鲁卞邑，隋改今名。东费，南邹，西曲阜，北泰安。县东北五十里有龟山，与蒙山相连，故鲁之北界，即《诗》所云“奄有龟蒙”者是也。县东南六十里圣公山有孔子晒书台。县东五十里有陪尾山，泗水发源其下，泉源甚多。县东南三十五里安山下有涌泉。东南二十二里商寨山有石臼泉，池下有鲍村、东岩、黄阴三泉，流入泗水。又县东南五里凤凰山下有珍珠泉，西北三十里有龙门山，两峰相峙，其旁即奉仙山，有石镌李杜诗中所称石门者是也。此外石屋、伯石等山，其名甚多，不及详载。又考泗水境内，旧称以泉名者凡五十七，以溪名者凡三十，夹而入于泗水。第考山水经，泰山之阳，其脉疏为三支，其中一支由徂徕、梁父而南，折而东行，为陪尾之山，泗水出焉。泗水固泰岱正脉也。今阅陪尾之麓，泉布若林，或从地涌，或从旁溢，戛玉漱金，滔滔不竭，虎豹竞形，蛟龙吐沫，五步成溪，百步成河，奔腾万里，终始天地，而圣朝漕运，实首赖之。《通志》所云“为山东诸泉之冠”，信乎不诬。又考泗水源出陪尾，其水四源并发，循城北八里，始合为一。西流至曲阜县，经滋阳县城东五里，与沂水合，同入金口堰。又南流三十里，至济宁州东城下，与汶水合，入会通河。又济河源出珍珠泉，又有百丁河、丑村河、石井河、黄沟河、金线河、高隅河、壁沟河、黄阴河、中册河、柘沟河，水俱流入泗。再考古迹，县东五十里有故卞城，即古卞明国也。汤伐有卞，春秋地入于鲁，为卞庄子之邑。城东有汴桥，泗水迳之。又故姑蔑城在卞城南，泗水径其北。又县东南七十里地名历山，有舜庙，舜井即在庙前。有娥皇女英台，在舜庙西南。又县东南七十里有雷泽湖，即《禹贡》之“雷夏既泽”也。春夏雨积成湖，至秋地窍自开，湖响如雷，三日漏涸，故名雷泽。又县东八里有泗台，相传孔子问礼老聃处。又县境南有尼丘乡，又县北有曲池亭。《春秋》桓公十二年“会杞侯、莒子盟于曲池”，此其地也。再考古今碑记，陪尾山麓泉林最多，寺内有《御制游泉林记》，碑文彪炳县志。总之，泗水所由名，以泗水发源陪尾，诸泉夹出。昔大禹治水，以陪尾为疏河之源，其名首登《禹贡》，兹流入运河，通漕数百里，厥功茂焉，岂非古今之所利赖者哉！

河

泗河

在城东五十里陪尾山下发源。其泉四源并出，故曰泗水，即所谓泉林也。其山阴有湖，谓之漏泽，亦谓之雷泽。山下有泗水神祠，号仁济侯，故宋所封也。庙西即泉林寺，寺之左右泉有数十，互相灌激，合而成流。西南经卞城，有桥跨之，名曰卞桥。桥之西南有泉二十一，而北流入泗，桥之西北有泉十三，而南流入泗。明初开会通河引泗入运，复命工部主事顾大奇等遍历山川，疏浚诸泉，以通水利。正统中参将汤节大加疏浚，诸泉尽出，漕渠赖焉。泗水又西过其县北，又西过曲阜城北，五里分而为洙水，《春秋》所谓洙渎也。洙水径圣墓前，泗水绕其后，过孔林之西，合而为一，总谓之泗水。泗水又西至府城东五里，金口闸东，沂水、雩水入之。沂水出曲阜尼山之麓，过其县西，至府城东入于泗水。雩水，出曲阜县南五里马跑泉，西流过邹县境，至府城东入于泗水。泗水正流西入金口闸，金口闸在府城东五里，俗所谓黑风口也。隋文帝时，沂、泗南流，泛滥大野，薛胄于二水之交积石堰之，决令西注陂泽，以溉良田，号为薛公丰兖渠。元至元二十年，开会通河，乃修薛公旧堰，为滚水石坝，以引泗水入运。延祐四年，都水太监阔阔始疏为三洞，以泄水势，而金口闸坝所由始矣。明初，堰坝以土，旋筑旋废。成化七年，侍郎乔毅始命主事张盛以石为坝，固之以铁，夏秋水潦，则开坝泄水，使南流会沂，由埢里闸入师家庄闸河；冬春水微，则闭闸遏水，西入府城，以出济宁，皆运道所利赖也。然石坝之上常培以土，岁坏则岁增之。嘉靖末年，河道都御史王廷复命同知黎天启增筑闸坝，以石增土，而制始大备矣。金口闸河入府城而西，至西门之外，纳阙党、蒋诩七泉水，合而成流，谓之济河，以其通济宁也。再按，泗地据势上流，泉源数十，而皆顺入泗河，直趋而西之，三十里而挟洙以经曲阜，又三十里而夺沂以会于兖之东门，又六十里而会洸与汶以入于济。再按，泗水与洙水相接，洙水源在盖县，其河在曲阜。洙、泗二水异源而同流，洙源在北，泗源在南，而同流之中又有分合焉。

济河

在县东门外一里仲子祠东，源出珍珠泉，北流入泗。

百丁河

在县东北二十五里，南流入泗。

丑村河

在县东北二十里，南流入泗。

石井河

在县东北五十里，西南流入泗。

黄沟河

在县东北四十里，西南流入泗。

黄阴河

在县东三十五里，北流入泗。

金线河

在县东北三十五里，南流入泗。

高隅河

在县北十五里，西南流入泗。

璧沟河[1]

在县西北十八里，南流入泗。

中册河

在县西北十三里，南流入泗。

柘沟河

在县西北二十五里，南流入泗。

泉

泉林寺，诸泉若林，距县东五十里，西珍珠、趵突，东黑虎、淘米，四泉俱出石缝中，合流为泗源。

珍珠泉

北流，五步，入趵突泉。

趵突泉

一步，入黑虎泉。

黑虎泉

一步，入淘米泉。

淘米泉

一步，会雪花泉。

---

[1] 前作“壁沟河”。

雪花泉

出沙中。

已上五泉俱在寺龙王庙西，一流分支。又西北半里，会繁星等泉，同出水口，四里至卞桥。

繁星泉

出石中，西南流五步，入白石泉。

白石泉

出沙中，二步，入莲花泉。

莲花泉

出沙中，五步，入双睛泉。

双睛泉

出沙中。

已上四泉亦在寺龙王庙前，同出水口，五里，至卞桥。

甘露泉

出沙中，西北流五步，入甘露新泉。

甘露新泉

出沙中，半步，入西甘露泉。

西甘露泉

出泥中。

已上三泉在寺龙王庙前，一流分支，西流半里，会珍珠等泉；又一里，会潘坡等泉，同出水口，五里，至卞桥。

涛靡泉

出沙中，在龙王庙西南，流二十步，入三水泉。

三水泉

出石中，五步，入响水泉。

响水泉

出石中，十步，入醴桥泉。

醴桥泉

出沙中，八步半，入涓涓泉。

涓涓泉

出石中，五泉一流，分支南十步，入红石泉。

红石泉

出石中，十步，入新开泉。

新开泉

出泥中，九步，入琵琶泉。又一新开泉，在醴桥泉、红石泉之间。

琵琶泉

出泥中，三步，入天井泉。

天井泉

出泥中，十五步，入奎聚泉。

奎聚泉

出泥中，二十二步，入西奎聚泉。

西奎聚泉

出泥中，二十步，入涌珠泉。

涌珠泉

出沙中。

已上诸泉俱在龙王庙西南，一流分支，源头诸水南流，一里，会珍珠等泉，一里，并会潘坡等泉，同出水口，五里，至卞桥。

卞庄泉

出泥中，距县正东五十里，在泉林寺龙王庙前，西北流二十步，入三台泉。

三台泉

出泥中，亦在泉林寺龙王庙前，西北流一里，入潘坡泉，同出水口，五里，至卞桥。

卞桥泉

出泥中，在泉林寺龙王庙西南，水西北流二里，径入卞桥河，二里，至卞桥。

潘坡泉

即骊珠泉，距县东五十里，在潘坡村南，出沙中，北流十步，入膏涌泉，荫泉一。

膏涌泉

出沙中，十步，入瑀泉。

瑀泉

出沙中，八步，入留思泉。

留思泉

出沙中，五步，入石窦泉。

石窦泉

出石中，十步，入石液泉。

石液泉

出石中，七步，入双石缝泉。

双石缝泉

出石中，五步，入潘坡新泉。

潘坡新泉

即石露泉，出沙中，十步，入石甃泉。

石甃泉

出沙中。

已上诸泉，一流分支，皆在潘坡村南，北流四里，会涌珠等泉，同出水口，五里至卞桥。

按：卞桥，金大定十年建，去县四十五里，地在泗源南社，其聚有三：曰石漏村，曰卞庄，曰潘坡村。自珍珠以下，有繁星、甘露、涛靡、醴桥、卞庄、卞桥、潘坡等各泉头相距不出南社三聚五里远近，俱入卞桥，会河卞桥，一里入泗河也。

激雪泉

距县东四十五里，在石露村西北，出沙中，东北流十五步，入大黄阴泉。

大黄阴泉

出沙中，东北流二十步，入小黄阴泉。

小黄阴泉

出泥中，北流十里，入泗。

吴老泉

距县东北三十五里，在小黄沟村东，出泥中，西南流一里，入变巧泉。

变巧泉

出沙中，西流十步，入大黄沟泉。

大黄沟泉

出沙中，在大黄沟村正东，西南流六里，入小河，四里入泗。

小黄沟泉

出泥中，在大黄沟村正东，西南流六里，入小河，四里入泗。

石井泉

出泥中，距县东二十里，在李家坡西北，地名蒋家村，北流二十步，径入泗。

杜家泉

出沙中，距县东十九里，在李家坡西北，地名汉北社，西北流半里，径入泗。

里家泉[1]

即里老沟泉，距县东十八里，在林泉村南，出泥中，西北流半里，径入泗。

蒋家泉

距县东十七里，在林泉村南，出石中，西北流一里，径入泗。

曹家泉

距县东十五里，在东岩店东，出石中，西北流一里半，径入泗。

岳陵泉

距县东北十六里，在岳陵东北，出泥中，西南流九里，径入泗。

四胜泉

距县东十四里，在东岩店西南，出泥中，十步，入赵家泉。

赵家泉

出石中，水清可爱，十步，入黄花泉。

黄花泉

出石中，十七步，入合德泉。

合德泉

有二巨石在旁，明季凿山与赵家、清德相合，故名。

已上四泉俱一流分支，距县东十四里，在东岩店西南，水西北流一里，入东岩石缝等泉下源，合一股，流一里半，入泗。

泰来泉

出泥中，三十一步，入地震泉。

---

[1] 图中作“黑家泉”。

地震泉

出石中，五十一步，入东岩石缝泉。

东岩石缝泉

出高坡石中，十九步，入天泽泉。

天泽泉[1]

出泥中。

已上四泉俱一流分支，距县东十四里，在东岩店西南，水西北流一里半，入泗。

龟尾泉

出泥中，距县东十二里，在李家庄东北，十四步，入龟阴泉。

龟阴泉

出沙中。

二泉俱东北流，二里半，入泗。

大鲍村泉

出石中，地名尚舒村，荫泉一，北流十步，入小鲍村泉。

小鲍村泉

出石中，十一步，入龙泽泉。

龙泽泉

出石中，十步，入东荫出小泉。

东荫出小泉

出泥中，十三步，入西荫出小泉。

西荫出小泉

出石中。

已上五泉，一流分支，距城东八里，俱在鲍村南，西北流六里，入泗。

---

[1] 图中作“天井泉”。

城南珍珠泉

出高坡沙中，距县东南五里，在醴前庄南，西北流半里，入醴泉。

醴泉❶

出石中，距县东南四里半，在醴前村南，西北流三里，入醴前泉，六里半，入泗。

醴前泉

距县东南三里，出石中，在醴前村迤西，北流四里，入泗。

七里泉

出土中，距县西三里，在汤家庄北，西北流七里，入泗。

壁沟泉❷

距县西十五里，在李白庄南，地名中册社，南流十里，入泗。

大玉沟泉❸

距县西南十二里，地名玉沟村，出土中，又出平坡石缝中，北流三十六步，入小玉沟泉。

小玉沟泉❹

出土中，荫泉一，流二十一步，入西阴出小泉。

西阴出小泉

出沙中，二十一步，入龙震泉。

龙震泉

出沙中，十五步，入珠泽泉。

珠泽泉

出沙中。

---

❶ 图中有二"醴泉"，距城近者当是此泉。

❷ 图中作"碧沟泉"。

❸ 图中作"大王沟泉"。

❹ 图中作"小王沟泉"。

已上五泉，一流分支，在南玉沟村东，北流八里，入泗。

马庄泉

出土中，距县西北二十里，在马庄村北，西南流五里，入马跑泉会河，三里，入魏庄泉，出水口十四里，入泗。

马跑泉

出沙中，距县西北二十五里，在柘沟村东，水南流五里，入马庄泉会河，三里，入魏庄泉，十四里，入泗。

魏庄泉

出土中，距县西北二十七里，在魏庄村东南，源头水微中，源底漏，六里，入马庄、马跑两泉会河，九里，入泗。

三角湾泉

出沙中，距县西三十里，在三角湾村迤南，地名仁里，西流二里，入泗。

西岩石缝泉

地名西岩村，出平地石缝中，距县西南二十五里，在葫芦套迤东，西流六里，入芦城泉、沙河，九里，入泗。

芦城泉

出沙中，距县西南二十三里，在芦城村迤东，西北流十里，入西岩石缝泉、沙河，七里，入泗。

石河泉

出土中，距县北七里，在城子崖，地名曲北村，出平地石缝中，源头水微，二里，入泗。

按：邑志云境内处处皆泉，堪云棋布星列，其中最胜者为响水泉、趵突泉、黑虎泉、潘坡泉、潘坡新泉、红石泉、淘米泉、双睛泉、甘露泉、石缝泉、赵家泉、鲍村泉、珍珠泉、玉沟泉，称曰海岱名川云。

曲阜县泉图

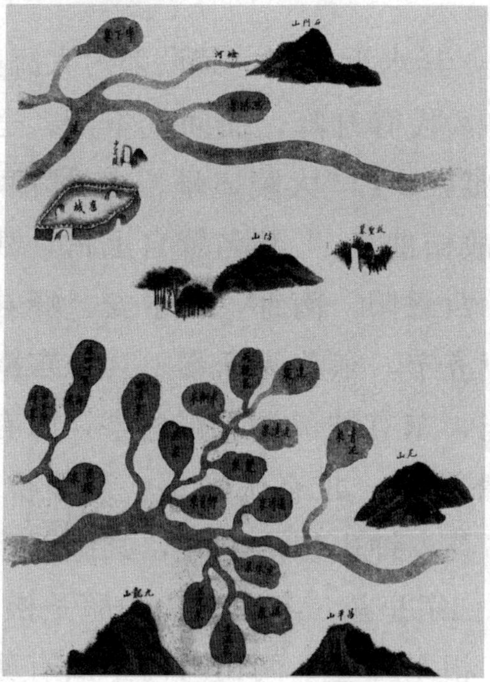

曲阜縣泉圖

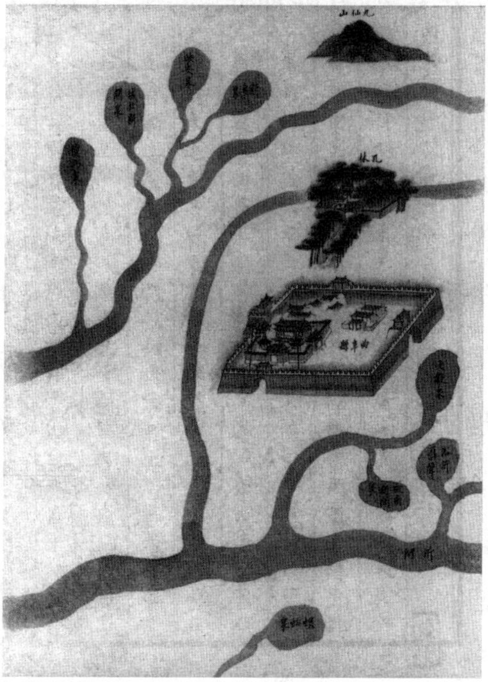

〔曲阜县泉事宜〕

曲阜，故神明之区也。其山防，其水沂、泗，其设都为大庭、神农、有熊、少昊氏，其封国为鲁，代有升降，而间气不薄。迨孔子生，而曲阜益为宇内重。《尔雅》曰："大陵曰阜。"应邵曰："曲阜在鲁城东，委曲长七八里，故曰曲阜。"其名肇自上古，载在史册，由来远矣。其境东泗水，西滋阳，南邹，北泰安。峄县在其东南，宁阳在其西北，西南为济宁，东北为新泰。县之东南六十里，尼山峙焉。山麓建孔子庙，东有坤灵洞、观川亭，西有五老峰、智源溪，南有文德林、鲁源村，北有中和壑、升仙桥。五峰攒秀，八景罗列，萃天地之精英，钟山川之和气，其脉起泰岱而抵太行，真古今之胜概也。宋仁宗皇祐二年，封山为毓圣侯，有御制碑在焉。颜母山在尼山东，相距三里，两山对峙，山有颜母井，乃圣母遗趾。昌平山在县东南五十里，尼山之西。《史记》"孔子生鲁昌平乡"，即此。防山在县东三十里，峰如笔架，北有启圣墓，墓东南三步为伯皮墓。戈山在县东三十五里，所谓"登东山而小鲁"者，此也。县东南二十五里有九龙山，山形起伏凡九，故名。县北四十里有九仙山，一名甑山，后有白云洞，西有孔子石。古鲁城环新城外，城基尚存，有如山岭，门十二。穷桑在鲁城北，《史记》"少昊氏自穷桑登帝位"，后徙于曲阜。大庭氏库在县治东，《春秋》昭公十八年，梓慎登大庭氏之库以望气，曰："宋、卫、陈、郑火。"周公庙在县东北二里许，即鲁太庙也。其初栋宇剥落，祭田不及百亩。自本朝康熙二十三年，驾幸阙里，御制祭文，特遣亲王致祭，俾其裔孙东野沛然，东野，古地名也。昔伯禽之季子鱼，赐东野田一成以自养，因以东野为氏。此更姓所由始也。世袭五经博士之职。葺庙宇以肃观瞻，给祀田以供粢盛，此为亘古未有之旷典，一朝而举之，呜呼盛矣！又县北一里有伯禽台，昔伯禽筑县东北里许为两观台，孔子诛少正卯于其下。《春秋》庄公筑台临党氏，其台在县东六里许。斗鸡台在县东南七里，即季氏与郈氏斗鸡处。曾点风乎舞雩，今县南三里有舞雩台焉。洙泗书院在县东北五里，旧名先圣学堂，背泗抱洙。夫子自卫反鲁，删诗书，定礼乐于此，有碑记。观台井在县东北，周敬王三十六年，孔子系《易》处也。灵光殿在县东二里，鲁恭王建。孔子故里在县城中，是名阙里，今为宣圣庙。杏坛在庙殿前，孔子旧居也。鲁壁为孔子宅旧垣，汉鲁恭王欲坏孔子故宅，以广其居，闻壁中金石丝竹之音，不果坏，今圣庙内金丝堂是。堂后有四留碑，宋王留耕所作，意字高古，人珍爱之。圣庙大成门内，有孔子手植桧，高三丈五尺二寸，径五尺六寸，文左旋。宋太常博士米芾有赞，明御史林润有图，荣枯关时盛衰焉。伏遇我皇上尊师重道，警跸东巡，躬行释菜，御制碑文诗赋，圣里增光，海隅传诵，幸鲁盛典，刊示四方，传诸万世，当与日月同辉，山河齐永矣。县北二里许，即宣圣墓，林广数十里，树以万数，皆异种，惟楷木最多。墓道一株，枯而不朽，云子贡手植者。王（统）〔充〕《论〔衡〕》云："孔子当泗水而葬，水为之却流。"墓前有石坛，厚三尺，方如之，纵横各七，其数四十有九。四面皆历代题名，岁久湮灭，字不可读。茔中无荆棘，无鸟巢。圣墓后东为伯鱼墓，圣墓南为子思墓。白兔沟在圣墓北，秦始皇既焚书坑儒，乃发孔子墓，欲取经传，有白兔出于中，始皇逐之，至曲阜西八里沟而没。鲁人因名其沟曰白兔沟。矍相圃在圣庙西。县治东北有颜子庙，其墓在县东三十里许。县东北八里为寿丘，《帝王世纪》云"黄帝生寿丘"，此也。又自此东北三十步许为少昊陵。周鲁诸公墓在防山下。县之东南八里，宰我墓在焉。邑无洪涛巨泽。《水经注》曰“泗水又西南流经鲁县，分为二流，水侧有一城，为二水之分会也。北为洙渎。《春秋》庄公九年冬，浚洙”，即此。昔夫子设教洙、泗之间，今于城北二水之中，即其故址。二水异源而同流，而同流之中又有分合，而皆会入于沂。邑之泉河入泗者八，入沂者二十一，有可考而知者。

河

洙水

距县北四里许，为泗分流，洙源久湮，明嘉靖初浚得之，建桥近圣墓前，经孔林内，西南流入沂。

泗水

距县北八里，自泗水县陪尾山东来，经县孔林北，又西至府城东，会于沂。

沂水

距县南二里许，发源尼山之麓，西入于泗。

崄河

距县北二十里，发源石门山，西流入泗。

蓼河

距县南十里，发源昌平山，西流入泗。

泉

逵泉[1]

距县东南三里，在马跑泉村东。出土中，水中石如伏鼋怒鼍，活泼可玩，即《左传》所称“逵泉”是也。西南流三十步，会两观泉。

[1] 图中作“达泉”，应为“逵泉”。

两观泉

出土中，东南流十五步，会近逵泉。

近逵泉

出土中，西流二十步，会车辋泉。

车辋泉

出土中，东南流五步，会双泉。

双泉

出土中，西南流二十步，入茶泉。

茶泉

出土中，东南流八步，会柳青泉。

柳青泉

出土中，西流十步，会曲沟泉。

曲沟泉

距县东南二里，在马跑泉村西北，出土中，东会茶泉，十步，与柳青、双、车辋、近逵、两观、逵泉相去亦各止十步或二十步，共汇南流一里，出口入沂。

通沂泉

距县东南四里，出马跑泉村东土中，西北流一里，径入沂。

洙泗河泉

距县东南三里，出马跑泉村西土中，南流十步，会新泉。

新泉

出土中，地名竹园，西南流一百步，会曲水咏归泉。

曲水咏归泉

出土中，南流二十步，会濯缨泉。

濯缨泉

出土中，北流三步，会浴沂潺声泉。

浴沂潺声泉

出土中，西南流半里，同会诸泉入沂。

城南新开泉

在南关南一里，出土中，北流一里，入海河，会文献泉。

文献泉

在城东二步，出土中，《鲁颂》“思乐泮水”即此，西南流三里，入沂。

温泉

距县东南十里，虽寒冱，水常暖，即曾点所谓浴处也。在张曲村东北，出土中，荫泉五，西流一里，会近温泉。

近温泉

距县东南九里，在张曲村东北，出土中，西北流一里，会黑虎泉。

黑虎泉

距县东南八里，出张曲村土中，西北流半里，会连珠泉。

连珠泉

距县东南七里，出张曲村北土中，西北流六里，同诸泉入沂。

青泥泉

距县东南十五里，出河头村西北土中，地名万柳庄，西南流五里，入沂。

埠下泉

距县东北十五里，出句石桥村土中，西南流二里，入泗。

横沟泉[1]

距县东北十六里，出陶乐村北土中，西南流三里，入泗。

---

[1] 图中作“鸿沟泉”。

新安泉

距县北二十五里，出泉头庄东北土中，西南流十五里，入泗。

映安泉

距县西北三十里，出泉头庄土中，西南流，会新安泉入泗。

城北新开泉

距县西北三十里，去新安泉四里，出柳庄村东土中，南流十三里，入泗。

变巧泉

距县西北三十五里，出姚村南沙中，西南流八里，入泗。

蜈蚣泉

距县南二十里，出大薛村西南，西南流一里，会邹县鳝眼泉入白马河。

滋阳县泉图

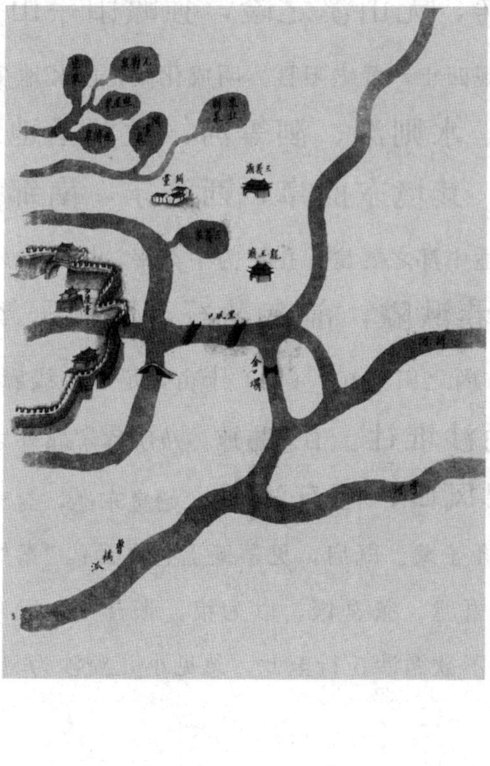

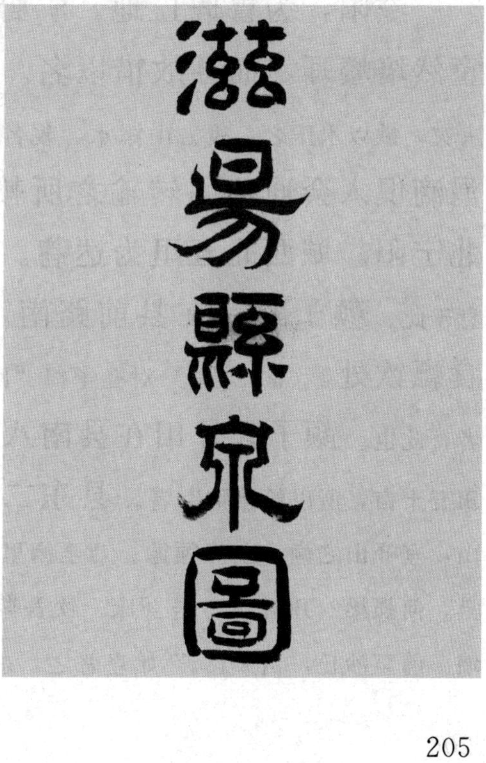

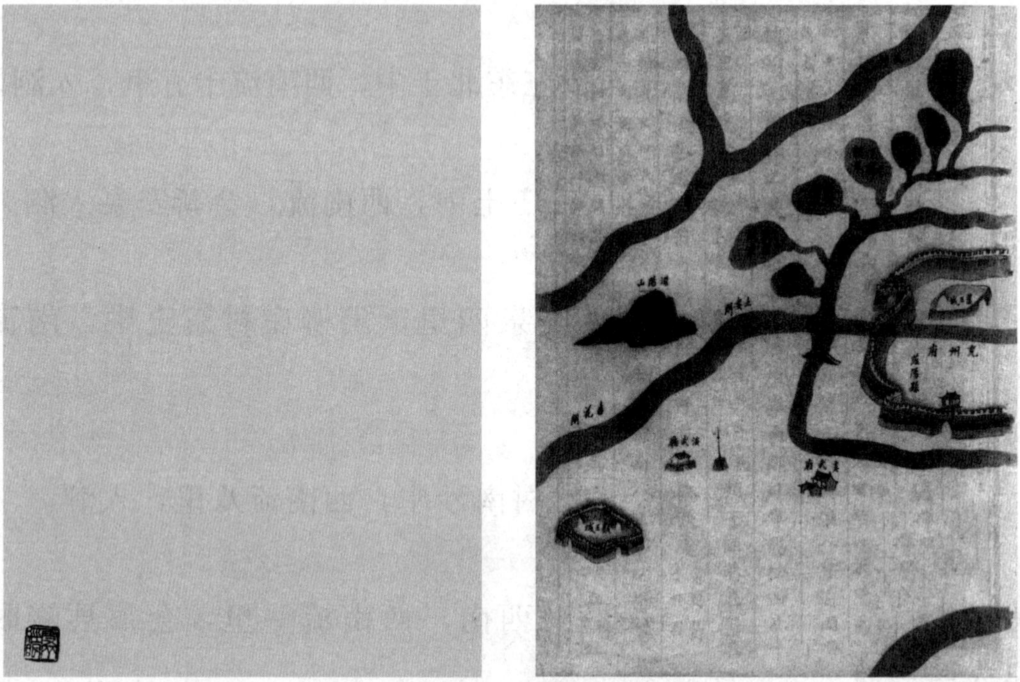

〔滋阳县泉事宜〕

滋阳，为鲁瑕丘地，旷野平畴，无山溪之险，独嵫阳一山，童然培塿耳，而县故借以名。宋大观四年，置嵫阳县。明成化间，因其地多火灾，欲以水压之，故去山添水，改名滋阳。水则洙、泗等河，发源圣地，涓滴俱入会通，固转输之所赖也。其境东曲阜，西济宁，南邹，北宁阳。城西北五里为达巷。巷乃适中都之要途。孔子为中都宰，恒往来憩息于此。颜子陋巷在县前路南。小巷湫隘，前有勒石，即颜子箪食瓢饮处。(常)〔尝〕对孔子曰“回有郭内之田(五)〔四〕十亩，足以为线麻”者，此也。颜子郭外田在县南八里南沙堆社。旧名陋地，乃所称“郭外之田五十亩，所以给饘粥”者。县东二里黑风口，西有沙丘。始皇东巡，封泰山，登峄山之巅，立碑颂德。乃至阙里，发孔子墓。既启，见蒙壁上刊文云：“秦始皇，何强梁？开吾户，据吾床。饮吾浆，唾吾堂。餐吾饭，以为粮。张吾弓，射东墙。前至沙丘，当灭亡。”始皇恶之，东游，不欲循沙丘行至此，忽见小儿攒沙为阜，问之何为？答曰："此为沙丘也。"从此病笃而亡。至今地名沙堆社。县南三十里有娄公庄。汉娄敬故居。县治东百余步有韦园。汉丞相韦贤受诗于瑕丘江公，因筑园斯地，以便就傅，子元成增修益盛。县北四十里有二疏故里。其地有东疏村、西疏村，乃二疏之分疃也。县西三十里有顾王城。柳下惠之弟展雄筑以自卫。生能周给邻里，土人感之，号曰顾王，孟子所称盗跖者是。岳云楼，即兖州城南楼。杜甫省亲，登楼赋诗。后因为少陵台，台下建亭，为兖州之胜概焉。

河

济河

在县治西六十里，杏林闸下，即雩、沂、泗支流所会之水也。

泗河

在县治东五里，其源发泗水县陪尾山，迤逦过曲阜至本境，与沂水合，入金口堰。

沂河

在县治东五里，其源出尼山西北，经鲁之雩门，蜿蜒至本境，与泗水合。

漕河

在县北三十里，发源于徂徕山，入境九折而下，矫若游龙，人号曰九龙湾。

泉

东北新泉

距县东北五里，出井家林庄，地名在隅社，渠长一里，西流会阙党泉。

阙党泉

距县东北四里，古阙党地。其地人不满百，地不当道，在城一阙，因以为名，西流会古沟泉。

元对泉

距县东北六里，会入照星泉。

照星泉

距县东北五里半，会入惠泉。

惠泉

距县东北五里半，会入既济泉。

既济泉

距县北五里，长八十五步，会入古沟泉。

古沟泉

距县北五里，在玉皇庙西，长一百五十步，会入负瑕泉。

负瑕泉

距县北五里，当以古瑕丘得名，长三十步，会入蒋诩泉，荫泉一，西流，会阙党泉。

三义泉

距县东北四里，在三义庙前，长七十步，二里，会入负瑕泉。

上蒋诩泉

距县北五里，在红花厂西，地名纸房，长七十步，西流，会下蒋诩泉。

下蒋诩泉

距县北五里，在纸房厂东，长九十步，南流转西，会西北新泉。

西北新泉

距县西北五里，在郡厉坛东，长六步，一里，会入纸房头泉。

纸房头泉

距县西四里，在旧关东，长九步三尺，右流转南，会驿后新泉。

驿后新泉

距县西二里，渠长一里，会诸泉至平政桥入济。又十五里至娄闸，又二十里至杏林闸二十里铺，为济宁州交界，旧入天井闸，今会入马场湖济运。

按：金口坝在兖州府城东五里。元至元中，为滚水石坝，引泗入运，即隋文帝时，薛胄于沂、泗之交积石为堰，决令西注陂泽，以溉良田者。延祐中，疏为三洞，以泄水势。明初，堰坝以土，旋筑旋废。成化间，筑石堰，东西长五十丈，下阔三丈六尺，上阔二丈八尺，自地平石计五层，高七尺，湫口三处，视水稍长，时其启闭。横巨石为桥，以便往来。堰北复作分水二雁翅，以杀水势。堰南北跌水石直五尺，横四十丈，以固堰基。后岁久土淤，旧堰独低，水消，泗不入洸。每春筑土坝，高一尺七寸以障之，水涨土溃，劳费无益。嘉靖三十七年，主事陈南金易以石，高亦如之，仍为金口三添闸板，以时启闭，岁省前费，水亦赖以节宣。张纯《守坝论略》曰："金口坝以遏泗之南趋，闸以导泗之西流，盖元人遗智也。夫泗之趋于南，犹汶之放于海，遏泗以金口，犹遏汶以戴村也。国初，坝因元旧，时圮时修，劳费无已。成化中，主事张盛始易以石，视昔善矣。然犹石之上岁盖以土，高可一二尺，土岁坏则岁增之。迄嘉靖中，主事陈南金以石易土，高亦如之，而制始大备。泗盛则势突，而坝当其冲，宁无渐入圮坏者乎？果有之，则补葺之功杜其微焉可也。苟且因循，俟既坏而后修之，焦头烂额之功也。泗消则微，入济之势缓，矧自黑风口而之府河，自府河而之济河，凡几十里而始至天井，水过沙积，宁无壅而未通者乎？果有之，则挑浚之功或一岁而见，或三岁而再见焉可也。废之不讲，而归咎于天井之浅涩，是不揣其本之论也。"

济宁州泉图

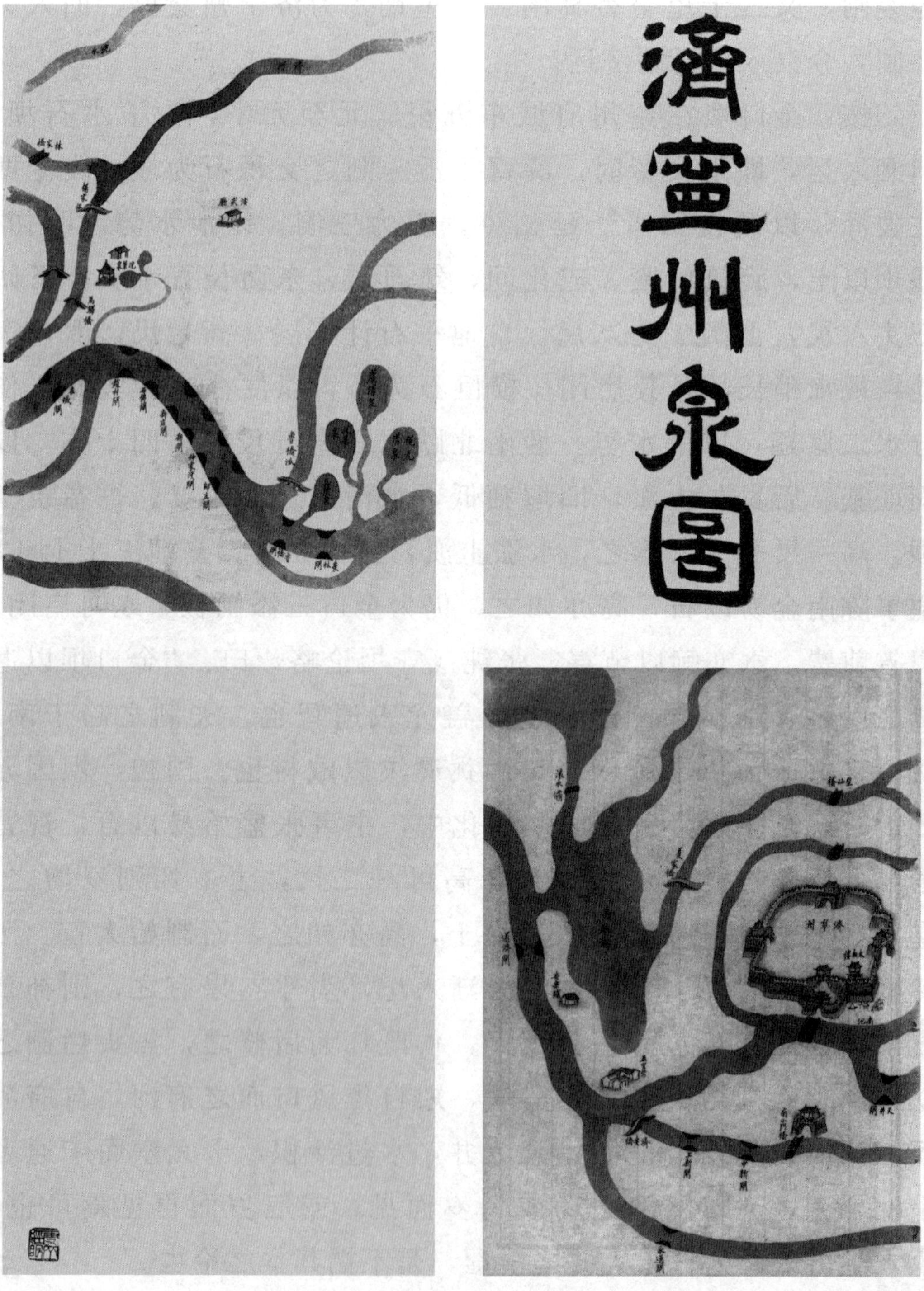

〔济宁州泉事宜〕

济宁，古任国也，唐为济州；按：《李翰林集》有《离济宁泛舟北行诗》，则济宁之名在唐已见。元为济宁路；明改路为州。会通襟前，洸流带后，右有马场诸湖之潴，左则汶、泗两河潆折而西来，南控江淮，北拱畿辅，水陆冲途，而地形隆起。南旺湖之水，南北分流，又若据天下之脊者。州境所管河道，南自鱼台县四里湾，北至五里营之东，计长七十五里，中置闸座九，月河闸三，属济宁州管辖。又南自五里营迤东，北至曹井桥迤北，计长一十七里八分，置减水闸、安居斗门闸，属济宁卫管辖。以其地为南北冲要，漕运咽喉，河督建节宿兵于此。河流之济运者，泗、沂、汶、洸缭绕境内，山东诸泉由之入运，无虑百有余泉。而州之芦沟泉、托基泉、马陵泉、浣笔泉，皆径入于漕，此可考而得者。

河

泗河

发源于陪尾山，与沂水合，西南流，由金口坝至鲁桥入运。

府河

一曰济河，即泗水之支河也。穿兖州府城西流至济。旧由林家桥绕州城之北，西入马场湖，后因伏秋水大河小，不能畅达，致有漫溢，于康熙三十四年开通杨家坝，建减水闸，以时启闭，由天井闸入运河。

洸河

起自宁阳县南，有两道：一则上承九山口诸处山水，与滋阳县之三岔河合流而南；一则汶水分流，出宁阳县之堽城坝，经滋阳县之高吴桥，南流至八龙桥，两道会合，由洸河大厂至州城东北，与府河合，一南流入杨家坝，一面流入马场湖。

已上河渠三道，俱在运河东岸。又牛头河，在州城之南，旧通南旺，由永通闸下连鱼台县之谷亭，即旧运河也。自改运河之后，将永通闸筑堤闭塞，惟诸洼之水汇入河中，然下源已淤，皆于运河不通，故不载入图内。

泉

浣笔泉

在州城东关外，去会通河不数武，出土中，一方池、一圆池，相传为唐时李太白浣笔处，南流，由通济桥入运。

芦沟泉

距州东南七十里，出两城店土中，泉头五，长十八里，南流入南阳闸，由磨镰沟出水济运。

马陵泉

发源马陵山西，距州东南六十里，东泉头一，西泉头二，长六里，西流入枣林闸，由龙家桥出水济运。

托基泉

距州东南五十里，出土中，泉头二处，西流由龙家桥入运。

已上四泉俱在运河东岸。

按：济多川泽，无崇山峻岭。山之可称者曰缗云山，在州西南三十里。山有古寺，北瞰重湖，西联九十九峰，漕河绕其左。曰两城山，在州东南五十里，亘凫山西，蜿蜒如绣屏，南阳湖啮其趾，登高而望，澄波万顷。颇称奇胜。州南六十里为鲁桥镇，居民杂稠，商贾辏集，本郡一大镇也。有南州书院，祀仲子路。其北二十里为仲家浅，古迹则宣圣墨池，在鲁桥闸下，俗名砚瓦沟，其水墨色，有古碑刻云“宣圣墨池”。南城上有太白酒楼，旧传：唐李白游任城时，贺知章为任城令，邀饮于此。咸通中建楼，往来名人题咏，石碣林立。其下为南池，洸、泗两水所经，停泓以入天井闸者，有池，蓄荷数亩。唐杜甫与许主簿泛舟游此，有诗。州东门外有浣笔泉，泉上建二贤祠，祀贺知章、李太白焉。

鱼台县泉图

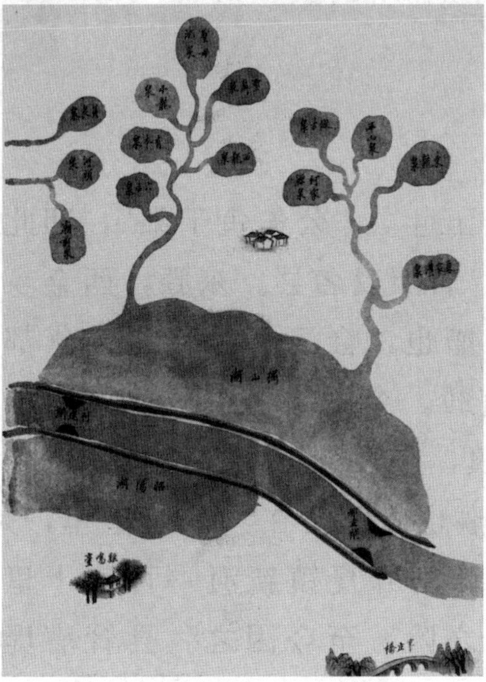

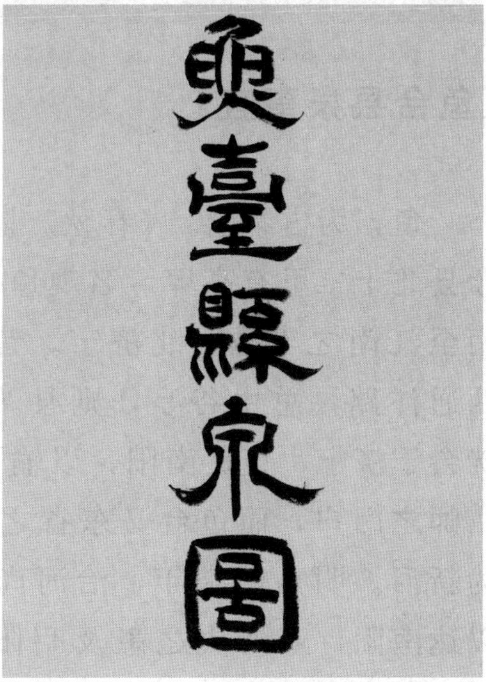

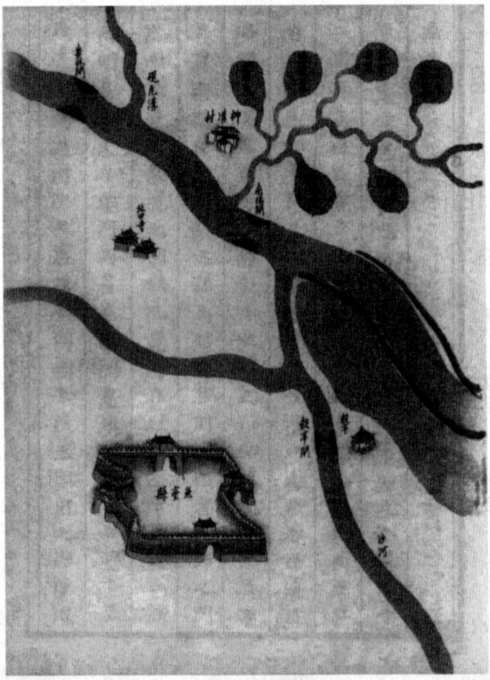

〔鱼台县泉事宜〕

鱼，为古棠邑。《春秋》隐公五年，“公矢鱼于棠”，即此。今县北十二里有高埠，名观鱼台，唐因以名县。东滕，西金乡，南至江南之丰邑，北济宁。昔之漕也，会河合济，北走燕都，西通汴路，总由谷亭，则县为绾毂。今之漕也，沂、泗、汶、洸会于济宁，直贯南阳，以输夏镇，亦县为绾毂。然则兖也者，京师之门户，而鱼台又东省之咽喉也。运河在县东三十里，是为新河。明嘉靖末年，治河尚书朱衡开夏镇新河一百四十里，以达南阳，避河决之患及昭阳湖之险，至今因之。县管漕堤，自沛县珠梅闸至本县南阳闸，凡八十五里，皆新河也。珠梅闸北实有滕境二十里，入漕之泉二十三。然在南岸者必由昭阳湖入运，在北岸者必由独山湖入运，二湖俱在县境，故河岸尽属县管。闸座三：曰邢庄，曰利建，曰南阳；浅五：曰马家浅，曰杨家浅，曰吉家浅，曰张家浅，曰广运闸上浅。入运之泉二十处，其泉流所出，随地异名，实皆凫山之麓也。合为三沟，径南阳湖入运。凫山，即《鲁颂》所云“保有凫绎”者是，在县东北七十里。双峰耸翠，状若凫翔，故名。其大峰巅宽平约四五里，上建玉虚宫，名玉皇顶，海岱在目，一望无际。其次峰名牧仙山，相传有牧夫升仙于此。峰顶周遭石如斧劈，峰下石划一线，隐隐天光，若覆若伏。深望龙湫，水势洋溢，流出石底。山南有吕公洞，洞有丹井，其水冬温夏凉，大旱不竭。下有西龙泉，又南为庙前泉，又下为东龙泉，其前有伏羲庙，庙中双柏可数千年物。凫山之右为黄山，黄良等九泉出焉。黄山之后为云寨山，圣母池等六大泉并六小泉出焉。黄山之左为凤凰山，麓有新城，明嘉靖、万历间议迁县治之所。黄山之侧为平山，平山之前有独山，巍然独秀，北连白沙、黄山，潆洄错落。又有东、西龙泉，映带左右，湖山佳胜，为一邑之最。染山为县东北界山，北界邹，东界滕。前有小白河，潴为郁郎渊，一名温水湖。有圣母池泉环流入运。诸山皆在邑之东北，惟金沙岭来自金乡，为邑西境。其山绵延三百余里，上多莎草，映日如金，故名。其下为往来孔道。河之在境内者，一为（荷）〔菏〕河，在县南七里。《禹贡》“导（荷）〔菏〕泽，被孟潴”是也。一为清河，在县东北。一为泥河，在县东。今河道皆湮。至于漷水、有东漷水、西漷水。沙河，有南沙河、北沙河。曲折（斜）〔纠〕纷，总在滕县。然至山阳入漕，实为邑内水道。言沙可不言漷，言漷可不言沙。盖在滕则分，而在鱼则合也。湖则有阳城湖，有昭阳湖，有独山湖。本境所管河道堤岸，界于昭阳、独山两湖之间，只有西堤而无东堤。独山湖内之水，汪洋浮湃，直拍河堤。虽有减水等闸，泄往昭阳湖内，但邢庄闸、丘家大坝一带，水深浪阔，值伏汛水发，乘风冲刷，不免溃决之患。修筑维艰，岁费不支。每遇冬月挑浅，交春，昼夜分筑堤岸，以待漕运之纤挽，亦甚费司事之踌躇者也。

河

漷水

在县东五十里，运河东畔之水也。《春秋》“取邾田，以漷水为界”，即此。源出滕县述山西南麓，受诸泉水，至沧沟折而西，过沙河店，至黄甫坝，转趋赵沟，西会南梁水入漕。漷水，即沙河水，在滕为二水，至境内合为一水。旧志不详原委，只载漷河。郡志竟以漷专入滕县，因正之。

砚瓦沟

在县东北三十五里，亦运河东畔之水也，纳黄山下诸泉之水，经独山湖入运。

沙河

在县东南五十里，径沙河镇，过双龙桥，流入昭阳湖，盖运河故道也。昔与滕县沙河为一，故名。自夏镇开运河，改昭阳东畔，此河不与滕通，郡志犹载水从滕县西南流入境，仍故迹耳。

新开河

在县治西北二十里。上接曹、定、城武、单、金诸邑之水。自金乡交界北田寺起，东至柳沟村，入钓钩觜，下谷亭旧运河，达东南沛县安家口，凡一百有六里。又钓钩觜直北为故广运闸，即牛头河下流，接引耐牢坡之水，同注谷亭，直达沛县安家口。安家口者，昭阳湖之下口，塔具湖之上口也。自白鼠寺至安家口约十里长，三里宽，泥草壅塞，水流微弱，不能泄入塔具湖，以入围河支渠，下至李家口，又有横石坝一道，约长六里许，亦土沙壅塞，不能泄水。微山湖东入韩庄闸以济运。自康熙二十九年疏浚，西自北田寺至柳沟村，皆口宽五丈，深五尺，旧运河如旧制。至安家口接连昭阳湖，计程八里，则深广倍之，自此宣泄无患。

按：旧运河在昭阳湖西岸，由沛县城东至孟阳泊入境。孟阳泊亦巨汇也，湖陵故城在焉。潆洄十余里，渠贯其中。又北二十里至于谷亭。谷亭者，《水经》所谓谷庭城，古济、泗合流之地也。一云宁母亭，即齐桓公盟于宁母处。上为（荷）〔菏〕河，下为秦梁，自会通河开，历为漕渠要镇。明工部管河主事驻之，河桥水驿在焉。南自湖陵，北至南阳，相距五十里。又北二十里为广运闸，明初所开牛头河也，地名塌场口。嘉靖四十三年，河决飞云桥，运道告阻，乃开夏镇新河以达南阳，此渠不复行舟。既而曹、单决口塞，河水亦绝，惟牛头河下流运渠暴涨，则溢而入也。又牛头河由济宁西二十里，首受永通闸泄出漕渠之水，注之耐牢坡，至塌场口开广运闸而出入于旧渠，盖黄河故道也。明初用兵梁、晋，开通此渠，以资运道，故建永通闸于北。正统以后，防塌场口之溃，故建广运闸于南。漕渠水盛，由此行舟，黄河自曹州双河口来，亦由此入运。后运渠东徙，河水南流，此河与故渠同塞，河患庶有瘳与！

湖

阳城湖

在县东南七十里。诸山泊泉自寨、兖二山南流，会滕县大乌泉水汇而为湖，别为小河，自鸡鸣台以东溢而入运。

昭阳湖

在县东南六十里。一名刁阳，故为运河东岸，受滕县诸泉汇为巨浸，周回十余里，溢水沽头闸入运。嘉靖末年黄河东决，由运趋湖，漕渠阻塞，尚书朱衡改新渠于湖东以避河水。隆庆六年又于其南筑土堤二百五十余丈，又筑东西决口二堤以防河患。自是河益南徙，不复趋湖，滕诸泉水西流入运，亦阻漕堤不入湖内，于是淤填日积，居民树艺承粮，谓之淤地。然西境邻邑诸山泊水自高趋下，每遇霪霖，汇为巨浸，下流阻塞，淹没为灾，堤防宣泄之方，所当讲求者也。

独山湖

在县东北三十里。亘东而南，一名南阳湖。滕县沙河诸水由京章支河西南灌输，径湖入运，鱼台黄寨诸泉水亦由砚瓦沟径湖入运。隆庆六年，夏水泛溢，乃于南阳北岸为石堤三十余里，减水闸十四座，自是水无溃决，漕运无阻。岁久渐圮，应亟请修筑者也。

泉

黄良泉

距县东北四十里，出黄山下土中，东西长八十五丈，至三岔河会流。

庙前泉

距县东北四十里，在黄良南，出土中，东西长九十丈，至三岔河会流。

河头泉

距县东北四十里，在黄良东，出土中，东西长一百七十二丈，至三岔河会流。

陈家泉

距县东北四十里，黄山土中，东西长一百五十丈，至三岔河会流。

中溢泉

距县东北四十里，黄山土中，东西长一百五十丈，至三岔河会流。

高家西泉

距县东北四十里，黄山土泉，东西长一百十五丈，至三岔河会流。

高家东泉

距县东北四十里，黄山土泉，东西长一百十五丈，至三岔河会流。

胜水泉

距县东北四十里，黄山土泉，东西长一百二十丈，至三岔河会流。

滕家泉

距县东北四十里，黄山土泉，东西长一百二十丈，至三岔河会流。

已上九泉皆由三岔河会流，由新开河入运，南流八里，至南阳闸蓄济。

圣母池泉

距县东北六十里寨里集，系土泉，石镶池岸，南北长二百七十丈，至张家桥会流。

西龙泉

距县东北六十里寨里集，土中，《志》云涌自石窦，为池，南北长二百三十丈，至张家桥会流。

有本泉

距县东北六十里寨里集，土中，南北长一百七十五丈，至张家桥会流。

圣裔泉

距县东北六十里寨里集，土泉，南北长二百二十丈，至张家桥会流。

小龙泉

距县东北六十里寨里集，土泉，南北长一百八十五丈，至张家桥会流。

陆小泉❶

距县东北六十里寨里集，土泉，南北长二百四十五丈，至张家桥会流。

已上六泉俱会赵家口入运，南流五里，至利建闸蓄济。

东龙泉

距县东北九十里，出池头集沙土中，石镶泉岸，《志》云四时不竭不溢，遇旱祷雨即应，西南会平山泉。

平山泉

距县东北九十里池头集，土泉，南北长一千八百二十丈，至集泉桥会流。

何家源泉

距县东北九十里池头集，土泉，南北长二千一百四十丈三尺，至集泉桥会流。

廉家潭泉❷

距县东北九十里池头集，土泉，东西长一千四百四十丈，至集泉桥会流。

---

❶ 图中作“六小泉”。

❷ 图中作“廉家沟泉”。

仿古泉

距县东北九十里池头集，土泉，南北长一千八百一十二丈五尺，至集泉桥会流。

已上五泉俱由独山湖张家闸入运，南流二里，至邢家闸蓄济。

卷之八

邹县泉图

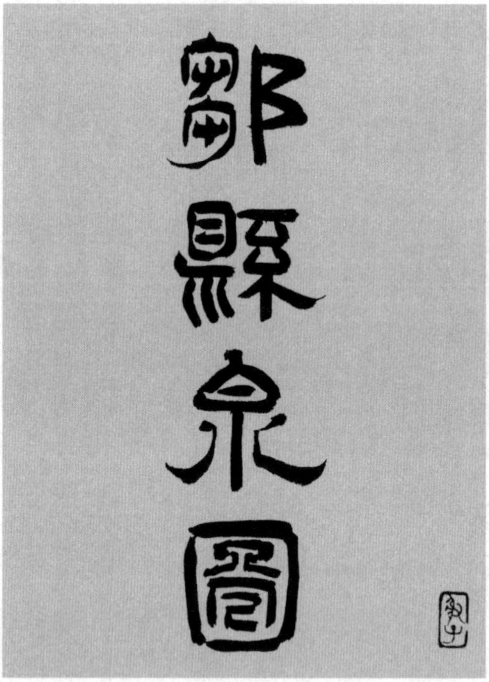

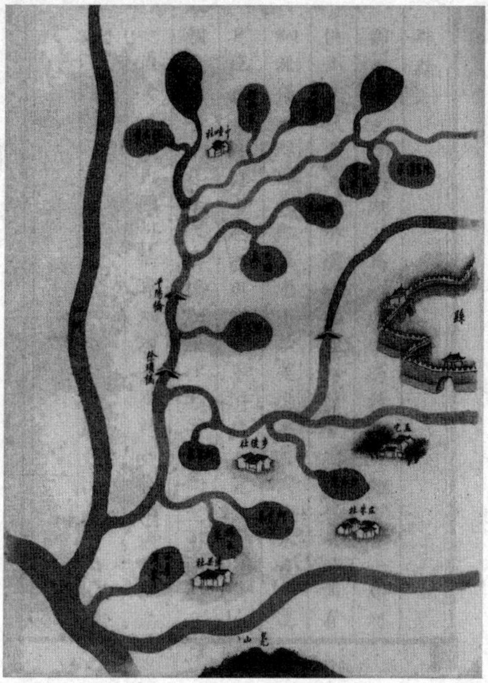

〔邹县泉事宜〕

邹，山国也。自溪湖、白马、泗河外，潺湲杳然。虽有一二诸河，俱为伏秋霪雨，山水横流之径，余时皆涸，一望淤沙，间有细流，仅可浮杯而已。泉源十三处，惟三角湾一泉自入运，其他诸泉皆注白马河，由泗出永济桥入运。本朝康熙二十九年，永济桥泗溢沙淤，因于桥迤南开新河一道，束众流，由两川桥会泗河之水，转入鲁桥济运。此泉河之大概也。

河

白马河

源发溪湖。湖在城东北二十里九龙山下，汇水成湖，周广数里，中有菱芡，溢而为河，西流南折，会诸泉入泗河，转出鲁桥接运。

泗河

从西北滋阳县入本境施村铺，南流出鲁桥接运。

按：《县志》载：雩河源发尼山，离城七十里，而下流则绕曲阜城南，入白马河。又红沟河，发源城东南红沟山，离县十八里，下流至城西南蔡庄，北入白马河。又蓼河，发源潦烟坡，离县六十里，下流至城西北小牛厂西北红江口，入白马河。又界河，自东南滕县入本境，经寨山西流入运河。又小沙河，即因利渠，发源四基山，由城东北岗山，经县东门、南门，下流至城西五里营。此数河者，虽有河名，惟夏秋泛溢，余时一望皆枯涸也。邹之水利微矣。

泉

陈家沟泉

距县北二十里。出原蹇社原蹇村平地土中，西北流三里入白马泉。又五里会马山、孟母二泉口，十里会岗山、屯头二泉，一里至白马桥，三里会鳝眼泉口，五里至双桥村，五里会新泉、程庄泉口，十五里至内官桥，五里会黄港泉口❶，三十里至徐镇桥，十里至白庄泉口，十五里至黄路桥，三里至纸房头村，五里会渊源泉口，七里会柳青、胜水二泉口，十二里至圈里村，同入泗河，转流入鲁桥济运。

白马泉❷

距县北二十里，出原蹇社原蹇村平地土中，西北流五里会

❶ 图中作“黄卷泉”。
❷ 图中作“白马沟泉”。

马山、孟母二泉口。

马山泉

距县北三十里，出庄朱社傅庄村平地土中，南流八里会孟母泉，四里会陈家沟、白马二泉，十里会岗山、屯头二泉口。

孟母泉

距县北二十五里，出公孙社宣村平地土中，西南流四里会陈家沟、白马二泉，十里会岗山、屯头二泉口。

屯头泉

距县北二十里，出中疃社白马厂平地土中，西流二里，会岗山泉。

岗山泉[1]

距县北二十里，出中疃社白马厂村平地土中，西南流三里，入白马河。

鳝眼泉

距县北三十里，出中疃社北贡村平地土中，西流五里至杨柳桥，八里至中疃村，五里入白马会河。

黄港泉[2]

距县西十八里，出故夏社羊厂村平地土中，西流五里，至故夏桥，三里入白马河。

新泉

距县西北三十里，出中疃社程家庄平地土中，南流二里，会程庄泉。

---

❶ 图中作“冈山泉”。

❷ 图中作“黄卷泉”。

程庄泉

距县西北三十里，出中疃社程家庄平地土中，东南流八里，至稻屯桥，七里入白马会河，十五里至内官桥，转出鲁桥。

白庄泉

距县南三十里，出庄朱社白庄村平地土中，地名川牛坡，西南流，五里至双村，七里至面房桥，八里入白马河，十五里至黄路桥，三里至纸房头，五里会渊源泉口。

渊源泉

距县西南七十里，出安侯社铁脚山下平地土中，水深十余丈，浩瀚无底，西北流四里入白马河，七里至柳青、胜水二泉口。

柳青泉

距县西南七十五里，出薄梁社郑老军桥平地土中，西流八里入白马河，十二里至圈里村，入泗河。

胜水泉

距县西南八十里，在薄梁社朝阳村源，出自忝白山半腰石缝中，西北流，至黄曲村，四里至镇头村，六里入柳青泉，八里入白马会河，十二里至圈里村，入泗河。

已上诸泉俱注白马河入泗，转入鲁桥济运。

三角湾泉

距县西南八十里，出薄梁社仓山坡平地土中，荫泉七，西流八里至两川桥入泗河，转入鲁桥济运。

按：白马众泉所归，入泗处尤咽喉之地。泗河上流身大，下流至会白马处身小。泗流劲疾，白马弱不能出，反被泗逆入，于是泛滥旁溢，近河田亩多受冲决淹没之患。又他诸河入白马者，俱无源之水，冬春干涸，至夏秋霪潦，东北诸山水一时倾注，喷沙入泗，遂成淤填，漕亦病之。明季故尝于永济桥挑筑白马河，导水济漕。

邹，本春秋小邾国，至战国改为邹，后遂以名县。其境东南接滕，西界济宁、滋阳，北邻曲阜。虽弹丸之地，而笃生贤圣，万古灵秀，钟于块土，其形胜约略可指也。邑内多山，支分于岱。岱南走宁阳，由曲阜而入邹。东北隅为巨越，西南十里为尼丘，东一里为颜母，又十里曰昌平，绵亘二十里。西南又十里曰蟠龙，又五里曰九龙。九龙之东为卧虎，为云，为四基，又三十里为连青。九龙之西南十里为珠，西为马鞍。其北麓即孟母林，下有孟母泉。南十里为岗，邹城负焉。绕城而东曰阳，其东为接舆，为唐口，为小丘，为牙，又其前乃为峄，峄之东十里为连峰，南三里为戈，又二十里为圬，圬东为马头。峄之西南相对为凫，故邾城在峄山之阳。《春秋》鲁文公十三年，“邾文公卜迁于绎”，即此。

孟子暴书台在南门子思书院西，有台高丈许者是。按：《三迁志》：“孟母三迁，始徙舍学宫，即子思讲堂也。后即其址建子思祠，设思、孟像，春秋祀之。”台西为断机堂，相传即孟子故居也，建有孟母祠焉。孟庙在城南一里，规制穹窿，基址开敞，苍松古桧，葱郁成林，中间碑篆题咏甚众。曲阜圣庙外，此为大观。孟子墓在四基山之西麓，距县东北三十里。南宫适、公孙丑、万章，汉匡衡、韦贤、张禹，其墓俱在境内。

滕县泉图

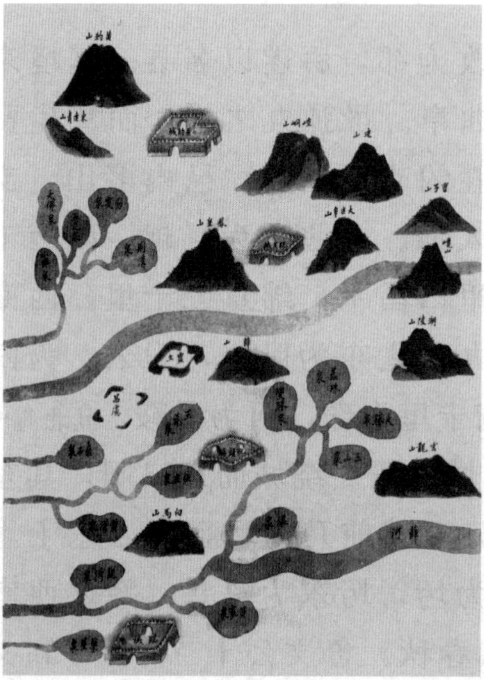

〔滕县泉事宜〕

滕，非犹是昔所云五十里之国也，幅员兼三国五邑。考诸邑乘，今之县治为小邾地，西南滕城为滕地，南薛城为薛地，而东北鄙水，东南昌虑皆郳地也。东之斗城，齐灵丘也；西之郁郎，鲁郎邑也；西南戚城，戚县也；而讙城、湖陵，滕壤皆得至焉。衡百七十里而遥，纵且倍之。水北等社缭绕泗、费百三十里，泉河等社越利国、峄县而孤悬东南徐、邳间二百余里，而犹隶于滕境。地所以大者，盖由魏隋置郡后，虽改置不一，而地即仍旧也。东为峄、费二县，西为鱼台，徐、沛在其南，邹、泗在其北。境内多山，皆自东北南趋，极于徐、沛，绵亘连络，地广二百余里，而山处其半，其较著者，高莫如西莲青，绝顶两峰插入云汉，东有杜预沟。而高山次之。山巅有泉，名天泉，可饮千人。两峰双插，登之四望，众山罗列襟带间。大莫如东莲青，岿然如云屯，上有九十九顶。前有玉女池，后有水帘洞、天麻港、钻天沟、马峰崖，南有瓦家峪，东有桃花峪。遍是桃花，每春水发，涧浮落花出，宛若桃源。而茱萸次之。茱萸山距城二百三十里，所谓“越利国而孤悬徐、邳之间”者也。山有九十九顶，峪有娘娘寨、猪圈峪、硇砂、仙人诸洞。下有寿圣泉，方径二尺许，水涌出如沸汤，即为大河。长莫如太白，上有太白洞，有瀑布。次则为青龙也。秀莫如云峰，一峰秀出如笔，东有鄌家峪，西有九子峪。峪有泉，流石上，二百余步，响如碎玉。次则为峪山也。险则有泉固山、峭耸巉峻，山巅突起数十仞，四壁如削成，斜悬一径，仅能受足。登之者面壁逡巡不敢上。壁根有泉，可饮千人，不以水旱增减。大崖阜山。如三层，如台阁相承。每层四面皆削壁，一径直上，如竖表千仞，登则后人仰见前人履底。有崮有洞，为土人避兵之所。奇胜则有巉山之与樵山也。巉山瀑布，两泉对出落崖下，若两白龙竞逐于涧中者然。樵山有大泉，历叠巘而下，怒流声闻一里，望之如曳练。其下有胭脂沟，水淡红如桃花色，雨潦不浊。

龙峪牙山，最称幽致。峪西有洞，玲珑多鸽，久雨则石孔皆为泉。一孔小仅容针，而水溜穿石如线，亦一奇也。他如曾子山，以曾子尝读书于此得名。城东有薛山，当日国名因乎此。东边皆削壁，薛水走其下焉。滕境所属运河，贴近微山湖，北接江南沛县界刘昌庄起，南接兖州府峄县界吴家桥止，计程五十里。而彭口要害大沙河一道，上自费县发源，由彭口山河入运。山水暴发，沙随水涌，每致运道淤浅。岁事挑浚，道臣董其事。

按：彭口积沙每年如阜，岁终挑浅，百倍艰难。盖滕邑薛河汇诸泉水，出沛之三河口以入运河。自明万历中开东、西泇河，乃筑东邵坝于薛河中，遏水使尽入沙河，由彭口入运，而水挟沙以行，故及冬挑浚，岁不可少。挑浚之法，其初必筑大坝于两头，以拦河水，又必逐段筑土坝十余道，以隔两旁之水，又必就岸筑龙沟百余丈，以戽挑浚时流聚之水。及其竣事，又必一一去之，然后水可通行。每岁浚河，其劳且费如此。今应照康熙三十七年改挑新引河一道，自柳园迤西起，至仲家楼后大坝以上止，使山河水总归吕坝以入湖。自此水有去路，而畚锸之功稍易云。

河

界河

即白水河，距县北三十五里，出龙山西麓，会邹县界白水，故名。西流五里，稍折而南，迳染山前，西南潴为郁郎渊，一名温水湖，又西受圣母池水，至桥头入漕。

北沙河

距县北十五里，出邹县峄山，南流经龙山后，绕出其左，至周林会七里泉，至洪疃分流，一出休城南，西至望冢，南至于马家口入漕；一趋休城北，受大乌泉，又西受北石桥泉，又西会白水河，同至桥头入漕。

南梁河

距县东北十五里，左豹突，右荆沟，合为一流，西南至洪村，折而南三里余，复转而过济云桥，又西经旧城北，西南流折为九曲，西纳绞沟泉，又西会漷水入漕。

漷水

即南沙河，距城南十五里，出述山南，经空同山、凤凰岭，东过祝其城，会黄约山诸泉，折而南，过獐山西、凤凰山东，纳龟步水。龟步源发连珠山，过欧家谷来入之。又南至华盖山，折而西，受石沟水。石沟源自巉山瀑布，东南至宝峰山、马山，经石沟来入之。又西至梁上村，折而南，过沧浪渊，纳明河水。明河出马山前绕楼山，过灵丘城来入之。又南至仓沟，折而西至沙河店，为黄甫坝所遏，稍北转趋赵沟，会南梁水入漕。

南明河

即白河，俗呼捉白河，出峄县黑风口诸山泉，西经梁山、奚公山，受薛河支流，同为明河。又西至永兴村，西南经白山，入微山湖。

石桥泉河

距县南三十里，源出官桥东北平地，西过薛城北，又绕其南，西流从三河口入漕。按石桥河本与漷、薛为三河，漷既遏而北，薛又遏而南，今独石泉河入口焉。

薛河

距县南四十里。按：《县志》“其源本西江水”，出宝峰山，南过青莲步、将军步，左过高山，西折过山亭，而永丰、凤凰二泉出薛河南岸山麓者流入之。又西至薛山，受悟真岩茶泉水，循悟真岩南过云龙山，会东江水。东江出湖陵山西，至吴戬山下，伏不见。过铁脚山，至柳泉涌出，至观山前，汇为濯笔渊，亦至云龙山会西江水，同为薛河，其地即靴头城处也。南至斩蛟台，折而西，经昌虑城南陶山下，潴为刁潭。西纳玉花、义河、三山三泉，南经丰山，东过官桥，经薛城，至东邵为坝，遏入微山湖。旧经山阳湖，从金沟入泗。自新河开漕东徙，恐沙为漕害，故筑石坝于东邵遏之。又恐水为坝害，开支河于奚公山西，导入南明河。开泇河以后，仍由新河故道入漕。

泥沟河

距县东南一百一十里，源出白马山，西南流，过沙沟入吕孟湖。

泉

北石桥泉

距县北二十五里，出柳泉庄土中，二十里入小白桥沙河，共四十里，入耿武庄湖济运。

凉水泉

距县西北二十五里，出孙家庄土中，十二里入驿庄泉，共三十里，入耿武庄湖济运。

驿庄泉

距县西北二十五里，出驿庄村土中，十里会凉水泉，二十五里入耿武庄湖济运。

大乌泉

《志》作一大泉，距县西北三十五里，出大乌集土中，五里会驿庄泉，二十五里入耿武庄湖济运。

三里桥泉[1]

距县北三里，出萧家庄土中，十二里入七里泉会河，共五十里，入满家口济运。

七里泉

距县北十里，出张家庄土中，十五里入三里泉，共五十里，入满家口济运。

豹突泉

距县东十五里，出梁上村土中，一里会入五花泉，共七十里，入姚家口济运。

荆沟泉

距县东十五里，出梁上村土中，一里会入五花泉，五里入东荆沟会河，共七十里，入姚家口济运。

五花泉

距县东十二里，出小宫村土中，半里会入大沸泉，共七十里，入姚家口济运。

大沸泉[2]

距县东十二里，出小宫村土中，五十里入绞沟泉会河，共七十里，入姚家口济运。

小沸泉[3]

距县东十二里，出小宫村土中，五十里入绞沟泉会河，共七十里，入姚家口济运。

绞沟泉

距县西南二十五里，出绞沟村土中，一里入西荆沟泉会河，

---

[1] 图中作“三里泉”。

[2] 图中作“大佛泉”。

[3] 图中作“小佛泉”。

共二十五里，入姚家口济运。

西荆沟泉

距县西南二十五里，出绞沟村土中，五里入东荆沟泉会河，共二十五里，入姚家口济运。

南石桥泉[1]

距县东南四十里，出郑庄村土中，五里入双泉会河，三十里，入鲇鱼弦济运。

双泉

距县南四十里，出白家楼土中，三十里入鲇鱼弦济运。

玉花泉

距县东南三十五里，出魏庄村土中，一里入魏庄泉会河，共七十里，入刘昌庄济运。

魏庄泉[2]

即位家庄泉，距县东南三十五里，出魏庄村土中，共七十里，入刘昌庄济运。

黄沟泉

距县东南七十里，出黄家庄土中，八里入白山泉会河，共十八里，入刘昌庄济运。

白山泉

即柏山泉，距县南七十里，出白山坡土中，二里入马蹄泉会河，共六里，入刘昌庄济运。

马蹄泉

距县南七十里，出白山坡土中，一里入白山泉会河，共五里，入刘昌庄济运。

---

❶ 图中作“南石泉”。

❷ 图中作“伍庄泉”。

三山泉

距县东南四十里，出羊庄村土中，一里会入蕊珠泉，共六十里，入彭口济运。

蕊珠泉

距县东南四十里，出羊庄村土中，四十里入温水泉[1]会河，共六十里，入彭口济运。

大胜泉

距县东南四十里，出羊庄村土中，一里入（二）〔三〕山泉会河，共六十里，入彭口济运。

双胜泉

距县东南四十里，出羊庄村土中，一里入蕊珠泉会河，共六十里，入彭口济运。

温水泉[2]

距县南七十里，出匡山下土中，一里入西仓桥沙河，共三十里，入彭口济运。

龙湾泉

又名泥沟泉，距县南七十里，出临城社种家楼土中，五里入中山店沙河，共十二里，入彭口济运。

黄家泉

距县东南七十里，出黄山石缝中，八里入洪家林会河，共二十里，入彭口济运。

灿星泉

距县南九十里，出张阿庄土中，三里直入运河。

三界湾泉

距县一百九十里，出微山石缝中，流一里，入微山湖济运。

---

[1][2] 图中作“温泉”。

峄县泉图

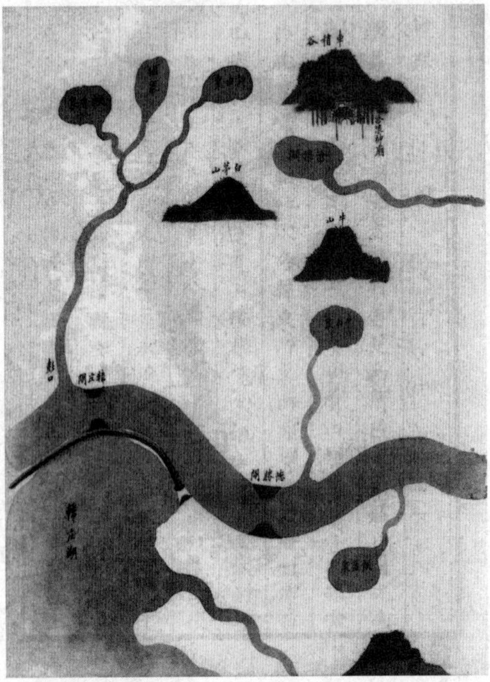

〔峄县泉事宜〕

峄，盖古鄫子国也。春秋时属楚，为兰陵，春申君以荀况为兰陵令，即此。按：《说文》："诸山络绎相属曰峄。"环峄皆山，故金于此置峄州，明初改为县。东沂，东南郯、邳，西南徐，西沛，西北滕，东北费。所管运道，上接滕境朱姬庄起，下至江南邳州黄林庄止，共长九十八里，原名中心沟，源出白茅山，后受众水流为彭河，又东会丞水以入于泇。自明万历三十二年始开为运道，以利漕挽。中建闸座八，为韩庄、德胜、张庄、万年、丁庙、顿庄、侯迁、台庄。其韩庄地居最上，本与微山湖相接，自湖减水闸迤北，向惟土堤一带障御湖水，每至水势泛溢，辄为运道之患。至本朝顺治十一年间，始于闸之大王庙起，至性义岭西止，筑石堤四百丈，宽一丈，高八尺，于是漕运无碍，号称安澜。其石堤北尚有土堤一百七十丈，底宽一丈，顶宽六尺，高五尺，亦逼近湖水。每水发则被冲决，水消则修，岁以为常。又上至吴家桥，河堤共长一千丈，底宽二丈三尺，顶宽一丈五尺，高八尺。再上即朱姬庄，入滕县界矣。自韩庄下至各闸及黄林庄止，两岸河堤俱底宽六七丈，顶宽四五丈，高一丈五六尺不等。当日开河时所筑一律坚固，岁久渐圮，修理之费苦于不赀。至于台庄一闸，首当扼要，实为重运咽喉。顺治四年，副使蒋鸣玉于上筑土城一座，今为护漕游击衙门驻札之所。其疏浚运道，惟大泛口在侯、顿二闸之界，与滕邑彭口同为要工云。

河

氶水

或讹为氶冶水，出峄县北六十里花盘山之车稍峪，其源沧浪渊，水尚微，南合许池泉始巨。又南经峄城西门，又南纳金注河入泇。又东会武河，南入于泗。

金注河

距县南三十里，合氶水入泇河，又东会武河，南入于泗。

义河

在县东北三十里，西南流会氶水入泇。

东泇水

出费县之山，经沂州，合芙蓉河，流至三河口。

西泇水

出县东北抱犊山，东南流至三合村，与东泇河水合，南贯四湖，溉田数千顷，又南合武河入于泗，谓之泇口，通淮、泗舟楫，今用之为运河。

巨龙河

距县西北六十里，源出东暨村灵泉，西绕西暨集，西南流入微山湖。

泉

沧浪泉[1]

距县西北八里，源出县六十里车稍峪下，即沧浪渊是也。渊西旧有石刻“孔子听孺子歌沧浪处”。四围峰峦突兀，俯临涧壑，涧下一池，水深碧，洞昧莫测。渊北有龙祠，土人谓内有

[1] 图中作“沧浪渊”。

穴数亩达祠下，盖神龙之宅也。东流会入许池。石室泉东南流至泥沟西，分两道，一西南五十五里至丁庙闸，一东南五十里至大泛口入运。

许池泉

距县西北十里，岭阜下泉凡五窦：曰珍珠，曰锅，曰筛，曰金花，曰灰。唯灰泉稍浊，余皆清彻，可鉴须眉，而统谓许池泉。南会沧浪、石室二泉，东南流至泥沟，而伯王山泉自西北来会，同出大泛口。今建石坝于泥沟遏之，由马蔺屯出针钩口，又于马蔺屯筑土坝，遏水向西行，以济丁庙闸。

石室泉

在许池泉东北半里许，东南流半里，至泥沟西分两道，一至丁家闸[1]，一至大泛口入运。

许由泉

距县西北四十里，以尧让许由于沛泽得名，出陈郝集沙中。荫泉二，旧西南会温泉，南流入滕县百中河，至留城，自开新河入吕孟湖。今开泇河后，流至滕境西仓桥，会彭口入运。

搬井泉

距县西北六十里，出车级村土中，旧二十五里，由滕县西仓桥，四十里入俨山河，今开泇河后，亦由彭口入运。

温水泉[2]

距县西北五十里，出石沟营土中，旧由西北五十里会搬井泉，今开泇河后，亦由彭口入运。

牛山泉

距县西南三十里，流至德胜闸入运。

---

[1] 丁家闸　即丁庙闸，又称丁家庙闸。

[2] 图中作“温泉”。

巫山泉

距县东南四十五里，南流侯迁闸入运。

侯孟泉[1]

距县西南五十里，东北流，至张庄入运。

龙王泉

出黄丘山，东南绕，西北流二十五里，会许池泉。今开泇河后，至万年庄闸入运。

峄县诸山蜿蜒起伏，周罗境内，岩洞之胜，亦难概述。举其较著者曰君山，在城北六十里，一名抱犊山，壁立千仞，去海三百里，天气澄明，宛然在目。山上有池，深才数尺，水旱不增减，平田数顷。昔有隐者王老抱犊于上耕种，故名。曰青檀山，在城西七里，一名云峰。有宋岳武穆题额岩壁，岁久苔藓湮灭。山顶有云峰寺，创自唐宋。东西两山排拱，中有一泉出寺前，流乱石中，达山下。内多小蟹，流入县南。曰石屋山，在县西二十里。山麓有流泉，为小瀑布。夏月雨余，喷吐如雷，人坐其旁，须臾冷侵肌发。其阳多杂树平田。曰马头山，在石屋山西三里许。山前壁立如削，从旁一鸟道达其上。岩上有神祠，祠旁有一洞，可容数人。绝顶有二池，水旱不涸。其地平旷可耕。山东有一泉，名龙塘，东流会青坛水，流入县南萧桥河。曰寨山。在县东南六十里。有壁垒井臼遗址。二洞皆筑石为之，不知所自始。东麓有泉，雨后喷吐数尺，人多觞咏其旁。寨山之后为觉林洞，穴在云谷山东，一名朝阳洞。林木交荫，茑萝杂挂，亦奇境也。觉林南二里许为九阳洞，亦属云谷山。山南有桐，大至数围，路险峻。独有一鸟道上通洞，下如井甃。其上四壁寥阔，如屋数楹。有一天泉出石窦中，水常不竭。山下种杏千余株。山顶有莲花峰，寨垒灶皑宛然昔土人避兵处也。觉林西北为梁王洞，旧传为梁武所凿。峭壁数十仞，上有一洞穴。洞下起石台，云梯达其上。其下林木杂茂，有流泉绕居人篱落间。每春来，桃花流水，不啻武陵、天台。对面为千佛岩。境奇邃，岩畔龛佛累累，相传亦梁武所造。县北六十里有黄龙

[1] 图中作“候孟泉”。

洞，在熊耳山南，旧传为黄龙禅师修真之所。洞中空阔委折，高数丈，远十余丈，深入必以火烛之，内更宏敞。东壁有二石龙隐起，爪发宛然。北岩有禅骨一龛，师所脱也。西岩有泉，下流注石臼中，可供数十人。旁多石乳，其中有白蝙蝠，大如鸽。按《仙经》：蝙蝠一名仙鼠，千岁之后，体白如雪，栖则倒悬，盖饮石乳而长生也。洞中更产硇砂。洞旁有石隙，俗传为吕洞宾飞剑处。县东七里有仙人洞，四围悬崖，古木阴森，西岩峭壁，雨则玉龙千尺，直泻涧底，亦胜地也。其西为玉皇洞，形委折，外狭内阔，隘处仅可容身，过此则深广数十丈，有窍遥通山巅，避乱者多居之。县东五十里旧兰陵城中，有荀子故居及墓，左丘明、高柴墓亦相去不远，聊志以存一邑之胜概云尔。

开泇河始末

泇以邑东、西泇水得名。西泇自抱犊山东南流，与东泇合，又南合武河入泗，谓之泇口，淮、泗舟楫通焉。峄之南有中心沟，复受众水下流，东会丞水入泇。隆庆丁卯、庚午间，徐、邳淤，御史大夫翁大立屡疏请开河，自马家桥经利国监入泇口，出邳州，以避秦沟、徐、吕之险。科臣骆遵言：河出马家桥、葛墟岭，高出河底五丈余，侯家湾、梁城多伏石，周、柳诸湖达直河口，须筑堤水中，功费无算。议遂寝。万历癸巳，雨潦大作，河决汶上，灌徐、邳，溃漕堤二百里。总河舒应龙求通泄之途，于微湖东得韩家庄，其地在性义岭南，不经葛墟岭，而可引湖水由彭河注之泇，乃疏请开支渠四十余里，凡阅五月工成，犹未能通漕也。自黄堌口决，镇口淤，数年间专用力于分黄导淮，接引黄流出小浮桥济运，而开挑未久，淤塞随之。己亥秋，御史大夫刘东星来治河，属夏镇分司梅守相议举韩庄未竟河工，浅者深之，狭者广之，并凿侯家湾、梁城通泇口，使可行舟，以水溢暂撤。辛丑春，上疏请竟河工，得报可。于是不问浅狭难易，一切修浚，建巨梁桥石闸一，德胜、万年、万家庄各草闸一。是年，漕艘由泇河行者十之三矣。癸卯，霖雨水涨，河决黄庄，入昭阳湖，穿李家口，逆行从镇口出。御史大夫李化龙定计开泇，乃议弃王市以下三十里之泇河，迳从王市取直，达纪家集南当河深处，以避凿郗山及周、柳诸湖百里之险。通计挑河建闸坝，凡工费二十万八千一百有奇。乃上疏言：今之称治河难者，谓河由宿迁入运，则徐、邳涸而无以载舟，是以无水难也。河由丰、沛入运，则漕堤坏而无以维纤，是以有水难也。泇河开而运不借，河有水无水第任之耳，疏瀹决排皆无庸矣。善一。又以二百六十里之泇河，避三百三十里之黄河，二洪自险，镇口自淤，不相关也。善二。运借河则河为政，河为政则河得以困我。运不借河则我为政，我为政则我得以熟察机宜而治之，其利害较然睹矣。善三。粮艘过洪，每为河涨所阻，运入泇而安流无患，过洪之禁可弛，参罚之累可免。善四。廷议韪之。遂改挑直河之支渠，修砌王市之石坝，平治大泛口之湍溜，捞浚彭家口之浅沙，以及建闸设坝，次第毕举，而运道实赖之矣。顾粮艘既尽趋泇，徐、邳人情不便，使客亦苦邮传之遥，怨咨流传，谓黄不可废。是总河疏请专用泇以通运，兼用黄以回空，言：泇渠历春夏伏秋多沙淤，当如南旺例，以寒冱暂塞一大修治。计以每年三月初开泇坝，九月初则塞之，九月初开吕坝，次年二月终则塞之。通计开泇二百六十里，内分邳属一百里隶中河，而夏镇所隶，自李家港口东至黄林庄，共一百六十里。挑浚之法，本朝则定于冬十二月、春正月，止两月挑浚，道臣经理其事。贡使之往来，商旅之称便，数十年于兹矣。

蒙阴县泉图

〔蒙阴县泉事宜〕

蒙阴，古颛臾国，以其在蒙山之阴，汉于此置蒙阴县。蒙山在城南三十里，高二十里许，周围三百余里，历费、蒙、沂诸境，《禹贡》所谓“蒙羽其艺”即此。远眺岩峦，苍翠欲滴，为邑中八景之一。今蒙山西南八里许龟山下有古颛臾城焉，县境东接沂水，西接新泰，南至费，北抵益都，《国语》晋范献子问具、敖二山，俱在境内。敖山一峰插云，望之如削，号为敖峰卓笔，亦八景之一也。

按：《县志》蒙邑地处山碛，原无陂湖之饶，所有沟渠数道，遇雨则万山建瓴，澎湃而下，旱则川枯泽竭，涓滴难求，其为水利大略可睹云。

河

小沂水

在县东北八十里，《水经注》，出黄姑山，一名黄鹄山，西南流，转东，入于沂。经沂水县城西一里，又南，过县东，会汶水入邳州。

汶水

按：《水经》齐三汶而入济者为大，若小汶则二源，一在县西南，一在县南，合流至沂水县界，东北流，折西南，入沂泉。

官桥泉

距县北一百里，出历山社，南流十五里，入新泰县汶河济运。

卞家泉

距县北一百五里，出历山社，西流，入莱芜县汶河济运。

海眼泉

距县北一百十里，斜山社，水流一百步，入莱芜县汶河济运。

葛沟泉

距县北一百十五里，青平社，水流十步，入莱芜县汶河济运。

伏牛峪泉[1]

距县西北十八里，出方山社，山如伏牛，泉出其下，南流百余步入小汶，鱼皆一目，又六十里入沂，又百三十里入邳州漕河。

泉河泉

距县西北二十里，出泉河社，旧名合泉，从地涌出十余泓，北流入小汶，又五十里入沂。

顺德泉

距县东北七十里，安平乡，南流入小汶。按：《府志》：益都县颜神镇有活泉一窟，水流汹涌，乃宋颜氏孝感泉也。熙宁中封顺德夫人，立祠祀之蒙阴，此泉与之相类，土人亦创夫人祠于泉上，因以名社。

---

[1] 图中作“伏牛泉”。

禹王台泉图

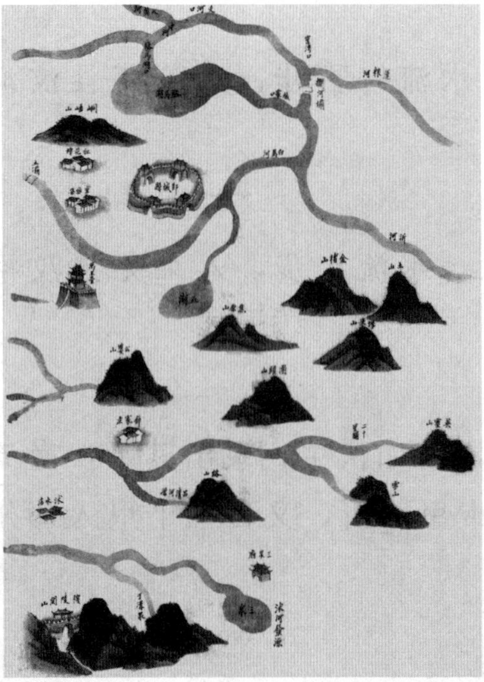

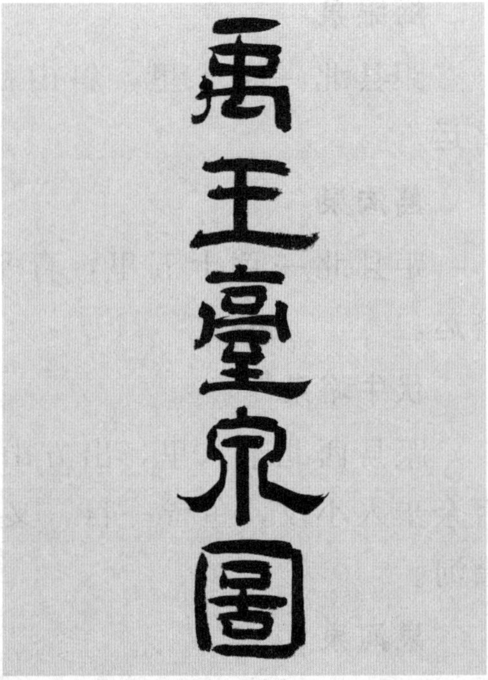

修复禹王台

禹王台一工，为减中河之水势而设。中河之水全借于骆马湖，而考湖水之源，则郯城之西之沂，与白马二水合流济运，由来旧矣，初不与沭会也。其后三水合一，并汇于湖。自毁禹王台始，水多河隘，难以容纳，不无夺河之患。沂、郯、邳、宿并罹昏垫，则台之存废，关系固何如乎？为《禹王台图说》。

禹王台图说

郯县境内，沭水经其东，沂水经其西，两河之间，又有白马河，发源于本县之马陵山，南入于沂。沂河发源于沂水县沂山狗儿泉，会众流南注淮、泗，入于海。其沭水源出三泉，历莒州会北来马耳诸山之水，由穆陵关等处澎湃而下，直抵马陵山口，旋折而南，过沭阳，达海州，各自入海，原不与沂会也。及明季，沭忽冲决，直捣郯之北门，西行冲入白马河，合流南下，复与沂会。三水合一，由沭河南注，并入于骆马湖。每遇水涨，漫山蔽野，室庐田地，尽付汪洋。郯有啮城之危，旁及沂、邳、宿迁，咸受淹没之害。考厥所由，原因郯城之东七里许，直对马陵山口，在昔有台曰钓鱼台，一名逼水台，俗呼为禹王台。相传神禹治水时，沭在马陵山东，不能入海，故凿山而引之使西，复建台而逼之使南，是以历千百年，郯不罹沭之患。明有邑令黄琮者，视此台为废弃之物，毁台取石，以甃城垣，而沭水遂无所御。百余年来，民受其病。于康熙三十八年圣驾南巡之时，阅视河道，上谕“中河挑浚有益，所关甚大”，下河漕诸臣会议，收束散漫之水，拯救被灾之民，使淹没民田得以涸出。又以中河之水全借于骆马湖，而骆马湖乃受沂、沭、白马诸水，受水既多，故时常泛溢。于是修土石两坝，为堵截沭水之计。坝之南北，各接土堤，而石坝之上，建禹王台以存古迹。石坝之外，又挑引河一道，引河之下，又浚子河一道，皆相度形势而为之。由是沭水循行故道，各自入海，不惟中河水势因之少减，而向之被灾田地，俱得播种，至今桑麻遍野，室庐安堵。郯城以南，群颂圣天子之洪恩于无既也。

禹王台沭河口大土坝一道，长六十三丈。

大坝北头接筑小堤一道，长六十丈。

大坝南头旧接筑小堤一道，长一百四十九丈，因沭水冲逼塌决，康熙三十三年筑圈堤一道，长一百七十九丈。

石坝一道，用竹络五层，东面长二十八丈，西面长二十五丈四尺，康熙三十三年东面加砌坦坡。

石坝北头接筑大土堤一道，长二十九丈七尺五寸，根阔七八丈，顶阔三四丈，高九尺、一丈不等，东面旧下镶边竹络三十一丈，康熙三十年加砌坦坡。

大堤北头接筑小长堤一道，长二百六十一丈。

石坝南头接筑大土堤一道，长五十八丈三尺，底阔六七八丈四五尺，顶阔二三四五丈二三尺，高四五尺三四寸不等，东面旧下镶边竹络十丈五尺，康熙三十三年加砌石坡。

石坝南头接筑斜雁翅一道，长七十四丈。

接大土堤南头挑出引河废土筑成一堤，通长二百五十七丈。

石坝南头迤东挑挖引河一道，长三百二十丈四尺，河头口阔一十八丈五尺，河尾口阔一十一丈五尺。

引河身内加挑子河一道，长三百四十三丈四尺。

下河图

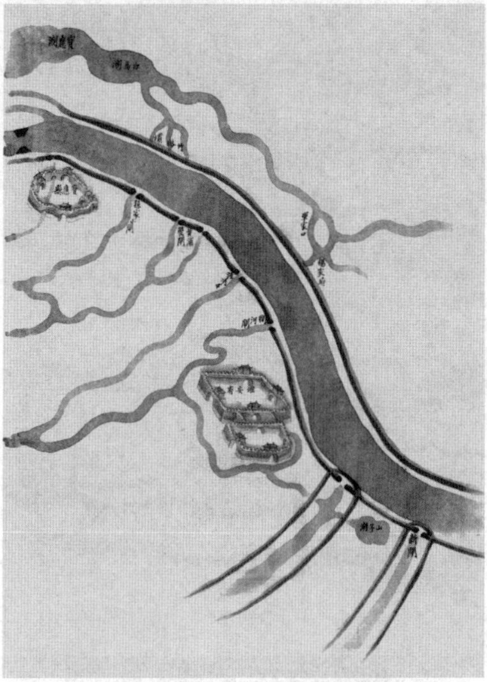

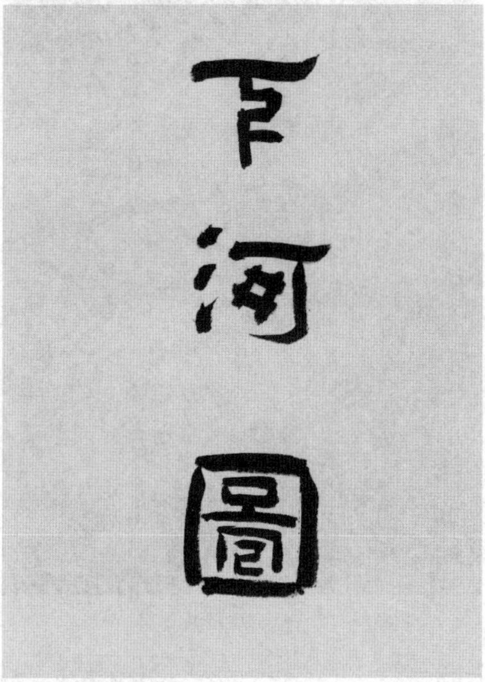

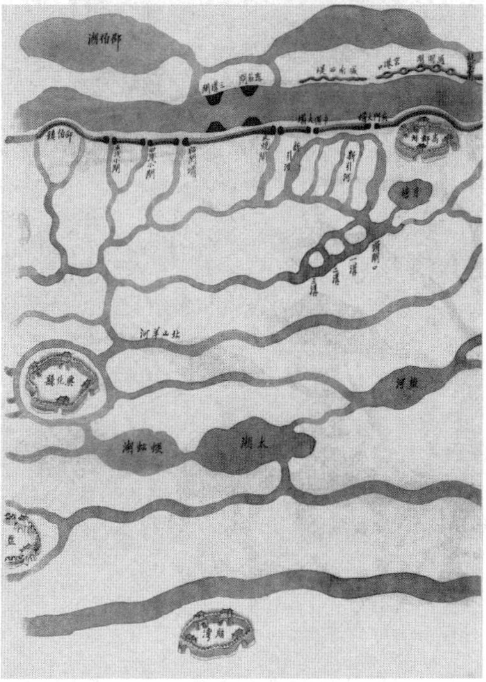

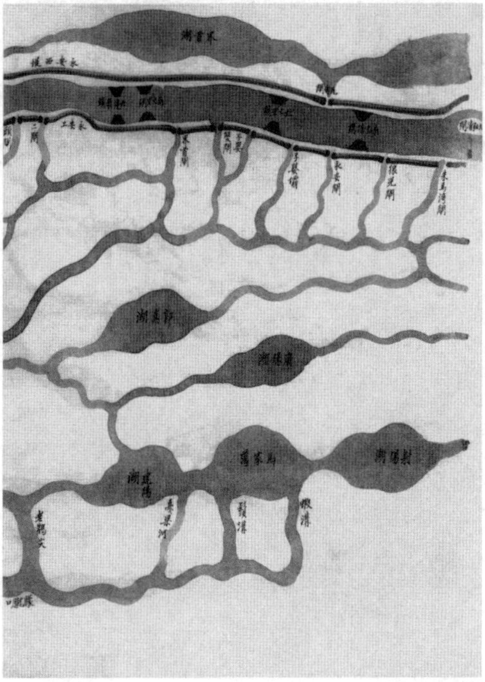

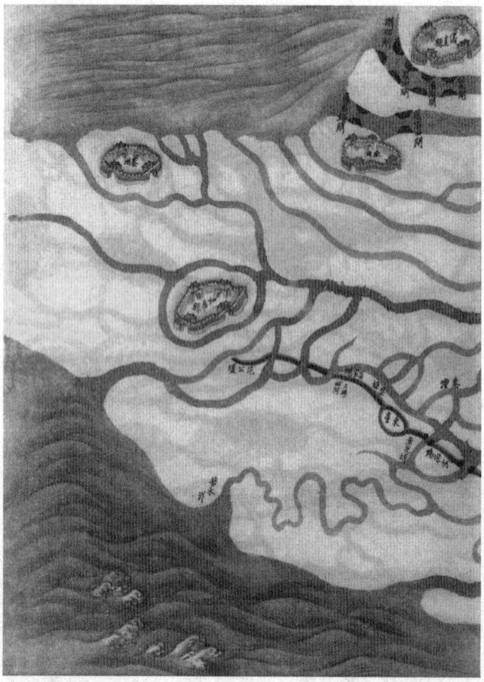

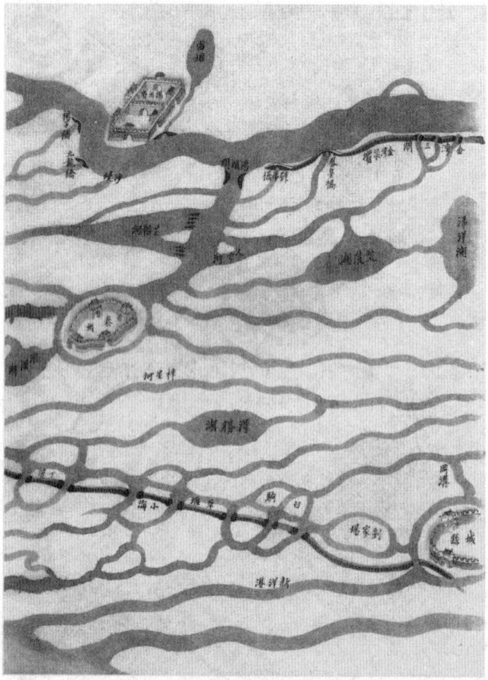

下河图说

按：下河有七州县，属淮安辖者，山阳、盐城也；属扬州辖者，宝应、高邮、泰州、兴化、如皋也。其地势卑下，西控漕堤，南枕江岸，北接庙湾之平陆，东连沙冈之亘衍，四围高而中央洼，故谚有釜底之喻。自河道失治，六坝长开，上河之水竟以下河为壑，而七州县之田庐没为巨浸者久矣。荷蒙皇上洞悉情形，谓上河治则下河自治，指授方略，闭塞六坝，使上流之水不致东注。而又开人字、芒稻等河以达江，浚虾、须、海沟等河以达海，既杜其源，又泄其流。自康熙三十九年以迄于今，七州邑之田畴尽成沃野，民舍悉得安居。黄童白叟，莫不感颂圣主睿算精详，超越千古云。

山阳县兴文闸入涧河，水势折而东北，七十五里至盐城县界之刘均沟入马家荡，由荡东北二十里，一支入虾沟，十一里至轧（车）〔东〕沟，一支入须沟，十七里至魏家滩，两沟交会而入射阳湖。又一支由马家荡东北入戛梁河，二十里至徐家社，亦入射阳湖，皆由朦胧镇至庙湾畅流入海。自庙湾至刘均沟，共计一百二十里。

山阳县大泾河闸，水流东北，经马家荡会入射阳湖下海。又马家荡东南有建阳河，入西塘河水由老鹳尖合流，朦胧入射阳湖下海。

东塘河支流一道，名曰九曲河，东南流二十三里至洪家垛入新河，至冈门天妃口，由新洋港入海。又支流一道，由东塘河之丁家湾院道港，自西而东二十里至草堰口，出范公堤入串场河尾，由匣子港入射阳湖下海。

子婴沟闸水流四十里至临泽，又二十里至时堡，入郭贞湖。

高邮州之界首小闸、看花涵洞、严家涵洞、二闸、头闸等处之水，皆有支流分行，由兴化县护金荡至鲍家庄，分为二股：一股由钓鱼庙、王庄、安丰新挑海沟河下海；一股由中堡庄入太湖，经北宋庄入太湖，经北宋庄、冈门镇至盐城县，绕北门天妃口入李洋港，又分支绕东门石塔口，会入李洋港，由新洋港下海。

兴化县海沟河，由鲍家庄至白驹闸，共计一百零二里，由安丰东流，经大营至白驹闸，分为三支：一支为中闸，一支为北闸，一支为南闸，皆经串场河，会流戚家团牛湾河，入卤河口，归斗龙港下海。

江都县金湾三闸六门并滚坝之水，十八里至人字河，分一小支，由萧家口入艾陵湖，河身正流十八里入芒稻河闸，以达于江。其凤凰、壁虎二桥与湾头闸三支之水流至董家沟，小支下芒稻河，正流三里入人字河，分二支，一支水势七分，入芒稻河下江；一支水势三分，由芒稻河口至仙女庙运盐河，东流至宜陵镇，抵泰州城西门，仍东流，经南门六十里至江堰镇，六十里至海安镇之东徐家坝新河，三十五里至富安场串场河头止，东流七里律法桥，由运盐河李家堡、唐家桥入海。

范公堤，一名捍海堰，宋天圣间，范仲淹监西溪盐仓时所筑。从庙湾沙浦头历盐城、兴化、泰州、如皋，至通州界止，共长五百八十二里，沿堤墩台四十三座，闸洞八座。此堤束内水不至伤盐，隔外潮不至伤稼，乃滨海一带之屏障也。

按：下河来水有四大源头：一从淤溪、秦潼，由西溪车儿埠口；一从兴化得胜湖，由唐子镇戴家窑入丁溪双门闸；一从白涂河、车路河、串场河，入草堰闸；一从兴化海沟河，由白驹之南、北、中三闸入牛湾河也。其泄水四大海口，曰射阳湖，曰新洋港，曰斗龙港，曰苦水洋也。

卷之九

黄河全图

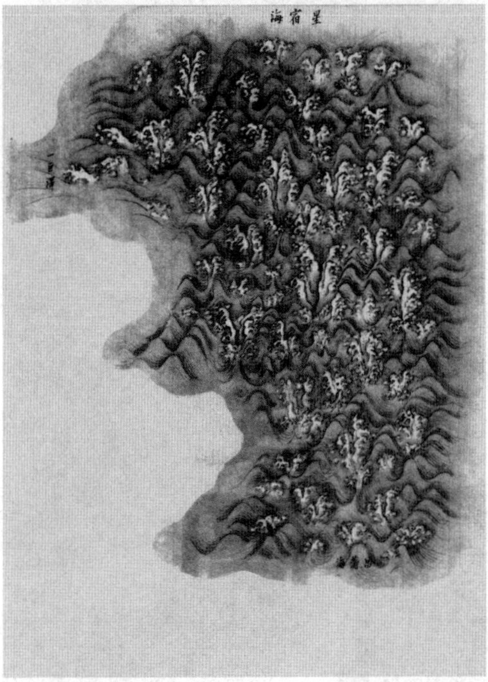

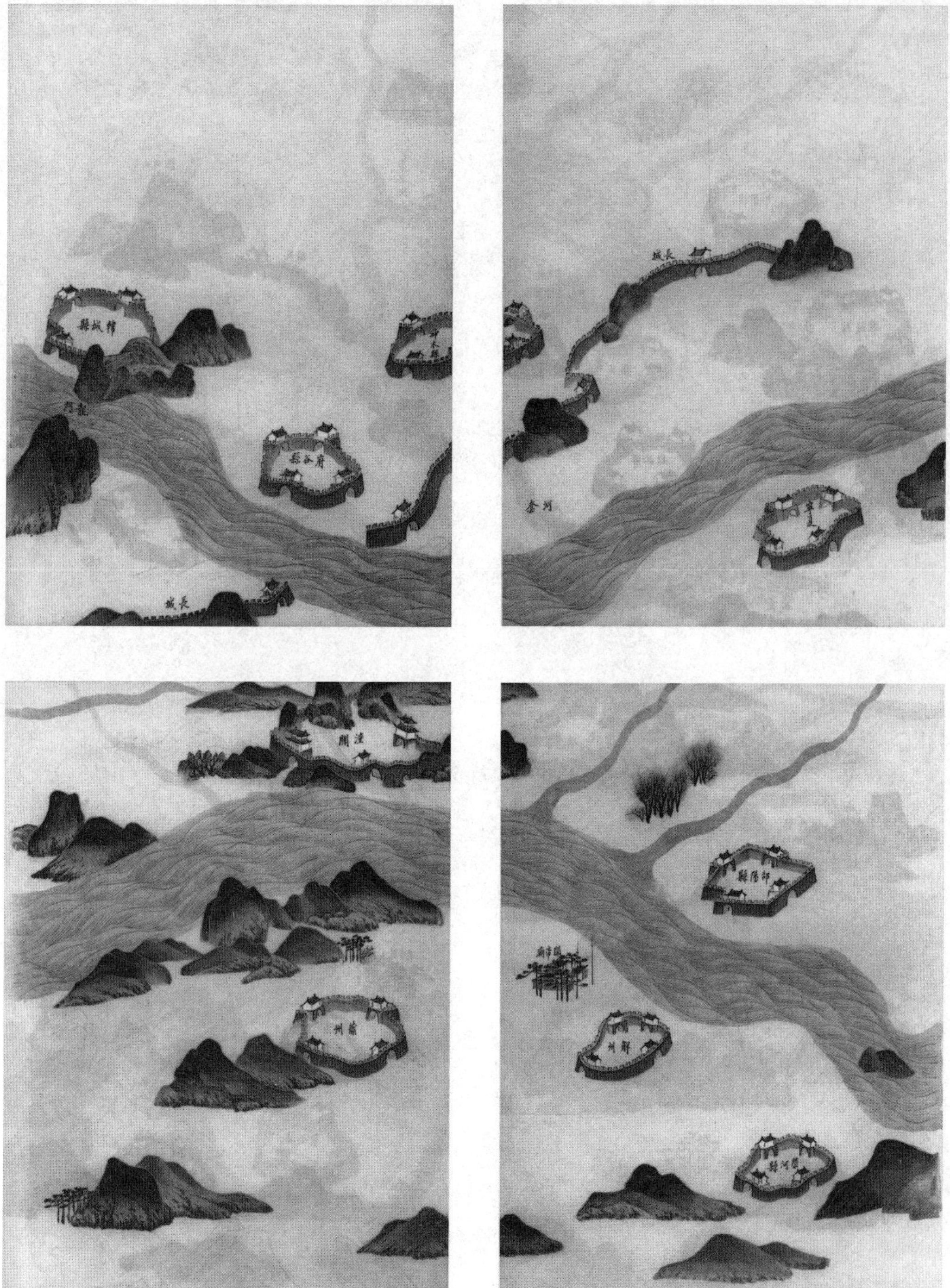

陜州
靈寶縣
人門

閿鄉縣

新安縣

七津
濟源縣
濟河

河陰縣
汜水縣界
河陰縣界
武陟縣
滎澤縣交界

汜水縣
虎牢關
汜水
武陟縣
沁河

鄭州
原武縣

滎澤縣
新城

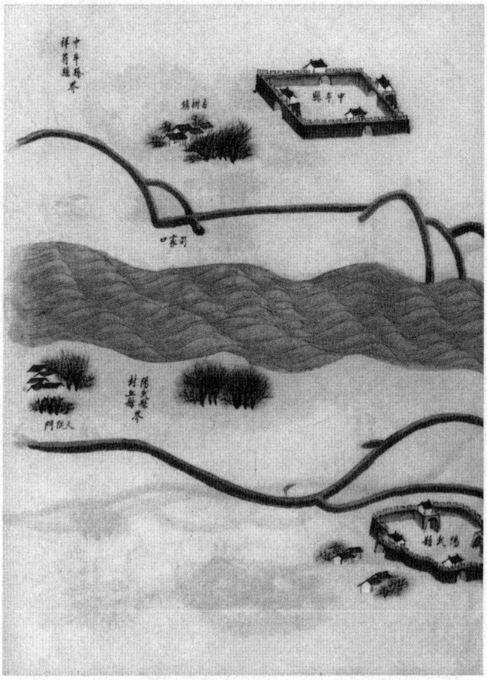

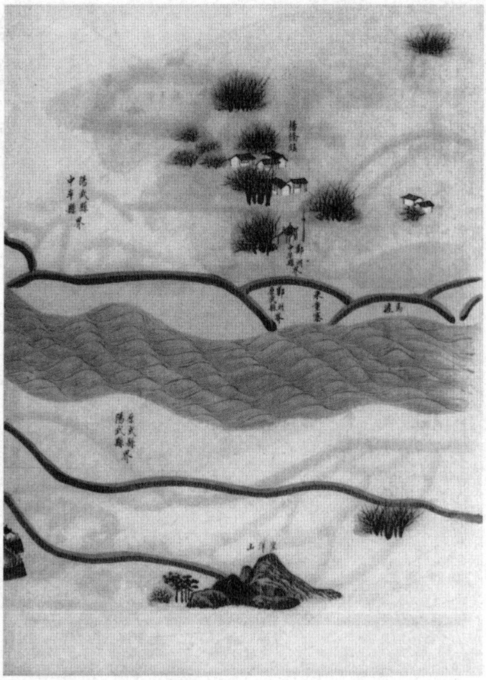

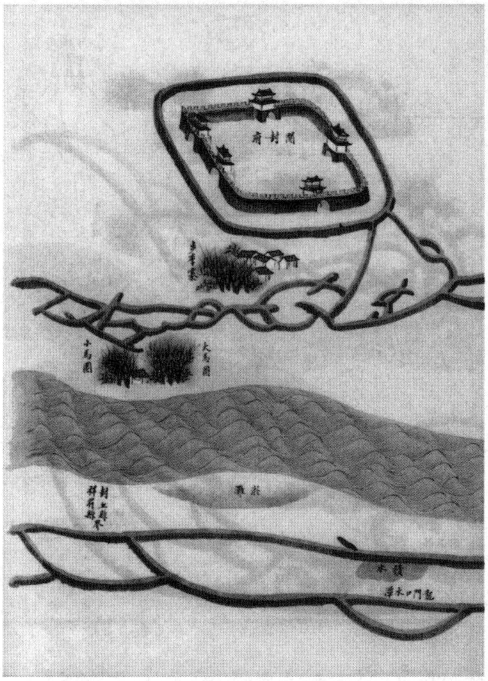

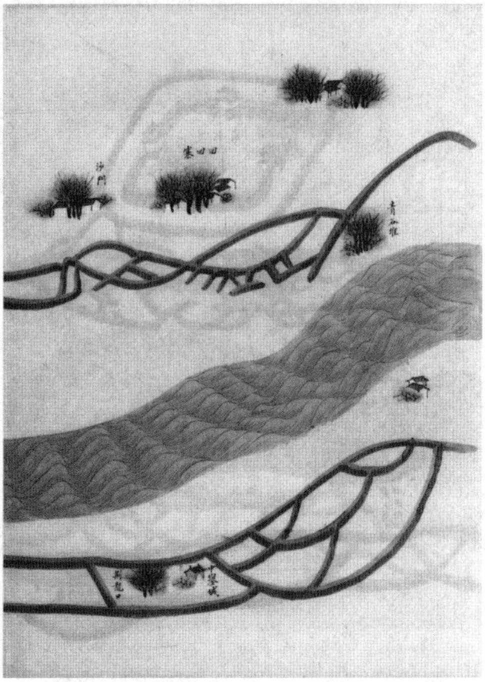

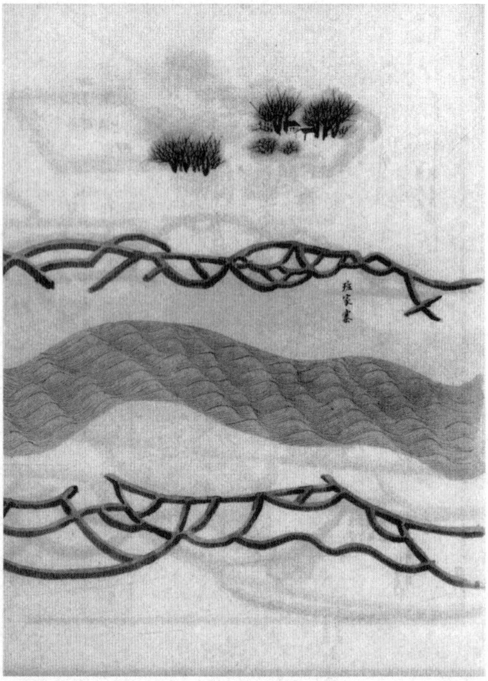

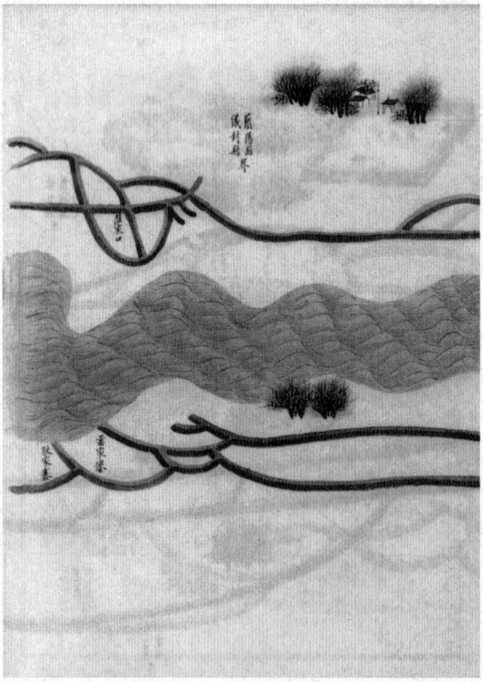

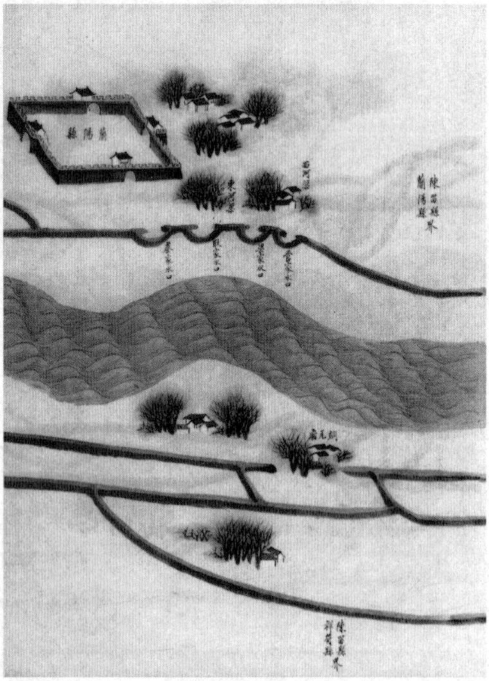

河南儀封縣界

大王廟
儀封縣
長垣縣
儀封縣界
蘭陽縣
長垣縣界

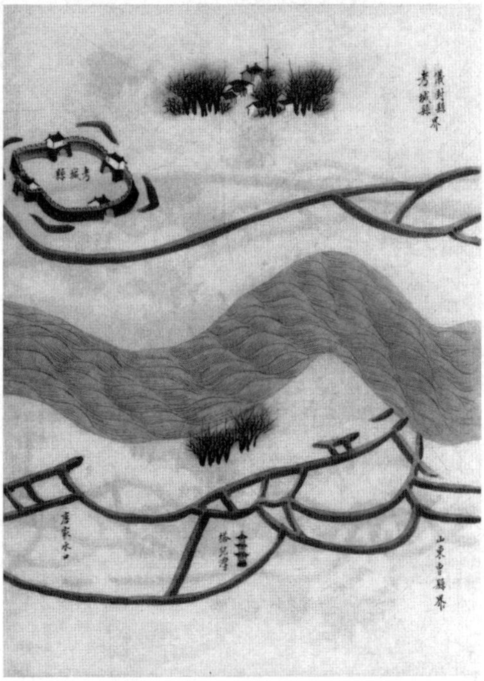
儀封縣
考城縣界
考城縣
山東曹縣界

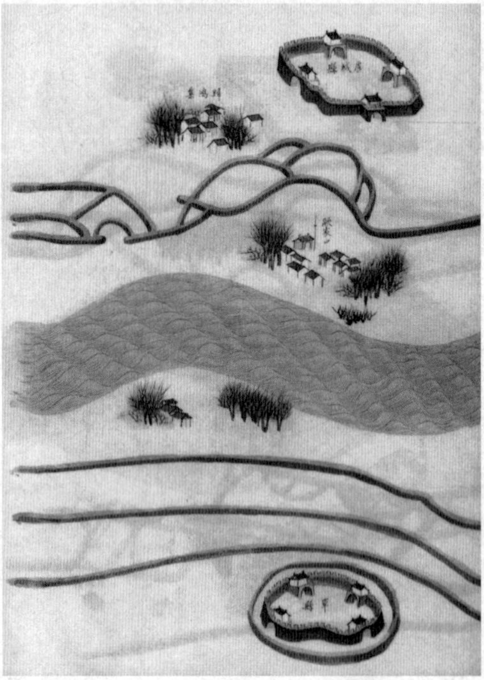

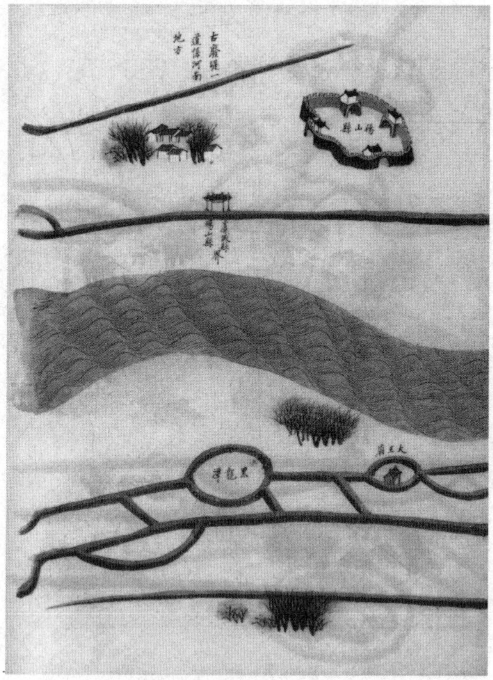

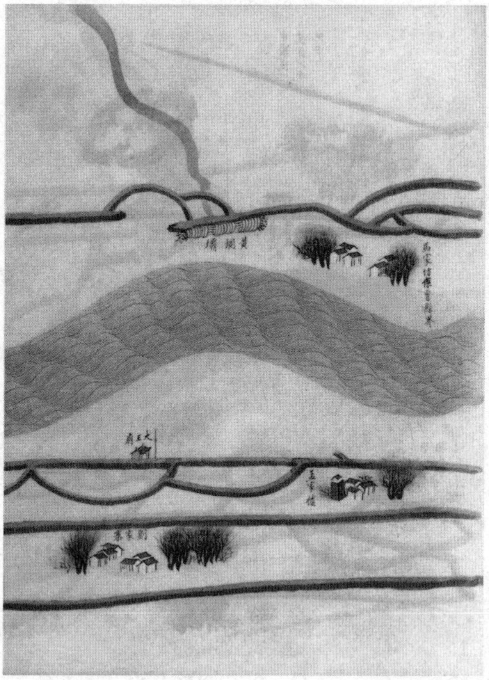

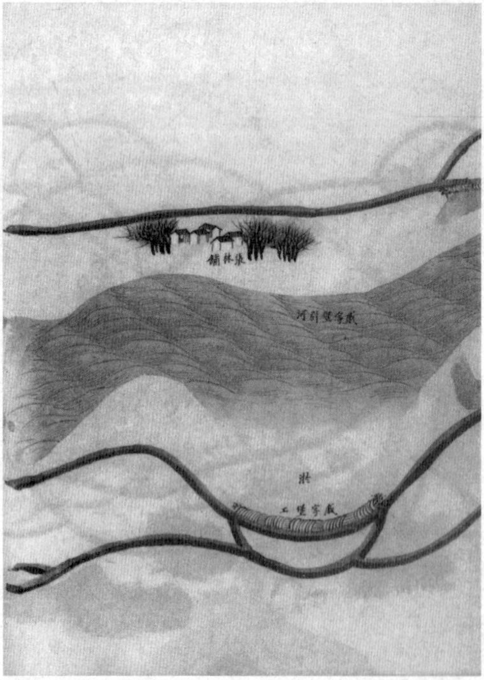

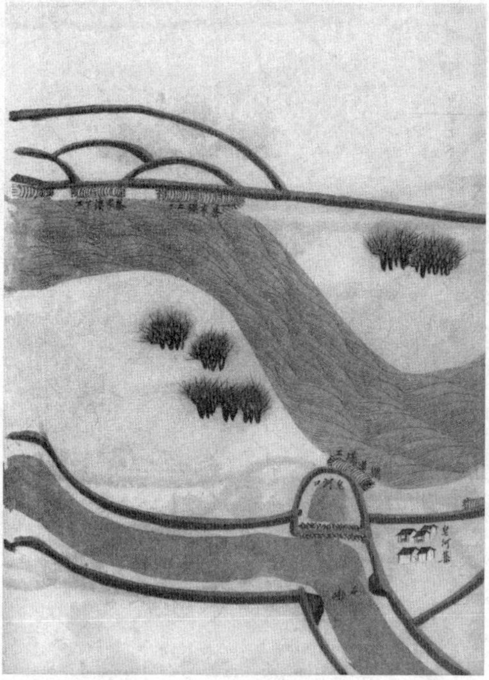

邳宿交界
越堤
邳宿交界

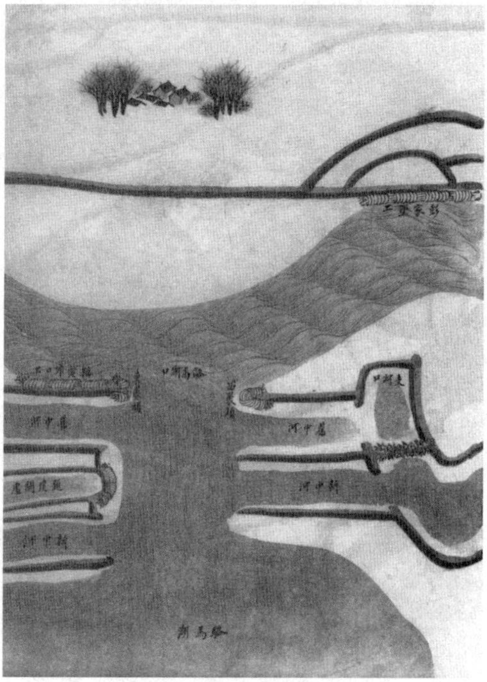

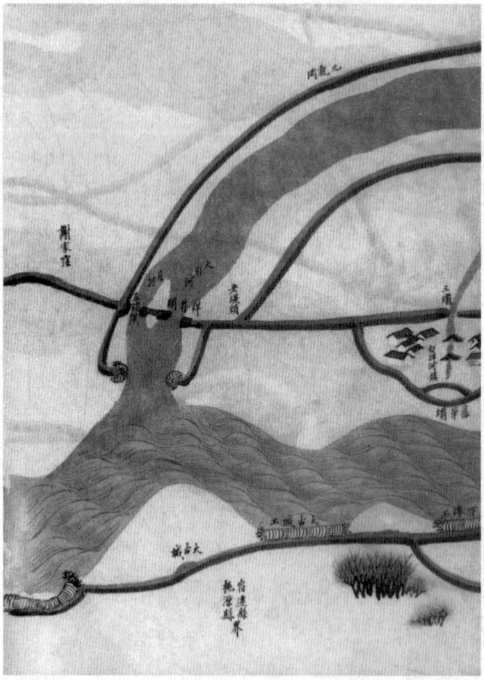

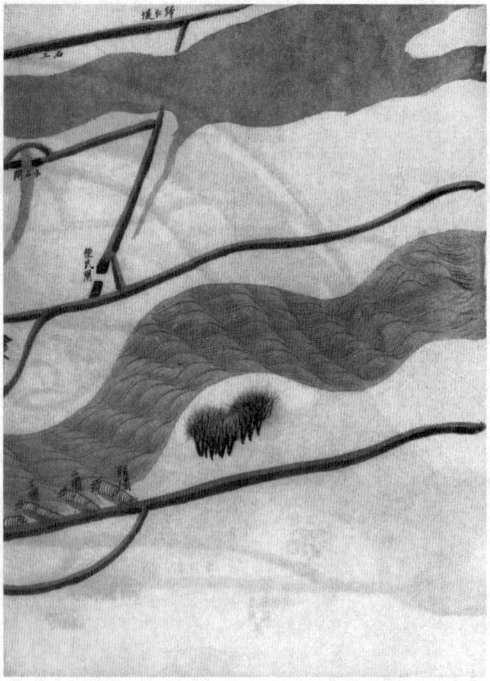

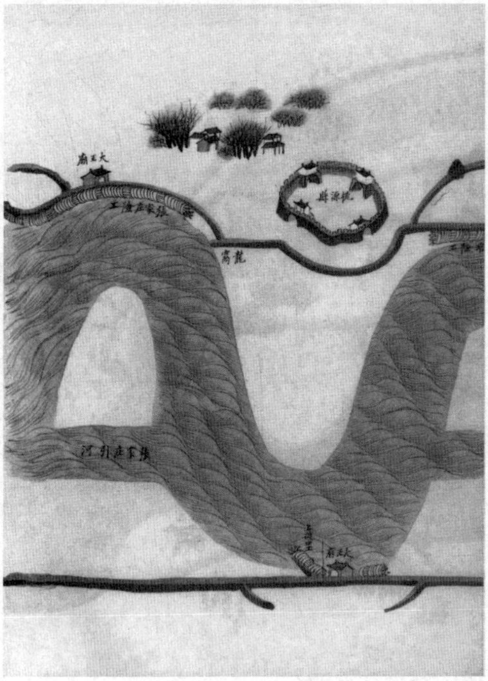

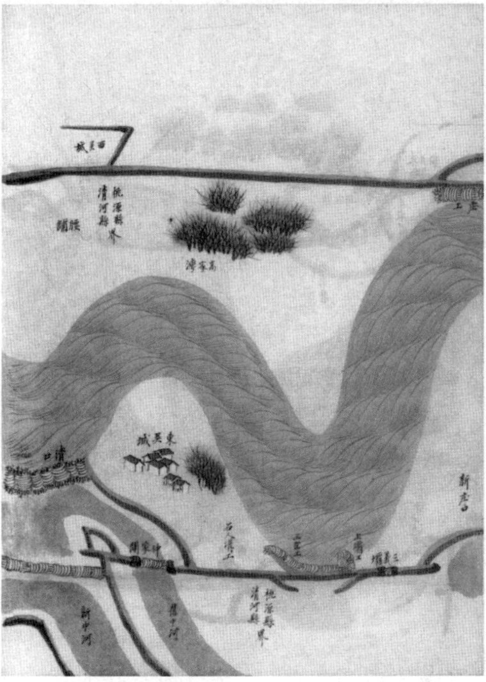

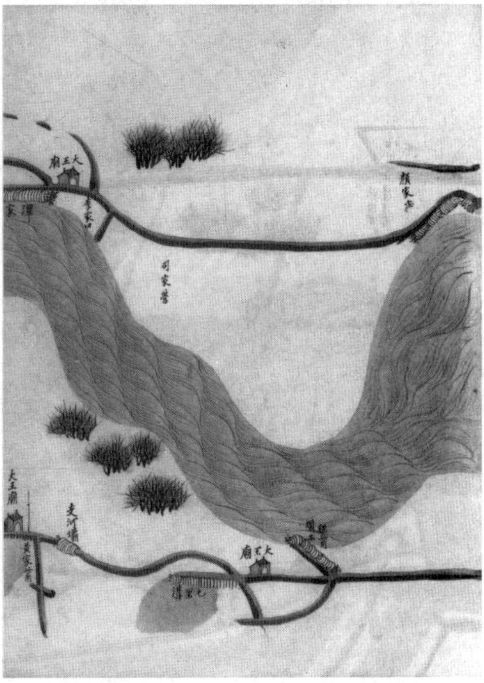

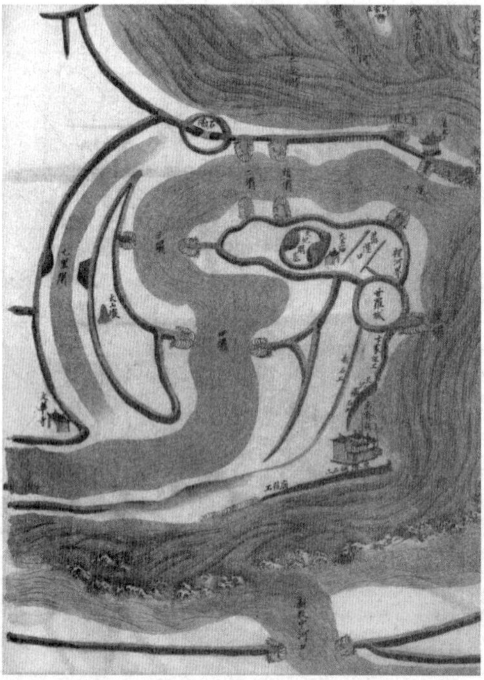

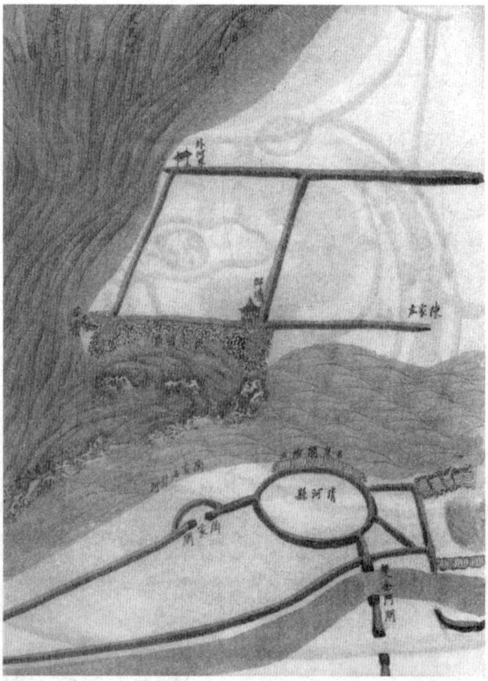

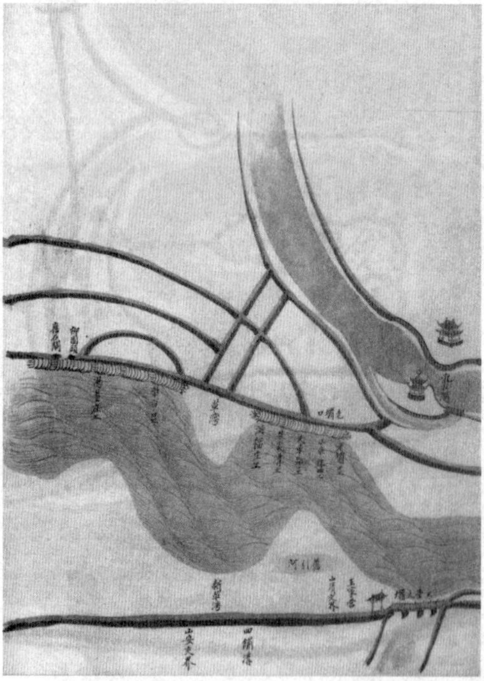

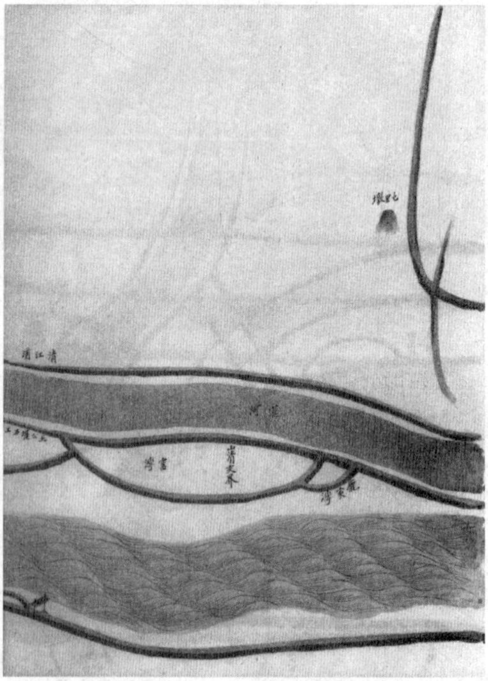

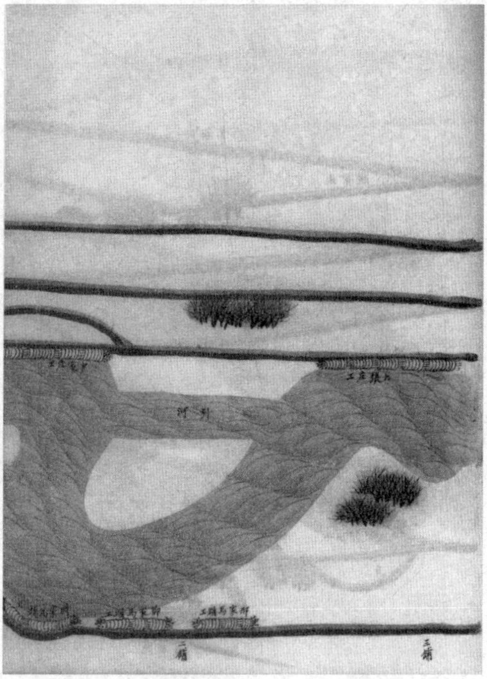

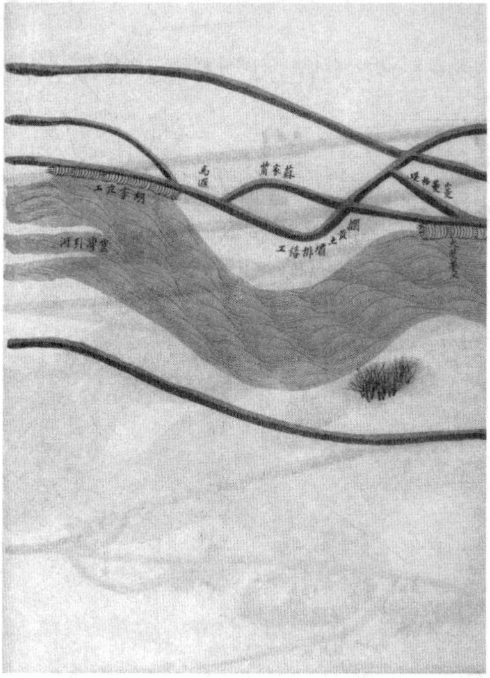

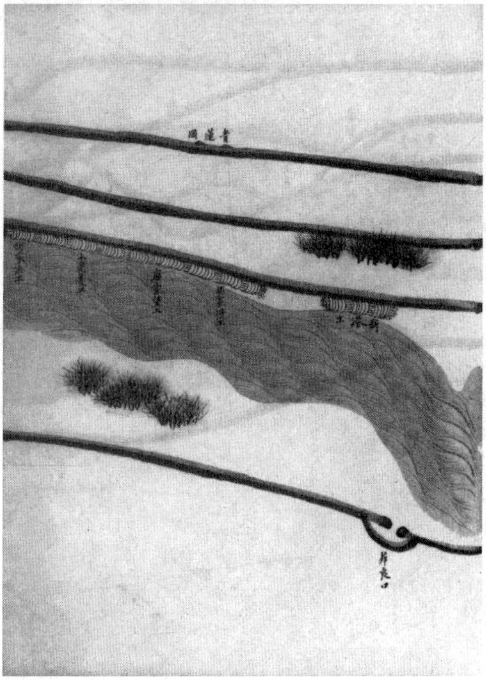

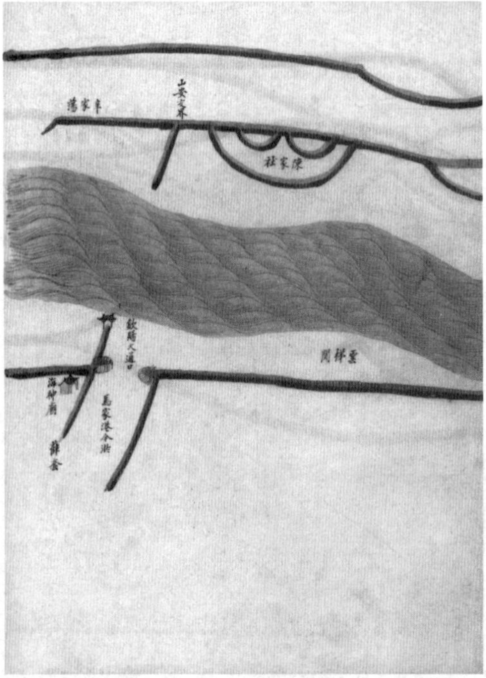

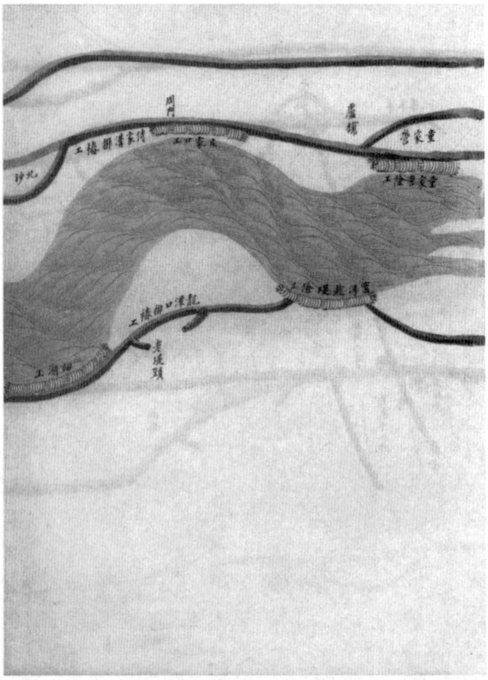

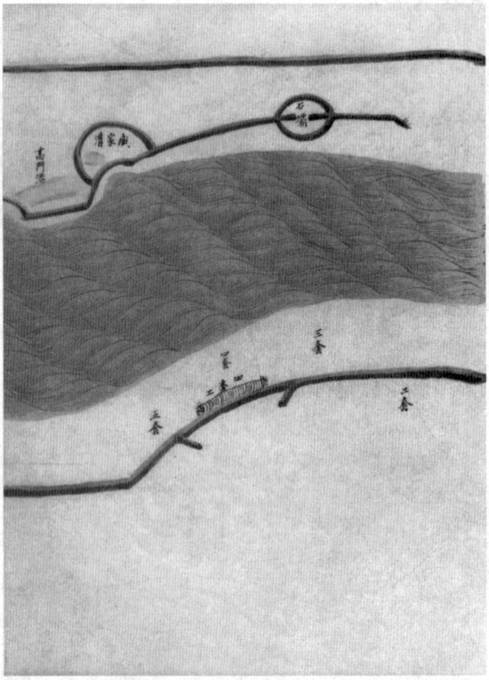

黄河图总说

黄河源远流疾，其势屈曲而多沙，大汛一至，辄高数十尺，是以有溃溢之患。至于溃溢，则其流散漫，水缓沙停，下流或淤，上流日益奔溃矣。淮水不及黄河之远，发自河南之桐柏山，纳七十二山溪之流，又会洪泽、阜陵之湖，而出于清河县之东。每伏秋水涨，其高亦数十尺，此黄与淮古并称为二渎也。自宋熙宁间，黄河南徙，会于淮，于是淮、黄合流入海者，迄今六百余年。前代治河之法，虽随时变通，然其大要在固守其堤防，弗使暴涨之水得而乘之。设有冲决，则亟塞其口，弗使泼漫，如是而已。当治安之时，人情懈弛，修守弗谨，一遇暴水，横决随之。及其既决，水分势缓，正流渐堙，人不之察，以为故道不可复，而欲谋其新。故往年高堰、唐埂不修，淮水东溃，清口流涩，黄水因而蹑之，清口遂淤为平陆。人不以咎淮之东，而谓清口之不可疏也。黄水倒入清口，加以两岸溃决屡见，以致海口泥沙壅塞，人不以咎黄流之失其轨，而谓海口之不可通也，且创为拦黄坝以障之。河工之溃坏，至斯而极。惟我皇上睿智如神，深察水性，指授方略，尽毁拦黄坝，大辟清口，连开张福口、张家庄诸引河，坚筑唐埂六坝。自是淮水悉出而会黄，淮、黄相合，其力自猛，流迅沙涤，海口深通，两河皆循故道。淮扬诸州邑数十年在波涛中者，一旦复为耕稼之区，下流既畅，上流亦不至溃溢，即宿、桃、徐、邳以西，至中州所属，凡滨河之民，俱可无胥溺之虑矣。后之防河者，借此成规，时时修补，弗致废坏，即千万年长治之道也。臣鹏翮愚蒙，仰承圣训，幸睹成功，不胜欣庆。谨将历年修防事宜，分段详列于后，俾天下咸知皇上平成之伟绩云。

卷之十

河南黄河图说

河南黄河，南岸自陕西潼关入阌乡县境，经灵宝、陕州、渑池、新安、孟津、巩县、汜水、河阴，至荥泽县而始有堤工。自此而郑州、原武、阳武、中牟、祥符、陈留、兰阳、仪封、考城、商丘、虞城，以至江南砀山县界。北岸自山西垣曲县入济原县境，经孟县、温县、武陟，亦至荥泽县而始有堤工。自此而原武、阳武、封丘、祥符、陈留、兰阳、仪封，以至山东曹县界。凡在开封府南岸属南河同知管辖，开封府北岸属北河同知管辖，归德府南岸属归德府管河通判管辖。又沁河一道属怀庆府管河通判管辖。

洛河

源出陕西洛南县蒙岭山，流入河南境，至卢氏县熊耳山始大。历永宁、宜阳、洛阳、偃师、巩五县，于巩北十里循邙山尾南入黄河。

涧河

源出渑池县东北白石山，由新安至洛阳县西七里桥，东流，转东入于洛河。

瀍河

源出孟津县谷城山，自高庙沟起与九眼泉合，入洛阳县界。由印山西北注向东南，至县后转折而东，行至北窑始逶迤而南，入洛河。

伊河

源出卢氏县闷顿岭，由嵩县、洛阳至偃师县高庄与洛河合流，至巩县东北洛口入黄河。

汜河

自林园川石嵛村发源，由孤柏嵛以下入黄河。

济河

济水发源王屋山顶崖下，曰沇水，既见而伏。出济源县为东、西二源，东源即渎庙池，西源俗呼龙潭。自此东南流，至柏香镇，分为二：一于镇之东北流至河内县，穿郡城，经龙涧村入沁河；一于镇西南流，经猪龙河，自小营村入黄河。

溴河

在济源县，发源三处：一出姑嫂山，一出秦岭山，一出五指山，至县西南三河头合为一处，至孟县海子头村入黄河。《春秋》“会于溴梁”，谓是水之坟梁也。《尔雅》曰：“梁莫大于溴梁。”

广济河

源自五龙口，凿山取沁水，浇灌民田，经由济源、河内、温县，至武陟县地方涧沟村入黄河。

按：沁水即郦道元所称朱沟水也。唐崔弘礼、李元淳相继疏浚。元世祖时始名广济，有明因之。万历间，河令袁应泰凿山穿洞，悬闸两崖之间，受水则启，障水则闭，以溉民田。引水由济源、河内、孟、温、武陟入于黄河。渠阔八尺，延袤一百五十里，分二十四堰。济源令史记言因凿其下，曰永利，次曰利仁，又次曰丰稔。利仁河会入于沁，余俱入黄。

沁河

源出山西沁（原）〔源〕县，穿太行山，出济源县，经河内、武陟县，入黄河。自济源县大坡界起，东至河内县，计长七十里。又东与大丹河合，而至武陟县界，计长七十里。又东流而绕武陟城北，由东而南，北岸计长七十里，南岸计长五十五里，宽一百六七十丈，中皆浮沙，浅深无定。伏秋水发，常虞泛滥。

大丹河

源出山西泽州，穿太行山，至河内县入沁河。

黄河南岸

荥泽县临河堤，上自本县境内起，下至郑州交界止，计长一十二里。

第一段，自老护城堤起，至小格堤止，长三百八十丈，康熙三十六年修筑，坐落旧城北。

第二段，自护城堤起，至沈家庄堤头止，长三百六十八丈，康熙二十四年修筑，坐落旧城东。

第三段，自沈家庄起，至郑州堤界止，长一千三百九十九丈，康熙二十二年创筑，坐落魏家庄前。

郑州临河堤，上自荥泽县交界起，下至中牟县交界止，计长四十五里零。

第一段，自荥泽县堤界起，至蓝家屯东止，长一千七百九十五丈，康熙二十二年创筑，坐落永兴镇前。

第二段，自范四家埠口起，至蓝家屯新堤止，长一千六百七十五丈，康熙三十八年创筑，坐落蓝家屯南。

第三段，自蓝家屯东起，至老君堂西止，长一千三百七十一丈，康熙三十七年创筑，坐落关家桥南。

第四段，自任八家庄北祖师庙后起，至石家桥堤头止，长八百丈，康熙二十三年加帮，坐落老君堂后。

第五段，自石家桥起，至原武堤界止，长一千三百三十丈，康熙二十一年创筑，坐落马家渡南。

第六段，自来童寨月堤起，至中牟县堤界止，长一千一百六十丈，康熙二十六年创筑，坐落裴昌庙南。

中牟县临河堤，上自郑州交界起，下至祥符县交界止，内间阳武县所管一段，长四里八分，中牟实管堤工长四十三里七分零。

第一段，自郑州堤界起，至二郎庙后止，长二百三十丈，康熙二十六年创筑，坐落二郎庙后。

阳武县临河堤一道，自中牟堤头起，至中牟堤界止，长八百六十五丈，坐落郝家寨前。

中牟县第二段，自阳武堤界起，至康熙三十八年新堤头止，长五百一十丈，康熙十九年创筑，坐落孙家庄东。

第三段，自十九年月堤起，至十八年月堤止，长一千五百零四丈，康熙三十八年创筑，坐落白家庄南。

第四段，自三十八年新堤头起，至张家庄前止，长四百六十七丈，康熙十八年创筑，坐落许家庄前。

第五段，自十八年月堤起，至堤角止，长五百七十丈，康熙二十三年加帮，坐落张家庄前。

第六段，自堤角起，至张满家庄后堤角止，长二千三百七十六丈，康熙二十三年加帮，坐落辛庄前。

第七段，自张满家庄后堤角起，至阎家寨后堤角止，长四百三十九丈，康熙二十三年加帮，坐落太平庄南。

第八段，自严家寨后堤角起，至祥符县堤界止，长一千七百八十六丈，康熙二十三年加帮，坐落朱姑村前。

祥符县临河堤，上自中牟县交界起，下至陈留县交界止，计长七十七里零。

第一段自中牟堤界起，至马家寨北埠口止，长三百丈，系远年老堤，坐落马家寨西北。

第二段，自马家寨北埠口起，至回回寨西堤头止，长二千一百二十丈，康熙二十三年加帮，坐落曹家寨北。

第三段，自回回寨堤头起，至二十堡北堤头止，长七百七十二丈，系远年老堤，坐落回回寨后。

第四段，自二十堡北堤头起，至二十五堡北堤头止，长八百六十丈，系远年老堤，坐落沙门后。

第五段，自二十五堡北堤头起，至马头北堤头止，长一千一百三十丈，康熙二十三年加帮，坐落双河铺后。

第六段，自马头北堤头起，至一览台前止，长四百五十丈，系远年老堤，坐落马头后。

第七段，自一览台前起，至四十一堡东堤头止，长八百八十丈，系远年老堤，坐落张家湾后。

第八段，自四十一堡东堤头起，至四十二堡堤头止，长八十丈，系远年老堤，坐落梅家庄前。

第九段，自四十二堡堤头起，至四十五堡堤头止，长五百六十六丈，康熙二十三年加帮，坐落梅家庄东南。

第十段，自四十五堡堤头起，至四十七堡西止，长三百五十丈，系远年老堤，坐落步李寨后。

第十一段，自四十七堡西起，至四十九堡南止，长三百二十丈，系远年老堤，坐落小马圈前。

第十二段，自四十九堡南起，至四十九堡止，长三十五丈，系远年老堤，坐落大马圈前。

第十三段，自四十九堡北起，至老刘家店北埠口止，长九十丈，系远年老堤，坐落谢家庄后。

第十四段，自老刘家店北埠口起，至班家埠口止，长一千一百一十丈，系远年老堤，坐落刘家店后。

第十五段，自班家埠口起，至李进禄家寨东北埠口止，长五百九十三丈，系远年老堤，坐落班家寨东。

第十六段，自李进禄家寨东北埠口起，至陈家寨东北堤头止，长二百七十六丈，系远年老堤，坐落李进禄家寨东。

第十七段，自陈家寨东北堤头起，至姜家庄西月堤头止，长八百六十二丈，康熙二十三年加帮，坐落马家店后。

第十八段，自姜家庄西月堤头起，至门家寨东北止，长七百四十丈，系远年老堤，坐落姜家庄前。

第十九段，自门家寨东北起，至七十二堡东埠口止，长一百一十丈，系远年老堤，坐落门家寨前。

第二十段，自七十二堡东埠口起，至埽头西北止，长一千一百八十九丈，康熙二十三年加帮，坐落康家寨前。

第二十一段，自埽头西北起，至陈留堤界止，长一千四十丈，康熙二十年创筑，坐落埽头东北。

陈留县临河堤，上自祥符县交界起，下至兰阳县交界止，计长一十五里八分零。

第一段，自祥符堤界起，至小寺后止，长九百二十丈，康熙二十年创筑，坐落耿家寨后。

第二段，自小寺后起，至毛家寨后止，长六百丈，系远年老堤，坐落谭家寨后。

第三段，自毛家寨后老堤起，至郝家寨后止，长六百丈，康熙十一年创筑，坐落郝家寨西。

第四段，自郝家寨后起，至杨家庄后止，长四百二十丈，康熙十二年加帮，坐落郝家寨东。

第五段，自杨家庄后起，至兰阳堤界止，长三百二十丈，康熙二十一年加帮，坐落杨家庄东。

兰阳县临河堤，上自陈留县交界起，下至仪封县交界止，计长二十四里三分。

第一段，自陈留堤界起，至管家水口西头止，长五百一十丈，康熙二十三年加帮，坐落管家水口西。

第二段，自管家水口西头起，至梁家水口东头止，长五百六十二丈，系远年老堤，坐落榆林前。

第三段，自梁家水口东头起，至耿家水口西头止，长二百二十丈，康熙二十三年加帮，坐落耿家水口西。

第四段，自耿家水口西头起，至蔡家楼东止，长八百二十一丈，系远年老堤，坐落康王庙前。

第五段，自蔡家楼东起，至常家楼西止，长一百五十四丈，康熙二十三年加帮，坐落毕家寨东南。

第六段，自常家楼西起，至仪封堤界止，长二千一百零七丈，系远年老堤，坐落李军民寨前。

仪封县临河堤，上自兰阳县交界起，下至考城县交界止，计长四十七里四分零。

第一段，自兰阳堤界起，至郭家庄西北止，长一千一百丈，系远年老堤，坐落郭家庄西南。

第二段，自郭家庄西北起，至郭家楼西止，长五十八丈，康熙二十三年加帮，坐落柳园后。

第三段，自郭家楼西起，至张家庄前止，长四百零五丈，康熙二十二年创筑，坐落陆家口南。

第四段，自张家庄前起，至亓家庄后止，长八百八十丈，康熙二十三年加帮，坐落旧堤后。

第五段，自亓家庄后起，至大刘家寨东止，长四千三百七十五丈，康熙二十三年加帮，坐落黑村集南。

第六段，自大刘家寨东起，至中庄前西南止，长四百四十丈，系远年老堤，坐落李家寨西北。

第七段，自中庄前西南起，至李家寨东北止，长四百三十丈，康熙二十三年加帮，坐落李家寨后。

第八段，自李家寨东北起，至赵家庄西北止，长一百七十丈，康熙二十三年加帮，坐落赵家庄西北。

第九段，自赵家庄后格堤工尾起，至赵家庄东月堤头止，长一百零五丈，康熙二十三年加帮，坐落赵家庄后。

第十段，自赵家庄东月堤头前起，至考城县交界止，长五百七十丈，系远年老堤，坐落石家楼后。

考城县临河堤，上自仪封县交界起，下至商丘县交界止，计长五十四里四分零。

第一段，自仪封县交界起，至石家楼后止，长六百一二十丈，康熙七年帮接，坝堤坐落二堡北。

第二段，自石家楼后起，至小颜家集西岁修工头止，长六千九百六十三丈，康熙二十四年加帮五千四百二十七丈，坐落秦家集西。

第三段，自小颜家集西起，至商丘县交界止，长二千二百丈，康熙二十二年帮接，坐落小颜家集北。

又，月堤一道，自仪封县交界起，至坝堤中间止，长二百丈，康熙八年创筑重堤，坐落一堡。

又，月堤一道，自一堡重堤起，至石家楼后止，长四百丈，康熙十一年创筑，坐落三堡。

商丘县临河堤，上自考城县交界起，下至虞城县交界止，计长三十六里七分。

第一段，自考城交界起，至傅家楼止，长一千四百丈，系远年老堤，坐落一堡北。

第二段，自高家庄迤东起，至河夫营止，长六百一十二丈，康熙二十三年帮接，坐落苏家楼西北。

第三段，自河夫营西加帮工尾起，至清水河西止，长一百三十八丈，系远年老堤，坐落河夫营东。

第四段，自傅家庄西河夫营起，至李家盐店止，长一千五十丈，康熙二十二年创筑，坐落九堡。

第五段，自九堡堤东起，至老堤中身止，长六百四十丈，康熙二十四年帮接，坐落李家盐店北。

第六段，自蔚家阁坝头起，至二十三年加帮工头止，长四百一十丈，系远年老堤，坐落蔚家阁东。

第七段，自邵家庄起，至薛家庄后止，长七百二十丈，康熙二十三年帮接，坐落十五堡。

第八段，自二十三年加帮堤起，至二十三年加帮八段工头止，长四百五十五丈，系远年老堤，坐落蒙墙寺后。

第九段，自阎家庄后起，至崔家楼后止，长二百四十二丈，康熙二十三年帮接，坐落崔家楼后。

第十段，自二十三年加帮堤工起，至虞城交界止，长九百四十丈，系远年老堤，坐落二十堡。

徐家庄月堤一道，自考城交界起，至周家庄止，长一千三百五十丈，康熙二十三年帮接，坐落杨家堂西。

杨家堂创筑月堤一道，自杨家堂北头起，至高家庄南北老堤中身止，长一千五十丈，康熙十八年创筑，坐落杨家堂东。

傅家庄创筑月堤一道，自河夫营迤西埠口起，至李家庄后止，长一千一百三十丈，康熙二十六年创筑，坐落李家庄西北。

祖师庙后月堤一道，自祖师庙后起，至老坝台止，长一百八十丈，系远年老堤，坐落祖师庙后。

老坝台一道，自小坝堡房基起，至小大王庙止，长八百二十丈，坐落小大王庙西。

旧堤一道，自小大王庙起，至蔚家阁后坝头止，长一百四十丈，系远年老堤，坐落小大王庙东。

又，旧堤一道，自蔚家阁西老堤起，至康熙二十三年加帮堤工止，长四百二十丈，系远年老堤，坐落蔚家阁北。

又，旧坝一道，自本坝堤岔起，至康熙二十三年加帮堤工止，长七百五十丈，康熙十二年帮筑，坐落十六堡西北。

又，旧月堤一道，自康熙二十四年堤工起，至邵家庄后康熙二十三年帮筑堤工止，长四百八十丈，系远年老堤，坐落潘侯集北。

又，旧月堤一道，自小坝堡房基起，至崔家楼东北老堤止，长三千二百四十丈，系远年老堤，坐落崔家楼南。

又，旧月堤一道，自双庙西边起，至南老月堤止，长三百四十丈，系远年老堤，坐落邵家庄南。

虞城县临河堤，上自商丘县交界起，下至江南砀山县交界止，计长八十三里二分。

第一段，自商丘县堤界起，至土楼止，长三千零二十二丈，康熙二十三年帮接，坐落徐家庄东。

第二段，自土楼起，至韩家楼止，长三千零一十五丈，康熙十九年帮修，坐落周家楼北。

第三段，自韩家楼起，至大王庙止，长一千二百二十丈，康熙二十四年帮修，坐落韩家楼东。

第四段，自大王庙起，至田家庙止，长一千六百三十二丈，康熙十九年帮修，坐落田家庙西。

第五段，自田家庙起，至牛头堌寺止，长一千零一十丈，康熙十八年帮修，坐落田家庙东。

第六段，自牛头堌寺起，至彭家集后止，长一千三百八十一丈，系康熙二十四年新收山东单县堤工，坐落牛头堌寺北。

第七段，自彭家集后起，至卢家庙止，长一千三百零四丈，康熙十九年帮接，坐落马家坊前。

第八段，自卢家庙起，至尹家集后止，长五百二十二丈，系康熙二十四年新收山东单县堤工，坐落尹家集北。

第九段，自尹家集后起，至张家集西止，长一百一十二丈，康熙十九年帮修，坐落尹家集东。

第十段，自张家集西起，至张家集东止，长四百一十八丈，系康熙二十四年新收山东单县堤工，坐落张家集北。

第十一段，自张家集东起，至小乔家集东江南砀山堤界止，长一千三百四十丈，康熙十九年帮接，坐落小高家集西。

月堤一道，自萧家庄前大堤起，至周家楼后大堤止，长一千三百五十丈，顺治六年创筑，坐落周家楼西。

月堤一道，自贺家庄大堤起，至刘家庄后重堤止，长七百五十丈，康熙九年创筑，坐落刘家庄北。

月堤一道，自刘庄西起，至归鸿集后重堤止，长五百六十丈，康熙十二年帮筑，坐落刘家庄后。

月堤一道，自大王庙大堤起，至大宾寺大堤止，长一千三百丈，康熙五年创筑，坐落归鸿集后。

月堤一道，自甄家楼西大堤起，至彭家集后大堤止，长一千一百五十丈，顺治十二年创筑，坐落彭家集西北。

月堤一道，自薛家楼后大堤起，至杜家楼东大堤止，长一千五十丈，康熙三十四年创筑，坐落薛家楼东。

黄河北岸

荥泽县临河堤，上自武陟县交界起，下至原武县交界止，计长八里五分零。

西自武陟县堤界起，东至原武县堤界止，长一千五百三十七丈，康熙二十三年大修加帮，坐落王禄店前。

原武县临河堤，上自荥泽县交界起，下至阳武县交界止，计长四十里。

第一段，西自荥泽县堤界起，东至孟家庄西止，长二千四百三十四丈，康熙二十三年大修加帮，坐落胡唐家庄前。

第二段，西自孟家庄西起，东至马家庄前止，长五百一十二丈，系远年老堤，坐落车家庄前。

第三段，西自马家庄前起，东至阳武县堤界止，长四千二百五十四丈，康熙二十三年大修加帮，坐落张家寨前。

又，月堤一道，西自王村正南大堤根起，东至孔家庄后月堤根止，长九百九十丈，系远年老堤，坐落胡唐家庄后。

又，月堤一道，西自吴家庄西大堤根起，东至董家庄东大堤根止，长九百九十丈，系远年老堤，坐落孟家庄后。

又，月堤一道，西自胡村铺西大堤根起，东至黄家寺东大堤根止，长四百九十八丈，系远年老堤，坐落胡村铺黄家寺后。

阳武县临河堤，上自原武县交界起，下至封丘县交界止，计长三十八里零。

第一段，西自原武县堤界起，东至张家寨迤东堤头止，长一千九百九十丈，康熙二十五年岁修加帮，坐落奶奶庙前。

第二段，西自张家寨迤东堤头起，东至雁李家西止，长二千一百丈，康熙二十三年创筑，坐落大宾前。

第三段，西自雁李家西起，东至封丘县堤界止，长二千七百八十四丈，康熙二十五年岁修加帮，坐落水牛赵家庄前。

又，月堤一道，西自黑洋山起，东至雁李家西大堤根止，长七千二百丈，系远年老堤，坐落本县南。

封丘县临河堤，上自阳武县交界起，下至祥符县交界止，计长三十四里八分零。

第一段，西自阳县堤界起，东至三李家门前止，长一千八百七十二丈，康熙二十三年大修加帮，坐落东姜家寨前。

第二段，西自三李家门前起，东至中銮城西头埠口止，长一千三百一十六丈，系远年老堤，坐落于家店前。

第三段，西自中銮城西头埠口起，东至中銮城东头止，长一百四十七丈，康熙二十三年大修加帮，坐落中銮城前。

第四段，西自中銮城东头起，东至荆隆口正南止，长八百一十三丈，系远年老堤，坐落荆隆口前。

第五段，西自荆隆口正南起，东至荆隆口东头止，长八十八丈，康熙二十三年大修加帮，坐落荆隆口东。

第六段，西自荆隆口东头起，东至祥符县堤界李七寨止，长二千零三十八丈，内龙门口一处，长一百五十三丈，康熙二十四年下埽加帮，坐落桑园神马前。

又，月堤一道，西自萝卜郑家门前大埠口起，东至祥符县堤界止，长四千三百四十二丈，系远年老堤，坐落杨家楼后。

又，格堤一道，西自三李家西堤根起，东至于家店寺西堤根止，长二百九十丈，系远年老堤，坐落三李家前。

又，缕水堤一道，西自于家店迤东旧堤根起，东至中銮城迤西旧堤根止，长五百五十丈，系远年老堤，坐落于家店东。

又，旧月堤一道，西自刘家楼正南旧堤根起，东至中銮城迤西旧堤根止，长八百五十丈，系远年老堤，坐落刘家楼东。

又，月堤一道，西自于家店西头旧堤根起，东至十七堡止，长五百七十丈，康熙元年建筑，坐落于家店后。

又，月堤一道，西自神马后旧堤根起，东至祥符县李七寨门前堤根止，长六百一十丈，康熙六年建筑，坐落李七寨西。

又，月堤一道，西自温家楼后迤东旧堤根起，东至关王庙迤东旧堤根止，长三百三十丈，康熙二十五年建筑，坐落关王庙后。

又，格堤一道，南自荆隆口东渡头临河堤根起，北至月堤根止，长四百二十丈，康熙八年岁修加帮，坐落荆隆口东北。

祥符县临河堤，上自封丘县交界起，下至陈留县交界止，计长五十里零。

第一段，西自封丘县李七寨前堤界起，东至五堡东止，长一千二百七十丈，康熙九年加帮，坐落新店前。

第二段，西自五堡东起，东至八堡东堤头止，长一千五十丈，系远年老堤，坐落陈桥西。

第三段，西自八堡东头起，东至十堡西堤湾止，长三百七十丈，系远年老堤，坐落陈桥前。

第四段，西自十堡西堤湾起，东至大王庙大埠口止，长五十丈，系远年老堤，坐落陈桥正南。

第五段，西自大王庙大埠口起，东至魁星楼止，长一百六十丈，系远年老堤，坐落陈桥东南。

第六段，西自魁星楼起，东至十一堡东堤头止，长四百四十丈，系远年老堤，坐落三府庄西。

第七段，西自十一堡东堤头起，东至十二堡止，长十五丈，康熙二十四年加帮，坐落蒋家寨西。

第八段，西自十二堡起，东至十五堡东止，长九百九十九丈，顺治七年加帮，坐落马坊前。

第九段，西自十五堡东起，东至贾家堂东止，长五百丈，顺治十八年加帮，坐落厂门口西南。

第十段，西自贾家堂东起，东至十八堡西止，长四百二十五丈，顺治十八年加帮，坐落厂门口前。

第十一段，西自十八堡西起，东至十九堡东堤头止，长四百三十丈，系远年老堤，坐落邵王寨正南。

第十二段，西自十九堡东堤头起，东至大王庙东堤头止，长一百七十丈，系远年老堤，坐落邵王寨东南。

第十三段，西自大王庙东堤头起，东至二十堡止，长四十五丈，系远年老堤，坐落邵王寨东南。

第十四段，西自二十堡起，东至二十一堡止，长五百六十丈，康熙元年加帮，坐落邵王寨东。

第十五段，西自二十一堡起，东至二十二堡止，长三百二十丈，康熙四年加帮，坐落清河集西。

第十六段，西自二十二堡起，东至常家寨西大王庙止，长四百丈，系远年老堤，坐落常家寨西。

第十七段，西自常家寨西大王庙起，东至二十四堡止，长二百二十丈，康熙二十四年加帮，坐落常家寨东。

第十八段，西自二十四堡起，东至陈留堤界止，长一千六百八十丈，康熙十九年加帮，坐落韩罗湾前。

陈桥西月堤一道，西自张新庄前牛角哨起，东至十堡西止，长一千一百三十七丈，系远年老堤，坐落陈桥西。

陈桥后月堤一道，西自封丘堤界起，东至王卢集东头止，长五千零七十丈，康熙八年加帮，坐落陈桥北。

陈桥前夹堤一道，西自魁星楼东起，东至十二堡堤头止，长三百八十丈，系远年老堤，坐落陈桥东南。

王卢集前月堤一道，西自王卢集东南堤根起，东至王卢集东北堤岔止，长六百零二丈，系远年老堤，坐落王卢集东。

马房后月堤一道，西自王卢集东起，东至马房东埠口止，长五百二十丈，系远年老堤，坐落马房后。

邵王寨后重堤一道，西自马房东堤根起，东至邵王寨东大堤根止，长七百五十三丈，系远年老堤，坐落厂门口后。

厂门口后月堤一道，西自十八堡起，东至大王庙止，长五百七十丈，系远年老堤，坐落厂门口东。

厂门口东月堤一道，西自厂门口西起，东至邵家寨东止，长五百八十丈，系远年老堤，坐落邵王寨后。

张家寨后月堤一道，西自丁家庄前岔堤起，东至常家寨西堤岔止，长一千一百三十七丈，康熙三年创筑，坐落张家寨后。

张家寨斜月堤一道，南自大堤起，北至月堤止，长二百五十丈，系远年老堤，坐落张家寨东。

清河集后重堤一道，西自堤岔起，东至常家寨后月堤止，长六百四十丈，康熙元年创筑，坐落清河集后。

清河集后月堤一道，西自二十二堡起，东至新寨止，长九百九十丈，系远年老堤，坐落常家寨后。

回回寨月堤一道，西自本县二十堡迤西大堤根起，东至陈留县竹堽村堤界止，长八百六十丈，康熙三十九年祥、陈、兰三县会筑，坐落韩罗湾后。

陈留县北岸临河堤一道，西自祥符县堤界起，东至兰阳县堤界止，长一百一十丈，系远年老堤，坐落贯台北。

回回寨月堤一道，西自祥符县堤界起，东至兰阳堤界止，长四百五十三丈，康熙三十九年，祥、陈、兰三县会筑，坐落竹堽村前。

兰阳县临河堤，上自陈留县交界起，下至直隶长垣县堤界止，计长四十一里四分零。

第一段，西自陈留县堤界起，东至第六堡止，长九百五十五丈，康熙十五年岁修帮筑，坐落铜瓦厢西北。

第二段，西自第六堡起，东至第八堡迤东止，长五百丈，系远年老堤，坐落铜瓦厢东北。

第三段，西自八堡迤东起，东至管李寨东南止，长八十丈，系远年老堤，坐落管李寨前。

第四段，西自管李寨东南起，东至管李寨东北止，长一百七十八丈，系远年老堤，坐落管李寨东。

第五段，西自管李寨东北起，东至程家楼西头止，长三百零五丈，康熙二十三年大修加帮，坐落程家楼前。

第六段，西自程家楼西南起，东至杨家庄东南堤岔止，长六百八十丈，系远年老堤，坐落杨家庄前。

第七段，西自杨家庄东北堤岔起，东至十八堡东月堤头止，长七百七十丈，康熙二十二年岁修创筑，坐落瞿家庄前。

第八段，月堤一道，西自十八堡迤东月堤头起，东至樊家寨西头堤根止，长一千八百五十丈，康熙三十六年岁修创筑，坐落耿家寨后。

第九段，西自樊家庄西头堤根起，东至张家集东南岔堤头止，长五百九十丈，康熙二十三年大修加帮，坐落张村集前。

第十段，西自张村集东南岔堤头起，东至吴家庙西止，长六百九十丈，系远年老堤，坐落谷家营前。

第十一段，西自吴家庙西起，东至袁家寨东南止，长二百四十丈，康熙二十三年大修加帮，坐落袁家寨东。

第十二段，西自袁家寨东南起，东至长垣县堤界止，长六百三十三丈，康熙三十二年修筑，坐落袁家寨东。

又，回回寨月堤一道，西自陈留堤界起，东至铜瓦厢五堡迤东月堤根止，长六百一十五丈，康熙三十九年，祥、陈、兰三县会筑，坐落张家寨前。

又，月堤一道，西自铜瓦厢八堡迤东起，东至管李寨东北止，长九百四十五丈，康熙十八年创筑，坐落管李寨后。

又，月堤一道，西自张村集东南起，东至袁家寨西南止，长九百五十丈，康熙九年创筑，坐落谷家营后。

直隶长垣县堤

康熙三十一年河南兰阳、仪封会同长垣三县共筑月堤一道，坐落城东南黄家集西，自兰阳交界起，东至仪封交界止，长五百五十一丈。

康熙三十六年，又筑月堤一道，西自黄家集迤东大堤起，东至仪封县洪船湾西南汪兆玉地止，长五百六十丈，仪封县上自长垣县堤界起，下至山东曹县交界止。

月堤一道，西自洪船湾西南长垣县堤界起，东至稽民堤中止，长一千八百四十丈，康熙三十六年垣、仪二县会筑，坐落西马木后。

月堤一道，西自月堤起，东至宋家营后止，长二百四十丈，康熙十八年修筑，坐落秦家庄前。

月堤一道，西自刘家楼东月堤起，东至十四堡东止，长一千一百五十丈，康熙三十七年创筑，坐落梁家寨东。

临河堤第一段，西自宋家营西起，东至曲家楼西南月堤头止，长一千五百五十丈，康熙二十三年大修加帮，坐落刁家楼南。

第二段，西自曲家楼西南月堤起，东至曲家楼东南月堤止，长六百四十丈，系远年老堤，坐落小曲家庄前。

第三段，西自曲家楼东南月堤起，东至小宋集东南止，长一千五百三十丈，康熙二十三年大修加帮，坐落小宋集前。

第四段，西自小宋集东南起，至袁家楼南止，长二百二十丈，康熙二十三年大修加帮，坐落袁家楼前。

第五段，西自袁家楼南起，东至杜家楼前止，长七百一十五丈，康熙二十三年大修加帮，坐落杜家楼前。

又，阎家集月堤一道，西自杜家楼前堤岔起，东至杨家堂后月堤止，长二千八十丈，康熙三十五年创筑，坐落二郎庙后。

又，黄家集前月堤一道，西自杨家堂后月堤起，东至黄家集前堤头止，长六百四十丈，系远年老堤，坐落黄家集前。

又，蔡家楼月堤一道，西自黄家集前月堤起，东至张官营后曹县堤界止，长六百三十丈，康熙三十七年创筑，坐落李韩寨后。

又，李韩寨月堤一道，西自裴家庄前四十一堡西起，东至曹县新筑遥堤止，长一千六百四十丈，康熙三十八年创筑，坐落聂家庄后。

河内县沁河

南岸民堤，西自覆背村起，东至回龙庙接连官堤，计长二十里。

官堤西自回龙庙起，东至张家庄接连民堤止，计长六里。

民堤西自张家庄起，东至武陟县交界张计村止，计长四十四里。

北岸民堤西自留村起，东至张茹村止，计长四十五里。

武陟县沁河南岸民堤，西自张计村起，东至方陵村止，计长七十五里。

北岸官堤七处，坐落大樊村、留村、原村、郭村、詹家店、何家营、马营，计长二十一里。

北岸民堤四处，坐落东曲镇、付村、木栾店、南贾村，计长六十九里。

附余

荥泽，本周时之泽名也。秦置三川郡；自汉及晋俱为荥阳县地；隋置广武县，仁寿元年改为荥泽县；宋废为镇，寻复为县，至今因之，属开封府郑州。

按：新荥泽县城，明成化十五年知县曹铭以水患徙筑。

郑州，周管叔所封邑也；后为郑国；秦置管城县，属三川郡；汉及晋俱省入中牟县；后周置郑州；隋初置管州，寻复为郑州，治管城县，又改州为荥阳郡；唐武德初于武牢置郑州，天宝初改荥阳郡，乾元初复为郑州；宋升奉宁军；金元俱为郑州；明以管城省入，属开封府；今因之。

中牟，春秋郑地；汉置中牟县，隶河南郡；晋属荥阳郡；隋废郡改为内牟，又改为圃田；唐复为中牟县，属郑州；宋属开封府，后因之。

按：中牟为汴水所经，有官城渡，为汉曹、袁相持处。汴自荥阳达府城西，历其界。明永乐四年，修中牟及阳武汴河北堤；万历二十三年，知县陈幼学创开中牟河渠五十七道，沟一百三十九道，以泄黄河泛滥之水。

阳武，秦之博浪沙地也；汉始置阳武县，隶河南郡；晋属荥阳郡；五代梁属开封府，后因之。

祥符，汉初置开封县，属河南郡，后又析置浚仪县，属陈留郡；隋以二县俱属荥阳郡；唐俱属陈留郡；五代俱属开封府；宋祥符二年始改浚仪为祥符县；明以开封县省入，属开封府；今因之。

按：宋延祐六年，河决，创修汴梁护城堤一道，长七千四百四十丈。又，明永乐四年，张信、宋礼浚黄河故道，信、礼询访故老，得祥符鱼王口至中湾二十余里有黄河旧岸，与今河面平，浚而通之，遂循故道。又筑新港以纾民患。

陈留，春秋时为留地，后为陈所并，故名陈留；秦始置陈留县，隶三川郡；汉置陈留郡，治此；五代以来俱属开封府。

兰阳县，秦为东明镇地；汉置东昏县，隶陈留郡；三国以后俱废；宋置县曰东明，属开封府；金析东明六乡为县，取其首乡兰阳以为名，属曹州；元属汴梁路；明属开封府；今因之。

仪封，春秋卫邑；汉为东昏县地；金始为仪封县，属曹州；元属睢州；明属开封；今因之。

仪封，即仪封人请见孔子处，有请见亭，在县城西一里许，康熙二十九年于旧址重建。又旧有木铎亭，在县治南。又，圣井在请见亭西里许，相传夫子曾饮于斯。

原武县，汉始置，属河南郡；晋省之；至南北朝东魏复置，属广武郡；北齐复省；（随）〔隋〕仍置县，后改名原陵，属荥阳郡；唐复名原武；宋初省入阳武县，后复置；金属郑州；元属汴梁路；明属开封府；今因之。

封丘县，汉始置，属陈留郡，寻析置平丘县；晋省平丘入焉；隋属东郡；唐属汴州；五代以后俱属开封府。

考城县，周戴国，春秋时郑取之，改为谷城；秦置淄县，属砀郡；东汉始改为考城县，属陈留郡；隋属梁郡；唐属曹州；金、元俱属睢州；明属归德府睢州；今因之。

商丘县，陶唐氏迁阏伯于商丘即此；周封微子启为宋国；秦为砀郡地；汉置睢阳县，属梁国；后魏置梁郡，治此；隋改郡曰宋州，县曰宋城；唐又改睢阳郡；宋改应天府；金改府曰归德，县曰睢阳；明初废府置归德州，省睢阳县入焉，至嘉靖间升州为府，始置商丘县为附郭；今因之。

虞城县，禹封舜子商均于此，为虞国；汉置虞县，属梁国；隋改虞城县，属梁郡；唐属睢阳郡；宋属应天府；元属济宁路；明属归德府；今因之。

按：虞城县城旧在府之东北，土城卑隘，当黄河滨，每遇河涨，城几如沼，出没于潮汐之间，明嘉靖十一年始徙今所。

自是河道既远，城郭无患。

河内县，春秋时野王邑；汉置野王县，属河内郡；隋始改河内县；元属怀庆路；明属怀庆府；今因之。

查，河内、武陟间，沁水湍急之势较黄河益甚。万历中沁水决，而新乡、获嘉一带俱为鱼鳖，后潘季驯议修守沁河，欲甃石工四百余丈，以为永久之计，诚司河者所当留意者也。

武陟县，晋之怀邑也；汉置怀县，属河内郡；隋始析置武陟县，寻省；唐复置，省怀县，县入焉；元属怀庆路；明属怀庆府；今因之。

查，豫省黄河在河阴以上，土性坚硬，从来不事修防；在荥泽以下，土性虚松，堤岸易溃，每遇伏秋河涨，卒发荡激冲撞，甚有一日之间塌卸河岸宽一二十丈至四五十丈者，岁修抢修，在在有之。幸赖皇上睿谟区画周详，淮、黄交会，海口深通，全河之尾闾无滞，而豫处上游亦借以循轨下注，自无横溢之虞，数十州邑生灵仰颂皇恩，真与天地同其高厚。自今以后从事河渠者惟有恪遵成法，不敢稍懈于已治已安，相期亿万斯年，与臣民共享平成之福尔。

山东曹、单二县黄河事宜

曹、单二县俱在黄河北岸，上自河南仪封县交界起，由考城县境三十里而入曹县，一百四十里而入单县，又六十里出单境而达于江南砀山县，共计二百三十里，设黄河同知一员，管理修防。

曹县黄河自河南考城县东界入境，康熙二十五年以考城北岸堤工三十里与曹境相连，应归曹县就近修防，故今所管堤工上自河南仪封县交界起，下至单县交界止，共计长一百七十里，设有县丞、主簿、巡检各一员，分管河务。

安陵巡检分管堤工五十里，内归并考城县临河堤。自仪封县交界起，至戴家楼后止，计长三十里。又自戴家楼后起，至主簿分管交界止，计长二十里，历年岁修。内有黄家庄西临河堤一段，长二百六十五丈；冯家厂西临河堤一段，长一百二十二丈，康熙四十一年加帮。上自张官营后界石起，下至临河堤止，格堤一道，长三百九十六丈，康熙三十五年创筑。上自仪封县交界起，下至黄家水口前里河堤止，遥月堤一道，长一千二百五十五丈，康熙三十八年创筑。上自仪封县界石起，下至备堤止，月堤一道，长一千二百丈，历年岁修。上自月堤起，下至里河堤止，备堤一道，长一百二十八丈，康熙二十七年创筑。上自临河堤起，下至备堤止，戗堤一道，长二百九十三丈。上自临河堤起，下至里河堤止，小戗堤一道，长一百一十三丈。上自黄家水口前起，下至大王庙西止，里河堤一道，长九百三十八丈。上自里河堤起，下至天齐庙西止，月堤一道，长九百四十五丈。上自天齐庙西起，下至杨家道口止，月堤一道，长一千五百一十八丈。上自关王庙起，下至临河堤止，月堤一道，长五百六十丈。上自尹家坟起，下至天齐庙西止，月堤一道，长四百七十五丈。上自唐家水口西起，下至回龙王庙西止，护堤一道，长六百九十丈。上自回龙王庙后起，下至崔家庄东止，月堤一道，长三百七十丈。上自杨家道口起，下至流通集西止，月堤一道，长五百五十丈。以上堤工俱历年岁修。上自临河堤起，下至主簿分管止，月堤一道，康熙四十一年修筑。

主簿分管堤工，上自巡检分管交界高家庄后起，下至县丞分管交界李家楼东止，计长七十里。临河堤一道，历年岁修。

青山庙前月堤一道，上自十字堤起，下至埽坝止，长一千二十丈，康熙三年创筑。铜奶奶庙北新补月堤一道，上自青山庙前月堤起，下至新月堤止，长一千五百五十八丈，康熙三十九年修筑。铜奶奶庙北遥月堤一道，上自青山庙前月堤起，下至草楼西新月堤止，长二千七百四十丈，康熙四十年创筑，四十一年又加帮。查，铜奶奶庙，向称极险，虽经添筑月堤，犹不足恃，且刘信庄坍卸几至堤根，去此切近危迫尤甚，故又添筑此堤。刘信庄月堤一道，上自临河刘满庄堤起，下至临河旧老堤止，长三百五十五丈，历年岁修。赵家集西月堤一道，上自新月堤起，下至刘信庄月堤止，长一千一百八丈，内二百九十五丈，康熙四十一年加帮。草楼前新月堤一道，上自临河堤起，下至临河新月堤止，长二千八十八丈，内五百三十丈，康熙四十一年加帮。鱼鳞月堤一道，上自临河备堤起，下至遥月堤止，长八百六十丈，康熙二十六年创筑。曹巴庄庙后遥月堤一道，上自鱼鳞月堤起，下至杨钊口月堤止，长二千九百三十丈，康熙二十五年创筑。杨钊口月堤一道，上自谢家集南缕水堤起，下至杨钊口缕水堤止，长七百九十二丈，历年岁修。黄家奶奶庙后月堤一道，上自杨钊口月堤起，下至李家楼东临河堤止，长九百四丈，历年岁修。

县丞分管堤工，上自主簿分管李家楼东交界起，下至单县交界止，计长五十里。临河堤一道，历年岁修。梁家楼西月堤一道，上自临河堤起，下至大大王庙西止，长一千三百二十丈，内六百三十丈，康熙四十一年加帮。大大王庙东护堤一道，上自大大王庙起，下至临河堤止，长二百九十三丈，历年岁修。韦家楼后月堤一道，上自安家庄东起，下至孙家庄东堤岔止，长一千九百八十三丈，内五百六十四丈，康熙四十一年加帮。

单县黄河上自曹县交界起，下至江南砀山县交界止，计长六十里，设有主簿一员，专管河务。

临河堤

查，临河堤从前原系拦水坝，断续不一，惟是险要之处添设以护缕水堤者，后因缕堤之外、拦坝之内村庄渐稠，防御愈急，遂将各坝接连，筑成长堤，名拦水堤。自明季相沿已久，今改名临河堤，俗又称三堤。离河三四五六里不等，随河蜿蜒，计长六十里。上自曹县交界起，由瞧龙寺基而下，至头铺止一段，长一百五丈，系旧堤，康熙三十一年修筑。南北月堤一道，自头铺起，至峨嵋殿止，长六百六十丈，此堤专防曹县上流直下之冲溜，最为紧要，康熙四十一年于岁修案内估修。峨眉殿后斜月堤一道，系老堤，长四百二十三丈，未经加修。孙家集后临河堤一段，自峨嵋殿起，至郑家楼前止，长七百丈，康熙三十一、二、三年修筑。石家楼前临河堤一段，自郑家楼前起，至董家小庄后止，长一千一百四十六丈六尺零，康熙三十五、三十八两年修筑。石家楼临河堤后月堤一道，自郑家楼前起，至石家楼东临河堤止，系老堤，未经加修。石家楼后临河堤一段，自董家小庄后起，至董家营月堤西头止，长一百八十五丈四尺零，康熙四十一年修筑。董家水口，即董家营后临河堤一段，自董家营起，至赵家楼前止，长一千四百八十丈，康熙三十三、三十七两年修筑。董家营临河堤后备护月堤一道，自石家楼西起，至邓家林止，长九百二丈，康熙三十三年创筑，三十四年加帮。赵家楼东南北格堤一道，南自临河堤起，北至缕水堤止，长三百二十五丈，康熙二十五年创筑，历年岁修。格堤迤东临河堤一段，自格堤头起，至黄家庄前止，长五百五十三丈，康熙三十八、三十九两年修筑。火星庙后九铺迤东临河堤一段，自本堤起，至郭家庄前止，长二百一丈，康熙四十一年修筑。桑堌寺后临河堤一段，自黄家庄起，至邓家庄止，长七百六十五丈，康熙三十七、三十八两年修筑。邓家水口迤东临河堤一段，自本堤起，至郭家庄后止，长一千八百一十六丈，历年岁修。孟家楼临河堤后月堤一道，自孟家楼西起，至孟家楼东止，系远年老堤，未经加修。朱王口北临河堤后旧月堤一道，自朱家庄迤西临河堤起，至许家庄东止，系远年老堤，未经加修。包家瓦房前临河堤一段，自十四铺起，至月堤头止，长五百一十丈，康熙四十一年修筑。许家庄前临河堤一段，自许家庄前起，至姜家庄西止，长六百五丈，康熙四十一年修筑。杨家楼前临河堤后备护月堤一道，自杨家楼前起，至郑家店西止，长五百二十丈，康熙三十五年创筑，三十六年加帮。郑家店前临河堤一段，自郑家店前起，至朱王大坝西头止，长三百五丈，历年修筑。朱王大坝临河堤一段，自大坝西头起，至大坝东头止，长四百一十五丈，康熙三十二年修筑。朱王大坝东临河堤一段，自朱王大坝东头起，至黑龙潭西头止，长九百九十三丈，康熙三十二、三十九两年修筑。黑龙潭临河堤一段，长五十丈，系远年老堤，未经加修。黑龙潭东临河堤一段，自黑龙潭东起，至江南砀山县交界止，长三百一十丈，康熙三十九年修筑。

缕水堤

查，缕水堤，俗名二堤，离临河堤十里。上自曹县交界起，下至江南丰县交界止，计长五十四里，系明时所筑，向为河防首重之堤。嗣将拦水坝筑成临河长堤，则门户之捍御已在临河为重，而缕堤次之矣。然通年以来，修守不敢稍懈，一有残缺，即督铺夫等补筑屹然，仍为重门之障云。

太行堤

离缕堤十里，上自曹县交界起，下至江南丰县交界止，计长六十九里，明弘治十年河决黄陵冈，大伤张秋运道，始筑太行堤。

曹、单二邑堤工旧例不动帑金，惟资额设之夫，而数有限而汛险工长，此顾彼失。且正月集夫，二月兴工，三月间工未就而桃汛至，五、六月而伏水发，七、八月而秋水溢，时时可虑，在在须防，固工程而严守御，司事者所当加意也。

卷之十一

江南徐州黄河事宜

徐州黄河，南岸上自河南虞城县交界起，下至灵璧县交界止，计程二百六十里零。北岸上自山东单县交界起，下至邳州交界止，计程二百七十一里零。设有徐属河务同知管理修防。其汛六，在南岸曰砀山县汛、萧县汛、徐州郭工汛、徐州小店汛；在北岸曰丰砀汛、徐州大坝汛。

砀山县汛

自虞城县交界起，至萧县交界止，缕堤长一万四千四百一十七丈六尺，计程八十里零。自虞城县交界起，至毛城铺止，旧有缕堤长一万五百六十丈八尺，内近毛城铺小石闸一段，长一千五百四十丈，康熙二十三年修筑。

自毛城铺石闸起，至萧县界止，缕堤长三千八百五十六丈八尺，康熙二十三年修筑。

毛城铺小石闸一座，大石坝一座，俱康熙三十三年建，伏秋黄涨，由此出小神湖。康熙三十九、四十年，河身渐深，水不过闸，惟四十一年异涨之水出闸。

定国寺旧险工一段，今河势北徙，停修。

定国寺月堤一道，长一千九十丈，康熙三十八年修筑。

萧县汛

自砀山县交界起，至徐州交界止，缕堤长一万一千六百八十九丈八尺，计程六十五里，康熙二十三年修筑。内有卑薄处，三十八年又加帮。

东镇口格堤一道，长八百六十四丈五尺，康熙十九年创筑。查格堤北有大横堤一道，格堤南有小横堤一道，皆旧废堤。

徐州郭工汛

自萧县交界起，至徐州三山头止，计程六十六里。

自萧县交界起，至徐州王家山止，缕堤长三千四百五十八丈，康熙二十三年修筑。内有卑薄处，三十八年又加帮。

王家山天然石闸一座，康熙二十三年建，以泄黄涨。自三十九年至今，河底渐深，水不过闸。

十八里屯东西两头各天然石闸一座，康熙二十三年修筑。

自苗家山起，至冰雹山止，缕堤一道，长一千五十丈，康熙三十八年创筑。

自韩家山起，至段家庄西头止，旧有民修堤一道，长四百九十三丈，康熙三十八年加帮。

韩家山南山沟中旧有民筑土堰一道，长七十三丈，康熙三十八年加帮。

韩家山堤工因黄河上湾溜水南射，逼近堤根，内邻石狗湖，地势卑下，最关紧要。康熙三十九年创筑月堤一道，自杨家楼起，至段家庄止，长四百五丈，以为重门之障。

段家庄旧险工一段，康熙三十九年徐属河务同知李梅捐俸募夫，于对岸沙嵛挑挖引河大溜下徙，今此工停修。

郭家嵛险工，因黄水自西南直射北岸苏家山，触激山根，折奔南岸，以致郭家嵛奶奶庙一带正当大溜顶冲。查，历年以来大溜或由奶奶庙之上，或由奶奶庙之下，忽东忽西，迁徙无常。康熙三十九年，臣鹏翮勘阅形势，逼近徐城，最为紧要，题请建修石岸一段，长五百三十九丈三尺，现在砌筑。四十年，置铁犀一座于堤上，以镇水。

自云龙山黄茆冈起，至徐州西关街栅栏门止，苏堤一道，长六百三十八丈，康熙三十八年修筑。

徐州旧有护城石岸一道，长五百一十五丈，康熙三十六年加高三尺六寸。又，挡军墙南渡口一段，长一十二丈九尺，三十六年创砌。

下洪奎山店堤一道，长一百二十七丈，向系民修其戗堤，康熙三十七年帮筑。查，此堤外临黄河，内傍支河，最为险要。三十八年，改挑支河二百丈，以保堤工。

自七里沟接奎山店堤起，至三山头止，遥堤一道，长一千四百九十丈，内接奎山店堤一段，长二百二丈，康熙三十七年加帮。又，接奎山店堤创堤一段，长二十九丈，三十八年筑。又，卑薄处三十八年加帮。

徐州小店汛

自三山头起，至灵璧县交界止，缕堤长八千八百六十丈九尺，计程四十九里三分，康熙二十三年修筑。

潘家马路岁修险工一段，长六十四丈，此工于康熙四十年间因对岸新生鸡心滩，大溜扫湾，崖岸坍塌，遂成险工。

杨横庄岁修险工一段，长四百三十五丈，埽台长四百一十四丈，康熙三十七年加帮。

杨横庄挑水坝西雁翅岁修险工一段，长四十二丈。

杨横庄月堤一道，长三千四百三十六丈，康熙三十一年修筑。

曹家庄抢修险工一段，长八十六丈。

曹家庄月堤一道，长四百六丈，康熙三十八年创筑。

潘家马路、杨横庄、曹家庄三险工相连，北岸沙嵴逼溜顶冲，康熙四十年内遵旨取直于北岸，开挖引河一道，长一千八十丈，引水东下以杀其势，已经告成。

杨家洼岁修险工一段，长三百二十三丈，埽台长三百五丈，康熙三十六年加帮。

杨家洼月堤一道，长七百二十丈，康熙三十八年创筑。

韩坝旧险工月堤一道，长三百五十六丈，康熙三十八年修筑。

小店岁修险工一段，长三百一十丈。查，此险工自明至今不改。

小店月堤二道：上一道长三百九十丈，康熙三十六年修筑；下一道长三百六十丈，三十六年因河势下徙，创筑。自小店迤东起，至灵璧县界止，有民筑临河子堤一道，长四千五十三丈。

丰砀汛

自单县交界起，至徐州李道华家楼止，缕堤长一万三千一百九十三丈二尺，计程七十三里零。

自单县交界起，至吴家寨止，旧有民筑缕堤一道，长一千丈，康熙三十八年加帮。

自吴家寨起，至李道华家楼止，缕堤长一万二千一百九十三丈二尺，康熙二十三年修筑，三十八年加帮卑薄处。

吴家庄抢修险工一段，长一百二十五丈五尺，此工向系岁修，因康熙三十九年于上坝头筑迎水坝一座迎挑水势，使大溜向南，又于对岸挖去滩嘴，以顺其流，险工渐平，四十年遂改为抢修。

谷家庄岁修险工一段，长一百八十五丈，谷家庄即在吴家庄之下，康熙三十九年九月间全黄直射，此工堤岸坍塌一百七十余丈，危险异常，将此工题入岁修。

吴家庄、谷家庄险工相连，康熙三十九年加帮埽台，长二百四十八丈三尺，又筑月堤一道，长九百四十三丈。

徐州大坝汛

自李道华家楼起，至邳州交界止，计程一百九十八里。

自李道华家楼至苏家山无堤之处计九十里，盖因黄河上游宽阔而徐城以下窄狭，一遇大涨即难容受，故从来不议筑，使漫溢之水从冈头湖荆山口展转入于运河也。

自大谷山起，至苏家山止，堤一道，长四百四十七丈五寸，康熙三十八年修筑，内有大谷山石坝一座，苏家山石闸一座，俱二十三年建，以泄黄水异涨。

自陡山起，至子房山止，缕堤一道，长一千三百一十五丈，康熙三十八年修筑，内有镇口闸一座，今沙淤。

黄山口民筑小堰一道，长九十丈，康熙三十八年加帮。

自华家楼起，至长山头止，民修堤一道，长一千九百六十丈，康熙三十八年加帮卑薄处，内狼矢沟岁修险工一段，长二百五丈。

狼矢沟月堤一道，长八百丈，康熙二十五年修筑。

自关王庙起，至大坝上坝头止，民修堤一道，长五百九十五丈。

长樊大坝岁修险工一段，长三百二十丈。查，此险工自明至今不改。

大坝险工旧有月堤一道，长四百九十丈。

自大坝尾起，至王家山止，民修堤一道，长九百八十丈。

自王家山起，至出头山止，天生土坝一道，长九十六丈。

自九山起，至出头山止，遥堤一道，长一千六百八十九丈，为大坝险工，重门之障，康熙三十八年修筑。

自董家山起，至卢家山止，遥堤一道，长一百八十二丈，康熙十九年创筑。

自卢家山起，至邳州界止，遥堤一道，长一千四百八十二丈，康熙十九年创筑。查，卢家山，一名庞家山，因此山有庞、卢二姓居之故名。康熙十九年筑堤时，误以卢为陆，今又名陆家山。

附余

徐，古大彭氏国；春秋为宋地；战国属楚；秦置彭城县；项羽自立为西楚伯王，都此；汉曰徐州，后因之。所属县四，砀山、萧在河之南，丰、沛在河之北。砀山，春秋宋地；战国楚灭宋，属楚；秦置砀县；汉为梁国；东汉为砀山。萧，古萧国；春秋为宋附庸；战国属楚；秦置萧县。丰，春秋属宋；战国属楚；秦置丰县。沛，春秋偪阳国地，鲁襄公十年晋灭偪阳，以予宋；秦置沛县，即汉高祖发迹处也。

徐之水曰泗，出山东泗水县之陪尾山，由沛县至州城，循城东南以达于淮，昔周显王时九鼎没于泗水，秦始皇过彭城欲出鼎，使数千人入水，求之不获，即其处也。宋熙宁十年七月乙丑，黄河大决于澶州曹村，澶渊北流断绝，河道南徙，东汇于梁山张泽泺，分为二派，一合南清河入淮，一合北清河入海。南清河者，泗也。此黄河与泗合流之始。潘季驯曰泗、沂之水历徐、邳至清口而与淮会，此夏禹时故道也。自宋神宗十年黄河大决澶州，北流断绝，河道南徙，合泗、沂而与淮会矣。

黄楼，在城东门上，宋苏轼建。按：苏辙《黄楼赋序》曰：熙宁十年七月乙丑，河决于澶渊，东流巨野，北溢于济南，溢于泗。八月戊戌，水及彭城，余兄子瞻适为彭城守。水未至，使民具畚锸，蓄土石，积刍茭，完室隙穴，以为备。自戊戌至九月戊辰，水及城下者二丈八尺，雨昼夜不止，子瞻衣裘履屦，庐于城上，调急走发禁卒以从事，令民毋得窃出，以身率之，城得不溃。水既涸，乃请增筑徐城。相水之冲，以堤防之，于是即城之东门为大楼，垩以黄土，曰土能胜水。徐人相劝成之，今城之东角尚有黄楼，盖后人踵而为之，然非其旧矣。

苏堤，《徐州志》载苏轼御水筑东南长堤，起戏马台，属于城。天启甲子，河决城溃堤，仅存一线。今土人所称苏堤，又在城西，南自黄茅冈，属城西关，与志不同，意当日水消之后，轼又尝筑堤为备，而志考之未详与？戏马台，在城南里许，高数十仞，广袤数百步，昔项羽因山筑台以观戏马，宋武帝为宋公时在彭城九月九日出游戏马台是也。

子房山，一名鸡鸣山，城东二里，相传张子房隐于此，宣德间平江伯陈瑄作子房祠于上。

徐有徐、吕二洪，古称最险，自永乐中陈瑄凿洪通漕，各设分司，官治洪事，至嘉靖间分司主事陈穆、陈洪范相继凿石平之，行者遂若履坦途矣。

邳、睢、灵三州县黄河事宜

黄河北岸，上自徐州交界起，下至宿迁县交界直河口止，计程八十二里零，系邳州境。黄河南岸上自徐州交界起，下至睢宁县交界卫工头止，计程二十二里零，系灵璧县境。上自灵璧县交界卫工头起，下至宿迁县交界古堤头止，计程一百里零，系睢宁县境。设有邳睢灵璧河务同知一员，管理修防。其汛三：曰灵璧县汛、睢宁县汛、邳州汛。

灵璧县汛

自徐州交界起，至睢宁县交界卫工头止，缕堤长三千九百四十八丈，康熙二十三年修筑。

自徐州交界撑堤起，至龙虎山止，临河子堤一道，长二千六百八十四丈。内接徐州子堤一段，长七百七十四丈，系民筑，其一千九百一十丈，康熙二十四年修筑。查，徐、灵交界处缕堤与子堤不同，缕堤在谢家楼之西，子堤在墨家口之西。

墨家口工，康熙三十年旧堤塌断，复筑小堰，犹恐卑薄不足以捍御。口西有民筑撑堤一道，长一百一十六丈，康熙四十年令河兵加帮，以防墨家口出水，不致倒灌张、寒二堡。查，张、寒二堡，即在谢家口地方，最为洼下，向来常常漫缺者也。

睢宁县汛

自卫工头起，至峰山四闸止，缕堤长一千三百四十五丈，康熙十七年创筑。内自龙虎山至峰山，共闸四座，康熙二十四年建，以泄异涨之水，流入孟山等湖。

自峰山四闸起，至武官营止，缕堤长三千三百一十一丈三尺，康熙十七年创筑。查，上两堤内有遥堤一道，长三千二百五十丈，今废。

武官营子堤长七百四丈，康熙二十四年旧缕堤塌断，复创筑。

武官营大月堤一道，长三千一百三十四丈，康熙二十四年修筑。查，康熙三十年间武官营险极，曾于月堤之中又筑重堰一道，未竣，向北岸沙滩开挖引河告成，河流北徙，其工遂废。

自武官营起，经朱家楼、王家堂至余家堂止，缕堤长二千四百二十三丈，康熙二十三年修筑。

朱家楼前格堤一道，长五百三十五丈，康熙二十四年创筑。

王家堂岁修险工一段，长三百一十一丈五尺。查，此工康熙三十八年秋漫缺七十四丈，经修官赔修。至三十九年，臣勘阅新堤卑薄，题明动帑重修，仍令前官还项。又拨令河兵于漫口西头建挑水坝一座，东头建迎水坝一座，不使水冲新堤，又帮筑两坝，埽台共长五十五丈，加宽二丈，始足防御。

王家堂旧月堤一道，长一千六百丈，前被水冲残，康熙三十九年拨令河兵修筑。

自余家堂起，至戴家楼止，缕堤长一千九百丈，康熙二十三年修筑。

戴家楼岁修险工一段，长三百四十丈。

戴家楼旧有月堤一道，长五百九十三丈，康熙三十八年加帮北段二百二十五丈。又另筑南段长八百四十丈，未完工。

自戴家楼起，至韩家庄止，缕堤长二千八十二丈，康熙二十二年修筑。

韩家庄月堤一道，长一千一百一十丈，康熙十七年创筑。

自韩家庄起，至古堤头宿迁县界止，缕堤长六千一百四十一丈五尺，康熙二十三年修筑。

邳州汛

自徐州界起，至庙山止，缕堤长二百二十三丈，康熙十七年创筑。内有旧格堤一道。

自绵山起，至拐山止，格堤一道，长二百一十九丈，康熙十七年创筑。

马家山格堤一道，长一百九十五丈，康熙十七年创筑。

自刘家寨起，至刘家店止，缕堤长三百四十丈，康熙十七年创筑。

自丰山起，至青羊山止，缕堤长一百八十三丈五尺，康熙十七年创筑。

自青羊山起，至塘池旧遥堤中间止，缕堤长一千八百六十二丈，康熙十七年创筑。查，自青羊山至旧遥堤头有堤一道，今废。

塘池抢修险工一段，长九十一丈，柳园头抢修险工一段，长七十四丈，两工相连，共长一百六十五丈。

塘池月堤一道，长四百一丈，康熙三十六年创筑。

自塘池起，至羊山寺前止，缕堤长四百九十二丈，康熙十七年修筑。

羊山寺前岁修险工一段，长二百七十八丈。

自旧遥堤中间起，至羊山寺西止，遥堤一道，长五百二十一丈，康熙十七年创筑。查，羊山至半戈山有堤一道，今废。

自羊山寺前起，至董家堂头坝止，缕堤长一百一十四丈，康熙十七年修筑。查，羊山寺东有格堤一道，格堤南头又有横堤一道，今俱废。

自董家堂头坝起，至马船帮止，岁修险工一段，长六百二十一丈。

自马船帮起，经宋家庄至五工头止，缕堤长一千一百九十二丈五尺，康熙十七年修筑。查，邳睢厅署前有撑堤一道，长九十八丈，系康熙十七年创筑，今居民鳞集，已为街市。又，自邳睢厅署前起，至五工头西止，有堤一道。又，自前堤中间起，至戚字堡月堤头止，有旧遥堤一道，今俱废。

宋家庄抢修险工一段，长九十八丈。

自五工头起，经戚字堡至遥堤头止，缕堤长八百四十五丈，康熙十七年修筑。

戚字堡岁修险工一段，长一百一十九丈，康熙四十年置铁犀于工上，以镇水。

戚字堡险工，因对岸沙滩日长逼溜顶冲，康熙四十年遵旨取直于南岸，开挖引河一道，长五百七十丈，分杀水势，今已成河。

戚字堡西撑堤一道，长七十八丈，康熙三十八年创筑。又，月堤一道，长四百四十丈，康熙三十八年将旧遥堤改修。查，戚字堡东有旧遥堤一道，今废。

自旧遥堤头起，至沈家堂止，缕堤长九百五丈，康熙十七年创筑。

自沈家堂起，经青墩营姚家庄三官庙至直河口宿迁县界止，缕堤长二千四百五十三丈九尺，康熙十九年创筑。

青墩营抢修险工一段，长七十七丈。姚家庄岁修险工一段，长一百三丈。三官庙岁修险工一段，长二百二十二丈。三工相连，共长四百六丈。

青墩营、姚家庄、三官庙三工埽台，康熙三十八年虽经修筑，长三百八十八丈，顶仅宽三丈三四尺，四十年拨河兵重修，新旧顶共宽六丈有余，足资捍御。

青墩营、姚家庄、三官庙共月堤一道，长六百四十丈，康熙三十六年创筑。

附余已见《运河图说》者不重出。

睢宁，春秋鄫国地；战国为宋、薛地；汉睢陵县，属临淮郡；晋属兰陵郡；唐改承宁县，属沂州琅琊郡；宋省入淮阳军；金复置睢陵县，改陵为宁，属邳州，后因之。

灵璧，汉以前为虹县地；唐零璧镇；宋元祐初置零璧县，复改零为灵，隶宿州；明属凤阳府；今因之。

按：明嘉靖、隆庆中，黄河屡决于徐、邳之间，至正河故道淤为平陆。当时议者每欲弃故道就新冲，而总河潘季驯坚主复故之说，惟有筑堤束水，使不散漫，以水攻沙，河身自深，经营于百孔千疮之余，卒有成功焉。

宿迁县黄河事宜

宿迁县黄河南岸，上自睢宁县交界古堤头起，下至桃源县交界白洋河钞关口止，计程六十三里七分零。北岸自邳州交界起，至张庄运口止，又自吴家墩起，至桃源县交界止，计程共七十八里零。自张庄运口起至矮堤头止一段系宿桃中河通判管辖，自矮堤头起至吴家墩止一段系马陵山坡，无堤。属宿虹河务同知管辖。其汛四，南岸曰蔡家楼汛、陈家道口汛，北岸曰（栏）〔拦〕黄坝汛、大古城汛。古堤头，一作谷堆头。

蔡家楼汛

自睢宁县交界起，至徐家湾西张王庙止，缕堤长六千三百五十丈，康熙三十八年修筑。

蔡家楼岁修险工一段，老堤头岁修险工一段，二工相连，共长三百五十丈。

彭家堡岁修险工一段，长一百四十二丈。

蔡家楼墩，即庙月堤一道，长二百九十五丈；老堤头月堤一道，长四百三十九丈；彭家堡月堤一道，长八百七十五丈，俱康熙十八年创筑。又三工总大月堤一道，长二千一百九十六丈五尺，三十八年创筑。

陈家道口汛

自张王庙起，至桃源县交界止，缕堤长五千一百一十七丈九尺，康熙三十八年修筑。

徐家湾龙门抢修险工一段。

徐家湾临河堤一道，长一千二十一丈，康熙三十八年修筑。

陈家道口岁修险工一段，旧长九十一丈五尺，又坍塌河崖二十五丈，共长一百一十六丈五尺。

陈家道口月堤一道，长九百五十丈，康熙三十八年创筑。

拦黄坝汛

自邳州交界起，至张庄运口止，缕堤长五千九百一十六丈。

自邳州交界起，至皂河石磡迤西止，缕堤长二千四百八十五丈，康熙三十八年修筑。

朱家庄旧险工一段，今河溜南徙堤外，沙淤停修。

朱家庄月堤一道，长五百二十三丈一尺，康熙三十六年修筑。

皂河拦黄坝西堤一道，长二百四十九丈六尺，康熙三十八年修筑。拦黄坝临河堤一道，长三十六丈五尺，三十六年修筑。内岁修险工旧长八十四丈五尺，新生又七丈五尺。

拦黄坝东堤一道，长二百二十九丈三尺五寸，康熙三十六年修筑。

拦黄坝迤里拦运河堤一道，长三十九丈，康熙三十六年创筑。

自拦黄坝东堤起，至张庄运口止，缕堤长三千四百三十一丈，康熙三十八年修筑。

大古城汛

自宿迁县西门吴家墩起，至桃源县交界大古城止，缕堤长八千一百五十八丈五尺，康熙九年创筑。

萧家渡旧决口戗堤一段，长八十五丈，康熙三十六年帮筑。

朱家堂旧减水坝基一段，长一百一十三丈四尺，康熙三十六年拆坝创筑。

杨家庄旧决口戗堤一段，长七十八丈，康熙三十六年帮筑。

温家庙旧减水坝基一段，长三百二十七丈五尺，康熙三十八年修筑。

河北镇下湾抢修险工一段。

河北镇下湾挑水坝三道，其第一、第二道，康熙三十六年筑；第三道，四十年筑，第二、第三段俱抢修。

河北镇险工戗堤一段，长二百三十六丈八尺，康熙三十六年帮筑。

河北镇月堤一道，长九百七十八丈八尺三寸，康熙三十八年创筑。

自卓家庄起，至大古城桃源县交界止，缕堤一段长一千六百二十六丈，康熙三十六年修筑。

大古城岁修险工一段，长一百一十四丈。

宿迁黄河北岸上自张庄运口起，下至矮堤头止，计程一十一里五分零，属宿桃中河通判管辖。

临黄缕堤，自张庄运口起，至骆马湖口西裹头止，长一千九十一丈五尺。又自骆马湖口东裹头起，至拦马河砂礓嵴迤上矮堤头止，长九百八十三丈二尺，俱康熙三十八年捐工人员承修，尚有未完处。

骆马湖口竹络石坝一座，康熙四十年题准修建，现在兴工。

骆马湖口迤东临黄外口险工一段，抢修。

临黄外口迤东石闸一座，康熙三十九年修建。

石闸迤东拦河大坝一道，长十六丈，康熙三十七年筑。

归仁堤事宜

归仁堤，在宿迁县黄河南十六里，始于明嘉靖间，所以捍睢水、湖水及黄水，使不得南会于淮，而又遏睢水、湖水，使之并入黄河，助其冲刷也。历年堤工废弃不修，致祠堂湖一带连决七口，尽诸水而注之淮河，以为高堰害。幸我皇上审悉形势，知其紧要，诏令兴修。堤工既完，又开引河一道，引诸水至桃源老堤头出，以达于黄。又虑黄水消长靡常，于归仁堤建闸三座，于老堤头建闸二座，黄水大则闭老堤头闸、开归仁堤闸以放水入淮；黄水小即闭归仁堤闸、开老堤头闸以引水刷黄，节宣有制，可以垂久远而无弊矣。旧属宿虹同知管辖，今新开引河在桃源境者属桃源同知管辖。

归仁集西乌鸦岭土堤，上自虹县交界起，下至归仁集石工头止，计长五百九丈，康熙三十八年修筑。

归仁堤旧石工，上自归仁集起，下至五堡格堤头止，计长三千八十八丈六尺，康熙三十八年修砌，其内土堤，四十一年重修。

五堡迤上双金门闸三座：西曰利仁，东曰归仁，中曰安仁，俱康熙三十九年建。五堡旧减水坝于二十三年被水冲决，四十一年堵塞。

归仁石工东旧堤，上自五堡起，下至桃源县交界止，长三千七百五十七丈三尺，康熙三十九年修筑。内自五堡迤下起，至九龙庙止，石工一段，长一千一百丈三，十九年创砌。其下自九龙庙起，至桃源县界止，即作新开引河之南岸束水堤。

格堤一道，自五堡起，至便民闸止，长二千七百二十五丈，康熙三十八年修筑，便民闸系十九年建。

引河一道，自九龙庙起，至桃源县境老堤头黄河边止，计长三千七百丈四尺五寸，在宿迁境长三百五十七丈七尺五寸，在桃源境长三千三百四十二丈七尺，康熙三十九年挑挖。

桃源境引河南岸束水堤，接宿迁堤起，至老堤头黄河边止，长一千四百六十二丈，康熙三十九年创筑。

引河北岸束水堤一道，自格堤三堡起，至桃源县黄河边止，计长三千七百七十六丈七尺。在宿迁境长六百八十三丈，康熙三十九年创筑。在桃源境长三千九十三丈七尺，内五百九十五丈系旧堤重修，其二千四百九十八丈七尺系创筑。

宿迁境北岸束水堤内小石闸一座，通运料小河之水，康熙四十一年建。

桃源境老堤头出水闸一座，曰祥符闸；又月河小闸一座，曰五瑞闸，俱康熙三十九年建。月河一道，长九十六丈九尺，三十九年开挖。

引河口门束水横堤长四十丈，内草坝一座，俱康熙三十九年建。

桃源黄河事宜

桃源县黄河南岸，上自宿迁县交界白洋河起，下至清河县交界骆家营止，计程八十八里零。北岸上自宿迁县交界古城起，下至清河县交界骆家营止，计程八十二里零。设有桃源河务同知管辖。其汛四，南岸曰烟墩汛、龙窝汛，北岸曰九里冈汛、矶觜汛。

烟墩汛

临河堤，上自宿迁县交界白洋河钞关口起，下至旧缕堤止，长一千四十一丈，康熙十九年创筑。查，白洋河旧缕堤，自宿迁县界起，至临河堤头止，长七百六十丈，康熙十七年筑，今废。

自临河堤头起，至烟墩旧险工东头止，缕堤长七千二百九丈六尺，康熙十七年创筑。内四千四百二十六丈六尺，三十六年加帮，有未完工处。

自半边店起，至熊家庄止，缕堤一段长八百三十丈，康熙四十年修筑。半边店，一名野饭店。

烟墩岁修险工一段，旧长二百五十八丈，康熙四十一年东头新生险工一百五丈。查，此工近来对岸沙觜日长逼溜南射，以致加险，四十一年闰六月间大水暴至，旧埽冲尽，堤土坍卸亦几无余。臣督率河员昼夜抢筑，不数日而戗堤成，以次下埽毕复帮筑埽台，长三百六十丈。又于对岸开引河一道，长五百九十二丈，以杀水势。又烟墩迤东旧有护城堤一道，长五百七十丈，今加帮高厚。又接筑六百一丈，共长一千一百七十一丈，为烟墩之月堤，以资防御。

龙窝汛

自烟墩旧险工东头起，至骆马营清河县交界止，缕堤长七千七百四丈八尺，康熙九年创筑。内自烟墩旧险工东头起，至高家湾止，三十八年加帮卑薄处。自高家湾起，至骆家营止，四十年加帮卑薄处。

张家庄岁修险工一段，旧长四百三十丈，康熙四十一年又新生险工五十四丈。查，此工于三十五年七月间漫缺三百五十二丈，是年堵塞。四十一年闰六月间，异涨之水复于张家庄之下颜家庄漫缺八十余丈，至□[1]月间堵塞。

张家庄北岸顾家湾引河一道，长九百二十丈，康熙四十年开挖。

谈家庄岁修险工一段，旧长二百七十丈，康熙四十一年，又新生险工五十丈。

谈家庄险工，于康熙四十年置铁犀一座于工上以镇水。四十一年创筑月堤一道，长六百一十六丈。又加帮埽工尾缕堤一段，长一百二十丈。

九里冈汛

自宿迁县交界起，至河北镇止，缕堤长八千一十二丈五尺，康熙三十六年修筑。

九里冈岁修险工一段，长三百三十三丈三尺，埽台长三百二十八丈，康熙三十八年加修。查，九里冈工三十五年八月间漫缺二百八十五丈，是年十月内堵塞。

崔镇石坝一座，康熙三十二年闭塞。

徐升石坝一座，康熙二十五年闭塞。

上渡口岁修险工一段，长六十丈，坝台长二十八丈四尺，康熙三十八年加修。

---

[1] 底本缺字。

矶觜坝汛

自河北镇起，至清河县交界止，缕堤长六千八百二十九丈一尺，康熙三十六年修筑。内马家庄一段，长四百四十丈，三十八年又加帮。

七里沟矶觜坝，岁修险工一段，长五十七丈。

支河石坝一座，康熙三十二年闭塞。

新庄口排桩工一段，长一百四十丈，康熙二十七年建筑。

三义石坝一座，康熙三十二年闭塞。

三岔岁修险工一段，旧长一百一十九丈。康熙四十一年，又新生险工，长二十丈。

三岔险工坝台长二十四丈，康熙三十八年加修。

清河、山阳、安东三县黄河（图说）〔事宜〕

清河县黄河北岸，上自桃源县交界骆家营起，下至山阳县交界泗铺沟止；南岸上自桃源县交界吴城起，下至山阳县交界季家浅止。山阳县黄河南岸上自季家浅清河县交界起，下至海口止；北岸上自泗铺沟清河县交界起，至安东县交界颜家河止，下又自安东县交界云梯关起，至海口止。安东县上自北岸颜家河山阳县交界起，下至云梯关山阳县交界止。三县黄河南岸共计程二百六十余里，北岸共计程二百四十余里，分属山清外河、山安河务两同知管辖。

山清外河同知所辖黄河北岸自骆家营起，至泗铺沟止，南岸自吴城起，至陈家社遥下止，其汛五：在北岸曰清河北岸汛，在南岸曰清河南岸汛、山阳外河汛、山阳上河汛、山阳下河汛。

清河北岸汛

自骆家营桃源县交界起，至中河口西岸止，缕堤长二千三百四十丈五尺；自中河口东岸起，至泗铺沟山阳县交界止，缕堤长六千四百六十三丈一尺，康熙三十八年修筑。三十九年，加帮地势洼下、堤身卑薄处龙王庙、黑鱼汪一带五百七十六丈，及前工未竣王家营至泗铺沟八百六十三丈五尺。四十一年又加帮自护县堤头起至玉皇阁埽工止二百二十一丈五尺，又玉皇阁险工卑薄处四百八十五丈。

石人沟岁修险工一段，长五百丈。

玉皇阁岁修险工一段，长六百九丈。

陶家庄堤外引河一道，长七百八十丈。康熙三十八年，圣驾南巡，亲阅水势，恐黄流逼近清口，淮水不得畅出，诏开引河，引黄北注，乃屡挖屡淀，至四十年臣复题请开挖宽深，已经告成。

护县堤一道，在县治后自娘娘庙起，至龙王庙止，长一千四十二丈八尺。康熙二十六年，前河臣靳辅开凿中河，筑堤以护县治。四十一年，陶庄引河告成，水势附近县东缕堤，恐致侵害，创筑撑堤一道于县治东护县堤之内，自缕堤起至护县堤止，长二百八十四丈。又加帮护县堤一段于撑堤之外，自撑堤头起至缕堤止，长一百九十丈，以为县治重门之障。

王家营迤西缕堤上，旧有减水坝，历久圮废。康熙四十年，重建土坝，口宽三十丈。坝内挑引河一道，以泄黄水异涨，由盐河入海。

清河南岸汛

自吴城桃源县交界起，至张福口横堤头止，缕堤长三千五百一十丈，康熙三十八年修筑，未竟，四十年重修。

张福口横堤一道，自缕堤起，至清口西坝止，长四百九十二丈，康熙三十七年筑。清口两岸东、西两坝，俱三十七年建。

陈家庄东挑水新坝一座，康熙三十八年圣驾南巡驻跸于此，相度河势，亲定方所，命筑坝挑黄水北入陶庄引河，不致逼向运口，今土人俱称御坝。四十年设雁翅一道，又清口西坝亦添筑雁翅，又自挑水坝至西坝筑顺堤，长四百八十丈五尺，今河溜全趋北岸，淮流畅出，四十一年异涨之水，清、黄俱顺轨而东，绝无壅抑之虞矣。

自挑水坝尾起，至缕堤止，撑堤一道，长三百四十六丈，康熙四十一年创筑。

自陈家庄至挑水坝顺水小堰一道，系民筑。

清口东甘罗城堤，自甘罗城西南角迤西里河交界起，至卞家汪工头止，共长一百三十一丈，旧桩埽工，康熙三十八年修筑。内卞家汪一段，长五十五丈，抢修。

卞家汪堤，自甘罗城北起，至天妃坝石工头止，长八十四丈，旧抢。旧桩埽工，今题准改建石工。康熙四十年置铁犀一座以镇水。

天妃坝石工三百四十七丈，康熙二十九年建砌。三十一年，添设鸡嘴坝一座，长十丈，抢修。石工塌卸三段，现今兴修。

惠济祠后旧埽工一段，自天妃坝尾起，至庞家湾止，长一百六十二丈，康熙三十九年题准改建石工，现在攒砌。

自庞家湾起，至季家浅山阳县界止，缕堤长四百六丈五尺，康熙三十八年修筑。

山阳外河汛

自季家浅起，至三岔止，缕堤长一万一百九十五丈，康熙三十八年修筑。内自张庄至三岔一千四百八丈，四十年又加高二尺。

王公堤石工一段，自海神庙至老坝口，长五百九十五丈，明万历三年漕督王宗沐捐俸创筑，以御河患，民为立碑庙祀，号堤曰“王公”。岁久淤垫，乃筑外越堤一道，长六百二十丈，康熙三十八年加帮，护以桩埽。

老坝口岁修险工一段，长一百四十二丈。

小车路口岁修险工一段，长六十丈。

大车路口岁修险工一段，长二百五十丈。

两车路口月堤一道，长三百三十丈，康熙三十七年创筑。

朱家沟岁修险工一段，长一百九十四丈。

洪福庄岁修险工一段，康熙四十年〔筑〕，长六十丈。四十一年，又新生三十二丈，帮筑里戗堤长二百丈，以资防护。

自老坝口至洪福庄，五险工相连，康熙四十年置铁犀工上以镇水。

柴市岁修险工一段，长一百九十三丈，鸡觜坝一座，康熙二十八年筑。

汤董庄岁修险工一段，长二百四十二丈。以上两险工相连。

上张庄岁修险工一段，长五百一十九丈。

自车路口起，至上河汛大茭陵止，汰黄堤一道，长一万二千二百五十九丈八尺，康熙三十八年修筑。

山阳上河汛

自三岔起，至叶家营止，缕堤长八千八百九十七丈三尺，康熙三十八年修筑，未竟。四十年，加帮卑薄处，长六千三百八十四丈一尺。

尹家庄岁修险工一段，长二百七十丈。

韩家庄岁修险工一段，长一百六十五丈。

尹家庄、韩家庄二工相连，康熙四十一年筑大月堤一道，长八百八十丈，又加帮韩庄埽台，长八十丈。

尹、韩二工对岸引河一道，长六百四十丈。又，韩庄东引河一道，长五百二十丈，一以分尹、韩二工之水势，一以分安东便益门之水势，俱康熙四十年开挖。

新港岁修险工一段，长一百五十丈。

周家渡岁修险工一段，长二百四十丈。

唐家堡岁修险工一段，长六百六十七丈。

小茭陵岁修险工一段，长一百四十四丈。

小茭陵格堤一道，自缕堤起，至汰黄堤止，长一百八丈，康熙三十六年创筑。

何家庄岁修险工一段，长九十丈。

大茭陵岁修险工一段，长四百二十六丈。以上五险工相连。

山阳下河汛

自叶家营起，至陈家社迤下山安交界止，缕堤长一万三千一十二丈，康熙三十六年修筑。

自上河汛土坝头起，至下河汛童家营止，共长三千二百九十三丈。又自马家社起，至侍家坞流泉沟止，长一千八百四十一丈。俱康熙三十八年捐工人员签钉排桩。

胡家庄岁修险工一段，长一百六十丈。

童家营岁修险工一段，长一百七十八丈。查，此工于康熙三十五年决口，至三十六年堵闭，大溜冲激于外，积水荡漾于内，新堤单弱难恃，康熙四十年建月堤一道，长六百七十丈，于对岸开引河一道，长六百二十丈。又，堤内下埽，压土帮戗，以资捍御。

左家口旧险工一段，长一百二十丈，今堤外沙淤停修。

自马家社起，至涂州马头止，排桩工一段，长一千八百四十一丈，康熙三十八年修建。

北沙临河堤一道，民修。

陈家社迤下缕堤一段，其下有泉水迸出，屡筑屡陷，康熙四十年于堤外筑两小月堤，以护陷处。又筑大月堤一道，长四百八十丈，护小月堤之外。

山安河务同知所辖黄河北岸，自泗铺沟起，至海口六套止。南岸自陈家社迤下山清外河交界起，至海口陆家社止，其汛五：在北岸曰安东汛、上河汛、下河汛、北岸汛，在南岸曰南岸汛。查，南岸自陆家社灶工尾至海，计程五十四里；北岸自六套堤尾至海，计程六十九里。

安东汛

自泗铺沟山清外河交界起，历颜家河，至安东县东门止，缕堤长九千一百四十一丈八尺，康熙三十六年修筑。其卑薄残缺处，三十九年又加修。

邢家河险工一段，计长六百五十丈，康熙四十年于埽牛之上加镶丁柴，高四尺，又压土二尺，以资捍御。

郑家马头岁修险工一段，长一百三十五丈。

时家马头险工一段，岁修，新旧共长二百二十九丈八尺。又，抢修三十五丈。查，此工于康熙三十六年漫缺周五十余里，民田庐墓尽没水中，至三十九年十一月二十日堵塞缺口，建汉寿亭侯庙于上以镇之。四十年又筑矶嘴坝一座。

便益门岁修险工一段，长三百一十八丈，康熙四十年置铁犀工上以镇之。

南、东两门岁修险工，共长二百五十丈。

查，安东一邑，频遭水患，康熙四年河决茆良口，又小决口数处，漂溺庐舍、人畜无算。九年九月二十六日，风雨大作，城阙冲决，城内水深数丈，溺死男妇甚众。十年，河决邢家河口、二铺口、张骆二口，至十七年堵塞。查，邢家河等决口，在康熙十年，今郡县志载十五年者误。三十五年七月初二日，中河水溢，由便民塘入城，本年居民自行堵塞。三十六年六月初十日，河决时家马头，以致便民塘又开，次年六月，居民又自行堵塞。前河臣以此非黄河堤岸，故置弗理。数年来城中积水，地上行舟，房屋坍塌，人民迁徙。至四十年，臣设法开放，涸出平陆，民始复业，西北郊外一带汪洋，今皆得而耕种矣。

上河汛

自安东县东门起，至彭家滩止，缕堤长八千九百三十三丈，康熙三十六年修筑，三十九年加帮险要处。

汪家庄抢修险工一段，长二百五丈，康熙四十年建筑矶觜坝一座，长十二丈。

二塘抢修险工一段，长四十丈。

查，汪庄二塘两险工相连，康熙三十九年水势汹涌，几至漫溢，至四十年汪庄西头建筑矶觜，逼溜开行，两工稍平，所以题挖汪庄引河一道，业经奉旨允行，复题停止。

汪庄二塘月堤一道，长五百九十丈，康熙三十九年创筑。

窑湾抢修险工一段，康熙三十七年，抢修一百四十二丈。三十九年，抢修一百五十五丈。四十年，河身渐深，水势稍平，止抢修挑水坝二丈七尺。四十一年，异涨之水，抢修一百五十七丈八尺。

下河汛

自彭家滩起，至云梯关山阳县交界止，缕堤长八千七百一十一丈五尺四寸，康熙三十六年修筑，三十九年重修。

龙潭口抢修险工一段，长五百五十丈。查，此工内外积水汪洋，风浪荡激，最属险要，康熙四十年堤外创建排桩镶柴堤，里下埽填土，共资防御。

老堤头岁修险工一段，长三十四丈，康熙四十年建筑矶觜坝一座。

佃湖抢修险工一段，长四十五丈，康熙四十年建筑矶觜坝一座。

北岸汛

自云梯关起，至六套止，缕堤长八千一百四十二丈五尺。内有康熙三十六年修筑卑薄之处，又有三十八年捐工人员领工未经兴修之处，三十九年俱重修。

查，云梯关乃古来黄、淮入海故道，相传当年关下即为海口，所以立关设营，有守备驻札其地，关以外舟楫所不及也。潮落沙淤，沧海渐为桑田，于是南北两岸有各港各套各渠，地方向来关外本无堤。前河臣靳辅以关外一望平滩，不分是河是地，若不为之一束，则虽黄河全归故道，而大溜到此四散而去，究竟无入海之路，是以筑此两岸长堤。南岸地势洼下，又多筑二千丈，然而沙淤之土，时合时开，是堤保守之难，有未可与他处同年而语者。

马家港

查，此港因康熙三十五年，前河臣董安国以海口淤浅，开挖引河，导黄由小河口以入海。至三十九年二月间，前河臣于成龙委员堵塞，是年四月间合龙，六月间被水冲开，复筑未就。今大通口宽深，河流顺轨，此港尽淤，四十年置铁犀堤上以镇之。

大通口，即旧拦黄坝处，康熙三十八年议拆拦黄坝，前河臣仅拆其半，至三十九年臣遵旨尽行拆去，即于是年赐名大通口。

淮水由清口经安东，出云梯关以达于海，此自夏禹至今数千年之故道。黄河自宋神宗时南徙而与淮合，今亦六百余年，其出海之口广至数百丈，深至数丈，非人力所能为者，或因上流不治，水缓沙停以致梗塞，而遂欲别寻一道以达于海，此必无是理。明潘季驯辩之甚详，而迩来河臣不察，误筑拦黄坝，欲令河水尽由马家港出，下流既窄，则上流愈益壅遏，东冲西决，将无已时。幸蒙皇上宸谟独运，命尽毁拦黄坝，赐名大通口。又命广辟清口，淮水悉出会黄，二渎合流奔腾东注，积沙尽涤。今河面宽至二百余丈，即水落亦一百八九十丈，深至四丈五六尺，即水落亦三丈五六尺，自大通口至惠家港八滩入海之处俱深三四丈不等。自此两河皆复其故，而淮海之间永庆安澜矣。

柳园头新生险工一段，长二百九十五丈六尺。

四套险工一段，旧长五十二丈，康熙四十年，水势渐平，止修二十五丈。四十一年，水势更平，停修。其题筑月堤一道，亦暂停止。

南岸汛

自陈家社之下山清外河交界起，至陆家社灶工尾止，缕堤长一万二百六十一丈五尺。内有康熙三十六年修筑卑薄之处。又有三十八年捐工人员领工未经兴修之处，三十九年俱重修。

歪枝套堤一段，长二千三十五丈九尺，康熙四十年加帮高厚。

辛家荡滚水大坝一座，现在兴筑。

陈家庄新生险工。查，陈家庄正在大溜顶冲之处，向年各处堤岸漫缺，水势至此平缓，自康熙四十年清、黄并下，冲刷堤根，遂为危险。

西礴险工。查，此工即在陈家庄之下，水势顶冲，兼以河面窄狭，河中突出沙觜，汹涌愈甚，康熙四十年加帮外坦堤八十丈，内戗堤三百一十五丈。臣又督令官弁挑挖沙觜，及对面河滩，旧水面仅宽六十丈，今冲刷至一百余丈矣。

掌家港险工。此工在石礴之下，康熙四十年七、八月间，陈家社西礴危急，此犹稍缓，今西礴河面渐宽，大溜直冲掌家港，防护更须加谨矣。

附余

吴城，去清河县治南三十里，在大河之涯，东西有二城，相隔五里，宋绍兴三年罢楚州吴城县为镇，自此城废。

甘罗城，旧传秦甘罗筑，徐节孝以为即淮阴故城，《水经注》“淮水东北经淮阴故城”即此。相近有韩信城，《寰宇记》云“信封侯筑”。

安东县，汉襄贲、昌虑县也，属东海郡；隋为涟水县；唐置涟州，贞观初州废以县，属泗州；宋置涟水军，寻废为县，属楚州；元为安东州，属淮安路；明改县，属淮安府；今因之。

卷之十二

高家堰事宜

高堰者，所以障全淮之水，使不得分流旁出，而并力北趋，以与黄敌，乃两河之关键也。《志》称后汉广陵太守陈登所筑，至明少保潘季驯复大葺之。自河工敝坏，黄河之水逆入清口，清口堙塞，淮水溃六坝而东注，山、盐、高、宝诸州邑几为巨浸。堰虽存，与无堰等。幸我皇上南巡，亲览形势，洞烛机宜，命坚闭六坝，广辟清口，且大举增筑高堰，上自武家墩，下至秦家高冈，屹立如山。于是堰以西之水，涓滴皆出而会黄，而堰以东之沮洳之地，复为膏壤矣。此皆庙算精详，功同造化，以致两河普利，亿兆更生。后之防河者，奉为一定之制，守而弗失，即千万年可长治也。设有高堰、山盱两通判管理修防。其汛有三：北曰高堰汛，属高堰通判；南曰徐坝汛，属山盱通判；中曰高涧汛，则分属焉。高堰通判所辖，北自山、清交界武家墩后横堤头起，南至高良涧禹王庙前止。山盱通判所辖，北自高良涧禹王庙前起，南至秦家高冈止。

高堰汛

自武家墩西堤，历拦河坝至东堤，历盐坝至土地庙前大堤头拦河坝止，长七百六十六丈七尺。

自武家墩土地庙起，至高堰大坝北止，大堤长二千四十一丈八尺。自高堰大坝北头起，至小黄庄止，大堤长三千七百二十二丈七尺。

高涧汛

自小黄庄起，至高良涧禹王庙山、盱交界止，大堤长二千三百七十四丈五尺六寸。以上属高堰厅。

自高良涧禹王庙起，至周家桥止，大堤长三千二百二十七丈四尺。

徐坝汛

自周桥起，历棠梨树至秦家高冈止，大堤长四千三百七丈。以上属山盱厅。

高堰大堤于康熙三十八年冬发帑修筑，命原任户部尚书王日藻，原任兵部侍郎杨雍建，原任内阁学士李应廌，原任都察院左都御史董讷，原任总漕马世济，原任浙闽总督朱弘祚，原任广西巡抚王起元，原任浙江巡抚金鋐、线一信，原任安徽巡抚陈汝器，原任贵州巡抚卫既齐，原任广东巡抚江有良、高承爵，原任福建巡抚宫梦仁等领帑分修。命兵部尚书范承勋，工部尚书王鸿绪，吏部侍郎王掞，户部侍郎田雯，兵部侍郎布雅努，刑部侍郎喻成龙，工部侍郎顾藻，都察院右副都御史王绅、寿鼐等督催。诸臣于康熙三十九年二月到工，题请将工分为三段，以自武家墩至小黄庄为一段，小黄庄以南为中段，自周桥至棠梨树为三段，先从中段兴修。

本年四月，臣始履任，见湖堤冲刷残缺，难御伏汛，于五月内题准武家墩至小黄庄临湖钉埽工程，委河员李梅等领大工帑银先行趱筑，以资捍御。迨七月初七、八等日，风雨大作，镶柴御浪，堤工赖以无虞。嗣因分修杨雍建、江有良以疾归，高承爵补授皖抚，王日藻、朱弘祚病故，工程交与效力学道姚淳焘、刘谦吉、陆鸣珂、史陆舆、岳宏誉等接管。至堵闭六坝工程，关系紧要，臣题准委工部员外郎王登魁、原任知县宁维邦等堵塞茆家围南坝及夏家桥，责令里河同知常维祯照例赔修唐埂南坝，山盱通判孙调鼐赔修茆家围北坝，唐埂中坝及北坝，俱于康熙三十九年八、九月堵塞完工。因闭坝水长，题留夏家桥口门，以便分修诸臣临湖镶柴，于十二月十九日合龙门。是役也，湖溜湍激，堵塞倍极艰难。幸秋令八十余日，西风不作，洪涛不兴，得以趱堵成工。此皆皇上至诚格天之所致也。

是年九月，奉旨撤回范承勋等九人。臣奉命专督各工，于康熙四十年冬告竣。北自武家墩堤头起，南至棠梨树止，长一万四千九百八十一丈二尺三寸，高二丈三四五尺不等，临湖镶柴高一丈一二三四尺不等，顶宽八丈四尺。又临湖镶柴宽八尺，底宽一十三四丈不等。臣虑柴土不能经久，自武家墩至小黄庄堤底，旧石工年久残缺淤垫，题请重砌新石岸。自小黄庄以南至古沟前河，臣于成龙委员建砌石岸，有未完工者，严饬趱完，有被水冲残者，遴员修补。又自古沟以南至林家西，亦俱创砌石岸。又自天然坝南起，至秦家高冈止，俱临湖镶柴，以资保障。又置铁犀五座于高堰大坝、高良涧、龙门大坝、茆家围、夏家桥诸处以镇之。

康熙四十年三月，桃汛大发，湖水蓄长，题准自武家墩起，至棠梨树止，加筑子堤，长一万四千九百八十一丈二尺三寸，通工以出水面七尺为度，以御风浪。今康熙四十一年伏汛，黄、淮并涨，水势异常，全赖子堤捍御。

武家墩西堤、东堤原系明季行运新河之东、西堤也。西堤于康熙十五年间被水冲决，堵塞，今历年加修。东堤系旧堤，康熙三十九年议修，以为西堤重门之障。

山、清交界东拦河坝长四十丈，康熙三十六年创筑。因每岁修葺西堤，筑此以便取东岸之土。

真武庙东拦河坝长三十丈，康熙十六年建。因新河不复行运，筑坝河上以便往来。

盐坝长五十八丈五尺，康熙三十四年盐商筑。

南拦河坝长三十四丈，康熙二十二年创筑，以拦湖水。

高堰大坝外越坝长一百八十一丈五尺，康熙十六年创筑。

六安沟外越坝长六十八丈五尺，康熙三十九年镶柴修筑。

高涧大坝内有深潭，不能帮筑，康熙四十年创筑里月堤一道，长二百五丈五尺，见在估砌石工。又临河外月堤，签钉排桩镶柴一段，长一百五丈。

清水潭堤内有深潭，不能帮筑，康熙四十年创筑里月堤一道，长九十六丈。

周桥迤南旧减水坝六座，康熙三十五年大水冲坏，康熙三十九年堵塞。今另建滚水石坝三座，上下两座金门口宽各七十丈，中一座金门口宽六十丈。又建天然坝草坝二座，一口宽六十丈，一口宽六十二丈三尺。

大堤内运料小河一道，自武家墩起，至周桥止，前河臣靳辅开挖，未成。康熙三十九年范承勋等题准以挑河之土筑大堤，河面宽八丈、底宽五丈、深五尺为度，因水浅未能通舟，康熙四十一年题准加挑。

运料河堤一道，土人称为二堤，自武家墩起，至周桥撑堤止。

周桥东草字河顺水堤一道，自周桥大坝东起，至仁和集西止，长四千八百九十五丈，康熙四十年修筑。

唐漕河堤一道，自天然坝南大堤起，至介沟止，长三千三百一十五丈，康熙四十年创筑。

蒋家坝拦水堤一道，自蒋家坝起，至周家围止，长一千一百五十三丈，康熙四十年河员捐资筑。

淮河全图

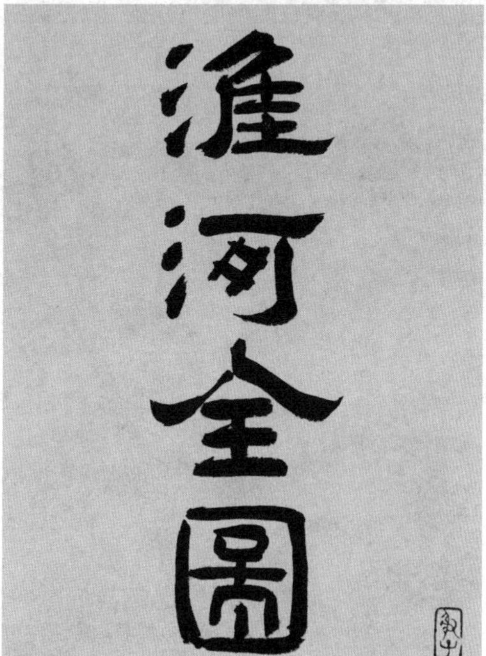

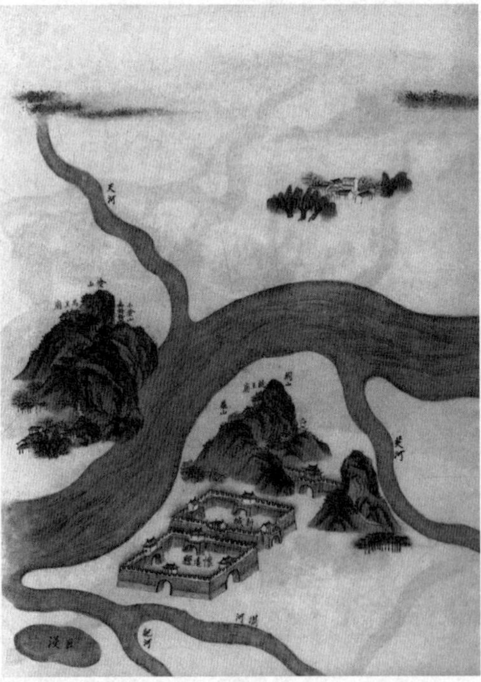

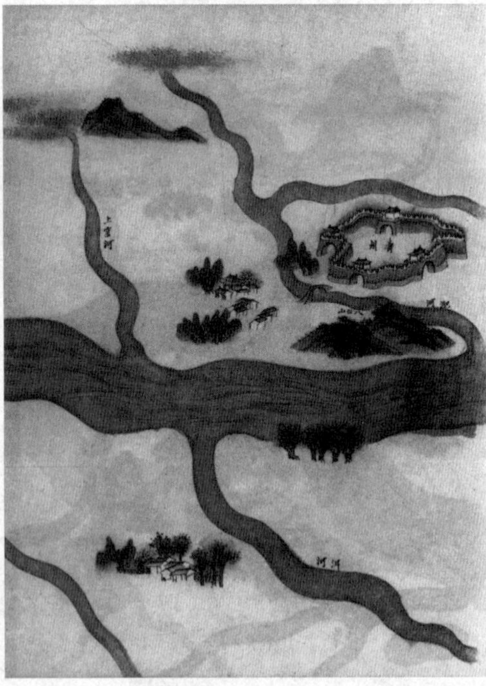

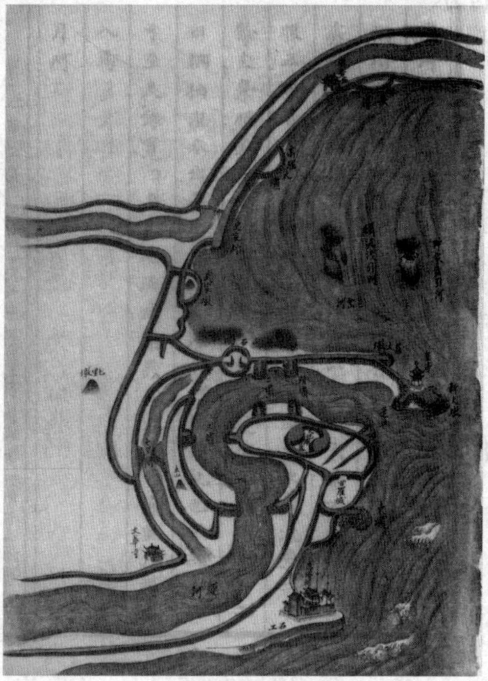

淮河图说

桐柏县西三十里，胎簪山之阴有泉曰淮井，即淮河发源处也。井口纵横各七尺，水深五六尺，虽大旱不干。盖其泉眼三出，昔人因之砌砖为井，井上置亭，其水伏流东二十余丈，泉眼遂多，水始群出。至桐柏县，绕城北门而东，有山曰桐柏，淮水出其南，昔禹导淮自桐柏，即此也。水深五六寸至尺余，宽四五丈，渐流成渠矣。又东二十余里，月河水入焉。

月河

发源泌阳县，南流合围山诸水入于淮。

查，自淮井以西，凡山涧之水俱向西流入南阳归汉江，淮井以东水皆东流注淮河，桐柏县之水有东、西分流之异也。

附余

桐柏县，周初柏国；春秋属楚；汉置复阳县，以在桐柏大复山之阳，故名；隋改桐柏县，属淮州；唐属唐州；明初属唐县，成化二十年仍改桐柏镇为桐柏县，属南阳府；今因之。

淮渎庙，旧建于桐柏镇西二十五里淮井铺，汉延禧六年移建桐柏镇东一里许，唐天宝六年封淮渎为长源公，五代杨溥二年封长源王，明洪武中定各神号，称东渎大淮之神。庙内古柏五株，相传汉时所植。御书“灵渎安澜”四字匾额，康熙三十三年遣官赍建。

淮水又东过信阳州北，去州四十五里，游河、明河、洋河水入焉。

淮水至此深二三尺、宽至六七十丈，其势渐大。

游河

在信阳州西五十里，源出四望山，流至出山店入于淮。四望山在州西六十里，极高峻，登眺见数百里之外。

明河

在信阳州北九十里，源出大木山白龙潭，流至杜家湾入于淮。大木山在州西北一百二十里。按：明河即《水经》所云大木水也，《水经注》水出大木山，即晋车骑将军祖逖将家避难所居也，今俗讹“大”为“天”，或以“木”为“目”，皆非也。

洋河

在信阳州东北六十里，源出大埠关之西港，东流入淮。

附余

信阳州，周宣王封元舅申伯于谢即此；秦置义阳县，隶南阳郡；汉省入平氏县；三国魏初复义阳县；唐为申州；宋置信阳军；元为信阳州；明初为县，成化十一年复为州，属汝宁府，领罗山一县；今因之。

淮水又东过罗山县北，去县二十里，浉河、泺清河、月儿湾河、竹竿河水入焉。

浉河

源出随州黄土山，为黄土河，经信阳州，会九曲河，北流抱州城，至罗山县西北六十里入淮。九曲河即九渡河，源出信阳州鸡翅山，《水经注》云溪涧潆委，沿溯九渡矣，其犹零阳之九渡水，故亦谓之九渡焉。鸡翅山，即鸡头山，在信阳州南七十里。

泺清河

今名泺水涧，罗山县北二十里，入于淮。

月儿湾河

在罗山县东北三十里，源出掘山，北流入于淮。

竹竿河

在罗山县东三十里，会小黄河水北流入于淮。小黄河，源出灵山，流绕县城南门入竹竿河。灵山在信阳州东南六十里，跨罗山县境，《方舆胜览》云视众山最高，每云起覆，顶天必雨。

附余

罗山县，周为申国地；秦属南阳郡；汉置鄳县，属江夏郡；隋置罗山县，属义阳郡；唐置南罗州，寻为县，属申州；宋初省入义阳军，后复置县，属信阳军；元属信阳州；明初属汝宁府，成化十一年隶信阳州；今因之。

罗山，在县南一百里，隋因山名县，旧治在山下。

子路问津处，在子路山，其西有二小石门，在县西南八十里。又十里，为大石门，南通荆、楚，守隘之地也。世传子路宿于石门，即其处云。

淮水又东过息县南，去县四里，闾河、营河、谷河、澺河、泥河、清水港水入焉。

闾河

在息县东北九十里，源出确山县高皇陂，东流，达于淮。

营河

在息县东北一百五十里，源出汝河，东南达于淮。

谷河

在息县东南四十里，源出竖斧堰，东流，达于淮。

澺河

在息县北十里，下流，东南为葛坡，达于淮。葛坡在县东南三十里，即费长房投杖化龙处也。

泥河

在息县东南四十五里，源出万安塘，东流，入淮。

清水港

在息县南三里，源出汝阳牛团塘，东流，入淮。

附余

息县，周息侯国；后楚灭息，置白公城；秦属九江郡；汉置新息县，属汝南郡；东汉又析置褒信县，以后置属不一；唐初置息州，后废州为县，属蔡州；宋绍兴十一年与金议和，以淮为界，县遂属金，复置息州，宋末年置行省于州；元仍为州，隶汝宁府，省褒信入之；明复为县，初属凤阳府，寻改属光州；今因之。

淮水又东，过光山县北，去县九十里，寨河水入焉。

寨河

在光山县北三十里，合清流河北入淮。清流河，在光山县西四十五里。按：寨河殆即《水经注》所谓柴水也，因声相近而误耳。

附余

光山县，春秋时弦子国；秦属九江郡；汉置西阳县，属江夏郡；晋改光山县，属弋阳郡；唐属光州；宋绍兴间改期思县；元至正间仍名光山，改属汝宁府；明仍属光州；今因之。

濮公山，即弋阳山，一名浮弋山，又名浮光山，在县北九十里，淮河之滨。相传濮公炼丹于此，光浮于天，州邑俱以此名。

淮水又东，过光州北，去州三十里，小黄河水入焉。

小黄河

源出麻城县北九十里分水岭，经光山东至光州西北，流贯城东，出会恨沟入淮。按：《水经注》黄水出黄武山，东北流，木陵关水注之，今俗称小黄河，《州志》“黄”加水作“潢”，非。

附余

光州，春秋为弦、黄、蒋三国地；战国属楚；秦属九江郡；汉置汝南郡，统弋阳县；三国魏分汝南郡置弋阳郡；梁末置光州；元魏复为弋阳郡；唐复为光州，统定城、光山、仙居、固始、殷城五县；宋废殷城；元省定城，属汝宁府；明初隶凤阳府，领光、固二县，寻改隶汝宁府，添领息县，成化十一年析固始置商城，领县四；今因之。

淮水又东，过固始县北、颍州南，去固始北七十里、颍州南一百二十里，淠河、史河、汝河、谷河水入焉。

淠河

一名白鹭河，在固始县西五十里，源出麻城县分水岭，东流入固始，会春河，至期思镇，达于淮。白鹭，今作白露。

史河

在固始县东三十里，源出商城县，东流入固始，会石漕河、曲河至临水镇达于淮。石漕河在固始县南四十五里，源出大苏山。曲河在固始县西十五里，源出斛山，东北流，至东曲里入史河，设有闸坝以灌田。大苏山在商城县东四十里，世传苏真人升仙处，西南抵六安、东抵霍丘，周围约五百里。斛山在商城、光山二县间，上广下狭，形方如斛，故名。

汝河

在颍州南一百二十里，入淮。按：汝水源出汝州天息山，东南入西平，经上蔡、汝阳、新蔡以达于淮。元季水溢为害，自舞阳之（锅）〔涡〕河截其流，约水东注，因升蔡州为汝宁府，而西平云庄、遂平、马鞍诸山水，仍合流古渠至颍州入淮。

谷河

在颍州南七十里，由新蔡入境，经黑塔坡，东南过老军屯，又东，过杨宅桥，绕七里冈北，为崇湾，汇于中村冈南，至水台西入淮。

附余

固始，春秋为蓼、蒋二国地，后俱灭于楚；秦属九江郡；汉置寝丘、期思二县，属汝南郡；东汉改寝丘为固始县，属淮扬国；晋分固始属汝阴郡，期思属弋阳郡；隋改期思为殷城；唐以殷城、固始俱隶光州；宋废殷城入焉；明初隶凤阳府，寻改属光州；今因之。

颍州，春秋胡子、沈子二国地；战国属楚；秦属颍川郡；汉属汝南郡；后汉为汝阴郡；梁为颍州；隋复为汝阴郡；唐复为颍州；宋为顺昌军，后改顺昌府；元为颍州，隶汝宁府，后升颍州万户府为中万户府；明为凤阳府，颍州初领县三：颍上、太和、亳县，后改亳县为州，隶凤阳府；今因之。

淮水又东，过霍丘县北。颍上县南去霍丘北四十五里，颍上南二十五里，沣河、东河、润河、颍河、清河水入焉。

沣河

在霍丘县西十里，源出枣木河，北流入淮。

东河

在霍丘县东五十里，源自六安北，东流合泧河水入淮。泧河，在霍丘县东南二十五里，源自六安香河岭，分小河湾，东流入东河。

按：沣河、泧河即穷水也，《水经注》云穷水出六安国安丰县穷谷，世谓之丰水，亦曰穷水，音戎，并声相近，字随读转。然则丰与戎，皆穷水之名，殆二水本出一源，后因塘堰变迁，遂分而命之，而各加以水耳。

润河

有大、小润河，大润河源出颍州土陂，地泉及诸陂积流成河，东过砖桥，受小润河水，出椒陂，至颍上县漕口镇，过灵台入淮。小润河出颍州蚕坊以东，沟涧积水成河，东流至砖桥，东入大润河。

颍河

亦名沙河，源出登封县乾阳山，东南过陈州，合洧水；又东南过南顿，合㶏水；又东南经颍州，至颍上县东门外，东南流，入淮。按：汝水发源天息山者，自元季于舞阳截断南流，亦东归于颍河。

清河

在颍上县西南六十里漕口镇，南流，入淮。

附余

霍丘，古蓼国地，武王封霍叔监殷于此；春秋属楚；秦属九江郡；汉属六安国，置安丰、松滋二县；东汉属庐江郡；西晋改蓼县，属安丰郡；隋开皇十九年置霍丘县，属寿州；宋立安丰军；元属安丰路总管；明仍以霍丘属寿州，隶凤阳府；今因之。

颍上，战国属楚；秦为颍川郡地；西汉为慎县，又曰新郪，隶汝南郡；东汉为慎侯国；西晋属汝阴郡；梁置下蔡郡；隋改颍上县，仍属汝阴郡；唐属颍州，隶河南道；宋以颍州为顺昌府，县仍属焉；元复颍州，省县入之，后复置县，隶汝宁府；明仍属颍州，隶凤阳府；今因之。

龙池，在颍上县西南四十里淮润乡，即张龙公及九子脱骨化龙处。县东十里焦氏台有张龙公庙台，即龙公与郑祥远争钓处也，自唐景龙中立庙。宋熙宁中封公为昭灵侯、石氏柔顺夫人。元祐六年，郡守苏轼迎公脱骨于郡西湖行祠，祷雨其应如响，乃益治其庙，作碑而铭之。弘治七年厘正祀典，每岁春秋，县官率僚属以致祭。

淮水又东北过寿州西，去州六十里，清河、西淝河、东淝河、洛河水入焉。

清河

源出六安州界木厂山，至寿州西南七十里，入于淮。

西淝河

自太和县流入寿州，至硖石山，入淮。

东淝河

源出合（淝）〔肥〕县鸡鸣山，北流二百余里至寿州北，西入于淮。

洛河

自定远县白望堆流入寿州境，至新村南入于淮。

附余

寿州，春秋时属楚；秦为九江郡，置寿春邑；汉为淮南国；后汉复为九江郡；三国江、淮间为战争之冲；晋平吴复为淮南郡；东晋改扬州郡；隋文帝改寿州，炀帝复为淮南郡；唐复为寿州；宋升寿春府；元为安丰路；明初为寿春府，寻改寿州；今因之。

硖石山，在州西北二十五里，《寰宇记》云：“两岸相对，淮水经其中。”

安丰塘，在州南六十里废安丰县，即芍陂也。楚令尹孙叔敖作以溉田万顷，元立芍陂，屯田。明永乐中修治，开三十六门并四闸。

正阳关，在州南六十里，汉昭烈筑城屯兵于此，有刘、关二城。

寿昌城，在八公山东南，梁帝堰淮水以灌寿阳，水势日增，元魏扬州刺史李崇于八公山东更筑一城以备大水，州人号曰寿昌城。

淮水又东北过怀远县东，去县二里，涡河、洱河、茨河、天河、淝河水入焉。

涡河

在怀远县北一里，发源自葛河口，由鹿邑至亳州界，黄河支流从西北来注之，至亳城北，与马尚河合，经蒙城至怀远县北，东入淮，谓之涡口。

洱河

在怀远县西六十里，源发蒙城县，至县南欧村入淮。

茨河

在怀远县西南十里，源发蒙城县，至县荆山南入淮。

天河

在怀远县南五里，源出凤阳县之利山，西北流，至涂山南入淮。

淝河

源出宿州龙山湖，东流至怀远县正义村等处汇为巨浸，东入于淮。

附余

怀远，春秋时宋、钟离二国地；汉当涂、钟离县，属九江郡；晋属淮南郡；隋曰涂山；唐曰钟离，俱属钟离郡；宋改怀远军，领荆山县；元改怀远县，省荆山入之，属安丰路；明属凤阳府；今因之。

荆山，在怀远县治西南，山顶西北有土坑，相传为卞和采玉处。

涂山，在怀远县治东南、淮河东岸，《图经》云平阿县东有荆、涂二山，相为一脉，而水绕荆山之右，禹凿为二以通之，今两崖之间凿痕犹存。《左氏传》曰禹会诸侯于涂山，杜预《注》在寿春东北。

淮水又东北过临淮县北，去县一里，濠河、月明湖水入焉。

濠河

有二源，东源出濠塘山，西源出镆鎁山，二水至升高桥合流，至城西由广会桥入淮。

月明湖

在县东一里，北流入淮。

附余

临淮，春秋钟离子国；战国属楚；秦属九江郡；汉置钟离县，隶淮南国；晋属淮南郡，安帝时置钟离郡，属徐州；北齐改西楚州；隋改豪州，大业初复为钟离郡；唐复为豪州，属河南道，元和中以豪加水为濠；元为濠州路，寻改临濠府，后仍为州，隶安丰路；明置中立县，又置中立府，寻改县为临淮，迁府治于凤凰山之阳，曰凤阳府，又析置凤阳县；今因之。按：《志》：县逼近淮河水，怕为患，明成化十二年修筑东、西二坝，约高丈余，自后逐年加修，淮水泛滥，赖此捍御。正德六年夏，水高于坝，冲开北城，官民房屋倾倒过半。嘉靖二年，水，西坝倾圮，又复增筑。万历三十三年大水，东坝冲塌，西坝舟行坝上，因复增筑，视昔高一丈。又自城东北至濠梁驿一带地方近淮咫尺，明时二次修筑石堤，计长三百二十四丈，居民恃以无恐。

淮水又东北过五河县东，去县二里，浍河、沱河、漴河、潼河水入焉。

浍河

在五河县南门外，源出河南永城县马长河，东流经宿州，过灵璧县固镇桥，至县南入于淮。

沱河

在五河县北二里，源出宿州紫芦湖，经灵璧县东南，至县西北会浍水，东入于淮。

漴河 “漴”俗作“潒”

在五河县南二里，源出南湖，东流入于淮。

潼河

在五河县东三十里，源出虹县羊城湖，通沱河，经天井湖，南至铁锁岭入淮，北至虹县石礤子，亦入淮。

附余

五河，秦属泗水郡；汉属临淮、东海、沛三郡；后汉下邳国地，属徐州；晋属临淮郡；隋属下邳郡；唐泗州地，天宝初为临淮郡地，属河南道，贞元中以泗州隶徐州，此地属徐泗濠节度使；宋属淮南东路，咸淳七年城五河口为安淮军，置隘口屯田，又置五河县，以沱、浍、漴、潼四水合于淮，故名；元属临淮府，复改属泗州，隶淮南路；明属凤阳府；今因之。

浮山，在县治东三十里，介五河、盱眙之间。《寰宇记》云："俯临长淮，山下有穴，淮水泛溢，其穴即高，水减还低，有似山浮，故名。"浮山，一名临淮山。

铁锁岭，在县治东三十里，介五河、泗州之间，与浮山对峙，横跨淮口，故名。

淮水又东过泗州南、盱眙县北，其南许家河、涧溪水注之，其北又与柳山、甓山、陡安、仑墩、影塔、龟山、洪泽诸湖水合而出清口，与黄河会，东流入于海。

许家河

自定远县流，至盱眙县境，由查家埠入于淮。

涧溪

盱眙县西南山涧之水，由旧县小河口入淮。

柳山河

在泗州西北九十里，柳山下。

甓山湖

在泗州西甓山下。

陡湖

在泗州西二十五里。

安湖旧名河。

在泗州北一百二十里。

仑墩湖

在安湖西。

影塔湖

在泗州北，长六十里，阔五十里，东连洪泽湖。

龟山湖

在泗州东北三十里。

洪泽湖

在泗州东北，阔一百二十里。湖之在泗者五十有二，不胜悉载。州西、北、东三面皆湖，南面为淮，每遇夏潦秋霖，小大汇注，害禾稼，浸城市，为泗民患。

按：汴河自开封经宿州至泗入城内，东南达于淮，隋大业中开导，名通济渠，即宋时运道也，自元至元间已淤废。

附余

泗州，夏封伯翳子若木为徐国；春秋时灭于吴，吴入越，越又入楚；秦属泗水郡；汉初属楚、荆、吴三国，后属沛国，武帝置临淮郡；东汉以其地合下邳为徐县，属下邳国，亦曰临淮；晋分下邳属县，在淮南者置临淮郡于盱眙，徐隶焉，其后属置不一；后周始改泗州，隶河南道；宋属淮南路；元初隶河南行省，至正间扬州置淮南行省，州隶焉；明属凤阳府，领盱眙、天长二县；今因之。

城外堤，明万历四年巡按御史邵陛砌以石，周围二千八百四十五丈，高九尺有奇，阔一丈有奇，泗民德之，立石曰“邵公堤”。

外城河，即外濠，护城河也。环城皆濠，内有城，外有堤，濠水常盈。泗州前志云：诸门皆有水关，西门旧关名金刚渡，北门曰铁窗棂，香花、北门二关相对。宋时通漕艘，明弘治间北关常启，后湮塞，惟香花门一关出水，而濠高于内，启泄为难，自淮水灌城，雉堞弥漫，内外河通，舟楫往来无阻。明知州王升《填城记》云：自万历年来，河高城低，关门之闭而不敢启者几十余年，以故壅溢成患，而城市沮洳，廨宇荡析，可为寒心。凡为泗人计久远者，莫不以填城为长策，御史周盘奏请截留漕米二万石发州填城，共填过大小街巷二十一道，军民署房基土方一万四千有奇，助盖水火灾民房屋二千余间。

盱眙县，春秋属吴，为善道地；战国属楚；秦为盱眙县，盱眙，山名也；西汉属临淮郡；东汉属下邳国；晋置临淮郡；东晋复立盱眙郡；隋仍为县，属江都郡；唐置西楚州；宋初属楚州，又属泗州，又置盱眙军，又改招信军；元为招信路总管府，又改临淮府，后属泗州，隶淮安路；明初隶淮安府泗州，洪武四年仍属泗州，改隶临濠府，即凤阳府；今因之。

龟山有二处，一在盱眙县西南一里，一在盱眙县东北三十里。山麓临淮河，《岳渎经》云禹治水，三至桐柏山，获淮涡水神巫支祁，形犹猕猴，力（喻）〔逾〕九象，人不可视，命庚辰制之，锁于龟山之足，淮水乃安。今存古寺，寺后有井，名支祁井，俗传锁支祁于井中。

长沙洲，在盱眙县北，长一里，高丈余。向时淮水泛涨，赖以捍御，今废。

护城堤，在盱眙县西北，沿淮河南岸，明万历五年巡按御史邵陛所筑。自翟家河起，至五塔山麓止，长七百二十丈，曰邵公堤，万历二十一年重修。

卷之十三

〔官制〕

直隶专兼管河官制

直隶守道一员，兼管通省河道。

通永道一员，兼管通州起至天津止运河河道。

通州知州一员，兼管本州运河工程。

州同一员，专管本州运河工程。

州判一员，专管本州运河工程。

杨村管河通判一员，专管自通州起至天津止运河河道工程。

武清县知县一员，兼管本县运河河道工程。

主簿一员，专管本县运河工程。

宝坻县知县一员，兼管本县河夫挑浚运河淤浅工程。

主簿一员，专管本县河夫挑浚运河淤浅工程。

霸昌道一员，兼管霸州、香河二州县运河工程。

霸州知州一员，兼管本州运河工程。

州判一员，专管本州运河工程，浅夫三名。

香河县知县一员，兼管本县运河工程。

主簿一员，专管本县运河工程。

天津道一员，兼管河间府属各州县卫运河工程。

河间府知府一员，兼管府属各州县运河工程。

河间府天津海防河务同知一员，专管沧州、青县、静海三州县，天津卫运河工程。

天津卫守备一员，兼管本卫并左、右二卫运河工程。

管河千总一员，专管本卫运河工程，浅夫五十名，兼管左卫运河浅夫七十名，右卫运河浅夫二十五名。

沧州知州一员，兼管本州运河工程。

州判一员，专管本州运河工程，浅夫三十名。

青县知县一员，兼管本县运河工程。

主簿一员，专管本县运河工程，浅夫六十三名半。

兴济镇巡检一员，专管本县运河工程。

静海县知县一员，兼管本县运河工程。

主簿一员，专管本县运河工程，浅夫三十名。

河间府管河通判一员，专管交河、景州、吴桥、东光、南皮五州县运河工程。

交河县知县一员，兼管本县运河工程。

主簿一员，专管本县运河工程，浅夫二十名，带管河间卫浅夫五名半。

景州知州一员，兼管本州运河工程。

州判一员，专管本州运河工程，浅夫一十七名半。

吴桥县知县一员，兼管本县运河工程。

县丞一员，专管本县运河工程，浅夫四十五名。

东光县知县一员，兼管本县运河工程。

主簿一员，专管本县运河工程，浅夫四十名半。

南皮县知县一员，兼管本县运河工程。

主簿一员，专管本县运河工程，浅夫二十名。

大名道一员，兼管大名府属卫河、黄河工程。

大名府知府一员，兼管府属卫河、黄河工程。

河捕通判一员，专管府属卫河、黄河工程。

元城县知县一员，兼管本县卫河。

县丞一员，专管本县卫河。

大名县知县一员，兼管本县卫河。

县丞一员，专管本县卫河。

内黄县知县一员，兼管本县卫河。

县丞一员，专管本县卫河。

浚县知县一员，兼管本县卫河。

县丞一员，专管本县卫河。

滑县知县一员，兼管本县卫河。

县丞一员，专管本县卫河。

长垣县知县一员，兼管本县黄河工程。

县丞一员，专管本县黄河工程。

山东专兼管河官制

济宁道一员，专管济南、兖州、东昌三府属黄、运河河堤、闸座、泉源工程。

济东道一员，兼管济南、东昌二府属河道，并直隶广平府属清河县、河间府属故城县河道堤工。

东兖道一员，兼管东昌、兖州二府属河道，并江南徐州属沛县河道堤工。

东昌府知府一员，兼管东昌上河通判属聊城、堂邑、博平、清平、临清、馆陶六州县，下河通判属恩县、夏津、武城三县运河河道堤工。

东昌上河通判一员，专管东昌府属聊城、堂邑、博平、清平、临清、馆陶六州县并东昌卫收并平山卫运河闸座、堤河工程。

聊城县知县一员，兼管本县运河工程。

主簿一员，专管本县运河堤工，浅铺溜夫九十七名。

周家店闸闸官一员，专管周家店、李海务二闸，闸夫五十六名。

通济闸闸官一员，专管闸夫三十七名。

永通闸闸官一员，专管闸夫二十八名。

东昌卫守备一员，兼管收并平山卫运河工程。

平山卫管河千总一员，专管本卫河道，浅夫七名。

堂邑县知县一员，兼管本县运河工程。

主簿一员，专管本县运河堤工，浅铺溜夫五十一名。

梁家乡闸闸官一员，专管梁家乡土桥二闸，闸夫五十六名。

博平县知县一员，兼管本县运河工程。

县丞一员，专管本县运河工程，浅铺夫四十名半。

清平县知县一员，兼管本县运河工程。

主簿一员，专管本县运河工程，浅铺夫四十七名。

戴家湾闸闸官一员，专管闸夫二十八名。

德州卫守备一员，兼管收并左卫运河工程。

左卫管河千总一员，专管本卫南河，浅夫二十名。

临清州知州一员，兼管本州运河工程。

州判一员，专管本州运河、卫河工程，浅铺溜夫七十四名，桥夫一十八名。

砖板闸闸官一员，专管闸夫七十七名。

馆陶县知县一员，兼管本县卫河工程。

主簿一员，专管本县卫河工程，浅铺夫三十名半。

济南府知府一员，兼管德州运河工程。

直隶广平府知府一员，兼管清河县运河工程。

直隶河间府知府一员，兼管故城县运河工程。

东昌府下河通判一员，专管济南府属德州、德州卫，东昌府属恩县、夏津、武城，直隶广平府属清河、河间府属故城六州县卫运河工程。

德州知州一员，兼管本州运河工程。

州同一员，专管本州运河工程，浅铺夫二十九名半，桥夫二名，短役四名。

德州卫守备一员，兼管本卫并收并左卫河道。

德州卫管河千总二员，专管本卫河道，浅夫五十名。

左卫管河千总一员，专管本卫北河，浅夫一十名。

恩县知县一员，兼管本县运河工程。

主簿一员，专管本县运河工程，浅铺夫二十六名半。

夏津县知县一员，兼管本县运河工程。

主簿一员，专管本县运河工程，浅铺夫二十五名半。

武城县知县一员，兼管本县运河工程。

县丞一员，专管本县运河工程。

甲马营巡检一员，专管本县运河工程。

直隶清河县知县一员，兼管本县运河工程。

县丞一员，专管本县运河工程，浅铺夫二十三名半。

直隶故城县知县一员，兼管本县运河工程。

县丞一员，专管本县运河工程，浅铺夫一十五名。

兖州府知府一员，兼管张秋通判属阳谷、东平、东阿、寿张四州县，运河同知属汶上、巨野、嘉祥、济宁、鱼台五州县，迦河通判属滕、峄二县并江南沛县，黄河同知属曹、单二县，沂郯海赣同知属郯城县河道工程。

兖州府张秋河捕通判一员，专管东平、阳谷、东阿、寿张各州县所运河闸座工程。

阳谷县知县一员，兼管本县运河工程。

主簿一员，专管本县运河工程，浅铺桥夫一百二十九名半。

七级闸闸官一员，专管上、下二闸，闸夫四十七名。

阿城闸闸官一员，专管上、下二闸，闸夫四十六名。

荆门闸闸官一员，专管上下二闸，闸夫四十七名。

寿张县知县一员，兼管本县运河工程。

东阿县知县一员，兼管本县运河工程。

寿东主簿一员，专管二县运河工程，寿张浅铺夫三十名七分，东阿县浅铺夫五十八名半。

东平州知州一员，兼管本州运河工程。

州判一员，专管本州运河工程，浅铺夫七十八名。

戴家庙闸闸官一员，专管，闸夫二十八名。

靳家口闸闸官一员，专管，闸夫二十八名。

安山闸闸官一员，专管，闸夫二十八名。

东平所管河千总二员，专管本所运河工程，夫二十名。

兖州府运河同知一员，专管汶上、巨野、嘉祥、济宁、鱼台各州县运河闸座泉源工程。

汶上县知县一员，兼管本县运河工程。

主簿一员，专管本县运河工程，浅铺夫一百五十二名，管泉老人一名。

袁家口闸闸官一员，专管，闸夫二十六名。

开河闸闸官一员，专管，闸夫二十六名。

南旺闸闸官一员，专管上、下二闸，闸夫五十四名。

寺前铺闸闸官一员，专管，闸夫四十七名。

巨野县知县一员，兼管本县运河工程。

嘉祥县知县一员，兼管本县运河工程。

巨嘉主簿一员，专管二县运河工程，巨野县浅铺夫八十三名，嘉祥县浅铺夫四十八名半。

通济闸闸官一员，专管，闸夫五十一名半。

济宁卫守备一员，兼管本县运河工程。

管河千总二员，专管本卫运河工程，浅铺闸河夫六十五名。

济宁州知州一员，兼管本州运河工程。

州判一员，专管本州运河泉源工程，浅铺夫一百二十三名，管泉老人一名。又，鲁桥闸久废，闸夫一十二名半随浅夫用工。

天井闸闸官一员，专管，闸夫八十一名。

在城闸闸官一员，专管，闸夫五十五名。

赵城闸闸官一员，专管，闸夫五十名。

石佛闸闸官一员，专管，闸夫四十九名。

新店闸闸官一员，专管，闸夫四十九名半。

仲家浅闸闸官一员，专管仲家浅，闸夫二十八名，新闸夫四十九名半，师家庄闸夫三十七名半。

枣林闸闸官一员，专管，闸夫二十四名。

鱼台县知县一员，兼管本县运河工程。

主簿一员，专管本县运河泉源工程，浅铺夫九十一名半。

南阳闸闸官一员，专管，南阳闸夫三十二名，利建闸夫五十一名半，邢庄闸夫四十七名半。

兖州府泇河通判一员，专管滕、峄二县并江南沛县运河闸座工程。

滕县知县一员，兼管本县运河工程。

主簿一员，专管本县运河工程，坝夫一百四十一名，管泉老人一名。

峄县知县一员，兼管本县运河工程。

县丞一员，专管本县运河工程，徭夫一百一十六名。

韩庄闸闸官一员，专管，韩庄闸夫三十名，德胜闸夫三十名。

万年闸闸官一员，专管，万年闸夫三十名，张庄闸夫三十名。

顿庄闸闸官一员，专管，顿庄闸夫三十名，丁庙闸夫三十名。

台庄闸闸官一员，专管，台庄闸夫三十名，侯迁闸夫三十名。

江南徐州知州一员，兼管沛县运河工程。

沛县知县一员，兼管本县运河工程。

主簿一员，专管本县运河工程，浚浅人夫八十名。

杨庄闸闸官一员，专管，杨庄闸夫三十名，珠梅闸夫三十名。

夏镇闸闸官一员，专管，闸夫四十名。

兖州府黄河同知一员，专管曹、单二县黄河堤工。

曹县知县一员，兼管本县黄河工程。

县丞一员，专管本县黄河堤工。

主簿一员，专管本县黄河堤工。

安陵镇巡检一员，专管本县黄河堤工。

以上三共徭夫九百八十七名，铺夫一百八名，堡夫九十名。

单县知县一员，兼管本县黄河工程。

主簿一员，专管本县黄河工程，徭铺夫三百六十名。

兖州府沂郯海赣同知一员，专管禹王台工程。

郯城县知县一员，兼管禹王台工程。

县丞一员，专管禹王台工程。

河南专兼官制

管河道一员，专管通省黄河南北两岸及卫河、丹河、洹河、沁河、（琪）〔淇〕河各河道工程。

开封府知府一员，兼管府属黄河工程。

南河同知一员，专管府属黄河南岸工程。

北河同知一员，专管府属黄河北岸工程。

祥符县知县一员，兼管本县黄河工程。

县丞一员，专管本县黄河南岸工程，乡徭堡夫一百七十二名。

主簿一员，专管本县黄河北岸工程，乡堡夫五十六名。

陈留县知县一员，兼管本县黄河工程。

县丞一员，专管本县黄河南北两岸工程，乡堡夫一十六名。

中牟县知县一员，兼管本县黄河工程。

县丞一员，专管本县黄河南岸工程，乡堡夫三十八名。

阳武县知县一员，兼管本县黄河工程。

县丞一员，专管本县黄河南岸工程，乡堡夫一十八名。

主簿一员，专管本县黄河北岸工程，乡徭堡夫三十六名。

原武县知县一员，兼管本县黄河工程。

主簿一员，专管本县黄河北岸工程，乡堡夫八十八名。

封丘县知县一员，兼管本县黄河工程。

主簿一员，专管本县黄河北岸工程，乡徭堡夫七十八名。

兰阳县知县一员，兼管本县黄河工程。

县丞一员，专管本县黄河南岸工程，乡徭堡夫四十名。拨补曹县去五名。

主簿一员，专管本县黄河北岸工程，乡徭堡夫八十名。拨补曹县去十名。

仪封县知县一员，兼管本县黄河工程。

县丞一员，专管本县黄河南岸工程，乡堡夫六十六名。

主簿一员，专管本县黄河北岸工程，乡徭堡夫一百零六名。

郑州知州一员，兼管本州黄河工程。

州判一员，专管本州黄河南岸工程，乡夫六名。

荥泽县知县一员，兼管本县黄河工程。

县丞一员，专管本县黄河南岸工程，乡堡夫二十二名。

主簿一员，专管本县黄河北岸工程，乡堡夫六名。

归德府知府一员，兼管府属黄河工程。

管河通判一员，专管府属黄河南岸工程，北岸系东界。

商丘县知县一员，兼管本县黄河工程。

主簿一员，专管本县黄河南岸工程，堡夫四十二名。

虞城县知县一员，兼管本县黄河工程。

县丞一员，专管本县黄河南岸工程。

主簿一员，专管本县黄河南岸工程。以上共堡夫六十名。

考城县知县一员，兼管本县黄河工程。

主簿一员，专管本县黄河南岸工程，乡堡夫六十名。

彰德府知府一员，兼管府属洹、卫、淇三河河道。

管河同知一员，专管府属洹、卫、淇三河河道。

安阳县知县一员，兼管本县洹河。

县丞一员，专管本县洹河。

汤阴县知县一员，兼管本县卫河。

县丞一员，专管本县卫河。

卫辉府知府一员，兼管府属卫河、丹河河闸。

管河通判一员，专管府属卫河、丹河河闸。

汲县知县一员，兼管本县卫河。

县丞一员，专管本县卫河。

新乡县知县一员，兼管本县卫河。

县丞一员，专管本县卫河，人夫一百名。

辉县知县一员，兼管本县卫河河源五闸。

主簿一员，专管本县卫河河源五闸，人夫一百一十五名。

获嘉县知县一员，兼管本县小丹河。

县丞一员，专管本县小丹河。

淇县知县一员，兼管本县淇河。

县丞一员，专管本县淇河。

怀庆府知府一员，兼管府属黄河、沁河、大小丹河工程。

管河通判一员，专管府属黄河、沁河、大小丹河工程。

河内县知县一员，兼管本县沁河、大小丹河工程。

县丞一员，专管本县沁河、大小丹河工程，堡夫一十名。

修武县知县一员，兼管本县小丹河工程。

县丞一员，专管本县小丹河工程。

武陟县知县一员，兼管本县黄河、小丹河、沁河工程。

县丞一员，专管本县黄河、小丹河、沁河工程，堡夫一十四名。

江南专兼管河官制

淮徐道一员，专管徐属、邳睢、宿虹、桃源、宿桃中河五厅属府州县黄河、运河、中河堤河工程。

凤庐道一员，兼管灵璧、虹县、盱眙三县黄河湖堤河道工程。

淮安府知府一员，兼管邳州、睢宁、宿迁、桃源各州县黄河、运河、中河堤河工程。

凤阳府知府一员，兼管灵璧县黄河、虹县归仁堤工程。

徐属河务同知一员，专管徐、萧、丰、砀四州县黄河两岸工程。

徐州知州一员，兼管本州并萧、丰、砀三县黄河工程。

州同一员，专管本州黄河南岸工程。

南岸州判一员，专管本州黄河南岸工程。

北岸州判一员，专管本州黄河北岸工程。

吕梁巡检一员，专管本州黄河北岸工程。

萧县知县一员，兼管本县黄河工程。

主簿一员，专管本县黄河工程。

丰县知县一员，兼管本县黄河工程。

主簿一员，专管丰、砀二县黄河工程。

砀山县知县一员，兼管本县黄河工程。

主簿一员，专管本县黄河工程。

邳睢灵璧河务同知一员，专管邳州、睢宁、灵璧三州县黄、运两河工程。

邳州知州一员，兼管本州黄河、运河工程。

州同一员，专管本州黄河北岸工程。

州判一员，专管本州黄河北岸工程。

新安司巡检一员，专管本州运河工程。

直河司巡检一员，专管本州运河工程。

灵璧县知县一员，兼管本县黄河工程。

主簿一员，专管本县黄河工程。

睢宁县知县一员，兼管本县黄河工程。

县丞一员，专管本县黄河工程。

主簿一员，专管本县黄河工程。

宿虹河务同知一员，专管宿、虹二县黄、运两河堤河工程。

宿迁县知县一员，兼管本县黄河、运河工程。

县丞一员，专管本县黄河南岸工程。

南岸主簿一员，专管本县黄河南岸工程。

北岸主簿一员，专管本县黄河北岸工程。

运河主簿一员，专管本县运河工程。

刘马庄巡检一员，专管本县黄河北岸工程。

归仁堤巡检一员，专管宿、虹二县归仁堤工程。

虹县知县一员，兼管本县归仁堤工程。

桃源河务同知一员，专管桃源县黄河工程。

桃源县知县一员，兼管本县黄河工程。

县丞一员，专管本县黄河南岸工程。

南岸主簿一员，专管本县黄河南岸工程。

北岸主簿一员，专管本县黄河北岸工程。

三义镇巡检一员，专管本县黄河北岸工程。

宿桃中河通判一员，专管宿、桃二县中河工程。

宿迁县知县一员，兼管本县中河工程。

中河县丞一员，专管本县中河工程。

桃源县知县一员，兼管本县中河工程。

中河主簿一员，专管本县中河工程。

淮扬道一员，兼管淮属外河、山安、安清中河、里河、高堰、山盱、海防，扬属扬河、江防、下河十厅属府州县黄运、河湖、中河、下河工程。

淮安府知府一员，兼管府属清河、山阳、安东、盐城、海州各州县黄运、河湖、中河、下河工程。

凤阳府知府一员，兼管府属盱眙县湖堤工程。

扬州府知府一员，兼管府属宝应、高邮、江都、仪真、通州、泰州、如皋、兴化各州县运河、河湖工程，下河河道。

山清外河同知一员，专管山阳、清河二县黄河工程。

清河县知县一员，兼管本县黄河工程。

主簿一员，专管本县黄河北岸工程。

马头司巡检一员，专管本县黄河南岸工程。

山阳县知县一员，兼管本县黄河工程。

外河县丞一员，专管本县黄河南岸工程。

外河主簿一员，专管本县黄河南岸工程。

马逻司巡检一员，专管本县黄河南岸工程。

山安河务同知一员，专管山、安二县黄河工程。

安东县知县一员，兼管本县黄河工程。

县丞一员，专管本县黄河工程。

主簿一员，专管本县黄河工程。

五港司巡检一员，专管本县黄河工程。

山阳县知县一员，兼管本县黄河工程。

羊寨司巡检一员，专管本县黄河北岸工程。

大套司巡检一员，专管本县黄河南岸工程。

安清中河通判一员，专管清、山、安（山）〔三〕县中河工程。

清河县知县一员，兼管本县中河工程。

山阳县知县一员，兼管本县中河工程。

清山中河主簿一员，专管清、山二县中河工程。

广济闸闸官一员，专管，闸夫三十六名。

安东县知县一员，兼管本县中河工程。

长乐司巡检一员，专管本县中河工程。

山清里河同知一员，专管山、清二县运河工程。

清河县知县一员，兼管本县运河工程。

县丞一员，专管本县运河工程。

惠济闸闸官一员，专管，闸夫三十名。

山阳县知县一员，兼管本县运河工程。

里河县丞一员，专管本县运河工程。

里河主簿一员，专管本县运河工程。

龙汪闸闸官一员，专管，闸夫三十三名。

高堰通判一员，专管高堰湖堤工程。

山阳县知县一员，兼管本县高堰湖堤工程。

高堰主簿一员，专管本县高家堰湖堤工程。

高良涧主簿一员，专管高良涧湖堤工程。

山盱通判一员，专管山、盱二县湖堤工程。

山阳县知县一员，兼管本县湖堤工程。

盱眙县知县一员，兼管本县湖堤工程。

盱眙县县丞一员，专管本县湖堤工程。

淮安府海防河务同知一员，专管海、盐二州县下河河道。

盐城县知县一员，兼管本县下河河道。

县丞一员，专管本县下河河道。

海州知州一员，兼管本州下河河道。

州同一员，专管本州下河河道。

扬州府管河通判一员，专管高、宝、江三州县运河工程。

宝应县知县一员，兼管本县运河、河湖工程。

县丞一员，专管本县运河、河湖工程。

主簿一员，专管本县运河、河湖工程。

高邮州知州一员，兼管本州运河、河湖工程。

州同一员，专管本州运河、河湖工程。

州判一员，专管本州运河、河湖工程。

江都县知县一员，兼管本县运河工程。

县丞一员，专管本县运河工程。

主簿一员，专管本县运河工程。

扬州府江防河务同知一员，专管江都、仪真二县运河工程。

江都县知县一员，兼管本县运河工程。

瓜洲闸闸官一员，专管，闸夫一百五名。

仪真县知县一员，兼管本县运河工程。

县丞一员，专管本县运河工程。

清江闸闸官一员，专管，闸夫一百五十四名。

扬州府下河通判一员，专管通、泰、如、兴四州县下河河道。

通州知州一员，兼管本州下河河道。

州判一员，专管本州下河河道。

泰州知州一员，兼管本州下河河道。

州同一员，专管本州下河河道。

州判一员，专管本州下河河道。

西溪司巡检一员，专管丁溪、草堰二闸，闸夫六名。

如皋县知县一员，兼管本县下河河道。

县丞一员，专管本县下河河道。

兴化县知县一员，兼管本县下河河道。

县丞一员，专管本县下河河道。

安丰司巡检一员，专管白驹三闸，闸夫八名。

江镇道一员，兼管镇江府属丹阳、丹徒二县运河河道。

镇江府知府一员，兼管丹阳、丹徒二县运河河道。

水利通判一员，专管丹阳、丹徒二县运河河道。

丹阳县知县一员，兼管本县运河河道。

县丞一员，专管本县运河河道。

丹徒县知县一员，兼管本县运河河道。

县丞一员，专管本县运河河道。

河营官兵营制

徐属河营守备一员，管辖徐属河道工程，上自河南、山东交界起，下至邳、睢二州县界止，战守兵一千八十八名。

砀山营黄河南岸把总一员，专管汛地，上自虞城县界起，下至毛城铺止，又自小石闸起至萧县界止一带工程。

萧县黄河南岸把总一员，专管汛地，上自砀山县界起，下至北城集三官庙止一带工程。

徐州黄河南岸千总一员，专管汛地，上自萧县界北城集三官庙起，下至王家山止，又自韩家山起，至徐城郭家嘴上坝头止，又自郭家觜上坝头起，（由）〔至〕徐城石岸青田三山头止一带工程。

徐州黄河南岸把总一员，专管汛地，上自青田三山头起，下至灵璧县界止一带工程。

砀山县黄河北岸兼丰县黄河把总一员，专管汛地，上自山东单县界起，下至徐州李家楼止一带工程。

徐州黄河北岸千总一员，专管汛地，上自大谷山起，下至邳州界止一带工程。

邳睢灵璧河营守备一员，管辖邳、睢、灵璧三州县黄、运两河工程，战守兵九百四十七名。

睢灵二县黄河南岸把总一员，专管汛地，上自徐州界起，下至睢宁县余家堂埽工止一带工程。

睢宁县黄河南岸千总一员，专管汛地，上自余家堂起，下至宿迁县古堤头止一带工程。

邳州黄河北岸千总一员，专管汛地，上自徐州界起，下至邳州马船帮止一带工程。

邳州黄河北岸把总一员，专管汛地，上自邳州马船帮起，下至宿迁县界止一带工程。

邳州运河把总一员，专管汛地，上自徐唐口起，下至宿迁县界止，并唐宋山一带工程。

宿虹河营守备一员，管辖宿、虹二县黄运堤坝工程，战守兵七百八十六名。

宿迁县运河把总一员，专管汛地，上自邳州窑湾口交界起，下至石磡止一带工程。

宿迁县黄河南岸把总一员，专管汛地，上自睢宁县界谷堆头起，下至徐家湾西张王庙止一带工程。

宿迁县黄河南岸并归仁堤千总一员，专管汛地，上自张王庙起，下至白洋河钞关口桃源县界止，又归仁堤自乌鸦岭起，至石工头止一带工程。

宿迁县黄河北岸千总一员，专管汛地，上自邳州直河交界起，下至皂河石磡止，又新运河上自皂河口磡对过起，下至支河口下口止一带工程。

宿迁县黄河北岸把总一员，专管汛地，上自宿迁县西门外吴家墩起，下至大古城桃源县界止一带工程。

桃源县河营守备一员，管辖黄河工程，战守兵七百一十三名。

桃源县黄河南岸把总一员，专管汛地，上自宿迁白洋河钞关口起，下至烟墩厂东止一带工程。

桃源县黄河南岸千总一员，专管汛地，上自烟墩起，下至清河县界止一带工程。

桃源县黄河北岸千总一员，专管汛地，上自古城宿迁县界起，下至河北镇止一带工程。

桃源县黄河北岸把总一员，专管汛地，上自河北镇起，下至清河县界止一带工程。

山清外河营守备一员，管辖山、清二县黄河工程，战守兵一千三十九名。

清河县外河北岸千总一员，专管汛地，上自桃源县界起，下至山安营界止一带工程。

清河县外河南岸把总一员，专管汛地，上自吴城接桃源县界起，下至季家浅接山阳县界止一带工程。

山阳县外河南岸千总一员，专管汛地，上自季家浅起，下至三岔堤止一带工程。

山阳县外河上河把总一员，专管汛地，上自三岔交界起，下至叶家营马头止，又上自朱家嘴起，下至大茭陵庙巷止一带工程。

山阳县外河下河把总一员，专管汛地，上自叶家营起，下至陈家社接山安营界止一带工程。

山安河营守备一员，管辖山阳、安东二县工程，战守兵八百七名。

山阳县黄河南岸把总一员，专管汛地，上自陈家社起，下至陆家社止一带工程。

山安二县外河北岸千总一员，专管汛地，上自泗铺沟起，下至安东县东门止一带工程。

安东县黄河上河把总一员，专管汛地，上自安东县东门起，下至彭家滩止一带工程。

安东县黄河下河把总一员，专管汛地，上自彭家滩起，下至云梯关止一带工程。

山阳县黄河北岸把总一员，专管汛地，上自云梯关起，下至四汾港止一带工程。

山清里河营守备一员，管辖山阳里河工程，战守兵三百九十八名。

山阳县里河千总一员，专管汛地，上自清河县界起，下至山阳县界西南角楼止一带工程。

清河县里河运口把总一员，专管汛地，上自甘罗城西南角楼起，下至山阳县界横堤头止一带工程。

山阳县里河把总一员，专管汛地，上自府城西南角楼起，下至宝应县界止一带工程。

山盱高堰营守备一员，管辖高堰河堰工程，战守兵三百五十名。

山阳县高堰千总一员，专管汛地，上自清河横堤起，下至石工尽头止一带工程。

山阳县高良涧把总一员，专管汛地，上自石工头起，下至周家桥止一带工程。

山盱二县把总一员，专管汛地，上自周家桥起，下至翟家坝止一带工程。

扬属河营守备一员，管辖高、宝、江三州县工程，战守兵六百一十三名。

宝应县运河把总一员，专管汛地，上自宝应县黄浦起，下至刘家堡止一带工程。

宝应县运河千总一员，专管汛地，上自刘家堡起，下至界首镇止一带工程。

高邮州运河千总一员，专管汛地，上自界首镇起，下至永安河尾止一带工程。

高邮州运河把总一员，专管汛地，上自永安河尾起，下至江都县界一带工程。

江都县运河把总一员，专管汛地，上自江都县界起，下至江都县湾头闸止一带工程。

安清中河营守备一员，管辖宿、桃、山、安、清五县中河工程，战守兵六百四名。

宿迁县中河把总一员，专管汛地，上自张庄运口中河头起，下至大古城桃源界止，又上自张庄运口中河头起，下至拦马河迤上土堆止一带工程。

桃源县中河把总一员，专管汛地，上自宿迁县起，下至沈家庄迤东清河县止一带工程。

山清二县中河把总一员，专管汛地，上自赵家庄迤西接桃源县界起，下至朱元庄接安东县界烽墩止一带工程。

安东县中河千总一员，专管汛地，上自安东县遥堤五里墩起，下至平旺河堤尾止，又上自朱元庄接外河营界起，下至平旺河堤尾止一带工程。

苇荡营官兵营制

苇荡河营游击一员，管辖兵一千二百三十名，督采龙窝荡、施家出河港、陆家社、陈家浦、惠家港东西各官荡，每岁砍额柴一百二十万四千一百束内。

运芦左营守备一员，管理龙窝荡、施家出河港，每岁砍额柴五十七万四千一百束内。

千总一员，分管龙窝荡。

把总一员，分管龙窝荡。

把总一员，分管施家出河港。

运芦右营守备一员，管理陈家浦、陆家社、杨柳二沟、惠家港东西各官荡，每岁砍额柴六十三万束内。

千总一员，分管惠家港东荡、北洼灶、六滩、坞巴港、陈必甫港一带，至新淤界止。

把总一员，分管惠家港东荡、南洼灶、三滩灶、五滩并新淤滩一带，至海口止。

把总一员，分管惠家港西荡，以亮子港界起，至阔港黄泥洼，接至惠家港西界老滩盐路界止。

修防事宜

卷埽下埽法

凡应用埽个须卷长十丈、八丈者方稳，高一丈者，埽台要宽七丈，方卷得紧。如遇堤顶窄狭者，架木平堤，名曰软埽台，然后卷下。先将柳枝捆成埽心，拴束充心绳、揪头绳。取芦柴之黄亮者，拧打小䋲，总系于埽心之上。每丈下铺滚肚苘绳一条，或不必用苘者，即用芦缆。又将大芦缆二条，竹绳一条，密铺小䋲，于小䋲之上铺草为筋，以柳为骨，如柳不足，用柴代之，均匀铺平。需夫五六十名。如长十丈者，共需夫五六百名，八丈者四五百名。用勇健熟谙埽总二名，一名执旗招呼，一名鸣锣，以鼓众力，牵拉捆卷后，用牮捍戗推埽将临岸，将小褄均束于埽上。岸上每丈钉下留橛二根，将滚肚绳挽于留橛之上。每揪头绳一根，亦钉留橛一根。看水势之缓急，定揪头绳之多寡，渐次将埽推入水中，将揪头滚肚用活扣结于留橛之上，然后（漫漫）〔慢慢〕压土。俟埽将次沉下，然后下桩。每丈用一尺八寸木一根。若水势湍激，顶冲埽湾，并合龙之埽，须用大木，不在一尺八寸之例。每丈用料物细数，照现行《工部则例》配用。

黄河内下埽

凡黄河内埽工，有修防，有救险，有抢险，有新生险。修防工程，于霜降后水势退消，验查旧埽倾欹者、势陷者、卑矮者、朽烂者，须将旧埽清消平妥，相机补下，层层签钉大桩，照依大汛水涨之痕，仍高出数尺，一律下成顺埽，薄敷以土，俟其蛰定，方可下丁头埽。若埽未蛰实，即下丁头埽，前顺埽一有蛰陷，将别埽俱为带动矣。其救险工程，将有危陷，埽尚未去，急须临河添压大埽，长桩靠堤，急清旧埽，恐为汇崖，填之以软草，将两旁安稳之埽，亦须补下大桩，并力救护，勿使走动，则工程平稳矣。其抢险乃因旧埽朽烂，或因顶冲急溜，将埽下冲空，旧埽全去，水汇崖岸，旧堤坍卸，岌岌堪虞。当此之际，人皇皇莫知所措。抢险工程，事有先后，埽有缓急，若误下一埽，误钉一桩，反致逆溜湍激，冲刷旧堤，欲去不能，每致偾事。须责令久惯埽手，或熟谙工程人员，殚心料理。责任既专，令其度量稳妥，然后急为接下埽个，昼夜抢下，庶旧堤无虞，两旁之埽平稳矣。其新生险工，每于旧险工之上下，黄河大溜一时冲至埽旁，旧堤坦坡坍卸，急须下埽，直至开溜之处而止。大率埽料，黄河之内以柳叶为重，次则红草，桩必长大，绳须坚实。至于压土，非比清水埽个，黄水一入埽中，即泥沙停滞，若压土太厚，又恐欹卸。俗云“下埽无法，全凭土压”者，乃清水之埽也。

黄河塞决

凡黄河初决，且不必急计裹头，亦不必急计堵塞。初开之时，水势汹涌，未可与争，看其出口急溜，若有夺河情形，须建挑水坝以遏其势，上流挑挖引河，以挽其流，速运积料物，料物既积矣，犹在得时，时可堵矣。裹头旧堤，务必多下边埽，坚固停妥，然后逐渐进埽。埽不可缓，缓恐决口渐深，又不可急，急恐下埽有失。埽必欲其大而长，长大则稳。卷埽首重于绳缆，其揪头、充心、滚肚，必须长壮，务使绳胜埽，莫使埽胜绳。埽既下矣，薄用土压，埽将沉于水，方钉签桩，再加套埽，其桩亦必须长大，计埽将到底，方可再进沉水。将次合龙之际，须查在工料物，除合龙之外，仍多积料物，须防合龙之后，必有一大蛰陷。每于合龙之后复开决者，率因蛰陷故也。于合龙之时，昼夜兼工堵塞，遇有毛道过水，或遇桩钉不平，或系埽手作弊，故留罅隙，必须急为压土，使其平实。于罅隙用稻草或红草塞之，务使断流。若涓涓不息，渐至蛰陷，蛰陷不急抢救，则溃矣。欲杜桩埽手之弊，惟有恤其勤劳、厚以赏赉，不必按日计值，唯以成工为主，则工易举而成亦速也。至于决口初开时不系顶冲之处，出口势缓，去路平散，亦不必急计堵塞，久之率多挂口淤垫也。

建筑挑水坝

凡黄河迎溜处，筑挑水坝，又名顺水，又名鸡嘴，又名马头，其功最大。如清河县境内之运口，每为黄水急溜，直逼下家汪，关拦清水不得畅出，以致运口淤垫，陶家庄引河数挑不成。仰遵圣谟指示，于运口迤西筑挑水坝一座，将黄水挑逼北徙，清水得以畅出，陶庄引河得以成功。今二渎合流，河工告成者，攸赖于是。凡遇有险工之处，照式筑之，裨益非小。酌试建筑之法，坝欲其宽，不可甚长，须做雁翅边埽，以顺上流，勿使埽头迎溜，有掀揭之虞。若离缕堤远者，须接筑格堤捍御，以防异涨时黄水溢于坝后冲刷之虞。

清水河内塞决下埽

清水河内塞决，于初开之时，若旧堤原系沙土，须将旧堤多下边埽，保护坚固，次计裹头，俟埽台平稳，方可进埽。其埽料首重软草，用柴、用柳埽之。初下多用揪头绳，压之以土。俟埽将沉水，方可签桩。恐桩一钉早，则埽不能沉到底。俟埽将沉底，再为套埽。至合龙时，须兼工急趱，庶水不致冲深。合龙之后，高加柴草，势若马鞍，清水之埽，多以土胜。

运河内桩埽工程

凡运河排桩工，昔皆镶以龙尾埽，不久则蛰陷零落，如遇涨发，则埽随水去。前经具题排桩工，概用丁头整柴镶埽，庶不致漂淌。奉旨允行，钦遵在案，宜永为遵守。凡近城市街道人迹践踏之处，用排桩镶柴。若运河两岸无民居者，可以不钉排桩，止用整柴搭镶丁埽，逐层压土坚筑，更属省便。

挑挖引河

上谕："黄河湾曲之处，俱应挑挖取直。"于是挑挖陶家庄引河工成，而淮水畅流；挑挖戚字堡、杨横庄引河工成，而险工遂平。仰见圣谟精详，黄流取直之明效也。挑引河之法，审势贵于迎溜，而施工宜于深阔，且俟水大涨，乘机开放，则有一泻千里之势。若挑挖太窄，则受水无多，遽难挽溜以入新河；若挑挖太浅，水不全趋，势缓则垫。若挑引河太短，水流未舒，为正河所抑，洄洑旋淤，须挑宽六十丈或四十丈，即窄亦须十余丈，须长二千丈或千余丈，即短亦须八九百丈，方趋溜有势而成河。若挑挖引河太直，固属节省钱粮，又恐直则平缓，而无波澜湍激之势，久亦渐淤也。须随黄河大势开挑，俾其河头迎溜，河尾泄水，中间湾处急溜冲刷，渐次河岸倒卸。再于河头筑接水埽坝，河尾筑顺水埽坝，对河筑挑水埽坝，庶引河可成也。

帮筑堤工

河道必筑堤，束水归（漕）〔槽〕，以防旁溢，无论创筑加帮，总以老土为佳。但黄河两岸，率多沙土，恐难尽觅老土，须于堤完后，务寻老土，盖顶盖边，栽种草根，以御雨淋冲汕。筑堤之法，每土六寸行硪，其岐缝处用夯坚筑，其新旧堤交界处，又用铁杵力筑。层层夯硪，期于一律坚实，总以签试不漏为度。

卷之十四　章奏

〔祭河神典礼〕[1]

太常寺谨题，为钦奉上谕事。

内阁等衙门题前事，内开：康熙二十三年十月十二日上谕："大学士明珠前至黄河，当祭河神，应行典礼，尔衙门会同礼部、太常寺议奏。"钦此钦遵。该臣等会议得，皇上轸念民生，巡狩山东等处，历泰山已行祭祀东岳之礼，今又奉有应祭河神之上谕，允为盛典。查四渎之神，原遣官致祭，康熙十一年金龙四大王庙亦遣大臣致祭。今皇上省地方风俗，观民生情形，涉渡黄河，应于驾临宿迁县次日早，亦照例遣大臣前往金龙四大王庙供香帛，读祝文致祭。但先经祭祀，曾用何项供品，无凭稽查，应行文总河，照先预备，其祝文由翰林院撰拟可也。为此谨题请旨等因。

康熙二十三年十月十四日题，本日奉旨："依议。"

---

[1] 标题据底本目录加，余同。

〔长樊大坝免赔〕

总督河道、提督军务、兵部尚书兼都察院右副都御史、今丁忧服阕，俟工完另请守制。臣靳辅谨题，为报明康熙二十三年秋涨情形，仰祈睿鉴事。

窃照今岁黄涨数倍去年，徐州迤上自七月二十二日即与去年大涨水迹相平。臣以为不日消落，乃又叠长无消，随放减水石坝暂为分疏，而南岸十八里屯、北岸李道华楼高地无堤之处，亦复漫滩过水。又将砀山北岸王家堂堤工漫缺三十余丈，约略上流泄去之水不下十分之二，而徐城水势不减，仍复增长不止，高于去年二尺五寸，直至九月初六日方始消落，城社幸免溃冲。至徐州以下三山头、房村并灵璧张、寒、来等各堡，原属洼区，水漫堤根八九尺丈余不等，各官冒雨冲风，百计防护。至八月二十日夜，大雨飓风，将来字堡漫缺堤工四十余丈，而徐州北岸长樊大坝岁修险工，又因水溜至急，冲去埽工两段，幸有月堤未断，获免夺河阻运。至宿、桃、山、清、安五县，黄河赖拦马河减水坝分泄，两岸堤工俱无漫缺。惟安东北岸二铺地方，原非修防之处，塌卸堤工六十余丈，幸有月堤，不至为患。若山、清、高、宝一带运河，先因淮水微弱，黄流倒灌，臣将归仁堤官路河挖开，放水归湖助淮。嗣此淮流亦涨，运河仍系清水，高堰湖水九月方长，今较去年更高尺余，亦赖减水坝宣泄，不致漫堤。目今两河安堵，总缘皇上洪福齐天，河伯效灵，转危为安，如此其捷耳。除漫缺二处，臣见在严行饬催，勒限十月内修完，俟其果修筑完竣，容臣照例开列职名具题外，谨将本年水势情形，特疏题报，伏乞皇上睿鉴施行等因。

康熙二十三年九月二十七日题，十月十六日奉旨："工部知道。"钦此钦遵。于十月十七日抄出到部。该臣等查得，总河靳辅疏称："徐州以上之水，自七月二十二日即与去年大涨水迹相平，而李道华楼等处漫滩过水，将砀山北岸王家堂堤工漫缺三十余丈，徐州以下并灵璧张、寒、来等各堡水漫堤根。八月二十日夜大雨飓风，将来字堡漫缺堤工四十余丈，徐州北岸长樊大坝冲去埽工两段，其安东北岸二铺地方塌卸堤工六十余丈。除漫缺二处，臣见在严行饬催，限十月内修完，俟其果修筑完竣，容臣照例开列职名具题外，将本年水势情形特疏题报前来。相应行令该督，将漫缺二处并冲塌二处，令该管官、经修官赔补，速从坚固修筑，勒限完工。"查以上堤坝等处，明系该管官修筑，不加坚固，遽至冲卸，应将督修、经修、防守各官职名，开列题参到日，同该督一并交与吏部查议可也等因。

康熙二十三年十一月初七日题，十二月初一日奉旨："徐州长樊大坝等处，虽经冲决，河流未徙，该管各官革职赔修，俱着宽免。嗣后堤岸冲决，若河流迁徙，应照定例处分。倘系河水漫决，河流不移者，应否免其革职，止令赔修，着确议定例具奏。"钦此钦遵。于十二月初二日抄出到部。查得康熙十五年九月内，吏、工二部会议，"河道关系重大，修筑堤岸，往往冲卸，糜费钱粮，皆由修筑不坚，防守怠玩之故，应严加定例处分。嗣后虽称异常水灾，具题俱不准算。黄河水势汹涌，与运河不同，修筑黄河堤岸仍定限一年，运河堤岸仍定限三年。如黄河堤岸半年内、运河堤岸一年内冲决者，将经修防守同知、通判、州县等官均行革职，分司道官降四级调用，总河降三级留任。如黄河堤岸过半年，运河堤岸过一年限内冲决者，将经修防守同知、通判、州县等官降三级调用，分司道官降二级调用，总河降一级留任。如过限年冲决者，将管河各官俱革职，戴罪修筑，分司道官住俸督修，工完开复，总河罚俸一年。若限年之内，修筑之官已去，而防守之官防守疏忽，致有冲决者，将原修防守之官均行一体处分”等因具题。奉旨：“依议。”钦遵在案。

又查康熙十七年二月内，议政王等会议堤岸冲决，该管知府与道员一体处分等因具题。奉旨：“依议。”钦遵亦在案。该臣等查得，总河靳辅报明康熙二十三年秋涨情形等事具题，臣部行令该督，将漫缺二处并冲塌二处，令该管官、经修官赔补，仍将督修、经修、防守各官职名题参到日，同该督一并查议等因。议覆奉旨：“徐州长樊大坝等处，虽经冲决，河流未徙，该管各官革职赔修，俱着宽免。嗣后堤岸冲决，若河流迁徙，应照定例处分。倘系河水漫决，河流不移者，应否免其革职，止令赔修，着确议定例具奏。钦此。”查堤岸冲决，河流迁徙者，照旧例处分。至河水漫决，河流不移者，若不责令赔修，恐经修官员不行坚固修理，防守官员怠玩，亦不可定。嗣后限年之内，堤岸漫决，河流不移者，令经修之官赔修。如过年限漫决不移者，令防守之官赔修。俟命下之日，永为定例遵行可也。

康熙二十三年十二月十八日题，本月十九日奉旨：“依议。”

〔多建减坝〕

总督河道、提督军务、兵部尚书兼都察院右副都御史、今丁忧服阕，俟工完另请守制。臣靳辅谨题，为谨陈河工善后事，宜仰祈睿鉴事。

康熙二十三年十一月初十日，皇上临幸清河县运口，蒙天语面谕臣云："这运口闸将来水紧难行，应再添造一座。"又奉上谕云："今年黄水倒灌运河，不可为训，尔须酌一至妥之策，务令永不倒灌。钦此。"又本月十二日，臣于宿迁县蒙皇上钦赐御制诗句，臣叩头谢恩，复蒙皇上面谕臣云："如今河道虽大概已成，但善后事宜，尔着实用心筹酌，必期永远无虞。钦此。"

臣伏思河工虽水土之役，而修治机宜最细最密，稍有不当，便有差之毫厘，谬以千里之势。臣以庸劣之资，孟浪轻忽，料理失宜，逾期不竣。及奔走八年之久，甫能粗知大略，其细密之处，昧然难别也。乃皇上方幸河工，而御驾所到，举凡应兴、应改、应增、应慎之处，圣谕一出，而事事精详确当，了如指掌。开臣愚蒙，教臣疏忽。我皇上聪明圣智，真万古帝王莫能与京者也。臣遭逢圣主，敢不益竭犬马之愚，以求得当。臣随恪遵上谕，复加细心筹酌。查徐州以上，直至河南荥泽县之西，河道俱宽数百丈。若遇伏秋异涨，漫滩而上，直抵两岸堤工，其宽不下数十里。迨至徐州，而北岸系山觜，南岸系州城，中央河道仅宽六十八丈，将千支万派浩浩无涯之水紧紧束住，不能畅流。河流既艰于下达，则自难免上壅。是以明朝二百余年之间，徐城屡屡溃冲，而徐州迤上南岸之漫溢，迄于今岁岁见告也。

臣先于大岁案内，将黄河南岸砀山县毛城铺地方创建减水石坝一座，又于黄河北岸徐州大谷山地方创建减水石坝一座，盖拟分泄徐城迤上之异涨也。乃康熙二十一、二十二两年，已赖两坝宣泄，得以无患。迨至康熙二十三年，河流异涨，两坝不足宣泄，又复于李道华楼、十八里屯等高阜无堤之处漫滩而行，且将砀山北岸王家堂堤工漫缺三十余丈。此徐州州城以上之情形也。

今臣细酌善后之计，在黄河南岸，必须于砀山县毛城铺地方减水坝之上，再添建减水深底石闸一座，不特分泄异涨，而石闸之水先至坝后，可免建瓴伤坝之虞。又于徐州王家山、十八里屯二处，就山根开凿减水深底石闸三座，更于徐州北岸大谷山等处，添凿减水深底石闸二座。统计徐城以上，共添减水石闸六座。遇平常之水，则闭闸束流，遇非常异涨，则启闸分泄。每闸一座，约可泄水一百方，可杀徐城大河水势一尺。徐城以上，统计添闸六座，共可杀大河水六尺，徐城自免溃冲，而徐城以上各堤俱可保固矣。又河流自徐城下行一百余里，至睢宁县鲤鱼山地方，北岸系鲤鱼山，而南岸一带为峰山、龙虎山，两山相峙，夹黄河于中央，河面仅宽百丈，而河底乃系山脚，冲刷不深，河流到此，又为一束，以至今年有来字堡之漫缺也。

今臣拟于南岸峰山、龙虎山之旁，开凿天然减水深底石闸四座，以为随机分泄之计。又南路各闸坝减下之水，必由归仁堤经过，目今止有五堡减坝一座，并便民闸一座，不足分泄。应于五堡附近添建深底石闸一座，减水大石坝一座，并将便民闸再行改深五六尺，以资分泄，庶可无虞。又拦马河先后共建减水坝六座，今必须再添减水深底石闸一座，使河流由闸先进，积水以养坝尾，俾免伤坝之虞。又南岸各闸坝，不特可以杀黄河怒涨之势，而淮流微弱之时，又可借以分引黄河之水，由归仁堤下注洪泽湖，使助淮流。然洪泽湖周围数百余里，所引上流分黄之水，一时不能灌满，则仍难免黄河倒灌运河之患。今必须再于清河县之西，建双金门大石闸一座，并于闸下挑引河一万余丈，如遇黄河十分异涨，则立启此闸，由引河分泄归海，则黄、淮会合之处，又可减黄水一二尺，有裨运道，最为吃紧。

至于清河县运口添建石闸一座，更属保运济漕至要之工，亦应于运口闸之上，乘时速建者也。

以上各工，除清河县西引河一万余丈，臣拟不动钱粮，调山东额夫并江南各州县岁修夫，以及各营稍闲之兵，协力趱挑外，至于应开凿山根天然闸九座，添建石闸五座、大减水石坝一座，并改闸一座，约共需银一十八万两，河库征收之银，仅足为岁修之用，不能更有余资。然臣亦不敢另请钱粮，伏乞皇上睿鉴，敕部确议，俯将就近两淮盐课钱粮借拨一十八万两，俾臣乘时料理。此所借之银，请照从前借江藩漕项银十三万八千两之例，容臣于逐年岁修工料之内，百计设法节省，并清查新旧河湖滩地开垦取租还项，自康熙二十五年为始，分为十年，每年解还户部银一万八千两，如此一转移间，而河道永保安澜，可无意外之患矣。臣谨具题，伏乞敕部议覆施行等因。

康熙二十三年十二月十九日题，康熙二十四年正月二十五日奉旨："九卿、詹事、科道会议具奏。"钦此钦遵。于正月二十六日抄出到部。该臣等会议得，总河靳辅疏称"细酌河工善后之计，今黄河南岸毛城铺地方必须建减水闸一座，王家山、十八里屯地方凿减水闸三座，北岸大谷山地方凿减水闸二座，峰山、龙虎山之旁凿减水闸四座，归仁堤建石闸一座、石坝一座，改深便民闸一座，拦马河添建石闸一座，又清河县西建双金门闸一座，并于闸下挑引河一万余丈，有裨运道。至于运口应建石闸一座，除清河县西引河臣调额夫并岁修夫及营兵协力趱挑外，至添建各闸坝，约共需银一十八万两，河库征收之银，仅足为岁修之用。伏乞将就近两淮盐课钱粮借拨一十八万两，俾乘时料理。此所借之银，于逐年岁修内节省，并清查河湖滩地开垦，取租还项，自康熙二十五年为始，分为十年解还"等因，具题前来。查该督虽称"王家山等处添建减水石闸，遇非常异涨，启闸分泄，如此一转移间，而河道永保安澜，可无意外之患，有裨漕运"等语。倘多建闸坝，虽有益于河道，恐致淹没房田，民人受累，亦未可定。应行总河会同江南督抚、山东巡抚逐一详确，议覆到日再议可也等因。

康熙二十四年二月初一日题，本月初六日奉旨："这建造减水闸坝，若俟该督抚等会议具题，必致迟误。靳辅前曾奏称建造此等闸坝，将无用滚水坝旧石可用等语。这事情着差前经看阅河道谙练河工司官一员速往，与靳辅详议。若建坝分水，不致多损民田，着即一面兴工，一面具题。倘水无归路，多致淹没，着会同该地方督抚等官确议具奏。"钦此钦遵。抄出到部，拟合就行，为此合札前去，烦为查照本部等衙门会覆奉旨内事理，钦遵施行等因，移咨到臣等。

钦此钦遵，该臣等会议得，准工部咨开，该九卿会议题覆总河靳辅题前事。奉旨："这建造减水闸坝，若使该督抚等会议具题，必致迟误。靳辅前曾奏称，建造此等闸坝，将无用滚水坝旧石可用等语。这事情着差前经看阅河道谙练河工司官一员速往，与靳辅详议。若建坝分水，不致多损民田，着即一面兴工，一面具题。倘水无归路，多致淹没，着会同该地方督抚等官确议具奏。"钦此钦遵。查得黄河南岸砀山县属毛城铺旧减水坝西建深底闸一座，此闸所泄之水，汇旧减水坝之河渠，出睢溪口，归灵芝湖。徐属王家山西建深底闸一座，此闸所泄之水，于对闸挑引河三百余丈，不动钱粮，令岁修河兵挑挖，引水入戚村河，由马厂湖出睢溪口，归入灵芝湖。十八里屯东建深底闸一座，西建深底闸一座，此二闸所泄之水，由旧河形流入丁塘湖，从盐河入马厂湖，出睢溪口，亦归灵芝湖。睢宁县属峰山东建深底闸一座，西建深底闸一座；龙虎山东建深底闸一座，西建深底闸一座，此四闸所泄之水，入马浅湖，由旧河归入孟山湖。以上八闸所泄之水，流入归仁河，总入洪泽湖。归仁堤五堡旧减水坝西建深底闸一座，东建减水坝一座，白洋河旧便民闸改造，底深五尺，此三闸坝所泄之水，俱归于洪泽湖。运河内武家墩迤后建深底闸一座，此引入之水，由旧永济河从七里闸后归入运河。黄河北岸徐属大谷山旧减水坝东建深底闸一座，西建深底闸一座，此二闸所泄之水，俱汇旧减水坝之河形，由旧运河分头流入荆山湖、微山湖，总归运河。宿迁县后拦马河旧减水坝六座之中，建深底闸一座，此闸所泄之水，归入县东湖，由沭河、涟河归海。清河县西建双金门闸一座，此闸所泄之水，在闸下挑引河一万余丈，不动钱粮，俱令额夫、岁修夫并河兵挑挖，引水入安东县之盐河入海。以上建造各闸坝，以泄黄流汹涌之势，由渐而入于湖河，则有裨黄河堤岸运道。若不行建造闸坝，黄河堤岸溃决泛溢，则有害运道、民生，复行縻费钱粮。应将河库现贮钱粮先行动用，并拆取崔镇等无用旧有四滚水坝石料，一面兴工外，至减泄之水，虽俱由旧有河渠而入河湖，但两面无有堤岸收束，若水泛溢，以致民田多损，听地方官查明，申报督抚具题。

再，据总河靳辅将两淮盐课钱粮借拨，分为十年解还等处，应听该部速议具题。工完之日，将滚水坝石料扣除，实用过钱粮细数，逐一备造清册，题销之日，听工部查核可也等因。

康熙二十四年三月初六日题，本月十五日奉旨："该部知道。"钦此钦遵。于三月十六日抄出到部。查得先经总河靳辅将毛城铺等处添建减水闸坝，共需银一十八万两，乞将两淮盐课钱粮借拨一十八万两，俾乘时料理。所借之银，于逐年岁修内节省，并清查河湖滩地开垦，取租补还。自康熙二十五年始，分为十年解还等因具题。九卿、詹事、科道会议，多建闸坝，虽有益于河道，恐致淹没房田，民人受累，应行总河会同江南督抚、山东巡抚详确议覆等因具题。奉旨："这建造减水闸坝，若俟该督抚等会议具题，必致迟误。靳辅前曾奏称，建造此等闸坝，将无用滚水坝旧石可用等语。这事情着差前经看阅河道谙练河工司官一员速往，与靳辅详议。若建坝分水，不致多损民田，着即一面兴工，一面具题。倘水无归路，多致淹没，着会同该地方督抚等官确议具奏。"钦此钦遵。行文在案。该臣等查得，郎中党爱等疏称"建造各闸坝，以泄黄流汹涌之势，由渐而入于河湖，则有裨黄河堤岸、运道。若不行建造闸坝，黄河堤岸溃决泛溢，则有害运道、民生，复行糜费钱粮。应将河库见贮钱粮先行动用，并拆取崔镇等无用旧有四滚水坝石料，一面兴工"等语，应乘时速造。前总河靳辅将两淮盐课钱粮借拨，分为十年解还等处，应如靳辅所题。其需用银两，交与户部，照数作速拨给。工完之日，将四滚水坝旧石扣除，实用过银两逐一严加核减，造册题销，到日查核可也等因。

康熙二十四年三月二十二日题，本月二十六日奉旨："九卿、詹事、科道会议具奏。"钦此钦遵。于三月二十六日抄出到部。该臣等会议得，郎中党爱等题前事，工部议覆，奉旨："九卿、詹事、科道会议具奏。钦此。"查郎中党爱与该督抚等会议疏称"建造各闸坝，以泄黄流汹涌之势，由渐而入于河湖，则有裨黄河堤岸运道。若不行建造闸坝，黄河堤岸溃决泛溢，则有害运道、民生，复行糜费钱粮"等语。应照郎中党爱等所题，速行成造，其余俱照工部前议可也等因。

康熙二十四年三月二十八日题，四月初二日奉旨："依议。"

〔河南堤工〕

总督河道、提督军务、兵部尚书兼都察院右副都御史、臣靳辅谨题，为钦奉上谕事。

案照康熙二十三年冬间，臣恭随圣驾阅视河工，蒙皇上面问臣云："河南工程，尔都见过么？"臣回奏云："河南商丘县以上堤工，臣俱未见。"随奉皇上面谕臣云："尔亦该去看看等因。"钦此钦遵。臣随于康熙二十四年四月内，前赴河南，将黄河两岸工程逐一勘明，于本年四月二十九日具疏题报，并将豫省应行善后事宜，臣见在会同豫抚臣王日藻斟酌查议，俟酌妥之日，另疏具题等因，一并题明在案。彼时即经臣移会豫抚臣，并行河南管河道副使祖文明，将臣目击黄河北岸考城、仪封、阳武三县境内，或离河甚近，或仍属卑矮堤工，必须速筑月堤，加帮高厚，并封丘县北岸荆隆口决工埽台，内系深潭，而外离大河不远，亦应创筑大月堤，以为重门之障。又荥泽南岸大河，离堤不过十丈，离县城仅有八十余丈，危险至极，必须速帮埽台，卷下大埽，抵敌洪流，以防全河南徙等因去后。续据管河道祖文明详称"该本道查得奉本部院牌行，确勘考、仪、阳三县堤工，并封丘荆隆口月堤、荥泽埽台等工，皆系康熙二十二年分于请加上流案内估过之工也。但彼时尚不甚险，是以从节省起见，暂为缓修。今又历两载，如考城、仪封两县，先年大河离堤尚远者，今则又徙近矣。阳武堤工，先年尚属完堤，今则两年来风雨之所侵凌，人畜之所蹂躏，则多残缺矣。封丘县荆隆口旧决工，大溜北徙，渐近埽台。荥泽县护城堤，先年尚存河滩数十余丈之处，今所存不过十丈矣。本年春初，蒙河南王抚院檄行本道，确勘应修应缓工程。本道正拟逐一估计，适蒙本部院亲临勘阅，与抚宪所见俱同。此在先年为稍可暂缓者，在将来实为至急之工也。今本道遵奉本部院宪行，再三详勘，务求节省。今实勘得考城北岸，应修筑创堤帮堤，共长二千六百九十五丈，需银一万六百八十二两四钱；仪封北岸，应筑创堤五百二十丈，需银二千八百八两；阳武北岸帮堤四千七百七十四丈，需银九千四十三两二钱；封丘荆隆口大月堤三百三十丈，需银三千五百七十六两；荥泽南岸埽工，除用节存旧料并堡夫课程外，需土方桩木人夫工食等银一千二百六十八两九钱二分五厘。此系屡经确核删减无遗之数，请乞本部院即赐具题，以便乘时兴举，保固河防”等因，册详前来。

据此，又准豫抚臣王日藻咨同前事各等因到臣。准此，该臣看得，江南自河道敝坏之后，蒙皇上不惜帑金，命臣等大加修治。近年以来，河归故道，堤渐可观，此非我皇上睿照之明，乾断之确，不能若此也。但江南居河南之下，必河南永保安澜，斯江南亦可无患。若河南上游有失，则江南河道不旋踵而淤垫矣。臣是以于请加上流堤岸疏内，请敕豫抚臣将河南工程确勘加修，蒙皇上洞悉原委，立赐俞允也。今臣凛遵上谕，勘阅河南两岸工程，凡经豫抚臣就近加修者，俱加宽厚，可保无虞。惟内有在先年视之尚属可缓，而据目前形势，确应蚤为未雨之谋者，则有考城、仪封、阳武等三县创筑加帮堤工，共长七千九百八十九丈。又封丘县荆隆口应筑大月堤三百三十丈，又荥泽县应修筑埽工二百一十丈，统计共需土方夫工银二万七千三百七十八两五钱二分五厘。然此工既竣之后，不特河南本省足保无虞，而又实可为江南保障者也。伏乞皇上睿鉴，敕下部臣，将考、仪、阳、封、荥等五县堤坝工程，照例准动裁剩裁扣银两，即行兴筑，必于康熙二十五年桃汛之前，一律告竣，以防上流异涨，有裨河防，良非浅鲜矣。臣谨会同河南抚臣王日藻合词题请，伏乞敕部议覆施行等因。

康熙二十四年九月初二日题，本月十七日奉旨："工部议奏。"钦此钦遵。于九月十八日抄出到部。该臣等查得总河靳辅疏称"江南居河南之下，必河南永保安澜，斯江南亦可无患，今确为预谋。考城、仪封、阳武等三县应创筑加帮堤工，共长七千九百八十九丈。又封丘县荆隆口应筑大月堤三百三十丈。又荥泽县应修筑埽工二百一十丈。统计共需土方夫工银二万七千三百七十八两五钱二分零。此工既竣之后，不特河南足保无虞，而又实可为江南保障。伏乞照例准动裁剩裁扣银两兴筑，必于来年桃汛前告竣，有裨河防，良非浅鲜"等因前来。查考城等五县堤坝工程，该督既称"此工既竣，不特河南足保无虞，而又实可为江南保障"等语。应准其修筑所需夫工银两，严加核减，工完造册题销。至裁剩裁扣银两，由户部拨给可也等因。

康熙二十四年十月初六日题，本月初八日奉旨："依议。"

〔料理下河〕

总督河道、提督军务、兵部尚书兼都察院右副都御史、臣靳辅谨题，为钦奉上谕事。

康熙二十四年正月初二日，准工部咨开，都水清吏司案呈，奉本部送工科抄出，工部等衙门会覆经筵讲官、吏部尚书伊桑阿等题前事等因。康熙二十三年十一月十八日题，本月二十六日奉旨："九卿、詹事、科道会同确议具奏。"钦此钦遵。于十一月二十七日抄出到部。该臣等会议得，吏部尚书伊桑阿等疏称“臣等祗遵上谕，将兴化、盐城等州县海口详勘，得山阳、宝应、高邮、江都、泰州、兴化、盐城等州县之水，原从车路河、白途河等处流入运盐、串场河，出白驹场、丁溪场、草堰场、刘庄场等十余口，由苦水洋、斗龙港、信阳港、庙湾入海。今因年久，车路等河、串场河及各场出口俱被沙土淤浅，比高邮、兴化等处河身反高，以故水虽仍流，而滀水不能出口。今将减水坝一带运河水口决浚导流，将会流串场河之车路等河及串场河白驹、丁溪、草堰场等口，俱挑浚深阔，引高邮等州县滀水入海，庶永免水患，生民得以乐业矣”等因具题前来。查得高邮、宝应等处，因水涨漫，将民庐舍田畴淹没，是以皇上轸念，将钱粮尽行蠲免，复屡次赈济穷民。今皇上巡幸，见民庐舍田畴被水淹没，深为矜恤，特旨遣大臣将被水患州县并入海旧河，逐一确勘，不惜经费，务期挑浚下流，令被灾亿万穷民尽复产业，涸田得以耕种，使其得以永安，虽尧舜如天之仁，不是过也。相应将河挑浚，以济生民。又查总河靳辅管河各官，治河年久，熟识地方形势水性，应令总河靳辅亲往车路等河，并串场河白驹、丁溪、草堰场等口，逐一确勘，作何挑浚深阔，使高邮等州县减水坝一带运河水口引流入海。其所用钱粮细数，造册具题到日，工部确议具覆。至兴工之时，若见任官员不足，该督题请可也等因。

康熙二十三年十二月初六日题，本月初九日奉旨：“靳辅见在督理黄河堤岸，又令兼理海口，必致两误。且黄河、海口系在两处，应另差官督理，着再确议具奏。”钦此钦遵。于十二月初十日抄出到部。该臣等再会议得，挑浚河道事务，先因总河靳辅管河各官治河年久，熟识地方形势水性，应令总河靳辅将减水坝一带运河水口引流入海等因议覆。奉旨：“靳辅见在督理黄河堤岸，又令兼理海口，必致两误。且黄河、海口系在两处，应另差官督理，着再确议具奏。钦此。”查得总河督理黄河堤岸，今又兼理海口，必致两处俱误，应令差官专责料理挑浚事务。但挑河需用钱粮甚多，应差廉洁有能之员，拟将安徽按察使于成龙差出，专责料理，给发关防敕书，关防上面铸造“督理高宝等处下河事务”字样，礼部铸送，给发敕书，内院撰给。至黄河、海口虽在两处，但下河之水俱由运河而出，必彼此协同，方能有济。总河靳辅治河年久，熟识地方形势水性，将挑河一切事宜，并应设官员若干之处，均申详总河靳辅具题。若工竣事成，该部将靳辅一并议叙。如无成效，将靳辅一并议处。其于成龙员缺，应听吏部具题，另推按察使。其余俱照前议可也等因。

康熙二十三年十二月十五日题，本月十七日奉旨：“依议。”钦此钦遵。抄出到部，拟合就行。为此合咨前去，烦为查照本部等衙门会覆奉旨内事理，钦遵施行。

计黏抄原疏一纸：吏部尚书伊桑阿等谨题，为钦奉上谕事：

康熙二十三年十一月初六日，奉上面谕：“朕车驾南巡，省民疾苦，路经高邮、宝应等处，见民庐舍田畴被水淹没，朕心深为轸念，访问其故，具悉梗概。高、宝等处湖水下流，原有海口，以年久沙淤，遂至壅塞。今将入海故道浚治疏通，可免水患。自是往还，每念及此，不忍于怀。此一方生灵，必图拯济安全，咸使得所，始称朕意。尔同工部尚书萨穆哈往被水灾州县，逐一详勘，期于旬日内覆奏，务期济民除患，（总）〔纵〕有经费，在所不惜。尔等体朕至意速行。钦此。”该臣等祗遵上谕，往泰州、兴化、盐城等处，所至地方，向绅宦士民人等宣布：“皇上巡省江南，经行高、宝地方，见水漫溢，坏民田庐，深为轸念，必行疏决下流，以济民困。特遣伊桑阿等前来，将应行开浚之处，详加勘视。”绅宦士民等罔不欢呼踊跃，执香顿颡，咸称：“圣主恤民，真同尧舜，千载希觏。此处田庐向被水患，民生失业，今逢圣主轸念，敕行开浚，自今以后，吾等各属州县人民，俱得安生复业矣。”

臣等谨将兴化、盐城等州县海口详勘，得山阳、宝应、高邮、江都、泰州、兴化、盐城等州县之水，原从车路河、白途河等处流入运盐、串场河，出白驹场、丁溪场、草堰场、刘庄场等十余口，由苦水洋、斗龙港、信阳港、庙湾入海。今因年久，车路等河、串场河及各场出口俱被沙土淤浅，比之高邮、兴化等处河身反高，以故水虽仍流，而潴水不能出口。今将减水坝一带运河水口决浚导流，将会流串场河之车路等河及串场河白驹、丁溪、草堰场等口，俱挑浚深阔，引高邮等州县潴水入海，庶永免水患，生民得以乐业矣。为此谨题请旨等因到臣。准此，随经檄行督理高、宝等处下河事务按察使司于成龙确勘估报，续经详覆前来，又复批驳去后。今据该司详称，蒙本部院牌，为亟饬勘议下河工程，以凭覆旨兴工事。

照得高、宝等七州县，地处下流，田多淹没。阅泰州旧志书，则知明代已然，不自今日始也。今蒙皇上轸念民瘼，不惜钱粮，特行开浚，真千载一时之盛举矣。该司既奉督理之命，断须其慎其详，以期必成必固。盖谋始先当彻终，而图终端在虑始，不宜稍有泄忽，以贻后日之悔者也。事关重大，合行亟饬勘议。为此牌仰该司官吏照牌事理，立将开浚下河一工，该司亲勘明确，通盘合算，要见应挑之河，自某某地方起，至某某地方止，统计实长若干丈尺。其河底挑宽若干丈尺，深若干尺寸，或应一律宽深，或应分别大小。其间积水已退，可以施工者，计长若干丈尺，应挑土若干方。积水未消，漫然难挖者，计长若干丈尺，应挑土若干方。易挑者作何责成挑挖，每方需工价银若干。难挑者作何设法挑挖，每方需工价银若干。所挑之土，俱应筑堤束水，自不待言。其堤工之顶底宽高，各计若干丈尺，通共需钱粮若干，约用监理、分管等官各若干员，合用募夫若干名，于何日兴工，限何时告竣。更须知凡此应挑应筑之处，悉系年年发水之区，与见在干地可以随时挑筑者不同。工未成而水至，则有漫灭前功，人力莫挽，多糜工帑之虞；工已竣而水来，更有乘隙内溃，仍淹民田，徒费钱粮之患。此中力求保固，必须作何经营。该司素有干才，务即确勘明白，详酌妥议，限文到半月内，册详驰报，以凭覆夺具题等因。奉此，为照下河一带，巨浸有年，本司膺兹重肩，自应立图宣疏，蚤拯斯民于昏垫，以仰副庙堂之睿怀。是以任事之日，即躬诣泰州、兴化、盐城、山阳、宝应、高邮、江都各处，相地形之高下，审水势之去来，兼咨诸父老，考诸志舆，穷究河身旧踪，察阅海口故道，极耳目心思，跋踄匝阅月，纡回千余里，举凡陬泽远近，本司已足迹靡遗矣。惟是七邑形势，俱处低洼，皆因从前出海之渠尽皆淤塞，致节年汇注之水无路疏通，水日积而日深，河日盈而日泛，至今各邑田庐澌没，一望无涯。本司奉檄兢兢，既不能就水面以丈量，又不能探河路于波底，低回展转，不禁望洋长叹耳。

伏思开河成命，责任綦严，挑浚工程，至繁至巨，似此弥漫浩渺，在在皆然。必欲将久经淤塞之出海故道，并腹内蓄水之深河巨湖，一体估勘，同时兴工，虽乌获、公输亦无所用其力而施其巧。本司纵左畚右锸，将从何处下手乎？是目前此举，若不权事势之标本，衡兴作之先后，匪特道旁筑舍，终无济于经营，抑且稽延时日，远廑九重顾虑。本司再三踌躇，必须先将淤塞海口逐一挑开，俾各邑积水宣泄过半，见出内河内湖，然后斟酌远近，分派挑筑，斯计之得，但不识可佐宪筹于万一否？

查得高邮、宝应、江都、山阳所聚之水，必由泰州、兴化、盐城各口流去，乃得出海。今本司勘得泰州、兴化、盐城应开海口共有六处，约计五万余丈。泰州、兴化、盐城、山阳、高邮、宝应、江都七州县应浚内河，共约计二十四万余丈。以上海口内河，通共约计三十万余丈。仿照宪台题定河工夫价及建造闸座物料，约略估计，需银甚多，斯时难以细算。况其间高下宽深，以及支河旁汊，此际一片汪洋，万难分别，统俟兴工挑挖之时，逐一勘估细数，另具册报外，合无仰恳宪台早赐具题，请拨何项钱粮，一面先发一半，以便委员募夫，采庀物料，刻日兴工。先挑海口，使内地沮洳诸水早得流通，则河身微露，河岸可寻。临期悉心，再加估勘。如原旧河身纡曲，其间或有荒地旷土，可以开拓取直者，自当弃远就近，勿使钱粮糜费。如旧日河身本直，两岸多有民房、坟墓，难于阔挑畅流者，又宜舍直从纡，安全久困灾黎。总期多方撙节，次第估题，必固必坚，为一劳永逸，民生乐业之大举耳。此本司从万难下手之中，谨陈先后之策，庶河工重务，不致旷日持久。至于岁时旱溢，黄、淮消长，溯古及今，委难预度。本司惟有殚精毕虑，捐顶至踵，竣兹大役。仰仗皇上洪福，宪台遐庇，自是雨旸时若，河伯效灵，又非今日所得而臆度者也。因奉勘议，合就呈详等因。

于五月十九日详奉本部院批：河工定例，先题估而后题销，从无漫然请帑之事。况该司详内既称应浚之河约长三十万余丈，则是已有约估之数矣，何不即将此数详请具题耶？又该司详内有‘七邑俱处低注，因从前出海之渠尽皆淤塞所致，今须先将海口逐一挑开，俾各邑积水宣泄过半，见出内河内湖，然后分派挑筑’等语，殊不然也。夫七邑皆处洼区，是矣，惟其地洼，故海潮易侵，而范公筑堤以障之，至今民受其福。今若先挑海口，其不可者有三。盖欲此工之成，必须先将一片汪洋之洼地，连筑大堤，束上流源源不断之水，径直趋海，庶所开之海口方可畅泄无遗。否则徒能引潮内灌，即或有因道远而潮不大至之处，亦不能望泄内地之积水也。此不可者一也。又即使积水可泄，洼区暂露干地，然运河各闸坝减下之水，将令归于何处？是必须将各泄水之闸坝尽闭，俟下河工完之后，然后再放泄水方可。但闸坝一闭，则运河东堤势必不旋踵而漫决，为患更不可言矣。其不可者二也。又即使暂闭闸坝，或适逢奇旱，上流水少，运河东堤幸免溃决。然该司徒议开挑旧河，而不议高筑坚堤，则一启运河闸坝，其滔滔下注之水，势必四溃决裂，田亩仍淹，而钱粮尽归乌有矣。其不可者三也。事关重大，仰司再加深思，细为筹虑，务必握其要领，坐而言，起而可行，使工可必成，而断无后患，方不负皇上爱养元元之至意也。限五日确估册详，以凭核题缴等因到司。奉此，本司捧读宪驳，反覆筹思，审处周详，由始虑终，由近届远，一时创兴之工，而计及国家百千万世之利，启愚蒙而开茅塞，诚非本司蠡见所能及也。惟是一片汪洋之区，在在皆是，不于此中筑堤束水，则徒费国帑，而工必无成。欲于此中筑堤束水，则按其道里之远近，计其堤工之高卑，何止需土千余万方。宪台大修定例，凡离堤十五丈、二十丈以外取土者，每方给银一钱五六分不等。其清水潭、高家堰等工，取土于一二里或一二十里之外者，悉皆创造浚船，设法装运，而牵近合远，亦给三钱一方。今此工取土，近者一二十里，远者一二百里，即照三钱一方科算，亦需银三百余万两，矧其难数倍于高家堰、清水潭乎？乃昨奉宪台面谕，止需银二百余万两，在宪台设法节省，自有妙画，但本司实不能知。复经面请明教，随蒙宪台逐一指示，用筑堰拦水车水取土之法，每成堤一丈，实用土九十六方，连雇船装土，先筑小堰，并护堰车水、挑土、筑堤，一切料物人夫百计。作节省之法，每丈用银二十四两九钱六分，每方用银二钱六分而止。且水工大堤之至难筑者，不过六万三千丈，其余易于取土之处，止筑堤而不挑河者，连阴雨食米及苘硪等项，每方给银一钱六分。挑筑并行者，以堤成为准，连阴雨食米并苘硪等项，每方给银一钱八分。更蒙开示，'不必暂闭上流减坝，无论水涨与否，皆可趱工之法，与夫扣除连阴土冻日期，三年必可告完之原委，真发前人所未发，诚至当不易之弘猷，所谓坐而言，起而可行者也'。本司欢忭之忱，有同雀跃，谨遵照宪示，按法估计，造具清册呈送外，第事不厌精，思亦宜远。如挑筑之大略，取土之方法，节省之机宜，宪虑无不委曲详尽。但自白驹场北至庙湾，南至芒稻河，虽挑筑并行，而河流有限，堤工亦可无虞。其自车逻镇以至海口两岸堤工，束上流诸湖源源不断，无穷无尽之水，径直趋海。本司管见，必须下埽修防，以杜意外之变，以保万全之工。其需用料价人工，一并造入册内，通共估银二百七十八万二千三百七十两，听候宪裁核题。至于开河而或碍市镇村庄，未便令其播迁失所，有失圣天子抚绥灾民德意。或于所估丈尺之外，稍有增减，亦不可知。应俟兴工之日，与一切未尽机宜，随时详请核夺。若夫所用钱粮，不过暂借一时，另有设法偿还之策，此又宪台体司农仰屋为国为民之意，本司无庸置喙，统俟本部院于疏内声明者也”等因到臣。

据此，该臣看得，高、宝、江、兴、泰、山、盐等七州县下河田亩被积水沉淹者，自明代已然，其患非一日矣。我皇上亲幸斯土，目击黎民昏垫之苦，特沛恩纶，大加修治，既遣臬臣于成龙专管督理，又以微臣任河年久，应知挑浚机宜，并命微臣综理其事，此真旷古未行之盛举也。盖尧舜而后，言治水者不过求其顺轨遄行，安流归海而已。若河道业已疏通，而并欲将从前积水之区，尽使变为沃壤，凡有一夫不获，悉皆深廑宸衷，如我皇上今日之至圣至仁，真远轶三代，直并唐虞者矣。臣等生逢盛世，身沐洪恩，敢不捐顶糜踵，黾勉奋发，力图报效，必期有成乎？

惟是治之之法，宜握要领，审全局，而曲图节省也。盖不握要领而漫然施工，则徒糜国帑，功必无成；不审全局而泄然从事，则工虽幸竣，随必溃坏；不图节省而循例估费，则需帑太多，终成筑舍。此皆不可也。今淮扬之人，多侈言治法矣，究其作何经营，不过执《禹贡》先治下流之说，以为多挑海口淤沙，泄去内地积水，使汪洋之区涸出干地，然后查勘旧渠，逐一挑浚等语，言人人同而已。殊不知禹之先治下流，乃因兖州地洼而然也。今此七州县下河海口高昂，内地低于海潮不下五尺。从前海潮内灌，不可以耕，曾经宋臣范仲淹筑堤以障之，堤成而民享其利，名其堤曰“范公堤”，颂之感之，至今不衰。今若循先挑海口之议，则是引潮内侵，与范堤障水之意相悖，不特积水必不能泄，而糜帑殃民，将无底止矣。治之之法，全在束水注海。夫内地既卑于海潮五尺，则应于内地筑堤高一丈六尺。以高一丈六尺之堤，自足束高一丈之水。内水既束高一丈，则高过海潮五尺，其趋海之势必速，而无流滞之虞矣。堤既高一丈六尺，则堤顶高过水面六尺，其束水之力必坚，而无旁溃之患矣。臣所谓宜握要领者此也。筑堤束水，固为握要之计，然运河之新旧减水闸坝，何止数十处？即下河七州县之河渠沟港，所以承运河各闸坝之水者，何止数十道？若不尽行筑堤，以束各处减下之水，则水仍散乱无收，漫淹田亩。若欲一概兴筑，则其费数倍，何止需帑千余万金。

臣再四筹维，查减水坝之最大而多者，莫过高邮城南。今应将高邮城北并车逻以南、邵伯镇以北之零星闸坝，俱行闭塞，拆取石料，移于高邮城南、邵伯镇南二处，改建深底大石闸二座，俾洪泽湖减下之水，并天长、盱眙各山涧之水，由高邮城南之南关大坝、五里、八里、柏家墩、车逻等坝，并新建之大石闸内，泄去十分之八，邵伯镇南已建之减水坝，并新议建之大石闸内，泄去十分之二。邵伯镇南所泄之水，半由芒稻河并通州入江，半由串场河入海。高邮城南所泄之水，应自车逻镇起筑大横堤一道，直抵高邮，再自高邮城东起筑大堤二道，历兴化县白驹场至海，束各闸坝泄下之水汇归一处，直达大洋，且必量入为出，宁使出水之地宽大于进水之地，使所进之水安流下注，而无拥刷堤土漫溃决裂之虞。故内地洼区筑堤高一丈六尺之河，止宽一百五十丈，海滩高地筑堤高一丈之河，必宽一百八十丈也。臣所谓宜审全局者此也。

至于水工堤堰艰于取土者，旧例每方给银三钱，尚有摊锹夯硪之夫在外。然三钱一方之土，近者不过取于数里之外，远者不过取于一二十里之外。今此番堤工兴筑于万顷汪洋、一望无际之中，近者数十里见土，远者百余里见土，艰难既数倍于寻常，则其不赀之费从何措处？查难筑之水工，共长六万三千丈，牵需土六百零四万八千方，毋论取土之艰数倍常时，即以加价一倍计之，而此六万三千丈工程，即需帑三百六十余万两矣。且夫、船两难，旷日持久，不知竣工于何日也。

臣百计筹画，作就近取土之策。其法先定堤基，随用船装远土于水内筑成围埂。其埂出水二尺，中间宽三十丈，长五十丈。围埂既成，一面用草料防护，一面将埂内之水车干，然后于离堤基十五丈之外，挖土挑至堤基之上，密加夯硪，筑成大堤。其堤应筑成顶宽二丈，底宽十丈，高一丈六尺，每堤一丈，用土九十六方，连船装筑埂之土，并车水防埂一切夫工、器具料物，以及阴雨食米等项，每方止需银二钱六分，六万三千丈共止需银一百五十七万二千四百八十两，较之寻常估费者，约省过半。臣所谓曲图节省者此也。司臣于成龙于奉旨任事之后，臣即令其先行相度，各出己见，以资启发。该司阅历月余，其访采舆论，审量经营之处，颇饶苦心，然亦持先开海口及费帑多而岁月难限之议。于是臣与该司面为商酌，作聚米之形，区画开浚趲筑诸法，令该司覆加确酌。今据该司册估前来，更增护堤埽料，以为周详之计，尤属允当。

至于应举工程，除水工六万三千丈，需银一百五十七万二千四百八十两之外，其余一切挑筑工程，大略与旧例相同。(止)〔至〕于筑堤者，每方连阴雨食米等项，给银一钱六分。连挑带筑者，以筑成堤土为准，每方连阴雨食米等项，给银一钱八分。内一自白驹场至海口，应挑大河二道，共约长二万四千丈。即以挑河之土，筑成顶宽二丈、底宽七丈、高一丈之大堤二道，每堤一丈，用土四十五方。连挑带筑，每方给银一钱八分，二万四千丈，共需银一十九万四千四百两。又自白驹场北至庙湾，南历海安、泰州至芒稻河，约共应筑堤十五万丈。其堤大小不等，用土多寡不等，土方价值一钱六分、一钱八分不等，共需银七十六万八千两。高邮州、邵伯镇南，各建大石闸一座，白驹场南北两岸，亦各建大石闸一座，共建石闸四座。除拆取废闸石块外，其添买石块，转运旧石，以及桩木、灰米、锭锔、夫匠工食等项，并闸旁添建木涵洞二百个，分引河流，稍杀闸门内建瓴之势，共需银六万两。又前工尽完之后，上流湖河之水，悉由新筑水工大河内入海，涓滴不能旁泄。若遇天旱之年，难免禾苗枯槁。今创建木涵洞二百个，随时启闭，以资灌溉，为永远裕国利民之计，每个需银一百两，共需银二万两。又水工大堤六万三千丈，地势最卑，而河宽水急，风浪时侵，若不预为保护之计，则一时风起，便有仓皇无备，束手莫措之虞。此堤一有损失，则全功尽弃，为害非轻。今估将此六万三千丈工程，尽卷四五尺高顺埽，再加丁头草横叠镶护。每堤一丈，估用草芦桩柳夫匠工食等项，共计银二两四钱三分，六万三千丈共需银一十五万三千零九十两。又白驹场至海口，共堤二万四千丈，虽地势稍高，而河宽水急，亦应用草防护。每丈需草价银六钱，共需银一万四千四百两。以上修治高、宝等七州县下河工程，共需银二百七十八万二千三百七十两。伏乞皇上敕下部议，将所需前项银两先赐拨发一半，以便乘时趱工，余容陆续请拨。其完工限期，请自兴工之日为始，除阴雨土冻难以畚锸之时不计外，请限三年告竣，庶事无委卸，而可免旷日持久之虞矣。

臣伏念此番经理，蒙皇上如天之仁，有“不惜帑金，惟冀民生得所”之圣谕，则似乎支费不难。然臣又念国帑自有国用，今请拨至二百七十八万余两之多，而不思所以补苴之计，非臣心所敢安也。况若补苴无计，则亦无可如何。今以臣之愚，反覆思之，实有可以补苴之法。若臣不力奏请行，犹非臣心所敢安也。今臣拟将此项银两，俱作工所暂时之借支，请于工完三年之后，分为五七年解还户部。其解还之法，又当分为二项。内如筑水工大堤六万三千丈，海口大堤二万四千丈，并护堤埽料，以及建高邮城南石闸一座，引水灌田木涵洞二百个，共需银一百九十六万九千三百七十两，乃专为七州县田亩而举者也。若北自庙湾起，南至芒稻河止，两岸堤工十五万丈，并邵伯镇南、白驹场两岸石闸共三座，所需银八十一万三千两，乃系创兴各场运盐之大利者也。何也？盖水工海口堤河工竣之后，各减水闸坝之水既尽归新河入海，则七州县水淹原额之地亩，必皆尽行涸出。地既涸出，则串场河亦涸，而淮南纲盐一百三四十万引无从挽运，故必须并筑串场河两岸之堤，再并建邵伯镇南、白驹场新开两岸之石闸三座也。臣查见在淮商运盐之艰有三：一则串场河底高低不一，天气稍旱，则河底稍高之处即便浅涩，而多挽拽之费矣。二则串场河不通运河，凡引盐出场，必另用小船由漫滩积水湖内盘坝而过，方到运河船上，是又多盘脚雇船之费矣。三则盐船必经芒稻河，每遇水涨之候，大溜掣船，异常危险，非用数百人增添绳缆，设法挽拽，不能过溜，是又多雇夫之费矣。以上三费，每盐一引，必须增费一二钱不等。若此筑堤束水之工一成，则运河大船可以竟至串场河受载。自串场河开行，或过高邮闸，或过邵伯闸，宽河大港，一水直达扬州，既无浅涩之艰，又无盘驳之阻，更免掣溜之险，省费既多，而盐船又得安流，计日可到，故曰创兴运盐之大利也。

臣窃拟补帑之法，凡因有利田亩而兴筑者，则所费之帑，应于田亩项下陆续补还。其因有利运盐而兴筑者，则所费之帑，应于盐引项下陆续补还。查应于田亩项下陆续偿还者，计银一百九十六万九千三百七十两。其偿还之法，臣遍历下河七州县地方，西至运河，东至大海，南至江、泰旧河，北至黄河遥堤，按其广袤之远近，察其积水之浅深，约略科之。将来工完之后，除去河湖、城郭、村镇、坟茔、盐场、柴荡之外，可得田十四五万顷。而此七州县，《全书》所载额田不过十一万顷，是额外余田不下三四万顷矣。即以泰州一州而论，地方平衍广阔，按法而稽，应有田四五万顷。今《全书》额田仅有九千二百余顷，盖所种实田止有此数，而余皆沮洳沉没之区耳。一州如此，他可类推。故曰工完之后，则额田而外，可得余田三四万顷也。

今臣拟将涸出之地，逐一清丈，先将原额数内之田，尽行给主。其原额之外者，曰额余官田，当广招穷民垦种。然寻常招垦之法，其田率皆荒芜之土，而所以招徕者，不过曰给牛种、缓升科而已。夫土既荒芜，而所给又不敷于农本，则耕者势难尽其耘耔之力。力既不尽，则虽宽缓起科之岁月，而民迫于饥寒，终不能使蒿莱变为沃壤，理势然也。今臣等拟督廉能之吏，构草舍，备牛种，给衣食，俾无告之灾黎，先去饥寒迫身之苦，而有安居得业之乐，自无不子来恐后，尽力开垦矣。初年则仿民间佃户之例，与之共分籽粒，民以所分之籽粒，偿本年之衣食，官以所分之籽粒，为下年之垦本。如是三年之后，民间渐觉殷足，然后仿民间授受之例，许其纳佃价于官，给为永业。此等田地，照此式开垦之后，在民间授受，俱值银一二三两，一亩至瘠者方在一两之内。今拟地亩肥瘠不等，肥者止取佃价银一两二钱，瘠者止取佃价银六钱，每亩止牵取佃价银九钱，额余官田最少亦有三万顷，可得佃价银二百七十万两，内以一百九十六万余两解交户部，抵还借支之项。其余七十余万两，应将高家堰临湖堤工，并山、宝、高、江四州县运河堤工，再加高厚，更将山、清、盱、宝、高、江六州县境内，凡有关于高、宝下河之零星应挑应筑工程，逐一料理，以期永保无虞，为久奠下河之计。又此中或有存剩之银，并二百七十万两之外，或更有多得佃价银两，悉解户部充用。盖高堰、运河并此六州县零星各工，俱与下河唇齿相依者也。各工安则下河亦安，各工设有不虞，则下河亦随之决裂。今以下河开垦之余资，为永安、高堰、运河等工之计，真国计民生万世之利也。其佃价二百七十万两，乃必然可得之数，而将来又出于民情之最愿最乐者，所谓应于田亩项下设法偿还者也。

其应于引盐项下陆续偿还者，计银八十一万三千两。查淮南纲盐，每岁一百三四十万引，河堤告成之后，每引每年计可省盘剥之费一二钱不等。今止令其于所省之内，每引每年纳河堤银九分，以七年为率，七年数足之后，免其再纳，计每年可得银十二万两。不过七年，而此八十一万余金之帑，又可补还无欠。此必然可得之数。在盐商量捐省费之赀，而坐享久远之利，所谓应于引盐项下陆续补还者也。至此工地方广阔，钱粮浩繁，且清查屯垦，事务冗杂，应暂设厅官六员，专管招徕鼓舞、督垦开屯及清查地亩、分发钱粮诸务，并暂设州县佐贰官十九员，以分任之。此暂设之厅官佐贰官，俱俟工完之日，另疏请裁。

至于挑筑堤河二十三万七千丈，并建大闸四座，木涵洞共四百个，应另委监理官五十四员、分管官二百余员，分头疾趱，克期告竣。所委监理分管等官，俱系客官，应请照康熙十七年间议政王等议覆微臣敬陈经理河工事宜第七疏事案内之例，于工完之日，容臣列名具题，恭请皇上洪恩，准其照见任应升品级，加二级，从优即升。因公诖误官员，准其还职。其暂设厅员并州县佐贰官员，应俟清查地亩，垦屯完毕，将所费国帑二百七十余万，逐一偿还之日，更请皇上洪恩，准其加三级，从优即升。其非正途出身者，俱照正途一例升转，以鼓有功劳吏。除应设厅官六员，臣见在（膳）〔缮〕疏保题外，其应设州县佐贰官十九员，并应委监理官五十四员，容臣等一面遴选，续疏具题。至于应委分管官二百余员，容臣等照大工之例，随时委用，汇造各官履历、工程清册，咨送吏、工二部可也。除一切未尽事宜，疏内不能备载，请照前此大修工程之例，凡些小事务应竟行者，容臣筹酌，随便竟行，重大事务应具题者，亦容臣等商定，不时入告，并将估计清册揭送工部查核外，臣谨具题，伏乞皇上睿鉴，敕部议覆施行等因。

康熙二十四年九月十八日题，十月初八日奉旨："九卿、詹事、科道会议具奏。"钦此钦遵。于十月初九日抄出到部。该臣等会议得，总河靳辅疏称"高、宝、江、兴、泰、山、盐等七州县下河田亩被积水沉淹者，自明代已然，其患非一日矣。皇上特沛恩纶，大加修治，既遣臬臣于成龙专管督理，又命微臣综理其事，此真旷古未行之盛举也。皇上至圣至仁，真远轶三代，直并唐虞者矣。臣等生逢盛世，身沐洪恩，敢不捐顶糜踵，黾勉奋发，力图报效，必期有成乎？惟是治之之法，全在束水注海。夫内地既卑于海潮五尺，则应于内地筑堤高一丈六尺，以高一丈六尺之堤，自足束高一丈之水，内水既束高一丈，则高过海潮五尺，其趋海之势必速矣。又将高邮城北零星闸坝俱行闭塞，移于高邮城南、邵伯镇南二处，改建深底大石闸二座，俾洪泽湖等处之水，由高邮城南车逻等坝并大石闸内泄去十分之八，邵伯镇南已建之减水坝并大石闸内泄去十分之二。邵伯镇南所泄之水，半由芒稻河并通州入江，半由串场河入海。高邮城南所泄之水，应自车逻镇起，筑大横堤一道，直抵高邮。

再自高邮城东起，历兴化县白驹场至海，筑大堤二道，以束各闸坝减下之水，汇归一处，直达大洋。且量入为出，于内地洼区筑堤高一丈六尺之河，止宽一百五十丈，海滩高地筑堤高一丈之河，必宽一百八十丈。今筑堤于万顷汪洋之中，取土艰难，数倍于寻常。

"臣百计筹画，作就近取土之策。其法先定堤基，随用船装远土，于水内筑成围埂，一面用草料防护，一面将埂内之水车干。然后于离堤十五丈之外，挖土挑至堤基之上，密加夯硪，筑成大堤。顶宽二丈、底宽十丈，高一丈六尺。连船装筑埂之土，并车水防护一切夫工、器具物件，及阴雨食米等项，每方需银二钱六分。共计水工六万三千丈，共需银一百五十七万二千四百八十两。其余一切挑筑工程，与旧例相同。（止）〔至〕于筑堤者，每方连阴雨食米等项，给银一钱六分；连挑带筑者，以筑成堤土为准，每方连阴雨食米等项，给银一钱八分。自白驹场至海口，应挑大河二道，约长二万四千丈，即以挑河之土，筑成顶宽二丈、底宽七丈、高一丈之大堤二道，连挑带筑，每方给银一钱八分，共需银一十九万四千四百两。又自白驹场北至庙湾，南历海安、泰州，至芒稻河，约共应筑堤十五万丈。其堤大小不等，用土多寡不等，土方给价值一钱六分、一钱八分不等，共需银七十六万八千两。高邮州、邵伯镇南各建大石闸一座，白驹场两岸亦各建闸一座，共建石闸四座，并闸旁添建木涵洞二百个，共需银六万两。又工完之后，上流湖河之水，悉由新筑水工大河内入海，遇旱难免田禾枯槁。今创建木涵洞二百个，随时启闭，以资灌溉，共需银二万两。又水工大堤六万三千丈，地势最卑，而河宽水急，风浪时侵，便有仓皇无备。今估此六万三千丈工程，尽卷四五尺高顺埽，再加丁头草横叠镶护，共需银一十五万三千零九十两。又白驹场至海口，共堤二万四千丈，虽地势稍高，而河宽水急，亦应用草防护，共需银一万四千四百两。以上高、宝等七州县下河工程，共需银二百七十八万二千三百七十两。伏乞将所需前项银两，先赐拨发一半，以便乘时趱工。余容陆续请拨，限三年告竣，庶事无诿卸矣。

“今臣拟将此项银两，俱作工所，暂时借支，请于工完之后，分为五七年解还户部。其解还之法，又当分为两项，内如筑水工大堤、海口大堤，并护堤埽料，及建高邮城南石闸一座，引水灌田木涵洞，共需银一百九十六万九千三百七十两，应于田亩项下补还。工完之后，臣拟将涸出之地，逐一清丈，先将原额内之田给主，其原额之外者，曰额余官田，当招穷民垦种，给为永业，每亩牵取佃价银九钱。额余官田最少亦有三万顷，可得佃价银二百七十余万两。内以一百九十六万余两解交户部，抵还借支之项。其余七十余万两，应将高家堰临河堤工，并山、宝、高、江四州县运河堤工，再加高厚，更将山、清、盱、宝、高、江六州县境内，凡有关于高、宝下河之零星应挑应筑工程，逐一料理，以期永保无虞。其北自庙湾起，南至芒稻河止，两岸堤工并邵伯镇南、白驹场两岸石闸三座，共需银八十一万三千两，应于盐引项下补还。

“查淮南纲盐，每岁一百三四十万引，河堤告成之后，每引每年计可省盘剥之费一二钱不等。今止令其于所省之内，每引每年纳河堤银九分，以七年为率，数足之后，免其再纳，每年可得银十二万两。不过七年，而此八十一万余金之帑，又可补还无欠。其清查屯垦，事务冗杂，应暂设厅官六员，州县佐贰官十九员，以分任之。此暂设之厅官、佐贰官，俱俟工完之日，另疏请裁。至挑筑堤河，并建大闸木涵洞，应另委监理官五十四员、分管官二百余员，克期告竣。所委监理分管等官，应请照康熙十七年题定之例，准其照见任应升品级，加二级，从优即升。因公诖误官员，准其还职。其暂设厅员并州县佐贰官员，俟清查地亩垦屯完毕，将所费钱粮偿还之日，准其加三级，从优即升。其非正途出身者，准照正途一例升转。除应设厅官保题外，应设州县佐贰官并应委监理官，一面续疏具题。至于应委分管官，照大工之例，随时委用。一切未尽事宜，请照前此大修工程之例，事务应竟行者，筹酌随便竟行，事务应具题者，商定不时入告”等因前来。

查高、宝等七州县下河田亩久被水灾，皇上轸念小民，特遣尚书伊桑阿等前往查勘，又命河臣靳辅、臬臣于成龙董理其事。今该督将筑堤挑河、建石闸木涵洞、需用钱粮、设官分理等项，条晰题请，均应如所题，务期核减节省，挑浚疏通，修筑坚固，于三年限内告竣。其借拨一半银两，听户部作速就近拨给，工完造册题销。工部查核，俟筑堤完日，将涸出地亩有无额外余田，并加增盐引银两，果否无累商民之处，令总河会同该督抚并巡盐御史查明造报，户部查核可也等因。

康熙二十四年十月二十二日题，康熙二十五年五月十四日奉旨：“已有旨了。”

〔请开支河〕

总督河道、提督军务、兵部尚书兼都察院右副都御史、臣靳辅谨题，为圣心爱民已极，黄河水患多年，请开浚两岸内泄水支河，以救民命，以全国赋事。

康熙二十四年二月二十七日，准工部咨开，都水清吏司案呈，奉本部送工科抄出，该本部覆翰林院检讨张鸿烈题前事等因。康熙二十三年十二月十二日题，本月十八日奉旨："该部知道。"钦此钦遵。于康熙二十三年十二月十九日抄出到部。该臣等查得翰林院检讨张鸿烈条奏疏称"淮扬水患，关系运道、民生，淮安以南则山阳、盐城、高邮、宝应、兴化、泰州、江都七邑受害，淮安以北则清河、桃源、宿迁、邳州、睢宁、沭阳、安东、海州八邑受害。今幸值我皇上发帑救民，另行遣官督理，恳求圣慈同仁一视，先及淮南，次及淮北。查桃源一带，旧有祠堂湖、邸家湖等处，可以潴水，又有小河可以泄水。自宿迁以下至清河县以上，旧有冲开河形，可达沭阳县之沭河、安东县之潮河，以入于海。年来处处淤塞；以致水无可泄。请敕新遣大臣详细踏勘，将十三座坝内随形量势，或分或合，各挑浚泄水河一道，以待坝上所滚之水，俾水来则归支河，不致弥漫平地，田既不淹，粮自可办"等因具题前来。查淮安以北八邑，应否挑浚河道之处，相应行令总河逐一确勘查明，具题到日再议可也等因。康熙二十四年二月初四日题，本月初六日奉旨："依议。"钦此钦遵。抄出到部，拟合就行。为此合咨前去，烦为查照本部覆奉旨内事理，钦遵施行。

计黏抄原疏一纸：翰林院检讨、臣张鸿烈谨题，为圣心爱民已极等事：

窃念淮扬水患，关系运道、民生。淮安以南，则山阳、盐城、高邮、宝应、兴化、泰州、江都七邑受害；淮安以北，则清河、桃源、宿迁、邳州、睢宁、沭阳、安东、海州八邑受害。赖我皇上深仁厚泽，屡次发赈，蠲免钱粮，哀此孑遗，尚有今日。见今宿迁等县永沉田地并已涸复淹者，屡经查勘停征，则疲邑灾民已了然在圣鉴中矣。夫灾民则同此灾民也，纳粮田地则俱是纳粮田地也。今我皇上准台臣李时谦条议，疏浚淮扬下河，以救七邑之民。适值圣驾省方，亲过淮扬，洞察情形，特遣大臣踏勘，后复经会议，遂发帑金速往经理。大哉帝德，如天好生，七邑灾黎何幸至此！但台臣只知淮安以南七邑之害，而不知淮安以北八邑之害，其苦一也。只知七邑之民田昔受决口之水，今受滚坝之水，而不知八邑之民田在黄河两岸以内者，其苦尤甚也。臣世籍淮人，何忍不为八邑生灵再请于圣主之前乎！

查黄河两岸，明臣潘季驯设有季泰、徐升等四坝，今则添设十三坝，以杀黄河怒涨之势，策诚善矣。但黄水冬涸时，民田似属无恙。即如本年十月间，乘舆由宿迁县至清河县，四顾平沙，若无水患。及至夏秋之间，黄水盛涨，倘水从坝上滚入，则势如建瓴，禾苗在地，必尽付之汪洋。若非挑浚支河，使之有所容纳，有所宣泄，则粮田被溺，正赋安供？当河工未成之日，自无暇及此，即已成之后，费过金钱不下数百万。国计至重，孰敢遽以此为请也。今幸值我皇上发帑救民，另行遣官督理，是以恳求圣慈，同仁一视，先及淮南，次及淮北。查桃源县一带，旧有祠堂湖、邸家湖等处，可以潴水，又有小河可以泄水。自宿迁县以下至清河县以上，亦旧有冲开河形，两岸隐隐尚在，而东可达沭阳县之沭河、安东县之潮河，以入于海。年来处处淤塞，以致水无可泄。合无请敕新遣大臣，会同地方官详细踏看，相其高下，度其远近，将十三座坝内随形量势，或分或合，各挑浚泄水河一道，以待坝上所滚之水，俾水来则归支河，不致弥漫平地，田既不淹，粮自可办，有补国赋，何减山、盐、高、宝等之七邑哉？

又按：挑浚支河，与堵塞决口、加筑堤岸不同。夫堵塞决口，则有桩木、柳枝、芦苇、稻草、苘麻等费，加筑堤岸，则有采石、办灰、烧砖、运土、夯杵、帮修等费，故河工钱粮至为浩繁。若挑浚支河，不过挖土而已，绝无此等繁费，其便一也。河工所用之夫，远或数百里、百余里，近或数十里，最为劳苦。若挑浚支河，则随时庄农皆可应募，各挑自己田头之河，非同河夫远累，其便二也。山、盐、高、宝等七邑，沟洫原多，海口遥远，而串场河又为保护盐场，故环绕迂回。今黄河两岸皆一望平衍，地广田荒，挖河原不足惜，较之七邑为易，其便三也。河夫做工一日例给银四分，以其离家远近不等，今挑浚支河，只须募田头之夫，每夫做工一日，给银三分，小民未尝不乐于趋命，其便四也。更请特敕踏勘诸臣，共计十三处支河通达某处，其远几何，挑宽几何，挑深几何，以河工挑土方之法算之，酌量每夫一名做工一日，约挑几尺几丈，共该夫几何，共该工银几何，彻底清算，则一见了然矣。但河工耗费已多，而挑浚七邑之下河，费又浩繁，今若挑浚十三坝之支河，所费又不知多少。虽我皇上拯救民命，不吝金钱，然当此节省钱粮之时，何敢不为国家爱惜物力，而代黄河两岸之民作冯妇之请乎？

臣有愚策，本诸历代国史，若能仿其大概而行之，上可裕国，下可救民，于以济挑河之用，绰有余矣。臣本文臣，无言事之责，但以灾民困苦已极，即使臣如班马，而于圣心仁政、国计民生毫无裨益，亦何用乎？是以不避罪戾，冒昧献议，字稍逾格，恳赐全览。如果刍荛可采，伏乞睿鉴施行等因到臣。

准此，窃照康熙二十三年冬月，恭逢皇上阅视河工，睿鉴照临之下，无不洞悉几微。及圣驾巡历黄河一带堤岸之日，谆谆以减水各坝泄出之水，作何善法归海，毋或淹损民田为谕。是黄河一带之灾黎，已久廑皇仁拯救之至意矣。今又蒙皇上俯俞部议，将原任词臣张鸿烈条奏一疏，行臣确勘题覆。除原疏内无甚关系之处，不复置议外，臣查鸿烈疏内称“邳、宿、桃、清、山、安、沭、海八州县并受水患，请挑支河宣泄”等语是矣。但沿河州县之并受水患者，实不止此八邑。鸿烈生长淮土，不妨就淮言淮。微臣身膺督河之任，且蒙皇上无时不以爱民为事，无事不以爱民为心。臣何敢岐视他州县，不为一并陈奏，使灾民有向隅之悲，而国家多荒废之土耶？

念臣自荷皇上临工谆谕之后，于黄河一带州县中昼夜图维者，已历半载有奇。而本年四月内钦奉上谕，遍勘豫省黄河工程之时，又复逐一查阅，细为勘酌。除上流地亢原无积水之处不议外，在黄河南岸，则有砀山、萧县、徐州、宿州、灵璧、睢宁、宿迁、虹县、泗州、桃源、清河等十一州县，黄河北岸，则有砀山、丰县、沛县、徐州、邳州、宿迁、桃源、清河、山阳、安东、沭阳、海州、赣榆等十三州县，合而计之，凡受行潦积水与减泄河水之漫淹难涸，困民生而逋国赋者，实关徐州、凤阳、淮安等三府州属之十九州县地方，而不止于邳、宿等八州县也。至于治之之法，不在于挑河，而在于筑堤。若止于议挑，而不高筑坚堤，则水至无束，散漫田间，不特仍前淹地，而所挑之河，不久淤成平陆，是徒劳民伤财，而无济于民生国计也。惟竟以筑堤为主，量筑堤需土之多寡，以定挑河挖土之宽深，俾堤成而河亦成，则水不旁泄，或径直趋海，或就近趋湖，由湖归河，由河入海，庶为永远利民之举。

今臣约略勘估，欲（求）〔永〕治此十九州县积水漫淹之患，必须共筑束水堤，约长三十万丈，随地高低牵筑，顶宽二丈，底宽六丈，高八尺，每方需土三十二方。查黄河两岸，土性稍松，连挑带筑，并阴雨食米等项，每方止拟给银一钱六分五厘，通共需银一百五十八万四千两。此项银两，虽蒙皇上不惜经费，然前此既军兴多费，而近年以来，四海荡平，又蒙皇上将一切暂裁存留钱粮，恩颁上谕，逐一复旧，则司农未必盈余，臣断不敢孟浪费帑。因查此各州县被积水沉废之无粮湖滩，一经筑堤束水之后，可以涸出开屯垦种。如臣另疏题覆钦奉上谕事案内，取称额余官田者，至少亦有四五万顷。臣拟一体督率廉能官员，一面逐渐筑堤束水，一面逐渐清查开垦。凡《全书》所载之额田，尽听民间自种外，其额余官田，构草舍，备牛种，给衣食，并初年与佃户共分籽粒，三年后佃户渐觉殷足，然后仿民间授受之例，许佃户纳价于官，给为永业等各事宜。臣请俱照微臣另疏钦奉上谕事案内，议垦高、宝等处下河额余官田事宜，一律而行。惟下河额余官田，每亩拟令佃户纳佃价银九钱者，黄河两岸额余官田，每亩止令佃户纳佃价银四钱。盖黄河两岸土松而瘠，不比下河地土之胶而肥也。至此项额余官田，止作有四万顷科算，而挑河筑堤之经费一百五十八万四千两便可全得。倘此外更有多余之佃价等项，臣自竭力经营，凡逐年所得之数，备造清册，丝忽皆归司农，以佐国用也。又此工所需筑堤垦本之资，臣请皇上敕下部臣，准借拨银五十万两，先为兴工，余俟陆续分收籽粒，并取佃价银两，逐渐接济。若此工限期，必得六年方可告竣。其与下河不同者，盖下河全借国帑，工完之后，陆续补还，其事自易。此则初年量借钱粮，后则惟赖分收籽粒，并取佃价，以竣其事，自是稍难也。至此工告完之后，不特向来蠲除灾荒之额赋可以尽复，而每岁更可加增新赋十余万两，且河工可以永固，民生可以永遂，一举而数善备焉，真国家万世之利也。但其间地方广阔，经营畚锸之地，往返不下数千余里，必须暂设道官三员、厅官九员、州县佐贰官二十余员，分头料理清查屯垦之事，俟工完之日，另疏请裁。其募夫筑堤之事，应另用监理官三十余员，分管官二百余员。倘蒙皇上允行，容臣续疏题请。至所用各官议叙之例，臣请悉照高、宝下河之例，俟工完之日，容臣一体具题请叙。若一切未尽事宜，疏内不能备载者，亦容臣照下河之例，随机斟酌，小事竟行汇报，大事具题请旨可也。臣谨具题，伏乞皇上睿鉴，敕部议覆施行等因。

康熙二十四年九月十八日题，十月初八日奉旨："九卿、詹事、科道会议具奏。"钦此钦遵。于十月初九日抄出到部。该臣等会议得，总河靳辅疏称"康熙二十三年冬月，恭逢皇上阅视河工，睿鉴照临之下，无不洞悉几微。及圣驾巡历黄河一带堤岸之日，谆谆以'减水各坝泄出之水，作何善法归海，毋致淹损民田'为谕。是黄河一带之灾黎，已久廑皇仁拯救之至意矣。今又蒙皇上俯俞部议，将原任词臣张鸿烈条奏一疏，行臣确勘题覆。臣查张鸿烈疏内称'邳、宿、桃、清、山、安、沭、海八州县并受水患，请挑支河宣泄'等语是矣。但并受水患者，实不止此八邑。微臣身膺督河之任，且蒙皇上无时不以爱民为事，无事不以爱民为心，臣何敢岐视他州县不为一并陈奏，使灾民有向隅之悲，而国家多荒废之土耶？

"查黄河南岸，则有砀山、萧县、徐州、宿州、灵璧、睢宁、宿迁、虹县、泗州、桃源、清河等十一州县，黄河北岸，则有砀山、丰县、沛县、徐州、邳州、宿迁、桃源、清河、山阳、安东、沭阳、海州、赣榆等十三州县，合而计之，凡受行潦积水与减泄河水，漫淹难涸，困民生而逋国赋者，实关徐、凤、淮三府州属之十九州县地方，而不止于邳、宿等八州县也。至于治之之法，不在挑河，而在于筑堤。若止议挑而不高筑坚堤，则水至无束，散漫田间，不特仍前淹地，而所挑之河不久淤成平陆，是徒劳民伤财，而无济于民生国计也。惟竟以筑堤为主，量筑堤需土之多寡，以定挑河挖土之宽深，俾堤成而河亦成，则水不旁泄，或径直趋海，或就近趋湖，由湖归河，由河入海，庶为永远利民之举。

“今臣约略勘估，欲永治此十九州县积水漫淹之患，必须共筑束水堤，长三十万丈，随地高低牵筑，顶宽二丈，底宽六丈，高八尺。查黄河两岸，土性稍松，连挑带筑，并阴雨食米等项，每方止拟给银一钱六分五厘，共需银一百五十八万四千两。查此各州县被积水沉废之无粮湖滩，筑堤束水之后，可以涸出开屯垦种。臣拟逐渐清查开垦，凡《全书》所载之额田，听民间自种外，其额余官田，招民垦种，给为永业等各事宜，请俱照议垦高、宝等处下河额余官田，一律而行。惟下河额余官田，每亩拟令佃户纳价银九钱者，黄河两岸额余官田，止令纳价银四钱。盖黄河两岸土松而瘠，不比下河之土胶而肥也。此额余官田，止作四万顷科算，而挑河筑堤之费，一百五十八万四千两便可全得。乞准借拨银五十万两，先为兴工。其余不敷银两，俟陆续分收籽粒，并取佃价银两，逐渐接济。若此工限期必得六年方可告竣。工完之后，不特向来蠲除灾荒之额赋可以尽复，而每岁更可加增新赋十余万两，且河工可以永固，民生可以永遂。但地方广阔，应修之处往来数千余里，应暂设道官三员、厅官九员、州县佐贰官二十余员，分头料理清查屯垦之事，俟工完另疏请裁。其募夫筑堤之事，应另用监理官三十余员，分管官二百余员，容臣续疏题请。至所用各官，悉照高、宝下河之例，工完之日，一体请叙。若一切未尽事宜，亦容臣照例随机斟酌，小事竟行汇报，大事题请”等因前来。

臣等伏念皇上特沛恩纶，既将高、宝等处下河疏浚，复将邳、睢等处十九州县之灾黎一视同仁，均令得所，此诚尧舜之盛心也。其筑堤设官事宜，均应如该督所题，务期核减节省，挑浚疏通，修筑坚固。借拨银五十万两，听户部作速就近拨给。其涸出地亩，有无额外余田，令地方官会同劝垦道员每年逐一查明，详报总河。该督抚造报户部，至十九州县止，称共筑堤三十万丈，并未声明于何处起，至何处止，工程数目，应行该督开明造报，工完之日，造册题销，听工部查核可也等因。

康熙二十四年十月二十二日题，康熙二十五年二月十一日奉旨：“这黄河两岸工程应否即行修筑，着河道总督靳辅再行确议具奏。”

〔高邮闸坝〕

康熙二十六年二月初九日，准工部咨开，为钦奉上谕事。

都水清吏司案呈，奉本部送工科抄出，该本部等衙门会覆监修下河侍郎孙在丰等所奏之疏等因。该臣等会议得，皇上亲见高、宝等七州县生民遭罹水患，轸念疾苦，特遣大臣责任修理下河事宜，欲使被水灾黎亟离昏垫。以此冬季停工之际，奉有宣总河靳辅询问之旨，钦遵，将靳辅宣来询问，据称“高邮以南大减水坝二座，自正月起至五月尽止，可以闭塞；小减水坝三座，自正月起至三月尽止，可以闭塞。其高家堰等处各坝，高邮州以南五坝万难闭塞，车逻以南、邵伯镇以北所有闸坝，俱于去年闭塞，高邮以北闸坝亦可以闭塞者。今挑浚下河最为紧要，应将高邮以北闸坝闭塞”等语。且监修下河侍郎孙在丰等疏称“先将近海口之石础、白驹、丁溪等处估计兴修，次第题报”等语。应请敕下侍郎孙在丰等速行估计兴修。靳辅先前请修疏内称“高邮以北闸坝，并车逻以南、邵伯镇以北零星闸坝，俱欲堵塞”等语。今将车逻以南、邵伯镇以北所有闸坝于去岁堵塞，高邮以北闸坝亦有可以闭塞等语。如此则于孙在丰等会议之时，将此处应行议出，乃不行议出，不合将靳辅交与该部议处可也。为此谨题请旨。

康熙二十六年正月十七日具题，本日奉旨：“修理下河成功，不在高邮州所有闸坝，而在堵塞高家堰之坝，并黄河南岸毛城铺等处所有减水闸坝堵塞，则黄河之水不流入洪泽湖。如洪泽湖既无黄河流入之水，止有淮水，将高家堰之坝暂行堵塞一年，挑浚下河，方得有益。”

〔定限启堵闸坝〕

康熙二十六年二月初九日，准工部咨开，为钦奉上谕事。

都水清吏司案呈，奉本部送工科抄出，该本部等衙门会覆监理下河侍郎孙在丰等所奏之疏等因。该臣等再会议得，先经臣等询问总河靳辅闭塞闸坝、挑浚下河之处，议奏奉旨：“修理下河成功，不在高邮州所有闸坝，而在堵塞高家堰之坝，并黄河南岸毛城铺等处所有减水闸坝堵塞，则黄河之水不流入洪泽湖。如洪泽湖既无黄河流入之水，止有淮水，将高家堰之坝暂行堵塞一年，挑浚下河方得有益。钦此。”仰见圣心溯流穷源之至论。谓下流之水由于上河，而开浚之功务详启闭，面询廷议，谆谕河臣，若能暂闭上流，庶可施工下水。诚见圣谟洋溢，睿鉴高深，岂惟七州县生灵亟除昏垫，将见亿万年伟绩立奏平成。今敕下询问靳辅，据称“高邮州闸坝关系高家堰堤坝。此处仰见皇上睿鉴甚明。高邮州五坝之内三小坝，自正月堵塞，至四月初一日启。二大坝自正月堵塞，至六月初一日启。将高家堰所有古沟、唐（梗）〔埂〕二座减水坝，亦自正月堵塞，至四月初一日启，并四座减水坝自正月堵塞，至六月初一日启。黄河南岸减水坝一座、闸八座，俱暂堵塞一年”等语。应将高邮州减水坝五座并高家堰减水坝六座，俱令照所定之限堵塞。黄河南岸减水坝一座、闸八座，应令暂堵一年。侍郎孙在丰等先称“将海口所有石础、白驹、丁溪等处估计兴修”等语，应请敕下孙在丰等作速兴修可也。

康熙二十六年正月二十三日题，本月二十八日奉旨：“下河工程，今年着止将高邮州大小坝及高家堰闸坝照靳辅等所奏定限堵塞，令孙在丰等挑浚海口。其黄河南岸闸坝，着于来年堵塞一年，并高邮、高堰等闸坝，俱仍照见议限期堵塞，令其预先备齐工料人夫，自今年十二月兴工，挑浚下河，勿致违误。”

〔停止屯田〕

康熙二十六年十月二十九日，准工部咨，为钦奉上谕事。

都水清吏司案呈，查得先经总河靳辅等会题挑河事宜一疏，于康熙二十六年十月初三日奉旨：“该部知道。钦此。”经九卿会议题覆，于十月十七日奉上谕：“大学士明珠，学士禅布、额尔格图、舜拜，修河事务，关系甚属紧要，又闻屯田累民，着差部院大臣会同江南江西总督、总漕确勘议奏，应差堂官职名，速行开列具奏。”钦此钦遵。谨将各部院堂官职名开列具题，恭候皇上简差等因。康熙二十六年十月十八日题，本月十九日奉旨："着佛伦、熊一潇去。"钦此钦遵。康熙二十七年五月初七日，准户部咨前事，江南清吏司案呈，奉本部送户科抄出，该本部等衙门覆原任户部尚书佛伦等题前事等因。

康熙二十六年十二月初八日题，本月二十一日奉旨："九卿、詹事、科道会议具奏。"钦此钦遵。于本月二十二日，抄出到部。该臣等会议得"屯田累民，皇上蚤已洞鉴，特遣大臣前往踏勘，亦奏累民，相应将屯田永行停止，以副皇上爱育苍生之至意。行令该督抚逐一清查，按见今丈尺，民间多余熟田之数，仍给与原主，照《赋役全书》开载旧额征粮，并非系多余田亩，以民间纳粮田亩，作为多余田亩彻出者，亦令确查，给还原主。见今开垦田亩，若实系涸出无主河湖滩荡之田，即按开垦之数，给与原开垦之人，亦照例起征钱粮。若将涸出有主之田开垦以作屯田，亦令确查，给还各原主，照科则起征钱粮。将此等地亩给还原主时，如有不肖官役，借端扰民，不给原主，另给他人。或有豪强之徒，非系伊田，称系己田霸占者，该督抚题参从重治罪。若有徇庇，不据实给与，或经受害之人首告，或别有发觉，将经理给与各官，并不揭报题参之督抚等官，一并严加议处。以上各项田亩数目、钱粮科则，应一并备造清册具题，听户部查核。其存剩杂粮，交与新任总河，作速变价，解交户部。见今本年所获之粮，给与见种之人。暂设屯田同知、州同、县丞等官，均应裁汰，照例候补。其屯田累民等情，应于郭琇等所参各案内，将靳辅等一并议覆可也"等因。

康熙二十七年三月十五日题，本月十七日奉旨："依议。"

卷之十五　章奏

〔拦马河减坝等工〕

总督河道、提督军务、兵部右侍郎兼都察院右副都御史、臣王新命谨题，为钦奉上谕事。

康熙二十七年十月十九日，准工部咨开，都水清吏司案呈，奉本部送工科抄出，该本部等衙门会覆经筵讲官、兵部等衙门尚书张玉书等题前事等因。康熙二十七年七月二十九日题，八月十五日奉旨："九卿、詹事、科道会议具奏。"钦此钦遵。于八月十六日抄出到部。该臣等会议得，黄河水势迁变靡常，皇上轸念河工关系运道通塞，民生利病，亲阅形势，宵旰焦劳，纤悉经营，皆廑圣虑，多方指授，备极周详。是以数年以来，黄河尽归故道，河身日渐刷深，顺流趋海，并无阻滞。今尚书张玉书等将原任河臣靳辅所修筑之处，公阅定议，疏称"清口、太平闸等处修建甚善，无庸更改。其黄河南北两岸闸坝，见在虽不过水，应仍留以备异涨。引河未挑成者，俱停止挑浚。高家堰减水坝三座，今移于茆家围等高阜之处，泄水较少，应照所移仍留。其洪泽湖所泄之水，由高、宝等湖流入运河，关系运道，高邮等处减水闸坝，应照旧仍留。其猫儿窝等三处减水坝，泄水入骆马湖，亦仍存留。黄河北岸朱家堂等减水坝，有闭塞拆毁，无庸议”等语，相应俱如所题。至称“若从中河安流，以济舟楫，可免黄河一百八十里之险，事属甚便。但逼近黄河，不便挑宽，而运河、骆马湖水俱入此河，河窄恐不能容，今酌量于黄河冲决入海旧河形处，建减水坝三座，其河形浅窄处，酌量挑浚”，亦应如所题。至骆马湖进黄河之口，应建减水坝二座，今年水势甚大，俟水落之时，令河臣验明建造。支河口亦应闭塞，于邻近处建板闸一座，随时启闭。仲家闸出黄河之口，应斜挑下埽，以避黄水。宿迁县北拦马河泄黄水之坝，应闭塞。再，骆马湖减水坝三座，仍留内二座减水入中河，其一座在遥堤外，应帮筑遥堤堤根，并运河永安堤危险，及五堡减水坝冲坏，黄、运两河被刷坍塌等处，亦均如所题，一并俱交与河臣，务期修理坚固，以副我皇上轸念运道、民生之至意等因。

康熙二十七年八月二十三日题，十月初三日奉旨：“拦马河泄黄水之坝，应否闭塞，着河道总督详看议奏。余依议。”钦此钦遵。抄出到部，拟合就行。为此合咨前去，烦为查照本部等衙门会覆奉旨内事理，钦遵施行。

计黏抄一纸，内开：兵部等衙门尚书张玉书等为钦奉上谕事。

该臣等会议得，看阅黄河水势，两岸出水颇高，河身渐次刷深，数年以来，虽遇大水，未经出岸，河身淤垫之说，甚属虚妄。其海口两岸宽二三里许，黄水汛溜直趋入海，并无阻滞。黄河南岸减水各闸坝，见在虽不过水，但从前酌量形势建设，以防异涨，均无容更易。北岸朱家堂等各减水坝，前河臣靳辅因修中河，有拆毁者，亦有闭塞者，应无容议。其王家营西减水坝，向未过水，且在仲家闸下流，相应仍留。朱家堂等坝既经拆毁，闭塞不用，应将北岸之大谷山减水闸坝并镇口闸照旧仍留。其减水闸坝之引河，既无常流之水，必致淤塞，除已经挑成引河外，应将未挑引河俱行停止。至白洋河便民闸地势，视归仁堤地势较高八九尺许，见今之水，俱可由归仁堤五堡减水坝宣泄，则便民闸引河亦应停止挑浚。其高家堰等处有减水坝六座，内因武家墩、高良涧等坝所减之水太甚，今移设于茆家围等高阜之处，则流入高邮、宝应等湖之水较前差少，相应将所移仍留。清口流入运河之水，一由太平闸，一由七里闸，两道分行，水势平缓，甚便漕挽。又使运口去黄稍远，可无倒灌之虞。此修建之处甚善，无容更改。至洪泽湖所泄之水，由高邮、宝应、邵伯等湖流入运河，关系运道，应将高邮、宝应等处所有减水闸坝，照旧仍留。其微山湖荆山口入里运河之水，由猫儿窝、马庄集、万家庄等三座减水坝宣泄入骆马湖，仍应存留。至于中河，宽八九丈至十丈有余，深五六尺至一丈四五尺不等，若从中河安流，以济舟楫，免黄河一百八十里之险，事属甚便。但中河逼近黄河，不便挑宽，而里运河及骆马湖之水俱入此河，河窄难以容纳。看阅萧家渡、杨家庄、新庄口三处，有黄河冲决入海旧河形，应交与河臣量建减水坝三座，水小之时，勿致漫流，水大之时，即行减泄。其河形稍有浅窄之处，亦令酌量挑浚。至骆马湖进黄河之口，应照靳辅原议，建减水坝二座，今年水势甚大，俟水落之时，令河臣验明建造。支河口亦应照靳辅原议闭塞，于邻近处所建板闸一座，令随时启闭。仲家闸出黄河之口太直，如遇黄水泛涨，必致倒灌，应稍向东南斜挑，于口西下埽，以避黄流，庶免黄河倒灌。至中河既经挑浚，其宿迁县北拦马河减泄黄水坝三座，不便令减入中河，应将此三坝闭塞。又骆马湖减水坝三座，内二座所减之水，虽注入中河，但见今中河建立闸坝减水，相应将此二坝仍留其一座，在遥堤外，入旧河形入海，而出水之口，逼近遥堤，亦应交与河臣帮修堤根，保护遥堤，无致他虞。至于运河内永安堤，两面受水，势甚危险。又归仁堤五堡减水坝被水冲坏，并黄河、运河被刷坍塌之处，俱一并交与河臣修理坚固。总之，全河情形，悉在皇上渊虑之中，臣等身履河干，目睹河势，深叹皇上睿鉴之至明，天语之至当。且水势之大小不一，河道更变靡常，事难执一，诚如圣谕。臣等浅见陋识，无当万一，谨就所见，公同酌议陈奏。顾河道关系漕运民生最为重大，仰候圣明裁断，庶几一一尽善，可永享利济于无穷。伏乞皇上睿鉴施行。

康熙二十七年七月二十九日题，八月十五日奉旨"九卿、詹事、科道会议具奏"等因到臣。钦此钦遵。该臣看得，河道关系漕运、民生，水势从来变迁不一，以致上廑圣虑，躬亲阅视，宵旰经营，多方指授，黄河始归故道，日见安澜顺流。复令特挑中河，以避黄河之险溜，以利运艘之飞挽，实为万世永赖之平成。臣以庸愚，生际圣明，谬蒙殊恩，备员河道往来详悉确勘，惟期仰副圣明于万一。查工部等衙门会覆尚书张玉书等钦奉上谕一案，于闸坝之应留应塞，工程之应举应停，河口之应挑应浚，详悉确当，诚如所议。臣已檄行河道各官逐一遵行外，至拦马河泄黄水之坝应否闭塞，奉有着臣详看议奏之旨。

臣钦查拦马河泄黄水三坝，原以宣泄黄河异涨之水，今若永行闭塞，恐黄水异涨，宣泄无路，不无冲漫之虑，似应仍留。如遇黄水异涨，随机开放，以保堤工。如水势平缓，则行暂闭，以免中河淤垫，与黄河缕堤内外汕刷之虞。再，骆马湖减水坝三座，议留二座于堤内，减水入中河，留一座在遥堤之外。又以中河逼近黄河，而运河、骆马湖水俱入此河，河窄恐不能容纳，令于中河往东萧家渡、杨家庄、新庄口有黄河冲决入海旧河形之处，量建减水坝三座减泄。臣愚以为既以运河、骆马湖水俱入中河，河窄不能容纳，是此骆马湖二座减水坝之水为无用，何必又留此二坝之水减入中河，复于萧家渡等处建坝减出，多此一番周折。况查旧案，建一减坝，所需不下一二万余金不等，似不若将此三座减坝俱留遥堤之外，令由旧河形入海，于萧家渡旧河形三处量留缺口二处，用竹络装入石块，酌水势之高下，堵塞宣泄，以免冲漫，以省钱粮之为妥也。又以支河口议令闭塞，于邻近建板闸一座，随时启闭。但查支河口，乃北运河会同微山湖荆山口、彭河、沂河、洳河、白马等河，并镇口闸之水，流入黄河之口。一板闸至大不过二丈四尺，以二丈四尺之板闸，岂能宣泄北运河之水？势必冲漫，似不若照旧听其通流。若彼年水势充足，则不必闭塞。如水势浅阻，则建草坝闭塞，令其全入中河以济运。俟粮艘过完，即行启坝，循旧入黄，以免冲漫浅阻之为便也。又骆马湖入黄河之口，令臣验明建减水坝二座。今臣于十月初二、十一月初三等日水落之时，两次亲验，堤外湖口宽一百余丈，深五六尺以至二丈二尺不等，两堤口宽六十余丈，深一二尺至二丈不等。若迎水建减水坝，则汪洋浩瀚，无从下手。若迎水下埽筑堤，再于两堤头建减水坝，则全湖排山之势，似非埽堤减坝之所能御，必致冲溃。且一堤两坝，所费不下数万金，是年修年坏，徒以有用之金钱，填无穷之巨浸，而究无底止也。臣愚以为不若于两堤头间，暂用埽料堵塞，量水深浅，用高出水面二三尺大竹络装石下于临河外面，旁依草埽，挨次排列数层，两面再用密排桩夹持，水小则逼水入中河以济运，水大则由竹络上下以泄水，所费少而工程易，似尤可以省岁岁修理之金钱。臣见在责令该管官极力举行。

再查骆马湖原止汇沂河、白马河、运河、微山等河泛溢之水会入黄河，未有如近日之汹涌。缘郯城之东十五里，旧有沭河，自山口流出，西行约四五里，转而南，沿红花埠、峒峿一带，复东由沭阳入海。郯城之东八里许，迎沭水之口，有名钓鱼台，又俗名禹王台者，相传大禹治水，引沭水穿山而西，恐其害郯，故筑此台以遏水势。及明季变乱，遂毁台取石修城，以致数年来沭水西流，由郯城城北会白马河、沂河等水入骆马湖，不惟沂、郯、邳、宿、峄各州县岁受淹没之害，而骆马湖黄河亦添一沭河之水，愈觉泛滥奔腾而不可遏。考之记载甚明，询之土人最确。臣复亲勘，沭河故道断流，而禹王台水口之水涓涓不绝，似应于禹王台旧基处所迎水，亦用竹络装石堵塞，内筑土堤断流，令其照旧由故道入海。非但骆马湖黄河之水势得以减杀，而郯、沂、邳、宿、峄各州县亦可免淹没之患矣。

再，归仁堤五堡减水坝被水冲坏，议令修理坚固。但臣会同查看，切近五堡之格堤，尚有官路河口约二三十丈，亦在过水，而六、七、八、九堡倒坏漫溢之口不止一处。若止修五堡减坝，而各处不修，仍为无益。且归仁堤土工、石工约长一万余丈，废坏多年，非数十万帑金可以修筑之工程，似不若暂停，以省无益之费也。

缘系奉旨详看议奏事理，臣谨就愚昧所见，逐一备陈。字多逾格，贴黄难尽。惟是河道重大，具在圣明洞照之中，是否有当，伏乞皇上睿鉴，全览施行。

康熙二十八年闰三月十九日，准工部咨开，都水清吏司案呈，奉本部送捧接御前发下红本内，该工部等衙门尚书翁叔元等会覆总督河道王新命题前事等因。二十七年十二月十三日题，康熙二十八年三月初三日奉旨："这本内事情，着随来诸臣确议具奏。"钦此钦遵。又于康熙二十八年三月初三日，奉上谕："朕前阅中河，初疑其狭隘，今行经丹阳，阅视河道，亦复狭隘。又闻众官民俱言中河挑浚有益，所关甚大，尔等会同总河、总漕确议具奏。"钦此钦遵。该臣等会议得，从前挑浚中河，原避黄河一百八十里之险，且收束散漫之水，使不致淹没民田。看河诸臣亦疏称"若行中河，则一百八十里之险可避，止因黄河逼近，不便挑宽"等语。今我皇上南巡，省视民生，经过丹阳，又见与中河宽窄相等，询访官员百姓，命臣等会同总河、总漕确议具奏。仰惟皇上从前谕旨，原欲收束漫溢之水，拯救被灾之民，使淹没田地得以涸出。故前任总河靳辅挑浚中河，今水势业已收束，且避险就易，于生民、漕运甚有裨益，应将中河无容另议。其骆马湖口，先经尚书张玉书等看河之时，题修减水坝二座，今王新命称"丈量水深二丈有余，难以建坝，且需钱粮甚多，应停其建坝。编竹篓以盛石块，高出水面二尺，成造堵塞，若水大可以浮面泄出"等语。又支河口先经张玉书等疏称建造板闸一座，应令随时启闭。今王新命称，"若建闸水大之时，必致冲决，应停其建闸，留出水之口，于两堤下埽堵塞"等语。此二处建闸修坝，用竹篓下埽减泄溢水，与看河诸臣所题其理无异。但照总河王新命议建造修理，所需钱粮减少，应照王新命所议建造。又骆马湖减水三坝，先张玉书等疏称"将二坝之水令流入中河，其一坝之水留在遥堤之外，令流入海"。今此处王新命亦复称善，应照张玉书等所题。又张玉书等称"里运河、骆马湖之水俱入中河，河窄难以容纳，应于北堤建修减水坝三座”。今王新命称“若欲建坝，所费钱粮必多，应停其建坝，亦用竹篓以盛石块堵水，若有大水，可以减泄”等语。先张玉书等欲建坝减水，今王新命用竹篓成造减水，俱系泄水之意，亦照王新命所议修造可也等因。

康熙二十八年三月初八日题，本月二十七日奉旨：“依议。”

〔挑浚丁溪〕

总督河道、提督军务、兵部右侍郎兼都察院右副都御史、臣王新命谨题，为钦奉上谕事。

康熙二十八年三月三十日，准工部咨开，都水清吏司案呈，奉本部送工科抄出，工部等衙门尚书苏赫等疏称“上河为下河本原，互有相关之处，若令交与侍郎凯音布挑浚，恐各筹所司之事，反致误工，亦未可定。今责成一人总理督修，则上下河道可以兼顾。相应将下河事务交与总河王新命，务期速行挑浚，以仰副皇上爱民至意。其凯音布挑河见用钱粮，令交明王新命后，回京可也”等因具题。奉旨：“依议。钦此。”抄部送司。奉此，相应抄录原疏，移咨管理下河工程侍郎凯音布、总河王新命知照可也等因。案呈到部，拟合就行。为此合咨前去，查照施行。

计黏抄疏一纸，内开：工部等衙门谨奏，为钦奉上谕事。

康熙二十八年二月二十五日，工部议修理下河具题一案，桑格捧出原疏转传上谕：“着扈从诸臣议奏。”钦此钦遵。该臣等会议得，先经工部具题，内开：“侍郎凯音布疏称挑浚串场河并丁溪、草堰、白驹、石础及车儿埠下淊子河起，至苦水洋之处，俱照凯音布所题，令其挑浚等语。查近差侍郎徐廷玺、巡抚于成龙看阅下河具奏之处，工部议自丁溪至白驹有通海之口三处，计三十七里，应令商人挑浚，其余地方及石硔俱令停止等因，缮写折子具奏。应将串场河、石硔无容再议外，其丁溪、草堰、白驹等河，先经于成龙、孙在丰俱称应挑，今凯音布亦题请挑浚，应将此河仍令挑浚。又自滔子灶挑至苦水洋之处，询问侍郎徐廷玺、巡抚于成龙，据称'河垛场河水流入苦水洋，丁溪河水亦流入苦水洋，且滔子灶上有归入丁溪场之冯家坝小河一道，相隔七里有余，如将此处挑浚，则河垛之水可由丁溪流入苦水洋'等语。应将凯音布自滔子灶挑至苦水洋三十二里之处停止，将通丁溪之冯家坝河道令其挑浚，其余俱照凯音布所题。再查上河为下河本原，互有相关之处，若令交与侍郎凯音布挑浚，恐各筹所司之事，反致误工，亦未可定。今责成一人总理督修，则上下河道可以兼顾。相应将下河事务交与总河王新命，务期速行挑浚完工，以仰副皇上爱民至意。其凯音布挑河见用钱粮，令交明王新命后回京可也。为此谨奏请旨。康熙二十八年二月二十九日题，三月初六日奉旨'依议'"等因到臣。

准此，同日又准管理下河工程户部侍郎凯音布，将任内具题本稿咨部册卷九件，并存库银一十四万一千九百七十两六钱八分六厘三毫四丝，移交到臣。除将帑银转发河库收贮，俟兴工支用外，该臣看得，下河七邑民田苦罹淹没，我皇上目击昏垫，念切救拯，不惜帑金，专差督理，务期旦夕告竣，登斯民于衽席。不意数载未经底绩，致廑睿怀。今春特举时巡，再行阅视，归并与臣兼理。随于闰三月初十日，前往下河一带地方，遍行阅历，一路黄童白叟莫不顶颂皇仁，以自开冈门、白驹二口以来，水退迅速，不似曩岁栖迟沮洳，不获宁居之可比，是皆我皇上仁德如天之所致也。

臣详阅下河地势，形同侧釜，丁溪、草堰、白驹等海口，诚泄水要道。目今丁溪草堰淤浅阻塞，水势不过尺许缓流，白驹水势虽云疾趋东下，用竿逐段验试，深浅不等，尚未一律深通，自应速为挑浚。惟是目今已届孟夏，潮汐日涨，伏水将至。白驹一工，去海不远，潮水甚大，草堰一工，挑过无几。今若筑坝兴工，窃恐伏水猝至，不惟糜费帑金，究难竣工。应俟今冬明春水退潮消之日，克期兴作。惟丁溪一口，去海稍远，地形较草堰、白驹稍高，目今天道亢旸，河水微细，即使水至，有草堰、白驹两河尽可宣泄，竟可不必取道丁溪。臣已相度形势，行令原经手监理通判王玑，督同分管各员，自沈家灶以下至捞鱼港工段尽处，先行挑浚，然后由下而上，将挑而完者，次第挑挖，再将丁溪闸下未挑工程挑通，随后将滔子灶归入丁溪之冯家坝河道工程先行如式挑浚，以副我皇上务期立奏平成，拯救下河七邑民生之至意。其所需夫役，原经侍郎臣凯音布题请，仍于高邮等十一州县，每州县派夫一千名，给与工价在案。但州县远近不一，派夫不无苦累。臣仰体皇仁，再四筹画，今丁溪、草堰、白驹等工，既已先后次第兴挑，则所用夫役减少，责令管工各官领银自募，照例给与工价，阴雨日期，量给食米。若挑土所需锹、筐、绳、扛等项，需银无几，仍照侍郎臣凯音布所题，动正项钱粮购备给夫。应用水车、水桶、云梯、石硪等器具，俱在原侍郎臣孙在丰所存之内选用。如有损坏不堪，酌量添修，并不扣除夫工。至串场一河，为西来诸水汇归下丁溪、草堰、白驹等河入海之要道，所有应挑三十七里，已经移会盐臣德珠，照旧督商召募人夫，仍委原经手候选州同汪铨乘时克期趱挑，俟大工告成，造册奏销。将管工各官一并遵照原题请叙可也。理合具本题明，伏乞皇上睿鉴施行等因。

康熙二十八年四月十八日题，五月初八日奉旨："该部知道。"钦此钦遵。于五月初九日抄出到部。该臣等查得，总河王新命疏称"详阅下河丁溪、草堰、白驹等海口，诚泄水要道，自应速为挑浚。惟是伏水将至，白驹一工去海不远，潮水甚大，草堰一工挑过无几，应俟今冬明春水退潮消之日，克期兴作。惟丁溪一口，去海稍远，臣已相度形势，行令自沈家灶以下至捞鱼港，再将丁溪闸下未挑工程滔子灶归入丁溪之冯家坝工程，次第先行挑浚。其所需夫役，责令管工各官领银自募，阴雨日期，量给食米，所需锹、筐等项，仍动钱粮购备给夫。应用水车等器，俱在所存之内选用，如有损坏，酌量添修，并不扣除夫工"等语。查下河工程，先经扈从圣驾诸臣公议，交与总河王新命。今疏称"自沈家灶以下至捞鱼港并丁溪闸下未挑工程滔子灶归入丁溪之冯家坝工程，次第挑浚，所需夫役，交与管工官员领银雇募。锹、筐等项，仍动钱粮购备。水车等项损坏，酌量修理等因。应如该督所题挑浚，以仰副皇上爱民之至意。工完核减，造册题销"。又疏称"串场河应挑三十七里，照旧督商召募人夫，乘时趱挑"等语。查串场河应挑三十七里之处，先经臣部议令盐商挑浚，亦应如所题，行令巡盐御史交与商人挑浚可也。

康熙二十八年五月十七日题，本月十九日奉旨："依议。"

〔仪真闸河〕

总督河道、提督军务、兵部右侍郎兼都察院右副都御史、臣王新命谨题，为漕、白经由要津，亟请修浚，以速漕运，以裕国储事。

康熙二十八年九月初五日，准工部咨开，都水清吏司案呈，奉本部送工科抄出该本部覆总督河道王新命题前事等因。康熙二十八年七月十二日题，本月二十七日奉旨："该部议奏。"钦此钦遵。于七月二十八日抄出到部。查得先经原任总漕慕天颜将瓜、仪二闸题请估计大修，臣部议行新任总河亲诣确勘，作速具题，到日再议等因具题。奉旨："朕前巡行江南，经过仪真地方，见水浅闸坏，行船艰难，俱宜修理，着再议具奏。钦此。"臣部议行河臣王新命，将仪真、瓜洲二闸作速修理，仍将需用工料银两确估具题去后。续据总河王新命疏称"瓜洲头、四两闸，该工料银八千三百六十五两九钱八分零，挑浚月河，该土方等银一千七百二十八两一钱八分零。至仪真各闸忽长拦河沙滩，难以挑挖，见在委员挑验，另估册题"等语。臣部以修理瓜洲头、四两闸并挑浚月河，既经该督估计具题，应令作速修理挑浚。至仪真各闸，该督既称俟勘明另题，应俟具题到日再议等因具题，行文在案。该臣等查得，总河王新命疏称"仪真四闸，荷蒙皇上圣明洞照，加意运道、民生，行令修理。臣查新河口之北新洲，原系江心长成之沙洲，今欲挑挖成河，从来未经试验之事，可否挑成，难以预必，即挑成之后，果否不复淤长，尤难逆料。且粮艘皆由一闸经行，未见阻滞。所有一切重运，似应仍照历年由瓜洲闸入运河。其仪真挑洲开河并修理四闸，俱应暂停，饬令量为修葺，以利回空船只，俟沙洲变迁，可以通漕之日，再行兴修等因前来。查先经原任总漕慕天颜将瓜、仪二闸题请大修，臣部议行新任总河亲诣确勘，作速具题，到日再议"等因具题。奉旨："朕前巡行江南，经过仪真地方，见水浅闸坏，行船艰难，俱宜修理。着再议具奏。

钦此。”

臣部议行河臣王新命将仪真、瓜洲二闸作速修理等因，具题行文在案。今该督虽称“北新洲原系江心长成之沙洲，今欲挑挖，未经试验，粮艘皆由一闸经行，未见阻滞。仪真河路，并四闸暂停兴修”等语。但仪真闸河关系运道、民生，今若照该督所题暂停，使各省漕船尽由瓜洲一闸进口，势必长江内漕船顶阻守候，以致迟误，亦未可定。应请敕下总河、总漕、江南江西总督会同确勘定议，具题到日再议可也等因。

康熙二十八年八月十五日题，本月二十一日奉旨：“仪真河闸关系运道，着河道总督会同江南江西总督、漕运总督详阅定议具奏。”钦此钦遵。抄出到部，拟合就行。为此合咨前去，烦为查照本部覆奉旨内事理，钦遵施行等因到臣。准此，该臣等钦遵俞旨，于九月三十日齐集仪真，逐一详勘北新洲、沙漫洲等处，秋水未涸，潮汐未退，难以详勘定议，业经会疏题明在案。今行据仪真县申报“探得目今仲冬，潮汛渐小，本月二十二、三、四等日，乃系退汛之候，沙漫洲门坎谅当见露，有水亦不过捺余，可以阅勘。如过此期，仍有微潮”等因前来。臣等随即订期，于十一月二十四日齐集仪真，逐一详勘。该臣等会勘得仪真河闸为上江漕艘经由要道，我皇上轸念漕运重计，敕令臣等详阅定议。今臣等逐一详勘，闸外江口北新洲一带，俱系涸干，而北新洲之外，又有沙漫洲平铺，于江中过水，不过二捺余，横亘二三百丈，难以筑坝。若自沙漫洲尾，从北新洲腹内向东北斜开引河，以通四闸，不能保无坍淤。似应仍挑北新洲旧河身直通四闸，一切粮艘，令循沙漫洲尾转入新河口，可以通行。其日久或有淤阻之处，应听河臣酌量挑浚。所有应挑土方并修闸工料银两，听河臣确估外，臣等谨会议题覆，伏乞敕部议覆施行等因。

康熙二十八年十二月初六日题，康熙二十九年正月十七日奉旨："该部知道。"钦此钦遵。于正月十八日抄出到部。查得先经原任总漕慕天颜将瓜、仪二闸题请估计大修，臣部议行新任总河亲诣确勘，作速具题，到日再议等因具题。奉旨："朕前巡行江南，经过仪真地方，见水浅闸坏，行船艰难，俱宜修理，着再议具奏。钦此。"

臣部议行河臣王新命将仪真、瓜洲二闸作速修理，仍将需用工料银两确估具题去后。续据总河王新命疏称"仪真四闸，荷蒙皇上圣明洞照，加意运道、民生，行令修理。臣查新河口之北新洲，原系江心长成之沙洲，今欲挑挖成河，从来未经试验之事，可否挑成，难以预必。即挑成之后，果否不复淤长，尤难逆料。且粮艘皆由一闸经行，未见阻滞，所有一切重运，似应仍照历年由瓜洲闸入运河。其仪真挑洲开河并修理四闸，俱应暂停，饬令量为修葺，以利回空船只，俟沙洲变迁，可以通漕之日，再行兴修"等因具题。臣部以仪真闸河关系运道、民生，若照该督所题暂停，使各省粮船尽由瓜洲一闸进口，势必长江内漕船顶阻守候，以致迟误，亦未可定。应请敕下总河、总漕、江南江西总督会同确勘定议，具题到日再议等因具题。奉旨："仪真河闸关系运道，着河道总督会同江南江西总督、漕运总督详阅定议具奏。"钦此钦遵。行文在案。该臣等查得，先经总河王新命疏称"仪真闸河口之北新洲，今欲挑挖成河，从来未经试验之事，可否挑成，难以预必。其仪真挑洲开河并修理四闸，俱应暂停"等因。臣部议覆，奉旨："仪真河闸关系运道，着河道总督会同江南江西总督、漕运总督详阅定议具奏。"钦此钦遵。行文去后。今据总河王新命会同江南江西总督傅腊塔、漕运总督董讷疏称“仪真闸外江口北新洲一带，俱系干涸，而北新洲之外，又有沙漫洲，过水不过二捺余，横亘二三百丈，难以筑坝。若自沙漫洲尾，从北新洲腹内向东北斜开引河，以通四闸，不能保无坍淤。似应仍挑北新洲旧河身直通四闸，一切粮艘，令循沙漫洲尾转入新河口，可以通行。其日久或有淤阻之处，听河臣酌量挑浚。所有应挑土方并修闸工料银两，听河臣确估”等因前来。查仪真河口关系运道、民生，今河道总督、江南江西总督、漕运总督会同详阅，仍挑北新洲旧河身直通四闸，一切粮艘，令循沙漫洲尾转入新河口，可以通行等语。应如该督等所题，交与总河挑浚修理。其挑河修闸所需工料银两，应令总河作速确估具题可也。

康熙二十九年正月二十八日题，本月三十日奉旨：“依议。”

〔补修高邮石工〕

康熙二十九年二月二十八日，准工部咨，为钦奉上谕事。

都水清吏司案呈，奉本部送工科抄出总督河道王新命题前事等因。奉旨：“工部议奏。”钦此钦遵。抄出到部。该臣等查得，总河王新命疏称“高邮南北一带残缺砖石工程，钦奉上谕：‘着修理。钦此。’查高邮州东西堤残缺砖石工，共该工料银一万九千七百四十六两二钱九分零，应于前河臣靳辅交存大工银内动用”等因前来。查高邮南北一带砖石堤工，俱系旧堤，少为修葺，并非创造堤工。今估银一万九千七百四十六两有奇，甚属浮多，理应驳减，具题之日，再行修理。但关系运道，仍令其一面修理，一面将所需钱粮，该督亲身踏勘，再行严加核减，作速估题。又疏内称“高邮、江都、宝应三州县临湖石工，均关运道，应否估修，理合题请”等语。查河道一切修理工程，俱系总河专任，如果系紧要应修之处，该督理应定议具题。今该督将高邮等三州县临湖石工应否修理，并未确查定议具题，不合。应将该督所称应否估修，理合题请之处，毋容议可也等因。

康熙二十九年二月初四日题，本月初九日奉旨：“依议。”

〔卫河情形〕

总督河道、提督军务、兵部右侍郎兼都察院右副都御史、臣王新命谨题，为谨陈丹、卫河道情形，仰祈睿鉴事。

窃照临清以北一带运河，每岁重运经临，历多浅阻。因考有河南小丹河，可以通流入卫济运，曾经题明，亲往看验在案。臣于十月初七日自清江浦起行，循河而至河南怀庆府河内县，细阅丹河发源太行山，至丹河口分渠九道，大丹一河直归怀庆沁河，其余六渠，民间引水种竹溉地，约计一千四百余顷止。小丹河、上秦河二渠灌溉所余之水涓流通卫。臣仰体皇上漕运、民田均关紧要之至意，谕令所在绅士耆民，于每岁三月初，用竹络装石，横塞八河渠，使水归小丹河入卫以济漕，留涓涓之水以溉地。至五月尽，重运过完，则开八河渠，用竹络装石塞小丹河口，以防山水漫溢，士民咸为称便。其小丹河经修武、获嘉以达合河镇之处，若有浅阻，责令印河各官量为疏浚。至辉县，搠刀泉在县西北五里苏门山下，清水一泓，约二十余亩，泉珠上涌，难以数计，即《诗经》所咏“毖彼泉水”也。民间设立五闸，蓄水灌田约三百顷。往例于五月初一日封板放水济运。惟是五月正当农人需水之时，未免有妨农务。臣亲行启闭看验，闭板始可通渠灌田，启板则全流直泻，各渠立涸。应亦用竹络装石，量渠口之高下堵塞，使各渠之水常盈，而所余之水昼夜长流以济运。其万金渠出自彰德府安阳县西南六十里善应村山下，约二十余里至高平村。昔人建闸开渠，引水溉彰德府西、南、东三面地，约计百顷，仍由彰德府东北五里许入安阳河。其闸二门，闸门高不过三尺，宽不过一丈。臣亲行启验，一启板渠即断流，未免有妨农务，亦应照五闸之法，用竹络装石，塞闸通渠，漕、民两便，士民莫不欢欣，顶颂皇仁。再，今重运不由黄河，俱由中河北上，较昔甚蚤，五月封板之议，相应停止。臣复循卫河至临清，由水路抵甲马营等处，节节查验，凡有淤浅处所，俱经责令地方官大加疏浚。所有微臣查看过丹、卫河道各情形，理合题报，伏乞皇上睿鉴，敕部议覆施行等因。

康熙二十九年十一月十一日题，本月二十五日奉旨："该部议奏。"钦此钦遵。于十一月二十六日抄出到部。该臣等会议得，总河王新命疏称"临清以北运河历多浅阻，因考有河南小丹河，可以入卫济运，曾经题明亲往看验在案。臣自清江浦起行至河南怀庆府河内县，细阅丹河发源太行山，至丹河口分渠九道，大丹一河直归怀庆沁河，其余六渠，民间引水种竹溉地，约计一千四百余顷止。小丹河、上秦河二渠灌溉所余之水通卫。臣仰体皇上漕运、民田均关紧要之至意，谕令所在士民，于每岁三月初，用竹络装石，横塞八河渠，使水归小丹河，入卫济漕，留涓涓之水溉地。至五月尽，重运过完，则开八河渠，用竹络装石，塞小丹河口，以防山水漫溢，士民咸为称便。其小丹河若有浅阻，责令印河官量为疏浚。至辉县，搠刀泉在县西北五里苏门山下，约二十余亩，泉珠上涌，难以数计。民间设立五闸，蓄水灌田约三百顷。往例于五月初一日封板放水济运。

惟是五月正农人需水之时，未免妨农。臣亲行看验，闭板始可通渠灌田，启板则各渠立涸，应亦用竹络量渠口之高下堵塞，使渠水常盈，而余流济运。其万金渠出自彰德府安阳县西南六十里善应村山下，约二十余里至高平村。昔人建闸开渠，引水溉地百顷，仍由彰德府东北五里许入安阳河。其闸门高不过三尺，宽不过一丈。臣亲行启验，一启板渠即断流，未免有妨农务，亦应照五闸之法，用竹络装石，塞闸通渠，漕、民两便，士民莫不欢欣，顶颂皇仁。再，今重运俱由中河北上，较昔甚蚤，五月封板之议，相应停止”等因前来。查先经总漕董讷将旧有河南五闸蓄水济运，改于三月内即为开放，庶河道无阻等因具题。臣等会议，以河南五闸改于三月内开放，果否不致有误民田灌溉，未经声明，不使遽议，应行令漕运总督、河道总督、河南巡抚会同确查定议，具题到日再议等因具题行文去后。今该督虽将卫河五闸并丹河、万金渠闸等处看验具题，但该督将此看验之处，并未会同总漕、河南巡抚定议具题，不便遽议，应仍行该督会同总漕、河南巡抚，将卫河五闸并丹河、万金渠闸作何开放堵塞，方可有益漕运、民田之处，作速详确定议，具题到日再议可也。

康熙二十九年十二月初十日题，本月十四日奉旨：“这事与总漕无涉，着速行河南巡抚确定，到日再议具奏。”

工部谨题，为谨陈丹、卫河道情形，仰祈睿鉴事。

工科抄出，该本部等会覆河南巡抚阎兴邦题前事等因。康熙三十年三月初三日题，本月十六日奉旨：“该部知道。”钦此钦遵。于三月十七日抄出到部，该臣等会议得，河南巡抚阎兴邦疏称“卫河并丹河、万金渠闸作何开塞，有益漕运、民田，奉旨行臣确定，到日再议。臣随亲查丹河源发晋省，流入黄河，因百姓开渠灌田外，又开大渠，直达运河，使有小丹河之名也。前河臣王新命议用竹络装石塞渠济漕，留涓涓之水溉地，诚为可行。但今重运俱由中河北上，较昔甚蚤，如雨水匀足，照河臣所议，用竹络装石塞口，济运灌田。倘遇亢旱，请每年三月初一日起，至五月十五日止，令其三日放水济漕，一日塞口灌田，以后听民便用。再，搠刀泉乃卫河之源，建立五闸，蓄水灌田，每年五月初一日封板济运。但五月正民间需水之候，应照河臣所议，用竹络装石堵塞，使泉水直流济运，余水灌田。至万金渠水自高平村建闸开渠灌田之后，仍归洹河，畅流入卫济运，亦应照河臣所议，用竹络装石塞闸通渠，以便民、漕”等因前来。查该抚既将卫河、丹河、万金渠亲诣勘明，确议具题，应如该抚所题，将丹河如遇雨水匀足之年，用竹络装石塞口，济运灌田。倘遇亢旱之年，每年自三月初一日起，至五月十五日止，令其三日放水济漕，一日塞口灌田，以后听民便用。至卫河五闸、万金渠闸，亦应如所题，用竹络装石塞口，济运灌田。俟命下之日，知会总河可也。

康熙三十年四月初七日题，本月初九日奉旨："依议。"

〔勘阅河道〕

康熙三十年十月初八日，准工部咨，为钦奉上谕事。

都水清吏司案呈，康熙三十年九月十九日大学士伊桑阿等奉上谕："河道关系甚属紧要，今河道情形如何修理，如何之处，须差大臣前往勘阅，应差大臣着列名具奏。"钦此钦遵。将各部院衙门大臣职名开列具题，恭候皇上点差。为此谨题请旨。康熙三十年九月二十一日题，本月二十四日奉旨："看阅河道，着博济、李光地、徐廷玺去。”钦此钦遵。于康熙三十一年三月初四日准工部咨前事，都水清吏司案呈，奉本部送工科抄出，该本部等衙门会覆户部侍郎博济等题前事等因。康熙三十年十二月二十六日题，三十一年正月二十八日奉旨：“工部议奏。”钦此钦遵。于正月二十九日抄出到部。该臣等议得，户部侍郎博济等疏称“黄河南岸自徐州以上毛城铺起，至海口止，北岸自大谷山起，至云梯关以下六套止，所有减水闸坝，见无冲损。黄河底刷深宽，数年以来，黄水并未出岸，海口迅流无阻，其黄河南岸杨横庄险工，堤内地势甚洼，且无月堤，见今所下之埽，亦属单薄。烟墩险工，水势湍溜，而埽根之水甚深，所下之埽单薄。马逻险工，水势湍溜，又无月堤。北岸朱家庄险工，逼近皂河运道，所下之埽，亦属单薄。安东县便益门、南东门二险工，逼近城垣。以上六处，俱属危险，应令河臣修造月堤，培埽修筑，其余险工，亦应令河臣预为修防。高家堰减水坝六座，内有古沟东减水坝底被水冲损，其三官庙等六口，向来下埽，今改竹络已完，三处尚有未完，应令照此修完。七里闸雁翅以内底石，被水冲损二丈有余，应令河臣速行修理。太平闸并旁束水坝，仍应令酌量开放。高邮州等处减水坝九座，内有八里铺、车逻镇二坝底石被水冲损，其古沟东减水坝底并此二坝底冲损之处，均应令坚固修理。高邮州以南五坝，应仍照原定限期开放。永安堤改下竹络尚有未完，应速行修完。瓜洲闸二座、月河一道，仪真闸四座、运河一道，俱系新工。北运河东堤旧减水坝三座，新修竹络减水小坝六座，俱系建造，以防异涨。东堤两面所下之埽朽烂，西堤残缺单薄，取土甚难，且于运河无害，似应暂缓。东堤迎受河水，关系运道，应于堤岸排桩之间，下埽修葺。骆马湖所建竹络坝，中段被水冲坏，若于湖口上流百丈许，东挑月河一千余丈，西挑月河一千余丈，分杀湖水，于中河似有裨益。支河口束水坝迅流无阻。中河北岸减水坝二座，拦马河减水坝六座，俱系建造，以防异涨。中河见今漕船经由甚便，禹王台所建竹络坝一段、土堤一段，堵塞入骆马湖之水，令由沭河入海，于中河有益。下河丁溪、草堰、白驹新建闸座，始行兴工，车路引河尚未挑完，应速行修建。其冈门河水迅流无阻”等因前来。

查侍郎博济等公同确勘，既称“黄河底刷深宽，南北两岸减水闸坝见无冲损，瓜、仪闸河俱系新工，北运河、拦马河、中河减坝俱系建造，以防异涨，支河口束水坝并冈门河水迅流无阻，中河见今漕船经由甚便”等语，俱无容议外，其余应行培筑修造闸坝堤工并挑月河之处，均应如所题，行令总河于岁修内动支钱粮，作速坚固修理，工完造册题销。再，疏内称“运河西堤残缺单薄，又称取土甚难，且于运道无害，似应暂缓”等语。但运河关系重要，应否暂缓之处，应令总河靳辅亲诣确勘定议，具题到日再议可也。

康熙三十一年二月初六日题，本月十一日奉旨：“九卿、詹事、科道会议具奏。”钦此钦遵。于二月十二日抄出到部。该臣等会议得，工部题覆户部侍郎博济等查勘河道一案，奉旨：“九卿、詹事、科道会议具奏。钦此。”查得侍郎博济等疏称“黄河南北两岸所有减水闸坝，见无冲损。黄河底刷深宽，黄水并未出岸，海口迅流无阻。瓜洲闸二座、月河一道，仪真闸四座，运河一道，俱系新工。北运河东堤旧减水坝三座，新修竹络减水小坝六座，中河北岸减水坝二座，拦马河减水坝六座，俱系建造，以防异涨。中河见今漕船经由甚便，禹王台所建竹络坝一段，土堤一段，于中河有益。支河口束水坝并冈门河水迅流无阻，俱无庸议。其黄河南岸杨横庄险工堤内，地势甚洼，且无月堤，见今所下之埽，亦属单薄。烟墩险工水势湍溜，而埽根之水甚深，所下之埽单薄。马逻险工，水势湍溜，又无月堤。北岸朱家庄险工，逼近皂河运道，所下之埽，亦属单薄。安东县便益门、南东门二险工，逼近城垣。以上六处，俱属危险，应令河臣修造月堤，培埽修筑。其余险工，亦应令河臣预为修防。高家堰减水坝，内有古沟东减水坝底被水冲损，其三官庙等六口，向来下埽，今改竹络尚有未完，应令修完。七里闸雁翅以内底石，被水冲损二丈有余，应令河臣速行修理。太平闸并旁束水坝，仍应令酌量开放。高邮州等处减水坝内，有八里铺、车逻镇二坝底石被水冲损，其古沟东减水坝底并此二坝底冲损之处，均应令坚固修理。高邮州以南五坝，应仍照原定限期开放。永安堤改下竹络，尚有未完，应速行修完。北运河东堤两面所下之埽朽烂，西堤残缺单薄，取土甚难，且于运河无害，似应暂缓。东堤迎受河水，关系运道，应于堤岸排桩之间下埽修葺。骆马湖所建竹络坝中段被水冲坏，若于湖口上流百丈许，东挑月河一千余丈，西挑月河一千余丈，分杀湖水，于中河似有裨益。下河丁溪、草堰、白驹新建闸座，始行兴工，车路引河尚未挑完，应速行修建”等因前来。查河工关系重要，今靳辅既任总河，俱应交与靳辅，照侍郎博济等所议，作速修筑坚固。如内有照原议难行，应急应缓修造之处，亦令总河酌量缓急修造可也。

康熙三十一年二月十六日题，本月十八日奉旨：“依议。”

〔豁免废地钱粮〕

总督河道、提督军务、兵部尚书兼都察院右副都御史、加一级、臣靳辅谨题，为请豁开河筑堤废地之粮并清淤出成熟地亩之赋，以期上不亏国，下不累民，公私两便仰祈睿鉴事。

窃臣辅于康熙十六年奉命治河，兴举大工，十有余载，上下于淮、扬、凤、徐四府州之间，各有开河筑堤、建造闸坝、栽柳等项之处，俱系（明）〔民〕间纳粮田地，理应豁免钱粮。但查扬属之高邮、江都，凤属之灵璧、盱眙，徐属之丰县等五州县，工程无多，废地尚少。而淮属之山阳、安东、清河、桃源、宿迁、邳州、睢宁，徐属之徐州、萧县、砀山等十州县，工程甚多，废地亦广。臣辅前此正欲确查，旋以去任，未经题请。小民至今不无包赔之累，每每环呼臣辅，诉求上闻。臣等伏睹我皇上爱民之心，仁民之政，远迈唐虞，而且赐赈赐蠲，天恩无岁不下。似此开河筑堤之废粮，敢不亟请恩纶，以除民累耶？至两河归故，中河告成之后，涸出向年黄水将原系河湖低洼沮洳之所淤成膏腴熟地者，亦复不少，保无豪强占种而不纳粮。

夫隐粮，《律》有明条，前项废地既请豁免，则此项白占亦应升科。但此升科、豁免二者，俱系督抚之事，以督抚为之呼应更灵，所当仰请皇上特沛纶音，敕下江南督抚，遴委贤能道府，就近清查，则升者升而豁者豁，庶豪强不得再占无粮之田，而贫民获免无田之粮，在国赋无亏，穷檐幸甚，诚公私两便之道也。伏乞皇上睿鉴，敕部议覆施行。

康熙三十一年十月二十五日题，十一月初九日奉旨："九卿、詹事、科道会议具奏。"钦此钦遵。于本月初十日抄出到部。该臣等会议得，总河靳辅疏称"臣于康熙十六年奉命治河，兴举大工，十有余载，于淮、扬、凤、徐四府州之间，各有开河筑堤、建造闸坝、栽柳等项之处，俱系（明）〔民〕间纳粮田地，理应豁免钱粮。臣前此正欲确查，旋以去任，未经题请，小民不无包赔之累，敢不亟请恩纶，以除民累。至两河归故，中河告成之后，涸出向年黄水将原系河湖低洼沮洳之所淤成膏腴熟地者，亦复不少，保无豪强占种而不纳粮，废地既请豁免，则此白占亦应升科。但此升科、豁免，俱系督抚之事，所当仰请敕下江南督抚，遴委贤能道府，就近清查，则升者升、豁者豁，诚公私两便之道”等因具题前来。相应行文江南江西总督，江宁、安徽巡抚，遴委贤能道员等官，将淮、扬、凤、徐四府州所属地方，开河筑堤、建造闸坝、栽柳废地，并涸出向年黄水将原系河湖低洼沮洳之所淤成膏腴熟地，豪强占种不纳钱粮之处，逐一确查丈明，具题到日再议可也等因。

康熙三十一年十一月二十二日题，本月二十五日奉旨：“这事情着遣部院堂上官一员前往，会同该督抚将应豁免、应升科钱粮确察定议具奏。应遣官员开列具奏。”钦此钦遵。谨将各部院衙门堂上官员职名开列具题等因。于康熙三十一年十一月二十七日题，十二月初一日奉旨：“着熊赐履去。”钦此钦遵。于康熙三十二年四月二十四日，前任河臣于成龙等准江宁抚臣宋荦咨开前事。康熙三十二年四月初七日，准户部等衙门咨开，江南清吏司案呈，准吏部尚书熊赐履等于康熙三十二年二月十九日至雄县地方圣驾行在启奏，本日奉旨：“这本并黄册俱交与该部。”钦此钦遵。于本月二十三日赍送到部。该臣得会议得，先经原任总河靳辅将淮、扬、凤、徐四府州属开河废地钱粮蠲免，淤地钱粮起征等因具题一案。臣等会议，行令该督抚遴委贤能道员等官，将开河废地并淤出熟地豪强占种不纳钱粮者，逐一确查丈明，具题到日再议等因具题。奉旨：“着熊赐履去。”钦遵在案。今据尚书熊赐履等疏称“淮、扬、凤、徐四府州属之高邮、山阳等十二州县，并淮、大二卫，开河筑堤、建闸、栽柳，抛废田地三千七百二十八顷三十七亩零，应豁银六千六百五十四两四钱一分零，米麦豆三千一百一十三石四斗六升零，苇柴一万八千束。海、山等六州县并大河卫淤出田一千一百三十七顷一十亩零，应升银二千一百七十八两七分零，米麦一千二百九十九石四斗八升零”等因。造册具题前来。查抛废田地，既经尚书熊赐履等会同该督抚亲行确查，取具司、道、府、州、县、卫印结送部，其应征银米等项，准其豁免。将免过钱粮款项，分晰造册，咨报该部。仍令出示晓谕，务使小民均沐皇恩。如不肖官员有私行征收等弊，该督抚即行指名题参。若不行题参，或被民人告发，或被科道题参，该督抚一并议处。其查出淤田应升银米麦石，行令江抚于三十二年为始征粮，造入该年《地丁钱粮奏销册》内，咨报该部可也等因。

康熙三十二年三月初七日题，本月初九日奉旨：“依议。”

〔免追预给银两〕

康熙三十二年八月初八日，准工部咨开，为远方之民应募河工，工停欠帑，情真事确，久蒙圣明洞鉴，部臣格于成例，屡驳屡追，仰吁天恩始终，特赐豁免，以免再渎天听事。

都水清吏司案呈，奉本部送工科抄出，该本部覆总督河道于成龙等题前事等因。康熙三十二年六月初七日题，本月二十四日奉旨：“该部知道。”钦此钦遵。于六月二十五日抄出到部。该臣等议得，先经原任总河靳辅等疏称“从前兴举河工，派募里民，不胜苦累，臣辅乃易派募为雇募，重堤一工，力图早竣，令各员赍银往江北、东、豫等处分头雇募，每名预给银数两不等。正在兴筑，奉旨停工，各夫四散而去，预给银两无凭扣追。查从前工程，凡有预给，工完扣除，是以在工有预给之实，而册报无预给之名。惟重堤一工，忽然中止，遂有预给之名，仰请豁免。其王大成购交桩木细数，另册送部”等因。臣部以一切工程并无预给工价之例，应将该督等题请豁免之处毋容议，仍于原经管各官名下，将预给夫役银四万四千七十七两零追完报部。其王大成领办桩木银一万六千五百两，虽将木值数目造送，但未将每根价银若干开造，仍行该督等造册送部等因题覆。

奉旨：“这事情着新任总河察明具奏。”钦此钦遵。行文在案。今据总河于成龙等疏称“各工雇募远方之民应役，原有先给安家路费等项，然工完即已扣抵，是以历来报销册内未有预给之名。今重堤一工，兴筑未竟，续奉停止，以致预给之银无从扣抵。兹据该督查覆，臣等复加访察无异，应如前河臣靳辅所题，仰祈皇恩，特赐豁免王大成桩木价值，造册送部”等因前来。查高家堰重堤，系康熙二十六年八月内覆准修筑，至二十七年三月始行具题停止，共支过夫工银一十一万余两。如果有预给安家路费等项银两，岂不在支给夫工银一十一万余两之内扣除，明系借端冒销，应将该督等题销豁免之处毋容议，仍于经管各官名下追完报部。至王大成所领银一万六千五百两，办过桩木五万八十根，所开价值与例相符，应行该督等存厂为河工之用可也。

康熙三十二年七月十三日题，本月十八日奉旨：“这预给夫役银两，工程中止，且已经年久，着免追取，余依议。”

〔会勘马家港等工〕

总督河道、提督军务、兵部右侍郎兼都察院右副都御史、加二级、臣董安国谨题，为谨陈两河见在情形，请旨公勘会议，以重河防事。

康熙三十五年十一月十七日，准工部咨开，都水清吏司案呈，奉本部送工科抄出河道总督董安国题前事等因。康熙三十五年十月十二日题，十一月初七日奉旨："着江南总督、漕运总督，江宁、安徽巡抚公同速行会勘，确议具奏。该部知道。"钦此钦遵。抄出到部，拟合就行。为此合咨前去，遵照奉旨内事理，钦遵施行。

计黏抄一纸，内开：为谨陈两河见在情形，请旨公勘会议，以重河防事。

窃照淮、扬、徐三府州，地方千里，半居黄、淮、中（东）〔运〕三水之汇，伏秋暴涨，全借两岸堤工高宽，以资捍御。查一切堤工，自前河臣靳辅，或系创筑，或系加帮，钦差大臣察勘之后，历今十有余年，从未加帮。是此十有余年之中，每年伏秋，黄水出（漕）〔槽〕，逐渐汕刷淤垫，兼之风雨淋漓，亦有伤损。见有人从堤顶下视，堤里之去地面，高深如故，而临河堤身之去淤滩，仅止三四五六七尺不等矣。

前河臣于成龙，止将山、安二县单薄卑矮五十段，计长六万五千余丈，题请加帮，盖由从平常伏秋起见也。经臣接任，估计于本年七月初五日准到部文，正拟兴工，而三水之异涨旋至，黄、中两河水长丈余，洪泽湖水高出石工四尺九寸，而高、宝运河之水亦长丈余，以致上而徐、邳、宿、桃、山、清，下而高、宝、江都等州县，一切堤堰，在在漫溢，宽者二三百丈，窄者数十丈、数丈不等。斯时也，怒涛汹涌，势若排山，随时随地，百计设法抢救者三十余日，而终不能保全，致有黄河之张家庄等三处漫冲。幸而仰邀皇上福庇，不致夺河成患，得以乘时兴筑，已经题明，并将运河漫缺各口，相机逐渐堵塞外。惟是堤工之淤垫单薄，堰工之见在卑矮，业已不足捍御平常之伏秋。况遇本年异涨，溃败决裂之后，若不及蚤绸缪，而天时旱潦难定，倘明岁更遇大水涨发，则仓皇拮据，将必更甚于今矣。

臣蒙皇上天恩，畀以督河之任，非不思勉竭驽骀，力图报效，无如智识短浅，蚊负不胜其任。但在官一日，敢不尽一日之职掌。所有河湖堤堰见在情形，就本年异涨之水论之，除淮、扬、徐三府州属原系岁、抢工程，照常修防外，臣愚以为黄河两岸缕堤，凡有单薄损伤，必得逐一勘估加帮。其山、安境内者，虽经题估，若以本年异涨之水律之，则前之题估犹仍不足，亦须一律再加宽厚。至于宿、桃、清中河之束水子堤，已经漫溢汕刷，十存一二，且逼水太窄，亦须酌议改宽兴筑。又邳、宿之皂河两岸堤工，甚属卑薄，而阎王庙一带，亟应加帮。又高堰旧石工，本年水高四尺九寸，因有坍卸之处，而新筑石工，原估止高一丈八尺，以本年暴涨之水律之，俱应酌议加高。又外河之王公堤，相隔运河止此一线，向曾加筑子堤，今年异涨，犹且漫溢过水，淮浦几濒于危，亦应酌议添建月堤。又淮扬之运河，虽经题奉俞旨，估计兴工在案，但以本年异涨之水律之，仍须酌议加高。又刘老涧迤北引河，应行疏浚，导引入海。以上各工，所当及蚤勘议，加帮加砌，以防下年之伏秋者也。但工程浩大，非臣一人私智之所敢承。伏睹我皇上神圣文武，日理万几，无微不烛，而于河工尤难逃圣明方略。臣谨陈其大概，仰祈睿鉴，或赐钦差大臣，或赐敕下江南总督，总漕，江、安两抚诸臣，公同会勘，确议具题，俾臣祗循奉行，庶河工不致歧误，而运道、民生得蒙皇上天恩之浩荡者，诚无涯（俟）

〔涘〕矣。谨具题请旨，伏祈皇上睿鉴施行等因，移咨到臣等。

准此，随于十二月初一日扬州会齐，逐一沿河查勘，至二十一日抵徐阅毕。该臣等会勘得，黄、运两河，上关运道，下系民生。皇上宵旰忧勤，时廑南顾，臣等奉旨会勘，敢不仰体圣心，求为两河万全之策。臣等公同会集，先自江都县运河，历高、宝、山、清以抵清口。查运河自康熙十七年挑浚以来，历今多载，每遇伏秋泛涨，黄水倒灌，河身淤高，两岸堤工不足捍御。业经河臣于运河节被淤垫等事案内，题奉俞旨，一面兴工，一面估计，见在遵旨加帮择险，加钉排桩，毋容再议。时届新运，难以煞坝开挑，亦俟来年漕船过完之后，听河臣另疏具题外。惟永安一工，外当巨湖之冲，内有清水潭之险，上下旧有石工，则此桩埽土堤，急应接建石工，方足捍御险汛。其旧石工创建年久，从未加修，风浪冲击，日渐残缺，亦应一律修砌。至淮郡城西，全城关系盘粮厅，为各省漕艘经临之地，板闸关口，乃南北商船停泊之所，惠济祠旁里、外两河，止隔一线孤堤，最为险要，俱系顶冲，均应改建石工。其龙汪、惠济二闸，亦应加高。

再查清口为黄、淮门户，引清敌黄，所系甚大。只因烂泥浅、帅家庄、裴家场三道引河，势分力弱，每逢倒灌，动辄淤垫。应从大墩接筑长堤，挑浚裴家场引河，逼令全湖之水汇归出口，并力敌黄。又自清口历武家墩、高家堰、高良涧、徐坝以抵翟家坝，除小黄庄以南新建石工见在兴砌外，其武家墩元帝庙后堤工卑窄，昔为沙滩，今成巨浸，急应加帮高宽，旧石工五千八百余丈，内倒卸石工八百七十八丈，急应修砌。又石工顶上排桩，风浪冲掣，日久朽坏，应重修钉，并于排桩之内，加以木板，填筑土方。再于堰堤之上，已筑子堤者，普面加高；

未筑子堤者，一律加筑。堤里内戗，霪雨淋卸，亦应如式酌修。茆家围等减水六坝，应加修砌，并添设矶心，建置闸板，淮弱则下板蓄水以敌黄，淮涨则启板减水以宣泄。翟坝一带堤工低窄不堪，今秋异涨，漫堤过水，均应加帮。

又自黄、淮交汇起，历山阳、安东以抵海口，黄河两岸缕堤卑矮，不足捍御，业经河臣于谨陈河工帮筑等事案内，题明加帮在案。若照本年异涨水迹，似宜再加高宽，但江海湖河，一时并涨，从未有如今岁之甚者，相应仍照原估加帮，俟来年伏秋，听河臣相度水势，酌量另题外。惟海口乃全黄去路，案查云梯关迤下，为昔年海口，今则日淤日垫，距海二百余里，下流之宣泄既迟，则上游之壅积愈甚，水势不能容受，小则倒灌，大则漫溢，断断不免矣。见今河臣于云梯关下马家港地方，挑挖引河一千三百余丈，导黄河之水，由南潮河东注入海，急应趱挑开放。

又清河县之甘罗城、卞家汪，堤工单薄，亦应一律加帮。又天妃坝石工，今秋异涨，水上石工筑堰防御，应行加砌。又山阳县之老坝口，大、小车路口险工，当全黄之顶冲，今秋异涨，竭力抢救，方保无虞。业经河臣于三报大涨水势等事案内题明，急应帮筑戗堤一道，以为内障。又山阳县之王公堤，石工卑矮，本年漫堤过水，应行加高，并应加帮月堤，以为外护。又自清河历桃源、宿迁、邳州、睢宁、灵璧以抵徐州，除两岸缕堤见在高宽未至损伤者，毋庸加帮外，查黄河南岸清河县之南河觜，为黄、淮门户，河身宽阔，黄水每多倒灌，应筑拦黄大坝一道，直接缕堤，并于甘罗城西创建草坝，使口门小一分，则黄水少灌一分。再，清河县界内缕堤一千五百五十九丈五尺，陡坡塌卸，桃源县界内缕堤四千六百五十丈，并灵璧县界内缕堤一千二百丈，地势低洼，以及宿迁县界内彭家堡险工一百二十二丈，埽台卑矮，蔡家楼鸡嘴坝一百三十二丈，旧坝单薄，均应加帮。睢宁县界内戴家楼险工三百三十五丈，全黄顶冲，势甚危险，应建挑水矶嘴大坝，并于对岸涨出沙滩，酌挑引河一道，导水中行，以防冲激。其武官营子堤七百零四丈，亦属单薄，并应加帮。徐州界内小店月堤三百九十五丈，卑薄不堪，急应加帮，并接筑月堤一道。杨家洼、杨横庄两险工，水势南迁，全黄顶冲，应于杨家洼加帮埽台，添筑月堤，并于杨横庄北岸沙滩，酌挑引河，以避危险。其徐州护城石岸五百一十五丈，为州城保障，本年异涨，水与岸平，急应酌量加高。

查黄河北岸缕堤，自清河县界石人沟起，由桃源至宿迁县卓家庄迤上止，共工长一万八千九百九十二丈，内系中河，外系黄河，一线长堤，两面受敌，兼之地势低下，堤工汕卸，均应酌量分别加帮。上而宿迁界内河北镇堤工二百五十丈，陡坡塌卸，应行修筑。河流日渐北趋，并应建矶嘴大坝，以挑水势。朱家堂减水废坝，长一百二十丈，应接连缕堤，补筑一律。宿迁县皂河西、朱家堂并邳州三官庙塘池三险工，水势顶冲，应各筑月堤一道，再于象山之南，酌挑引河，导水直下，不独塘池可以无虞，即羊山寺、董家堂二工，亦均可以避险。查中河一道，全引骆马湖之水，敌黄济运。前造湖口竹络大坝，年久未修，以致朽烂，因而黄水倒灌，应照旧修理。其南北两岸束水子堤，卑矮单薄，逼水太窄，一遇泛涨，即有漫溢汕刷之虞。应于北岸仍循旧址加帮，南岸临河远者，亦照旧址加帮，临河近者，酌量改宽兴筑，并建小闸减坝，置板启闭，水大则借以分泄，水小则收束济运。再于顶冲埽湾之工，照运河例，签钉排桩，镶填丁头。第中河之水，由仲庄闸直注黄河，逼溜南趋，黄水势强，每易倒灌运口。议于运口之下，粮艘由陶庄闸进口，入中河北上，使清水由陶庄闸出黄，庶不助黄倒灌。其双金门石闸格堤，应移建于陶庄闸之下，束水行运。但今新运在迩，未便骤改，俟伏秋后，河臣相机改建可也。又清河、宿迁之护城堤，并清河万家围之遥堤，俱属低矮，均应加帮。又宿迁刘老涧减坝，应照河臣前题，建造减水石坝，矶心置板启闭，迤下引河浅涩之处，应行挑浚，导引入海。

再查皂河两岸堤工，除邳州东堤无误运道，毋庸议筑外，宿迁县东堤五千二百七十六丈七尺，邳、宿二州县西堤九千零八十四丈七尺，漫溢残缺，而阎王庙一带尤汕刷殆尽，有关运道、民生，均应酌量一律修筑。

以上各工，俱经臣等公同亲履确勘，除今秋异涨，黄、运两河漫溢水口，悉已修筑完竣，其童家营一工，亦见在兴修堵塞，并岁、抢工程照常修防不议外，所有会勘过应修应筑之处，理合缮疏题覆。其需用土方工料，应听河臣确估，具题兴工可也。臣等未敢擅便，伏乞皇上睿鉴，敕部议覆施行等因。

康熙三十五年十二月二十四日题，三十六年正月二十三日奉旨："河工关系重大，这会勘应修应筑工程，俱着照该督等所题，作速兴工，该部即将钱粮拨给。其海口为黄水入海之道，所关甚属紧要，河道总督每年委贤能河官专管修理，勿致壅滞。该部知道。"

卷之十六　章奏

〔海口创建拦黄坝〕

总督河道、提督军务、兵部右侍郎兼都察院右副都御史、加二级、臣董安国谨题，为谨陈两河见在情形，请旨公勘会议，以重河防事。

康熙三十六年二月初一日，准工部咨开，都水清吏司案呈，奉本部送工科抄出江南江西总督范承勋等题前事等因。康熙三十五年十二月二十四日题，三十六年正月二十三日奉旨："河工关系重大，这会勘应修应筑工程，俱着照该督等所题，作速兴工，该部即将钱粮拨给。其海口为黄水入海之道，所关甚属紧要，河道总督每年委贤能河官专管修理，勿致壅滞。该部知道。"钦此钦遵。抄出到部，移咨到臣。该臣看得，江南黄、运两河，上年伏秋之际，三水并涨，各工在在残缺，荷蒙皇上俯允臣请，令督抚诸臣与臣公同会勘，仰见圣明远照，无日不以运道、民生致勤宵旰也。除应修应建之处，业经汇疏具题，又复特请帑金，部议先将需用钱粮拨给一半，令臣一面兴举，一面估计，俱奉有速行俞旨，钦遵在案。

兹行据江南管河道冯佑等会册估计，徐、邳、宿、桃、山、清外河五厅所辖黄、中两河，南北两岸，应修应筑缕、子二堤土方，添建闸坝桩埽各工，除前河臣于成龙于请筑中河等事案内，动过钱粮不复估请外，共该土方工料银八十万二千三百零一两一钱八分七厘九毫五忽六微二纤五沙。山、清二县运河高堰应建石工，改筑大墩，挑筑堤河，加帮遥堤，移建双金门大小闸座建坝，并高家堰、高良涧、周桥闸以南徐坝，当洪泽全湖冲激，修补石工残缺，拆砌倒卸石工，以及石工顶上加钉排桩，内拼板填土、加帮顶上子堤戗堤需用土方工料价值，除前河臣于成龙于盐河口建造大小闸座动过钱粮不复估请外，实估银五十七万二千七百七十七两九钱三分九毫一丝九忽。邳、宿二州县皂河东西二堤加帮土方埽料，共估银九万四千一百七十九两三钱三分五厘五毫七丝五忽。扬属高邮州永安工改建石工，并两头接连宝应、江都二县年久西堤旧石工卑矮残缺之处，急应加修，共估工料银二十五万二百八十二两一钱七分二厘五毫六丝。至于云梯关下挑挖引河，钦奉特旨："海口为黄、淮入海之道，所关甚属紧要，令臣每年委贤能官员专管修理，勿致壅滞。"

臣恭绎纶旨，益仰皇上明见万里之外，于河道机宜，无微不烛也。今据管河道冯佑等详称："原任淮安府通判吴揆，久历河工，才能练达，特以另辟海口一工，专委监理。其所议改挑引河，并创建拦黄大坝，以及筑堤束水等工，共计需用土方料价银一十三万五千六百三十九两四分一厘五毫。统计会勘一案，共估银一百八十五万五千一百七十九两六钱六分八厘四毫五丝九忽六微二纤五沙。"臣覆核无异，除原册送部外，臣谨恭疏具题。至于估计银两，较臣前题请帑一百八十万两之数，多银五万五千余两，统于本案各工内节省通融动支，不敢另行请拨。其前河臣于成龙建筑中河子堤并闸坝等工，尚未报销，今子堤见议加帮，闸洞见议改建，所有用过工料钱粮，应并入会勘案内，俟工完之日，画一销算。

以上各工，臣往来相度，择其最关紧要者，责令在工监理分管各员弁，分头趱筑，以防伏秋之涨发。惟是部拨之九十万两，自三月起陆续起解，直至四月二十日方始解完前项。查各工之内，惟纯用土筑之工，如无水占，皆可以随时兴举。其间闸坝工程所需青石、砖块、桩木及糯米、苘、铁等料，率皆购自远方，或数百里，或千有余里，往返程途，未能卒办。其中石料一项，更为粗重，采运最属艰难。所以凡系石工，必须累月经年，迟之又久者，职此故也。今中河、运河、高堰等处，兴建闸坝，修砌石工，需用桩石甚多，必须预发帑金，令其入山采办，是诚不容一刻缓待者也。伏望皇上敕部，即将未发之九十万两，仍于盐课藩库就近拨给，庶可济用无误。

抑臣更有请者，水势之变迁莫测，则工程之险易不同，久在圣明睿鉴之中。今汇估各册，乃就会勘时见在情形而计之也。若夫泛涨靡常，消长莫定，或目前之险汛，忽为异日之缓工，或今日之安澜，变为他时之急溜，均非意计所能逆料。其间如有应增应减，及一切未尽事宜，容臣随时斟酌，通便举行。总之，臣材庸识浅，自奉命督河以来，兢兢朝夕，深以陨越为忧。自上年异涨之后，各工残缺，荷蒙皇上发帑兴修，臣任兹艰巨，惟有矢勤矢慎，洁己奉公，务期勉竭愚忱，稍全职掌，以求仰慰皇上轸念河防之至意而已。至于两河工段，头绪繁多，兴举既有次第，则告竣自有后先。将来某工完毕，即便报销某工。所有留工各官，其承筑工程有无合式，统俟各工全竣之日，恭请皇上特遣大臣确验定夺，相应一并题明，伏乞敕部议覆施行等因。

康熙三十六年四月二十九日题，五月二十日奉旨："该部知道。"钦此钦遵。于五月二十一日抄出到部。该臣等议得，河道总督董安国疏称"江南黄、运两河应修应筑之处，特请帑金，部议先将需用钱粮拨给一半，令臣一面兴举，一面估计，奉有俞旨，钦遵在案。今黄、中两河并运河、高堰以及另辟海口各工，统计估银一百八十五万五千一百七十九两六钱零，较臣前题请帑一百八十万两之数，多银五万五千余两，统于各工内节省通融动支，不敢另行请拨。乞将未发之九十万两，仍于盐课藩库就近拨给，庶可济用无误"等因前来。

查先经江南江西总督范承勋等将会勘过应修应筑之处具题，奉旨："河工关系重大，这会勘应修应筑工程，俱着照该督等所题，作速兴工，该部即将钱粮拨给。钦此。"臣部移咨户部，拨给银九十万两，行令一面兴工，一面将工程需用钱粮细数估计，具题到日再议等因，题覆在案。今该督既称"黄、运两河各工，统计估银一百八十五万五千一百七十九两零，较前题之数多银五万五千余两，统于各工内节省通融，将未发之九十万两，仍于盐课藩库就近拨给济用"等语。应如所题，将未发之九十万两移咨户部拨给，作速修筑坚固，依限完工，核减造册题销可也。

康熙三十六年六月十一日题，本月十四日奉旨："两河工程，前经该督等会同确估具题，需银一百八十万两。今因另辟海口，增估一十三万五千两有奇，而本内复云，较前题之数，止多银五万五千余两，统于各工内节省通融，不敢另行请拨等语。则从前冒估甚明，尔部并未详察，遽议照所题，将未发九十万两拨给，殊属不合，着再确议具奏。"钦此钦遵。于六月十五日抄出到部。该臣等再议得，先经河道总督董安国，将黄、运两河需用钱粮估计具题，臣部议覆，奉旨："两河工程，前经该督等会同确估具题，需银一百八十万两。今因另辟海口，增估一十三万五千两有奇，而本内复云，较前题之数，止多银五万五千余两，统于各工内节省通融，不敢另行请拨等语。则从前冒估甚明，尔部并未详察，遽议照所题，将未发九十万两拨给，殊属不合，着再确议具奏。钦此。"查得开海口之处，先经该督等会勘，疏内止有云梯关迤下马家港地方挑挖引河等语，并无另辟海口之处。今该督另辟海口，增估银一十三万五千余两，及较前题之数，多估银五万五千余两，乃称节省通融等语。各工尚未告竣，即预知有节省通融之处，则各工丈尺浮冒估计之处甚明，所请钱粮不便遽行拨给，应令该督亲身前往，将各工丈尺逐一详查，严行核减，并将另辟海口之处查明具题，到日再议可也。

康熙三十六年六月二十日题，本月二十二日奉旨："依议。"

〔勘阅下河〕

总督河道、提督军务、兵部右侍郎兼都察院右副都御史、降一级留任、臣董安国等谨题，为钦奉上谕事。

康熙三十六年十月二十三日，准工部咨开，康熙三十六年十月十五日，大学士伊桑阿、阿兰泰、王熙、张玉书、李天馥，学士罗察、席尔登、黄茂、布泰、噶礼、徐嘉炎、李录予面奉上谕："下河地方久罹水患，朕心时切轸念。前令挑浚白驹、冈门等口，原欲使水尽通流，田皆涸出。今见兴化、泰州等州县积水尚多，田仍淹没，民生甚属苦累。着行文总漕、总河，亲往会勘，将下河积水何故壅塞不能迅流，应作何尽令归海，涸出民田之处，一一详阅议奏。”钦此钦遵。拟合就行。为此合咨前去，遵照旨内事理，钦奉施行等因移咨到臣等。钦此。

臣等随即会同于十一月初一日，自淮安起行，由宝应、高邮以南，历邵伯、金湾、人字河、芒稻河，东至泰州、兴化，循串场河、河垛、丁溪、草堰、白驹，以抵盐城天妃、石䃮各海口，及冈门一带，以达庙湾。逐一详阅勘毕，该臣等会看得，下河为泄水入海之区，自淮安以至邵伯镇，计运河东岸共有涵洞三十处、闸十座、滚水坝八座，此皆运河及高邮、邵伯等湖之水，由诸涵洞、闸坝等口，归入射阳、广洋等湖，就下流以至白驹、冈门等口入海。总因下河受水之处甚多，而泄水入海之口独少，是以水势汪洋，易于停蓄。在雨旸时若之年，水循故道，田犹无恙。惟去岁及今两年，夏秋霪雨异常，诸河泛涨，以致水势汹涌，通流不及，弥漫四散。而下河之高邮、宝应、泰州、兴化、盐城、庙湾等处，地皆洼下，均受其灾。兴化地势更低，积水尤甚。致蒙我皇上念切民生，特颁俞旨，令臣等详阅下河情形，将积水壅塞不能迅流之处，作何尽令入海，涸出民田。此真我皇上己饥己溺之怀，而百姓无不共仰如天之德者也。

臣等钦遵，沿河踏勘，详阅泄水诸口，除庙湾、冈门、白驹三口水颇畅流，无庸置议，及兴化通丁溪、草堰、白驹之车路、白涂、海沟引河三道，并射阳湖下海之虾沟、须沟、朦胧、院道港，又高邮湖通邵伯湖之曹家湾、汤家绊、七节桥，目今水未全消，不分堤岸，无由勘明，必须水落确勘，再将应行疏浚情形，另疏请旨外，今将臣等阅明亟宜疏浚各口及应建闸之处，为我皇上陈之：

一、高邮湖之水势宜分也。查邵伯镇南有金湾三闸，闸南有金湾滚水坝一座。三闸之水，由人字河入芒稻河下江。其金湾坝外原无引河，今议于坝外挑引河五里，通人字河，将高邮湖之水引入邵伯湖，由金湾闸坝同归人字河，入芒稻河下江。其人字河计长十八里，见今浅窄，应加挑浚。又芒稻河原有旧闸二座，西闸六门，东闸三门，今俱损坏，应加修建。如是，不但邵伯湖水不至下河，高邮湖水亦可分泄，而下河受益矣。

一、车儿埠入海之口宜开也。查泰州河垛场有车儿埠口，其上流乃高邮漫涨之水，及兴化梓新河之水，均至河垛场之老坝，汇流于车儿埠口，以致不能宣泄。今议将车儿埠口至姚子灶四十里，河身淤浅，应加挑浚。姚子灶至苦水洋三十余里，间有河形，应加开通入海。其车儿埠口、老坝两处，各应建闸一座，以备启闭，而泰州之民田受益矣。

一、丁溪入海之口宜通也。查丁溪闸口至捞鱼港六十余里，河势深通，无庸疏浚。自捞鱼港至苦水洋七十余里，河身淤淀，若循旧河挑浚，其河势甚平，不能迅流，费帑无益。今相度情形，议于捞鱼港之北，就近直挑十四里余，即入王家港下海，而丁溪入海之水疏通矣。

一、小海场入海之口宜开也。查小海场有一河形，原系泄水入海故道，年久淤塞。今议于小海河口建双金门石闸一座，自闸口起至邓家窑，计长四十里，应照旧河再加挑深。自邓家窑起至姚子口，计长二十里，虽旧有河形，然地势纡回，宣泄不畅。今相度情形，自旧河北岸邓家窑起，向姚子口就近直挑十里，以入旧河。再自姚子口以下，将旧河挑浚十余里，会入斗龙港下海，而兴化又增一泄水之道矣。

一、草堰场泄水之闸宜增也。查草堰泄水入海之道虽畅，但因止有闸口一座，兼之窄小，上流水大，不能一时宣泄，常至漫溢。今议于旧闸之北添建一闸，下挑月河七十丈，则上流无壅阻之患矣。

一、运河之水势宜分也。查淮安城南运河东岸有兴文小闸一座，此闸系分泄运河泛涨之水，流入涧河，由射阳湖下海。见今涧河淤浅，兼之闸门窄隘，水不畅流。今议将闸门改阔，并将涧河八十余里再加深浚，以泄运河之水，则运河之水不至高邮，而兴化等处更有裨益矣。

以上各条，皆臣等详阅被灾州县积水壅滞，不能迅流情形，妄抒愚见，以为分泄各水入海，涸出民田之策，是否有当，伏祈皇上睿鉴施行等因。

康熙三十六年十二月初三日题，本月十七日奉旨："工部议奏。"钦此钦遵。于十二月十八日抄出到部。该臣等议得，漕运总督桑格等疏称"康熙三十六年十月十五日奉上谕：'下河地方久罹水患，朕心时切轸念。前命挑浚白驹、冈门等口，原欲使水尽通流，田皆涸出。今见兴化、泰州等州县积水尚多，田仍淹没，民生甚属苦累。着行文总漕、总河，亲往会勘，将下河积水何故壅塞不能迅流，应作何尽令归海，涸出民田之处，一一详阅议奏。钦此。'该臣等会看得，下河为泄水入海之区，受水之处多，而入海之处少，是以汪洋停蓄。除庙湾、冈门、白驹三口水颇畅流，无容置议。及兴化之车路等河，并射阳湖下海之沟港，又高邮湖通邵伯湖之曹家湾等处，目今水未全消，不分堤岸，必须水落确勘，另疏请旨外，今高邮湖之水势宜分。查邵伯镇南有金湾三闸，闸南有金湾滚水坝一座，三闸之水由人字河入芒稻河下江。其金湾坝外原无引河，今议挑引河通人字河，将高邮湖之水引入邵伯湖，由金湾闸坝同归人字河，入芒稻河下江。其人字河十八里，见今浅窄，应加挑浚。又芒稻河旧闸二座，今俱损坏，应加修建。又车儿埠入海之口宜开。

查泰州河垛场车儿埠口，其上流乃高邮及兴化之水，均至河垛场之老坝，汇流于车儿埠口，以致不能宣泄。今议将车儿埠口至姚子灶四十里，河身淤浅挑浚。姚子灶至苦水洋三十余里，间有河形，开通入海。其车儿埠口、老坝两处，各建闸一座，以备启闭。又丁溪入海之口宜通。查丁溪闸口至捞鱼港六十余里，河势深通，无容疏浚。自捞鱼港至苦水洋七十余里，河身淤淀，若循旧河挑浚，河势甚平，不能迅流。今议于捞鱼港之北，就近直挑十四里余，即入王家港下海。又小海场入海之口宜开。查小海场河原系泄水入海故道，年久淤塞。今议于小海河口建双金门石闸一座，自闸口起至邓家窑四十里，再加挑深。邓家窑起至姚子口二十里，虽旧有河形，地势纡回，宣泄不畅。今相度情形，自邓家窑起，向姚子口就近直挑十里，以入旧河。再自姚子口以下，将旧河挑浚十余里，会入斗龙港下海。又草堰泄水之闸宜增。查草堰泄水入海之道虽畅，但止有闸一座，兼之窄小，上流水大，不能一时宣泄。今议于旧闸之北添建一闸，下挑月河七十丈。又运河之水势宜分。查淮安城南兴文小闸一座，此闸系分泄运河泛涨之水，流入涧河，由射阳湖下海。见今涧河淤浅，兼之闸门窄隘，水不畅流。今议将闸门改阔，并将涧河八十余里再加深浚，以泄运河之水，于兴化等处有益"等因前来。查高邮车儿埠等各处，该督等亲往详看，既称"挑浚增闸于兴化等处有益"等情，其各工丈尺并需用钱粮，应令该督等确估，具题到日再议可也。

康熙三十七年二月初五日题，本月二十七日奉旨："依议。"

〔清查钱粮〕

总督河道、提督军务、兵部右侍郎兼都察院右副都御史、降一级留任、又加五级、臣董安国谨题，为钦奉上谕事。

案准工部咨开，康熙三十六年十月十五日，大学士伊桑阿、阿兰泰、王熙、张玉书、李天馥，学士罗察、席尔登、黄茂、布泰、噶礼、徐嘉炎、李录予面奉上谕："下河地方久罹水患，朕心时切轸念。前命挑浚白驹、冈门等口，原欲使水尽通流，田皆涸出。今见兴化、泰州等州县积水尚多，田仍淹没，民生甚属苦累。着行文总漕、总河亲往会勘，将下河积水何故壅塞不能迅流，应作何尽令归海，涸出民田之处，一一详阅议奏。"钦此钦遵。移咨到臣。先经臣等钦遵，详阅下河形势，节次条议题覆，正在候旨定夺间，于康熙三十七年八月十四日，又准工部咨，为敬陈末议等事，内开都水清吏司案呈，奉本部送工科抄出，该本部等衙门会覆漕运总督桑格题前事等因，康熙三十七年七月初七日题，本月二十三日奉旨："九卿、詹事、科道会同速行确议具奏。钦此。"

又为钦奉上谕事。工部覆漕运总督桑格等题前事等因。康熙三十七年七月二十日题，本月二十四日奉旨："九卿、詹事、科道一并会议具奏。"钦此钦遵。于七月二十四等日抄出到部。该臣等会议得，先据总漕桑格会同总河董安国疏称"邵伯镇南金湾坝下挑引河，直通芒稻河闸，曹家湾、汤家绊、七节桥挑浚，车儿埠口至朱家灶挑河，小海场至王家港挑河，兴文闸至流均沟挑河，草堰建草坝，挑月河，车儿埠口、小海口二处各建草坝，并修建芒稻河闸、兴文闸，共估银一十九万二千二百六十八两七钱零"等因。又据总漕桑格疏称"白涂河横挑十三余里，并入车路河。其车路河自唐子镇起，至新庄止，淤塞十余里，海沟河自鲍家庄起，至白驹口，淤塞七十余里，海陵溪自禹王庙起，至仲家寨，淤塞四十余里，虾沟、须沟、戛梁河共淤六十余里，艨胧西首之射阳湖淤塞四十余里，挑浚通共约计银二十五万余两，所费甚繁，不敢轻议动帑。臣欲仿直隶挑河之例，开一事例，令其挑浚”等因，具题前来。

查下河冈门、丁溪、草堰、白驹等处，康熙二十六年经原任侍郎孙在丰挑浚，二十八年又经原任总河王新命挑浚，积水并未入海，徒费钱粮，或系海口高阜而内河低洼，以致积水不能出海，亦未可定。应行漕运总督、河道总督会同江南江西总督，江宁、安徽巡抚，如照此挑浚，下河积水果能入海，田地果能涸出，有益民生，江海有无倒灌之处，逐一确勘定议，具题到日再议可也。康熙三十七年七月二十六日题，本月二十九日奉旨："依议。"钦此钦遵。抄出到部，拟合就行。为此合咨前去，查照本部等衙门会覆奉旨内事理，钦遵施行等因，移咨到臣等。

准此，该臣等随即会同由高邮、江都、泰州、兴化、盐城、庙湾，将原议挑浚处所及入江入海地方，逐一细加详阅。会看得，下河各州县地方，历被水灾，岁无宁土者，皆缘上源受水之处甚多，而泄水入海之处甚少，兼之各邑通水故道，俱多淤淀，以致泛滥横溢，成此积水之患也。今欲救此巨灾，舍开浚故道多分水势之法，别无善策。是以前疏内议修芒稻河者，欲分高邮、邵伯两湖之水入江，使不至下河也。议挑曹家湾、汤家绊、七节桥者，系开通高邮、邵伯两湖淤塞之水路，使通芒稻河以下江也。议挑车儿埠之滔子河者，欲使泰州所受之水，由苦水洋入海也。议挑小海场、邓家窑等处者，欲为兴化增泄水入海之道也。议挑涧河者，欲分运河之水流入涧河，由射阳湖下海，使不至高邮也。议挑海陵溪者，欲使高邮所受之水通冈门下海也。议挑车路、白涂、海沟三河者，欲使兴化所受之水，由丁溪、草堰、白驹入海也。议挑虾沟、须沟、戛梁河并艨胧西首淤塞之射阳湖者，欲使高、宝、兴、泰、盐、山等处之水，俱由庙湾下海。此海口为下河最洼最宽之地，泄各处上流之水，尤为宣畅也。今臣等逐一细加覆勘，与前无异，毋容更议。惟是九卿会议所云“江海有无倒灌之处”，臣等细察各处海口以及江口，皆系历来泄水之旧迹，而臣等所议挑浚诸工，皆内地淤阻之河道，不过照旧开通，使水得达于口，泻之江海，并非新开江海之口，自无倒灌之虞。至于会议所云“或系海口高阜，内河低洼，以致积水不能出海，如照此挑浚，下河积水果能入海，田地果能涸出，有益民生”等语。臣等阅历形势，海口较之内河，终属低洼，见在泄水，而目今水势尚在汪洋，民间被淹田地多未涸出者，皆由诸河水道淀塞不通之故。若使前议挑浚之工一举，水得循其故道，自必下流归海，田地自当涸出，实为大有益于民生。总之，淮扬三年水患，蠲赈并施，灾黎困苦之情，已蒙皇上睿烛。目下百姓之思拯望救甚殷，知我皇上自有爱民保赤之圣怀，无容臣等之渎陈也。臣谨合词会题，伏乞皇上睿鉴施行等因。

康熙三十七年十月十一日题，本月二十九日奉旨：“该部知道。”钦此钦遵。于十一月初一日抄出到部。该臣等会议得，先经总漕桑格会同总河董安国疏称“邵伯镇南金湾坝下挑引河，直通芒稻河闸，曹家湾、汤家绊、七节桥挑浚，车儿埠至朱家灶挑河，小海场至王家港挑河，兴文闸至流均沟挑河，草堰建草坝，挑月河，车儿埠口、小海口二处各建草坝，并修建芒稻河闸、兴文闸，共估银一十九万二千二百六十八两七钱零”等因。又据总漕桑格疏称“白涂河横挑十三余里，并入车路河。其车路河自唐子镇起，至新庄止，淤塞十余里，海沟河自鲍家庄起，至白驹口，淤塞七十余里，海陵溪自禹王庙起，至仲家寨，淤塞四十余里，虾沟、须沟、戛梁河共淤六十余里，朦胧西首之射阳湖淤塞四十余里，挑浚共约计银二十五万余两，所费甚繁，不敢轻议动帑。臣欲仿直隶挑河之例，开一事例，令其挑浚”等因。奉旨：“九卿、詹事、科道会同速行确议具奏。钦此。”

臣等会议，以下河冈门、丁溪、草堰、白驹等处，康熙二十六年原任侍郎孙在丰挑浚，二十八年又经原任总河王新命挑浚，积水并未出海，徒费钱粮，或系海口高阜，而内河低洼，以致积水不能出海，亦未可定。行令总漕、总河会同江南江西总督，江宁、安徽巡抚，如照此挑浚，下河积水果能入海，田地果能涸出，有益民生，江海有无倒灌之处，逐一确勘定议，具题到日再议等因。题覆行文去后。今据总漕桑格等疏称“下河地方水灾，缘受水处多，泄水处少，各邑通水故道俱多淤垫，致此积水之患。今舍开浚，别无善策。前疏议挑芒稻河等处，臣等覆勘无异，毋容更议。细察各海口、江口，皆历年泄水旧迹，臣等议挑，皆照旧开通，非新开之口，自无倒灌之虞。至海口较内河终属低洼，见在泄水，而目今水尚汪洋，被淹田地多未涸出者，皆由诸河水道垫塞之故。若照前议挑浚，水循故道归海，田地自当涸出，实为大有益于民生”等因前来。查下河，该督等亲身公同详看，既称照前议挑浚，田地涸出，大有益于民生等语，应如所题挑浚，将邵伯镇等处估用银一十九万二千二百六十八两七钱零，令户部拨给，俟工完该督等核减，造册题销。其白涂河等处需银二十五万余两，应照总漕所题，令其捐挑。查该督所题事例：

一、犯罪监禁人犯内，除十恶、强盗并杀人人犯，及反叛干连并强盗及杀人人犯，有免死减等流犯，并山海关以外等处发遣安插，并直隶各省安插等人犯，俱不准捐赎外，其余内外三品以上堂官及兼堂官职衔之人，犯死罪者，挑土十万方；犯军流等罪，挑土五万方。在外实系二品、三品文职官员，死罪挑土七万方，军流罪挑土三万五千方。道府官员，死罪挑土四万方，军流罪挑土二万方。在内四品堂官及司官，在外同知、通判、知州、知县、参将、游击，死罪挑土三万方，军流罪挑土一万五千方。笔帖式、州同、县丞、守备、千总等各项杂职文武官员及文武进士、举人、监生人等，死罪挑土一万方，军流罪挑土五千方。生员平人，死罪挑土五千方，军流罪挑土二千五百方，俱免罪释放。再，考职候缺人等，照伊品级令其捐挑。此等人内如有家产尽绝，已经入官及免追者，各减此数一半等语。查家产尽绝，已经入官及免追人内，其罪未结者，应照此将土方各减一半，准捐赎罪；其家产尽绝，身已入官，罪已结者，亦无容议。

一、除革职降调离任官员不准捐挑外，其余因公诖误革职留任官员，布政司挑土五万方，按察司挑土四万方，道员挑土三万方，郎中、员外、知府、副将挑土二万方，同知、运同、参将挑土一万五千方，通判、知州、知县、游击、都司挑土一万方，俱准复还原职。其降级留任官员，不论内外大小文武，挑土二千方，准复一级，捐复多者，照此科算。

一、不论旗民已任未任大小文武官员，挑土二千方，准加一级，不准随带。挑土四千方，准加一级，随带升任。有多捐者，以此计算。

一、不论旗民俊秀子弟挑土一千五百方，附生挑土一千方，增生挑土八百方，廪生挑土六百方，俱准作监生，免其入监读书，期满考用。

以上各款人员，所挑地方之内，如遇建坝掣水挑挖之处，土方数目量减十分之一，将此挑土照《河工定例》，见方一丈深一尺，作为一方等语。相应照此捐挑，令总漕、总河将需用土方细数，造册咨报工部，俟捐挑人员挑完之日，该督等详查挑过数目，如果照数挑完，出给实收，造册咨报工部，换给执照，转咨吏、礼、兵、刑四部。俟命下之日，通行各部院衙门、八旗包衣佐领并直隶各省晓谕可也。

康熙三十七年十一月初七日题，奉旨："挑下河事，关系民生，朕轸念民生，先经交与凯音布、孙在丰、于成龙、王新命等挑过，伊等已俱挑完，大有益于民生等因具题。档案俱在部可查，人俱在可问。今看来俱徒糜费钱粮，并无水涸田出，有益于民之处。今桑格等又称应行挑浚具题，九卿并不问明先经挑过之人，不查档案，即议准行。如果此番挑浚，果能水涸田出，有益民生，朕不惜钱粮，即发库银兴工，捐纳事例断不可行。见在山陕捐纳银米事例尚未明白，桑格等如果将下河照伊等所题挑浚，即能水涸田出，有益于民，将伊本身家产出具保结，即准挑浚。此事监察御史吴甫生亦经条奏，将吴甫生条奏事宜一并发还九卿，问明先经挑过之人，阅查档案，确议具奏。钦此。"

该臣等再会议得，先经总漕桑格会同总河董安国疏称"邵伯镇南芒稻河等处挑河建闸，估用银一十九万二千二百六十八两零"。又总漕桑格疏称"白涂河等处挑浚需银二十五万余两，臣欲仿直隶挑河之例，开一事例，令其挑浚"等因具题。九卿会议，以"下河冈门等处，康熙二十六年原任侍郎孙在丰挑浚，二十八年又经原任总河王新命挑浚，积水并未出海，徒费钱粮，或系海口高阜，而内河低洼，以致积水不能出海，亦未可定。应行漕运总督、河道总督会同江南江西总督，江宁、安徽巡抚，将下河照此挑浚，积水果能入海，田地果能涸出，有益于民生，江海有无倒灌之处，确勘定议，具题到日再议”等因题覆行文去后。今总漕桑格等疏称“下河地方水灾，缘受水处多，泄水处少，各邑通水故道俱多淤垫，致此积水之患。今舍开浚，别无善策。前疏议挑芒稻河等处，臣等覆勘无异，毋容更议。细察各海口江口，皆历年泄水旧迹，臣等议挑，皆照旧开通内地淤阻之河道，不过使水得达于口，泻之江海，非新开江海之口，自无倒灌之虞。至阅历海口，较内河终属低洼，见在泄水，而目今水尚汪洋，被淹田地多未涸出者，皆由诸河水道垫塞之故。若照前议挑浚，水循故道，田地自当涸出，实为大有益于民生”等因前来。查康熙二十六年，挑浚下河冈门、白驹、丁溪、草堰等处海口，着侍郎孙在丰前往督修，用银一十五万余两。冈门等处挑完之后，据称“水势宣泄大畅”等因。二十七年，孙在丰停其管理河工，差原任侍郎凯音布去，未经挑浚。二十八年，交与总河王新命挑浚。二十九年，王新命将丁溪、草堰、白驹等处挑浚完工，用过银八万余两。疏称“按工查看，水势滔滔下注，畅流入海”等语。又挑车路引河，并修建丁溪等处闸座，用银三万六千余两等因具题，俱各在案。虽据王新命供称“二十八、九两年挑浚完工，三十年巡抚郑端将盐城等五州县涸出田地题报，但涸出田亩，三十六年经江宁巡抚宋荦又被水淹”等因具题。下河地方先经动用如许钱粮挑浚，未经数年，涸出田地又被水淹，并无有益民生之处，应不便即准挑浚。应令总漕桑格等如照伊等所题挑浚，果能使水尽涸田出，有益民生，总漕桑格，总河董安国，巡抚宋荦、陈汝器将伊等本身家产保题到日再议。此案见在行查，其监察御史吴甫生条奏之处，俟此案到日，一并议覆可也。

康熙三十七年十一月二十六日题，三十八年五月二十八日奉旨："朕于南巡详阅黄、运两河形势，凡疏浚修筑事宜，俱面为指示河道总督于成龙等，令其遵行。已有旨了。"

康熙三十七年十二月十一日，准工部咨开为钦奉上谕事。

都水清吏司案呈，康熙三十七年十二月初一日上谕："大学士伊桑阿、阿兰泰、王熙、李天馥、吴琠，学士布泰、噶礼、温泰、钱齐保、恩丕、顾藻、徐嘉炎、李录予，河道紧要，董安国工程未完之处，尽多关系钱粮。今若不清楚，日后董安国、于成龙至于彼此推诿。差部院堂官一员，带领才能章京前往，会同总漕桑格等，将工程已完未完之处，用过钱粮数目，逐一查明丈量，开造清册带回。钦此。"本日绿头牌启奏，奉旨："着尚书马齐、侍郎常绶、喻成龙去。钦此。"

于康熙三十八年七月初一日，准工部咨前事，都水清吏司案呈，奉本部送工科抄出，该本部等衙门会覆户部尚书马齐等题前事等因。康熙三十八年二月十二日题，五月二十六日奉旨："九卿、詹事、科道会议具奏。"钦此钦遵。于五月二十七日抄出到部。该臣等会议得，户部尚书马齐等疏称"原任总河董安国收过，谨陈河工帮筑等事，遵旨具奏事，又谨陈河工等事，谨陈两河情形等事四案内，大工银共二百五十三万六千一百六十两八钱，内给原任管河道冯佑等银五十四万八千二百五十二两八钱，修筑高家堰、小黄庄等处石工，今工程牵算，已修十分之三。给原任管河道冯佑、管河同知罗京等银二十一万八千三百八十六两二钱零，修筑凤阳厂、檀度寺、杨家庙等处工程牵算，已修六分七分不等；给发管河同知佟世禄等银一十一万九千八十二两六钱零，加帮山、安黄河两岸堤工工程牵算，已修五、六、七分不等；给原任管河道冯佑、管河通判金依孔等银六万六千八百五十八万一钱，加帮高宝等州县运河两岸堤工工程牵算，已修八九分不等；给管河同知罗京等银一百三万六千一百八十七两六钱零，修筑黄河皂河中河子堤、高宝运河石工等处工程牵算，已修三分至八分不等。共给过银一百九十八万八千七百六十七两三钱零，与罗京等印领数目查对相符，应存银五十四万七千三百九十三两八钱零。据董安国咨称，黄河、运河堤岸冲决，童家营、时家马头冲决三案，用银三十四万七百四十七两二钱零，又发冯大奇办夫食银三千七百两，见在追取实存库银二十万二千九百四十六两六钱零。总河于成龙等俱经照数收受，未竣各工见在趱筑。再，黄河、运河堤岸并童家营、时家马头冲决，用过银两，工部具题驳令赔修，应仍令赔修，不准销算。其从前已估尚未拨给银一十六万八十三两七钱零，应交与工部查明”等因前来。

查原任总河董安国、原任管河道冯佑，经收大工钱粮内，放给管河同知罗京等修筑高堰石工，凤阳厂等处建闸挑河，并黄、运两河等处修筑工程银一百九十八万八千七百六十七两三钱零。尚书马齐等既称与罗京等印领数目相符，应毋庸议，高堰石工钱粮业已全领，今已修之工，牵算尚止三分，甚属迟延。应行该督等将该管各官查明题参。再，尚书马齐等疏称“工程内有土松渗水者，有雨水淋漓浪窝者”等语。应令总河等交与原修各官，作速修筑完固。至“银五十四万七千三百九十三两八钱零。内黄河、运河堤岸冲决，童家营、时家马头冲决三案，动用银三十四万七百四十七两二钱零”等语。查黄河、运河冲决堤岸，童家营、时家马头冲决，先经原任总河董安国题请动帑堵塞，工部覆令照例赔修在案，何得将大工钱粮擅行动用。应行该督等将前项银两勒限追完，归还原项。又据尚书马齐等疏称“从前已估未给银一十六万八十三两七钱零，应交与工部查明”等语。查加帮山、安两岸缕堤，并加帮运河堤工二案未结银一十六万八十三两零，内加帮山、安缕堤原估银二十四万九千四百三十一两零，除拨漕项银十万两、淮关银六万两，其余不敷银八万九千四百三十一两零，先经工部具题，令于河库存剩银内动用，应毋庸议。至未给加帮运河堤工需用银七万六百五十一两零，先经原任总河董安国题估，工部以估计丈尺与原题不符，覆令将钱粮核减，并将冒昧估计及估计迟延各官题参，应自该督等具题到日，听工部议覆可也。

康熙三十八年六月初四日题，本月初七日奉旨：“依议。”

〔扬属水势情形〕

兵部尚书兼都察院右都御史、总督河道、提督军务、拜他喇布勒哈番、加十级、臣于成龙等谨题，为再报扬属水势情形事。

据淮扬道副使薛晋详称“本年五月二十日，据扬河通判金依孔呈称‘窃照高、江境内，自今岁以来，湖河水势共长过六尺余寸，报明在案。值今五月以来，天气晴暾，每日长水寸余不等，尚未平定。前于本月初一、初二日，陡起西风，将高邮城北陆漫闸西堤一带土工打通，以致东堤新土浪汕残缺，至护城通湖各口东堤，亦被浪汕坍卸。又城南车逻镇起，至江都露筋止，以及三沟闸至邵伯镇止，原无西堤，其东堤新土浪汕入里二三四五尺不等，芜城墩迤南一带，东堤未完之处，俱皆漫水。但目今各坝实闭，来水日增，去水无路。时伏将届，一遇西风，恐难防御，必须外打排桩，内下丁埽，加压泥土，庶保风浪汕洗之虞。除一面见在查估造册另报外，再查高邮东堤三十里铺并挡军楼、江都夏家直等处，原系上年漫缺之工，里口浸漏，以致旧埽腐烂，泥土塌卸，危险堪虞。卑职见在督同员弁，率领兵夫，用料抢筑填土外，理合一并呈报’等情到道。据此，除令该厅营上紧抢护，务保无虞外，合先据文转报”等因到臣等。

据此，该臣等看得，湖河水势，惟扬属长发堤工危险情形，协理河臣徐廷玺专驻督催原派人员并臣于成龙续委各员办料募夫，协力防护缘由，业经臣等题报在案。今据淮扬道薛晋呈称：“高江境内湖河水长六尺余寸，值今五月以来，每日长水寸余不等，尚未平定，西岸土堤多被风浪打通，东堤新筑未完之处，俱皆过水。”臣等随即行令该道亲勘督防外，惟是扬属运河减坝，原与高堰、唐埂、徐坝相为表里，盖淮居上流，而扬居下源，所以两处闸坝定例同时启闭。前因扬属各闸坝奉旨尽闭，而唐埂等处各坝未便全堵，所以扬属之水有长无落。

臣等再三筹画，若高堰小黄庄迤南一带石土工程尽行趱修，一律完竣，即将唐埂等坝亦俱闭塞，竭力防守，或可免无他虞，扬属水势自可消落。但目今高堰各工因钱粮不继，尚多未完，若令各坝全闭，不但徐坝汛内受危，即高堰、高良涧、小黄庄等处亦为可虞。倘有疏失，所关真非渺小，是以准令暂开二坝，实闭四坝在案。至扬属东堤虽至危急，尚有金湾等坝为之宣泄，即邵伯迤南东堤漫水俱归入江，与下河无碍。又查东堤危险漫水处所，亟应签钉排桩，行据委员估计前来。臣徐廷玺见在亲督各员照估修筑，务期速竣，以资保固。伏秋外，所有扬属水势情形，并见今修防缘由，臣等再题报。至黄、中、里河水势并未加长，工程随时修防，俱皆平稳，合并声明，伏乞皇上睿鉴施行等因。

康熙三十八年五月二十九日题，六月十六日奉旨："该部知道。"钦此钦遵。于六月十七日抄出到部。该臣等议得，河道总督于成龙等疏称"黄、中、里河水势并未加长，工程俱皆平稳"等语，应毋容议。

康熙三十八年六月二十六日题，本月二十七日奉旨："依议速行。今年运河滚水坝既经堵塞，水势洪大，势所必然。该督着遵前旨，不时谨慎防备，务使堤岸坚固。"

〔酌定高邮滚坝〕

兵部尚书兼都察院右都御史、总督河道、提督军务、拜他喇布勒哈番、加十级、臣于成龙等谨题，为酌改高邮滚坝以利运道、以卫民生事。

窃照南运河乃粮艘经由要津，又居下河七邑上游，更兼高堰六坝减出之水，尽由草字河历宝应、高邮诸湖而入于此，水势浩大，河窄难容，是以前河臣靳辅在于高邮南北建设大小减水坝五座，题明开放定例。频年以来，依期开放，虽堤岸保固无虞，而下河诸邑均受其患。今春恭遇圣驾南巡，轸念下河灾黎，谕令臣等大修堤岸，坚闭减坝，下河麦禾幸得收获。一遇伏汛水发，盈堤溢岸，以致高邮九里、邵伯更楼、阎家涵洞皆被漫缺。臣等于特疏题明等事案内，酌开减坝二座，上下堤岸方得保全。总缘高邮河身与山阳、宝应河身相等，骤承高、宝诸湖滔天之水，开坝则有碍于民田，闭坝则有伤于堤岸，欲其堤岸、民田两相保固，难矣。臣等往来查勘，再四思维，惟将泄水减坝俱改为滚水石坝，水长听其自漫而保堤工，水小听其涵蓄以济运道，较之开坝水尽东流，闭坝徒费钱粮者，相去不啻什百也。臣等身膺督河重任，敢不殚心竭虑，仰副睿怀。倘蒙俞允改建，则运道、民生均有裨益矣。理合恭疏具题，伏乞皇上睿鉴，敕部议覆施行等因。

于康熙三十八年九月初八日题，本月二十九日奉旨："九卿、詹事、科道会议具奏。"钦此钦遵。于十月十九日抄出到部。该臣等会议得，河道总督于成龙等疏称高邮减坝改建滚水石坝之处，需用钱粮，应令估计具题可也。

康熙三十八年十月二十日题，本月二十三日奉旨："依议。"

〔挑浚清口等工〕

兵部尚书兼都察院右都御史、总督河道、提督军务、拜他喇布勒哈番、加十级、臣于成龙等谨题，为钦奉上谕事。

康熙三十八年九月二十日亥时，准工部咨开，都水清吏司案呈，康熙三十八年九月十三日上谕大学士、学士九卿："今岁朕南巡，看得黄河逼近清口，黄水每多倒灌，以致淤垫。洪泽湖水不出，自高堰减坝流入高、宝诸湖，自高、宝湖流入运河，以致下河田地尽被淹没。淮扬所属钱粮，虽频年蠲免赈济，动帑修理堤岸，群黎尚在水中，朕深为轸念，遂谕于成龙动帑挑浚洪泽湖出水堤岸，令其完工。近差工部官员前往查看，清口仍然淤垫，洪泽湖水仍未出口，堤岸尚未告竣等语。清口甚为紧要，如不将清口挑浚，湖水不出，高堰堤工并运河堤工虽加高厚，均属无益。董安国所挑之河，因放水太蚤，河水不流，如不趁今冬修理，俟水长之时，又难动工。今或将董安国所挑之河，再行挑浚，此河如不可挑，或将清口迤北远移挑浚之处，大学士、九卿、詹事、科道会同看阅河图，速行详议具奏。”钦此钦遵。该臣等会议得，皇上南巡，洞鉴河形，奉上谕：“洪泽湖水不使出口，将黄河移远，则高堰、运河堤工虽加高厚，其清水不出，俱由高堰减坝流入高、宝诸湖，自高、宝湖流入运河，遂抵下河，以致田地尽被淹没，堤岸冲决，于下河百姓及黄、运两河均属无益之旨，甚是。钦此。”臣等看阅河图，黄河逼近清口，是以淤垫，应作速挑浚，不可不将黄河移远。应请敕下总河于成龙等，将清口挑浚，令其出水，或将黄河移远清口，或即将董安国所挑之河，再加挑浚之处详看，趁今冬急为兴工，不至水长之处，速行定议具题可也。康熙三十八年九月十四日折子启奏，本日奉旨：“速行。”钦此钦遵。拟合就行。为此合咨前去，查照施行等因到臣等。

准此，该臣等看得，黄河逼近运口，黄水往往倒灌，以致洪泽湖水不能外出，乃自减坝流入高、宝诸湖，经运河而入下河，民间田地尽被淹没，致廑九重宵旰之忧，屡颁蠲赈隆恩，频发修河正帑。臣等职司督河，既不能治两河以安澜，又不能登斯民于衽席，尸位素餐，寝食靡宁，无日不昼夜图维，思欲择地改挑，以为避黄利运之计。今奉上谕：“或将董安国所挑之河再行挑浚，此河如不可挑，或将清口迤北远移挑浚。钦此。”臣等捧读之下，仰见皇上睿鉴周详，无微不烛。臣等随率同道厅文武各官，历清河县石人沟以上沿河一带踏勘，逐段签探地势，遍处尽系淤泥，深有七八尺及丈余不等，人夫无立足之地，难以施工。臣等再四思维，窃以黄河大溜，势若排山，水性靡常，若远移改挑，工大费繁。且清口对过北岸一带，积水淤沙，畚锸难施。臣等未奉俞旨之先，已经督催降调同知常维祯，见挑裴家场、烂泥浅等处引河，不日可竣。又委堵闭唐埂等处减坝，应俟各坝堵塞之后，使湖水不能东泄，引出敌黄，以免裴家场等处淤垫之患。再将董安国所挑引河，复加挑挖，挑水坝再为接筑，审视黄溜所向，俟其溜至引河相机开放，加以清口引出之水，敌抵黄流，黄水由引河而趋北岸，庶可无倒灌之虞矣。至于远移改黄之处，统俟湖水出后，酌定形势，另行奏请遵行。再查董安国已经病故，未完引河、挑水坝二工，应否动帑挑筑，理合一并具题，伏乞皇上睿鉴，敕部议覆施行等因。于康熙三十八年九月二十六日题，奉旨，“九卿、詹事、科道会议具奏。”钦此钦遵。于十月十九日抄出到部，该臣等会议得，河道总督于成龙等疏称“臣等率同道厅，历清河县石人沟以上，沿河踏勘，逐段签探，遍处尽系淤泥，深有七八尺丈余不等，人夫无立足之地，难以施工。臣等再四思维，窃以黄河大溜，势若排山，若远移改挑，工大费繁。且清口对过北岸一带，积水淤沙，畚锸难施。臣等未奉俞旨之先，已经督催降调同知常维祯，见挑裴家场、烂泥浅等引河，不日可竣。又委堵闭唐埂等处减坝，应俟各坝堵塞之后，使湖水不能东泄，引出敌黄，以免淤垫之患。再将董安国所挑引河，复加挑挖，挑水坝再为接筑，黄水由引河而趋北岸，可无倒灌之虞。至于远移改黄之处，统俟湖水出后，酌定形势，另行奏请遵行。董安国已经病故，未完引河、挑水坝二工，应否动帑挑筑，理合一并具题”等因前来。相应均如该督等所题，董安国未完引河、挑水坝，应准其动帑挑筑，俟河工告成之日，将用过钱粮准销。如仍不完工，河不成就，钱粮不准开销等因。

康熙三十八年十月二十日题，本月二十三日奉旨：“依议。”

〔条陈分黄导淮〕

兵部尚书兼都察院右都御史、总督河道、提督军务、拜他喇布勒哈番、加十级、臣于成龙等谨题，为敬读上谕周详，喜庆安澜有日，敢陈管见，仰请采择事。

康熙三十八年十月初一日，准工部咨开，都水清吏司案呈，奉本部送工科抄出户科掌印给事中张睿题前事等因。康熙三十八年九月二十日题，本月二十一日奉旨："这本说的是，着河道总督速议具奏。该部知道。"钦此钦遵。相应抄录原疏，移咨总河，钦遵，奉旨内事理，速议具题可也。

计黏抄一纸，内开：户科掌印给事中张睿谨题，为敬读上谕周详，喜庆安澜有日，敢陈管见，仰请采择事。

迩年以来，淮、黄水溢，下河数被奇灾，皇上恤念民生，亲临阅视，灼见清水不出，黄水必不能疏，黄水不除，清水必不能出。乃特赐指授，命前河臣董安国等，将黄河湾曲处挑引水河一道，使水直下，远避清口，免其倒灌。此殆神灵天授，非臣下意计所及。万姓欢呼，伫看底绩。但新挑引河，必俟水汛大发，始行开放，则刷河有力，一举成功。因放水太蚤，以致复淤。顷恭读上谕："清口甚为紧要，如不将清口挑浚，湖水不出，高堰堤工并运河堤工虽加高厚，均属无益。"真圣明洞鉴全河，了若指掌，臣下所宜仰体圣怀，蚤夜以图者也。臣闻居民传说，中河水从仲庄闸出口，建瓴之势，逼溜使南，是以直射湖口，不独清水难出，而黄水反为易入。则欲挑浚清口，不特不制中河之水，以制黄河之水矣。又读上谕，谓"将董安国所挑之河再行挑浚，或将清口迤北远移挑浚之处，速行详议"。

臣恭绎再四，则有分黄导淮之法。盖黄分则势弱，而清口不当顶冲，从此疏浚自不难矣。其分黄之策，不必另辟河道，工费繁多，合无于仲庄闸以下，见有不系运道之中河，自清河县起，至山阳之草湾附近地方止，约长七八千丈，挑宽十余丈，以足二十丈之阔。上口将缕堤挖通，使黄水由此分泄，至下口亦挖通缕堤，仍归大河会流入海。再于挖通缕堤之上下口，仿明绍兴知府汤绍恩三江口遗制，建立双板石闸，中实以土，以时蓄泄。如此则中河之水由此而去，黄河之水亦由此而分，北岸水势既杀，则南岸之水势必趋而北矣。董安国所挑之新河，有不刷深直下，诚如圣虑者乎？再将清口去其淤垫，引湖水畅泄，不独清水刷黄以济运，由是清水东下，而唐埂六坝过水渐少，然后周桥、翟坝易于修筑，得以闭塞，庶免下河昏垫之忧，且省朝廷岁发帑金之费，其于治河之道或有小补也。如云河不两行，谓分则力弱，缓则沙停，而独非所论于清口。以清刷黄，原取其弱，以水攻沙，不患其停，况建闸又可以蓄泄耶？臣生长淮土，素闻土人之言，无所折衷，不敢漫陈，因奉上谕所及，谨择其稍合者，具疏上闻，以备采择。缘系条陈事理，字多逾格，贴黄难尽，未敢另缮，伏乞睿鉴，全览施行。为此具本谨题请旨等因，移咨到臣等。

准此，该臣等看得，运口为粮艘咽喉，频年黄水淤垫，湖水不能外出，致廑皇上宵旰之忧。兹经科臣张睿条议分黄导淮之法，未尝不得河防机宜，臣等自应遵照而行，无庸再为置议。但黄河之水，势大力强，难以轻议分泄。何也？挖堤挑河而水势不趋，或趋之而溜行不急，开放之后，立见沙淤。董安国所挑之引河，坐于河身之中，对河又筑挑水大坝，历过伏、秋二汛，水势大涨，犹不能挑之北行，奚能强之入于双金门闸下之中河乎？若开挖缕堤而溜趋引河，则排山之势难于止遏，从前漫缺，皆系罅隙之间，即成缺口，安能必之循轨而行，由二十丈宽之中河达之草湾，仍复纡回，使之入于黄河而不他溢乎？且清口对过北岸皆系淤沙，人夫无立足之地，畚锸难施，臣等鳃鳃过计，而不敢遽议改迁也。前奉上谕，将清口迤北远移挑浚，臣等已将见挑裴家场等处引河，堵闭唐埂等减坝，加挑陶家庄引河，接筑南岸挑水大坝，于九月二十六日具题在案。今蒙皇上拨发帑银，臣等见在分檄提催，俟银两解到，惟将周桥以南一带堤工签钉排桩，修筑坚固，唐埂等减坝一概堵塞，湖水涓滴，不令东泄，尽由裴家场、烂泥浅等处引河畅流外注。敌抵黄流，将陶家庄引河再加挑挖，南岸挑水坝再加接筑，使水势大溜，挑近引河，然后相机开放，加以清口引出之水，敌黄冲刷黄河，由引河而趋北岸，似可无倒灌之虞。至于三江口双板石闸，止可行之清水，而不可行之黄水。今既不议改挖缕堤，则双板闸之式亦无庸更议矣。至于远移改黄之处，统俟湖水出后，相度形势，另行奏请遵行。理合具题，伏乞皇上睿鉴，敕部议覆施行等因。

康熙三十八年十月初三日题，本月十八日奉旨："九卿、詹事、科道一并会议具奏。该部知道。"钦此钦遵。于十月十九日抄出到部。该臣等会议得，河道总督于成龙等疏称"户科给事中张睿条奏疏内称，中河水从仲庄闸出口，建瓴之势，逼溜使南，是以直射湖口，不独清水难出，而黄水反为易入"等语，诚为有理。相应行令总河于成龙等，将清河县以下所有陶庄闸开放挑浚出水，或将董安国所挑引河以下酌量挑挖建闸之处，亲身详看，速行具题可也。

康熙三十八年十月二十日题，本月二十三日奉旨："依议。"

〔加帮高堰〕

康熙三十九年正月初七日准工部咨，为钦奉上谕事。

都水清吏司案呈，奉本部送工科抄出，该本部等衙门会覆侍郎常绶等奏前事等因。康熙三十八年十二月十七日奏，本月十八日奉旨："若将高堰减水坝堵闭，建造滚水坝土堤加帮高厚，则湖水必高，黄水又大，湖水不出之时，高堰堤工危险，而泗州等处必致水淹。着大学士、九卿、詹事、掌印不掌印科道，会同确议具奏。"钦此钦遵。该臣等会议得，侍郎常绶等疏称"武家墩村北元帝庙稍远之处，应行开口，又将高堰加筑高厚，减坝尽行堵塞，临湖汕刷之处，亦应修补，不许堤根取土，应添挑引河二道"等语。查武家墩开口，改移清口甚好，但见今物料未备，恐明年雨水之前不能完工，漕运甚属紧要，虽改移清口，其高堰亦必须加帮。相应将高堰照侍郎常绶等所奏，速行加帮高厚，不致迟误。明年漕运所需，约估银一百二十八万五千四百四十九两零，令户部就近拨给。再，先前各工拨给银一百八十万余两，分给各官，至今工程尚未完竣。此加帮高堰、挑挖引河等工，若又交与伊等，必致迟误。修此工程，应差部院堂官一员督催，并简贤能堂司官员，分给段落，令其节省钱粮，坚固作速修造。至邵伯更楼、高邮九里等处决口，至今尚未堵塞完工，此亦关系运道，亦应差部院堂官一员督催，作速完工。应差堂官并分段修工堂司官员，恭请钦点。

康熙三十八年十二月二十日题，本月二十二日奉旨："依议。这督催工程着范承勋、王鸿绪、王掞、田雯、布雅努、喻成龙、顾藻、寿鼐、王绅、高裔去。分修工程着董讷、王梁、朱弘祚、江有良、王起元、宫梦仁、线一信、陈汝器、王日藻、卫既齐、李应鹰、马世济、高承爵、金铉、杨雍建去。”

〔估挑邵伯月河〕

兵部尚书兼都察院右都御史、总督河道、提督军务、拜他喇布勒哈番、加十级、臣于成龙等谨奏，为敬陈两河堤岸修治情形，仰祈睿鉴事。

窃臣一介庸愚，才识短浅，荷蒙圣恩，畀以督河重任，臣虽衰老病躯，敢不刻夜图维，欲求久安长治之策，以期仰报高深于万一。臣查淮、扬、徐三府州属黄、运、湖、河，均关运道、民生，最为重大，全赖堤岸高宽，方资捍御。第一切险工，埽台窄隘，堤岸卑薄，残缺不堪，非自今日为然，久宜加帮高宽，凡有黄流顶冲湾曲之处，俱应相机挑挖引河，以分急溜。臣于前任时，蚤经勘明条议陈奏在案。虽原任河臣董安国请帑修筑，尚未成工，而臣于去冬复膺简命，再督两河。到任之初，即会同钦差部臣并协理河务府尹徐廷玺，自徐州以至海口，黄、运、湖、河，咸皆遍历踏看。又蒙皇上亲临勘阅，凡有应修应筑之处，一一面为指示。臣等钦遵俞旨，当即檄行该道厅，逐处分别缓急，详加确估。但念工程紧要，如逐处循旧先估题修，往返需时，必致有误。臣等将先经勘明之处，酌量工程之最险最急者，一面发帑兴工，或拨急公人员趱筑，然后陆续题估。其各属工程，正在趱筑之际，不意伏秋水性暴发，兼因天雨连绵，堤根土塘多被水占，人夫虽多，畚锸难施，取土艰难，是以各工不能一时告竣。今值霜降已过，水势渐消，见在勒催各官添募人夫，乘时并力趱筑，指日可告完工。惟是加修创建石工砖石等料，办自远方，不无尚需时日。其各属岁、抢工程，如徐州之郭家觜、吴家庄，邳、睢之三官庙、戚字堡，以及宿、桃、山、安之烟墩、朱家庄、老坝口等工，最为险要，皆臣等不拘往例，先事预防，或加帮戗堤，抢筑埽台，不惜夫料钱粮，所以保固平稳。至于邵伯更楼、高邮九里等处漫缺，例应经管防守，并承修各官赔修，但需料浩繁，若令赔修，恐各官绵力，一时不能设措，难以骤告成功，反致有误重运，所关非小。臣今再三筹画，莫若先借动帑银，刻期堵筑，勒限告竣。俟工完之日，容臣核实，照数追补还项，不过先后转移之间，而工可速竣，帑仍有着也。

臣再有请者，除高邮九里缺口一工，先行责令该管各官赔修堵筑外，其邵伯更楼缺口一工，堤下原系旧有涵洞，堤内原有河形。在平日堤工完整，每岁水发之时，西岸一片汪洋，东岸淹没，甚属危险。是以今岁水涨，以致漫缺，即堵筑完固，恐难保守。今臣等亲诣斟酌，估计工料，若兴工堵塞，需银甚多，不若就此缺口之下，将旧引河疏挑宽深，在于河东筑做土堤，束水南下入江，可泄运河骤涨之水，以固东西两岸堤根，较之堵决，为费甚省，不特无碍运行，且将来水发，可免漫涨之虞，而邵伯一镇居民永为乐土矣。

再查高堰堤工，为淮扬保障，运道、民生实系于此。所当急为整理，难容刻缓贻误者。不谓从前膜视，承修五年，迄今尚未成功。节年水发之时，湖内不能容蓄，以致东泄，淹没民田。水势既分，而黄流倒灌，清口淤塞，遂至运河一带，河身垫高，皆因堰工未完，湖水不出之故，久在皇上洞鉴之中。

臣故于今岁履任之后，即首先挑挖烂泥浅等处引河敌黄，以济运行，一面严饬原修各官上紧趱砌。其如原拨堰工银两，被原任河臣及道厅各官那为别工用去，故虽日事严催，咸以料物不齐为诿。除革职管河道冯佑原分承砌石工二千丈，已故通判董文相原分承砌石工一千五百丈，余系分委监分各员修砌，其已经修完者不议外，其余未经兴砌完工者，见在另疏题参追帑，将未完工段，委令候补道程兆麟等领帑办料，乘时趱运。前经具题，部议不准动帑，驳令仍责原委之官修砌，势必不能骤告成功也。况凡赔修紧急工程，动帑修理，臣于去冬陛辞，仰承圣训之时，业曾预为奏明，以期蚤告成工。似此部驳往返，岂不有误？臣今见在调集贤能官员，签钉排桩下丁头苇埽，勒限报竣。如高堰一带工程告成，则清水自出，淤沙可刷矣。伏乞皇上睿裁乾断，允臣所请之后，容当逐疏题估，蚤收实效，庶可仰副圣怀。其拦黄坝虽经拆毁，尚须挑挖宽深，以引大溜。时家马头一工，已经委员办运料物，一俟齐集，即兴工堵筑。相应一并奏明，伏乞皇上睿鉴施行等因。

于康熙三十八年十月二十日奏，奉旨："朕抚御寰区，爱养兆民，视同赤子，务期无一人不获其所。比年淮扬所属地方罹于水患，百姓田庐俱被淹没，生业荡然，朕怀深切轸念，屡经蠲租赈济，乃黄河垫高，清口低下，淮水不能流出，百姓仍被水灾，弗获宁处。念此淮扬数州县生灵，岂可不急为拯救乎？今海内无事，惟河工最为紧要，水患未平，民生失所，朕用是时廑于怀。若何修理河道以济生民？尔等与九卿、詹事、科道各官亦宜切念。顷问南省来人，云黄水比淮水高一尺有余，若将高堰堤岸增加坚筑，以束淮水，使刷黄而行，亦似有益。但淮水潴聚，而黄河桃汛又至，则高堰危险亦未可定。今或坚修高堰堤岸，以束淮水，使之刷黄，或移清口于清江浦之左右，或另浚河道以通舟楫，俱宜一一讲求。此事关系甚巨，尔等会同九卿、詹事、掌印不掌印科道等官，细阅河图详议，再将二本一并议奏。”钦此钦遵。该臣等会议得，河道总督于成龙疏称“邵伯更楼、高邮九里等处漫决，例应经管防守，并承修各官赔修，但需料浩繁，若令赔修，恐各官一时不能设措，难以骤告成功，反致有误。莫若先动帑银，刻期堵筑，勒限告竣，俟工完之日，容臣照数追补还项。再，邵伯更楼决口堤下，原系旧有涵洞，堤内原有河形。臣等亲诣斟酌，若兴工堵塞，需银甚多，不若就此决口之下，将旧引河疏挑宽深，在于河东筑做土堤，束水入江，可泄运河骤涨之水，以固东西两岸堤根”等语。查先经工部议覆，令该督等将扬属紧要冲伤处所，一面动用钱粮修筑，一面将用过银两，于应赔官员名下追完补项等因在案。其高邮九里漫缺，应令该督动帑堵筑，用过银两，于应赔官员名下追补还项。如逾限不完，该督即行题参，照例议处。至邵伯更楼决口，该督既称“若兴工堵塞，需银甚多，不若就此决口之下，将旧引河疏挑宽深，在于河东筑做土堤，束水入江”等语，应如所奏，令其挑筑。又疏称“高堰工程银两，被前任河臣及道厅各官那为别工用去，故虽日事严催，咸以料物不齐为诿，仍责令原委之官修砌，必不能骤告成工。况凡赔修紧急工程，动帑修理，臣于去年陛辞之时，曾预为奏明。臣今见在调集贤能官员，签钉排桩下埽，勒限报竣。如高堰一带工程告成，则清水自出，淤沙可刷。其拦黄坝虽经拆毁，尚须开挖宽深，以引大溜。时家马头一工，已经委员办运料物，一俟齐集，即兴工堵筑”等语。查先经该督等以高堰小黄庄石工已经五载，尚未完工，若再迟缓，所关匪细，将拨给银三十万两之内，动给办料修砌，所有前发银两，请敕部严追等因具题。工部以高堰石工拨银五十四万八千二百两零，议令严催原领石工银两各官，作速完工在案。今该督既称“高堰石工银两，被前任河臣及道厅各官那为别工用去，仍责原委之官，不能蚤告成工”等语。应如该督所奏，委贤能官作速完工，毋得又那别用，致误大工。其先那用各官，应俟总河于成龙等查参到日再议。

又钦奉上谕：“若将高堰堤岸增加坚筑，以束淮水，使刷黄而行，亦似有益。但淮水潴聚，而黄河桃汛又至，则高堰危险亦未可定。今或坚修高堰堤岸，以束淮水，使之刷黄，或移清口于清江浦之左右，或另浚河道以通舟楫，俱宜一一讲求。钦此。”臣等恭聆谕，仰见我皇上轸念淮扬地方百姓，必欲拯除水患，底于安全，睿虑周详，多方筹画，圣心仁爱，至矣极矣。河务关系运道、民生，甚属紧要，难以悬议。总河于成龙、徐廷玺见在地方，应令率同贤能道厅等官，亲身前往，将作何兴工之处详勘，速行定议，具题到日，臣等再行会同请旨可也。

康熙三十八年十一月十一日题，本日奉旨：“河工关系重大，岂惟另寻河道不可得，从新创作亦属繁难。高堰堤岸纵多方坚筑，清水亦不能出。今惟当议移清口于他处，两岸俱用石工坚砌，使清水流通。朕南巡时，曾以另开清口面谕于成龙，于成龙亦奏称淮水可从武家墩向清江浦移改。此事着总河于成龙及府尹徐廷玺会同河道各官详看，清口当移于何处，所用石工等项，作何速行办备，着即详议，于岁前具奏。余依议。”钦此钦遵。抄出到部，移咨到臣等。准此，除酌改运口，已经钦差侍郎常绶会勘议覆请旨在案，所有邵伯更楼决口等工，檄行淮扬道确勘估计去后。今据护理淮扬道印务、山清里河同知常维祯详“据署扬河通判候选知县李世彦详称‘查得邵伯更楼决口，共长五十六丈五尺，水深四丈，溜通东北，接连高、宝一带下河各盐场。今奉旨疏挑引河，筑堤使水入江，上河堤岸得以保固，下河不致漫淹，运道、民生两得其全。但下口之处，非由人字河，即由芒稻河。查人字河已有金湾三闸，并闸南滚坝，每遇水涨，不能畅流，反由人字河萧家口北堤北流，是筑堤束水，由人字河而入，亦属无济。惟有水赴芒稻河下江，方为捷径。不但目今湖内一片汪洋，抑且水内更难筑堤。更兼决口迤东，被水冲久，河底太深，难以越过。即使水内筑堤，工程难以骤起。况且新运在即，虑恐泄水太过，有碍重运。今议将决口西岸绕挑月河筑堤，并打拦河坝，使水由月河改行，而见在之决口，则必挂口，另议堵筑，不特省费，亦可以济目下运道之急。共估用料物、土方、夫匠工价银四万三千六百三十八两零六分，逐款造册，呈送核夺'等因。蒙批：'仰淮扬道即日核明，另造确册详报，以凭亲勘核题缴'等因。蒙此，该本护道查得邵伯更楼决口，水深不便堵塞，今议将河西绕挑月河筑堤，并打拦河坝，需用工料钱粮，该署厅造册详估，蒙批查核。遵即转饬该厅据实确估详报去后。兹据该厅详覆，估计共用工料、土方、夫匠工银四万三千六百三十八两六分，俱系实工实料，并无浮冒。本护道亲勘覆核无异，相应转详"等因到臣等。据此，该臣等看得，邵伯更楼河道，乃行运要津，今夏被水冲决，见今水深四丈，难以堵塞，且费帑甚多。经臣于成龙具奏，将决口之下旧引河疏挑宽深，河东筑堤，束水入江。部议应如所奏，令其挑筑等因，奉旨准行在案。行据护理淮扬道印务、里河同知常维祯详称："督同该厅等亲勘决口迤东，被水冲久，河底太深，难以越过，即使水内筑堤，工程亦难骤起。况新运在即，若不急议堵塞，恐泄水太过，有碍运道。今议将决口西岸，绕挑月河筑堤，并打拦河坝，使水由月河改行，而见在之决口，日后自必挂口，另议堵筑，不特省费，亦可以济目下运道之急。共估用料物、土方、夫工等银四万三千六百三十八两六分，俱系实工实料，委无浮冒。经臣徐廷玺亲勘核明无异。当经发帑委员照估趱挑，俟工完报销。”既据该护道详估前来，除原册送部查核外，理合具疏题估，伏乞敕部议覆施行等因。

康熙三十八年十二月二十二日题，三十九年正月二十一日奉旨：“工部议奏。”钦此钦遵。于正月二十二日抄出到部。该臣等议得，先经河道总督于成龙疏称“邵伯更楼决口堤下，原系旧涵洞，堤内原有河形。臣等亲诣斟酌，若兴工堵塞，需银甚多，不若就此决口之下，将旧引河疏挑宽深，在于河东筑做土堤，束水入江，可泄运河骤涨之水，以固东西两岸堤根”等因。经九卿议覆，准行在案。今据署理河道总督印务、府尹徐廷玺会同总河于成龙疏称“决口迤东被水冲久，河底太深，难以筑堤。今新运在即，将决口西岸绕挑月河，筑堤打坝，使水由月河改行，而见在之决口自必挂口，不特省费，亦可济目下运道之急。共估银四万三千六百三十八两零，见今发帑委员照估趱挑”等因前来。查该督等既称“邵伯更楼决口迤东，被水冲久，河底太深，难以筑堤。今新运在即，将决口西岸绕挑月河，筑堤打坝，使水由月河改行，不特省费，亦可济目下运道之急。见今发帑委员照估趱挑”等语，应如所题，速行挑筑。所需工料银两，工完之日，严加核减，造册题销可也。

康熙三十九年正月二十四日题，本月二十六日奉旨：“依议。”

卷之十七　章奏

〔首请三事〕

兵部尚书兼都察院右都御史、总督河道、提督军务、臣张鹏翮谨奏，为请旨事。

康熙三十九年三月初九日，大学士伊桑阿等传上谕："河工钱粮甚属紊乱，于成龙见经病故，江南江西总督张鹏翮操守好，着调补河道总督。尔等即传旨与张鹏翮。钦此。"窃臣一介庸愚，荷蒙皇上高厚之恩，鞠躬尽瘁，固臣素心。但河工关系国计民生甚为重大，臣才识短浅，未谙河务，诚恐有负任使。伏皇上另简才堪治河之人，庶几畚奏平成等因转奏，未蒙俞允。臣思河道至今日溃坏已极，恐涉畏难就易之嫌，不敢再行渎请。我皇上轸念河工，宵旰廑怀，自有圣谟方略指示，微臣奉以遵行。但臣一得之愚，不揣冒昧，上陈天听。

一、总河之责任宜专也。从来定制，只设总河一员，督管河道厅官，专心致志，相机修筑，故历有成效。自靳辅、于成龙为总河时，始带府尹徐廷玺，名曰副总河，事权不一，议论参差。不疏下流，今黄口塞矣；不修时家马头，今河流旁决矣；不疏清口，而黄水倒灌矣；不筑高堰，不塞唐埂六坝，而淮水东下，邵伯、高、宝一带堤岸溃决矣。河坏已极，粮艘难进，縻费帑金无算，毫无着落。是徐廷玺在河工多年，不晓河务明矣。徐廷玺之不能清理钱粮，抑又明矣。岂可姑留河工，令再贻误？伏乞皇上乾断，将徐廷玺撤回别用。如谓需人助理，则见在之管河道厅等官，皆堪量材指使者也。

一、河工随带之人员宜撤也。于成龙随带人员甚多，在成龙初意，原欲众擎易举，协力相助，讵意一到河工，花费国帑，钻刺题官，河工之坏，亦由于此。前经科臣汪煜条奏，奉旨撤回，成龙又以经手工程未完，钱粮未清为辞。殊不知工程淹没，从何稽核，钱粮耗用，从何究追？皆由瞻徇情面，以致迄于无成。应请敕该部仍遵前旨，尽数撤回，将未清钱粮交部照追可也。

一、部臣之不宜掣肘也。河工者，司空之事，河工成，则司空之职举。是工部与河臣事关一体，理宜同心共济，以期底绩。乃部臣每事掣肘，估修奏销，任意混驳，种种弊端，难逃皇上洞鉴之中。伏乞皇上敕谕部臣，宽其文法，责以成功，庶精神得以专一，而河务不致旁挠矣。

以上三条，臣虽在工言工，但据理直言，必触人忌。臣受皇上特达之知，超擢至此，惟期河工蚤成，仰副皇上尧咨舜警之意，臣虽受怨招谤，亦所不恤也。为此具奏，谨奏请旨。

本月十四日奉旨："该部议奏。"钦此钦遵。该臣等议得，河道总督张鹏翮奏称"一、总河之责任宜专也。从来定制，只设总河一员，督管河道厅官，专心致志，相机修筑，故历有成效。自靳辅、于成龙为总河时，始带府尹徐廷玺，名曰副总河，事权不一，议论参差。不疏通下流，今黄口塞矣；不修时家马头，今河流旁决矣；不疏清口，而黄水倒灌矣；不筑高堰，不塞唐埂六坝，而淮水东下，粮艘难进，糜费帑金无算，毫无着落。是徐廷玺在河工多年，不晓河务明矣。徐廷玺之不能清理钱粮，抑又明矣。岂可姑容河工，令再贻误？将徐廷玺撤回别用。如谓需人助理，则见在之管河道厅等官，皆堪量材指使”等语。查府尹徐廷玺，系原任总河于成龙题请带去协理河务之员，今该督既称将徐廷玺撤回别用等语，应令徐廷玺将伊任内钱粮事件交代明白回京。又疏称“于成龙随带人员甚多，一到河工，花费国帑，钻刺题官，河工之坏，亦由于此。前经科臣汪煜条奏，奉旨撤回，成龙又以经手工程未完，钱粮未清为辞。殊不知工程淹没，从何稽核，钱粮耗用，从何究追？仍遵前旨尽数撤回，将未清钱粮交部照追”等语。查先经原任总河于成龙疏称“效力旗员，凡有经手工程已经报竣者，见在行令回旗外，惟是委筑各案大工并修砌石工，一时难以骤完，应俟告竣清楚之日，令其回旗”等因在案。应俟新任总河张鹏翮到任，将各员所管工程有无完竣，钱粮有无清楚之处，亲身逐一查明，即令发回。又疏称“部臣每事掣肘，估修奏销，任意混驳，种种弊端，难逃皇上洞鉴之中。伏乞皇上敕谕部臣，宽其文法，责以成功，庶精神得以专一，而河务不致旁挠矣”等语。查河务关系钱粮，凡估修奏销之事与例相符者，具题准修准销，与例不符者，具题驳查。今若将不应行查之事行查，不应驳回之事驳回，每事掣肘，及估修奏销任意混驳，种种弊端，该督具题到日，将本内有名堂司官员交与该部严加议处可也。

康熙三十九年三月十五日题，本月十七日奉旨：“依议。”

〔请带人员〕

兵部尚书兼都察院右都御史、总督河道、提督军务、臣张

鹏翮谨奏，为请旨事。

臣恭闻天语："河工花费钱粮，因你做官不要钱，可以清理。钦此。"臣思两江总督惟洁己率属有守，足矣。若夫河道溃坏之际，总河之臣贵乎有守，而尤贵乎有才。然河臣有守，必须属员人人有守，而后钱粮皆归实用，可杜冒破之弊。河臣愧非长才，必得有才之人同心协力，赞襄河务，庶几可奏底绩之效。谨就臣素所深知之人，胪列姓名，上达天听：见任陕西甘山道王谦才守超卓，堪任河务，请将王谦补授淮扬道，则其守可以清理钱粮，其才可以赞理河务。原任陕西咸宁县知县陈明经，居官廉洁，百姓爱戴。原任四川潼川知州刘可聘，前任浙江泰顺知县，系臣属员，臣见其操守谨饬，才干优长。两人俱因公革职，废弃可惜，请取用河工，以励后效。原任江苏按察司赵世显，见任刑部员外丁易，见任徐州知州孔毓珣，此三员俱臣江南属员，才守兼优，办事勤敏。见任工部郎中王进楫，见任浙江湖州府同知赵泰甡，此二员俱臣浙江属员，操守谨饬，才能办事。见任礼部员外蒋陈锡，前任富平知县，士民称其有守有才，臣奉差陕西审事，亲闻最确。候补守备纪之慧，前任江西守备，不扣兵饷则有守，整饬营伍则有才，曾经军政卓异。以上人员，祈皇上准臣带往河工效力。其见任者，仍照原衔食俸，遇有相当员缺，另疏题补，以收臂指之用。臣从仰体皇上轸念国计民生，务求有益河工起见，绝无情面私心，伏乞皇上俞允施行等因。

本日奉旨："此等人员俱依议带去。"

〔修高邮护城堤〕

兵部尚书兼都察院右都御史、总督河道、提督军务、臣张

鹏翮谨题，为题明事。

臣遵旨看视江南河工，于四月初九日抵高邮州。看得，沿城堤岸单薄残缺，护堤排桩埽工共长一千六百五十丈。前河臣于成龙等派候补主事王鼎等领帑银承修，迄今并不坚固修理。沿湖堤岸，去夏淹没水漫，运河一望汪洋，止存沿城一线土堤，又属单薄。诚恐伏汛水涨，捍御无资，城池民生，关系非小。若仍责承修之人修理，帑银花费，缓不济事。应照往例，即发钱粮，委该管署事厅官李世彦同该州知州谢廷瑞，克期修理完固，以御伏秋之水，以保城池、运道、民生。其王鼎等所领帑银，查明数目，交该部移咨该管官照追完项可也。兹高堰之水尽行东下，高、宝二湖水难容蓄，堤工甚属危险。臣目击心忧，工程实属紧要，故首先题请兴修。抑臣更有请者，河工溃坏已极，间有所存堤岸，俱属不堪危险，工程亟宜及时酌修甚多，若俟具题部议发帑，始行动工，耽延时日，势必迟误。自今紧要工程，容臣一面题明，一面动正项钱粮修理，庶克有济。臣从仰体皇上轸念国计民生至意起见，伏乞睿鉴，敕部速议施行等因。

康熙三十九年四月初十日题，本月二十六日奉旨："九卿、詹事、科道会同速议具奏。"钦此钦遵。于四月二十七日抄出到部。该臣等会议得，河道总督张鹏翮疏称"臣看视江南河工，抵高邮州，看沿城单薄残缺护堤排桩埽工共一千六百五十丈。前河臣于成龙等派候补主事王鼎等领帑承修，迄今并不坚固修理。临湖堤岸，去夏淹没水漫，运河一望汪洋，止存沿城一线土堤，恐伏汛水涨，捍御无资，城池民生，关系非小。若仍责承修之人修理，帑银花费，缓不济事。应照往例，即发钱粮，委该管厅官李世彦等克期修理完固。其王鼎等所领帑银，查明数目，交该部移咨该管官照追完项”等语。应将高邮单薄残缺堤岸并护堤排桩，照该督所题，即发钱粮，委员修理。其王鼎等所领帑银，系总河发给本人册籍，俱在彼处，不便由部转行追取。应令该督查明数目，勒追还项，仍将王鼎等职名开列题参，到日交与该部严加议处。又疏称“河工溃坏已极，间有所存堤岸，俱属不堪危险，工程亟宜及时酌修甚多，若俟部议发帑动工，势必迟误。自今紧要工程，容臣一面题明，一面动正项钱粮修理”等语。亦应如该督所题，将紧要工程一面题明，一面动帑修理可也。

康熙三十九年五月初一日题，本日奉旨：“依议速行。”钦此钦遵。移咨到臣。准此，当即檄行护淮扬道、同知马骧，督同署扬河通判事李世彦等，将高邮州残缺护堤排桩，先行确估造册，克期修理完固，将候补主事王鼎等所领帑银，查明数目，勒追还项，并将王鼎等职名开列详参去后。今据淮扬道参议王谦将做过工程造册请销，应缴银两查明详报，照追解还清项等因到臣。据此，该臣看得，高邮护城排桩埽工，保护城池、运道、民生关系最为紧要。前任河臣于成龙等委令主事王鼎等领帑签钉不坚，残坏不堪，难资捍御。经臣具疏题明，委李世彦等领帑修理。九卿会议，应如所题。其王鼎等所领帑银，查明数目，勒追还项，仍将王鼎等职名开列题参。奉旨：“依议速行。”钦遵转行在案。今据淮扬道参议王谦详称“护城堤工，原长一千六百五十丈，估银四千八百一两五钱，内除花色工内有原桩未动之处，不用重修外，今实做过工长一千六百二十五丈五尺，用过工料银四千二百五十七两一钱九分二厘五毫，节省银五百四十四两三钱七厘五毫。查王鼎等应缴银七千九百七十六两九钱一分零，内除刑部员外郎王弘烈已缴完银一千二百八十一两四钱七分零免参外，其候补主事王鼎，江南泰州人，应追银一百五十两；镶蓝旗参领刘显位，应追银一千一百一十二两四钱；镶蓝旗公裔额驸马云翥，应追银二千两；镶蓝旗固山大马世勋，应追银二千八百四十九两一钱；候选经历赵启诚，江南山阳县人，应追银三百两；监生平士楠，浙江山阴县人，应追银一百五十两；千总张奇捷，山阳县人，俊秀花色，镶白旗人，共应追银一百三十三两九钱四分零。以上共应追银六千六百九十五两四钱四分零，相应开列详参，系汉人，行该省巡抚，系旗人，行该旗都统，于各员名下照追还项”等因前来。除原册送部查核外，臣谨恭疏具题，伏乞皇上敕部议覆核销施行等因。

康熙四十年正月二十二日题，二月初九日奉旨：“着察核。该部知道。”钦此钦遵。于二月初十日抄出到部。该臣等会议得，河道总督张鹏翮疏称“高邮护城堤排桩埽工，前河臣于成龙等委令主事王鼎等领帑，签钉不坚，残坏不堪，难资捍御。经臣具疏题明，委李世彦等领帑修理，其王鼎等所领帑银勒追还项。今护城堤做过工长一千六百二十五丈五尺，用银四千二百五十七两一钱零，王鼎等应缴银七千九百七十六两九钱，除王弘烈已缴银一千二百八十一两四钱零，其王鼎、刘显位、马云翥、马世勋、赵启诚、平士楠、张奇捷、花色共应追银六千六百九十五两四钱零，于各员名下照追还项”等因前来。查《定例》内：“河流不移者，将管河各官俱革职，戴罪勒限半年赔修，应赔银两亦照赔修之例，勒限处分”等语。应将候补主事王鼎、候选经历赵启诚、监生平士楠、俊秀花色、镶蓝旗参领刘显位、固山大马世勋、额驸马云翥、千总张奇捷，均照例革职，带罪勒限半年赔完。如限满不完，照例题参。其修理高邮护城堤用过银四千二百五十七两一钱零，准其开销。再查王鼎、赵启诚、张奇捷系江南人，平士楠系浙江人，刘显位、马云翥、马世勋系镶蓝旗人，花色系镶白旗人，应行该旗都统、各省巡抚，速行照例追取还项可也。

康熙四十年三月初十日题，本月十二日奉旨："依议。"

〔尽拆拦黄坝〕

兵部尚书兼都察院右都御史、总督河道、提督军务、臣张鹏翮谨题，为题明尽拆拦黄坝以疏海口事。

臣维导河入海，顺水之性，古人治河之道也。自原任河臣董安国等创筑拦黄坝，拂水之性，以致黄水倒灌，清口淤塞，下流不通，上流溃决，淮扬常受水患，劳费罔效，以迄于今。臣仰体皇上轸念国计民生至意，履任之后，即亲勘河工，于四月十八日过云梯关到拦黄坝。看得，拦黄坝巍然如山，中间一线涓涓细流，下流不畅，无怪乎上流之溃决也。臣率领厅县各官，于拦黄坝上流相度正黄河水面宽八十三丈余，则拦黄坝亦应照此丈尺拆挑，一律宽深，方足宣泄。今查前河臣于成龙上年委郎中朱成格，止拆坝一十七丈，见今水出其中。续经署总河印务臣徐廷玺委同知佟世禄等，又拆坝二十八丈七尺，估挑引河，亦未挑成，尚有拦黄坝并积土三十七丈三尺未拆，且坝基高昂，终属壅滞，尽行拆去，挑挖深通，与正黄河八十三丈之水面相符。亟堵马家港，于月内合龙，使水势不致旁泄，尽由正河而行。俟黄水大长时，将新挑之河始行开放，资其畅流之势，冲刷淤垫，直达海口。臣恐海口或有淤沙之处，舟行一百一十五里，至二十日至八滩之地。今日海口一望东海，汪洋无际，此坝开拆深通，则黄水入海自是畅达。其闭高堰，疏清口，于秋后水落，可以次第举行。因关紧要工程，趁伏秋未发，急于兴工。臣一面动帑，委原任知州刘可聘、候选州同刘于沂，督催承修官冯大奇、王镇、王廷翰、姜逢彩、贾弘献、邵允贵、刘长琏、张其祉等，作速趱工拆挑，勒限完竣。其所用钱粮，核实估计，另疏题报。谨将拆坝挑河动帑情由，合先题明，伏乞皇上睿鉴，敕部速议施行等因。

康熙三十九年四月二十一日题，五月初八日奉旨："九卿、詹事、科道会同速议具奏。"钦此钦遵。于五月初八日抄出到部。该臣等会议得，河道总督张鹏翮疏称"臣于四月十八日过云梯关，看拦黄坝巍然如山，中间一线涓涓细流，下流不畅，无怪乎上流之溃决也。于拦黄坝上流相度正黄河水面宽八十三丈余，则拦黄坝亦应照此丈尺拆挑，一律宽深，方足宣泄。查前河臣于成龙拆坝一十七丈，见今出水其中，续经徐廷玺又拆坝二十八丈七尺，尚有三十七丈七尺未拆，应尽行拆去，挑挖深通，与正黄河八十三丈之水面相符。亟堵马家港，于月内合龙，使水势不致旁泄，尽由正河而行。俟黄水大长时，将新挑之河始行开放，资其畅流之势，冲刷淤垫，则黄水出海自是畅达。其闭高堰，疏清口，于秋后水落，可以次第举行。因关紧要工程，急于兴工，一面动帑委原任知州刘可聘等作速趱工拆挑，勒限完竣。其所用钱粮，核实估计，另疏题报"等因前来。查该督既称"拆去拦黄坝，挑挖与黄河水面相符，使水势不致旁泄，资其冲刷淤垫"等语，应如所题，速行拆挑可也。

康熙三十九年五月初十日题，本日奉旨："依议速行。"钦此钦遵。移咨到臣。准此，随行该道转催拆挑完工，造册报销去后。今据淮扬道参议王谦造册详销等因到臣。据此，该臣看得，安东拦黄坝前河臣于成龙等俱未全拆。臣于四月十八日亲往查勘，见坝土巍然如山，中间一线细流，下流不畅，上源恐其壅滞，当发帑银二千两，委令原任知州今补安清中河通判刘可聘、候选州同刘于沂，督催承修官冯大奇，巡检王镇、王廷翰，守备姜逢彩，把总贾弘献、邵允贵、刘长琏、张其祉等，分段拆挑，将坝基积土埽柴尽行拆去，挑浚深通，畅流入海。前于恭报海口疏通疏内题明在案，饬令将用过钱粮照例造册报销去后。今据该道送到销册，仅用银一千九十三两一钱四厘八毫，余银九百六两八钱九分五厘二毫，照数缴还收库，详请题销前来。查该员等费帑少而成功速，具见实心办事，虽胼胝尽职，固属分所宜然，而劳绩难泯，应请议叙，以示鼓励。除用过钱粮原册送部查核外，理合具疏题销，伏乞皇上睿鉴，敕部核销，议叙施行等因。

康熙三十九年十二月初八日题，四十年正月二十日奉旨："着察核。该部知道。"钦此钦遵。于正月二十一日抄出到部。该臣等议得，先经河道总督张鹏翮将拦黄坝尚有三十七丈三尺未拆，应尽行拆去，挑挖深通等因具题，经臣部覆准在案。今据该督疏通安东拦黄坝因未尽拆，拨帑二千两，委令安清中河通判刘可聘等分段拆挑，将坝基积土埽柴尽行拆去，挑浚深通，用银一千九十三两一钱零。该员等费帑少而成功速，具见实心办事，劳绩难泯，应请议叙，以示鼓励。除用过钱粮原册送部查核外，理合具疏题销等因前来。查拆挑拦黄坝银两，既经该督亲勘给发，相应将实用银一千九十三两零准其开销。至河员拆坝挑河，系伊专责，从无议叙之例，应将该督题请刘可聘等议叙之处，毋庸议。

康熙四十年正月三十日题，二月初一日奉旨："依议。"

〔辟清口引河〕

兵部尚书兼都察院右都御史、总督河道、提督军务、臣张鹏翮谨题，为请旨先挑清口引河以济运道事。

臣仰体皇上轸念国计民生至意，履任后，遍历河工，逐一查勘应修浚之处，分别缓急，次第入告。惟是清口为淮、黄交会之处，目今粮艘北上，最为紧要。今河身淤垫，竟成平陆，清水隔绝不通，独有黄水流入运河，深不过三尺五寸、四尺不等，与去岁所见大不相同。兹部臣常绶等议筑拦黄坝，粮艘过尽，竟行堵塞，使黄水不入运河。再将裴家场三处引河开浚，广阔深通，引清水入运河，是亦权宜之计。臣亲到此地，相度形势，博采舆论，佥谓黄河比裴家场引河身高，烂泥浅系流沙，旋挑旋淤。裴家场与帅家庄相连不远，即开浚深通，当夏秋黄水大长力强之时，引河清水终虞力弱，不能相敌。应于张福口挑引河一道，身长一千五十丈，面宽十丈，深一丈余，或八九尺不等。引清水于黄河口相近处入运河，势在裴家场引河之上，上下水势相济。当夏秋水长之时，两处清水汇合，庶可敌黄。盖因清口淤塞之处甚为广阔，非多挑引河，鲜克有济。比之引湖水入江，既有金湾三闸之河，又有凤凰桥、双桥、湾头等四处之河，引入人字河、芒稻河，水势得以畅流入江，此成法之有效者也。故宜开张福口引河，以导清水，使之畅达，建闸一座，以司启闭。所需工价，将江浙学臣张榕端、张希良捐助银两动用，工完造册报销。若俟具题部覆后方始兴工，恐伏汛水发，缓不济事。趁今水势未长，正可兼工挑浚。除一面饬令该管同知常维祯并通判胡琪、原任佥事道程兆麟等，作速倍工挑浚外，臣谨具题，伏乞皇上睿鉴，敕部速议施行等因。

康熙三十九年四月二十一日题，五月初八日奉旨："九卿、詹事、科道会同速议具奏。"钦此钦遵。于五月初八日抄出到部。该臣等会议得，河道总督张鹏翮疏称"清口为淮、黄交汇之处，目今粮艘北上，最为紧要。今河身淤垫，竟成平陆，独有黄水流入运河，与去岁所见大不相同。臣相度形势，博采舆论，佥谓黄河比裴家场引河身高，烂泥浅系流沙，裴家场与帅家庄相连不远，即开浚深通，当黄水大长力强之时，清水终虞不能相敌。应于张福口挑引河一道，身长一千五十丈，面宽十丈，深一丈余，或八九尺不等，引清水于黄河口相近处入运河，庶可敌黄。故宜开张福口引河，建闸以司启闭。将江浙学臣张榕端、张希良捐助银两动用。趁今水势未长，饬令同知常维祯等，作速倍工挑浚"等因前来。既经该督亲身详勘具题，应均如所题，作速挑浚可也。

康熙三十九年五月初十日题，本日奉旨："依议速行。"钦此钦遵。移咨到臣。准此，随经檄行护淮扬道同知马骧估计去后。今据淮扬道参议王谦造册详估，俯赐核题等因到臣。据此，该臣看得，张福口挑引河一道，引清水入运，经臣具题，九卿等议覆，应如所题，作速挑浚等因。奉旨："依议速行。"钦遵在案。臣即委令候补佥事道程兆麟、通判胡琪等，一面倍工趱挑引河，一面将挑河土方并建筑草坝石闸工料银两据实确估去后。随据程兆麟等详称："于挑张福口引河一千五十丈之外，又挑河一百八十五丈，紧接二港湖水处，方能引水畅流。其河头旧堤有水口四处，共长四十七丈，必须堵塞，方不使湖水散漫，尽归引河。河尾先筑草坝，方可束水济运。"臣亲往看阅，相度筹画，接挑引河，堵塞水口、筑草坝之处，悉应如议。但所估钱粮，恐其稍有浮冒，再四批驳。

今据淮扬道参议王谦详称“逐款确核，委无浮冒，分别造册挑河并筑草坝，估计土方工料银一万一千七百五十四两八分六厘，其石闸缓建，俟堵闭六坝，逼清水出口，审度形势，另行具题”等因，册详前来。臣复确核无异。其需用银两，于学院张榕端、张希良所捐银一万一千两支用，又于淮关分司马尔汉所捐银内支用银七百五十四两零，并不动用大工钱粮。除原册送部查核外，相应具疏题估，伏乞皇上睿鉴，敕部议覆施行等因。

康熙三十九年八月二十八日题，九月十七日奉旨：“该部议奏。”钦此钦遵。于九月十八日抄出到部。该臣等议得，先经河道总督张鹏翮将张福口应挑引河一道，长一千五十丈，引清水入运等因具题，经九卿会议覆准在案。今据该督疏称“张福口挑河并筑草坝，共估土方工料银一万一千七百五十四两零，于张榕端、张希良、马尔汉所捐银两支用，不动大工钱粮”等因前来。查张福口引河，先经该督题报挑成开放在案。今该督既经估计具题，应令该督将用过钱粮核减，造册题销可也。

康熙三十九年十月初二日题，本月初五日奉旨：“依议。”钦此钦遵。移咨到臣。准此，当即檄行该道厅核减，造册详销去后。今据淮扬道参议王谦造册详请核销等因到臣。据此，该臣看得，张福口引河动用张榕端等所捐银两，委候补道程兆麟等挑挖完工开放，俱经题明。续将需用土方工料银两，照例估计，部议核减，造册报销。奉旨：“依议。”钦遵在案。今行据淮扬道参议王谦详称“张福口挑河并筑草坝，原估土方工料银一万一千七百五十四两零八分六厘，实用银一万八百五十九两八分六厘，节省银八百九十五两，解交河库，造册详销”前来。

臣覆核无异，并无浮冒。所挑引河清水畅流，淮、黄交会。承修官候补道程兆麟、通判胡琪等，实心任事，劳绩难泯，俟再挑清口引河完工，一并题请议叙。除原册送部查核外，相应奏销，伏乞皇上敕部核销施行等因。

康熙三十九年十二月初十日题，四十年正月二十三日奉旨："着察核。该部知道。"钦此钦遵。于正月二十四日抄出到部。该臣等议得，先经河道总督张鹏翮将张福口挑河并筑草坝，共需土方工料银一万一千七百五十四两零等因，估计具题，臣部覆准在案。今据该督疏称"张福口挑河并筑草坝，实用银一万八百五十九两零，节省银八百九十五两"等因前来。查前项挑河筑坝用过工料价值银两，与例相符，应准开销节省银两贮库，为河工之用可也。

康熙四十年二月初三日题，本月初七日奉旨："依议。"

〔浚芒稻等河〕

兵部尚书兼都察院右都御史、总督河道、提督军务、臣张鹏翮谨题，为亟宜挑浚芒稻河以引湖水入江事。

窃臣恭奉天语："引湖水使之由人字河、芒稻河入江，朕所见最真，你必须要行。"钦此钦遵。臣逐查勘以至入江之处，诚如圣谕。我皇上明见万里，洞悉河势，指示周详，仁爱之心，无所不用其极。臣将所阅形势，缕晰陈之：

一、人字河之宜挑浚深阔也。自金湾闸至孔家渡，为河之腰络，见今狭窄，宜开广阔。自此至芒稻山，河分两派，又名芒稻河。此处水口两岸亦狭，又有土岭二处，前河臣尚未挖完，目今湖水方盈，宣泄宜急，应多募人夫，克期尽行挖去，使其畅流。水口下有芒稻闸，年久塌坏，矶心颇高，宜挖深另修，因时启闭，以防江潮。

一、凤凰桥引河之宜再挑也。此河经前河臣新挑，因未挑深，从桥口至湖家楼，河水绝流，竟成平地，宜加挑深通，引水从王家庄入运盐河，汇入芒稻河。

一、双桥、湾头二河之宜挑通也。此二河见今水流同入芒稻河，但河底亦有浅处，应俟冬时挑浚深通。其湾头闸座雁翅塌陷，宜及时修砌。

此三处之水，俱相继会入芒稻河，流十八里入江。臣观江口宽阔，河底深通，两岸居民二麦成熟，不虑水患。此江都金湾以下至仙女庙之形势也。惟高邮自挡军楼起，至东、西湾止，因高堰洪湖之水滔滔东下，西堤淹没，浸入运河，东堤一望汪洋，水由城南大坝而出，汹涌泛滥。当伏秋水涨，恐东堤单薄，难以捍御，致有不虞。宜将见闭三坝相机酌开，以保城池堤岸，俟秋尽水落，修筑堤岸坚固之后，再行闭塞。除动帑委员外郎张弼督催署淮扬道事、同知马骧挑挖人字河、芒稻河工程，又委同知张琳挑深凤凰桥引河，俱克期完工外，因系紧要工程，挑浚宜急，臣一面委官动帑兴修，一面估计另疏具题。理合题明，伏乞皇上睿鉴，敕部速议施行等因。

康熙三十九年四月二十一日题，五月初八日奉旨："九卿、詹事、科道会同速议具奏。"钦此钦遵。于五月初八日抄出到部。该臣等会议得，河道总督张鹏翮疏称"一、人字河之宜挑浚深阔也。自金湾闸至孔家渡，见今狭窄，宜开广阔。芒稻河两岸亦狭，又有土岭二处，前河臣尚未挖完，目今河水方盛，宣泄宜急，应多募人夫，尽行挖去。水口下有芒稻闸，年久塌坏，宜挖深另修，因时启闭。一、凤凰桥引河之宜再挑也。此河经前河臣新挑，因未挑深，从桥口至湖家楼，河水绝流，竟成平地，宜加挑深通，引水入运盐河，汇入芒稻河。一、双桥、湾头二河底亦有浅处，应俟冬时挑浚深通。其湾头闸座雁翅塌陷，宜及时修砌。惟高邮自挡军楼起，至东、西湾止，因高堰洪湖之水滔滔东下，西堤淹没，浸入运河，东堤一望汪洋，当伏秋水涨，恐东堤单薄，难以捍御，宜将见闭三坝相机酌开，以保城池堤岸。因系紧要工程，臣一面委官动帑兴修，一面估计另疏具题”等因前来。既经该督亲身详勘具题，均应如所题可也。

康熙三十九年五月初十日题，本日奉旨：“依议速行。”钦此钦遵。移咨到臣。准此，随即檄行护淮扬道、同知马骧估计在案。今据淮扬道参议王谦详估到臣。据此，该臣看得，人字河、芒稻河及凤凰桥引河，系引湖水入江之要道，前任河臣于成龙挑挖未成，亟应挑挖宽深，引湖水畅流入江。经臣具题，九卿等议覆，应如所题等因。奉旨：“依议速行。”钦遵在案。臣即委令护淮扬道、同知马骧等，一面倍工趱挑，一面将挑河土方并筑坝工料银两据实确估去后。今据淮扬道参议王谦详称“凤凰桥起至王家庄止，工长一千四百五十四丈六尺；又湾头入里王家庄引河口拦河南坝一道，长一十四丈三尺，共估挑河筑坝土方工料银二万四百六十三两四钱二厘四毫。又芒稻河西土岭长八十丈三尺，东土岭长八十九丈；又东土山下口挑斜背一段，长十丈；又金湾闸下自李家渡迤南起，由孔家渡至新桥止，长二千二百九十三丈，共估土方银一万六千三百三十一两七钱五分。以上通共估用土方银三万六千七百九十五两一钱五分二厘四毫，并无浮冒”等因，造册呈详前来。臣覆确核无异，除原册送部查核外，理合具题，伏乞皇上睿鉴，敕部议覆施行等因。于康熙三十九年十一月十三日题，十二月初四日奉旨："该部议奏。"钦此钦遵。于十二月初五日抄出到部。该臣等议得，河道总督张鹏翮疏称"凤凰桥至里河王家庄止，工长一千四百五十四丈六尺；又王家庄引河口拦河南坝一道，长一十四丈三尺；又芒稻河西土岭长八十丈三尺，东土岭长八十九丈；又东土山下挑斜鞝一段，长十丈；又金湾闸下自李家渡迤南起，由孔家渡至新桥止，长二千二百九十三丈，通共估用土方银三万六千七百九十五两一钱零"等因前来。查先经该督将人字河自金湾闸至孔家渡，宜开广阔，芒稻河有土岭二处，应尽行挖去，凤凰桥引河宜加挑深通等因具题，经九卿会议覆准行文在案。今既经该督估计具题，应行该督速行挑浚修筑，工完核减，造册题销可也。

康熙三十九年十二月十三日题，本月十五日奉旨："依议。"钦此钦遵。移咨到臣。准此，随经备行该道，速行挑浚修筑，完工核减，造册详销去后。今据淮扬道参议王谦详"据江防同知张琳、原任扬捕同知马骧造册详销前来，相应照造转详，伏候核销"等因，册详到臣。据此，该臣看得，加挑凤凰桥、人字河、芒稻河各引河及坝工，经臣具题估计，部覆速行挑浚修筑，工完核减，造册题销等因，转行在案。今据淮扬道参议王谦详称"加挑凤凰桥引河并筑王家庄坝工，实用银一万九千五百三十七两五分四厘六毫，节省银九百二十六两三钱四分七厘八毫。又挑芒稻河东西土岭并人字河，实用银一万五千七百三十一两七钱一分三厘一毫五丝九忽一微，节省银六百两三分六厘八毫四丝九微，造册详送"前来。臣覆核无异，除原册送部查核外，相应具题，伏乞皇上敕部核销施行等因。

康熙四十年四月初七日题，本月二十四日奉旨："着察核。

该部知道。”钦此钦遵。于四月二十五日抄出到部。该臣等议得，河道总督张鹏翮疏称“加挑凤凰桥、人字、芒稻各引河及坝工，共用过银三万五千二百六十八两七钱六分零，节省银一千五百二十六两三钱八分零。据《册》称，挑河泥土坚硬，运土维艰，每土一方，用银一钱一分，以至一钱五分及一钱九分零不等”等因前来。应将用过银三万五千二百六十八两七钱六分零，准其开销，节省银一千五百二十六两三钱八分零，贮库为河工之用可也。

康熙四十年五月十八日题，本月二十日奉旨：“依议。”

〔堵塞邵伯更楼〕

兵部尚书兼都察院右都御史、总督河道、提督军务、臣张鹏翮谨题，为题明事。

康熙三十九年四月初三日，准工部咨前事，都水清吏司案呈，奉本部送工科抄出，该本部覆署理河道总督印务、府尹徐廷玺等题前事等因。康熙三十九年正月二十六日题，二月十二日奉旨：“该部知道。”钦此钦遵。于二月十三日抄出到部。该臣等议得，署理河道总督印务、府尹徐廷玺等疏称“烂泥浅新开引河疏浚深通，帅家庄、裴家场引河一并督催完竣，于正月二十一日开放湖水，由各引河畅流入运，水势见有六七八九尺不等，重运粮船俱可通行。改挑中河，于正月十九日完工开放，以济运行。再，高邮九里漫口，臣发帑委令李世彦等办料募夫，于本年正月初六日开工进埽，二十五日可以闭合龙门。至于邵伯决口，见在办料堵塞，西岸堤河，委员挑筑”等因前来。查烂泥浅等处挑挖引河，并改挑中河，既称完工，应令该督将用过银两核明题销。至高邮九里漫缺，先经该督题请动帑堵筑，工完之日，于应赔官员名下照数追补还项等因，经九卿会议覆准在案。今既称发帑委员办料进埽，于二十五日可以闭合龙门等语，应于工完之日，将用过钱粮数目题报，一面于应赔官员名下，照依定例追还原项。其邵伯决口，先经该督以见在水深，难以挑筑，应挑月河等因具题，臣部覆令动帑挑筑在案。今邵伯决口，该督等既称兴工，应令速照定例赔修堵塞，完工题报可也。

康熙三十九年三月初二日题，本月初十日奉旨："依议。"钦此钦遵。抄出到部，拟合就行。为此合咨前去，查照本部覆奉旨内事理，钦遵施行等因。准此，案查康熙三十九年二月十四日，准工部咨，为敬陈两河堤岸修治情形，仰祈睿鉴事。都水清吏司案呈，奉本部送工科抄出，该本部覆署理河道总督印务、府尹徐廷玺题前事等因。

康熙三十八年十二月二十二日题，三十九年正月二十一日奉旨："工部议奏。"钦此钦遵。于正月二十二日抄出到部。该臣等议得，先经河道总督于成龙疏称"邵伯更楼决口堤下，原系旧涵洞，堤内原有河形。臣等亲诣斟酌，若兴工堵塞，需银甚多，不若就此决口之下，将旧引河疏挑宽深，在于河东筑做土堤，束水入江，可泄运河骤涨之水，以固东西两岸堤根"等因。经九卿议覆准行在案。今据署理河道总督印务、府尹徐廷玺会同总河于成龙疏称"决口迤东，被水冲久，河底太深，难以筑堤。今新运在即，将决口西岸绕挑月河，筑堤打坝，使水由月河改行，而见在之决口自必挂口，不特省费，亦可济目下运道之急。共估银四万三千六百三十八两零。见今发帑委员照估趱挑"等因前来。查该督等既称"邵伯更楼决口迤东被水冲久，河底太深，难以筑堤，今新运在即，将决口西岸绕挑月河，筑堤打坝，使水由月河改行，不特省费，亦可济目下运道之急。见今发帑委员照估遴挑”等语，应如所题，速行挑筑。所需工料银两，工完之日，严加核减，造册题销可也。

康熙三十九年正月二十四日题，本月二十六日奉旨：“依议。”钦此钦遵。抄出到部，拟合就行。为此合咨前去，查照本部题覆奉旨内事理，钦遵施行等因在案。该臣看得，邵伯更楼决口，先经署理河道总督印务、府尹徐廷玺等疏称“决口迤东被水冲久，河底太深，难以筑堤，将决口西岸绕挑月河，筑堤打坝，使水由月河改行，见在之决口自必挂口，估银四万三千六百余两，发帑委员照估遴挑”，已经部议，应如所题，速行挑筑，所需工料钱粮严加核减，造册题销等因，遵行在案。今又准工部议覆徐廷玺题明事疏内，邵伯决口，该督既称兴工，应令速照定例赔修堵塞，完工题报等因，移咨到臣。查邵伯更楼决口，臣奉命亲往勘阅，见西岸所挑月河半被湖水淹没，南坝筑而复冲，水势仍由决口旁泄，急溜汹涌，粮艘不能由月河而行，只得由湖前进。臣以粮艘关系紧要，委署淮扬道、同知马骧督催作速堵筑，克期竣工。今据报称，从前钱粮未经领足，工程尚余七丈，未合龙门，粮船可行，急请找发钱粮办料堵塞完工前来。今奉部文，责令赔修，各官一时不能设措，恐致贻误，相应循照堵塞时家马头并高邮九里决口之例，仍先发帑银速行办料堵塞，俟工完之日，用过钱粮，照例责令赔补还项，庶急工不致贻误矣。臣谨具疏题明，伏乞皇上睿鉴，敕部速议施行等因。

康熙三十九年四月二十六日题，五月十二日奉旨：“工部速议具奏。”钦此钦遵。于五月十三日抄出到部。该臣等议得，先经署理河道总督印务、府尹徐廷玺等疏称“邵伯决口，见在办料堵塞”等因。臣部覆令速行照例赔修，堵塞完工去后。今据河道总督张鹏翮疏称“邵伯更楼决口，若照部文责令赔修，各官一时不能设措，恐致贻误。相应循照堵塞时家马头并高邮九里决口之例，先发帑银速行办料堵塞，俟工完之日，用过钱粮，照例责令赔补还项”等因前来。查邵伯更楼决口，关系漕运要道，今该督既称“若责令赔修，各官一时不能设措，恐致贻误，应循照堵塞时家马头等工之例，先发帑银办料堵塞”等语，应如所题，准其先动帑银办料堵塞，于工完之日，将用过银两题报，一面于应赔官员名下勒追还项可也。

康熙三十九年五月十四日题，本月十五日奉旨：“依议速行。”

〔报勘河情形〕

兵部尚书兼都察院右都御史、总督河道、提督军务、臣张鹏翮谨题，为恭报微臣勘过河工情形事。

臣奉命视河，三月十九日到通州看石坝，因其卑薄沙筑，水长可虞，交与分司王作舟加谨保固。四月初二日，自济宁上任后，乘舟南下，山东一带运河堤岸闸座俱皆完固，河道并无浅阻。其北直挑浅夫银两，与仓场相近者，交与总督；与巡抚相近者，交与该抚，各就便清查。初五日，由新改中河阅两岸堤岸，卑薄不堪，询之河官，佥云堤工例系堤外临河坦坡，堤内平地陡坡，盖以坦坡可御风浪之故。今新改中河，将北岸子堤改为南岸子堤，且两岸狭窄，不能容水。其清河子堤，地居下流，两岸皆水，况系虚松沙土，难抵风浪，内外冲激，甚属危险。饬行原修各官，将卑薄虚松及残缺塌卸者，加帮高厚，夯硪坚实，一律完竣。如有违抗，另疏查参。初六、初七等日，由清江浦至淮安、宝应、高邮、江都等处，查看土堤及排桩工程，俱有塌卸残缺卑矮单薄不堪之处。其西堤自江都县东、西湾起，至高邮挡军楼止，被湖水淹没，一望汪洋。其永安、界首等处石堤，修砌十不及一二，见在严饬经手各官，上紧修筑坚固，速行竣工，如有抗违，另疏查参。嵇家闸决口尚未堵塞，查原系减坝，邵伯南坝既堵，应留此口宣泄，以保堤工。四月十七日至黄河，时家马头决口尚未堵塞完竣，饬其趱筑。四月二十一日至海口，有运料小河一道，自七区直通海口，运送料物甚便，惜已淤塞，见在估计挑浚。四月二十九日至陶家庄，其引河范承勋等见在挑浚，尚未完工。五月初二日到归仁堤，临湖石工加灰抹缝将毕，及乘舟临湖往看，尚有罅隙桩朽之处，饬其补砌滚水坝一座，尚未抢筑，有涵洞缺口，泄水尽入洪泽湖，故白洋地方可无水患。若将缺口堵塞，水无去路。今正在访求出水之处，另疏奏闻。初五日，到高家堰。自武家墩至小黄庄交界，堤岸排桩塌卸，堤身冲刷，临湖石堤，从前并未加砌，甚属危险。临湖钉埽工程，与部臣范承勋等公议，派官速行修筑。石工见在委官估计办料修砌。自小黄庄至周桥，临湖石工砌完者甚多，间有未完者，见在修砌。其堤工系分修王日藻等加帮，尚未全完。周桥已经堵塞，茆家围等六坝俱已全冲，水势汹涌，办料相机堵塞，实属要务。拟自古沟以至六坝临湖，俱照周桥一例，皆砌石工，方可坚固。俟堵塞六坝，修滚水石坝后，另行估计修砌。至于海口两岸，黄、运、中三河堤岸，有领帑兴修者，有捐工修筑者，多有未完，即已完者，亦单薄不堪。伏秋水长，在在堪虞。见在勒限严催补修坚固完竣。如抗违不完者，另疏查参。五月初八日至王家营，其引河已经淤塞，应仍令冯佑挑浚。其邳州王家堂决口，据报已修月堤，尚有旧缺口未堵，饬其上紧堵塞。至于尽拆拦黄坝以疏海口，挑人字河、芒稻河引湖水入江，开张福口引河以济运道，均系紧急工程，臣已经一面动帑兴工，具疏题明在案。其余工程有应筑应疏之处，容臣逐一确估，次第入告。所有微臣勘过河工情形，理合具疏题报，伏乞皇上睿鉴施行等因。

康熙三十九年五月初十日题，六月初一日奉旨："该部知道。"钦此钦遵。于六月初二日抄出到部。该臣等议得，河道总督张鹏翮疏称"臣到通州，看石坝卑薄沙筑，交分司王作舟加谨保固。新改中河堤岸卑薄不堪，清江浦至淮安、宝、高、江等处土堤排桩工程塌卸残缺，永安、界首石堤修砌十不及一二，见饬修筑。时家马头决口尚未堵塞，饬其趱筑。陶家庄引河，范承勋等挑浚尚未完工，归仁堤临湖石工，饬其补砌。高家堰自武家墩至小黄庄堤岸，排桩塌卸，堤身冲刷，石堤并未加砌，甚属危险。临湖钉埽工程，派官修筑，石工估计办料修砌。小黄庄至周桥临湖石工完者甚多，其堤系王日藻等加帮，尚未全完。周桥已经堵塞，茆家围六坝全冲，办料相机堵塞。拟自古沟以至六坝，照周桥一例砌石，俟堵塞六坝，另行估计。王家营引河淤塞，仍令冯佑挑浚。邳州王家堂决口，已修月堤，尚有旧缺口未堵，饬其堵塞"等因前来。应令总河饬令该管官，将此等各处堤岸卑薄残缺及修筑未完之处，速行修筑完固，时家马头决口速行堵塞。其邳州王家堂决口，先经原任总河于成龙题报，于九月二十七日堵塞合龙，见在加帮等因在案。今称旧缺口尚未堵塞，系从前概报完工，应行该督将从前概报各官查明题参可也。

康熙三十九年六月初七日题，本月初九日奉旨："依议。"

〔修高堰临湖埽工〕

兵部尚书兼都察院右都御史、总督河道、提督军务、臣张鹏翮谨题，为高堰堤工亟宜修筑，以资捍御事。

臣遵旨看视河工，于五月初五日至高家堰，看得，自武家墩至小黄庄交界一带，临湖石工，从前原未加砌，而排桩尽行塌卸，堤身冲刷，危险可虞。虽先经部臣范承勋等题明，动抢修钱粮，令河臣修理，俟六坝堵后，一同修筑。但目今伏汛届期，修筑宜急，而抢修钱粮不敷，难以[1]坐误，应即委分修官将临湖钉埽工程先行趱筑，以御伏秋，后再将里面加帮等因，咨商部臣范承勋等准咨覆内称"速拨贤能河员，着其领帑办料修筑，即作帮筑案内大工"等语。臣等公议佥同，除委员领大工帑银修筑，作速完竣，以资捍御外，臣谨会同部臣范承勋等合疏题明，伏乞皇上睿鉴，敕部议覆施行等因。

康熙三十九年五月初十日题，本月二十八日奉旨："九卿、詹事、科道会同速议具奏。"钦此钦遵。于五月二十八日抄出到部。该臣等会议得，河道总督张鹏翮等疏称："'臣看视河工，至高家堰看得，自武家墩至小黄庄交界一带，临湖石工，从前原未加砌，排桩尽行塌卸，堤身冲刷，危险可虞。虽先经部臣范承勋等题明，动抢修钱粮，令河官修理，俟六坝堵后，一同修筑。但目今伏汛届期，修筑宜急，而抢修钱粮不敷，难以坐误，应即委分修官，将临湖钉埽工程先行趱筑，以御伏秋，后再将里面加帮'等因，咨商部臣范承勋等准咨覆内称'速拨贤

[1] 难以　据语意，当作"难免"。

能河员，着其领帑办料修筑，即作帮筑案内大工’等语。臣等公议，除委员领大工帑银修筑，作速完竣，以资捍御外，臣谨合疏题明”等因前来。查该督等既称“目今伏汛届期，修筑宜急，而抢修钱粮不敷，应将临湖钉埽工程，责令河员动大工钱粮趱筑”等语，应均如所题，速行修筑可也。

康熙三十九年六月初一日题，本月初三日奉旨：“依议。”

〔应修工程〕

兵部尚书兼都察院右都御史、总督河道、提督军务、臣张鹏翮谨奏，为钦奉上谕事。

康熙三十九年五月十四日，接员外郎拖克拖和、中书张古礼传奉上谕：“康熙三十九年五月初六日，大学士伊桑阿、马齐奉上谕：‘员外郎拖克拖和、中书张古礼，着驰驿前往河道总督张鹏翮处，将修过河工情形阅看，伊等无有专责，将工程令河道总督张鹏翮明白缮写折子，交与伊等带来启奏。’”钦此钦遵。臣谨将应修工程，一一为我皇上陈之：

一、海口之运料河宜开也。修工应用芦苇柴草等项，多产海滨，黄河转运维艰。旧有运料小河一道，自清江浦起至海口止，年久淤塞，今应加挑浚深通，便于运料，于河工大有裨益。

一、六坝之宜闭也。逼清水出口，以合黄入海，其关键全在六坝，而六坝之最要者，尤在夏家桥一坝，以全湖水势趋此故也。今夏水方盛，若急于堵塞，一则高堰堤岸危险可虞，一则湖水汹涌，恐旋塞旋冲，糜费金钱可惜。目前正须备料，俟水落堵塞，庶为万全之计。

一、高堰滚水坝宜修也。高堰容纳七十二处山河之水，古人设坝，原以泄异涨之水，非以泄平槽之水也。今冬六坝闭后，来年桃汛黄、淮并涨，宣泄湖水，非坝不可。臣按：《南河志》云："武家墩、高良涧、周家桥、古沟俱设有闸。"又《河防一览》云："翟家坝地亢为天然滚水坝。"今周家桥、高良涧等闸俱已堵塞，臣亲至翟家坝，见湖形渐淤，水势不由此出，是古今变迁不一，翟家坝亦非出水之处也。前河臣于成龙等相度地势，将六坝改为四滚水坝。臣覆加相度，地势相去不远，并为三滚水坝，亦属妥协。今宜备办石料，修建于坝下，就原有之草字河、唐漕河开为引河，并筑顺水堤，则民间田庐无淹没之虞。

一、武家墩至小黄庄之石工宜加砌也。查此一带临湖旧有石工，仅出水面二三尺不等，必须加砌使高，与小黄庄见修石工一律齐高。正在确估工料兴修，并查核从前领银不修情弊，另疏题参。

一、古沟至六坝之石工宜修也。臣查临湖石工，至古沟而止，自此迤下，俱系土堤，每年岁修、抢修，糜费钱粮，似宜修砌石堤。在目前用帑虽多，然计之数年之后，可省岁修之费，宜于滚坝告成之后，渐次修举。

一、运河之宜挑深也。自清河县运口至高邮州界首一带里河，频年黄水入运淤垫，从未挑浚。前河臣每以加高为事，以致河身日高，一遇水涨，往往溃决堪虞。访之舆论，宜加挑浚深通，即取河底之泥以加堤身，庶为有益。臣前已面奏，奉旨俞允，钦遵在案。俟今冬粮艘过尽，即煞坝挑浚，一切进贡差使，暂由陆行。

一、高、宝、江都一带西岸土石堤工宜修也。今洪泽湖水东下，水势方大，西堤尽淹河湖一片，俟冬时水落，宜估计兴修。

一、高邮城南之石坝宜修也。今高邮湖水汹涌，径由城南坝上而出，以势渐远，不能会入人字河而泄，宜于秋尽水落，照前河臣所估，将五坝改为四滚水坝，办料兴修，于坝下相度形势，开引河，使水有去路。

一、归仁堤临湖石土加灰抹缝将毕，臣乘舟往看，尚有罅隙桩朽之处，饬其补砌滚水坝一座，尚未修筑，有涵洞缺口，泄水尽入洪泽湖，故白洋地方可无水患。若将缺口堵塞，水无去路。今正在访求出水之处，另疏奏闻。

一、运口以至滨海一带，两岸堤工亟应加帮也。拦黄坝已经拆去，海口已经疏通，马家港已经堵塞，时家马头饬令速堵完竣，转盼粮船过完运口，筑堤堵截，使黄水尽皆下注入海，涓滴不令旁溢。正值伏汛届临，水势必较往年甚大。山、清、安东黄河两岸堤工，必须加帮高厚，以资捍御。但此堤工，有前经动帑加帮者，有拨捐工人员修筑者，俱未奏销。俟奏销之后，方行加帮，恐致迟误。见在饬令该管道厅，确查山、清、安三邑堤工，原高宽丈尺若干，领帑帮过若干，捐工帮过若干，今仍应再帮高宽若干，一面查明造册具题，一面发帑委员加帮，庶不致贻误。

一、王家营引河宜挑也。此河原令冯佑挑挖赎罪，今已淤垫，饬令冯佑作速挑挖深通，准其赎罪，如不成河，不准赎罪。

一、新改中河堤岸宜修也。两岸堤工单薄不堪，水涨可虞。臣查新筑堤长一万七百五十八丈，候选州同马勋等三百五十员领帑承修。内顶冲刷湾处，估钉排桩二千八百三十四丈，桃源县知县王玥等十八员领帑承修，迄今并未完工。除饬令各官上紧照估修筑，勒限完固，如再抗违，另疏查参追帑，仍治以误工之罪。臣看新挑中河窄狭，不如旧中河之宽深足以容水。俟粮船过完，于深秋水涸之时，臣再率河官复加查勘，若旧中河可以修堤，仍由旧中河行运，如果不能筑堤，再将新中河审度形势，另疏奏闻。

一、王家营之减水坝宜开也。查前河臣靳辅于此修减水大坝，以泄黄河漫溢之水，以免王家营民房淹没。后经于成龙筑堤堵塞，遇黄河大涨，漫溢之水无处宣泄，淹及王家营。今臣亲往查勘，居民咸请开坝泄水。臣审度形势，应动帑酌开十余丈，两头下埽裹住，泄黄涨漫溢之水，由盐河而出。

一、桃源县黄河南岸堤工宜加帮也。臣亲看近长湖一带土堤，长四千二百余丈，卑薄不堪，两面受水，在在堪虞，应动帑加帮高厚，以资捍御。

一、骆马湖口竹络坝宜筑也。此口坐落宿迁县黄河北岸，与骆马湖口正对，原筑有竹络坝一座，长五十五丈，节宣黄、湖大涨之水。今看得，黄河身高，自去岁水涨，漫缺二段，共七丈，黄水反流入骆马湖口，汇入中（流）〔河〕，亟宜堵筑，以御黄水，无致淤垫中河。俟此口堵后，使黄水不得内灌中河，然后酌量将中河头煞坝堵塞，引骆马湖水由旧中河进石闸入黄河，助黄刷沙。如遇黄水大涨，恐其倒灌，则闭闸以御之。伏、秋二汛，派该管县丞胡征堪住宿闸上，不分昼夜风雨防守。查此闸系原任知州李经邦承修，因金门下窄上宽，不能下板到底，应饬令李经邦改修金门合式，挑挖引河深通，然后议堵中河，引水入黄。

一、王家堂之缺口宜加筑也。此工坐落睢宁县黄河南岸地方，臣亲往验看，大溜顶冲，最属险要，所修月堤，浮沙堆筑，卑薄不堪，而旧决口又与月堤逼近，无庸另修。应令该厅陈谦吉将月堤赔修高厚，作为正堤。但该厅已经告病，一时难以设措，恐致误工，应动岁修钱粮，交与署事同知金玉衡，作速趱工修筑，以御伏汛。用过钱粮，仍令陈谦吉等照例追赔还项。

一、徐州郭家嘴之险工宜修也。此工在黄河南岸，逼近徐城对岸河嘴，挺入河心二里许，以致大溜直射郭家嘴，甚属危险，城池、民生，关系不小。应将沙嘴挑挖，引河直出，俟水势大涨，资其冲刷河嘴，以杀大溜水势。郭家嘴旧有石工，至北门迤西而止，每年钉桩下埽，补救一时，不能经久。每年岁修、抢修，糜费钱粮。臣亲往查看，据耆民咸称，对岸石山采石甚易，加砌石工，庶可经久。臣率河官量度，自北门石工头起，至段家庄止，长六百五十余丈，加砌石工与旧石工一律平整，不惟可保城池，且可省岁修之费。又苏家山石嘴挑出河心，以致南岸韩家山一带顶冲崩溃，逼近徐城。应自杨家楼起，至段家庄月堤止，筑月堤长四百余丈，以作重门之障，庶徐州城池得以保固无虞。

一、黄、运、中三河堤岸，有领帑兴修者，有捐工修筑者，多有未完，即已完者，单薄不堪。见在饬其坚固修筑，勒限五月二十九日完工。如敢抗违不完，另行题参究追。此等工程，实属不堪，遇伏秋水涨，有冲刷塌卸之处，而承修人员多不在工看守，行文往催，缓不济事。应责令本管河官动帑抢护，用过帑银，仍于承修人员名下追补还项。

一、徐州、邳州、睢宁、宿迁、桃源、清河、山阳、安东各州县黄河险工，臣逐一看明，应照例动支岁修钱粮，进埽防护。仍饬该管河官，当伏、秋二汛，无分昼夜风雨，画地防守，务期保固。谨将应修工程缮写折子具奏，伏乞皇上睿鉴施行等因。

康熙三十九年五月二十五日奏，六月初八日奉旨：“九卿、詹事、科道会同速议具奏。钦此。”

该臣等会议得，河道总督张鹏翮疏称“修工应用芦苇柴草等项，多产海滨，黄河转运维艰。旧有运料小河一道，年久淤塞，应加挑浚深通运料”等语。查运料小河，先经原任总河董安国于遵旨具奏事案内，估计发帑挑浚在案，尚未题销。今该督既称淤塞等语，应如所奏，准其挑浚。仍令该督将先前曾否挑浚之处，查明具题。

又疏称“武家墩至小黄庄一带临湖，旧有石工，仅出水面二三尺不等，必须加砌，与小黄庄见修石工一律齐高。正在确估工料兴修，并查从前领银不修情弊，另疏题参”等语。应如所奏，令其加砌。从前领银不修各官，该督既称另疏题参，应俟题参到日再议。

又疏称“高、宝、江都一带西岸土石堤工宜修，俟冬时水落，估计兴修”等语。查高、宝、江西岸土石堤工，于会勘案内估计修理在案。今该督既称宜修，应准其修理，将从前估修之处，是否在内之处，查明具题。

又疏称“高邮城南石坝，于秋尽水落，照前河臣所估，将五坝改为四滚水坝，办料兴修，于坝下开引河，使水有去路”等语。查先经原任总河于成龙将高邮五减水坝，改为滚水石坝等因具题，经九卿会议，行令将需用钱粮估计具题在案，应如该督所奏。

又疏称“桃源县黄河南岸堤工，臣亲看近长湖一带土堤，长四千二百余丈，卑薄不堪，应动帑加帮高厚，以资捍御”等语。查桃源县黄河南岸堤工，于会勘案内估计加帮在案。今该督既称此堤卑薄不堪，应行加帮等语，应如所奏，准其加帮。仍令该督将是否在从前估修工内之处，查明具题。

又疏称“归仁堤临湖石工尚有罅隙桩朽之处，饬其补砌滚水坝一座，尚未修筑，有涵洞缺口，泄水尽入洪泽湖。若将缺口堵塞，水无去路。今正在访求出水之处，另疏奏闻。新改中河两岸堤工单薄不堪”。“臣查新筑堤长一万七百五十八丈，候选州同马勋等领帑承修。内顶冲刷湾处，估钉排桩二千八百三十四丈，桃源县知县王玥等领帑承修，今并未完工，饬令上紧修筑完固，如再抗违，另疏查参。新挑中河窄狭，不如旧中河之宽深足以容水。俟粮船过完，于深秋水涸之时，臣再率河官查勘，若旧中河可以修堤，仍由旧中河行运，如果不能筑堤，将新中河审度形势，另疏奏闻”等语。均应俟具题之日再议。

又疏称“古沟至六坝俱系土堤，每年岁修、抢修，糜费钱粮，似宜修砌石堤，可省岁抢之费，于滚坝告成之后，渐次修举”等语。查先经左副都御史王绅条奏，周桥以南土堤，应尽改石工，经九卿会议，覆令总河张鹏翮会同尚书范承勋等定议，具题到日再议等因在案。今该督既称此堤修砌石工，可省岁、抢之费等语，应如所奏，修砌石工。

又疏称“逼清水出口，以会黄入海，全在六坝，而六坝之最要者，尤在夏家桥一坝，以全湖水势趋此故也。今夏水方盛，若急于堵塞，恐旋塞旋冲，俟水落堵塞高堰减水坝。前河臣于成龙等，将六坝改为四滚水坝，臣复加相度，地势相去不远，并为三滚水坝，于坝下就原有之草字河、唐漕河开为引河，并筑顺水堤。清河县运口至高邮州界首一带运河，频年黄水入运淤垫，从未挑浚，以致河身日高，宜加挑浚深通。臣前已面奏，奉旨俞允，钦遵在案。俟今冬粮船过尽，即煞坝挑浚，一切进贡差使，暂由陆行。运口以至滨海一带，两岸堤工，亟应加帮。拦黄坝已经拆去，海口已经疏通，马家港已经堵塞，时家马头饬令速堵完竣，黄水尽皆下注入海，涓滴不令旁溢。伏汛届临，水势必较往年甚大，两岸堤工必须加帮高宽。但此堤工，有前经动帑加帮者，有拨捐工人员修筑者，俱未奏销。若俟奏销之后方行加帮，恐致迟误。见在饬令该管道厅，确查山、清、安三邑堤工，原高宽丈尺若干，领帑帮过若干，捐工帮过若干，今仍应再加帮高宽若干，一面查明造册具题，一面发帑委员加帮。前河臣靳辅于王家营修减水大坝，以泄黄河漫溢之水，以免王家营民房淹没。后经于成龙筑堤堵塞，遇黄河大涨，无处宣泄，淹及王家营。今应动帑酌开十余丈，两头下埽裹住，泄黄涨漫溢之水，由盐河而出。王家营引河，原令冯佑挑挖赎罪，今已淤垫，饬冯佑作速挑挖深通，准其赎罪，如不成河，不准赎罪。骆马湖口正对原筑有竹络坝一座，长五十五丈，节宣黄、湖大涨之水。今黄河身高，自去岁水流漫缺二段，共七丈，黄水反流入骆马湖口，会入中河，亟宜堵筑，以御黄水，无致淤垫中河。俟此口堵后，然后将中河头煞坝堵塞，引骆马湖水由旧中河进石闸入黄河，助黄刷沙。如遇黄水大涨，恐其倒灌，则闭闸以御之。此闸系原任知州李经邦承修，因金门下窄上宽，不能下板到底，应饬令李经邦改修金门合式，挑挖引河深通，然后议堵中河，引水入黄。王家堂缺口坐落睢宁县黄河南岸地方，大溜顶冲，最属险要，所修月堤，浮沙堆筑，卑薄不堪，而旧决口又与月堤逼近，无容另修。应令该厅陈谦吉将月堤赔修高厚，作为正堤。但该厅已经告病，一时难以设措，恐致误工，应动岁修钱粮，交与署事同知金玉衡，作速趱工修筑，以御伏汛。用过钱粮，仍令陈谦吉等照例追赔还项。徐城对岸沙嘴挺入河心二里许，以致大溜直射郭家嘴，甚属危险。应将沙嘴挑挖引河，俟水势大涨，资其冲刷河嘴，以杀大溜水势。郭家嵴旧有石工，至北门迤西而止，每年钉桩下埽，补救一时，不能经久，加砌石工，庶可经久。臣率河官量度，自北门石工头起至段家庄止，长六百五十余丈，加砌石工与旧石工一律平整。不惟可保城池，且可省岁抢之费。又苏家山石嵴挑出河心，以致南岸韩家山一带顶冲崩溃，逼近徐城，应自杨家楼起，至段家庄月堤止，筑月堤长四百余丈，以作重门之障。黄、运、中三河堤岸，有领帑兴修者，有捐工修筑者，多有未完，即已完者，单薄不堪。见在饬其坚固修筑，勒限五月二十九日完工。此等工程，实属不堪，遇伏秋水涨，有冲刷塌卸之处，而承修人员多不在工看守，行文往催，缓不济事。应责令本管河官动帑抢护，用过帑银，仍于承修人员名下追补还项。徐州、邳州、睢宁、宿迁、桃源、清河、山阳、安东各州县黄河险工，臣逐一看明，照例动支岁修钱粮，进埽防护。仍饬该管官，当伏、秋二汛，昼夜防守，务期保固”等语。应均如所奏，一面兴工，一面将需用银两确估具题可也。

康熙三十九年六月十三日题，本月十五日奉旨：“依议速行。”

卷之十八　章奏

〔见修工程〕

兵部尚书兼都察院右都御史、总督河道、提督军务、臣张鹏翮谨奏，为钦奉上谕事。

康熙三十九年五月十四日，接员外郎拖克拖和、中书张古礼传奉上谕："康熙三十九年五月初六日，大学士伊桑阿、马齐奉上谕：'员外郎拖克拖和、中书张古礼，着驰驿前往河道总督张鹏翮处，将修过河工情形阅看。伊等无有专责，将工程令河道总督张鹏翮明白缮写折子，交与伊等带来启奏。'"钦此钦遵。臣跪聆之下，仰见皇上至仁至圣，无刻不以国计民生为念。臣虽庸愚，受兹督河重任，适值河工溃敝之后，敢不殚心竭力，任劳任怨，勉励河员实心任事，蚤图安澜，以仰抒我皇上宵旰廑怀之意。但从前之工程极敝，目前之修理纷纭，臣遍历河干，广集众思，斟酌施工次第，谨将见修工程，一一为我皇上陈之：

一、水以海为壑，臣见拦黄坝巍然如山，堵塞海口，下流不畅。随委贤能官动帑尽行挖去，挑浚河身，宽阔深通，曾经题明在案。今已将积土尽行挖去，开阔深通，水流畅达，沛然入海。用过钱粮及请赐"大通口"佳名，以垂永久，建立海神庙，以答神庥。臣已另疏具题。

一、马家港系董安国等误开海口也，今已堵塞完工，曾经题报在案。

一、时家马头决口，坐落安东黄河北岸地方，经董安国、于成龙等任内，两次发帑十万余两兴工，尚未堵塞。臣已亲临工所，严饬作速进埽，勒限堵完。该同知佟世禄任意迟延不完，希图冒帑，已经题参。

一、陶家庄引河坐落清河县北岸地方，今奉旨命部臣范承勋等挑浚，并建对岸挑水坝，见在修理未竣，然必须上紧趱工蚤完，俟水长便于开放。

一、运口新筑拦黄坝，准有部文动帑兴工，今先筑两岸土坝，俟粮船过完，再堵运口，使黄水归海，引清水入运河。

一、裴家场引河，部臣委王毓贤挑挖宽深，今正在动工挑挖，务期一律宽深，俟水长开放。

一、挑张福口引河一道，引清水济运，经臣题明动帑兴修在案。今正在挑挖，工已及半，饬其克期完工，俟水长开放。

一、高家堰系淮、扬二郡保障，关系甚巨，其自武家墩至小黄庄一带，排桩坍卸，堤身冲刷之处，臣同部臣范承勋、王鸿绪等会议，动大工帑银，先将临湖钉埽修筑，曾经题明在案。今正在修工，将高堰关帝庙至小黄庄紧要之处，先行修完，再将关帝庙至武家墩堤工修理，务期速竣，以御伏汛。

一、小黄庄至周桥一带堤工，经部臣范承勋等具题，交与分修官王日藻等，分十四段加帮。今正在兴工，尚未全竣，必须上紧加帮，一律全完。

一、邵伯更楼决口，已经修坝堵塞完工，粮船通行无阻，居民亦鲜水患，其旧决口虽不堵筑，亦属无碍，且河工需用钱粮浩繁之际，似可暂缓。

一、高邮州护城堤工，关系紧要，经臣题明兴修在案。今正在修筑，克期告竣，以资捍御。

一、嵇家闸缺口，今正在堵筑未完，但湖水方盛，邵伯南坝已堵，若将此口堵塞，无处泄水，东岸堤工可虞，应暂留此口泄水，以保堤工，经臣于报情形疏内题明在案，俟秋尽建闸，以资宣泄。

一、人字河、芒稻河引湖水入江，关系紧要，经臣题明挑浚在案。今正在上紧挑挖，务期宽深速完，以资宣泄。其芒稻闸俟秋尽水落，方可修建。

一、凤凰桥引河，引湖水由芒稻河入江，前因挑挖不深，河心又系高冈，以致水不能流，经臣题明挑挖深通在案。今正在上紧挑挖使深，务期速竣，引水畅流。

一、刘老涧遥堤造石减水，坝内建矶心八座，系会勘案内候选知县佟世燕等领帑承修之工，坝墙矶心俱完，尚有底石，正在铺砌未竣，饬其作速砌完，坝下挑引河一道，宣泄中河异涨之水，自鲍家庄至殷家口入涟河下海。冯佑领帑挑浚，总未挑完，饬其作速挑浚竣工，如不竣工，另疏题参。

一、九里决口，坐落高邮州九里地方，已经堵塞完工。

一、清河北岸子堤缺口，坐落清河县中河北岸，已经堵塞完工。

谨将见修工程缮写折子具奏，伏乞皇上睿鉴施行等因。

康熙三十九年五月二十五日奏，六月初八日奉旨："九卿、詹事、科道会同速议具奏。"钦此钦遵。于六月初九日抄出到部。该臣等会议得，河道总督张鹏翮奏称"时家马头决口尚未堵塞，陶家庄引河并建对岸挑水坝，部臣范承勋等见在修理未竣。运口新筑拦黄坝，令先筑两岸土坝，俟粮船过完再堵运口。裴家场引河，部臣委王毓贤挑挖宽深，今正在挑挖。张福口引河，挑挖工已及半。高堰关帝庙至小黄庄紧要之处，先行修完，再将关帝庙至武家墩修理速竣，以御伏汛。小黄庄至周桥一带堤工，王日藻等分段加帮，尚未完竣。高邮州护城堤工，今正在修筑。人字河、芒稻河今正在挑挖，其芒稻闸俟秋尽水落修建。凤凰桥引河，今挑挖深通。刘老涧遥堤，造减水石坝，坝墙矶心俱完，尚有底石正在铺砌，坝下挑引河一道，未经完工”等语。应行该督等，将前项未完各工，速行催完。又奏称“邵伯更楼决口，已经修坝堵塞，粮船通行无阻，其旧决口虽不堵筑，亦属无碍，似可暂缓。嵇家闸缺口堵筑未完，但湖水方盛，南坝已堵，若将此口堵筑，无处泄水，东岸堤工可虞，应暂留此口泄水，以保堤工”等语。均应如所奏。又奏称“拦黄坝今尽行挖去，开阔深通，水流畅达，沛然入海。马家港今已堵塞完工，九里决口并清河北岸子堤缺口，堵塞完工”等语，应毋容议。

康熙三十九年六月十三日题，本月十五日奉旨：“依议速行。”

〔海口佳名〕

兵部尚书兼都察院右都御史、总督河道、提督军务、臣张鹏翮谨题，为恭报海口疏通，仰祈睿鉴，特赐佳名，以垂永久事。

该臣看得，水性就下，以海为壑，理固昭然。臣遵旨看视海口，将拦黄坝尽行拆去，开浚河身深通，曾经题明在案。今据监工官原任知州刘可聘等报称：“四月二十一日动工，星速拆挖，尽去积土，挑浚深通，至五月初九日如式完工开放，水势畅流，冲刷淤沙，旬日之间，深至三丈，宽及百丈有余，滔滔入海，沛然莫御。且自动工以来，海潮不兴，风涛不作，得以施工。工程甫竣，即长水二尺，以资开放，畅达入海。”此皆仰仗我皇上留心国计，轸念民生，至诚仁爱，上孚天心，海神效灵之所致也。凡属臣民，莫不欢忭感颂，愿去“拦黄坝”之陋称，易“大通口”之佳名。伏乞皇上钦定，以垂永久，建海神庙以答神庥。除用过钱粮，容臣核实造册，另疏具题外，所有海口疏通情形，理合恭疏题报，伏乞皇上睿鉴施行等因。

于康熙三十九年五月二十一日题，六月初五日奉旨：“该部议奏。”钦此钦遵。礼科抄出该本部覆河道总督张鹏翮题前事，内开：该臣等议得，准工部咨称，河道总督张鹏翮疏称“臣看视海口，将拦黄坝尽行拆去，开浚疏通，水势畅流，滔滔入海，沛然莫御。且自动工以来，海潮不兴，风涛不作，得以施工。此皆仗我皇上留心国计，轸念民生，至诚仁爱，上孚天心，海神效灵之所致也。愿去‘拦黄坝’之陋称，易‘大通口’之佳名，伏乞皇上钦定，以垂永久”等语。查康熙三十七年六月内，原任直抚于成龙将开河功竣，伏乞赐名“永定河”，请建河神庙等因具题，臣部议覆，钦赐名“永定河”，建造河神庙在案。今该督既称自动工以来，海潮不兴，风涛不作，得以施工，仰仗我皇上留心国计，轸念民生，上孚天心，海神效灵，应如所请，赐名“大通口”，建造庙宇。其建造之处，交与该督，俟庙宇造完之日报部可也等因。

于康熙三十九年七月初一日题，本月初三日奉旨：“依议。”

〔请封河神〕

兵部尚书兼都察院右都御史、总督河道、提督军务、臣张

鹏翮谨题，为河神效灵请敕赐封号以答灵贶事。

臣惟圣明在上，百神效灵。《诗》载“怀柔百神”“允犹翕河”之颂，古今不易之理也。臣今年奉命治河，值河工溃敝之后，夙夜惴惴，惧无以仰报主恩之重。履任后，循往例谒金龙四大王之神，即祷祝曰：“黄、淮不治，下民昏垫。我皇上轸念国计民生，宵旰忧勤，不惜数百万帑金修治河工，凡以为民也。然护国庇民，神亦与有责焉。仰借神庥，默相安澜，蚤奏成功，当特疏恭请敕赐封号，以答神庥。”自是海口疏通，伏、秋二汛，黄不出岸，粮艘进口，间有浅涩，即降阴雨，水长济运。十一月初三日，清水出运口，淮、黄交会，一水两分，南北兼济，俨然神助。此皆我皇上圣德感孚，故尔河神效灵。考之《礼经》，能为民御灾捍患者则祀之。又查顺治二年，河清十里，两堤克奠。前河臣杨方兴题请特封“显佑通济”之号，褒扬神庥，自昔已然，于今为烈。伏乞我皇上敕加封号，更请御书匾额，垂示永久，则我皇上怀柔之典，光昭万世矣等因。

于康熙三十九年十一月初十日题，十二月初一日奉旨：“该部议奏。”钦此钦遵。于本月初二日抄出到部。该臣等议得，河道总督张鹏翮疏称“臣奉命治河，仰借神庥，海口疏通，皆我皇上圣德感孚，故尔河神效灵，伏乞敕加封号，更请御书匾额，垂示永久”等语。查顺治二年奉圣旨，黄河神特封显佑通济金龙四大王之神在案。今我皇上圣德感孚，河神效灵，海口疏通，应如该督所请，将加封字样由内阁撰拟，其给赐御书匾额，垂示永久。俟命下之日，交与翰林院，将御书匾额发出之日，颁发河道总督恭制悬挂可也等因。

于康熙三十九年十二月初七日题，本月初九日奉旨：“依议。”

〔堵嵇家闸〕

兵部尚书兼都察院右都御史、总督河道、提督军务、臣张鹏翮谨题，为钦奉上谕事。

案准工部咨开：本部等衙门会议，河道总督张鹏翮奏称“嵇家闸缺口，堵筑未完，但湖水方盛，南坝已堵，若将此口堵塞，无处泄水，东岸堤工可虞，应暂留此口泄水，以保堤工”等语，应如所奏等因。奉旨：“依议速行。”钦此钦遵。抄出到部，移咨到臣。准此，当即檄行该道遵照去后。今据淮扬道参议王谦册详到臣。据此，该臣看得，嵇家闸即鳅鱼坝，上年前河臣于成龙等开放泄水，今春堵筑未完。臣相度形势，见湖水方盛，南坝已堵，若将此口堵塞，无处泄水，东岸堤工可虞，应暂留此口泄水，以保堤工，俟秋尽建闸，以资宣泄。经臣奏明，九卿议覆，应如所奏。奉旨：“依议速行。”钦遵转行在案。今据淮扬道参议王谦详称“嵇家闸未堵，运河水势长发，固可借以宣泄，水落不能容蓄，恐来年重运经由，有溜掣稽迟之患，必须实闭。另于闸南昭关庙地方，改建滚水石坝一座，水大则借以宣泄，水小则蓄以利运。改建滚水坝较比河底高一丈，口宽十丈，估用工料银四千四百两九钱二分六厘；堵塞旧闸缺口，估用工料银一万五千八百一十六两四钱一分八厘，二共估银二万二百一十七两三钱四分四厘，并无浮冒，分晰造册详估”前来。臣亲勘覆核无异，随委署扬河通判事扬粮通判王佐承修，淮扬道参议王谦监工督催。除原册送部外，相应具疏题估。所有需用钱粮，请敕部迅赐拨帑，以便乘时办料兴修。伏乞皇上睿鉴，敕部议覆施行等因。

康熙三十九年十月二十四日题，十一月十三日奉旨："该部速议具奏。"钦此钦遵。于十一月十四日抄出到部。该臣等议得，河道总督张鹏翮疏称"嵇家闸未堵，恐来年重运经由，有溜掣稽迟之患，必须实闭。另于闸南昭关庙地方改建滚水石坝一座，水大则借以宣泄，水小则蓄以利运。其改建滚水坝，堵塞嵇家闸旧缺口，共估银二万二百一十七两三钱零。随委署扬河通判事扬粮通判王佐承修，淮扬道王谦督催，请迅赐拨帑，以便乘时办料兴修"等因前来。查该督既称将嵇家闸缺口堵塞，改建滚水石坝等语，均应如所题堵塞建造，所需钱粮，移咨户部拨给，工完核减，造册题销。再查嵇家闸，该督虽称前河臣于成龙开放泄水，但并未题明，且致决口甚为宽阔，应行该督查明具题可也。

康熙三十九年十一月十六日题，本月十八日奉旨："依议速行。"钦此钦遵。抄出到部，移咨到臣。准此，随即备行该道查明详报去后。今据淮扬道参议王谦详覆到臣。据此，该臣看得，堵塞嵇家闸口门，并改建滚水石坝，需用工料银二万二百一十七两三钱零，经臣具题估计，部覆应如所题，堵塞建造，工完核减，造册题销。奉旨："依议速行。"钦遵在案。今据淮扬道参议王谦详称"昭关庙改建滚水坝，俟修完另册报销"。查堵塞嵇家闸，原估工料银一万五千八百一十六两四钱一分八厘，先经署扬河通判革职知县李世彦修筑两裹头，长六丈，续经署扬河通判事扬粮通判王佐接堵口门二十四丈，二共工长三十丈，实用工料银一万三千八百五十六两六钱五分六厘二毫，节省银一千九百五十九两七钱六分一厘八毫，并无浮冒。再查李世彦先于前河臣于成龙任内领过银三千两，修筑裹头六丈，已于清查钱粮案内题报在案。今将部拨原估银内扣存三千两，见贮司库，以抵前项。又，部查嵇家闸开放，未经题明，委因康熙三十八年高江各坝俱闭，唐埂六坝俱开，以致河湖加长，盈堤溢岸，遂于该年七月初八日，将此坝开放泄水，汹涌急溜，致将两墙刷宽，并非漫缺。是以前河臣于成龙未经题报等因前来。臣覆核无异，除原册送部查核外，相应具题，伏乞皇上敕部核销施行等因。

康熙四十一年三月初八日题，本月二十五日奉旨："着察核。该部知道。"钦此钦遵。于三月二十六日抄出到部。该臣等议得，河道总督张鹏翮疏称"昭关庙改建滚水坝，俟修完另册报销。堵塞嵇家闸，原估工料银一万五千八百一十六两四钱一分零，今实用银一万三千八百五十六两六钱五分零，节省银一千九百五十九两七钱六分零，并无浮冒。内李世彦修筑两裹头，于原任河臣于成龙任内领过银三千两，今将部拨银内照数扣存，以抵前项"等因前来。查堵塞嵇家闸所用银两，该督既称并无浮冒等语，应准开销节省，并扣抵银两，俱贮库为河工之用，其滚水坝速行催趱完工。再嵇家闸开放泄水，将未经题明缘由，行令该督查明去后。今疏称"因康熙三十八年高江各坝俱闭，唐埂六坝俱开，将此坝开放泄水汹涌急溜，致将两墙刷宽，并非漫缺。是以前任河臣于成龙未经题报"等语。既经该督声明，应毋庸议。

康熙四十一年四月十四日题，本月十五日奉旨："依议速行。"

〔清口筑坝〕

兵部尚书兼都察院右都御史、总督河道、提督军务、臣张鹏翮谨题，为钦奉上谕事。

康熙三十九年五月初八日，准工部咨开，都水清吏司案呈，奉本部送工科抄出，该本部等衙门会覆刑部侍郎常绶等奏前事等因。康熙三十九年四月初二日奏，本月十五日奉旨："九卿、詹事、科道会议具奏。"钦此钦遵。于四月十六日抄出到部。该臣等会议得，侍郎常绶等奏称"臣等会同尚书范承勋、王鸿绪等，府尹徐廷玺等看得，原任总河董安国所挑黄河之引河已经淤垫，挑水坝亦已毁坏，今将引河挑宽三十丈，长七百八十丈，深一丈三尺，河口挑及大溜，其挑水坝务令宽长，尽力修筑，使水溜挑入引河。此修筑之处，交与范承勋、董讷，将捐修官员内拣选十人，乘时修完"等语。查黄河挑引河、筑挑水坝之处，先经尚书范承勋等估计具奏。臣等会议题覆，令速行挑筑在案。今侍郎常绶等既称会同尚书范承勋等验看具奏，应如所奏。

又疏称"清口烂泥浅三道引河，虽然出水，止能入运，并不能出清口入黄。不闭清口，黄水一长，运河、淮河俱致倒灌淤垫。若口门下埽堵塞，漕船一到随开，已过随闭，必致根底刷深，难以修堵。应于清口之内，见有两岸之堤，横截清口，排桩下埽，仅留船行之口，漕船过完之日，随即堵塞，俟漕船回空之时，开坝过完，仍行堵塞。此所修之处，一面修筑，一面将所用钱粮详估造册报部。再，见今三道引河既已出水，只应照尚书范承勋等所议，将裴家场引河一道，照原估丈尺，再加挑挖宽深，此三道引河出水之口，筑坝拦堵，以防黄水倒灌。漕船过完清口堵塞之时，将引河拦堵之坝开放，使水入运。俟淮水蓄聚可以抵黄之时，将清口堵塞之堤开放抵黄"等语，应均如侍郎常绶等所奏可也。

康熙三十九年四月十八日题，本月二十一日奉旨："依议。"

钦此钦遵。抄出到部，拟合就行。为此合咨前去，查照本部等衙门会覆奉旨内事理，钦遵施行等因到臣。随行淮徐道转行该厅去后。今据山清里河同知常维桢详称“清口之内，遵奉宪行，建筑拦黄坝工，见今兴举，俟重运过完之后，即行堵闭断流。所有一应兵差等船，往来络绎，必须于未经闭坝之先，预为酌妥，庶便差船一到，临时过坝，方克有济。相应详请移咨总漕部院，饬行府县，将额设便民等船，预为挽拽出口，或于老坝口、惠济祠二处停泊，接应差使，庶公务临时不致贻误”等因到臣。据此，该臣看得，清口筑坝，漕船过完，随即堵塞。臣准部咨，即行发帑，委令里河同知常维桢趱筑，已照式筑坝下埽，仅留口门。今粮船尽数过淮，指日出口，即可煞坝。且张福口引河挑成，引出清水已至坝口，只待煞坝，便可开放，流入运河。其一应进贡以及差使官兵船只，应过坝者，听其过坝，应起旱者，即行起旱，不得擅自开放。俟粮船回空时，方可启坝，过完仍行堵塞。相应具疏题明，伏乞皇上睿鉴，敕部议覆施行等因。

康熙三十九年六月十九日题，七月初三日奉旨：“该部速议具奏。”钦此钦遵。于七月初四日抄出到部。该臣等议得，河道总督张鹏翮疏称“清口筑坝，漕船过完，随即堵塞。臣准部咨，即行发帑，委令里河同知常维桢趱筑，已照式筑坝下埽，仅留口门，令粮船尽数过淮，指日出口，即可煞坝。且张福口引河挑成，引出清水已至坝口，只待煞坝，便可开放入运。其一应进贡以及差使官兵船只，应过坝者，听其过坝，应起旱者，即行起旱，不得擅自开放。俟粮船回空之时，启坝过完，仍行堵塞，相应具疏题明”等因前来，应照该督所题可也。

康熙三十九年七月初七日题，本月初八日奉旨：“依议速行。”钦此钦遵。抄出到部，移咨到臣。准此，当经檄行该道，转饬趱筑去后。今据淮扬道参议王谦工完造册，详请题销等因到臣。据此，该臣看得，清口康熙三十九年煞筑拦黄坝，臣准部咨，即行具题发帑，委令里河同知常维桢趱筑。部议覆准，奉旨：“依议速行。”钦遵在案。今据淮扬道参议王谦详称“原任同知常维桢因工程紧急，遵即备料兴筑，工完报销，驳行核减。据见任同知王英谋移，准常维桢痛加核减，请销银四千八百四十二两七钱七分三厘，于中节省银四百八十七两七钱一分七厘五毫，实销银四千三百五十五两五分五厘五毫，并无浮冒”等因前来。臣覆核无异，除原册送部查核外，相应具题，伏乞皇上敕部核销施行等因。

康熙四十年十二月二十日题，四十一年正月二十五日奉旨：“着察核。该部知道。”钦此钦遵。于正月二十六日抄出到部。该臣等议得，先经原任侍郎常绶等奏称“黄水一长，运河、淮河俱致倒灌淤垫，应于清口之内下埽堵塞，漕船一到随开，已过随闭”等因。经九卿会议覆准在案。今据该督疏称“清口煞筑拦黄坝，委令原任同知常维桢趱筑，实销银四千三百五十五两六分零，核减银四百八十七两七钱一分零，并无浮冒”等因前来。查清口煞坝用过银两，该督既称并无浮冒等语，应准其开销，核减银两，贮库为河工之用可也。

康熙四十一年二月十二日题，本月十五日奉旨：“依议。”

〔顶补高堰修工人员〕

兵部尚书兼都察院右都御史、总督河道、提督军务、臣张鹏翮谨题，为钦奉上谕事。

康熙三十九年正月初七日，准工部咨开，都水清吏司案呈，奉本部送工科抄出，该本部等衙门会覆侍郎常绶等奏前事等因。康熙三十八年十二月十七日奏，本月十八日奉旨："若将高堰减水坝堵闭，建造滚水坝土堤，加帮高厚，则湖水必高，黄水又大，湖水不出之时，高堰堤工危险，而泗州等处必至水淹。着大学士、九卿、詹事、掌印不掌印科道，会同确议具奏。"钦此钦遵。该臣等会议得，侍郎常绶等疏称"武家墩村北元帝庙稍远之处，应行开口，又将高堰加筑高厚，减坝尽行堵塞，临湖汕刷之处，亦应修补，不许堤根取土，应添挑引河二道"等语。查武家墩改移清口甚好，但见今物料未备，恐明年雨水之前不能完工，漕运甚属紧要，虽改移清口，其高堰亦必须加帮。相应将高堰照侍郎常绶等所奏，速行加帮高厚，不致迟误。明年漕运所需，约估银一百二十八万五千四百四十九两零，令户部就近拨给。再，先前各工拨给银一百八十万余两，分给各官，至今工程尚未完竣。此加帮高堰，挑挖引河等工，若又交与伊等，必致迟误。修此工程，应差部院堂官一员督催，并简贤能堂司官员，分给段落，令其节省钱粮，坚固作速修造。至邵伯更楼、高邮九里等处决口，至今尚未堵塞完工，此亦关系漕运，亦应差部院堂官一员，督催作速完工。应差堂官并分段修工堂司官员，恭请钦点。

康熙三十八年十二月二十日题，本月二十二日奉旨："依议。这督催工程着范承勋、王鸿绪、王掞、田雯、布雅努、喻成龙、顾藻、寿鼐、王绅、高裔去，分修工程着董讷、王梁、朱弘祚、江有良、王起元、宫梦仁、线一信、陈汝器、王日藻、卫既齐、李应鹰、马世济、高承爵、金铉、杨雍建去。"钦此钦遵。抄出到部，拟合就行。为此合咨前去，查照本部等衙门会覆奉旨内事理，钦遵施行等因，钦遵在案。今于八月初五日，准部臣范承勋等咨送奏稿，内称“为奏明分工事。臣等看得，原任户部尚书王日藻病故，原任兵部侍郎杨雍建年老不能行走，见任安徽巡抚高承爵已经赴任，所遗未经帮筑工程，周桥以南、小黄庄以北，土工埽工各两段。又原任巡抚江有良年老不能行走，且夙患痰症，语言不明，龙钟已极。见今小黄庄南一段工程，已属勉强告竣，若复领帑帮筑，必致贻误。虽有良未经具呈告退，然臣等念国帑钦工，关系重大，难以委诸病人，应令其回旗。所有小黄庄南见做工程，令其孙候选知县江梦笔修葺保护，候交伊名下未清钱粮，着一并归结。所遗未经帮筑周桥以南，以及小黄庄以北土工埽工，并王日藻等工程，见在分修诸臣各有分地，难以兼顾。臣等初动工时，即移咨前河臣于成龙等，拨同知罗京、常维桢，通判朱廷植、孙调鼐，守备夏景松等到工，俱经奏明在案。罗京有外河之责，故原议令守备夏景松伙同料理。今四分修所遗工程，原阄分王日藻者，系孙调鼐协筑；杨雍建者，系朱廷植；高承爵者，系常维桢；江有良者，系罗京与夏景松。今即着此协筑之员领帑帮筑，仍令淮徐道施世纶监工催督，并查核钱粮，毋令各员冒帑误工，理合一并奏明”等因到臣。准此，该臣看得，发帑大修高堰工程，特差部臣范承勋等前往督修，部臣将小黄庄至周桥分为十四段，派与分修官王日藻等加帮，至今八月，尚未全完。兹王日藻病故，杨雍建、江有良年老，高承爵赴任，所遗工程，部臣范承勋等既不重派于分修官，即当分派于奉旨发往高堰效力之学道，方与工程有裨。乃派之河官常维桢等修理，则与九卿会议，差官修理高堰之议未符也。

查常维桢赔修唐埂南坝，尚未兴工。孙调鼐系降调之员，赔修茆家围等三坝，亦未兴工。朱廷植接受靳治齐高堰石工，久未兴工。罗京加帮滨海堤工，见在兴修。且伊等俱系旧河官，前此经手钱粮，徐廷玺至今尚未送到细册，未经清查完欠，今又领部臣大工钱粮，诚恐顾此失彼，不惟工程两误，且帑银不无牵混，应将此工交与效力学道姚淳焘、刘谦吉、史陆舆、陆鸣珂修理。彼家有厚赀，不敢侵蚀帑银，且与发往高堰效力之俞旨相符也。臣不避嫌怨，不徇情面，从高堰工程紧要起见，理合具题，伏乞皇上睿鉴施行等因。

康熙三十九年八月初八日题，本月二十八日奉旨："九卿、詹事、科道会同速议具奏。"钦此钦遵。于八月二十九日抄出到部。该臣等会议得，河道总督张鹏翮疏称"发帑大修高堰工程，特差部臣范承勋等前往督修。部臣将小黄庄至周桥分为十四段，派与分修官王日藻等加帮。兹王日藻病故，杨雍建、江有良年老，高承爵赴任，所遗工程，部臣范承勋等派河官常维桢等修理。查常维桢赔修唐埂南坝，尚未兴工。孙调鼐赔修茆家围等三坝，亦未兴工。朱廷植接受靳治齐高堰石工，久未兴工。罗京加帮滨海堤工，见在兴修，今又领大工钱粮，诚恐顾此失彼，不惟工程两误，且帑银不无牵混，应将此工交与效力学道姚淳焘、刘谦吉、史陆舆、陆鸣珂修理。彼家有厚赀，不敢侵蚀帑银，且与发往高堰效力之俞旨相符"等因前来。

查先经尚书范承勋等奏称"姚淳焘有桩木事未完，系见任岳常道暂令其回任料理；刘谦吉、陆鸣珂俱已年老，不能行走，既已捐力，应令其回籍"等因题准。续经尚书范承勋等奏称"王日藻病故，杨雍建、江有良年老，高承爵已经赴任，伊等所遗工程，见在分修诸臣各有分地，难以兼顾。原阄分王日藻者，系孙调鼐协筑；杨雍建者，系朱廷植；高承爵者，系常维桢；

江有良者，系罗京与夏景松。今即着此协筑之员领帑帮筑，仍令淮徐道施世纶监工催筑，并查核钱粮”等因。经九卿会议覆准，俱各在案。今总河张鹏翮既称“常维桢等有赔修唐埂南坝等工，恐顾此失彼，不惟工程两误，且帑银不无牵混，将此工交与姚淳焘、刘谦吉、史陆舆、陆鸣珂修理。彼家有厚赀，不敢侵蚀帑银”等语，应将王日藻等所遗工程交与姚淳焘等四人，将姚淳焘、刘谦吉、史陆舆、陆鸣珂，行文尚书范承勋等、总河张鹏翮，速行调赴工所，领帑修筑。再，先经尚书范承勋等奏称“催工办料，必须地方贤能道厅一同料理，方得上呼下应，无误工期”等因，奉旨准行在案。常维桢等原系阄分协筑之员，又见住高堰工所前项帮筑工程，亦应仍令常维桢等协同料理。至高堰工程，关系紧要，凡在河工大臣，理应和衷协同料理，使工程速行告竣。今范承勋等具题王日藻等所遗工程，应令常维桢等帮筑，而张鹏翮又称常维桢等有赔修工程，彼此互异具题，俱属不合。嗣后一应事件，务须公同商酌具题。如仍前不行公同商酌，彼此互异具题，交与该部察议可也。

康熙三十九年九月初二日题，本月初六日奉旨：“总河职任宜专，这遣往督修高家堰范承勋等九臣，俱着撤回，其督修工程着交与总河张鹏翮。余依议。”

〔开陶庄引河〕

兵部尚书兼都察院右都御史、总督河道、提督军务、臣张鹏翮谨题，为题报开放陶庄引河日期事。

据外河同知南梦班、徐属同知李梅等呈称“职等蒙本部院委往陶庄引河，会同原任少詹事邵远平，督率汛弁看守水势，相机开放。职等即会同原任少詹事邵远平驻工，督率汛弁看守。今值秋汛，水势甚长，测量黄河水面，较比引河水面高三尺三寸，于本月二十一日申时开放，水流通畅”等因到臣。据此，该臣看得，陶庄引河，尚书范承勋等挑挖，尚未开放，经臣题明，仍令承修官同地方官看守，俟水长时相机开放等因在案。随委外河同知南梦班等，会同原任少詹事邵远平驻工看守。臣往来勘视水势，与原任左都御史臣董讷商订，一遇黄水大长，即相机开放。今秋汛，黄河水势加长，将陶庄引河于七月二十一日申时开放，水势通流。臣乘小舟入引河，由河头看至河尾，见黄水直趋北岸，河尾冲刷，水流畅沛，皆荷我皇上指授方略，于南岸建筑挑水大坝，逼溜北行之所致也。众民聚观，莫不欢忭。臣于二十七日自大通口勘工回，复看陶庄引河水势畅流，民间船只俱已通行。所有开放过陶庄引河日期，臣谨会同原任左都御史臣董讷合词题报，伏乞皇上睿鉴施行等因。

康熙四十年七月三十日题，九月初一日奉旨："张鹏翮奏称开陶庄引河，黄河水向北岸流去等语。若黄河水向北岸流，离清口甚远，乘此时自范承勋所筑挑水坝起，宽长加筑堤岸，过清口，将黄河清口之水尽向下流，再合为一处，则黄河之水可永无倒灌之虞。朕先曾面敕过于成龙，今在河官员亦有知者，着张鹏翮将此事问知道的官员，详明定议。其修堤所需钱粮，即为估计，所修之处，着画图速行具奏。此事甚为紧要，不得轻忽。该部知道。"

〔加筑挑水坝〕

兵部尚书兼都察院右都御史、总督河道、提督军务、臣张

鹏翮谨题，为钦奉上谕事。

康熙四十年九月十一日，于安东县勘工处所，接准工部咨开，为题报开放陶庄引河日期事。都水清吏司案呈，奉本部送工科抄出，河道总督张鹏翮题前事等因。康熙四十年七月三十日题，九月初一日奉旨："张鹏翮奏称开陶庄引河，黄河水向北岸流去等语。若黄河水向北岸流，离清口甚远，乘此时自范承勋所筑挑水坝起，宽长加筑堤岸，过清口，将黄河清口之水尽向下流，再合为一处，则黄河之水可永无倒灌之虞。朕先曾面敕过于成龙，今在河官员亦有知者，着张鹏翮将此事问知道的官员，详明定议。其修堤所需钱粮，即为估计，所修之处，着画图速行具奏。此事甚为紧要，不得轻忽。该部知道。"钦此钦遵。抄出到部，移咨到臣。敬诵天语，仰见我皇上至仁如天，大智若神，治河方略，睿照于事前，应验于事后，指示周详，平成永赖，诚超越万世之圣谟也。臣自工所星驰至清口，齐集众河官，询问曾知此事之员，止据原任同知常维桢、笔帖式马泰回称"曾闻得前任总河于成龙云奉旨接长挑水坝过清口，使黄水不得倒灌，但我等未闻其详"等语。臣谨遵圣谟指示，自范承勋所筑挑水坝起，加筑堤工，至清口西坝，长四百八十丈五尺，顶宽六丈，底宽十丈。再查西堤见长二十丈，今再接长五丈，新旧合长二十五丈，俾清口黄河之水向北下流，过惠济祠后，合为一处，益加畅沛，黄水可永无倒灌之虞。估计工料银四万九千六百七十两三钱六分六厘，不另请帑银动支，节省银两备料修理。但臣识见浅陋，所议恐有未当，伏候皇上圣裁训示，以便遵行。除估册送部外，事关紧要，臣谨具疏绘图，差前任按察使赵世显赍捧请旨等因。

康熙四十年九月二十二日题，十月初六日奉旨："九卿、詹事、科道会同速议具奏。”钦此钦遵。抄出到部。该臣等会议得，河道总督张鹏翮疏称“臣谨遵圣谟指示，自范承勋所筑挑水坝起，加筑堤工，至清口西坝，长四百八十丈五尺，顶宽六丈，底宽十丈。再查西坝见长二十丈，今再接长五丈，俾清口黄河之水向北下流，过惠济祠后，合为一处，黄河可永无倒灌之虞。估计工料银四万九千六百七十两三钱零，不另请帑银，动支节省银两，备料修理”等因前来。查该督既称“自挑水坝起，至清口西坝止，加筑堤工，长四百八十丈五尺，西坝接长五丈，俾清口黄河之水向北下流，过惠济祠后，合为一处，黄水可永无倒灌之虞”等语，应如所题，动支节省银两，速行乘时修筑坚固，工完之日，将用过银两核减，造册题销。其范承勋所筑挑水坝之处，仍应遵旨相时尽力加筑宽长，以逼黄河北流可也。

康熙四十年十月初八日题，本月初九日奉旨：“依议速行。”钦此钦遵。抄出到部，移咨到臣。准此，当行淮扬道遵照修筑去后。今据淮扬道参议王谦造册详销等因到臣。据此，该臣看得，挑水坝加筑宽长堤工一案，臣谨遵圣谟指示，自范承勋所筑挑水坝起，至清口西坝止，加筑堤工外，下顺埽，再将西坝接长五丈，俾清口黄水向北下流，过惠济祠后，合为一处，永无倒灌之虞。经九卿议覆，应如所题，动支节省银两，速行乘时修筑，工完将用过银两核减题销等因。奉旨：“依议速行。”钦遵在案。今据淮扬道参议王谦详称“清河南岸自挑水坝起，至清口西坝止，工长四百八十丈五尺，筑堤下埽，西坝原长二十丈，今接长五丈。又挑水坝西坝各筑雁翅戗坝，共原估工料土方银四万九千六百七十两三钱六分六厘。今已照估趱筑全完，共实用银三万九千三百六十五两九钱七分，节省银一万三百四两三钱九分六厘，委无浮冒，造具销册”前来。臣覆核无异，除原册送部查核外，相应具题，伏乞皇上睿鉴，敕部核销施行等因。

康熙四十一年三月二十七日题，四月十四日奉旨：“着察核。该部知道。”钦此钦遵。于四月十五日抄出到部。该臣等议得，河道总督张鹏翮疏称“清河南岸自挑水坝起，至清口西坝止，长四百八十丈五尺，筑堤下埽，西坝接长五丈，又挑水坝西坝各筑戗坝，实用银三万九千三百六十五两九钱七分，节省银一万三百四两三钱九分零，委无浮冒”等因前来。查前项筑堤下埽等工，先经该督估用银四万九千六百七十两三钱零等因具题，经九卿议覆准行在案。今该督既称“实用银三万九千三百六十五两九钱零，节省银一万三百四两三钱零，委无浮冒”等语，应将用过银两准其开销，节省银两贮库，为河工之用可也。

康熙四十一年五月初三日题，本月初六日奉旨：“依议。”

〔敕加封号〕

兵部尚书兼都察院右都御史、总督河道、提督军务、臣张鹏翮谨奏，为奏明事。

窃惟见今淮、黄交会，必过来年桃、伏、秋三汛，安澜无恙，方行加封河神之典，乃为合礼。但查顺治二年，十里河清[1]，两岸克奠。前河臣杨方兴题请，即蒙敕封“显佑通济”之号。今岁海口疏通，济运神速，伏、秋二汛，黄不出岸，六坝堵闭，淮、黄交会，万民感颂，咸称我皇上圣德感孚，河神效

[1] 十里河清　孟县海子村十里黄河变清二日。

灵之所致也。准礼部议覆，已蒙圣恩允赐封号，以答灵贶。河神膺盛朝怀柔之典，自必益昭效顺之灵。来岁桃、伏、秋三汛，河道安澜，仰荷我皇上圣谟精详，洪福齐天，理可预必。赐封典礼，伏候圣裁施行。恭诵封号"显佑通济昭灵效顺""显佑通济弘利永宁"二条，褒扬神庥，极其尽善。伏候圣裁钦定。微臣识见浅陋，未敢擅便，为此具折，付中书吴尔泰赍捧，谨奏请旨。于康熙四十年二月十六日，准礼部咨为河神效灵等事祠祭，清吏司案呈，奉本部送礼科抄出，先经本部题覆河道总督张鹏翮请加封金龙四大王缘由，奉旨："依议。钦此。"随行文内阁典籍厅，撰拟加封字样去后。今准回称，本衙门将河道总督张鹏翮题请显佑通济金龙四大王敕加封号之处，于康熙四十年正月二十六日启奏，奉旨："着加封显佑通济昭灵效顺金龙四大王。"

〔运料河停工〕

兵部尚书兼都察院右都御史、总督河道、提督军务、臣张鹏翮谨题，为题明事。

工部咨前事。该臣看得，山阳县黄河南岸运料河，原任河臣董安国在于遵旨具奏事案内，题准动帑挑挖未竣，旋被童营漫缺淤垫，经署理总河印务、原任府尹徐廷玺题参拨给捐工人员挑筑，亦未完工，臣查明具题催追在案。臣往来勘工，相度形势，查运料河头起于檀度寺闸，久已筑坝堵闭。询问其故，据土人云：运河高于运料河数尺，恐其开放，建瓴之势，直泄无余，是以历来堵闭。臣测量水平，果与土人之言无异。夫既堵闭，则此河为无源之水，不能通济下流，亦难运料，是此河已无益于运河矣。且汰黄堤原为黄河南岸重门之障，运料河身居汰黄、缕堤二堤之中，从前挑挖此河，将草湾并小茭陵二处汰黄堤穿断，虽筑有草坝，难资捍御，是此河又有碍于堤工矣。况历来运料，因此河未成，或系由黄河射阳湖转运以济工需，是此河既不能分泄运河水势，反将有用之汰黄堤挖断，诚属无益。应停其挑挖，将穿坏汰黄堤二处填筑坚实，以作黄河重门之障，保固淮安地方，大有裨益。其各员应追银两，追解河库，以备别工之用，既据该道厅等佥议相同，理合具疏题明，伏乞皇上睿鉴，敕部议覆施行等因。

康熙四十年十二月二十日题，四十一年正月二十五日奉旨："该部议奏。"钦此钦遵。于正月二十六日抄出到部。该臣等议得，河道总督张鹏翮疏称"山阳黄河南岸运料河，原任河臣董安国、署理总河印务徐廷玺具题动帑挑筑未完，臣查明具题催追在案。今相度运料河头起于擅度寺闸，久已筑坝堵闭，此河为无源之水，不能通济下流，亦难运料。且河身居汰黄、缕堤二堤之中，从前挑挖此河，将二处堤穿断，此河又有碍于堤工。况历来运料系由黄河射阳湖转运以济工需，应停其挑挖，穿坏堤二处，填筑坚实，各员应追银两，追解河库"等因前来。查该督既称"运料河不能通济运料，又有碍堤工"等语，应停其挑挖，将穿断堤二处填筑坚实，各员应追银两，应令该督速行追完，解交河库可也。

康熙四十一年二月十四日题，本月十八日奉旨："依议。"

〔六坝修石工〕

兵部尚书兼都察院右都御史、总督河道、提督军务、臣张鹏翮谨题，为钦奉上谕事。

康熙三十九年六月二十七日，准工部咨开，都水清吏司案呈，奉本部送工科抄出，该本部等衙门会覆河道总督张鹏翮题前事等因。康熙三十九年五月二十五日奏，六月初八日奉旨："九卿、詹事、科道会同速议具奏。钦此。"该臣等会议得，河道总督张鹏翮疏称"古沟至六坝俱系土堤，每年岁修、抢修，糜费钱粮，似宜修砌石堤，可省岁修之费，于滚坝告成之后，渐次修举"等语。查先经左副都御史王绅条奏，周桥以南土堤应尽改石工，经九卿会议，覆令总河张鹏翮会同尚书范承勋等定议，具题到日再议等因在案。今该督既称"此堤修砌石工，可省岁修之费"等语，应如所奏，修砌石工，一面兴工，一面将需用银两确估具题可也。

康熙三十九年六月十三日题，本月十五日奉旨："依议速行。"钦此钦遵。抄出到部，移咨到臣。准此，当即檄行淮扬道参议王谦，将徐坝迤南一带应建石工之处，确估造册去后。今据该道册详到臣。据此，该臣看得，逼清水会黄入海，全在六坝堤防坚固，关系最为紧要。臣将古沟至六坝土堤应修砌石工，具疏奏闻。九卿会议，应如所奏，修砌石工。奉旨："依议速行。"钦遵在案。行据淮扬道参议王谦详称"自徐坝迤南起，至林家西止，应修石工之处，共长二千二百五十丈，连筑越坝，共估夫匠料物工价银二十四万五千五百六十九两八钱四分六厘三毫二丝五忽，委无浮冒。仍于高堰大工节省银内动支，不另请帑。造具估册"前来。臣亲勘覆核无异。随委员外郎王登魁、候补知府李雯等领帑承修，并委淮扬道参议王谦、候补知府萧星拱等监工。除原册送部查核外，相应具疏题估，伏乞皇上睿鉴，敕部迅议施行等因。

康熙三十九年十一月十三日题，十二月初二日奉旨："该部速议具奏。”钦此钦遵。于十二月初三日抄出到部。该臣等议得，河道总督张鹏翮疏称“自徐坝迤南起，至林家西止，应修石工共长二千二百五十丈，连筑越坝，共估夫匠料物工价银二十四万五千五百六十九两八钱四分零，于高堰大工节省银内动支，委员外郎王登魁等承修，淮扬道王谦等监工”等因前来。查先经该督将古沟至六坝土堤宜修砌石工等因具题，经九卿会议覆准行文在案。今既经该督估计具题，应行该督速行乘时坚固修砌，工完核减造册题销可也。

康熙三十九年十二月初五日题，本月初九日奉旨：“依议速行。”钦此钦遵。抄出到部，移咨到臣。准此，当即檄行淮徐、淮扬二道，转饬承修人员领帑办料兴砌去后。今据署淮徐道事、管理河库、兵部员外郎张弼，淮扬道参议王谦会详“徐坝石工原有估定丈尺层路，载在原估，已经送部。今改估超径越砌，换土加石，理合详请题明，以便工完奏销，相应造册转详”等因到臣。据此，该臣看得，古沟迤南至林家西应建石工，经臣具疏题估，部覆准修，奉旨：“依议速行。”钦遵在案。臣随分为七段，委员领帑办料兴砌去后。今据署淮徐道事、管理河库、兵部员外郎张弼、淮扬道参议王谦详称“此工前年估计时水占堤根，今水势消落，按段兴工。查勘估建石工之内，有古沟、茆家围、唐埂等坝，系先年冲刷缺口，旧有堵塞埽个，不能签桩，必须将旧埽挖去，添换新土，夯硪坚实，方可钉桩砌石。又有旧缺口深塘，水深泥淤，更难施工。相度形势，须于里口坚实之地，超径越砌，方得坚固。其第一、第七二段内，超径越砌，减缩工长一百三十七丈，因里越地势低洼，必须加石二层，方与别工一律相平，即将减缩工段银两，添为加石内戗之用。查此工原估工长二千二百五十丈，共估工料银二十四万五千五百六十九两八钱四分六厘三毫二丝五忽。内除桩木一木二截，节省银四万三千六十两五钱，实存原估银二十万二千五百九两三钱四分六厘三毫二丝五忽。今改估里越并拆埽换土，超径建砌，短缩工长一百三十七丈，止砌工长二千一百一十三丈，连换土添石，共估工料银二十万二千一百八两七钱二分八厘六毫四丝七忽二微，较实存原估又节省银四百两六钱一分七厘六毫七丝七忽八微”等因，册详前来。臣率道厅等官复行确勘，工首工尾与原估之处相符，于中相机越砌，费省工坚，实有裨益。因系紧要工程，已经开工建砌，将估册送部查核外，相应具疏题明，伏乞皇上睿鉴施行等因。

康熙四十一年四月二十七日题，五月十二日奉旨："该部知道。"钦此钦遵。于五月十三日抄出到部。该臣等议得，河道总督张鹏翮疏称"古沟迤南至林家西应建石工，经臣具疏题估，部覆准修此工。前年估计时水占堤根，今水势消落，按段兴工。查勘估建石工之内，有古沟、茆家围、唐埂等坝，系先年冲刷缺口，旧有堵塞埽个，不能签桩，必须将旧埽挖去，添换新土，夯硪坚实，方可钉桩砌石。又有旧缺口深塘，水深泥淤，更难施工，须于里口坚实之地，超径越砌，方得坚固。其第一、第七二段内，超径越砌，减缩工长一百三十七丈，因里越地势低洼，必须加石二层，方与别工一律相平，即将减缩工段银两，添为加石内戗之用"等因前来。应如该督所题，作速修砌，工完核减，造册题销可也。

康熙四十一年六月初九日题，本月十三日奉旨："依议。"

〔高堰滚坝〕

兵部尚书兼都察院右都御史、总督河道、提督军务、臣张

鹏翮谨题，为钦奉上谕事。

康熙三十九年六月二十七日，准工部咨前事，内开：“九卿会议河道总督张鹏翮疏称‘高堰减水坝，前河臣于成龙等将六坝改为四滚水坝，臣覆加相度地势，相去不远，并为三滚水坝，于坝下就原有之草字河、唐曹河开为引河，并筑顺水堤’等语。应如所奏，一面兴工，一面将需用银两确估具题可也”等因。奉旨：“依议速行。”钦此钦遵。抄出到部，移咨到臣。准此，当经檄行该道估计催修去后。今据淮扬道参议王谦册详到臣。据此，该臣看得，高堰减水坝，原任河臣董安国于会勘案内估计发帑一十一万五百余两，委原任通判靳治齐购料，年久未曾兴工。续经前河臣于成龙等题改滚坝四座，臣复加相度地势，相去不远，并为三滚水坝，于坝下原有之草字河、唐曹河开为引河，并筑顺水堤，以资宣泄。经臣具题，九卿等议覆，应如所题等因。奉旨：“依议速行。”钦遵在案。臣即行令该道估计去后。今据淮扬道参议王谦详估，唐埂北坝以北滚水头坝一座，口宽六十丈，估银五万五千六百九十两二钱零。周家口迤南滚水二坝一座，口宽七十丈，估银六万一千七百三十七两二钱零。林家西迤南滚水三坝一座，口宽七十丈，估银六万一千八百九十四两九钱零。以上三滚水坝，共估银一十七万九千三百二十二两三钱零，造册详估前来。臣亲勘覆核无异。随委监工官淮扬道王谦、承修官河南管河道李言，徐属同知李梅，黄河同知王霨，原任知州韩文煜，候选知县赵之溶、王来誉，领帑办料兴修。除原册送部查核外，理合具疏题估。其草字河、唐曹河顺水堤工，见在水占，难以探量，应俟水退之后，逐段估计，一面兴工，一面具题。再查原任通判靳治齐，领帑一十一万五百余两，年久并不修工，今已丁忧回旗。应请敕部将靳治齐押解来工，将所购料物运至工所清算，如有短少，照数追赔参处。相应一并题明，伏乞皇上睿鉴，敕部议覆施行等因。

康熙三十九年八月初一日题，本月二十二日奉旨："该部议奏。"钦此钦遵。于八月二十三日抄出到部。该臣等议得，河道总督张鹏翮疏称"高堰减水坝，原任河臣董安国于会勘案内，估计发帑一十一万五百余两，委原任通判靳治齐购料，年久未曾兴工。续经前河臣于成龙等题改滚水坝四座，臣覆加相度，地势相去不远，并为三滚水坝，于坝下原有之草字河、唐曹河开为引河，并筑顺水堤，以资宣泄。经臣具题，九卿议覆，应如所题"等因在案。今三滚水坝共估银一十七万九千三百二十二两三钱零，委淮扬道王谦等领帑办料兴修。其草字河、唐曹河顺水堤工，见在水占，难以探量，应俟水退后，逐段估计，一面兴工，一面具题。再，原任通判靳治齐领帑一十一万五百余两，年久并不修工，今已丁忧回旗。应请敕部押解来工，将所购料物运至工所清算，如有短少，照数追赔参处"等因前来。应行该督饬令王谦等，将滚水坝速行乘时坚固修砌。其草字河、唐曹河顺水堤，既称见在水占，难以探量等语，应俟水退，即行估计，一面兴工，一面具题。至原任通判靳治齐，应行该都统速行押解河工，将从前领帑购办料物速行运至工所，如有短少，查明题参可也。

康熙三十九年九月初四日题，本月初九日奉旨："依议。"钦此钦遵。抄出到部，移咨到臣。又于康熙三十九年十二月初二日，准工部咨为恭报清水出运河事，都水清吏司案呈，奉本部送工科抄出，该本部等衙门会覆河道总督张鹏翮题前事等因。康熙三十九年十一月初一日奏，本月十四日奉旨："九卿詹事、科道会同速议具奏。”钦此钦遵。于十一月十五日抄出到部。该臣等会议得，河道总督张鹏翮疏称“臣遵旨督修高堰堤坝，将六坝已闭其五，夏家桥堵闭过半，惟留口门三十丈，待宿州卫粮艘过湖，曾经题报在案。今于十月十九日，臣亲往高堰六坝一带催工，见湖水长至三尺，询之土人，云因闭坝，故尔水长，若再加长，堤工单薄可虞。臣一面令夏家桥口门缓缓进埽，以便分修官上紧临湖镶柴，仍催克期竣工，足御风浪，即合龙门。于二十二日驰至清口，见引河水势加长，臣将张福口等河口之水汇入裴家场引河一处，俟其水聚力强，足以敌黄。于二十四日西南风起，引河水骤长，比黄水高一尺一寸。臣率道厅等官，亲放引河之水，畅流入于运河。但夏家桥口门堵闭后，六坝水势较今更为加长，三滚坝尚未修成，设遇西风鼓浪，无处宣泄，何以保固堤岸？公议于翟家坝原有天然滚水坝之处，地亢土坚，仍留天然滚水坝，宽百十余丈，用埽裹住两头，平漕之水，蓄以济运，溢漕之水，听其滚去，出唐曹河入白马湖。若伏秋水大，再于蒋家坝尽头处原有之清水沟河以及涵洞酌量开放，若水小仍然闭塞。再查六坝口宽二百八十丈，今清口引河共宽三十余丈，不足以畅泄全湖之水，应发帑再开宽阔，使水畅流敌黄。至于运河，伏秋水（张）〔涨〕，应由泾河、涧河泄出射阳湖入于海。此二河见在挑浚，应将泾、涧二闸动帑修补，以资启闭”等因前来。查该督既称“夏家桥口门堵后，水势较今更为加长，三滚坝尚未修成，于翟家坝仍留天然滚水坝，宽百十余丈，用埽裹住两头，再于蒋家坝原有之清水沟河以及涵洞酌量开放，清口引河再开宽阔，泾、涧二闸，动帑修补”等语，应均如所奏，一面乘时速行挑浚修筑，将夏家桥口门作速堵塞，一面将需用钱粮确估具题可也。

康熙三十九年十一月十六日题，本月十八日奉旨："依议速行。"钦此钦遵。抄出到部，移咨到臣。准此，随行该道遵照确估去后。今据淮扬道参议王谦造册详送核题等因到臣。据此，该臣看得，高堰三滚水坝下开草字河，唐曹河筑顺水堤，应俟水退估计。经臣具题部覆，俟水退即行估计，一面兴工，一面具题等因。奉旨："依议。"钦遵在案。今六坝闭后，河水已退，行据淮扬道参议王谦详估，草字河筑堤长四千八百九十五丈，计土方银五千六百六十七两九钱二分零。唐曹河筑堤长三千三百一十五丈，计土方银五千二百九十五两八钱五分零。又翟家坝留天然滚水坝宽百十余丈，宣泄洪湖溢漕之水。经臣具奏，九卿议覆，应如所奏，一面乘时速行挑浚修筑等因。奉旨："依议。"钦遵转行该道遵照估计去后。今据该道王谦详估，开天然坝二座，各口宽六十丈，共宽一百二十丈，两头用柴裹护，并筑拦湖越坝二道，以便相机开放。又临湖钉锁口桩二路，以防坝底刷深，共估工料银一千四百五十二两三钱六分。以上三工，共估银一万二千四百一十六两一钱三分零。因系紧要工程，臣照部文，一面动河库大工帑银，委原任同知刘光业等作速修理，原任按察使赵世显监工，并将估册送部查核外，理合具题，伏乞皇上睿鉴，敕部议覆施行等因。

康熙四十年三月二十五日题，四月十二日奉旨："该部议奏。"钦此钦遵。于四月十三日抄出到部。该臣等议得，河道总督张鹏翮疏称"草字河筑堤长四千八百九十五丈，唐曹河筑堤长三千三百一十五丈。又天然坝二座，各口宽六十丈，两头用柴裹护，并筑拦湖越坝二道，以便相机开放。又临湖钉锁口桩二路，以防坝底刷深。共估土方工料银一万二千四百一十六两一钱零。因系紧要工程，臣照部文，一面动河库大工帑银，委原任同知刘光业修理”等因前来。查先经该督将高堰滚水坝下，就原有之草字河、唐曹河开为引河，并筑顺水堤。又翟家坝留天然滚水坝，宽百十余丈，以泄洪湖溢漕之水等因具题。九卿会议，覆令一面兴工，一面将需用银两确估具题，行文在案。今既经该督估计具题，应令其速行修筑完工，核减造册题销可也。

康熙四十年四月二十六日题，五月初一日奉旨："依议速行。"钦此钦遵。抄出到部，移咨到臣。准此，当经檄行该道转行修筑，工完核减详销去后。今据淮扬道参议王谦覆核，并无浮冒，伏候查核题销等因册详到臣。据此，该臣看得，草字河、唐曹河筑顺水堤，并开天然闸坝二座，经臣具题估计，部覆令其速行修筑完工，核减造册题销，奉旨："依议速行。"钦遵在案。今据淮扬道参议王谦详称"草字河筑堤长四千八百九十五丈，唐曹河筑堤长三千三百一十五丈，天然坝二座。以上三工，原估银一万二千四百一十六两一钱四分六厘一毫，今工完核减，实用银一万九百九十五两五分二厘五丝，节省银一千四百二十一两九分四厘五丝，并无浮冒"等因，造册详送前来。臣覆核无异，除原册送部查核外，相应具题，伏乞皇上敕部核销施行等因。

康熙四十一年正月二十八日题，二月十八日奉旨："着察核。该部知道。"钦此钦遵。于二月十九日抄出到部。该臣等议得，先经河道总督张鹏翮，将草字河、唐曹河筑顺水堤，并开天然坝二座，需用银一万二千四百一十六两一钱零等因，估计具题。臣部覆令速行修筑，工完核减，造册题销去后。今据该督疏称"草字河筑堤长四千八百九十五丈，唐曹河筑堤长三千三百一十五丈，天然坝二座，宽一百二十丈，共实用银一万九百九十五两五分零，节省银一千四百二十一两九分零，并无浮冒”等因前来。查前项筑顺水堤并天然坝用过银两，该督既称并无浮冒等语，应准开销节省银两，贮库为河工之用可也。

康熙四十一年三月初三日题，本月初五日奉旨：“依议。”

卷之十九　章奏

〔修高堰石工〕

兵部尚书兼都察院右都御史、总督河道、提督军务、臣张鹏翮谨题，为钦奉上谕事。

案准工部咨开，本部等衙门会议，河道总督张鹏翮疏称“武家墩至小黄庄一带临湖，旧有石工，仅出水面二三尺不等，必须加砌，与小黄庄见砌石工一律齐高，正在确估工料兴修，应如所奏，令其加砌，一面兴工，一面将需用银两确估具题可也”等因。奉旨：“依议速行。”钦此钦遵。抄出到部，移咨到臣。准此，当即檄行淮扬道参议王谦、礼部员外郎蒋陈锡、刑部员外郎丁易，一体钦遵去后。今据该道等造册估计等因到臣。据此，该臣看得，武家墩起至小黄庄止，一带临湖，旧有石工仅出水面二三尺不等，臣奏明加砌，与小黄庄见修石工一律齐高。行据淮扬道参议王谦等详称“旧石工桩朽石欹，势必另行拆砌，方可坚固经久。今于旧残石工之上，叠柴压土，以为越坝，于内建砌，可以节帑速工。创砌石工共长五千五百二十六丈四尺，连镶柴越坝等项，估用工料银六十八万六千二百四十八两八钱二厘八丝”。既据该道核实造册估计前来。臣覆确核无异。随委承修官原任知府傅泽洪、候补主事程兆彪、候补同知姚震、高堰通判朱廷植、原任守备郝溢、高堰守备夏景松等，领帑办料兴修。委原任按察使赵世显监工督催。除原册送部查核外，相应具疏题估。

查此工共估银六十八万六千二百四十八两零，内除于拨发钱粮等事案内，拨过银五十万两外，尚有不足银一十八万六千二百四十八两零，相应请敕该部速行拨给，以济工用。再查前河臣交代案内，共存库银四十五万四千八百七两零，内除岁修银七千四百三十余两，又运司羡余银六万四千三百九十余两，以为岁修兵饷支用。又谨陈河工帮筑等事案内，银十五万六千五百五两零，乃系加帮山、安黄河两岸堤工之项，其余存库大工银二十七万六千四百七十余两，给发凤凰桥、芒稻河、人字河、高邮护城堤，堵塞夏家桥等处六坝，修建唐埂等三滚坝，挑挖大通口，堵塞邵伯更楼两坝，马家港、时家马头挑浚新河等工，尚不敷用，容臣按工估计，分案题请拨发，合并声明。又原任通判靳治齐，于会勘案内，领过估修高堰倒卸石工银四万七千四百八十五两零，年久并不修工，今已丁忧回旗。前于估计滚坝案内，题请敕部押解来工，将料物运至工所清算在案。俟靳治齐押到，一并清查，如有短少，照数追赔参处。相应一并题明，伏乞皇上睿鉴，敕部议覆施行等因。

于康熙三十九年十月二十一日，准工部咨开前事，都水清吏司案呈，工科抄出，河道总督张鹏翮疏称“武家墩起至小黄庄止，一带临湖旧石工桩朽石欹，必另行拆砌，方可坚固经久。今于旧残石工之上，叠柴压土，以为越坝，于内建砌石工，共长五千五百二十六丈四尺，共估银六十八万六千二百四十八两八钱零。除拨发钱粮等事案内，拨过银五十万两外，尚有不足银一十八万六千二百四十八两零，应请拨给”等因。

于康熙三十九年十月初九日奉旨：“这修筑高堰不足银两，着照该督所请，速行拨给。乘此今冬水涸，作速修筑完工，勿致迟误。该部知道。”

〔请帑造船〕

兵部尚书兼都察院右都御史、总督河道、提督军务、臣张鹏翮谨奏，为请旨事。

臣奉命督河，到任后，即前往江南，遍阅河工，其紧要工程，已不时题报。臣与部臣和衷集事，勉励属员，实心任事，必期河工告成，早奏安澜，以仰副皇上轸念国计民生至意。今于四月初八日，据原任知州刘可聘等报称，拦黄坝已经尽拆，口内水深二丈二尺。是海口已通，其邵伯南坝、马家港决口，俱已堵塞，其余应筑应疏事宜，容臣广集众思，估计明确，次第入告。但河工溃敝之后，修治之法，必须帑金以办工料，如石与砖、苘麻、芦苇、桩木、柴草，须预发帑金，于五、六、七、八四个月预行备齐，俟秋尽水落，并力兴工。臣采集众议，请先发帑金一百万两，以备办工料。但物料必须船只运送，目今河海清晏，地方无事，先借京口、崇明沙船共一百只运料尚不敷用，交与江苏、江西巡抚，动正项钱粮，遴委贤员，照河工式样，共造船四百只，发与河官运料。其芦苇柴草产于海套官荡，由黄河逆流转运，甚属艰难。查有海口运料小河一道，见今淤塞，臣已委赵世显估计工料，另疏题请挑浚，有裨河工。抑臣更有请者，清江浦系五方杂处之地，见有河工效力旗员，每遇旗民争竞，地方官不敢查问，且无巡缉盗贼专员稽查，巡夜无人料理。河库见贮钱粮，关系重大，旗汉效力人员领帑回寓，间有疏失，止设有船政同知一员，不管地方之事，造船亦少，甚属安闲。拟将船政同知裁去，改设理事同知一员，拣选满州贤能官员补授，以之审理旗民词讼，捕缉盗贼，兼管船政，仍属总漕、巡抚管辖，与河工事务均有裨益。以上各条，系关河工事宜，理合先行奏明，恭候皇上睿鉴施行。为此具奏。因赵世显、王进楫委勘运料河，挑挖人字河等工，今笔帖式马泰公务进京，特令赍捧具奏请旨。

康熙三十九年六月初四日，笔帖式马泰具奏，本日奉旨："交与工部议奏。"

〔拨发钱粮〕

兵部尚书兼都察院右都御史、总督河道、提督军务、臣张鹏翮谨题，为拨发钱粮办料趱工事。

窃照江南黄、运、湖、河，频年溃敝已极，在在皆须修理。臣到任以来，遍历查阅，凡有急应筑浚者，如高邮护城堤，挑挖人字、芒稻等河，以及开张福口，并拆拦黄坝等工，当即一面兴工，一面具题在案。至于见在应修者，如加帮桃、清、山、安黄河两岸缕堤，武家墩、小黄庄、郭家觜，高、宝、高堰滚坝各石工，如挑浚运料河及新改中河等处工程，不一而足，或当即委员修理，或应及时办料，皆非帑银莫济。前虽查盘里、外二河厅库贮银共计有四十余万两，见修工程与各营兵饷需帑甚繁，而勘估应修之工，犹须办料兴修，委不敷用。前经具折差笔帖式马泰请发帑银一百万两，以为办料趱工之用。但马泰由水路船行，未免稽迟，相应再疏题请，仰恳皇上俯念河工关系重大，敕部速议，就近拨银一百万两，以济急用，庶要工不致贻误矣。臣谨具题请旨。

康熙三十九年五月二十四日题，六月初九日奉旨："工部速议具奏。钦此。"

又为请旨事。

抄出到部，该臣等会议得，河道总督张鹏翮奏称"河工溃敝之后，修治之法，必须帑金以办工料，如石与砖、苘麻、芦苇、桩木、柴草，须预发帑金，于五、六、七、八四个月预行备齐，俟秋尽水落，并力兴工。臣采集众议，请先发帑金一百万两，以备办料。但物料必须船只运送，先借京口、崇明沙船共一百只，运料尚不敷用，交与江苏、江西巡抚，动正项钱粮，遴委贤员，照河工式样，共造船四百只，发与河官运料"等语。又疏称"前经具折，差笔帖式马泰请发帑银一百万两，以为办料趱工之用。但马泰由水路船行，未免稽迟，相应再疏题请"等因前来。查该督既称"请帑一百万两，于五、六、七、八四个月预备料物，俟秋尽水落，并力兴工"等语。应移咨户部，先就近拨给银五十万两，俟此银用完，如果不敷，该督将用过之处声明具题到日，再将银五十万两拨给。又称"将京口、崇明二营沙船借用一百只"等语。查战船三年一小修，再历五年大修，总属修理，应如所奏，准其借用。又称"交与江苏、江西巡抚，动正项钱粮，造船四百只运料"等语。查河工额设浚柳船共有六百三十二只，今又借沙船一百只应用，应将造船四百只之处暂停，即将此沙船、浚柳船运料。如仍不敷用，将情由声明具题到日再议。又奏称"芦苇柴草产于海套官荡，由黄河逆流转运，甚属艰难。有海口运料小河一道，见今淤塞，臣已委赵世显估计工料，另疏题请挑浚，有裨河工"等语。查此处见今九卿会议题覆，应毋庸议。又奏称“清江浦系五方杂处之地，见有河工效力旗员，每遇旗民争竞，地方官不敢查问，且无巡缉盗贼专员。河库见贮钱粮，关系重大，拟将船政同知裁去，改设理事同知一员，拣选满州贤能官员补授，以之审理旗民词讼，捕缉盗贼，兼管船政，仍属总漕、巡抚管辖”等语。应照该督所题，将清江厂船政同知裁去，改设理事同知，令其审理旗民词讼，捕缉盗贼，仍兼管船政。此补授时，将满州内识汉文应升官员保举者，论俸开列，具题引见。俟命下之日，其应给关防，俟该督抚拟定字样，具题到日，移咨礼部铸给，仍属总漕、巡抚管辖。至所裁见任船政同知夏之浚，该抚给文赴部另补可也。

康熙三十九年六月十三日题，本月十六日奉旨：“依议速行。沙船见今差人前往察看，俟到时将沙船借用之处，再议具奏。”

〔不必海运〕

兵部尚书兼都察院右都御史、总督河道、提督军务、臣张鹏翮谨题，为钦奉上谕事。

康熙三十九年六月二十五日，臣看河回至高邮州河干，接钦差户部员外郎拖克拖和赍捧上谕，内开：康熙三十九年六月十五日上谕：“谕大学士伊桑阿、马齐，见在清口淤垫，着差人往总河张鹏翮处，明年漕船行走，有无迟误。至其漕粮装载沙船，可否从江下海，入黄河海口，由中河行走，此外有无另见之处，议明具奏。钦此。”臣跪捧敬读之下，仰见我皇上轸念运道、民生，无时不惓惓圣怀，如天地之覆载，如日月之照临，无微弗彻。臣钦遵前旨，已令河官将运口两坝筑毕，仅留口门，以放粮船。指日粮船过完，将新挑张福口引河开放入运河。裴家场引河将湖内淤沙二百丈挑通之后，亦可引清水入运，再将六坝闭塞，逼清水滔滔出口，此二处之水必然畅沛，运道可以通行。况今岁河道极其溃敝，粮船阻于邵伯以下不得前进。臣恭奉圣训，指授方略，堵塞邵伯决口，粮船即便通行，尚不致有误。此时运河各决口尽行堵塞，清水又已引出，乘时将运河淤垫之处再加疏浚，来岁粮船自是通行，不致有误。至于改载沙船，雇募水手人夫，恐致糜费钱粮。且由江入海，从黄河海口进中河之处，潮汐消长，水势不一，风涛不测，实属难行。臣愚一得之见，未知是否，伏乞皇上睿鉴施行。又吏部郎中叶舒题前事等因。

康熙三十九年九月十三日面奏，奉旨："知道了。折子交与户部。钦此。"

该臣等会议得，郎中叶舒等奏称"臣等于七月十一日至镇江，齐集水手询问，水手云：乘沙船可以走海，但竹篷沉重，使不得，布篷使得，随即修布篷，于本月十五日出江口入海。各处俱有沙滩，必于滩上方可停泊。于八月初九日进黄河口，十六日至清河县。臣等在江、海、黄河内行走之时看得，若风顺之际，用坚固沙船少少装载，可以运粮。但黄河内遇水泛涨之际，并无纤路，未免耽延时日"等语。查康熙三十九年六月十五日奉上谕："见在清口淤垫，着差人往总河张鹏翮处，明年漕船行走有无迟误，其漕粮装载沙船，可否从江下海入黄河海口，由中河行走，此外有无另见之处，议明具奏。钦此。"随差员外郎掩克掩和前往询问，据张鹏翮疏称"臣将运口两坝筑毕，仅留口门以放粮船。指日粮船过完，将新挑张福口引河开放入运，裴家场引河将湖内淤沙挑通，亦通引清水入运，再将六坝闭塞，逼清水滔滔出口，运道可以通行。况今岁河道溃敝，粮船阻于邵伯以下不得前进。臣堵塞邵伯决口，粮船即便通行，尚不致有误。此时运河各决口尽堵，清水亦引出，乘时将运河淤垫处再加疏浚，来岁粮船自是通行，不致迟误”等语。应将海运之处毋庸议。

又康熙三十九年九月二十五日奉旨：“总督阿山将修理沙船之处具题。前因运河难以行走，欲由海内运粮，曾差官查看沙唬船只。总河张鹏翮既称‘将运河淤垫处再加疏浚，来岁粮船不致有误’等语，是漕粮不必海运。总河张鹏翮又称将沙船暂行取用，此所查沙船，俱给张鹏翮应用之处，交与该部议。”钦此钦遵。查先经总河张鹏翮疏称“借用京口、崇明二营沙船一百只，又交与江宁、江西巡抚动正项钱粮，造船四百只运料”等因。工部以沙唬船只应如所题借用，河工额设浚柳船共有六百三十二只，将造船四百只之处暂行停止等因，题覆在案。应将纪赛等所查堪用船一百零五只，行令该督移送总河运料。再，总督阿山交与知府等官，所造船一百二十五只，亦令作速修造完工，送往总河应用可也。

康熙三十九年九月二十九日缮写折子启奏。本日奉旨：“沙唬船水手应用什物，见在俱有。总河张鹏翮欲用若干，着尽其取用。将此船只行文江南总督、镇江将军，委贤能官员押送应用，勿致有误。余依议。”钦此钦遵。移咨到臣。准此，随经移咨两江总督、镇海将军押送应用去后。嗣准江南江西总督阿山咨称“准镇海将军咨称，先解沙唬船七十一只赴工应用，合先咨明。又准镇海将军马三奇咨称，当将堪用沙唬船七十一只，遴委右营游击朱振业管押查收外，其余所修船只，不日告竣。

惟查京口地方为七省咽喉，舟车锁钥，而浩淼长江，内连湖广、江西，外接重洋岛屿，诚东南之要会，为江海之藩篱。今若将沙唬船只俱赴河工，诚虑汪洋之地，汛守空虚。查京口沙唬船一百二十只，可否以九十只解赴河工，以三十只存留防守，庶无误河工之用，而汛守不致空虚，操演不致废弛”等因。

又据苏松总兵官梁鼐咨呈，内称“海疆设有沙船，原为巡防战守之要，且崇明四面环海，分兵轮守，各沙远隔老岸，动数百里，往返巡哨，必借船只，而奸徒出没，私贩越渡，稍有疏忽，参罚随之，汛防在所当严，而沙船万难偶缺者也。查本标旧存新修共船六十只，内二十二只见在修理，未经验领回营，而出汛各沙及对渡装运军需时不可少者二十余只，其余轮值更换，本无空闲。今若尽数起解，则封疆守御无资，隔岸粮刍亦绝，可否酌留一半，以资守御，庶封疆不致贻误，而河工亦有裨益矣”各等因到臣。

准此，该臣看得，河工当溃敝之后，各处大工兴举，所办工料，非船莫济。是以臣于上年五月内，奏借京口、崇明沙船运料济用，荷蒙俞旨，准其取用，钦遵移咨在案。今准镇海将军臣马三奇等咨称“京口为七省咽喉，若将沙唬船俱赴河工，诚虑汛守空虚。而崇明四面环海，各沙远隔老岸，动数百里，若沙船尽数解工，则封疆守御无资，隔岸粮刍亦绝，可否留船一半，以资守御”等因前来。臣覆查海防河工，均关紧要，目今六坝俱已全闭，邵伯更楼、时家马头等处缺口俱经堵完，嵇家闸久已合龙，是两河要工渐次就绪。而京口、崇明海疆重地，汛守不可空虚，二处沙唬船只仍应各留本汛，以资防御者也。除臣移覆镇海将军马三奇，并照会苏松总兵官梁鼐知照外，相应题明，伏乞皇上睿鉴施行等因。

康熙四十年正月二十七日题，二月十五日奉旨：“该部知道。钦此。”

又为钦奉上谕事。

工科抄出江南江西总督阿山题前事等因。康熙四十年正月三十日题，二月十九日奉旨：“该部知道。”钦此钦遵。于二月十六等日抄出到部。该臣等议得，河道总督张鹏翮疏称“大工兴举，所办工料，非船莫济。是以臣于上年五月内奏借京口、崇明沙船运料济用，荷蒙俞旨，准其取用。今准镇海将军臣马三奇等咨称‘京口为七省咽喉，崇明四面环海，若将沙唬船只俱赴河工，诚恐汛守空虚，可否留船一半，以资守御’等因。臣查目今六坝俱已全闭，邵伯更楼、时家马头等处缺口俱已堵完，嵇家闸又已合龙，是两河要工渐次就绪，而京口、崇明海疆重地，汛守不可空虚，二处沙唬船只，仍应各留本汛，以资防御”等因前来。

查江南江西总督阿山疏称“崇明船只见今解过三十八只，京口船只已经起解一百零二只”等因。河道总督张鹏翮既称“两河六坝及邵伯更楼等处要工渐次就绪，二处沙唬船只仍应留本汛，以资防御”等语，应行江南江西总督、镇海将军等，将京口、崇明二处沙唬船只，已解河工者领回，未经解送者停其解送可也。

康熙四十年三月初四日题，本月初六日奉旨：“依议。”

〔治河条例〕

兵部尚书兼都察院右都御史、总督河道、提督军务、臣张鹏翮谨题，为敬陈治河条例，仰祈圣裁，以固河防事。

恭惟我皇上圣明在上，轸念国计民生，不惜数百万帑金修治河工，至圣至仁，古今罕觏。为臣子者，能不仰体圣意。频年以来，劳费罔效，上廑圣怀。臣恭承圣训，遍历河工查勘，见土堤皆用虚土堆成，惟将顶坡微硪，并未如式夯筑，排桩多非整木，签钉不深，一遇浪击，遂至欹斜塌卸。其石工修砌不坚，抹缝不密，与原估丈尺不符。挑河不挑深通，竟将积土堆积堤岸，以本土即作河底，微挖坯土望水长，大雨盈溢，即报成河，水涸露出本相，又捏报淤塞。此种情弊，悉由条例不严，董率不力，故尔分工人员，领帑到手，任意花销，以致工无实效，帑多虚糜。今考之古书，参之舆论，谨酌《条议》数则，一一为我皇上陈之：

一、堤工之宜坚筑也。取土有远近，故价值有多寡。取土之远者，每土一方估银二三钱不等；取土之近者，每土一方亦估银一钱四五分不等。远土或取于百丈之外，或取于里余之外，最近之土亦应离堤二十丈及十五丈之外，此定例也。今见现筑各堤，即于堤根取土，且于近堤一带，先挖下一二尺，并将周围铲平，以作假堤，希图虚冒钱粮。又旧例每堆土六寸，谓之“一皮”，夯杵三遍，以期其坚实，行硪一遍，以期其平整。虚土一尺，夯硪成堤，仅有六七寸不等，层层夯硪，故坚固而经久，虽雨淋冲刷，而不致有水沟浪窝、汕损坍塌之虞。今见各堤俱无夯杵，止有石硪，又自底至顶，俱用虚土堆成，惟恃顶皮陡坦微硪一遍，以饰外观。是以堤顶一经雨淋，则水沟浪窝，在在不堪；堤底一经汕刷，则坍塌损坏，崩溃继之。故年来糜费钱粮，迄无成效。自今以后，加帮之堤，俱将原堤重用夯杵，密打数遍，极其坚实，而后于上再加新土。创筑之堤，先将平地夯深数寸，而后于上加土建筑，层层如式夯杵行硪，务期坚固。照依估定远近土方，取土加帮，不许近堤取土，亦不许挖伤民间坟墓。该道厅督率该管员弁，不时往来巡查，如有近堤取土，饰作假堤，夯硪不坚，挖伤坟墓者，即将义民人夫先行惩处，仍将承管官揭报，以凭参究。如不揭报，经臣察出，定将该道厅一并纠参。

一、桩工之宜用整木也。运河、中河原因顶冲刷湾之处，水势湍激，恐其汕刷土堤，是以估用整木签钉排桩，估用整柴丁头镶压，以资捍御。今见两河排桩，俱系一木二截，浮签浅土，所镶柴束，俱系一柴二截，粉饰外观，反将旧堤老土挖松。一遇雨淋水涨，桩木欹斜胀折，柴草随水漂淌。承筑人员既图短少物料，侵帑以肥己，该管厅员又冀呈报抢修，膜视而不问，河工竟成漏卮，公帑随成逝波矣。嗣后排桩工程，购木到工，该道厅先赴工围验，是否与原估之尺寸相符，勒令承筑人员，桩用整木签钉，入地甚深，埽用整柴镶压，极其坚固。如敢仍前将木柴截用，修筑不坚，旋修旋坏，该道厅不时指名揭报，以凭参拿追究。如或瞻徇情面，通同容隐，经臣临工察出，定即一并纠参，仍将该汛员弁咨斥究治。

一、龙尾埽之宜停也。臣遍查河工，见工程之坚固者，首在石工，次则密钉马牙桩，足资捍御。其顶冲大溜之处，用丁头埽密钉大木排桩，深埋入土，亦属有益。至于平常工程，概用龙尾埽稀钉排桩，浅埋浮土，一遇风浪，即行塌卸，徒饰外观，虚糜帑金，应行停止。

一、石工之修砌宜得法也。湖河堤岸之砌石工者，原因长湖巨浪，堤岸卑薄，桩埽板工不足以资捍御，是以估砌石工，以为经久之计。故各估册内有马牙、梅花等桩，有面里、丁头等石，有铁锭、铁锔、汁米、灰柴等料，各匠夫役工食以及祭祀之类，无一不备。故小黄庄石工，每丈估银八十四两有零之多。若照估办料，依法修砌，自能坚固永久，安有旋砌旋倒之事？臣遍阅湖河修砌石工之处，不惟石块碎小，不足尺寸，而且錾凿草率，参差不平。虽有石灰，而不见过筛、捣杵。堆贮桩木，率皆一木数截。零星之砖，不足原估尺寸，三砖不能抵二砖之用，铁锭、铁锔则全未之见也。钉桩短小，不足以檠数层巨石；石块碎小，不足以符原估丈尺。石灰、汁米短少，何以合砖石而联成一片？铁锭、铁锔全无，何以扣石缝而使之合榫？再加以减少匠工，潦草修砌，自必旋砌而旋坏，安望其能经久乎？与其参究于已坏之后，何如严督于修砌之前。嗣后一切石工，无论马牙、梅花等桩，皆用整木深钉，务期极其坚深。无论面里丁头等石，皆照原估置办，錾凿极其平整。石灰须重筛，筛过多用米汁调和捣杵，极其胶黏，满贯而入，使之无缝不到。又用铁锭、铁锔联络上下，合为一片。凡有石工将兴，备料到工，该道厅先验料物，次勘工程。如或料物不堪，短少灰米，以及修砌草率，有一于斯，立即指名揭报，以凭摘工参究。若徇庇容隐，经臣临工察出，定即一并（斜）〔纠〕参，并将该汛员弁咨斥究惩。

一、埽工之宜核实也。埽个工程，大工堵决之外，岁、抢各工，用埽最多。柴草、苘麻等料，漕规久已核定，无容更张。而虚冒之弊，全在工程以平报险，用料以少报多。本年修理，次年估销，埽个新陈相因，其中易于牵混，厅营通同蒙蔽，员弁承其意旨，以险工为奇货，视工帑为故有，虚开冒破，随成牢不可破之弊。是以大工在在兴举，而岁、抢钱粮，有增无减。业经谆谆告戒，嗣后报险呈详一到，该道亲行查勘，果系险工，即令动料抢修，一面估计数目，申报河臣，以凭稽查。如系假捏，即以谎报题参处分。如该道徇隐，经臣亲行查出，将该道一并题参。

一、挑河之积弊宜除也。挑浚工程，无论大河引河，旧例止挑河而不筑堤者，每土一方，估用银九分；以挑河之土而复筑成堤者，每方估用银一钱六分。所估原有赢余，若照估挑挖，自然河深堤坚，而无淤垫坍塌之患。不谓分工人员，领帑到手，任意花销，河身微微挑挖，不及原估十之三四。堤用虚土堆成，并不肯如式夯硪，且将挑出之土，堆于临河堤上，使堤岸高耸，以作假河之尺寸。甚至工未及半，帑金告匮，自知亏空难掩，故将临水之处，有意挖开，引水入于河身，报称淹漫。及至水退涸出，报称淤垫。是以年来挑浚甚多，成河甚少，侵帑误工，莫此为甚。嗣后挑河工程，挑出之土，尽堆于原估堤上，层层夯硪成堤，使之高宽，以资捍御，不许估计散土，以滋堆高假河之弊。挖河人员，务须照估挑挖宽深，倘敢复蹈前辙，花费钱粮，潦草工程，以及引水淹漫，虚报淤垫者，除挑过土方，用过钱粮，一概不准销算外，仍以侵冒误工，严参拿问。

一、黄河淤垫之曲处宜取直也。恭奉上谕，将黄河曲处挑挖使直，水流畅快，则泥沙不淤。仰见我皇上洞悉治河良法。臣查阅河工，见顶冲大溜之处，对岸必有沙嘴挺出，此河曲之故也。从此曲处挑挖引河，以杀水势，则对岸险工可平。诚如圣谕指示及其精当。因询河官，何以不即遵行？据称：挑挖引河，需费钱粮甚多，挖后迎水大溜，始能成河，若逢缓水，必至沙淤，例应追赔。是以人心惧缩，不敢挑挖。臣思河工虚应故事，挑挖不如式者，理应赔修。若实心任事，挑挖深宽，偶致淤垫者，此非人力之罪，应请圣恩免其赔修，庶几人无畏缩，我皇上挑直之上谕，可以实见之奉行，而河工有底绩之期矣。

一、河工用人宜立劝惩之法也。治河浚筑之功，首在得人，而人才必须鼓舞，方能奋发勉励，以图报效。臣请河工官员，有实心任事，不避劳怨，不侵帑金，修防坚固者，即属尽心为国之贤才，工成之日，请优叙即用，庶几人皆知劝。其行事诡诈，怠玩推诿，虚冒钱粮，工程不坚固者，即系不肖劣员，一经参罚，请严加治罪，庶几人心知畏，将见劝惩，立而贤者知勉，不肖者知惧，而河工之奏效不难也。

一、夫役之宜优恤也。河工兴举，须用民力，如挑河筑堤，雇夫动至数千，曝日之下，风雨之时，手操畚锸，不敢自逸。夜则露处沿堤，卷席为棚以藏身，虽有雇值帑金，止可糊口。而此辈欢欣就工，共矢子来之义，皆感我皇上豢养之恩也。工成之日，照所给印票，该地方官查验，免其杂项差徭，以酬其劳，则夫役益欢欣鼓舞，而趋事恐后矣。

以上各条，俱关治河要务，伏候皇上圣裁。如蒙允行，敬请天语申饬，勒石河工，俾得永远遵守，有裨河道，良非浅鲜。因系条陈事宜，字多逾格，贴黄难尽，伏乞皇上睿鉴，俯赐全览施行等因。

康熙三十九年六月十七日题，本月三十日奉旨："览奏条陈河工弊端，详悉切要，极其周备，着九卿、詹事、科道会同速行确议具奏。"钦此钦遵。于七月初一日抄出到部。该臣等会议得，河道总督张鹏翮疏称"恭惟我皇上圣明在上，轸念国计民生，不惜数百万帑金修治河工，至圣至仁，古今罕覯。为臣子者，不能仰体圣意。频年以来，劳费罔效，上廑圣怀。臣恭承圣训，遍历河工查勘，见土堤皆用虚土堆成，惟将顶坡微硪，并未如式夯筑，排桩多非整木，签钉不深，一遇浪击，遂至欹斜塌卸。其石工修砌不坚，抹缝不密，与原估丈尺不符，挑河不挑挖深通，竟将积土堆积堤岸，以本土即作河底，微挖坯土望水长，大雨盈溢，即报成河，水涸露出本相，又捏报淤塞。此种情弊，悉由条例不严，董率不力，故尔分工人员，领帑到手，任意花销，以致工无实效，帑多虚糜。今考之古书，参之舆论，谨酌《条议》数则，一一为我皇上陈之”等因，条奏前来。

查，“一、堤工之宜坚筑也。筑堤取土，或于百丈之外，或于里余之外，最近之土，亦应离堤二十丈及十五丈之外，此定例也。今见现筑各堤，即于堤根取土，且于近堤一带，先挖下一二尺，并将周围刬平，以作假堤，希图虚冒钱粮。又旧例每堆土六寸，谓之‘一皮’，夯杵三遍，以期其坚实，行硪一遍，以期其平整。层层夯硪，故坚固而经久。今见各堤俱无夯杵，止有石硪，又自底至顶，俱用虚土堆成，惟将顶皮陡坦微硪一遍，一经雨淋冲刷，则坍塌损坏，崩溃继之。自今以后，加帮之堤，将原堤重用夯杵，密打数遍，极其坚实，而后于上再加新土。创筑之堤，先将平地夯深数寸，而后于上加土建筑，层层如式夯硪，务期坚固。不许近堤取土，亦不许挖伤民间坟墓。该道厅督率该管员弁，不时往来巡查，如有近堤取土，饰作假堤，夯硪不坚，挖伤坟墓者，即将义民人夫先行惩处，仍将承筑官揭报，以凭参究。如不揭报，经臣察出，将该道厅一并纠参”等语。

“一、桩工之宜用整木也。运河中河顶冲刷湾之处，水势湍激，恐其汕刷土堤，估用整木签钉排桩，估用整柴丁头镶压，以资捍御。今见两河排桩，俱系一木二截，浮签浅土，所镶柴束，俱系一柴二截，一遇雨淋水涨，桩木欹斜胀折，柴草随水漂淌。嗣后排桩工程，购木到工，该道厅先赴工围验，是否与原估之尺寸相符，勒令承修人员，桩用整木签钉，入地甚深，埽用整柴镶压，极其坚固。如敢仍前将木柴截用，修筑不坚，旋修旋坏，该道厅不时指名揭报，以凭参拿追究。如或瞻徇情面，通同容隐，经臣临工察出，一并纠参，仍将该汛员弁咨斥究治”等语。

“一、龙尾埽之宜停也。臣遍查河工，见顶冲大溜之处，用丁头埽密钉大木排桩，深埋入土，亦属有益。至平常工程，概用龙尾埽稀钉排桩，浅埋浮土，一遇风浪，即行塌卸，虚糜帑金，应行停止”等语。

“一、石工之修砌宜得法也。湖河石工各估册内，有马牙、梅花等桩，有面里、丁头等石，有铁锭、铁锔、汁米、灰柴等料，各匠夫役工食以及祭祀之类，无一不备。若照估办料，依法修砌，自能坚固永久，安有旋砌旋倒之事？臣遍阅湖河修砌石工之处，不惟石块碎小，不足尺寸，而且錾凿草率，参差不平。虽有石灰，而不见过筛、捣杵。堆贮桩木，率皆一木数截。零星之砖，不足原估尺寸，三砖不能抵二砖之用，铁银、铁锔则全未之见也。嗣后一切石工，无论马牙、梅花等桩，皆用整木深钉，务期极其坚深。无论面里、丁头等石，皆照原估置办，錾凿极其平整。石灰须重筛，筛过多用米汁调和捣杵，极其胶黏，满贯而入，使之无缝不到。又用钱锭、铁锔连络上下，合为一片。凡有石工将兴，备料到工，该道厅先验料物，次勘工程。如或料物不堪，短少灰米，以及修砌草率，有一于斯，立即指名揭报，以凭摘工参究。若徇庇容隐，经臣临工察出，一并参究，并将该汛员弁咨斥究惩”等语。

“一、埽工之宜核实也。岁、抢各工虚冒之弊，全在工程以平报险，用料以少报多。本年修理，次年估销，埽个新陈相因，其中易于牵混，虚开冒破，是以岁、抢钱粮，有增无减。嗣后报险呈详一到，该道亲行查勘，果系险工，即令动料抢修，一面估计申报河臣，以凭稽查。如系假捏，即以谎报题参。如该道徇隐，经臣亲行查出，将该道一并题参”等语。

“一、挑河之积弊宜除也。挑河无论大河、引河，旧例止挑河而不筑堤者，每土一方，估用银九分；以挑河之土而复筑成堤者，每方估用银一钱六分。所估原有赢余，若照估挑挖，自然河深堤坚，而无淤垫坍塌之患。不谓分工人员，领帑到手，任意花销，河身微微挑挖，不及原估十之三四。堤用虚土堆成，不肯如式夯硪，且将挑出之土，堆于临河堤上，使堤岸高耸，以作假河之尺寸。甚至工未及半，帑金告匮，自知亏空难掩，故将临水之处，有意挖开，引水入于河身，报称淹漫。及至水退涸出，报称淤垫。侵帑误工，莫此为甚。嗣后挑河之土，尽堆于原估堤上，层层夯硪成堤，不许估计散土，以滋堆高假河之弊。挑河人员，务须照原估挑挖宽深，倘复蹈前辙，花费钱粮，潦草工程，以及引水淹漫，虚报淤垫者，除挑过土方，用过钱粮，一概不准销算外，仍以侵冒误工，严参拿问”等语。

查以上六款，系奏除河工积弊，坚固堤岸等事要务，均应如该督所题。

“一、黄河淤垫之曲处宜取直也。恭奉上谕，将黄河曲处挑挖使直，水流畅快，则泥沙不淤。仰见我皇上洞鉴治河良法。因询河官何以不即遵行？据称，挑挖引河，需费钱粮甚多，挖后迎水大溜，始能成河，若逢缓水，又致沙淤，例应追赔。是以人心惧缩，不敢挑挖。臣思河工虚应故事，挑挖不如式者，理应赔修。若实心任事，挑挖深宽，偶致淤垫者，此非人力之罪，应请免其赔修”等语。查工部并无黄河曲处挑直淤垫赔修之例，止有钦奉上谕事案内，九卿会议，董安国所挑未完引河，准其动帑挑筑，河工告成，将用过钱粮准销，如河不成，不准开销等因在案。今该督既称“挑挖黄河曲处，若实心任事，挑挖深宽，偶至淤垫者，此非人力之罪，应免其赔修”等语。嗣后凡黄河曲处挑挖引河，如果实心任事，挑挖深宽，偶至淤垫者，该督亲勘保题到日，准免其赔修。

“一、河工用人宜立劝惩之法也。治河浚筑之功，首在得人，而人才必须鼓舞，方能奋发勉励，以图报效。臣请河工官员，有实心任事，不避劳怨，不侵帑金，修防坚固者，工成之日，请优叙即用；行事诡诈，怠玩推诿，虚冒钱粮，工程不坚固者，一经参罚，请严加治罪”等语。嗣后河工官员，有实心任事，不侵帑金，修防坚固者，该督开明实绩，保题到日，见任者以应升之缺即用，候补者以应补之缺即用；其怠玩推诿，虚冒钱粮，工程不坚固者，该督题参到日，革职拿问追究。

“一、夫役之宜优恤也。河工兴举，须用民力，如挑河筑堤，雇夫动至数千，曝日之下，风雨之时，手操畚锸，不敢自逸。虽有雇值帑金，止可糊口。工成之日，照所给印票，该地方官查验，免其杂项差徭，以酬其劳”等语。应如该督所奏，河工夫役工成之日，照所给印票，该地方官查验，免其杂项差徭可也。

康熙三十九年七月初三日题，本月初四日奉旨：“依议速行。”

〔堵闭六坝〕

兵部尚书兼都察院右都御史、总督河道、提督军务、臣张鹏翮谨题，为钦奉上谕事。

案查，康熙三十九年正月初七日，准工部咨开，都水清吏司案呈，奉本部送工科抄出，该本部等衙门会覆侍郎常绶等奏前事等因。康熙三十八年十二月十七日奏，本月十八日奉旨："若将高堰减坝堵闭，建造滚水坝土堤，加帮高厚，则湖水必高，黄水又大，湖水不出之时，高堰堤工危险，而泗州等处必至水淹。着大学士、九卿、詹事、掌印不掌印科道，会同确议具奏。"钦此钦遵。该臣等会议得，侍郎常绶等疏称"武家墩村北元帝庙稍远之处，应行开口，又将高堰加筑高厚，减坝尽行堵塞，临湖汕刷之处，亦应修补，不许堤根取土，应添挑引河二道"等语。查武家墩开口，改移清口甚好，但见今物料未备，恐明年雨水之前不能完工，漕运甚属紧要，虽改移清口，其高堰亦必须加帮。相应将高堰照侍郎常绶等所奏，速行加帮高厚，不致迟误。明年漕运所需，约估银一百二十八万五千四百四十九两零，令户部就近拨给。

再，先前各工拨给银一百八十万余两，分给各官，至今工程尚未完竣。此加帮高堰，挑挖引河等工，若又交与伊等，必致迟误。修此工程，应差部院堂官一员督催，并简贤能堂司官员，分给段落，令其节省钱粮，坚固作速修造。至邵伯更楼、高邮九里等处决口，至今尚未堵塞完工，此亦关系运道，亦应差部院堂官一员督催，作速完工。应差堂官并分段修工堂司官员，恭请钦点。

康熙三十八年十二月二十日题，本月二十二日奉旨："依议。这督催工程着范承勋、王鸿绪、王掞、田雯、布雅努、喻成龙、顾添、寿鼐、王绅、高裔去，分修工程着董讷、王梁、朱弘祚、江有良、王起元、宫梦仁、线一信、陈汝器、王日藻、卫既齐、李应鹰、马世济、高承爵、金鋐、杨雍建去。"钦此钦遵。抄出到部，移咨在案。

又于康熙三十九年四月初一日，准工部咨同前事，内开都水清吏司案呈，奉本部送工科抄出，该本部等衙门会覆兵部尚书范承勋等奏前事等因。康熙三十九年三月十一日奏，本月十七日奉旨："着九卿、詹事、科道会议具奏。"钦此钦遵。该臣等会议得，先经兵部尚书范承勋等奏称"自武家墩起，至小黄庄止，可以稍缓，其小黄庄起，至周家桥止，急宜先筑。又周家桥至棠梨树止，堤内尚有未堵减坝三处，仍听河臣催堵完工。惟是原估柴草，分头采买，一时难集。臣等酌量，惟冲决及水深之处，仍用丁埽，其堤内加帮土方，除顶宽、加高二项，悉照原估丈尺，惟底宽概帮十丈，太坡无益，酌量核减。其未挑引河一道，俟河臣于成龙到浦，商酌举行"等因。经臣等会议，以均应如所奏，奉旨："这挑挖运料小河，将何处水引入，水又从何而出，并未声明这事情，并武家墩等处堤工事情，俱行文范承勋会同总河于成龙等，详细速议具奏。钦此。"

行文去后。今据尚书范承勋等会同署理河道总督印务、府尹徐廷玺奏称"高堰堤工武家墩等处，应帮顶宽高丈尺照原估外，惟是底宽十丈，未免太坡。今会议得，每堤高一丈，坡出二丈，工力可免虚费。其临河一面，原估概用丁埽。臣等公同勘议，水深之处，仍用桩埽，其余出水之堤，概用柴草丁镶，用土坚筑，与用丁埽无异。其小黄庄至周桥，先阄兴筑。武家墩至小黄庄见在丈分，即日兴筑。周桥至棠梨树内有三坝未堵，无如清口黄流倒灌，见在打坝御黄，若将坝遽行全堵，淮水无处宣泄，而坝口之堤单薄，必难捍御。臣等会议，先堵茆家围南坝、唐埂北坝，暂留夏家桥一坝，再于棠梨树以西，暂筑裹头草坝，以备伏秋漫溢，俟水消应闭之期，堵塞帮筑。六坝一带地方，最为危险，修防刻不可缓。前拨河厅常维祯等修筑，今着伊等上紧修筑，务期堤岸无虞。其再挑引河一道，目今黄流增涨，旧引河俱经灌淤，若再加挑浚，势必仍复淤塞，徒费工力。应俟堵塞夏家桥坝之先，清水河出之时，兼工挑挖，方为有益”等因前来。应均如尚书范承勋等所奏可也。

康熙三十九年三月二十日题，本月二十四日奉旨：“依议。”钦此钦遵。抄出到部，移咨在案。

又于康熙三十九年四月二十五日，准工部咨同前事，内开都水清吏司案呈，奉本部送工科抄出，该本部等衙门会覆兵部尚书范承勋等奏前事等因。康熙三十九年三月二十九日奏，四月初八日奉旨：“九卿、詹事、科道会议具奏。”钦此钦遵。该臣等会议得，先经臣等会议，以时至桃汛，其未堵高堰减水坝暂行停堵，将高堰可修之处，乘时速行修筑完工。如桃汛水发，有修筑不及之处，停其修筑，将物料备办，秋汛水落，即行修筑完工。如别有善策，将黄、淮两河并高堰堤工作速修治，裨益运道、民生之处，所去大臣、河道官员公同详议，速行具奏等因具题。奉旨：“这本内事情，着行文前往河工尚书范承勋等会同河道总督，这所议可否，伊等意见又复如何之处，速议具奏。将董安国所挑引河再行挑浚，堵闭黄水倒灌清口之口，或将清江闸堵闭，及查看修理更楼决口等工，着侍郎常绶等前往看阅具奏。钦此。”

行文去后。今据尚书范承勋等奏称“先经臣等犹望六坝水势稍可抢护，即竭力上前加工。不料三月十四、十五两日，西风大暴，更兼湖水日长，茆家围、唐埂一带堤面在在过水，将已堵三坝复行冲开，而漫缺之口更增数处。今水势日长，且无寸堤足恃，奈时候水势两处其难，无从下手。六坝全开，万难于伏秋之前尽行堵塞。高堰小黄庄至周桥修筑已将告竣。其周桥至棠梨树一带，见今漫水，无土可取，应俟河臣堵坝之后，臣等会同河臣作速帮筑。其武家墩至小黄庄工程，亦应俟堵坝后同时帮筑。目下备办料物，为险工之用，仍令原委河员协同承办，毋得阻误。其六坝一带地方土埂出水之处，及浪窝残缺之处，照例动抢修钱粮，责令河员修筑，仍趱完石工。所拨高堰帑金，除小黄庄工程及备办物料，所余甚多，应贮河库，俟堵坝后，为帮筑大工之用”等因前来。查尚书范承勋等既称“小黄庄至周桥修筑已将告竣，其周桥至棠梨树一带，并武家墩至小黄庄，见今漫水，无土可取，应自河臣堵坝之后帮筑”等语，均应如所奏，将料物备办，俟堵坝后速行帮筑。其六坝一带地方，有土埂出水及浪窝残缺之处，应行总河责令河员作速照例修理。未完石工，严饬承修人员速行趱完。至高堰余剩钱粮，应暂贮河库，毋得那移别用，仍为帮筑大工之用可也。

康熙三十九年四月十二日题，本月十四日奉旨：“依议。”钦此钦遵。抄出到部，移咨到臣。准此，当经行令淮徐、淮扬二道转行遵照，并查明从前何以不堵坝情由去后。今据淮徐道副使施世纶，护理淮扬道印务、扬州府同知马骧查明详报到臣。据此，该臣看得，堵塞六坝，逼清水出口，会黄入海，此目今紧要工程。先经河臣于成龙等会同侍郎臣常绶疏称，高堰加筑高厚，减坝尽行堵塞，估银一百二十八万五千余两。九卿会覆，奉旨差部臣范承勋等督催。续经部臣范承勋等疏称“臣等会议，先堵茆家围南坝、唐埂北坝，俟水消应闭之期，堵塞帮筑”等因。续又经部臣范承勋等疏称“六坝全开，万难于伏秋之前尽行堵塞，应俟河臣堵坝之后帮筑”等因。九卿会覆，俱奉旨：“依议。”钦遵在案。臣履任后，接到堵坝部文，转行淮徐道施世纶，护理淮扬道印务、扬州府同知马骧遵行去后。今据详称

“里河同知常维祯堵闭唐埂南坝，用银四千二百三十九两零；山盱通判孙调鼐堵闭茆家围北坝，用银二千一百九十二两零；又堵闭唐埂中坝，用银一千一百四十六两零，俱被本年三月十四、五等日湖水大涨冲开。又唐埂北坝，上年前河臣于成龙等题报冲开，部议赔修，应同三月内冲开三坝，一并责令常维祯等照例赔修堵塞。其夏家桥原未堵塞，茆家围南坝未合中泓十二丈六尺，二共估工料银一万四百二十五两五分零，乘时备料兴筑”等因前来。臣覆查无异，随照数发河库大工钱粮，交承修官工部员外郎王登魁、原任知县宁维邦、候选经历谢逢元等，作速办料，俟水落堵闭，委原任按察使赵世显监工督催。再照加帮六坝堤工，前河臣于成龙等发银二万余两，交孙调鼐等加帮不完，经侍郎臣常绶以迟误题参议处在案。此辈钱粮花费，若俟追出加帮，缓不济事。因系紧要工程，先动正项钱粮，委里河同知常维祯等作速加帮，用过钱于原承修官名下追赔还项可也。理合一并题明，伏乞皇上睿鉴，敕部议覆施行等因。

康熙三十九年六月十九日题，七月初三日奉旨：“该部速议具奏。”钦此钦遵。于七月初四日抄出到部。该臣等议得，河道总督张鹏翮疏称“里河同知常维祯堵塞唐埂南坝，山盱通判孙调鼐堵塞茆家围北坝，又堵塞唐埂中坝，三月十四、五等日，湖水大涨冲开。又唐埂北坝，上年前河臣题报冲开，部议赔修，应同三坝一并责令常维祯等照例赔修。其夏家桥原未堵塞，茆家围南坝未合中泓十二丈六尺，共估银一万四百二十五两五分零，照数发河库大工钱粮，交承修工部员外王登魁等作速办料，俟水落堵闭。再，六坝堤工，前河臣于成龙等发银二万余两，交孙调鼐等加帮不完，经侍郎常绶以迟误题参议处在案。此辈钱粮花费，若俟追出加帮，缓不济事。因系紧要工程，先动正项钱粮，委里河同知常维祯等作速加帮，用过钱粮，于原承修名下追赔还项”等因前来。应行该督严饬常维祯等，将唐埂等四坝速行赔修完固，其夏家桥并茆家围南坝，令承修官速行办料堵塞，以便帮筑。至六坝堤工，该督既称“前河臣于成龙等发银二万余两，交孙调鼐等加堤不完，此辈钱粮花费，若俟追出加帮，缓不济事，先动正项钱粮加帮，用过钱粮，于原修官名下追赔还项”等语，应行该督责令承修之员，速行加帮，工完之日，将用过钱粮造册题销，一面于应赔官员名下，照例于半年内追取还项可也。

康熙三十九年七月初七日题，本月初八日奉旨：“依议速行。”钦此钦遵。移咨到臣。准此，随行该道转行遵照堵筑完日报销去后。今据淮徐道副使施世纶、淮扬道参议王谦造册详销等因到臣。据此，该臣看得，常维祯堵塞唐埂南坝，孙调鼐堵塞茆家围北坝、唐埂中坝，唐埂北坝照例责令赔修。其夏家桥原未堵塞，及茆家围南坝未合中泓，应动帑堵筑，原估银一万四百二十五两五分零，动河库大工钱粮，交工部员外郎王登魁等作速办料堵塞。又孙调鼐等加帮未完堤工，先动帑银，委常维祯等加帮完固，造册报销，于应赔官员名下，照例于半年内追取还项等因，奉旨“依议”在案。今据淮徐道副使施世纶、淮扬道参议王谦详称“六坝加帮堤工，发帑委令常维祯、刘光业等加帮完竣，见在查核造册，另详题销，照追还项外，查孙调鼐赔堵茆家围北坝、唐埂中坝、唐埂北坝，常维祯赔堵唐埂南坝，俱经赔修完工，无庸造册。其工部员外郎王登魁等领帑堵塞夏家桥，原估银八千二百二十六两五钱七厘三毫，先因宿州卫粮船归次，题留口门三十丈，续因各分修镶柴工未完，又经题留修柴工完日堵闭，以致冲刷日深，多费料物，溢于原估，已经捐赔，不致另请钱粮，实无节省。茆家围南坝中泓原估银二千一百九十八两五钱四分四厘，节省银二百一十九两八钱五分四厘四毫，实销银一千九百七十八两六钱八分九厘六毫，确核无浮”等因前来。臣覆核无异，除原册送部查核外，相应具题，伏乞皇上敕部核销施行等因。

康熙四十年七月十九日题，八月十九日奉旨：“着察核。该部知道。”钦此钦遵。于八月二十日抄出到部。该臣等议得，先经河道总督张鹏翮疏称“唐埂南坝、茆家围北坝、唐埂中坝、唐埂北坝冲开，应照例责令常维祯等赔修。其夏家桥原未堵塞，茆家围南坝未合中泓，应发河库大工钱粮堵闭。又六坝堤工，前河臣于成龙发银二万余万，交孙调鼐等加帮不完，此辈钱粮花费，若俟追出加帮，缓不济事，应先动钱粮加帮，用过银两，于原修官名下追赔还项”等因。经臣部覆准在案。今据该督疏称“六坝加帮堤工发帑，委令常维祯等加修完竣，见在查核造册，另行题销，仍照追还项”等语。应令该督速行查核，造册题销。其用过银两，一面于孙调鼐等名下，照例勒限追完还项。又疏称“孙调鼐赔堵茆家围北坝、唐埂中坝、唐埂北坝，常维祯赔堵唐埂南坝，俱经赔修完工”等语。查此四坝既经赔修完工，应无庸议。又疏称“堵塞夏家桥，原估银八千二百二十六两五钱零，题留口门，以致冲刷日深，多费料物，溢于原估，已经捐赔，实无节省。其茆家围南坝中泓，原估银二千一百九十八两五钱零，节省银二百一十九两八钱零，共实销银一万二百五两二钱零”等语。应将用过银一万二百五两二钱零，准其开销，节省银二百一十九两八钱零，贮库为河工之用可也。

康熙四十年九月十一日题，本月十九日奉旨：“依议。”

〔覆仲庄出口〕

兵部尚书兼都察院右都御史、总督河道、提督军务、臣张鹏翮谨题，为钦奉上谕事。

康熙三十八年十一月初九日，准工部咨开，都水清吏司案呈，奉本部送工科抄出，该本部等衙门会覆河道总督于成龙等题前事等因。又为题明酌改滚坝，加砌高堰石工，以保运道、民生事。工科抄出，河道总督于成龙等题前事等因。康熙三十八年九月初八日题，本月二十九日奉旨："九卿、詹事、科道会议具奏。钦此。"又为酌改高邮滚坝以利运道，以卫民生事。工科抄出，河道总督于成龙等题前事等因。康熙三十八年九月初八日题，本月二十九日奉旨："九卿、詹事、科道会议具奏。钦此。"又为敬读上谕周详，喜庆安澜有日，敬陈管见，仰请采择事。工科抄出，河道总督于成龙等题前事等因。康熙三十八年十月初三日题，本月十八日奉旨："九卿、詹事、科道一并会议具奏。该部知道。"钦此钦遵。于十月十九日抄出到部，该臣等会议得，河道总督于成龙等疏称"臣等率同道厅，历清河县石人沟以上，沿河踏勘，逐段签探，遍处尽系淤泥，深有七八丈余不等，人夫无立足之地，难以施工。臣等再四思维，窃以黄河大溜，势若排山，若远移改挑，工大费繁，且清口对过北岸一带，积水淤沙，畚锸难施。臣等未奉俞旨之先，已经督催降调同知常维祯，见挑裴家场、烂泥浅等引河，不日可竣。又委堵闭唐埂等处减坝，应俟各坝堵塞之后，使湖水不能东泄，引出敌黄，以免淤垫之患。再将董安国所挑引河复加挑挖，挑水坝再为接筑，黄水由引河而趋北岸，可无倒灌之虞。至于远移改黄之处，统俟湖水出后，酌定形势，另行奏请遵行。董安国已经病故，未完引河、挑水坝二工，应否动帑挑筑，理合一并具题”等因前来。相应均如该督等所题，董安国未完引河、挑水坝，应准其动帑挑筑，俟河工告成之日，将用过钱粮准销。如仍不完工，河不成就，钱粮不准开销。至高堰修砌旧石工，茆家围等减坝改建滚水坝之处，需用钱粮，应令估计具题。又高堰新建石工，动帑五十四万余两，经今五载，尚未完工，应令作速完竣。至古沟一带地方，三十六年会勘案内，题请加帮土堤在案，今请修砌石工之处，毋庸议。至茆家围等减水六坝，三十六年具题添设矶心，建置闸板，给银十一万二千余两，今俱未兴工，此项银两于何处应用之处并未声明，应令该督等查明具题。其给事中张睿条奏疏内称“中河水从仲庄闸出口，建瓴之势，逼溜使南，是以直射湖口，不独清水难出，而黄水反为易入”等语，诚为有理。相应行令总河于成龙等，将清河县以下所有陶庄闸开放挑浚出水，或将董安国所挑引河以下，酌量挑挖建闸之处，亲身详看，速行具题可也。

康熙三十八年十月二十日题，本月二十三日奉旨：“依议。”钦此钦遵。抄出到部，拟合就行。为此合咨前去，查照本部等衙门会覆奉旨内事理，钦遵施行等因到前河臣转行该道，钦遵在案。臣到任后，屡催未据详覆，臣曾经题参在案。该臣看得，科臣张睿条奏疏称“中河水从仲庄闸出口，建瓴之势，逼溜使南”等语，部议将清河县以下所有陶庄闸开放挑浚出水，或将董安国所挑引河以下，酌量挑挖建闸之处，亲身详看具题等因。臣率淮扬道王谦等及众河官详看得，若将中河改由陶庄闸而行，至董安国所挑引河尾入黄河，但清河县地处洼下，面临黄河，背坐清水，二水并涨，恐有漂没之虞，势必迁移县治，又多繁费。且引河尾地亦洼下，恐黄水倒灌，虽建闸可御，若粮艘进口，行下水数里，水溜风猛，难以进口。且陶庄闸外黄河北岸皆系坡滩，粮船到此，难以停泊，不若仍旧入运口，沿堤溯流而上，至陈家庄渡河，直进仲庄闸草坝，从无阻滞，应毋庸更改者也，理合具题。其高堰修砌旧石工，茆家围等坝改建滚水坝等项，俟严催该道查覆到日，容臣察核，另疏具题，合并声明。伏乞皇上睿鉴，敕部议覆施行等因。

康熙三十九年七月二十一日题，八月十四日奉旨："该部知道。"钦此钦遵。于八月十五日抄出到部。该臣等议得，河道总督张鹏翮疏称"科臣张睿条奏'中河水从仲庄闸出口，建瓴之势，逼溜使南'等因。部议行令将清河县以下所有陶庄闸开放挑浚出水，或将董安国所挑引河以下，酌量挑挖建闸之处，亲身详勘具题。臣率淮扬道王谦等详看，若将中河改由陶庄闸而行，至董安国所挑引河尾入黄河，清河县地处洼下，面临黄河，背坐清水，二水并涨，恐有漂没之虞，势必迁移县治，又多繁费。且粮艘进口，行下水数里，水溜风猛，难以进口，不若仍旧入运口，沿堤溯流而上，至陈家庄渡河，直进仲庄闸草坝，从无阻滞，无容更改。其高堰修砌旧石工，茆家围等坝改建滚水坝等项，俟该道查覆到日，另疏具题"等因前来。查该督既称"若将中河改由陶庄闸而行，至董安国所挑引河尾入黄河，势必迁移县治，又多繁费，且粮艘难以进口，不若仍旧至陈家庄渡河，直进仲庄闸草坝，从无阻滞，无容更改"等语，应如所题。至高堰修砌旧石工，茆家围等坝改建滚水坝，先经原任总河于成龙等具题，经九卿议覆，令将需用钱粮估计具题在案。今该督既称另疏具题等语，应俟具题到日再议可也。

康熙三十九年八月二十六日题，本月二十九日奉旨："依议。"

〔卢口堤岸〕

兵部尚书兼都察院右都御史、总督河道、提督军务、臣张鹏翮谨题，为钦奉上谕事。

康熙三十八年九月十一日，准工部咨开，都水清吏司案呈，奉本部送工科抄出，该本部覆河道总督于成龙等题前事等因。康熙三十八年闰七月十一日题，八月初三日奉旨："该部议奏。"钦此钦遵。于八月初四日抄出到部。该臣等议得，河道总督于成龙等疏称"罗沟河即名卢口，发源于东省云蒙诸山，各涧汇流而来。沂河由沂、郯而入邳境，水从卢口分流，出徐塘口而入运河。其正河至隅头集径入骆马湖，凡遇水发，汵漫两岸，淹没田庐。沂河两岸应筑堤长二万八千一百八十丈，卢口宽八十丈，应建闸座以资启闭，则邳州两岸之民可免沂河涨漫之患，而此水之由卢口分流者，仍入运河以济运，诚为两利无害"等因前来。查该督等虽称"沂河两岸应行筑堤，卢口应见闸座"等语，该督等但据该州详请具题，未经亲往详勘，不便遽议，应行令该督等亲身前往，将果否应行建闸筑堤之处，确勘具题，到日再议可也。

康熙三十八年八月十八日题，本月二十二日奉旨："依议。"钦此钦遵。抄出到部，拟合就行。为此合咨前去，查照本部题覆奉旨内事理，钦遵施行等因到前河臣于成龙等，钦遵在案。臣到任后，检查旧案，时因淮徐道施世纶在高堰大工，随同部臣管理钱粮，不能兼顾，当即委令工部员外郎王登魁，会同署邳睢河务同知金玉衡、宿虹河务同知邓之琮、邳州知州佟国铭、宿迁县知县胡三俊，先行查看去后。嗣据员外郎王登魁等详称

"遵即诣工，会同邳睢、宿虹二同知，齐集邳州知州、宿迁县知县，逐加查询，细为勘商。沂河水势，原有七分入卢口，由官湖出徐塘口等处，流入中河，南下济运，有三分由沂河流入坝头集，归宿邑骆马湖，从西宁桥引河，经桃源、沭阳、安东入海。此向年两分之水势也。近来如遇水发，宿邑民田尚且受灾，若将卢口一带建闸拦截，恐水多由宿境归于骆马湖，未免湖水泛溢，关系宿迁、桃源、安东、沭阳之田舍，不无顾此失彼之虑。相应备叙原委具覆，合候本部院裁酌，亲诣查看施行"等因到臣。据此，臣随于七月初八日自清江浦起行，初十日至猫儿窝，率同宿虹同知邓之琮、邳州知州佟国铭等至卢口查看。沂水至此分为二派，一由正河东流入骆马湖，一直趋卢口，东南流出徐塘口入运河。卢口面宽八十余丈，水势急溜，河底积沙。询据邳州居民戴题名等供称："自顺治十六年冲开此口，水大之年，被其淹没，须筑堤闭塞，方免水患。"问据卢口东岸宿迁县居民戴天祥等供称"若堵塞卢口，则沂河东岸全被淹没"等语。此二处之民各执偏见，以利于此者又不利于彼也。该臣看得，邳州民刘三灵等将卢口受患情形叩阍一案，先经前河臣于成龙等疏称，沂河两岸筑堤，卢口建闸，可免涨漫之患。部议令河臣亲身前往确看具题等因。奉旨："依议。"钦遵在案。今臣到任后，委官踏看，据称"若将卢口一带建闸筑坝，恐水多归骆马湖，未免湖水泛溢，关系宿、桃、安、沭之田舍，似有顾此失彼之虑"等语。臣复率厅州等官亲往卢口查看，沂河水势直趋卢口，面宽溜急，且系沙底，不便建闸，应于卢口河两旁堤岸残缺之处修补，一律束水流入徐塘口运河，既可济运，又使民生得所矣。理合恭疏具题，伏乞皇上敕部议覆施行等因。

康熙三十九年七月二十一日题，八月十四日奉旨："该部知道。”钦此钦遵。于八月十五日抄出到部。该臣等议得，河道总督张鹏翮疏称“臣率厅州等官亲往将沂河查看，沂河水势直趋卢口，面宽溜急，且系沙底，不便建闸，应于卢口两旁堤岸残缺之处修补，一律束水入徐塘口运河，既可济运，又使民生得所”等因前来。查先经原任总河于成龙等将沂河两岸筑堤，卢口建闸，则邳州两岸之民可免沂河涨漫之患等因具题。臣部以该督等但据该州详请具题，未经亲往详勘，覆令亲往确勘具题在案。今该督既称“卢口不便建闸，应于卢口两旁堤岸残缺之处修补，束水入徐塘口运河，既可济运，民生得所”等语，应如该督所题，卢口停其建闸，将卢口河两旁堤岸残缺之处，令该地方官速行修补可也。

康熙三十九年八月二十六日题，本月二十九日奉旨：“依议。”

卷之二十 章奏

〔请调河员〕

兵部尚书兼都察院右都御史、总督河道、提督军务、臣张鹏翮谨题，为请旨调用河官，以收实效事。

窃惟河工关系重大，修筑疏浚，原非一手足之力，必资群才协助，实心任事，蚤图安澜，以仰副我皇上期奏平成至意。但从前之工程极敝，目前之修理纷纭，所有应修工程，如堵塞六坝，修筑夏家桥等处滚水坝，高、宝、江都一带土石堤工，高邮城南四坝加帮，桃源、山阳、清河、安东等处黄河南北两岸，及滨海一带堤工，高堰至小黄庄，与徐州郭家嘴石工，并挑挖运河运料小河，修砌骆马湖口竹络坝等处，大工兴举，在在需人料理。臣前题带河工效力王谦等十员，委不敷用，而见在河工效力之员，如傅鸿业、夏宗尧、宁维邦、王登魁等，未有黏带工程钱粮不清之处，量才委用外，其余效力人员，或有领帑修工不完，或有修工不坚固者，既已贻误于前，不便再行委用。然兴修工程须委任得人，又必不可少。臣夙夜思维，于素所深知之外，又虚心博访，得有才猷敏练、堪理河务，见任陕西醴泉县知县裘陈佩、见任浙江西安县知县陈鹏年、见任浙江武康县知县南梦班、见任江西清江县知县徐斯适、见任山东博兴县知县陈之琦、见任浙江太湖营守备牛斗、见任甘州守备吕飞熊、候补主事王英谋、候补中书张百行、原任重庆府知府萧星拱、原任金华府同知刘光业、原任浙江严州府同知施世骥、原任通州知州武登科、候选州同杨兆侨等，皆系贤能之员，恳祈皇上俯念河工紧要，需人料理，允臣所请，敕部将各员调往河工，以便分派工程，领帑兴修，遇有相当员缺，保题升补。其见任者，仍照原衔食俸。臣从河工需人甚急起见，绝无情面私心，理合具题，伏乞皇上睿鉴，敕部议覆施行等因。

于康熙三十九年八月初一日题，本月二十三日奉旨："该部议奏。"钦此钦遵抄出到部。该臣等会议得，河道总督张鹏翮疏称"河工关系重大，修筑疏浚，必资群才协助，蚤图安澜，以奏平成至意。从前之工程极敝，目前之修理纷纭，如堵塞六坝，挑挖运河等处，大工兴举，在在需人。臣前题带王谦等十员，委不敷用，而见在河工效力之员，如傅鸿业、夏宗尧、宁维邦、王登魁等，未有黏带工程钱粮不清之处，量才委用。臣于素所深知之外，又虚心博访，得有才猷敏练、堪理河务，见任陕西醴泉县知县裘陈佩、见任浙江西安县知县陈鹏年、见任浙江武康县知县南梦班、见任江西清江县知县徐斯适、见任山东博兴县知县陈之琦、见任浙江太湖营守备牛斗、见任甘州右卫守备吕飞熊、候补主事王英谋、候补中书张百行、原任重庆府知府萧星拱、原任金华府同知刘光业、原任浙江严州府同知施世骥、原任通州知州武登科、候选州同杨兆侨等，皆系贤能之员，恳祈敕部将各员调往河工，以便分派工程，遇有相当员缺，保题升补。其见任者，仍照原衔食俸"等因前来。除傅鸿业等四员，该督既称量才委用外，其见任陕西醴泉县知县裘陈佩等五员，并候补主事王英谋等七员，见任守备牛斗等二员，应如所题，俱准其调往河工效用，见任者仍照原衔食俸。裘陈佩等五员系见任知县，牛斗、吕飞熊二员系见任守备，今既赴河工效用，员缺不便久悬，将伊等员缺另行铨补”等因。

奉旨：“依议。”

〔覆明工程〕

兵部尚书兼都察院右都御史、总督河道、提督军务、臣张鹏翮谨题，为钦奉上谕事。

康熙三十八年闰七月初九日，准工部咨开，都水清吏司案呈，奉本部送工科抄出，该本部覆河道总督于成龙等题前事等因。康熙三十八年六月二十四日题，七月十二日奉旨：“工部议奏。”钦此钦遵。于七月十三日抄出到部。该臣等议得，河道总督于成龙等疏称“时家马头急需堵塞，但钱粮见准部覆，令董安国、冯佑赔修。伊等目下挑挖引河筑堤等项钱粮尚且拮据，若堵塞时家马头工程，候伊等修筑，恐一时不能兴工，伊等赔修钱粮，应听该部查算，动帑堵塞”等因前来。查时家马头先经该督等题请发帑，先期备料堵塞，臣部以照例责令经修防守官员赔修等因，屡次议覆在案。今该督等并不照例责令董安国等赔修，何得题请动帑修筑？应仍行该督等作速照例赔修，完工报部可也。

康熙三十八年七月二十五日题，本月二十六日奉旨：“时家马头地方最关紧要，如有修筑机会，恐致迟误，着该督不拘何项钱粮动用修理，工完之日，将数目明白题报，着原修人等赔补。”钦此钦遵。抄出到部，拟合就行。为此合咨前去，查照本部题覆奉旨内事理，钦遵施行等因在案。该臣看得，时家马头缺口，原任河臣董安国发过帑银四万一千九百余两，未经堵塞，续经前任河臣于成龙、徐廷玺发过工料夫匠银六万七千四百余两，交原任山安河务同知佟世禄等承修，年久不完，迟延误工，希图冒帑。臣随一面将佟世禄特疏纠参，一面檄行护道马骧，严催监修官张士伸等进埽堵塞去后。嗣因伏汛水发，难以进埽，臣于恭报伏汛水势情形疏内题明"暂缓俟过伏、秋二汛水落，再行进埽堵塞"，今白露已过，水势渐消，行据淮扬道参议王谦详称"时家马头见在口宽二十丈，实需工料匠夫银一万四千三百余两。查佟世禄前领帑银，并无存库，已经题参亏空，若俟追赔，恐致迟误。此系紧要工程，请发帑办料堵塞"前来。臣覆确核无异，随即照数拨发帑银，委令署事同知赵泰甡监工，原任知州张士伸等速行办料堵塞。俟工完之日，将前后用过工料银两，算明数目，责令原修之佟世禄等赔补还项，庶工程不致遗误矣。相应具疏题明，伏乞皇上睿鉴，敕部议覆施行等因。

康熙三十九年八月初三日题，本月二十二日奉旨："该部议奏。"钦此钦遵。于八月二十三日抄出到部。该臣等议得，河道总督张鹏翮疏称"时家马头缺口，原任山安河务同知佟世禄等承修，迟延误工。臣将佟世禄纠参，严催张士伸等进埽堵塞。嗣因伏汛水发，题明暂缓，俟水落堵塞。今时家马头见在口宽二十丈，实需工料匠夫银一万四千三百余两。查佟世禄前领帑银，并无存库，已经题参亏空，若俟追赔，恐致迟误，拨发帑银，委令署事同知赵泰甡等办料堵塞，俟工完之日，将前后用过工料银两算明，责令原修之佟世禄等赔补还项"等因前来。应行该督饬令赵泰甡等将时家马头缺口速行堵塞完工，将用过银两造册题销，一面将应赔钱粮，于佟世禄等名下照例追取，补还原项可也。

康熙三十九年九月初四日题，本月初九日奉旨："依议。"钦此钦遵。移咨到臣。准此，随即备行该道，作速堵塞工完，将用过银两造册详销，一面将应赔钱粮于佟世禄等名下追还去后。今据淮扬道参议王谦造册详销到臣，据此，该臣看得，安东县时家马头未堵中泓缺口，需用工料银一万四千三百两，经臣具题发帑趱堵，部覆令臣饬令赵泰甡等速行堵塞完工，将用过银两造册题销，一面将应赔钱粮于佟世禄等名下照例追取，补还原项等因。行据淮扬道参议王谦详称"系委前署山安同知赵泰甡等领帑分发监分办料募夫趱堵，业于康熙三十九年十一月二十日合龙，照原估用过银一万四千三百两。盖此工佟世禄浮估三万五千余两，今止用一万四千三百两，即行堵闭，委系实工实料，故无余存。节省所用银两，应于冒帑误工案内审明题定之日，于佟世禄等名下一并追赔还项"等因前来。臣覆核无异，除原册送部查核外，相应题销，伏乞皇上敕部核销施行等因。

康熙四十年七月十七日题，八月十六日奉旨："着察核。该部知道。"钦此钦遵。于八月十七日抄出到部。该臣等议得，先经河道总督张鹏翮疏称"时家马头缺口宽二十丈，需银一万四千三百余两，佟世禄前领帑银，已经题参亏空，若俟追赔，恐致迟误。拨发帑银，委署事同知赵泰甡等办料堵塞，将用过银两责令佟世禄等赔补还项"等因，经臣部覆准在案。今据该督疏称"时家马头未堵缺口堵塞，照原估用过银一万四千三百两，委系实工实料，故无余存节省"等因前来。查时家马头缺口既经堵塞完工，应将用过银两，行令该督于应赔之佟世禄等名下，照例勒限半年，追取还项可也。

康熙四十年九月初七日题，本月十五日奉旨："依议。"

兵部尚书兼都察院右都御史、总督河道、提督军务、臣张鹏翮谨奏，为钦奉上谕事。

康熙三十九年八月初四日，接笔帖式关住赍捧上谕到臣，内开：吏部科道行取官员事件，于康熙三十九年七月二十五日，大学士伊桑阿、马齐折本启奏。奉旨："见今遣人往张鹏翮处，着将这次各省行取知县职名抄出问他。此知县内张鹏翮有曾经识认、居官优、为人好者，着明白开写折子，即付遣去笔帖式关住赍回启奏。又河水情形，各处工程修理若何，亦着明白开写折子，并交与遣去笔帖式赍回启奏。"钦此钦遵。除行取知县另折具奏外，伏惟我皇上轸念河工爱民之切，真如天之仁矣。查黄、运、中河伏汛水势情形，臣于六月二十一日已经题报在案。七月初六、初七两昼夜大雨，秋汛水势大长。臣于初八日乘舟前往邳州地方勘阅卢口，见山东诸湖水发，弥漫而来，陡长丈余，幸由猫儿窝运河流入骆马湖，从竹络坝出黄河，故运河堤工俱保平稳。中河水势骤涨，将刘老涧上年原有泄水裹头草坝漫开，水势泄入坝下，两岸虚松，子堤虽有水沟浪窝坍卸之处，亦皆幸获平稳。高邮水势虽大，由南关、柏家墩二处滚坝泄水，荷蒙我皇上指授方略，挑挖人字河、芒稻河，深通泄水，畅流入江，高、宝、江都一带运河堤工皆保平稳。黄河入秋以来，水势亦大。臣于七月初九日至海滨六套一带勘阅工程，询据土人，佥云"今年水势甚大，幸而大通口开通，水流入海，故随长随消，不致泛溢"。惟徐州黄河水长，城南石狗湖水势亦长，七月初八日，将东门外石岸平蛰一段长十二丈，内坍塌一段长七丈，已经下埽，防护无虞，仍令原修官俟水落赔修。其余邳州、宿迁、桃源、清河、山阳、安东等处黄河工程，俱各保固平稳。此目前水势之情形也。

运口，遵旨于七月初三日煞坝，初五日断流，拦截黄水，不致内灌。张福口引河一道，挑挖工完，于七月初八日开放。裴家场引河一道，河身挖完，亦于七月初八日开放。二水畅流，入于运河，见今水深四五尺不等，俱经题报在案。运河自清口至界首一带，自放引河清水以来，止能冲去浮沙，其河底淤泥，积垫年久，冲刷不动。臣拟于今冬十一月十五日以前，回空粮船，过完煞坝，挑挖深通。六坝闭后，黄、淮二水并流入运河，有所容纳。伏祈敕下仓场侍郎及沿河抚镇等官，严催回空粮船，务于十一月十五日以前尽数过淮，庶不误挑浚。其浙江等省尾帮粮船，恐回空迟滞，河冻冰阻，请敕下该抚，将减存粮船，动苫盖银两修舱，照例冬兑冬开，庶漕运不致遗误。

高邮护城堤埽工一千六百五十丈，前经题明，委令高邮州知州谢廷瑞等领帑修理，已经完工，足资捍御，城池、民生两有攸赖。臣前于六月二十五日勘工至高邮州，亲闻地方百姓感颂皇恩，欢声载道。邵伯更楼绕挑月河，筑坝工程，已于四月二十七日完工，前经题报在案。人字河、芒稻河委张弼等已挑开宽深，引湖水畅流入江。凤凰桥引河，因中段土冈坚硬，挑挖颇艰，见催委员王进楫等上紧挑深，刻期完工。

小黄庄至周桥一带堤工，分修官朱弘祚等分十四段加帮。七月初六、七二日，值大雨淋漓，多有浪窝塌卸之处，见移咨部，臣转催作速修补完工。高堰史家刮、汤家西、高堰坝北捐工，尚有未修工程，若俟修完，方令分修官加帮，恐其迟误。请敕部臣范承勋等速令分修官作速加帮，以资捍御。用过钱粮，于原捐人员名下追赔还项。高堰关帝庙至小黄庄一段堤工，委同知李梅等将堤身冲刷之处，临湖钉埽，修筑将完。其自关帝庙至武家墩一带堤工，见在钉埽修理，严催作速竣工。武家墩至小黄庄一带，应拆砌石工五千五百二十六丈四尺，见在道厅等官估计造册，另行具题。唐埂六坝已经题明，责令常维祯等赔修四坝，其夏家桥、茆家围二坝，已发帑委员外郎王登魁等办料，俟水落即动工堵塞。唐埂等六坝改建三滚水坝，已经题估，委令河南管河道李言等领帑办料修砌，俟九月霜降后，河南河道无事，即檄催李言等亲身速赴工所，勒限趱催。六坝加帮堤工，已委原任同知刘光业等领帑，俟水势稍落，即行加帮。

陶家庄引河，部臣范承勋等原拟七月内完工，因秋雨太大，河身受有积水，见在车戽挑挖王家营引河，系奉旨令冯佑挑挖赎罪之工，屡行严催。据道厅等官详报，冯佑违抗不挑，应遵“不成河不准赎罪”之旨，将冯佑交与该道治罪。另估挑挖睢宁黄河王家堂加帮月堤作正堤，动帑修筑。据该管署事同知金玉衡呈报，已完工九分，见在勒催全完。

山、清、安东黄河两岸堤工卑矮之处，见在确估造册加帮。臣查勘河工，至安东县二塘汪家庄地方，见署事同知赵泰甡及守备姜逢彩住宿工所，亲趱加帮戗堤，保固险工，实心任事。海口拦黄坝尽行拆去，见今黄水通流入海，蒙钦定“大通口”佳名，万姓感悦。时家马头工程已经具题动帑，委令赵泰甡、张士伸等办料，俟水落作速堵塞。马家港工程合龙之后，西坝被大水漫开，已经题报，见在责令承修官冯大奇等购备料物，俟水势稍落，速行赔修堵塞。如敢迟延，另疏题参。大通口迤下滨海两岸堤工，委员傅泽洪等分段加帮，见在趱修严催，上紧修竣。

骆马湖，李经邦所修石闸，上宽下窄，不能下板，题明发帑，委通判叶增英、宿迁县知县胡三俊办料改造，见在勒限竣工。刘老涧引河，系冯佑等领帑承挑之工，屡催不行挑挖，见在查明侵帑数目，另疏参追。其引河估计发帑挑浚，改挑中河子堤未完分数，及水沟浪窝之处，勒令承修官马勋等修筑填补。其顶冲扫湾之处，责令承修官王玥等签钉排桩，见在勒限严催，修理速竣，如再不完工，另疏查参。

其海口运料小河、桃源黄河两岸堤工，古沟至六坝石工，高邮城南滚水坝，高、宝、江都一带土石堤工，归仁堤相度引河，骆马湖口竹络坝，王家营减水坝，徐州郭家背等处石工，段家庄月堤，嵇家闸缺口，处处工程，需帑兴修。户部所拨五十万两，委不敷用。见在分案估计，请拨钱粮办料兴修。此系各处修理之工程也。臣谨具折，付笔帖式关住赍捧奏闻。

〔报清水出运〕

兵部尚书兼都察院右都御史、总督河道、提督军务、臣张鹏翮谨奏，为恭报清水出运河事。

臣遵旨督修高堰堤坝，将六坝已闭其五，夏家桥堵闭过半，惟留口门三十丈，待宿州卫粮艘过湖，曾经题报在案。今于十月十九日，臣亲往高堰六坝一带催工，见湖水长至三尺。臣由陆路至老子山，观淮水出洪泽湖之处，一望苍茫无际，通湖水长三尺。询之土人，云因闭坝，故尔水长，若再加长，堤工单薄可虞。臣一面令夏家桥口门缓缓进埽，以便分修官上紧临湖镶柴，仍催克期竣工，足御风浪，即合龙门。于二十二日驰至清口，见引河水势加长，臣令河兵新挖之三汊河，及疏通湖口引水入烂泥浅、帅家庄等河身，俱已有水，而张福口、裴家场二引河水长盈满，测量水平，引河水高于黄水。臣将张福口等河之水汇入裴家场引河一处，俟其水聚而力强，足以敌黄。于二十四日西南风起，引河水骤长，比黄水高一尺一寸。臣率道厅等官，亲放引河之水，畅流入于运河。两岸官民群观清水已出，将来势必敌黄入海，咸颂我皇上圣德格天，河神效灵之所致也。

臣拟俟回空粮艘过完，将运河头坝堵塞，逼清水出黄，另疏题报。但夏家桥口门堵闭后，六坝水势较今更为加长，平槽之水足以敌黄，溢槽之水应行宣泄。因三滚坝尚未修成，转盻冰凌，桃汛之水又至，设遇西风鼓浪，无处宣泄，何以保固堤岸？公议于翟家坝原有天然滚水坝之处，地亢而土坚，仍留天然滚水坝，宽百十余丈，用埽裹住两头，平槽之水，蓄以济运，溢槽之水，听其滚去，出唐曹河入白马湖。若伏秋水大，再于蒋家坝尽头处原有之清水沟河以及涵洞酌量开放。若水小仍然闭塞，总以临时相机而行，务期有裨堤防。再查六坝口宽二百八十丈，今清口引河共宽三十余丈，不足以畅泄全湖之水，应发帑再开宽阔，使水畅流敌黄。至于运河，伏秋水涨，应由涧河、泾河泄出射阳湖入于海。此二河见在挑浚，应将泾、涧二闸动帑修补，以资启闭。臣亲行相度形势，博采众论，一得愚臣，未敢擅便，恭请皇上圣裁，指示方略，俾臣钦奉遵行等因。

康熙三十九年十一月初一日奏，本月十四日奉旨："九卿、詹事、科道会同速议具奏。"钦此钦遵。于十一月十五日抄出到部。该臣等会议得，河道总督张鹏翮疏称"臣遵旨督修高堰堤坝，将六坝已闭其五，夏家桥堵闭过半，惟留口门三十丈，待宿州卫粮艘过湖，曾经题报在案。今于十月十九日，臣亲往高堰六坝一带催工，见湖水长至三尺。询之土人，云因闭坝，故尔水长，若再加长，堤工单薄可虞。臣一面令夏家桥口门缓缓进埽，以便分修官上紧临湖镶柴，仍催克期竣工，足御风浪，即合龙门。于二十二日驰至清口，见引河水势加长，臣将张福口等河之水汇入裴家场引河一处，俟其水聚力强，足以敌黄。于二十四日西南风起，引河水骤长，比黄水高一尺一寸。臣率道厅等官，亲放引河之水，畅流入于运河。但夏家桥口门堵闭后，六坝水势较今更为加长，三滚坝尚未修成，设遇西风鼓浪，无处宣泄，何以保固堤岸？公议于翟家坝原有天然滚水之处，地亢土坚，仍留天然滚水坝，宽百十余丈，用埽裹住两头，平槽之水，蓄以济运，溢槽之水，听其滚去，出唐曹河入白马湖。若伏秋水大，再于蒋家坝尽头处原有之清水沟河以及涵洞酌量开放，若水小仍然闭塞。再查六坝口宽二百八十丈，今清口引河共宽三十余丈，不足以畅泄全湖之水，应发帑再开宽阔，使水畅流敌黄。至于运河，伏秋水涨，应由泾河、涧河泄出射阳湖入于海。此二河见在挑浚，应将泾、涧二闸动帑修补，以资启闭”等因前来。查该督既称“夏家桥口门堵后，水势较今更为加长，三滚坝尚未修成，翟家坝仍留天然滚水坝，宽百十余丈，用埽裹住两头，再于蒋家坝原有之清水沟河以及涵洞酌量开放，清口引河再开宽阔，泾、涧二闸动帑修补”等语，应均如所奏，一面乘时速行挑浚修筑，将夏家桥口门作速堵塞，一面将需用钱粮确估具题可也。

康熙三十九年十一月十六日题，本月十八日奉旨：“依议速行。”

〔报淮、黄交会〕

兵部尚书兼都察院右都御史、总督河道、提督军务、臣张

鹏翮谨题，为恭报淮、黄交会，仰慰圣衷事。

臣凛遵圣训，指授方略，明晰周详。先疏海口，水有归路，今岁黄水不出岸矣。继挑茫稻河，引湖水入江，高、宝一带水由地中行矣。再辟清口，开张福口、裴家场等引河，淮水有出路矣。又加修高堰，堵塞六坝，逼清水复归故道。于十月二十四日，引张福口等河会入裴家场引河，开放清水流入运河，曾经具折奏报。臣一面将湖头再加疏浚深阔，以迎洪泽湖大溜。又将张福口引水入裴家场之处，再挑宽深，水大势旺，迅流畅沛。今于十一月初三日，直敌黄水畅流入黄河矣。运河之中纯系清水，已无黄水灌入。臣于初九日自下河回，至清口，见水势畅流，大半入黄，少半入运，一水两分，若有神助。官民快睹，淮、黄交会，欢声如雷，皆感颂我皇上轸念国计民生，宵旰忧勤，精诚上孚天心，河神效灵之所致也。伏惟我皇上睿虑周详，圣谟独断，迈神禹之骏烈，贻万世之平成。臣愚不胜欢忻踊跃，谨恭疏题报，伏乞皇上睿览施行等因。

于康熙三十九年十一月初十日题，十二月初四日奉旨："知道了。该部知道。"

〔开张庄河〕

兵部尚书兼都察院右都御史、总督河道、提督军务、臣张鹏翮谨题，为黄、淮交会，谨陈善后一策，以济运道事。

钦惟我皇上洪福齐天，圣谟独断，指授治河方略，以致淮、黄交会，国计民生，两有裨益，万姓欢忻，感颂无已。但善后之计，尚有次第讲求者，谨先就济运而言之。臣观见在诸引河之水，势聚而力强，故足以敌黄而直出运口。但大半出黄，少半济运，一水两分。当伏秋黄长之时，恐清水之力稍微，臣率河官部员，亲行相度，应于张福口、裴家场二引河空地中间迎湖大溜之处，再挑引河一道，面宽二十丈，底深一丈，会入一河，出口敌黄，俾清水之势常强，而御黄有力。将烂泥浅会入三汊河，从七里河出文华寺运河，专以济运。众议佥同，实属可行。所需银两，于捐银、节省二项内动用，不另请正帑。理合具题，伏乞皇上睿览，俞允施行等因。

康熙三十九年十一月十三日题，十二月初二日奉旨："九卿、詹事、科道会同速议具奏。"钦此钦遵。于十二月初三日抄出到部。该臣等会议得，河道总督张鹏翮疏称"钦惟我皇上洪福齐天，圣谟独断，指授治河方略，以致黄、淮交会。但善后之计，尚有次第讲求者。臣观见在诸引河之水，势聚而力强，故足以敌黄而直出运口。但大半出黄，少半济运，一水两分，当伏秋黄长之时，恐清水之力稍微，应于张福口、裴家场二引河空地中间迎湖大溜之处，再挑引河一道，面宽二十丈，底深一丈，会入一河，出口敌黄，俾清水之势常强，而御黄有力。将烂泥浅会入三汊河，从七里河出文华寺运河，专以济运。所需银两，于捐银、节省二项内动用，不另请正帑"等因前来。查该督既称"于张福口、裴家场二引河空地中间，再挑引河一道，俾清水之势常强，将烂泥浅会入三汊河，从七里河出文华寺运河，专以济运"等语，应如所题，一面兴工，一面将需用钱粮确估具题可也。

康熙三十九年十二月初五日题，本月初九日奉旨："依议速行。"钦此钦遵。移咨到臣。准此，案查先于本年十二月初二日，准工部咨为恭报清水出运河事。该本部等衙门会覆河道总督张鹏翮题前事等因。康熙三十九年十一月初一日奏，本月十四日奉旨："九卿、詹事、科道会同速议具奏。"钦此钦遵。于十一月十五日抄出到部。该臣等会议得，河道总督张鹏翮疏称"夏家桥口门堵后，水势较今更为加长，三滚坝尚未修成，于翟家坝仍留天然滚水坝，宽百十余丈，用埽裹住两头，再于蒋家坝原有之清水沟河以及涵洞酌量开放，清口引河再开宽阔，泾、涧二闸动帑修补"等语。应均如所奏，一面乘时速行挑浚修筑，将夏家桥口门作速堵塞，一面将需用钱粮确估具题可也。

康熙三十九年十一月十六日题，本月十八日奉旨："依议速行。"钦此钦遵。抄出到部，移咨到臣。准此，当经节行该道，确估册详，以凭核题去后。今据淮扬道参议王谦造册详送具题等因到臣。据此，该臣看得，六坝全堵，湖水蓄长，见在清口引河不足宣泄，必须再挑引河一道，会入一河，出口敌黄，俾清水之势常强，而御黄有力。又思运河伏秋水涨，恐难容受，应由泾河、涧河泄出射阳湖，以达于海。二处闸座亟应修理，以资启闭。经臣具题，九卿议覆，应如所题。奉旨："依议速行。"钦遵在案。今行据淮扬道参议王谦详称"清河县运口南岸张福口之东，靠裴家场、张家庄地方，估挑引河一道，计工长一千六百七十丈，共该土方银二万一千七百六十二两二钱八分二厘三毫。又泾河闸估用工料银一千四百四十九两五钱八毫，涧河闸估用工料银一千一十九两五钱四分八毫，并无浮冒，造册呈详"前来。臣覆核无异。随将张家庄引河动支存库捐助、节省二项银两，委令候补佥事道程兆麟、泇河通判胡琪、原任布政使王毓贤等，见在趱挑，克期竣工。泾、涧二闸动支交代存剩大工银两，委宝应县知县张增等补修。除原册送部查核外，理合具疏题估，伏乞皇上睿鉴，敕部议覆施行等因。

康熙四十年二月二十四日题，三月初九日奉旨："该部速议具奏。"钦此钦遵。于三月初九日抄出到部。该臣等议得，河道总督张鹏翮疏称"清河县运口南岸张福口之东，靠裴家场、张家庄挑引河，长一千六百七十丈，估银二万一千七百六十二两二钱零。又泾河、涧河二闸，估银二千四百六十九两零，将张家庄引河动支存库捐助、节省二项，委候补道程兆麟等见在趱挑，泾、涧二闸动支交代存剩大工银两，委宝应县知县张增等补修"等因前来。查先经该督将张福口、裴家场二引河空地中间迎湖大溜之处，再挑引河一道，会入一河，出口敌黄。又泾、涧二闸应动帑修补，以资启闭等因具题。经九卿会议，覆令一面兴工，一面将需用钱粮确估具题等因，行文在案。今既经该督估计具题，应如所题，速行挑浚修理，工完之日，将用过钱粮核减造册题销可也。

康熙四十年三月十一日题，本月十二日奉旨："依议速行。"钦此钦遵。移咨到臣。准此，随经备行该道，钦遵转饬速行挑浚修理去后。续据工完造册详销，又经批驳。今据淮扬道参议王谦覆核，并无浮冒，造册转详请销等因到臣。据此，该臣看得，清河运口南岸张家庄引河并里河泾、涧二闸，经臣题估动支存库捐助、节省及交代存剩大工银两，趱挑补修。部议速行挑浚修理，工完将用过钱粮核减造册题销。奉旨："依议速行。"钦遵转行去后。今据淮扬道参议王谦详称"张家庄引河原估工长一千六百七十丈，估银二万一千七百六十二两二钱八分二厘三毫。内除湖头二段，共长一百一十一丈，实挑过工长一千五百五十九丈。内有候选经历刘镐、候选州同申崇厚捐挑工七十丈，未领钱粮，实用银一万八千一百八十两四钱九分七厘三毫，节省银三千五百八十一两七钱八分五厘。补修泾河、涧河二闸，原估银二千四百六十九两四分一厘八毫，今工完实用银一千九百八十两四钱一分二毫，节省银四百八十八两六钱三分一厘六毫，并无浮冒，造册详销”前来。臣覆核无异，除原册送部查核外，相应具疏题销，伏乞皇上睿鉴，敕部核销施行等因。

康熙四十年九月初四日题，本月二十三日奉旨：“着察核。该部知道。”钦此钦遵。于九月二十四日抄出到部。该臣等议得，河道总督张鹏翮疏称“张家庄引河原估工长一千六百七十丈，估银二万一千七百六十二两二钱八分零。内除湖头二段，共长一百一十一丈，实挑过工长一千五百五十九丈。内有候选经历刘镐、候选州同申崇厚捐挑工七十丈，未领钱粮，实用银一万八千一百八十两四钱九分零，节省银三千五百八十一两七钱八分零。补修泾河、涧河二闸，原估银二千四百六十九两四分零，今实用银一千九百八十两四钱一分零，节省银四百八十八两六钱三分零”等因前来。查挑挖引河，修补闸座，用过银二万一百六十两九钱零，与前准销之例相符，应准开销节省银四千七十两四钱一分零，应令该督贮库，为河工之用可也。”

康熙四十年十月初六日题，本月初八日奉旨：“依议。”

〔疏浚下河〕

兵部尚书兼都察院右都御史、总督河道、提督军务、臣张鹏翮谨题，为钦奉上谕事。

臣检查旧案，康熙三十八年三月初一日奉上谕：“下河见有积水，不得不引出归海。将串场河，射阳湖，虾、须、沙沟一带挑通，引积水流出归海。钦此。”仰见我皇上轸念民生，指画周详，下河数百万苍生，莫不感颂我皇上如天之仁矣。因前河臣于成龙未暇兼顾，今臣遵圣训，疏通海口，黄水有归路矣。

堵塞六坝，开辟清口，引淮水会黄，二渎合流入海矣。上河渐次就绪，乃亲往查勘下河，见水势渐消，高原已经种麦，惟兴化形如釜底，积水一时不能全消，较泰州、盐城水患尤甚。臣相度形势，博采舆论，高、宝、山阳、盐城一带之水，由射阳湖之虾、须二沟入庙湾，以达于海。今虾、须二沟因童营漫溢，淤为平地，虽有戛梁河出水，但河身浅狭，不足宣泄，是以泛滥于兴化、盐城一带。今宜将虾、须二沟淤塞之处，约计四十余里，挑挖口宽十丈，深九尺、一丈不等，引水入朦胧河以达于海，约需银五万余两。高邮滚坝下之水，由兴化县安丰镇至白驹场以达于海，今自鲍家庄至白驹八十余里，地高水壅，宜挑口宽八丈，深六七尺不等，引水由白驹场入海，约需银六万余两。其高邮一沟以下，见有河形一片汪洋，兴化白驹闸以下，畅流入海，俱不须挑挖。又自兴化车路河至丁溪，由捞鱼港以达于海，今捞鱼港淤塞八十余里，应挑口宽八丈、深六七尺不等，引水入海，约需银六万余两。宝应县之水，由子婴沟老河口入射阳湖以达于海，今老河口一带淤浅三里余，应挑口宽十丈、深六七尺不等，引水入湖，约需银二千五百余两。泰州之水，自淤溪至车儿埠滔子河以入于海。今滔子河三十二里，被土商筑坝钉桩，淤塞不通，宜开口宽八丈、深六七尺不等，约需银二万余两，引水由苦水洋入海。如此则水有去路，而积水可以渐消。至于串场河，自泰州以至盐城，长三百余里，多有淤浅，若挑至庙湾入海，商民两便。但旧例系盐商挑浚。范公堤长三百里，昔人筑以捍海，今已残缺，修治需费不赀，俱应俟下河积水消后，民有起色，渐图修举者也。其挑浚虾、须沟等河应需银两，拟于加捐银内动用。如蒙允行，容臣遴员估计，另疏具题。缘系谨陈疏浚下河事宜，字多逾格，贴黄难尽，未便另缮，伏乞皇上睿鉴，俯赐全览施行等因。

康熙三十九年十二月初二日题，本月二十日奉旨："这本内事情，着照该督所题行。该部知道。"钦此钦遵。移咨到臣。准此，随经备行该道，转行该管厅河等官，将挑浚虾、须等河需用钱粮确估，据实造报去后。今据淮扬道参议王谦逐段造册详送，合候宪核题估等因到臣。据此，该臣看得，高邮、宝应、山阳、盐城一带之水，由射阳湖虾、须二沟入庙湾，以达于海。今虾、须二沟淤为平陆，经臣议得，虾、须沟淤塞之处，挑挖宽深，引水入朦胧河以达于海，需用银两，拟于加捐银内动用具题。奉旨："这本内事情，着照该督所题行。该部知道。"钦遵转行确估去后。今据淮扬道参议王谦详估，"虾沟、须沟射阳湖尾闾，共计工长一万六百七十丈，各宽深丈尺不等，共估土方银四万二千三百八十五两八钱一分五厘。其河底板沙之下，或有油淤五六尺不等，人难站立，难以施工，则挑至油淤而止。就以扣除土方银略为疏篦，令其通行。再，拦水坝三条，估银二百五十五两一钱三分八厘，老鹳尖、油葫芦港、尾子庄应篦疏沙淤，共估银四百九十四两六钱，合之虾、须二沟土方，通共估银四万三千一百三十五两五钱五分三厘，并无浮冒"，造册详送前来。臣覆核无异，除照数动支加捐银两，委海防同知侯恽等作速挑挖，淮扬道参议王谦监工趱挑，并估册送部查核外，相应具题，伏乞皇上敕部议覆施行等因。

康熙四十年二月十九日题，三月初七日奉旨："该部议奏。"钦此钦遵。于三月初八日抄出到部。该臣等议得，先经河道总督张鹏翮以高邮、宝应、山阳、盐城一带之水，由射阳湖虾、须二沟，由庙湾以达于海，今虾、须二沟淤为平地，应行挑挖等因具题。奉旨："这本内事情，着照该督所题行。该部知道。"

钦遵行文去后。今据该督疏称“挑虾沟、须沟射阳湖尾间，计工长一万六百七十丈，又筑拦水坝，并老鹳尖、油葫芦港、尾子庄篦疏沙淤，共估银四万三千一百三十五两五钱五分零，动支加捐银两，委海防同知侯恽等挑挖，淮扬道王谦监工”等因前来。应行该督速行挑筑，工完之日，将用过银两核减，造册题销可也。

康熙四十年三月十七日题，本月二十日奉旨：“依议。”钦此钦遵。抄出到部，移咨到臣。准此，随经檄行该道，督率海防同知侯恽等速行挑筑，工完核减，造册详销去后。今据淮扬道参议王谦造册详销等因到臣。据此，该臣看得，虾沟、须沟二河，经臣具题，动用加捐银两，挑挖深通，引水入朦胧河，以达于海，估挑工长一万六百七十丈。又筑拦水坝，并篦疏老鹳尖、油葫芦港、尾子庄沙淤，共估工料银四万三千一百三十五两五钱五分三厘。部议速行挑筑，工完将用过银两核减，造册题销等因。奉旨：“依议。”钦遵转行在案。今据淮扬道参议王谦详称“升任海防同知侯恽、盐城县知县郑鼐，承挑虾沟、须沟二河，并筑坝疏篦沙淤，通共实用过银三万八千一百九十两五钱二分五厘三毫，节省银四千九百四十五两二分七厘七毫，并无浮冒”等因，造册详销前来。臣覆核无异。除原册送部查核外，相应具疏题销，伏乞皇上睿鉴，敕部核销施行。再照升任海防同知侯恽，捐挑淤滩引河，用过银七百四两二钱五分，盐城县知县郑鼐捐挑潮滩油淤，用过银一千七百四十二两三钱五分五厘，俱不在原估动帑之内，合并声明等因。

康熙四十一年六月初七日题，本月二十五日奉旨：“着察核。该部知道。”钦此钦遵。于六月二十六日抄出到部。该臣等议得，先经河道总督张鹏翮将挑挖虾沟、须沟等河，估银四万三千一百三十五两五钱五分零等因具题。臣部覆令速行挑筑，工完核减，造册题销在案。今据该督疏称“实用银三万八千一百九十两五钱二分零，节省银四千九百四十五两二分零”等因前来。查内有工三百九十丈，挑土一万一千四百七十五方，册称积水油淤，每方加银三分，共加银三百四十四两二钱五分。又二百八十丈，原估挑深八尺，今挑深九尺，用过土方银一百二两六分，皆系原估之外多用，应行该督将此二项银两查明报部再议。其实用银三万七千七百四十四两二钱一分零，应准开销，节省银两贮库为河工之用可也。

康熙四十一年闰六月十五日题，本月二十日奉旨：“依议。”

〔浚子婴河〕

兵部尚书兼都察院右都御史、总督河道、提督军务、臣张鹏翮谨题，为钦奉上谕事。

康熙四十年正月初六日，准工部咨开，都水清吏司案呈，奉本部送工科抄出，河道总督张鹏翮题前事等因。康熙三十九年十二月初二日题，本月二十日奉旨：“这本内事情，着照该督所题行。该部知道。钦此。”相应行文总河知照可也等因，移咨到臣。准此，随即备行该道，转行遵照去后。今据淮扬道参议王谦造册详估到臣。据此，该臣看得，宝应县之水由子婴沟老河口入射阳湖，以达于海。今老河口一带淤浅，应行挑浚宽深。经臣具题，奉旨：“这本内事情，着照该督所题行。该部知道。”钦此钦遵。行据淮扬道参议王谦详称“除子婴闸下至胭脂沟止一带河道深通，无庸估挑外，惟自胭脂沟起，由老河口至姚子港止，河长六百丈，河身浅窄，应一律加挑，面宽八丈，底宽四丈，深六尺为度，需用土一万五千二百六十一方二分，每方银九分，该银一千三百七十三两五钱八厘，并无浮冒”等因，册详前来。臣覆核无异，除照数动支加捐银两，委宝应县知县张增作速挑挖，淮扬道参议王谦监工督挑，并估册送部查核外，相应具题，伏乞皇上睿鉴，敕部议覆施行等因。

康熙四十年十二月初五日题，本月二十日奉旨：“该部议奏。”钦此钦遵。于十二月二十一日抄出到部。该臣等议得，先经河道总督张鹏翮以宝应县之水由子婴老河口入射阳湖，以达于海。今老河口一带淤浅，应行挑浚等因具题。奉旨：“这本内事情，着照该督所题行。该部知道。”钦遵行文在案。今据该督疏称“除子婴闸下至胭脂沟止一带河道深通，无庸估挑外，自胭脂沟起，由老河口至姚子港止，河身六百丈浅窄，一律加挑，面宽八丈，底宽四丈，深六尺，需银一千三百七十三两五钱零，委宝应县知县张增挑挖”等因前来。查前项挑河，既经该督估计具题，应速行挑挖，工完将用过钱粮核减，造册题销可也。

康熙四十一年正月二十七日题，本月二十八日奉旨：“依议速行。”钦此钦遵。抄出到部，移咨到臣。准此，当经檄行该道挑挖去后。今据淮扬道参议王谦造册详销等因到臣。据此，该臣看得，子婴闸下胭脂沟起，至姚子港止，河长六百丈，河身浅窄，应加挑宽深。经臣具题部覆，速行挑挖，工完核减，造册题销等因。奉旨：“依议速行。”钦遵在案。今据淮扬道参议王谦详称“子婴闸下自胭脂沟起，至姚子港止，应挑河长六百丈，原估银一千三百七十三两五钱八厘，今工完核减，内除四十丈，有民房阻碍，无庸挑挖，扣存土方银一两五钱五分九厘二毫五丝，实用银一千二百三十四两五钱九分七厘九毫五丝，较比原估节省并扣存土方共银一百三十八两九钱一分五丝，委无浮冒”

等因，册详前来。臣覆核无异，除原册送查核外，相应题销。伏乞皇上睿鉴，敕部核销施行等因。

康熙四十一年六月二十三日题，闰六月十一日奉旨："着察核。该部知道。"钦此钦遵。于闰六月十二日抄出到部。该臣等议得，先经河道总督张鹏翮将子婴闸下自胭脂沟起，至姚子港止，挑河六百丈，估银一千三百七十三两五钱零等因具题。臣部覆准挑挖，工完核减造册题销在案。今据该督疏称"挑完实用银一千二百三十四两五钱九分零，节省并扣存未挑土方共银一百三十八两九钱一分零，委无浮冒"等因前来。查前项挑河用过银两，该督既称"委无浮冒"等语，应准开销，其节省银两，贮库为河工之用可也。

康熙四十一年闰六月二十五日题，本月二十九日奉旨："依议。"

〔代谢皇恩〕

兵部尚书兼都察院右都御史、总督河道、提督军务、臣张鹏翮谨题，为两沟之河道告成，历年之积水渐涸，西成有望，民生日遂，恳宪代题叩谢皇恩事。

据山阳、盐城两县举人颜敏，副榜王思维，贡监李公狄、唐臣恩、成侨、薛檠，士民胥炜、瞿思义、彭友声、瞿志浚、姜宗周、孙嵋、丁佩、季嗣鲁、陈三鼎、郝鹏、陶涵、刘赟、高景、王介、陈极、吴贤、孙尚、陆甫、刘宾臣、胡翼、张允中、王真、夏兆、吴昭、仇连、方正、薛上义、钱高、管魁、吴馆、唐大有、李志进、冯可达、常永祚、余志鲲、于士珏、平顺、孙邦道、王廉、高尔琳、陆士贵、吉云鹏、阮以雄等呈称"窃照山、盐两邑，自康熙三十五年黄水泛溢，童营缺口，田地沉没，虾、须二沟尽被黄河淤平，凡高、宝、兴、泰等邑由湖荡入海之道，淤塞不通，以致山、盐两邑受诸水下流之总汇，及黄水泛溢之无归，积水无处宣泄，田亩不获耕种。幸逢河院亲勘题请，荷蒙皇恩俞允，发帑开浚，于四月二十六日启坝放水，河道通流，水有去路，田地日渐涸出，西成有望，舟楫往来，商贾攸赖。不但山、盐两邑百姓得享平成之福，即高、宝、兴、泰生民亦自获乐利之休。若非皇恩浩荡，大发帑金，亦何能鸿工蚤成，生民永庆也。感戴皇恩，老幼欢腾，群思赴京叩谢，稍尽蚁忱，奈路途遥远，小民无力，为此叩恳俯赐代题，转达愚诚，仰冀天听，阖邑百姓惟焚香顶祝，望阙叩首，永戴弘慈于无既”等因到臣。据此，该臣看得，下河地处卑洼，叠罹水患，荷蒙皇上如天之仁，屡赐蠲赈，黎民得以生全。又钦颁上谕，挑浚下河，引积水入海。因前河臣未暇兼顾，臣凛遵圣主指授治河方略，上河工程就绪，水不东注，即遵上谕挑浚下河，估计具题，奉有俞旨，钦遵在案。臣勘虾、须二沟为疏通积水要道，即动支加捐银两，委员先行挑挖，于四月二十六日开放。是日万姓往观，欢声雷动。据举贡士民颜敏等呈称“水有去路，田地涸出，西成有望，舟楫往来，商贾攸赖。皆荷皇恩浩荡，大发帑金，鸿工蚤成，生民永庆。老幼欢腾，焚香顶祝，望阙叩首，永戴弘慈无既”，吁请代谢前来。臣观万姓感颂圣恩，实出诚悃，不敢壅于上闻。谨具疏代题，伏乞皇上睿鉴施行等因。

于康熙四十年五月十六日题，六月初七日奉旨：“该部知道。”

〔挑安东引河〕

兵部尚书兼都察院右都御史、总督河道、提督军务、臣张

鹏翮谨题，为估计挑挖引河以资保固事。

该臣看得，黄河下流最窄之处，无如安东便益门以及对岸韩家庄。臣率同道厅等官探量，两岸相距仅六十余丈，又兼时家马头至尹家庄，河身太曲，对岸沙洲逼溜，直冲南岸韩家庄，而韩家庄以下，又突出沙嘴，逼溜直射北岸便益门，且堤高于城，势甚危险。应将两处沙洲于中开穿，挑挖引河二道，使黄流直下，以固城池，以保险工。行据淮扬道参议王谦详估“黄河北岸沙洲，自时家马头东对南岸引河尾新河头起，至便益门西河尾止，估挑引河长五百四十丈，应用土方银二千一十四两五钱。又黄河南岸，自韩家庄东对北岸引河尾新河头起，至河尾止，估挑引河长五百二十丈，应用土方银一千五百六十六两。二引河下唇，又估下埽二个，应用埽料银五十两一钱二分，连引河并埽个，共估土方工料银三千六百三十两六钱二分”等因，详估前来。臣查时家马头已经合龙，淮、黄已经交会，二水合流，来春自必增长。急应乘时趱挑引河完竣，俟桃汛水长开放，使黄水直下，得以畅流，则尹、韩二庄，便益门三处险工可以稍平，又可保安东城社民生。除发帑委员乘此冬令水小，趱挑速竣，并将原册送部查核外，理合具疏题估，伏乞皇上睿鉴，敕部议覆施行等因。

康熙三十九年十二月初二日题，本月二十日奉旨：“这本内事情，着照该督所题行。该部知道”。

〔筑辛家荡月堤〕

兵部尚书兼都察院右都御史、总督河道、提督军务、臣张鹏翮谨题，为题明事。

该臣看得，山阳黄河南岸辛家荡地方，系原任淮徐道郎文煌于山安同知任内领银建造涵洞之处，因未竣工，故于本年黄水涨发，遂致冲漫成缺，经臣题明，责令赔堵在案。今据该道厅详称，郎文煌系镶黄旗人，因料物未备，以旧缺水深难堵为词。查此工关系要紧，难容迟缓，应照例动帑，委令署山安同知夏宗尧趁水落之际，照所估于坝外建筑月堤一百二十五丈，并堤外卷下顺埽，估用料物土方银一千四百九十三两八钱二分，造册前来。除原册送部查核外，此系郎文煌应赔之项，仰祈敕部行令该旗都统于郎文煌名下照追还项。理合具题，伏乞皇上睿鉴，敕部议覆施行等因。

康熙三十九年十二月初八日题，四十年正月二十日奉旨："该部议奏。"钦此钦遵。于正月二十一日抄出到部。该臣等议得，河道总督张鹏翮疏称"山阳黄河南岸辛家荡地方，系原任淮徐道郎文煌于山安同知任内领银建造未竣，故致冲缺，责令赔堵。郎文煌因料物未备，以旧缺水深难堵为词。此工关系紧要，难容迟缓，应照例动帑，委令署山安同知夏宗尧趁水落之际，于坝外建筑月堤一百二十五丈，并堤外卷下顺埽，估用银一千四百九十三两八钱二分，系郎文煌应赔之项。郎文煌系镶黄旗人，祈敕部行令该旗都统于郎文煌名下照追还项"等因前来。查该督既称"辛家荡地方关系紧要，难容迟缓"等语，应如所题，先动帑银修筑，工完之日，将用过银两造册题销。其估用银一千四百九十三两八钱零，行文该旗都统于郎文煌名下照例勒限半年，追取还项可也。

康熙四十年二月初二日题，本月初七日奉旨："依议。"钦此钦遵。抄出到部，移咨到臣。准此，当经檄行该道遵照趱筑去后。今据淮扬道参议王谦详称"辛家荡修筑越堤，今工完核减，造册详销”等因到臣。据此，该臣看得，黄河南岸辛家荡，经臣题估动帑修筑越堤，于郎文煌名下追银还项，部覆应如所题，动帑修筑，工完造册题销等因。奉旨：“依议。”钦遵在案。今据淮扬道参议王谦详称“辛家荡越堤工长一百二十五丈，原估银一千四百九十三两八钱二分，今工完核减，实用银一千三百四十四两四钱三分八厘，较原估节省银一百四十九两三钱八分二厘，并无浮冒，造册题销。其用过银两，照原题于郎文煌名下追还。查郎文煌系镶黄旗人，应行该旗都统照追清项”等因前来。臣覆核无异，除原册送部查核外，相应具疏题销，伏乞皇上敕部核销施行等因。

康熙四十一年十一月二十日题，十二月初八日奉旨：“着察核。该部知道。”钦此钦遵。于十二月初九日抄出到部。该臣等议得，河道总督张鹏翮疏称“黄河南岸辛家荡，经臣题估动帑，修筑越堤，于郎文煌名下追银还项，今工完实用银一千三百四十四两四钱零，较原估节省银一百四十九两三钱零，并无浮冒。其用过银两，照原题于郎文煌名下追还”等因前来。查前项建筑越堤用过银两，该督既称“并无浮冒”等语，应准开销节省银两贮库，为河工之用。其郎文煌名下应追银两，已经行文该旗勒追，应毋庸议。

康熙四十一年十二月十九日题，本月二十日奉旨：“依议。”

〔修中河二闸〕

兵部尚书兼都察院右都御史、总督河道、提督军务、臣张鹏翮谨题，为河工底绩可期，罅漏尚宜蚤塞，请将中、运两河复旧制，设闸座，以垂永久事。

康熙三十九年十一月三十日，准工部咨开，都水清吏司案呈，奉本部送工科抄出，刑科掌印给事中陈铣题前事等因。康熙三十九年十一月初九日题，本月十八日奉旨："这事情应否可行，着总河张鹏翮速议具奏。该部知道。钦此。"相应抄录原疏，行文总河，查照奉旨内事理，钦遵施行。

计抄录原疏一纸，内开：刑科掌印给事中、加二级陈铣题，为河工底绩可期，罅漏尚宜蚤塞，请将中、运两河复旧制，设闸座，以垂永久事。

窃惟淮、黄为患，匪伊朝夕，皇上神明独运，睿照所及，洞达无遗，已将两河情形熟悉区画，特简张鹏翮总理河道，面受方略，殚心奉行。又遣大臣督修高堰，天心眷答，河伯效灵。是年伏汛，水势消落，较往年十之三四，伫见安澜就下，立庆平成矣。乃皇上睿虑周详，犹恐黄、淮交涨，或致危险，此诚至圣至明，事所或有，诚不可不蚤为计及者也。

臣思黄河之工，规模已经大定，不过实心修筑，自可告成。惟是罅隙之处，尚宜蚤修。罅隙既修，则一定之规，垂之万世，永远无弊。盖黄河之患，最惧旁泄，不惟黄水不可两行，即两岸清水亦不可分泄。清水不泄，则助黄刷沙，水落之时，日夜滔滔，长流入河。若异涨之际，河流亦有倒灌之时。然六七天后，异涨即平，淤沙未坚，清水仍出，沙随水流，随流随去，此南北两岸所以必筑堤以障湖，障湖以敌黄也。自南之归仁堤溃，而湖家沟之口塞矣，高堰溃而清口塞矣；北之禹王台泄水，而骆马湖之董口塞矣。其塞者，非黄水之能塞清，而清水之自不能出也。黄水塞清，不过一时之泛涨，清不能出，则旁分流弱，黄水随清而入，一往不返，淤沙愈积愈老，河身反高于湖矣。今皇上命张鹏翮修归仁堤，开湖家沟以出濉湖之水，命大臣帮高堰以出洪泽湖之水，此真一定不易之经。乃犹有罅隙当塞者，则莫如复天妃闸以防淮水入运，闭中河以导东水入河。盖高堰既筑，淮水必高，若黄涨不能复出，则必择空地而行。旧天妃闸离淮、黄交会之处二百余丈，原用闸板闭断，自天妃闸至清江浦共有五闸，重运到时，递互启闭，重运一过，即行锁断，官民船只俱用车盘，是以淮之全力俱注于黄，其引入运河者，不过暂时资其济运耳。自废天妃闸，移七里闸，改草坝，无复闸板启闭，则淮、黄相距之中，复有运河以为尾闾。桃、伏两汛，黄障其北，堰障其东，无所分泄，势必尽趋运河。运河浅狭，迫近淮城，万一溃决，清江浦民居可危，诚有如圣虑所及者。故臣以为必复天妃闸以塞其罅，然后淮水可出，而清口可通也。至中河之意，亦复相同，借其通漕，可以避黄河之险，任其分泄，亦复生倒灌之虞。近年黄水灌入中河，至于啮堤浅涸，皆复由此。今张鹏翮遵奉俞旨，亦已煞中河头坝，引湖水从石闸出黄矣。臣愚以为宜仿天妃闸旧制之意，于新、旧两河中，酌量远近，多建闸座，重运来时，节级启闭，重运过后，官民船只或用车盘，或走黄河，勿令常行开通，使清水但资送运，一应减水坝尽行堵塞，令其俱入黄河。不惟宿迁以下河流广深，抑且仲庄闸出口之水，不致逼溜使南，而清口亦易开通。此不过一二补苴，而大工可以告成，永远可以遵守。

缘系条陈河工事理，字多逾格，贴黄难尽，未敢另缮。伏乞皇上睿鉴施行等因，移咨到臣。

该臣看得，科臣陈铣疏称“自天妃闸至淮安共有五闸，必复天妃闸以塞其罅，然后淮水可出”等语。臣按《南河志》，平江伯陈瑄建通济、新庄、福兴、清江、板闸等五闸，递相启闭，以防黄水之淤。又虑水发湍急，难于启闭，筑坝以遏水冲。每岁至六月初旬，粮艘过尽，伏水将发，即于通济闸外暂筑土坝，以遏横流，一应官民船只俱暂行盘坝出入，至九月初旬开坝。今天妃、福兴、板闸久废，新庄闸亦以无用弃之，惟存龙汪闸一座，金门参差，不能下板，但古今异宜，不能尽复五闸。臣相度地势，博访舆论，公议酌复天妃闸一座，以防黄水内灌。将见在之龙汪闸、宝应闸拆修金门下板，设遇水涸，递相启闭，蓄水济运。但目前运河淤垫，正在挑挖，俟清水冲刷淤沙使尽，河底之尺寸既定，方可安建闸基。将修闸事宜另疏题请。

又科臣陈铣疏称“新、旧两中河多建闸座，重运来时，节级启闭，重运过后，勿令常开”等语。查中河头每年粮船过后，即行煞坝，引湖水由石闸出黄，新运到时，又行启坝，需费钱粮。不若于中河头及中河尾各建石闸一座，以时启闭，节宣水势。于新中河孙家集以上修石闸一座，如遇水大，泄入盐河，以杀水势。其修闸需用钱粮，另疏估计具题。

以上运、中两河科臣题请建闸之处，乃河工告成，善后之计，事属可行。臣谨具疏题覆，伏乞皇上睿鉴，敕部议覆施行等因。

康熙三十九年十二月十八日题，四十年正月二十五日奉旨：“该部议奏。”钦此钦遵。于正月二十六日抄出到部。该臣等议得，先经刑科给事中陈铣以自天妃闸至清江浦共有五闸，必复天妃闸以塞其罅，然后淮水可出。又新、旧中河应多建闸座，重运来时，节级启闸，重运过后，勿令常开等因具题。奉旨：“这事情应否可行，着总河张鹏翮速议具奏。该部知道。”钦此钦遵。移咨总河去后。今据河道总督张鹏翮疏称“臣按：《南河志》，陈瑄建通济等五闸，递相启闭，以防黄水之淤。又虑水发湍急，难于启闭，筑坝以遏水冲。今天妃、福兴板闸久废，新庄闸亦以无用弃之，惟存龙汪闸一座，金门参差，不能下板。但古今异宜，不能尽复五闸。臣相度地势，博采舆论，公议酌复天妃闸，以防黄水内灌。将见在龙汪闸、宝应闸拆修，金门下板，设遇水涸，递相启闭，蓄水济运。但目前运河淤垫，正在挑挖，使清水冲刷淤沙使尽，河底尺寸既定，方可安建闸基。将修闸事宜另疏题请”等语。应俟该督具题之日再议。

又疏称“中河头粮船过后，即行煞坝，引湖水由石闸出黄，新运到时，又行启坝，需费钱粮。不若于中河头及中河尾各建石闸一座，以时启闭，节宣水势。于新中河孙家集以上修石闸一座，如遇水大，泄入盐河，以杀水势。其修闸需用钱粮，另疏估计具题”等语。应俟该督估计具题到日，再议可也。

康熙四十年二月初八日题，本月十二日奉旨：“依议。”钦此钦遵。抄出到部，移咨到臣。准此，随行该道，将中河头尾及孙家集各闸需用钱粮，作速估计去后。今据淮徐道副使施世纶、淮扬道参议王谦核明造册，转详题估等因到臣。据此，该臣看得，中河头及中河尾各建石闸一座，以时启闭，节宣水势。于新中河孙家集以上修石闸一座，如遇水大，泄入盐河，以杀水势。经臣具题部覆，需用钱粮，该督估计具题到日再议等因。奉旨：“依议。”钦遵在案。

今据淮徐道副使施世纶、淮扬道参议王谦详称“中河头建造石闸一座，并上下筑坝及挑月河、建草坝，共该工料银二万八千七百八十五两三钱五分六厘八毫；中河尾建造石闸一座，并上下筑坝及挑引河裹头等工，共该工料银二万九千七百三十七两二钱二分四厘二毫四丝；又建孙家集小石闸一座，共该工料银九千一百一十九两九钱四分九厘一毫二丝，三共银六万七千六百四十二两五钱三分一毫六丝，并无浮冒”等因，造册详估前来。臣覆核无异，不另请拨钱粮，动支交代大工存剩，并武墩石工扣存，以及追缴各案透欠并不足土方银两，照数给发。随委候补同知苏稷、安清中河通判刘可聘、清河县主簿张天机领帑办料兴修，委淮扬道参议王谦、淮徐道副使施世纶监工督催。除原册送部查核外，相应具疏题估，伏乞皇上敕部议覆施行等因。

康熙四十年十一月二十日题，十二月初九日奉旨："该部议奏。"钦此钦遵。于十二月初十日抄出到部。该臣等议得，先经河道总督张鹏翮将中河头及中河尾应各建石闸一座，以时启闭，节宣水势。孙家集以上应修石闸一座，如遇水大，泄入盐河，以杀水势等因具题。臣部覆令估计具题去后。今据该督疏称"中河头建石闸一座，并上下筑坝及挑月河、建草坝，估银二万八千七百八十五两三钱零。中河尾建石闸一座，并上下筑坝及挑引河裹头等工，估银二万九千七百三十七两二钱零。又建孙家集小石闸一座，估银九千一百一十九两九钱零，动支交代大工存剩等银，办料兴修"等因前来。查中河石闸二座，既经该督估计具题，应速行修建。工完之日，将用过钱粮核减，造册题销可也。

康熙四十年十二月十七日题，本月十八日奉旨："依议速行。"

〔修天妃闸〕

兵部尚书兼都察院右都御史、总督河道、提督军务、臣张鹏翮谨题，为河工底绩可期，罅漏尚宜蚤塞，请将中、运两河复旧制，设闸座，以垂永久事。

准工部咨前事，该臣看得，酌复天妃闸，以防黄水内灌，将见存龙汪等闸拆修金门下板，设遇水涸，递相启闭，蓄水济运。经臣题明，将修闸事宜另疏题请部覆，俟具题之日再议等因在案。今据淮扬道参议王谦详称“除龙汪闸见在另文议详外，惟是天妃闸旧基闸塘年久深洼，戽水难干，故桩碎石，有碍下桩铺底。议于运口头草坝迤北建造大石闸一座，拆新庄闸石料添用，以节钱粮。又东西各筑纤堤一道，即以挑引河之土筑堤，再于闸座上下穿开旧堤处所，各建草坝一座，以固堤束水。共估工料银二万八千二百四十二两九钱四分九厘二毫四丝，并无浮冒”等因，造册详估前来。臣覆核无异，不另请拨钱粮，随动支高堰大工节省银两，照数给发候补知县王来硕等办料兴修，淮扬道王谦监工督催。除原册送部查核外，相应具疏题估，伏乞皇上睿鉴，敕部议覆施行等因。

康熙四十一年三月十四日题，本月三十日奉旨：“该部议奏。”钦此钦遵。于四月初一日抄出到部。该臣等议得，河道总督张鹏翮疏称“复天妃闸以防黄水内灌，经臣题明在案。惟是天妃闸旧基年久深洼，故桩碎石，有碍下桩铺底，议于运口头草坝迤北建造大石闸一座，东西各筑纤堤一道，再于闸座上下穿开旧堤处所，各建草坝一座，以固堤束水。共估工料银二万八千二百四十二两九钱四分零，动支高堰大工节省银两，给发候补知县王来硕等兴修，淮扬道王谦监工督催”等因前来。应如该督所题，准其建筑，工完之日，将用过钱粮核减，造册题销可也。

康熙四十一年四月初五日题，本月初六日奉旨：“依议速行。”

〔修弘济闸〕

兵部尚书兼都察院右都御史、总督河道、提督军务、臣张

鹏翮谨题，为河工底绩可期，罅漏尚宜蚤塞，请将中、运两河复旧制，设闸座，以垂永久事。

准工部咨前事，该臣看得，宝应闸拆修，金门下板，递相启闭，蓄水济运。经臣题明，将修闸事宜另疏题请部覆，俟具题之日再议等因在案。今据淮扬道参议王谦详称“宝应南弘济大闸建造年久，闸底闸墙向被水冲坏，今议从新估建石闸一座，金门凿槽下板，以资启闭，并开挑月河，建筑埽坝，通共需料物工价银一万六千四百九十八两三钱四分七厘五毫六丝，并无浮冒”等因，造册详估前来。臣覆核无异，不另请拨钱粮，随动支高堰大工节省银两，照数给发原任知县吴顺办料兴修，淮扬道参议王谦监工督催。除原册送部查核外，相应具疏题估，伏乞皇上睿鉴，敕部议覆施行等因。

康熙四十一年六月初七日题，本月二十二日奉旨：“该部议奏。”钦此钦遵。于六月二十三日抄出到部。该臣等议得，先经河道总督张鹏翮将宝应闸拆修，金门下板，俟运河挑挖，另疏题请等因具题。臣部覆令俟该督具题之日再议在案。今据该督疏称“估建石闸一座，并开挑月河，建筑埽坝，共需料物银一万六千四百九十八两三钱零，动支高堰大工节省银两”等因前来。应如该督所题，准其修造，工完之日，将用过银两核减，造册题销可也。

康熙四十一年闰六月初五日题，本月初八日奉旨：“依议。”

卷之二十一　章奏

〔开杨横等引河〕

兵部尚书兼都察院右都御史、总督河道、提督军务、臣张鹏翮谨题，为急宜挑挖黄河湾曲引河事。

该臣看得，黄河湾曲之处，恭奉上谕："挑挖使直，水流畅快，则泥沙不淤。"仰见我皇上洞鉴治河良法。准到部文，即转行淮徐道副使施世纶、淮扬道参议王谦钦遵去后。今据施世纶等将所属应挑引河之处，逐一详估前来。臣亲往查勘，分别缓急，次第兴挑。惟徐属之杨横庄、邳州之戚字堡、桃源之谈家口、安东之汪家庄四处工程更为紧要，急宜先挑引河，约需土方工料银二万七千三百五十八两三钱三分，请祈敕部拨发钱粮，以便一面乘时趱挑，俟桃、伏二汛水长开放，以保险工，一面估计具题。其余各处引河，俟四引河告成之后，相度形势，另行次第题请外，理合恭疏具题，伏乞皇上睿鉴，敕部议覆施行等因。

于康熙三十九年十二月二十日题，四十年正月二十四日奉旨："该部速议具奏。"钦此钦遵。于正月二十五日抄出到部。该臣等议得，河道总督张鹏翮疏称"黄河湾曲之处，恭奉上谕挑挖，使直臣亲往查勘，分别缓急，次第兴挑。惟徐属之杨横庄、邳州之戚字堡、桃源之谈家口、安东之汪家庄四处，工程更为紧要，急宜先挑引河，约需土方工料银二万七千三百五十八两三钱零，祈敕部拨发钱粮，以便一面乘时趱挑，俟桃、伏二汛水长开放，以保险工，一面估计具题。其余各处引河，俟四引河告成后，相度形势，另行次第题请”等因前来。查徐属杨横庄等处，该督既称“工程更为紧要，急宜先挑引河”等语，应如所题，速行乘时趱挑，将需用钱粮移咨户部拨给。其余各处引河，该督既称“俟四引河告成后，相度形势，另行次第题请”等语。应俟具题到日，再议可也。

康熙四十年正月二十七日题，本月二十八日奉旨：“依议速行。”钦此钦遵。移咨到臣。准此，随经檄行该道，速行各该厅领帑趱挑，并将需用工料钱粮估计造册去后。今据淮徐道副使施世纶详称“本道逐工亲勘，造册估计”等因到臣。据此，该臣看得，徐州杨横庄、邳州戚字堡、桃源张家庄、安东汪家庄，急应各挑引河一道，以保险工。经臣具题部覆，应如所题，速行乘时趱挑，将需用钱粮移咨户部拨给。奉旨：“依议速行。”钦遵在案。行据淮徐道副使施世纶详称“徐州杨横庄对岸引河，估长一千八十丈，挑深一丈三尺，宽十丈至十六丈不等，并建迎水坝，需用土方工料银一万二千一百一十两九钱八分。邳州戚字堡对岸引河，估长五百七十丈，挑深一丈二尺，宽十二丈至二十丈不等，需用土方银七千一百七十六两六钱。桃源谈家口，因桃汛黄河变迁，大溜外行，前估引河应行暂停。而张家庄险工，大溜顶冲，危险异常，对岸顾家湾应估挑引河一道，长九百二十丈，挑深一丈，宽八丈至十六丈不等，需用土方工料银七千二百六两三分二厘，即以估挑谈家口引河之银，为张家庄引河之用。”查谈家口引河约估银六千三百两，今张家庄挑河筑坝，估用银七千二百六两三分二厘，尚有不敷银九百六两三分二厘，亦不敢再请钱粮，即于戚字堡等三引河节省之内，通融添用，相机挑挖。除原册送部查核外，相应题估，伏乞皇上睿鉴，敕部议覆施行。再查汪家庄引河，因桃汛水长，对岸沙嘴坍卸，俟过伏汛，相度形势，另疏具题，合并声明”等因。

康熙四十年五月二十七日题，六月十五日奉旨：“该部议奏。”钦此钦遵。于六月十六日抄出到部。该臣等议得“先经河道总督张鹏翮将徐州杨横庄、邳州戚字堡、桃源谈家口、安东汪家庄四处，应各挑引河一道”等因具题，经臣部覆准在案。今据该督疏称“徐州杨横庄对岸引河长一千八十丈，并建迎水坝，共估银一万二千一百一十两九钱八分。邳州戚字堡对岸引河长五百七十丈，估银七千一百七十六两六钱。桃源谈家口因桃汛黄河变迁，大溜外行，前估引河应行暂停。而张家庄险工，大溜顶冲，危险异常。对岸顾家湾应挑引河一道，长九百二十丈，估银七千二百六两三分零，以估挑谈家口引河之银六千三百两为用，尚有不敷银九百六两零，于戚字堡三引河节省之内，通融添用。汪家庄引河，因桃汛水长，对岸沙嘴坍卸，俟过伏汛，相度形势，另疏具题”等因前来。应照该督估题，将杨横庄、戚字堡并顾家湾引河，令其速行挑挖，工完之日，将用过银两核减，造册题销。至汪家庄引河，既称“俟过伏汛，相度形势，另疏具题”等语，应俟具题到日再议可也。

康熙四十年七月初二日题，本月十四日奉旨：“依议。”钦此钦遵。抄出到部，移咨到臣。准此，当经备行该道，转行挑挖去后。续据署淮徐道事、管理河库、兵部员外郎张弼，又据署淮徐道事、淮扬道参议王谦造册详销等因到臣。据此，该臣看得，徐州杨横庄、邳州戚字堡、桃源顾家湾，挑挖引河三道，经臣题估部覆，应令挑挖等因。奉旨："依议。"钦遵在案。今据署淮徐道事、淮扬道参议王谦等详称"邳州戚字堡引河长五百七十丈，原估银七千一百七十六两六钱，今工完核减，实用土方银六千三百七十九两二钱，节省银七百九十七两四钱。徐州杨横庄对岸引河长一千八十丈，并迎水坝，原估土方工料银一万二千一百一十两九钱八分，今工完核减，实用土方埽料银一万八百九十九两八钱八分二厘，节省银一千二百一十一两九分八厘。桃源张家庄对岸顾家湾引河长九百二十丈，并拦水埽坝，原估银七千二百六两三分二厘，系题明动用谈家口引河银六千三百两，不敷银两，于戚字堡等引河节省银内通融添用。今工完实用过土方埽料银六千四百八十三两一分二厘，内除用谈家口引河银六千三百两外，添用戚字堡等引河节省银一百八十三两一分二厘，并无浮冒。再查戚字堡、杨横庄二工，共节省银二千八两四钱九分八厘，内除顾家湾引河添用银一百八十三两一分二厘，实存节省银一千八百二十五两四钱八分六厘"等因，册详前来。臣覆核无异，除原册送部查核外，相应具题，伏乞皇上敕部核销施行等因。

康熙四十一年闰六月十二日题，本月二十九日奉旨："着察核。工部知道。"钦此钦遵。于七月初一日抄出到部。该臣等议得，河道总督张鹏翮疏称"邳州戚字堡挑引河长五百七十丈，徐州杨横庄对岸挑引河长一千八十丈，桃源顾家湾挑引河长九百二十丈，并建迎水拦水埽坝，共用银二万三千七百六十二两一钱八分零，节省银一千八百二十五两四钱八分零，并无浮冒"等因前来。查前项工程用过银两，该督既称"并无浮冒"等语，应准开销。节省银两，贮库为河工之用可也。

康熙四十一年七月十七日题，本月二十一日奉旨："依议。"

〔筑吴家庄月堤〕

兵部尚书兼都察院右都御史、总督河道、提督军务、臣张鹏翮谨题，为亟宜帮筑月堤，以资捍御事。

该臣看得，砀山县黄河北岸吴家庄险工，今岁秋汛水涨，坍塌危险，已经臣恭报秋汛疏内题明在案。今据淮徐道副使施世纶详称"吴家庄坝台单薄，难以卷埽，应加帮宽厚，计长二百四十八丈三尺，又估筑月堤，以为重门之障，工长九百四十三丈，二共估用土方银八千四百六十五两六钱六厘八毫，请拨钱粮，乘时趱筑"前来。臣覆核无异，除原册送部查核外，臣谨具疏题估，并请拨发钱粮，以便乘时趱筑，庶要工得资保固。伏乞皇上睿鉴，敕部议覆施行等因。

康熙三十九年十二月二十日题，四十年正月二十五日奉旨："该部议奏。"钦此钦遵。于正月二十六日抄出到部。该臣等议得，河道总督张鹏翮疏称"砀山县黄河北岸吴家庄，坝台单薄，难以卷埽，应加帮宽厚，计长二百四十八丈三尺，又估筑月堤，以为重门之障，工长九百四十三丈，二共估用土方银八千四百六十五两六钱零，请拨发钱粮，以便乘时趱筑"等因前来。查该督既称"吴家庄坝台单薄，难以卷埽，应加帮宽厚，并筑月堤，以为重门之障"等语，应如所题，准其帮筑，所需工料银两，移咨户部拨给，工完核减，造册题销可也。

康熙四十年二月初三日题，本月初七日奉旨："依议。"钦此钦遵。抄出到部，移咨到臣。准此，当经檄行该道遵照趱筑去后。今据淮徐道佥事张弼详称"吴家庄坝台月坝工完核减，造册详销”等因到臣。据此，该臣看得，吴家庄加帮坝台，估筑月堤，经臣题估部覆，应如所题，帮筑工完核减造册题销等因。奉旨：“依议。”钦遵在案。今据淮徐道佥事张弼详称“吴家庄坝台原估工长二百四十八丈三尺，因下尾黄溜稍缓，停修四十丈，计省银九十五两二钱，实帮工长二百八丈三尺，又创筑月堤工长九百四十三丈，二共原估银八千四百六十五两六钱六厘八毫，今工完核减，实销银七千五百三十三两三钱六分六厘一毫二丝，连停修共存节省银九百三十二两二钱四分六毫八丝，委无浮冒，造册详销”前来。臣覆核无异，除原册送部查核外，相应具疏题销，伏乞皇上敕部核销施行等因。

康熙四十一年九月初一日题，本月十七日奉旨：“着察核。该部知道。”钦此钦遵。于九月十八日抄出到部。该臣等议得，河道总督张鹏翮疏称“吴家庄加帮坝台，原估工长二百四十八丈三尺，因下尾黄溜稍缓，停修四十丈，计省银九十五两二钱，实帮工长二百八丈三尺，又创筑月堤工长九百四十三丈，共用银七千五百三十三两三钱六分零，连停修共存节省银九百三十二两二钱四分零，委无浮冒”等因前来。查前项加帮坝台，创建月堤，用过银两，该督既称“委无浮冒”等语，应准开销停修银九十五两二钱，节省银八百三十七两四分零，俱贮库为河工之用可也。

康熙四十一年九月二十四日题，本月二十五日奉旨：“依议。”

〔修防得人〕

兵部尚书兼都察院右都御史、总督河道、提督军务、臣张鹏翮谨题，为淮、黄交会，谨陈善后三策，务在得人以保河工事。

窃惟河性靡常，相机修防，全在得人，然得人亦正未易也。盖河工事所难料，河官人所畏为。何以言之？河官终日奔走河干，祁寒暑雨，不敢退避，一遇水长，亲操畚锸，沾体涂足，不敢言劳，与地方官有司安居衙署者不同。在有志之士，鞠躬尽瘁，以殚人臣之义，亦有不敢畏难就易者。独是黄河水势变迁无定，工程虽坚，而大溜冲刷，浚河虽深，而浊流易淤，有非人力之所能挽回者。加以河工溃敞之后，部臣恶董安国之偾事，而定赔修之例，台臣又定半年限期，催追不完，即议降革，故人视河官为畏途。身膺是职者，自知迁转无期，追赔必有，不得不起浮冒钱粮之念，以为将来追赔之地。因而工程迁延，旋完旋坏，参罚日多，以致前后牵混。虽将误工之人严行分处，究无补于河工之实济。修工不休，糜费钱粮，职此之故。臣愚以为当思变通之法，使长才得以展布，中才亦知奋勉。自今河官宜仿台湾三年升转之例，专管河务道厅官员，修防有法，工程无误，节省钱粮，实心任事者，三年俸满，河臣保题，即予升转。若三年之内，如实心修工，设河流变迁非常，非由人力之罪者，河臣保题，仍照旧例，免其赔补，庶人心不致畏缩，鼓其公忠任事之气。如有怠废河务、虚冒钱粮劣员，仍不时纠参。如此则迁转有期，咸思勉励，保固工程，节省钱粮，以感奋于功名之途，有裨河道，非浅鲜矣。臣谨具题，伏乞皇上睿鉴，敕部议覆施行等因。

康熙四十年正月二十七日题，二月十五日奉旨："九卿、詹事、科道会议具奏。"钦此钦遵。于二月十六日抄出到部。该臣等会议得，河道总督张鹏翮疏称"河性靡常，相机修防，全在得人，然得人亦正未易。盖河工事所难料，河官人所畏为。何以言之？黄河水势变迁无定，工程虽坚，大溜冲刷，浚河虽深，浊流易淤，非人力所能挽回。加以河工溃敝后，部臣恶董安国之偾事，而定赔修之例，台臣又定半年限期，催追不完，即议降革，故人视河官为畏途。身膺是职，自知迁转无期，追赔必有，不得不起浮冒钱粮之念，以为将来追赔之地。因而工程迁延，旋完旋坏。修工不休，糜费钱粮，职此之故。臣愚以为当思变通之法，河官宜仿台湾三年升转之例，专管道厅官员，修防有法，工程无误，节省钱粮，实心任事，三年俸满，河臣保题，即予升转。若三年内实心修工，设河流变迁非常，非由人力之罪，河臣保题，仍照旧例，免其赔补。如有怠废河务、虚冒钱粮劣员，仍不时纠参。如此则迁转有期，咸思勉励，保固工程，节省钱粮，有裨河道，非浅鲜矣”等因前来。

查康熙十五年定例内，黄河堤岸定限一年，运河堤岸定限三年。如黄河堤岸半年内、运河堤岸一年内冲决者，将经修防守各官均行革职，分司道官降四级调用，总河降三级留任。如黄河堤岸过半年、运河堤岸过一年限内冲决者，将经修防守各官降三级调用，分司道官降二级调用，总河降一级留任。如过限年冲决者，将管河各官俱革职，戴罪修筑，分司道官住俸督修，工完开复，总河罚俸一年。又康熙二十三年定例内，堤岸冲决，河流迁徙者，照例处分。至河水漫缺，河流不移者，限年之内，令经修之官赔修，如过年限，令防守之官赔修等因。又康熙三十九年，台臣廖腾煃疏称，赔修工程日久并未报完，请严定处分之例。经工部议覆：嗣后有堤岸冲决、河流迁徙者，仍照旧例处分外；河流不移者，将管河各官俱革职，戴罪勒限半年赔修，分司道官俱各降四级督修，工完开复。如限内不完，将承修官员革职，分司道官降四级调用，总河降一级留任，未完工程，仍令赔修。见今应赔工程动帑修筑者甚多，将此应赔银两亦照赔修之例，勒限处分等因各在案。今该督虽称“河官修防有法，工程无误，节省钱粮，实心任事，宜仿台湾之例，三年俸满，即予升转”等语，但查台湾地处海岛，涉历风涛，故三年即升，此黄、运两河非台湾可比，且河官挑河，修理堤岸，俱系伊等专责，应将该督所题三年俸满即予升转之处，毋容议。再，河工关系重要，所以堤岸冲决，定有赔修之例甚明，如免其赔补，恐不肖河员将堤岸不行坚固修造，防守官员怠玩，亦未可定，应将该督所请免赔之处，亦毋容议。

康熙四十年三月初四日题，四月二十日奉旨：“依议。”

〔分晰工程〕

兵部尚书兼都察院右都御史、总督河道、提督军务、臣张鹏翮谨奏，为钦奉上谕事。

康熙四十年三月十三日，接内阁中书殷德纳捧旨到臣，内开：康熙四十年三月初五日，张鹏翮题请河员应照台湾例用赔修钱粮应豁免等因。据九卿会议不准行，具题折奏。奉旨：“这本收贮尔衙门，着尔衙门能驰马中书一员，前往张鹏翮处。张鹏翮悉知河务，何处作为第一险要工程，何处作为其次险工，何处作为岁修工程，详加分晰，逐段开明。再，何处冲决应赔修，何处冲决不应赔修之处，一并定议具奏。这本着差去中书带来启奏。”钦此钦遵。臣跪聆之下，仰见我皇上慎重河工，必得实心任事之人，不拘文法，俾得展布，永保安澜之绩，诚国计民生之大幸也。

臣查江南徐属厅、邳睢厅、宿虹厅、桃源厅、外河厅、山安厅所管之黄河，自砀山县起，至海口止，频年河身垫高，一遇水发，惊涛澎湃，湍悍难御。江南里河厅、高堰厅、山盱厅所管之湖河，自石磡起，至高家堰六坝止，洪湖水势汹涌，一遇西风暴发，巨浪如山，处处堪虞。里河厅所管运河，自大墩起，至淮关止，面临黄河，背坐洪湖，两岸受险。江南扬河厅所管运河，自宝应黄浦起，至邵伯更楼止，襟带三湖，若遇大水，湖河相连，关系运道。江南安清中河厅、宿桃中河厅所管运河，自古城起，至仲庄闸止，逼近黄河，土系虚沙，且孙家集迤下，于成龙创筑子堤，河身窄狭，束水太紧，因系已成之工，不便废弃。以上俱属第一险要工程。

其里河厅所管运河，自淮安起，至泾河止。扬河厅、江防厅所管运河，自湾头起，至瓜洲止。宿桃中河厅所管中河，自刘老涧起，至张家庄止。宿虹厅所管运河，自支河口起，至窑湾迤南止。邳睢厅所管运河，自窑湾迤北起，至猫儿窝迤北止。以上俱属其次险工。

江南险要工程，每年必须修理者，名为岁修工程。如徐属厅之郭家嘴、杨家洼、杨横庄、小店、长樊大坝、狼矢沟、吴家庄、谷家庄等处，邳睢厅之羊山寺、董家堂、戚字堡、三官庙、戴家楼、王家堂等处，宿虹厅之蔡家楼、彭家堡、朱家庄、大古城、陈家道口等处，宿桃中河厅之刘老涧、上湾兜，桃源厅之烟墩、上渡口、龙窝、九里冈、三岔、七里沟、鸡嘴坝、谈家庄等处，外河厅之汤董庄、大茭陵、韩家庄、尹家庄、柴市、大车路口、朱家沟、新港、童家营、湖家庄、御檞挑水坝等处，山安厅之便益门、郑家马头、时家马头等处，江南黄、运、中三河及临湖工程，有顶冲埽湾及风暴打坏浪窝之处，随时补救，名为抢修工程。更有河性靡常，倏尔变迁，恐埽工不足捍御，或筑越堤，或帮里戗，或加帮高厚，或挑引河，或钉排桩，或修石工，或建闸坝，名为大修工程。

总之，水势无定，目前形势如此，将来或次险变为险要，或险要变为次险，亦未可定。惟在因时制宜，难以逆料。若得实心任事之人，不恤嫌怨，不辞劳苦，不避风雨，相机修防，或事出意外，非由人力所致者，无论限内限外，情实可原。

案查，康熙二十三年十二月初一日奉旨："徐州长樊大坝等处，虽经冲决，河流未徙，该管各官革职赔修，俱着宽免。"钦遵在案。嗣后第一险要工程，应遵旨免其赔修，其次险工限外疏虞者，照例不赔修，限内疏虞者，仍应赔修。如此则贤者知所奋励，不肖者知所戒勉，咸思保固工程，不致虚糜帑金，有裨河道，匪浅鲜矣。今三月初四等日，高堰风暴大作，臣亲率河官抢修险工，涛声如雷，巨浪溅衣，身历不测之地，设有不虞，身命介于俄顷，河官之劳苦，臣所目击。据九卿云"台湾地处海岛，涉历风涛，故三年即升，黄、运两河非台湾可比"等语。殊不知台湾官员只赴任与去任时两涉风涛耳。河官每年桃、伏、秋三汛抢修防守，常历风涛之中，较安居衙署者迥乎不同。又云"挑河修堤系河官专责，而台湾之受禄赴官者，独非职任所在乎？"且臣阅邸抄，吏部议覆直隶抚臣李光地题补子牙河主簿杨芳一疏"如三年果能称职，照清河之例，即行升用"等语，此又有例可援者也。盖鼓励劳员，正欲保固河工，节省帑金，永保安澜之绩，以仰副皇上宵旰廑怀河工至意。况臣行年五十三岁，形神疲惫，须发苍白，三年为期甚遥，保题河官之时，能保臣之尚在河工乎？此亦可以白臣心之无私矣。至于直隶，除永定河外，其余工程及山东、河南河官所管工程，次于江南，应仍照见行例行。黄、淮交会，河工垂成，仰荷我皇上圣明独断，睿虑精详，乃克有此。臣谨遵旨敬陈末议，伏乞皇上乾断施行。

〔详议前疏〕

兵部尚书兼都察院右都御史、总督河道、提督军务、臣张鹏翮谨奏为，钦奉上谕事。

康熙四十年四月初四日，内阁中书殷德纳到清江浦。维时臣在盱眙县申家渡地方查勘淮河水势情形，闻报即星夜驰回，于初六日到清江浦，接内阁中书殷德纳捧旨到臣，内开：康熙四十年三月二十六日，大学士伊桑阿、马齐、王熙、吴琠、熊赐履、张英，学士法良、辛保、希福纳、傅绅、范承烈、王九龄、曹鉴伦等，以九卿议覆总河张鹏翮题为河员应照台湾之例叙用，及恳免赔修钱粮等事毋容议，并分晰险要岁修工程折子奏请。奉旨："据张鹏翮疏称'自砀山县起至海口止，湖河自石礶起至高家堰六坝止。运河自大墩起至淮关止，自宝应起至更楼止，自古城起至仲庄闸止。俱属第一险要工程。运河自淮安起至泾河止，自湾头起至瓜洲止，自支河口起至猫儿窝迤北止。中河自刘老涧起至张家庄止。俱属其次险工'等语。但水性靡常，倏尔变迁，岁修工程或变为险要，险工淤塞即变为岁修。督理此等工程，各官内亦有实心效力奉行者，然不无随众塞责之员，岂可俱照台湾之例一体叙用？又疏称'九卿但知台湾官员赴任去任，俱有冒涉风涛之险，殊不知风涛之险，河员不时冒涉'等语。其台湾官员定有历俸三年即行升迁之例，本意迥殊，并非仅为越海冒涉风涛起见，张鹏翮未悉此意。这事情前者九卿题覆，曾议准行，与九卿无涉。朕以事关更改条例，难以遽为准行，故遣人询问。此情节张鹏翮未尝不知。且河员见今俱系保题，从优补授，若将河员照台湾之例叙用，必致更改条例。如此更改，则吏、兵、工三部条例俱致更改矣。今将河员若照台湾之例叙用，或仍补授河工员缺乎？或升补他省员缺乎？若升补他省，则河工历练之员同时升去，独剩新任之员，有无裨益河工之处，未经议及。即今河员已经历任二载，其限三年，自任事之日扣算，或自今岁明岁扣算。又疏称'伊行年五十三岁，再过三载，能保尚在河工'等语。如此则张鹏翮后接任河臣，焉知从前官员贤否，乃欲将河员遽为升用？此等情由，并未声明。行令张鹏翮将三部条例逐一再行详细确议具奏。仍着原遣中书前去，将九卿议覆准行稿抄写，令前往中书赍去，着张鹏翮看。"钦此钦遵。臣跪聆之下，不胜悚惕。切念河工溃敝之后，荷蒙我皇上指授治河方略，明晰精详，乃致黄河渐次刷深，中、运二河深通，粮艘遄行，六坝全闭，淮、黄交会，黄童白叟皆感颂我皇上如天之仁。微臣受圣主知遇深恩，惭无报称，窃喜河工垂成，鼓励劳员，尽心河务，故援三年即升之例上请。兹伏读圣谕，仰见我皇上至圣至明，洞鉴深远，微臣愚陋，见不及此。河员若照台湾之例叙用，诚如圣谕，非仅为风涛起见，又必致更改条例。如历练之员，或同时升补他省，诚恐新任之员未必尽谙河务。倘蒙俯允定例之后，扣算三年，为期甚遥，其中并无过愆，合例之人，亦难多得。且将来接任河臣，未必尽知从前官员之贤否，似应将照台湾三年即升之例，照九卿毋容议。其河员之中，有实心效力奉行者，容臣于河工告成之日，照例具题请叙。如怠废河务，侵冒钱粮者，不时纠参。

总之，微臣受恩最深，凡有关河工之事，虽一得之愚，冒昧陈请，可否伏候圣裁。恭遇我皇上圣明在上，恩同天地，明并日月，不加谴责，容臣再行确议具奏，不胜感激涕零。臣谨具折付中书殷德纳赍捧，谨奏请旨。

〔挑浚里河〕

兵部尚书兼都察院右都御史、总督河道、提督军务、臣张鹏翮谨题，为钦奉上谕事。

案准工部咨开：本部等衙门会议河道总督张鹏翮疏称“清河县运口至高邮州界首一带里河，频年黄水入运淤垫，从未挑浚，以致河身日高，宜加挑浚深通。臣前已面奏，奉旨俞允，钦遵在案。俟今冬粮船过尽，即煞坝挑浚，一切进贡差使，暂由陆行”等语。应如所奏，一面兴工，一面将需用银两确估具题可也等因。奉旨：“依议速行。”钦此钦遵。抄出到部，移咨到臣。准此，当即檄行淮扬道估计去后。今据淮扬道参议王谦造册详估等因到臣。据此，该臣看得，清河运口至高邮州界首一带里河，频年黄水内灌，运河淤垫，久未挑浚，以致河身日高，宜皆挑浚深通。俟今冬粮船过尽，即煞坝挑浚，一切进贡差使，暂由陆行。已经奏明九卿议覆，应如所奏等因。奉旨：“依议速行。”

又于钦奉上谕事案内具奏，拟于十一月十五日以前，回空粮船过完煞坝，将运河挑挖深通在案。行据淮扬道参议王谦详称“自张福口起，历清河、山阳、宝应三县，至高邮界首止，应挑工段共长三万一千一百七十九丈二尺，共计土二百零三万六千六十四方八分三厘，连运远土并筑拦河堤坝，共估土方工料银二十二万六千八百四十八两九钱五分五厘一毫七丝五忽，造册详估”前来。臣覆核无异，委署扬河通判事扬粮通判王佐，清河县知县金启瑞，山阳县知县顾鸣阳、县丞鲍学沛，淮安卫守备洪奇，宝应县知县张增，盐城县知县郑鼐，高邮知州谢廷瑞，里河同知常维祯等，照所管工段承挑，淮扬道参议王谦监工。除原册送部查核外，相应具疏题估。查挑浚运河，关系紧要，所有需用钱粮，请敕部迅赐就近拨给，以便乘时挑浚。伏乞皇上睿鉴，敕部议覆施行等因。

康熙三十九年十月二十八日题，十一月十四日奉旨："该部速议具奏。"钦此钦遵。于十一月十五日抄出到部。该臣等议得，河道总督张鹏翮疏称"自张福口起，历清河、山阳、宝应三县，至高邮界首止，应挑工段共长三万一千一百七十九丈二尺，共估土方工料银二十二万六千八百四十八两九钱零，委署扬河通判王佐等承挑，淮扬道王谦监工。所有需用钱粮，请迅赐就近拨给，以便乘时挑浚"等因前来。查先经河道总督张鹏翮将清河县运口至高邮界首一带里河，频年黄水入运淤垫，从未挑浚，以致河身日高，宜加挑浚深通，俟今冬粮船过尽，即煞坝挑浚。一切进贡差使，暂由陆行等因具题。经九卿会议，应如所题，一面兴工，一面将需用银两确估具题等因，覆准行文在案。今该督既经估计具题，应将所需银两移咨户部，就近拨给，令该督乘时速行挑浚，工完之日，将用过钱粮核减造册题销可也。

康熙三十九年十一月十七日题，本月二十一日奉旨："依议速行。"钦此钦遵。移咨到臣。准此，当即备行该道，催令委员领帑挑挖，工完核减，造册题销去后。今据淮扬道参议王谦等造册详请题销等因，册详到臣。据此，该臣看得，淮扬运河节年黄水淤垫，久未挑浚，河身日高，经臣题请发帑兴挑，估土方工料银二十二万六千八百余两。部议应将所需银两移咨户部，就近拨咨，令臣乘时速行挑浚，工完核减题销等因。奉旨："依议速行。"钦遵在案。今据淮扬道参议王谦详称："山、清二县运河原估长一万八千九百九十八丈二尺，估用土方银一十三万三千六百二十二两三钱五分三厘九毫二丝五忽，内除惠济祠一带，因黄、淮交会，不便挑深，暂停挑浚，使运河头与黄河河身一律相平，庶清水得以两分，经臣于煞坝疏内题明在案。迨煞坝断流之际，择其河底突起土埂、河滩积淤之处，切铲平坦外，今通工查丈，实挑过工长一万七千六百一十二丈九尺，实用土方并闭坝银九万三千二十一两四厘五毫四丝二忽，节省银四万六百一两三钱四分九厘三毫八丝三忽。又宝应运河原估挑长一万二千一百八十一丈，并筑坝估用土方银九万三千二百二十六两六钱一厘二毫五丝，今完工核算，实用银六万四千五百二十八两八钱二分九厘六毫九丝，节省银二万八千六百九十七两七钱七分一厘五毫六丝。以上清河、山阳、宝应三县运河，共挑河长二万九千七百九十三丈九尺，共实用银一十五万七千五百四十九两八钱三分四厘二毫三丝二忽，较原估节省银六万九千二百九十九两一钱二分九厘四丝三忽，并无浮冒"。既据该道造册详销前来，臣覆核无异。除原册送部查核外，相应题销，伏乞皇上敕部核销施行等因。

康熙四十年八月初三日题，九月初一日奉旨："着察核。该部知道。"钦此钦遵。于九月初二日抄出到部。该臣等议得，先经河道总督张鹏翮将自张福口起，历清河、山阳、宝应三县，至高邮界首止，应挑工段共长三万一千一百七十九丈二尺，估银二十二万六千八百四十八两九钱零等因具题，经臣部覆准在案。今据该督疏称"除惠济祠一带，因黄、淮交会，不便挑深，暂停挑浚，止挑过河二万九千七百九十三丈九尺，用银一十五万七千五百四十九两八钱三分零，节省银六万九千二百九十九两一钱二分零”等因前来。查原估挑河三万一千一百七十九丈二尺，今挑过二万九千七百九十三丈九尺，停挑一千三百八十五丈三尺，应存银一万四千八百二十四两一钱八分零。此外节省银五万四千四百七十四两九钱零，实用银十五万七千五百四十九两八钱三分零，准其开销。其存剩并节省银两，贮库为河工之用可也。

康熙四十年九月二十三日题，本月二十五日奉旨：“依议。”

〔修高、宝、江堤工〕

兵部尚书兼都察院右都御史、总督河道、提督军务、臣张鹏翮谨题，为钦奉上谕事。

案准工部咨开：本部等衙门会议河道总督张鹏翮疏称“高、宝、江都一带西堤土石堤工，于会勘案内估计修理在案。今该督既称宜修，应准其修理，将从前估修之处，是否在内之处，查明具题”等因。奉旨：“依议速行。”钦遵等因，移咨到臣。准此，当即转行分别缓急，确估去后。今据淮扬道参议王谦确估造册等因，详报到臣。据此，该臣看得，高、宝、江都一带堤岸，关系运道，最为紧要。去夏水盛，西堤尽淹，河湖一片，经臣奏明，俟冬时水落，估计兴修。九卿议覆，准其修理。奉旨：“依议速行。”钦遵在案。今唐埂等六坝堵闭，高、宝、江都西岸堤根渐次涸出。行据淮扬道参议王谦详称“除宝应县北城湾南、唐埂[1]、五浅、龙王庙、江都西堤排桩等工，尚属可缓不计外，查高邮州陆漫闸西岸，原系土堤，每遇伏秋水长，危

---

[1] 唐埂　《行水金鉴》卷一百四十与《乾隆江南通志》卷六十，均作“唐堤”。

险堪虞，应建石工与永安、界首二处石工上下相接，以资捍御。计工长一千六百二十五丈五尺，估用工料夫匠银十六万四千九百五十九两六分六毫五丝。江都西堤残缺石工二百四十四段，共长一千二百二十七丈五尺，亟应补修，以资捍御，估用工料银二万九千一百四十五两八钱五分三厘九毫。高邮州东堤朱家田头单薄危险，急应下埽压土，工长四十八丈，估用工料银四千四百一十九两一钱六分八厘。清水潭草大王庙东堤里口险工，旧埽年久朽烂堪虞，应宜下埽加土，以御风浪，计工长一百五十丈，估用工料银二千八百四两九钱二分五厘。又金湾三闸裹头矶心倒卸不堪，亟应修理，估用工料银一千二百六十五两八钱七分八毫。以上各工，不在从前估修之内。又永安东堤里口龙门北湾险工，计工长一百丈，估用工料银一千六百六十八两六钱五厘。又永安东堤龙门南北湾里口坍卸险工，计工长一百二十六丈，估用银一千八百九两九分七厘。此二工，查系前河臣于成龙等委主事孙叔诒、笔帖式泰保等帮筑完工，复被风浪撞掣，坍卸不堪，难资捍御，例应赔修。若候催提到工，始行补筑，势必迟误，亟应先发帑银修筑，完日参追还项。以上估修七工，共须工料银二十万六千七十二两五钱八分三毫五丝，查无浮冒”等因前来。臣覆核无异，除原册送部查核外，臣谨具疏题估，并请迅拨钱粮，以济紧要工程之用。伏乞皇上睿鉴，敕部议覆施行等因。

康熙四十年正月十七日题，二月初一日奉旨：“该部速议具奏。”钦此钦遵。于二月初二日抄出到部。该臣等议得，河道总督张鹏翮疏称“高邮州陆漫闸西岸原属土堤，每遇伏秋水长，危险堪虞，应建石工长一千六百二十五丈五尺，江都县西堤残缺石工长一千二百二十七丈五尺，高邮州东堤朱家田头工长四十八丈，清水潭东堤里口险工长一百五十丈，金湾三闸裹头矶心共估银二十万二千五百九十四两八钱零，请迅拨钱粮，以济紧要工程之用”等语。查先经该督将高、宝、江都一带西岸土石堤工宜修等因具题，经九卿会议覆准在案。今既经该督估计具题，应如所题，令其乘时修建。所需银两移咨户部速行就近拨给，工完之日核减，造册题销。

又疏称“永安东堤里口龙门北湾险工长一百丈，永安东堤龙门南北湾里口险工长一百二十六丈，共估银三千四百七十七两零。此二工系前河臣于成龙等，委主事孙叔诒、笔帖式泰保等帮筑完工，复被风浪撞掣，坍卸不堪，例应赔修。若俟催提到工，始行补筑，势必迟误，应先发帑银修筑，完日参追还项”等语。亦照所题，准其动帑修筑，将需用银两，移咨户部拨给。将此用过银两，于孙叔诒等名下，照例追取还项可也。

康熙四十年二月初四日题，本月初七日奉旨：“依议速行。”钦此钦遵。抄出到部，移咨到臣。准此，随行淮扬道遵照趱修，工完报销去后。今据淮扬道参议王谦造册详请题销等因到臣。据此，该臣看得，高邮东堤朱家田头、清水潭东堤里口、永安龙门北湾、龙门南北湾四工，江都西堤残缺金湾闸、陆漫闸等处石工，原估银二十万二千五百九十四两八钱零，经臣具题部覆，应如所题，拨给帑银，乘时修建，工完核减，造册题销等因。奉旨：“依议速行。”钦遵在案。今据淮扬道参议王谦详称：“江都西堤残缺，金湾闸、陆漫闸等处石工见在修砌，俟完日另册报销。”今查朱家田头工长四十八丈，清水潭东堤里口工长一百五十丈，永安东堤龙门北湾工长一百丈，龙门南北湾工长一百二十六丈四工，原估银一万七百一两七钱九分五厘，今工完核减实销银八千七百八十九两八钱九分五厘，节省银一千九百一十一两九钱，并无浮冒。再查龙门南北湾二工，原题册开“候补主事孙叔诒等应追少土银两，今止据孙叔诒照数全完，陈岱完过银五十二两一钱三分六厘，其余并未完交，相应开列详报，系旗人交该旗都统，系汉人交该省巡抚，照追还清项”等因，造册详报前来。臣覆核无异，除原册送部查核外，相应具题，伏乞皇上敕部核销施行等因。

康熙四十一年三月初八日题，本月二十五日奉旨：“着察核。该部知道。”钦此钦遵。于三月二十六日抄出到部。该臣等议得，河道总督张鹏翮疏称“高邮州东堤朱家田头工长四十八丈，清水潭东堤工长一百五十丈，永安东堤龙门北湾工长一百丈，龙门南北湾工长一百二十六丈四工，原估银一万七百一两七钱九分零，今实销银八千七百八十九两八钱九分零，节省银一千九百一十一两九钱，并无浮冒”等因前来。查前项修筑堤工所用银两，该督既称“并无浮冒”等语，应准开销节省银两贮库，为河工之用。查此内主事孙叔诒等应追银止一千五百九十五两三钱九分零，银数不符，应行该督作速查明分赔可也。

康熙四十一年四月十四日题，本月十六日奉旨：“依议。”

〔修江都堤闸〕

兵部尚书兼都察院右都御史、总督河道、提督军务、臣张鹏翮谨题，为钦奉上谕事。

准工部咨前事。该臣看得，江都西堤石工残缺，金湾三闸裹头矶心损坏，经臣汇题估计补修，部覆应如所题，工完核减，造册题销等因。奉旨：“依议速行。”钦遵在案。今据淮扬道参议王谦详称“江都西堤残缺石工长一千二百二十七丈五尺，原估银二万九千一百四十五两八钱五分三厘九毫，今工完实用银二万五千九百一两七钱六厘四毫八丝，节省银三千二百四十四两一钱四分七厘四毫二丝。金湾三闸裹头矶心，原估银一千二百六十五两八钱七分八毫，今工完实用银一千三两六钱二分三厘七毫二丝，节省银二百六十二两二钱四分七厘八丝。委无浮冒”等因，造册详销前来。臣覆核无异，除原册送部查核外，相应具题，伏乞皇上敕部核销施行等因。

康熙四十一年闰六月十二日题，本月二十九日奉旨：“着察核，工部知道。”钦此钦遵。于七月初一日抄出到部。该臣等议得，河道总督张鹏翮疏称“江都西堤石工残缺，金湾三闸裹头矶心损坏，经臣题修，原估银三万四百一十一两七钱零，今工完实用银二万六千九百五两三钱三分零，节省银三千五百六两三钱九分零，委无浮冒”等因前来。查前项用过银两，该督既称“委无浮冒”等语，应准开销节省银两贮库，为河工之用可也。

康熙四十一年七月十九日题，本月二十四日奉旨：“依议。”

〔修陆漫闸石工〕

兵部尚书兼都察院右都御史、总督河道、提督军务、臣张鹏翮谨题，为钦奉上谕事。

案准工部咨开，都水清吏司案呈，奉本部送工科抄出，该本部覆河道总督张鹏翮题前事等因。康熙四十年正月十七日题，二月初一日奉旨：“该部速议具奏。”钦此钦遵。于二月初二日抄出到部。该臣等议得，河道总督张鹏翮疏称：“高邮陆漫闸西岸应建石工，江都县西堤残缺石工，金湾三闸裹头矶心估用银两，请迅拨钱粮。”查先经该督将高、宝、江都一带西岸土石堤工宜修，经九卿会议覆准在案。今既经估计具题，令其乘时修建，所需银两，移咨户部，速行就近拨给，工完之日，核减造册题销。

康熙四十年二月初四日题，本月初七日奉旨：“依议速行。”钦此钦遵。抄出到部，移咨到臣。准此，当即转行淮扬道，委员领帑办料兴修在案。又复亲往查勘，见陆漫闸估修石工处所，因六坝堵后，土基渐次涸出，酌改高宽土堤，内外估镶丁埽，尽可收束运河水势，节省钱粮。随檄行该道确估去后。今据淮扬道参议王谦造册详估等因到臣。据此，该臣看得，高邮陆漫闸西岸，关系粮艘经由要道，经臣题建石工一道，长一千六百二十五丈五尺，估用工料匠夫银一十六万四千九百五十九两六分零。工部议覆，应如所题，就近拨帑修建。奉旨：“依议。”

钦遵转行在案。今因唐埂等坝堵闭，湖水消涸，改筑土堤，内外镶柴，足资捍御，且可节省钱粮。据淮扬道参议王谦详估“土堤长一千六百二十五丈五尺，顶宽五丈，底宽八丈，高九尺、一丈不等，内外镶柴共需工料土方银三万九百四十五两五钱六厘二毫五丝，较石工可省银十三万四千余两”等因，造册详估前来。臣覆核无异，除原册送部查核外，相应具疏题估，伏乞皇上睿鉴，敕部议覆施行等因。

康熙四十年十月十三日题，本月二十八日奉旨：“该部议奏。”钦此钦遵。于十月二十九日抄出到部。该臣等议得，先经河道总督张鹏翮将高邮州陆漫闸西岸应建石工长一千六百二十五丈五尺，估银一十六万四千九百五十九两零等因具题。经臣部覆准，建砌石工所需银两，移咨户部拨给在案。今据该督疏称“唐埂等六坝堵闭，湖水消涸，改筑土堤，内外镶柴，足资捍御，共需工料土方银三万九百四十五两五钱零，较石工省银十三万四千余两”等因前来。查高邮陆漫闸西岸，该督既称“改筑土堤，内外镶柴，足资捍御”等语，应如所题，改筑土堤，其省存银一十三万四千一十三两五钱五分零，存贮为河工之用可也。

康熙四十年十一月十二日题，十一月二十二日接内阁中书永奇捧旨到臣，内开工部议覆总河张鹏翮请将高邮州陆漫闸西岸改筑土堤一事，于康熙四十年十一月十四日，大学士伊桑阿、马齐、吴琠、熊赐履，学士辛保、傅绅、来道、常寿、来福、范承烈、曹鉴伦等折本启奏。奉旨："陆漫闸西岸改筑土堤，内外镶柴，见今钱粮虽省，但芦柴易致朽烂，不能坚久，二三年后又致重修。张鹏翮在任时虽无可虞，若张鹏翮或离任，或淮、黄水涨，有险危之处，镶柴工程朽烂，岂不更难？着将这情由备写差员前往张鹏翮处，令其确议具奏。”钦此钦遵。臣跪诵之下，仰见我皇上至圣至明，区画深远，无微弗照。臣愚，先因湖水消落，将陆漫闸西岸石工改筑土堤，内外镶柴，原从节省钱粮起见。臣今跪诵俞旨："芦柴易致朽烂，不能坚久，二三年后又致重修。”圣主睿鉴甚明，应仍修石工，以垂永久，以资捍御。臣谨遵旨确议奏闻，伏乞皇上睿鉴施行。

十二月十二日，奉旨："遣人问张鹏翮，今奏称‘陆漫闸西岸，应仍修石工，以垂永久，以资捍御’等语。着修石工奏折并发。”

〔修高邮滚坝〕

兵部尚书兼都察院右都御史、总督河道、提督军务、臣张

鹏翮谨题，为钦奉上谕事。

案准工部咨开，本部等衙门会议河道总督张鹏翮疏称“高邮城南石坝，于秋尽水落，照前河臣所估，将五坝改为四滚水坝，办料兴修，于坝下开引河，使水有去路”等语。查先经原任总河于成龙将高邮五减水坝改为滚水石坝等因具题。经九卿会议，行令将需用钱粮估计具题在案。应如该督所奏，一面兴工，一面将需用银两确估具题可也等因。奉旨：“依议速行。”钦此钦遵。抄出到部，移咨到臣。准此，当即檄行该道，速行估计催修去后。今据淮扬道参议王谦详估到臣。据此，该臣看得，高邮城南减水五坝，原任河臣于成龙题改滚坝四座，臣亲往查勘，见高邮湖水汹涌，径由城南坝上而出，以势渐远，不能汇入人字河而泄，宜于秋尽水落，照前河臣所估，将五坝改为四滚水坝，于坝下开引河，使水有去路，不致旁溢。经臣于应修石工疏内奏明，九卿议覆，应如所奏等因。奉旨：“依议速行。”钦遵转行去后。今据淮扬道参议王谦详估“南关大坝迤南迁建大滚坝一座，仍长六十六丈，估银二万三千三百六十九两八钱二分二厘八毫。车逻坝迤南迁建大滚坝一座，长六十四丈，估银二万二千七百四十五两九钱五分二厘八毫，实堵南关并柏家墩二大坝，共估埽料土方银一万五千五百八十八两九钱六分，俱系据实确估，并无浮冒”等因，册估前来。臣亲勘覆核无异，除原册送部查核外，理合具疏题估。其五里、八里二小坝，见在堵闭，应暂缓修理，俟二滚水大坝修完，应否修砌，相机再为题估。坝下引河之处，因有水占，难以探量，俟水退之后，逐段估计，另疏具题。至实堵南关、柏家墩二大坝，亦必俟迁建二大坝工成之日，方可堵筑，相应一并声明。再照各坝亟应及时修建，以资宣泄，难以缓待。所有需用工料钱粮，仰请敕部迅赐就近拨给，以便乘时修建。伏乞皇上敕部议覆施行”等因。

康熙三十九年十月二十八日题，十一月十四日奉旨：“该部速议具奏。”钦此钦遵。于十一月十五日抄出到部。该臣等议得，河道总督张鹏翮疏称“南关大坝迤南建大滚坝一座，长六十六丈，车逻坝迤南建大滚坝一座，长六十四丈，并堵南关、柏家墩二大坝，共估银六万一千七百四两七钱零。其五里、八里二小坝，见在堵闭，应暂缓修理，俟二滚坝修完，应否修砌，相机再为题估。坝下引河之处，因有水占，难以探量，俟水退后，逐段估计，另疏具题。所有需用钱粮，请迅赐就近拨给，以便乘时修建”等因前来。查先经河道总督张鹏翮将高邮城南石坝，于秋尽水落，照前河臣所估，将五坝改为四滚水坝，于坝下挑引河，使水有去路等因具题，经九卿会议覆准行文在案。今该督既经估计具题，应将需用钱粮移咨户部，就近拨给，速行坚固建造，工完核减，造册题销。至五里、八里等处滚坝并坝下引河，该督既称“另疏具题”等语，应俟具题到日再议可也。

康熙三十九年十一月十七日题，本月二十一日奉旨：“依议速行。”钦此钦遵。抄出到部，移咨到臣。准此，当即檄行该道，催令委员领帑办料修建去后。今据淮扬道参议王谦造册详销等因到臣。据此，该臣看得，高邮南关迤南、车逻迤南迁建滚坝，并堵南关、柏家墩二大坝，经臣题估，部覆应行建造，工完核减，造册题销。奉旨：“依议速行。”钦遵在案。今据淮扬道参议王谦详称“除南关、柏家墩二大坝照见在情形另详改估外，查南关迤南滚坝，原估工料银二万三千三百六十九两八钱二分二厘八毫，今工完核减，实用银二万一千三十二两八钱四分八毫，节省银二千三百三十六两九钱八分二厘。车逻迤南滚坝，原估工料银二万二千七百四十五两九钱五分二厘八毫，今工完核减，实用银二万四百七十一两三钱六分六厘八毫，节省银二千二百七十四两五钱八分六厘。委无浮冒”等因，册详前来。臣覆核无异，除原册送部查核外，相应题销，伏乞皇上敕部议覆，核销施行等因。

康熙四十一年闰六月二十一日题，七月十二日奉旨：“着察核。该部知道。”钦此钦遵。于七月十三日抄出到部。该臣等议得，河道总督张鹏翮疏称“高邮南关建滚坝一座，原估银四万六千一百一十五两七钱零，今实用银四万一千五百四两二钱零，节省银四千六百一十一两五钱六分零”等因前来。查前项建筑滚坝，原估册内并未开用留橛、草束、白麻，今开有留橛、草束、白麻价银二百三十四两一钱八分零。又石块、灰斤、汁米、钉木，比原估多用银一百二十六两八钱零，应将实用银四万一千一百四十三两二钱，准其开销，节省银四千六百一十一两五钱六分，贮库为河工之用。其比原估多用留橛石块等项银两，应行该督查明核减报部可也。

康熙四十一年八月初四日题，本月十一日奉旨：“依议。”

〔堵高邮二坝〕

兵部尚书兼都察院右都御史、总督河道、提督军务、臣张鹏翮谨题，为钦奉上谕事。

准工部咨前事。该臣看得，高邮南关、车逻修建滚水坝二座，并堵南关、柏家墩二旧坝，需用钱粮，经臣具题估计，部覆奉旨俞允，钦遵在案。今据淮扬道参议王谦详称“南关、车逻迁建滚水二坝，已经修完，造册题销在案。其南关、柏家墩二旧坝，正宜及时堵塞。但查前估计时，一片汪洋，水势甚大，必须长桩大埽，方能堵闭，费料繁多，故估料物土方银一万五千五百八十八两九钱六分。今高堰六坝久堵，扬属水势消落，遵照改估，止需料物土方银三千三百九十一两五钱三分四厘，较比前估节省银一万二千一百九十七两四钱二分六厘，催贮河库，以为别工之用”等因前来。臣覆核无异，除原册送部查核外，相应具疏题明，伏乞皇上睿鉴施行等因。

康熙四十一年闰六月二十八日题，七月二十一日奉旨：“工部知道。”钦此钦遵。于七月二十二日抄出到部。该臣等议得，河道总督张鹏翮疏称“堵塞高邮南关、柏家墩二旧坝，前估计时，一片汪洋，水势甚大，费料繁多，故估用银一万五千五百八十八两九钱零。今高堰六坝久堵，水势消落，改估止需银三千三百九十一两五钱零，较比前估省银一万二千一百九十七两四钱零”等因前来。查堵塞高邮柏家墩二旧坝，该督既称“今水落，改估止需银三千三百九十一两五钱零”等语，应行该督作速堵塞坚固，工完之日，将用过银两造具细册题销，其省存银两贮库为河工之用可也。

康熙四十一年八月初九日题，本月十三日奉旨：“依议。”

〔开高邮坝下引河〕

兵部尚书兼都察院右都御史、总督河道、提督军务、臣张鹏翮谨题，为钦奉上谕事。

康熙四十年正月初六日，准工部咨开，都水清吏司案呈，奉本部送工科抄出，河道总督张鹏翮题前事等因。康熙三十九年十二月初二日题，本月二十日奉旨："这本内事情，着照该督所题行。该部知道。钦此。"相应行文总河知照可也等因，移咨到臣。准此，案查康熙三十九年十二月初二日，准工部咨为钦奉上谕事，内开：本部议覆河道总督张鹏翮疏称"高邮南关大坝迤南、车逻坝迤南，各建大滚水坝一座，并堵南关、柏家墩二大坝，共估银六万一千七百四两七钱零。其五里、八里二小坝，见在堵闭，应暂缓修，俟二滚坝修完，应否修砌，相机再为题估。坝下引河之处，因有水占，难以探量，俟水退后，逐段估计，另疏具题"等因。应将需用钱粮拨给。至五里、八里等处滚坝并坝下引河，该督既称"另疏具题"等语，应俟具题到日再议。奉旨："依议速行。"钦遵在案。俱经备行该道，转行该管河厅等官估计去后。今据淮扬道参议王谦造册呈详"合候宪核题估，发帑挑挖"等因，册详到臣。据此，该臣看得，高邮城南南关、车逻二坝，经臣题估改建滚坝二座，坝下引河因水占难以探量，俟水退后逐段估计，另疏具题。部覆应俟具题到日再议。奉旨："依议速行在案。"又高邮滚坝泄下之下，由兴化县安丰镇至白驹以达于海。今自鲍家庄至白驹八十余里，地高水壅，宜亟挑浚引水由白驹场入海，需用银两，拟于加捐银内动用具题。奉旨："这本内事情，着照该督所题行。"钦遵转行确估去后。今据淮扬道参议王谦详估"高邮南关大坝以下，自拦马河起，至朱三家桥止，应挑引河一道，长三百九十一丈，估土方银三千九十六两七钱二分；车逻坝以下，自拦马河起，至齐家庄止，应挑引河一道，长三百三十丈，估土方银二千六百一十三两六钱；兴化之海沟河，自绝家庄起，至白驹闸止，共长一万四千四百八十七丈，加挑宽深，估土方工料银三万六千四百五十六两六分五毫，通共估银四万二千一百六十六两三钱八分五毫，并无浮冒”，造册详送前来。臣覆核无异。除照数动支加捐银两，委扬州府管河通判杨兆侨、粮河通判王佐、兴化县知县王渭鼎等作速挑挖，委淮扬道参议王谦监工趱挑，并估册送部查核外，相应具题，伏乞皇上敕部议覆施行等因。

康熙四十年六月初八日题，七月初四日奉旨：“该部知道。”钦此钦遵。于七月初五日抄出到部。该臣等议得，先经河道总督张鹏翮将高邮南关、车逻二减坝改建滚水坝银两估计，其坝下挑挖引河，俟水退另行题估。又以高邮滚坝下之水，由兴化县安丰镇至白驹以达于海，其自鲍家庄至白驹八十余里，地高水壅，亟宜挑浚等因具题。奉旨：“着照该督所题行。”钦遵在案。今据该督疏称“高邮南关大坝以下，自拦马河起，至朱三家桥止，挑引河长三百九十一丈；车逻坝以下，自拦马河起，至齐家庄止，挑引河长三百三十丈；又兴化海沟河自鲍家庄起，至白驹闸止，加挑宽深长一万四千四百八十七丈，共估银四万二千一百六十六两三钱零，动支加捐银两，委扬州府管河通判杨兆侨等挑挖，淮扬道王谦监工”等因前来。查前项挑河需用银两，既经该督估计具题，应令其速行挑浚，工完核减，造册题销可也。

康熙四十年七月十九日题，八月初二日奉旨：“依议。”钦此钦遵。抄出到部，移咨到臣。准此，当经备行该道遵照速行挑浚，工完核减，造册详销去后。今据淮扬道参议王谦造册详销等因到臣。据此，该臣看得，高邮南关大坝并车逻坝下引河及兴化县海沟河加挑宽深，共估银四万二千一百六十六两三钱八分五毫，经臣题估，部覆速行挑浚核减，造册题销。奉旨：“依议。”钦遵转行趱挑去后。今据淮扬道参议王谦详称“估挑高邮南关大坝、车逻坝引河，工完核减，实用过银五千一百三十九两二钱八分八厘，节省银五百七十一两三分二厘；兴化县海沟河工完核减，实用过土方工料银三万一千一十八两九钱四分二厘五毫，节省银五千四百三十七两一钱一分八厘，二共实用银三万六千一百五十八两二钱三分五毫，节省银六千八两一钱五分，委无浮冒”等因，册详前来。臣覆核无异，除原册送部查核外，相应题销，伏乞皇上敕部核销施行等因。

康熙四十一年五月十一日题，六月初二日奉旨：“着察核。工部知道。”钦此钦遵。于六月初三日抄出到部。该臣等议得，先经河道总督张鹏翮将高邮南关大坝并车逻坝下挑挖引河及兴化县海沟河加挑宽深，估计具题。臣部覆令速行挑浚，工完核减，造册题销在案。今据该督疏称“原估银四万二千一百六十六两三钱八分零，实用银三万六千一百五十八两二钱零，节省银六千八两一钱五分，委无浮冒”等因前来。查前项银两，该督既称委无浮冒，应准开销节省银两贮库，为河工之用可也。

康熙四十一年六月二十日题，本月二十二日奉旨：“依议。”

卷之二十二　章奏

〔修归仁堤开河闸座等工〕

兵部尚书兼都察院右都御史、总督河道、提督军务、臣张鹏翮谨奏，为钦奉上谕事。

康熙三十八年七月初十日，奉上谕："看图内将归仁堤便民闸等口俱已行堵塞，其毛城铺以下各口尚未堵塞，即将此处堵闭，则毛城铺等口所出之水，由何处泄去，必致于散漫各处，民受大害，所关甚属紧要，此处宜速筹一策。"钦此钦遵。到前河臣于成龙查勘，于四堡挖引河，由湖家沟出黄河，尚未估计。臣到任后，率同部员厅县等官相度形势，湖家沟迤东地势颇高，恐引水不畅，且地系沙土，难以建闸。复于八月初十、二十四等日，率同道厅等官再加查勘，挑挖引河之处，在于涵洞口起，至老堤头迤东出黄河，地势低洼，打量水平，黄河崖地平比黄河水面高五尺五寸，缕堤外地平比堤里地平高三尺，旧河崖地平比旧河水面高一尺七寸四分，通平牵算，湖水比黄水高七寸六分。自涵洞口起，至黄河边止，共长四千八百五十丈四尺。内自涵洞起，至九龙庙止，见有旧河一道，计长一千二十七丈九尺，河身深洼，不必挑浚。惟是旧河起，至黄河边止，应挑引河长三千八百二十二丈五尺，估挑面宽十丈，底宽四丈，深八九尺、一丈不等。应于黄河缕堤出水之处，建造石闸，又于临河之处，建筑草坝，随时启闭，以防黄水倒灌。再于归仁堤五堡建矶心石闸，若遇黄水异涨，则闭黄河缕堤之闸，将此五堡之闸开放，以泄湖水，不致涨裂堤身。于引河南北两岸，筑束水堤，并补筑九龙庙旧堤缺口七处，加砌石工，使水不致旁溢。如此引河开成，则泄归仁堤之水出黄河，可以冲刷河身，可以保护民间田庐，不致淹没。又使此水不尽归洪泽湖，可以减高堰水势。但事关紧要工程，约需钱粮二十九万余两，微臣不敢擅便，伏乞皇上圣裁。如蒙俞允，恭候命下之日，容臣另疏题估。为此具折，差原任按察使赵世显赍捧，谨奏请旨等因。

康熙三十九年九月初十日奏，本月二十四日奉旨："此事曾屡经面谕于成龙最为紧要，乃于成龙性偏，未行详看，迁延时日，以至于今。观张鹏翮所奏，甚为合理。此事所关至要，着九卿、詹事、科道会同速行详议具奏。趁今年黄河水小之时兴工毋误。图并发。"钦此钦遵。于九月二十五日抄出到部。该臣等会议得，河道总督张鹏翮奏称"康熙三十八年七月初十日奉上谕：'看图内将归仁堤便民闸等口俱已堵塞，其毛城铺迤下各口尚未堵塞，即将此处堵闭，则毛城铺等口所出之水，由何处泄去，必致于散漫各处，民受大害，所关甚属紧要，此处宜速筹一策。'钦此钦遵。到前河臣于成龙查勘，于四堡挖引河，由湖家沟出黄河，尚未估计。臣率同部员厅县等官相度形势，湖家沟迤东，地势颇高，恐引水不畅，且地系沙土，难以建闸。查勘挑挖引河之处，在于涵洞口起，至老堤头迤东出黄河，地势低洼，打量水平，湖水比黄水高七寸六分。自涵洞口起，至黄河边止，共长四千八百五十丈四尺。内自涵洞起，至九龙庙止，见有旧河一道，长一千二十七丈九尺，河身深洼，不必挑浚。自旧河起，至黄河边止，应挑引河长三千八百二十二丈五尺，估挑面宽十丈，底宽四丈，深八九尺、一丈不等。应于黄河缕堤出水之处，建造石闸，于临河之处，建筑草坝，随时启闭，以防黄水倒灌。再于归仁堤五堡建矶心石闸，若遇黄水异涨，则闭黄河缕堤之闸，将此五堡之闸开放，以泄湖水，不致涨裂堤身。于引河南北两岸筑束水堤，并补筑九龙庙旧堤缺口七处，加砌石工，使水不致旁溢。如此引河开成，则泄归仁堤之水出黄河，可以冲刷河身，可以保护民间田庐，不致淹漫。又使此水不尽归洪泽湖，可以减高堰水势，约需钱粮二十九万余两。如蒙俞允，容臣另疏题估"等因前来，应如所奏，一面不拘动支何项钱粮，趁今年黄河水小之时，作速兴工，勿致迟误。一面将需用钱粮细数确估具题可也。

康熙三十九年九月二十六日题。本日奉旨："依议速行。"钦此钦遵。移咨到臣，准此。随行淮徐道等遵照确估，并动帑委员分段趱修去后。今据淮徐道施世纶等确估造册详报，并造具承修官原任知州傅鸿业、见任州同胡煛、原任知县郑鈫、原任知府张万言、原任布政使王毓贤、候补道程兆麟、候补主簿张之镇、见任主簿郎熙仁、见任巡检吴凤观、见任主簿于展、候选县丞张广彬、候选县丞于国弼、候选州同徐光第、候选州同杨懋发、候选经历罗彬、候选县丞杨梓、候选州同赵荆璧、候选州同戴文诩、候选州同黄如潽、候选县丞王国用、候选州同郭凤来、见任千总闻钟镇、见任把总刘进功、候选县丞贺铉、候选知县张琨、候选州同汪宾、候选训导吴甡、候选同知杨国玺、洳河通判胡琪、桃源知县王玥、原任知县吴顺、候选州同顾安上、候选州同谢上仁，宿虹守备纪之慧、候选杂职金重华、候选州同张弘章、候选州同刘清玫、候选经历谢逢元、候选州同张云鹤、候选县丞董廷宪，清河县教谕洪芳喆、候选州同佘国策、拔贡王涛、候选经历刘镐、候选州同李勋、候选州同潘云程、岁贡黄之钧、候补知府李雯、原任游击程定坤、候选知县胡瑛、候选州同胡琮、候选县丞王万杰、候推守备王启元、候选州同尹嘉谟、候补中书杨穆、桃源同知孟时芳、候选县丞徐坚，职衔册到臣。据此，该臣看得，归仁堤挑挖引河，帮筑堤工，修建石工，堵缺建闸等工，经臣前疏奏明，约需银二十九万余两。九卿会议，应如所奏，一面不拘动支何项钱粮，作速兴工，一面将需用钱粮细数确估等因。奉旨："依议速行。"钦遵在案。行据淮徐道副使施世纶详称"宿迁、桃源两县境内，挑河筑堤，修砌石工，加帮旧堤，堵塞缺口，建造涵洞闸座等工，共估用土方工料银二十八万七十四两二钱七厘一毫七丝一忽"等因，造册呈详前来。臣覆核无异，除原册送部查核外，相应具疏题估，并请敕部速拨钱粮，接济急工。再照此工关系紧要，九卿议覆，不拘何项钱粮动用，准到部文，因河库无有余钱粮，只得将拨修高堰石工银内暂动二十万两，委承修官傅鸿业、胡煛等领帑修工，监工官郎中王进楫、员外蒋陈锡等驻工督催，已经办料募夫兴修，候拨帑到日，将二十万两补还原项，八万余两接济急工。相应一并题明，伏乞皇上睿鉴，敕部议覆施行等因。

康熙三十九年十二月二十日题，四十年正月二十五日奉旨："该部议奏。"钦此钦遵。于正月二十六日抄出到部。该臣等议得，河道总督张鹏翮疏称"归仁堤挑河筑堤，修砌石工，加帮旧堤，堵塞缺口，建造涵洞闸座等工，共估用土方工料银二十八万七十四两二钱零，请速拨钱粮，接济急工"等因前来。查先经该督将归仁堤自旧河起至黄河边止，应挑引河长三千八百二十二丈五尺；于黄河缕堤出水之处，建造石闸，筑草坝；再于归仁堤五堡建矶心石闸；于引河南北两岸筑束水堤，并补筑九龙庙旧堤缺口，加砌石工，使水不致旁溢，以泄归仁堤之水出黄河，约需银二十九万余两等因具题。经九卿会议，覆令一面不拘动支何项钱粮，作速兴工，一面将需用钱粮细数确估具题在案。今该督既称“前项工程需用银二十八万七十四两二钱零”等因，估计具题，应将需用钱粮移咨户部，速行拨给，令其乘时挑浚修筑，工完核减，造册题销可也。

康熙四十年二月初七日题，本月初九日奉旨：“依议。”钦此钦遵。抄出到部，移咨到臣。准此，随行淮徐道严催各员作速修筑，工完报销去后。今据淮徐道副使施世纶工完造册，转详核销等因到臣。据此，该臣看得，归仁堤挑挖引河，创筑堤工，修建石工，加帮旧堤，堵塞缺口，建造涵洞、闸座、草坝等工，估银二十八万七十四两二钱零。经臣具题部覆，令其乘时修筑，工完核减，造册题销等因。奉旨：“依议。”钦遵转行在案。今据淮徐道副使施世纶详称“除加砌石工、修建闸座等工，见在勒催趱砌，俟完日查核另册报销外。今查加帮五堡起，至老堤头止，旧堤长四千三百五十二丈三尺，挑挖引河并切嘴共长四千四十六丈四尺五寸，筑南北束水堤长四千九百九十一丈四尺，堵塞缺口七处，建筑黄河草坝一座，共原估银十万二千一百五十两六钱六分六厘九毫六丝，今工完报销，再三严减，实用工料银九万一千八百九十二两四钱七分八厘一毫九丝，节省银一万二百五十八两一钱八分八厘七毫七丝，并无浮冒”等因，造册详送前来。臣覆核无异，除原册送部查核外，相应具疏题销，伏乞皇上敕部核销施行等因。

康熙四十年十二月初十日题，四十一年正月二十三日奉旨："着察核。该部知道。"钦此钦遵。于正月二十四日抄出到部。该臣等议得，先经河道总督张鹏翮将归仁堤自旧河起，至黄河边止，挑挖引河，于引河南北两岸筑束水堤，并补筑九龙庙旧堤缺口等工，需用银两，估计具题，经臣部覆准在案。今据该督疏称"加帮旧堤长四千三百五十二丈三尺，挑挖引河长四千四十六丈四尺五寸，筑南北束水堤长四千九百九十一丈四尺，并堵塞缺口，建筑草坝，共原估银十万二千一百五十两六钱六分零，今实用银九万一千八百九十二两四钱七分零，节省银一万二百五十八两一钱八分零，并无浮冒"等因前来。查前项帮堤挑河等工，用过银两，该督既称并无浮冒，应准开销。节省银两，贮库为河工之用。归仁堤一带，关系紧要，应令该督委贤能官员不时巡查，毋致疏虞可也。

康熙四十一年二月十三日题，本月十八日奉旨："依议。"

〔修祥符二闸〕

兵部尚书兼都察院右都御史、总督河道、提督军务、臣张鹏翮谨题，为钦奉上谕事。

准工部咨前事。该臣看得，桃源境内老堤头修建大小石闸二座，归仁堤第一座双金门石闸一座，经臣汇题估计，部覆应将需用钱粮移咨户部，拨给修筑，工完核减，造册题销等因。奉旨："依议。"钦遵在案。今据淮徐道佥事张弼详称"桃源境内老堤头大小石闸二座，原估工料银四万四千三百三十六两六钱一厘八毫七丝一忽，今工完实销银三万九千九百二两九钱三厘三毫七丝一忽，较原估节省银四千四百三十三两六钱九分八厘五毫。归仁堤第一座双金门石闸一座，原估银二万五千六百九十二两六钱九厘八毫八丝，今工完实销银二万三千一百二十三两一钱八分九厘八毫八丝，较原估节省银二千五百六十九两四钱二分，委无浮冒”等因，造册详送前来。臣覆核无异，除原册送部查核外，相应具疏题销，伏乞皇上敕部核销施行等因。

康熙四十一年七月初二日题，本月二十一日奉旨：“着察核。该部知道。”钦此钦遵。于七月二十二日抄出到部。该臣等议得，河道总督张鹏翮疏称“桃源境内老堤头建大小石闸二座，归仁堤建双金门石闸一座，原估银七万二十九两二钱零，今工完实销银六万三千二十六两零，节省银七千三两一钱零，委无浮冒”等因前来。查前项建闸用过银两，该督既称“委无浮冒”等语，应准开销。节省银两，贮库为河工之用可也。

康熙四十一年八月十二日题，本月十六日奉旨：“依议。”

〔报开放归仁引河〕

兵部尚书兼都察院右都御史、总督河道、提督军务、臣张鹏翮谨题，为恭报开放归仁引河出黄日期事。

该臣看得，归仁堤引河闸座等工程，仰遵圣谟，动帑修浚，次第告竣。今年伏、秋二汛，黄水异涨，高于湖水。迨霜降后，黄水渐消。臣行令道厅等官，将临湖归仁、安仁闸坝堵塞，蓄湖水尽由引河流至临黄祥符闸，盈科开放。今据报，清水高过黄水一尺九寸，于十一月初七日开放，湖水滔滔出黄河。臣亲往勘视，清水畅流，沛然莫御。百姓聚观，莫不欣喜，感颂皇恩，欢声雷动。此皆仰赖我皇上圣谟独断，指授方略，睿鉴高深，特发帑金，开浚归仁河，导睢湖之水刷黄日益宽深，宿、桃等处民生得所，淮、泗上源水势少减，诚天授之神智，垂万世之利赖者也。谨将开放归仁引河出黄日期，具疏题报，伏乞皇上睿鉴施行。

康熙四十一年十一月十二日题，本月二十六日奉旨："据奏，归仁引河开放清水，畅流出黄。知道了。该部知道。"

〔覆湖沟挑河〕

兵部尚书兼都察院右都御史、总督河道、提督军务、臣张鹏翮谨题，为知会事。

康熙三十九年四月二十五日，准工部咨开，都水清吏司案呈，尚书王鸿绪奏为恭请圣躬万安等事一疏，于康熙三十九年四月初四日奏，本月十五日奉旨："这折子交与工部，行文河道总督张鹏翮，如照王鸿绪所奏开得，即行速开。钦此。"相应抄录原疏，行文总河知照可也。为此合咨前去，查照施行。

计黏抄一纸，内开：工部尚书王鸿绪谨奏，恭请皇上圣躬万安。

臣恭诵圣谕云："仍将交与董安国所挑引河再行挑浚，使黄河循北岸而流，清口作何疏浚，方为有益。"又蒙圣谕云："伊等意见又复如何之处，速议具奏。钦此。"除同尚书范承勋等公议具折启奏外，臣谨再四循绎圣训，真洞达精微，直抉黄、淮强弱之机，指示臣等，虽大禹之神智无以过也。兹仰体圣虑所及，合诸今昔议论，谨为我皇上陈之。

伏查《河防一览》云"归仁堤所以捍御黄水、睢水、湖水，使不得直射泗州，并攻高堰，又遏睢水、湖水，使之并入黄河，益助冲刷，关系最为重大"等语。自白洋河等处淤垫，堤内之水不入黄河，及由归仁堤减坝泄入洪泽，而洪泽为之加涨。皇上洞鉴情形，特令河臣挑河，以引堤内之水入黄刷沙，最为有益。乃河臣久未兴工，因众议以湖家沟一带地方，河身淤高，难以出水，不若自湖家沟接挑以至清口，清口黄流比白洋河等处约低丈余，可以导之助清敌黄。一面将归仁堤减坝堵塞，则洪泽湖亦不致增涨。此说访之新旧河员，相同者颇多。在臣之愚见，以为不必直挑至清口，止须挑至皇上所指挑水坝之上，令其出黄直顶大溜。今正当挑挖引河之时，而又有南岸清水随挑坝直射，势必益循北岸而流矣。

臣据所闻陈奏，愚昧罔知可否，圣明自有裁鉴，惟仰冀慈宥，谨奏等因到臣。准此，除行淮扬、淮徐二道亲勘详议外，臣于五月初三日，率部员厅县等官亲往查勘，又于八月初十、二十四等日，复往查勘。兹据淮扬道参议王谦、淮徐道副使施世纶会详“据里河同知常维桢详称‘建筑夹堤，束水东行，由桃源、清河出口之说，势须挑河筑堤，约长一百二十余里，未免工费繁巨，设或清水不出，恐徒劳无益’等情。又据山清外河同知罗京、宿虹同知邓之琮、桃源同知孟时芳详称‘该卑职等会勘得三邑一带地势，虽其间高下不等，但西高而东下，此又大势皆然。今自湖家沟以至清境挑水坝之处，相距一百二十余里，由高而下，宜可导清入黄，为睢水之尾闾。然桃属自湖家沟至烟墩数十里，不特地势仰亢，而外逼险工，内临县治，关系綦重，且经由锅底湖，水势难涸，未易施工。若远出锅底湖，由养马墩奶奶庙前至卜家湖，似或可行。但查湖家沟老堤头起，至卜家湖止，用水平打量，地势颇高，兼有四十余里土冈起伏不一，皆系沙礓之地，挑挖维艰，则钱粮费大，而挑水坝之上陈家庄，仍属外高内低，倘清水不畅流，致黄倒灌，事关重大，卑职等未敢擅专，谨会绘河图，具详本道，请祈宪裁，俯赐定夺，转详施行’等情，会详到道。据此，该本道等覆勘得归仁堤引河，上自宿邑涵洞迤下起，至严家庄止，相其地势，可以开挑引河。独自湖家沟至烟墩汛，约长数十里，地势颇高，且中有锅底湖，水势散漫，若远出锅底湖，而湖家沟老堤头至卜家湖一带，地势又高，且有土冈沙礓之处，又挑水坝之上陈家庄，外高内低，清水未必畅流。将该厅等会绘河图，一并详送”等因到臣。据此，该臣看得，部臣王鸿绪奏折内称“归仁堤挑河以引堤内之水，自湖家沟接挑至皇上所指挑水坝之上，令其出黄”等语。其地形之高下，道里之远近，折内未之及也。臣率部员河官量度形势，至桃源县锅底湖。锅底者，水入不能出之谓也。相继又有卜家湖，诚恐引水至此合连，湖水泛滥难御，桃源县治有漂没之患。打量水平，挑水坝，黄河地形亦高，且道里有一百二十余里之远，挑挖工程需用钱粮甚多，如引水不出，则属无益。且据道厅等官众论佥同，臣再三访求出水之处，不若自涵洞口起，至老堤迤东，挑挖引河出黄河乃为近便。除臣已于钦奉上谕事案内，另折启奏请旨外，应将此处毋庸再议。理合具题，伏乞皇上睿鉴施行等因。

康熙三十九年九月二十二日题，十月十二日奉旨：“该部知道。”

〔加筑海滨堤工〕

兵部尚书兼都察院右都御史、总督河道、提督军务、臣张鹏翮谨题，为加筑海滨堤工以资捍御事。

据山安河务同知佟世禄详称“卑职查得拦黄坝迤下堤工，

于康熙三十六年间虽经估计，因建拦黄坝，停其加帮。今拦黄坝开拆，马家港见今合龙，全黄下注，卑矮堤工难资捍御，是以详请加帮。前蒙于部院等批准捐工加帮在案。岂意批准之后，有未经兴工者，有归旗回籍并不来工者，亦有递呈无力捐筑者，种种不一，屡次差传任催罔应。但所捐工程，俱在拦黄坝下，今马家港已合龙，全黄之水尽归拦黄坝下海，似此卑矮堤工，势不能保其无虞。除将各捐工人员在工者不开外，所有未到广信府同知赵璘等，共有未筑工五千六百三十丈，共计土二十四万七千七百二十方，每方银一钱五分，共银三万七千一百五十八两，理合造册呈送，伏乞俯念紧急工程，恩赐先借帑银，乘时趱筑完竣，以防伏汛。并恳咨部于各捐工人名下照数追银还项，庶要工不误而民生攸赖矣”等情到臣。据此，该臣看得，拦黄坝已经委员尽行拆去挑挖，正河宽深，黄水滔滔注海，全赖两岸堤工高宽，以资束蓄。兹据山安河务同知佟世禄详称“拦黄坝下堤工，经前河臣于成龙等批拨广信府同知赵璘等捐工修筑，经今日久，尚有未修工程五千六百三十丈，共计土二十四万七千七百二十方，每方银一钱五分，共银三万七千一百五十八两，请动帑兴修，照追还项”等因前来。臣复委员查勘去后，据称坝下堤工卑矮，应乘时加筑速竣，以资捍御。臣一面委监工官刑部员外丁易等、承修官原任知府傅泽洪等领帑帮筑，勒限完工。所有需用银两，仍照赵璘等原捐数目，造册送部，转行该管官，于各官生名下照数追解补项，庶要工不致贻误矣。理合具疏题明，伏乞皇上睿鉴，敕部速议施行等因。

康熙三十九年五月二十一日题，六月初五日奉旨：“工部速议具奏。”钦此钦遵。于六月初五日抄出到部。该臣等议得，河道总督张鹏翮疏称“拦黄坝已经委员拆去挑挖，正河宽深，黄水滔滔注海，全赖两岸堤工高宽，以资束蓄。拦黄坝下堤工，经前河臣于成龙等批拨赵璘等捐工修筑，经今日久，尚有未修工五千六百三十丈，共计银三万七千一百五十八两。臣一面委监工员外丁易等领帑帮筑，勒限完工外，所有需用银两，仍照赵璘等原捐数目，造册送部，转行该管官，于各官生名下照数追解补项”等因前来。应如所题，速行帮筑。其用过银两，应令该督仍于赵璘等名下，照例追取，补还原项可也。

康熙三十九年六月初七日题，本月初八日奉旨：“依议速行。”钦此钦遵。抄出到部，移咨到臣。准此，当经檄行该道遵照修筑去后。今据淮扬道参议王谦造册详请题销等因到臣。据此，该臣看得，大通口下赵璘等报捐未筑工段，经臣题明动帑帮筑，所用银两，仍照赵璘等原捐数目，造册送部，照追解还。部覆应如所题，速行帮筑。奉旨：“依议速行。”钦遵在案。今据淮扬道参议王谦详称“大通口下堤长五千六百三十丈，原估银三万七千一百五十八两，内除四套越堤等工停修外，实修过工长四千八百八十一丈七尺，今工完核减，实用银二万三千七十九两二钱八分二厘七毫五丝，停修并节省共存银一万四千七十八两七钱一分七厘二毫五丝，委无浮冒。其原捐人员俱回旗籍，各员应追捐银已未完数目旗籍俱于册内注明，系旗人，行该旗都统；系汉人，行该省巡抚，照追还项”等因前来。臣覆核无异，除原册送部查核外，相应具疏题销，伏乞皇上睿鉴，敕部核销施行等因。

康熙四十一年八月初六日题，本月二十四日奉旨：“着察核。该部知道。”钦此钦遵。于八月二十五日抄出到部。该臣等议得，河道总督张鹏翮疏称“大通口下同知赵璘等报捐未筑工段，经臣题明动帑帮筑，所用银两，仍照赵璘等原捐数目，追解补项。内除四套越堤等工，无关运道、民生停修外，实修过工长四千八百八十一丈九尺，用银二万三千七十九两二钱零，委无浮冒。停修并节省共银一万四千七十八两七钱零，赵璘等应追未完银三万六千一百六十八两，应行该旗都统、该省巡抚照追还项”等因前来。查前项帮筑堤工用过银两，该督既称“委无浮冒”等语，应准开销。其节省银五千八百九十四两七钱零，停修银八千一百八十四两，应贮库为河工之用。赵璘等未完银三万六千一百六十八两，行文该旗都统、该省巡抚，照追还项可也。

康熙四十一年九月十八日题，本月二十日奉旨：“依议。”

〔加帮黄河两岸堤工〕

兵部尚书兼都察院右都御史、总督河道、提督军务、臣张鹏翮谨题，为钦奉上谕事。

康熙三十九年六月二十七日，准工部咨开：九卿议覆，河道总督张鹏翮疏称“运口以至滨海一带，两岸堤工亟应加帮。拦黄坝已经拆去，海口已经疏通，马家港已经堵塞，时家马头饬令速堵完竣，黄水尽皆下注入海，涓滴不令旁溢。伏汛届临，水势必较往年甚大，两岸堤工必须加帮高宽。但此堤工有前经动帑加帮者，有拨捐工人员修筑者，俱未奏销。若俟奏销之后，方行加帮，恐致迟误。见在饬令该管道厅，确查山、清、安三邑堤工，原高宽丈尺若干，领帑帮过若干，捐工帮过若干，今仍应再加帮高宽若干，一面查明造册具题，一面发帑委员加帮”。均应如所奏，一面兴工，一面将需用银两确估具题。奉旨：“依议速行。”钦遵在案。当行淮扬道遵照确估详报去后。

今据淮扬道参议王谦造册估报等因到臣。据此，该臣看得，淮、黄交会入海，清口以至滨海一带堤工，必须加帮高宽，以资捍御，关系紧要。经臣奏明，饬令该管道厅，确查山、清、安三邑堤工高宽丈尺，造册具题，发帑加帮。九卿会覆，应如所奏。奉旨“依议速行。”钦遵在案。行据淮扬道参议王谦详称“山安厅所属山安南北两岸应帮堤工，共估土方银四万六千二百七十三两四钱三分二厘零，内有马家港东横堤，长一百三十九丈五尺，估银五百二十一两三分零。查系革职通判吴揆加帮未完，应令赔修。但恐马家港合龙之后，全黄下注，须资捍御，甚为紧要。若俟赔修，诚恐迟误，应照例动帑，作速加帮，所用钱粮，仍在吴揆名下追还。外河厅所属山清南北两岸应帮堤工，共估土方埽料银六万七千六百二十一两八钱五分三厘零。以上通共估银十一万三千八百九十五两二钱八分五厘零。查无浮冒”，造册详送前来。臣覆核无异。除原册送部查核外，臣谨具疏题估，并请迅拨钱粮，以济紧要工程之用。伏乞皇上睿鉴，敕部议覆施行等因。

康熙四十年正月十七日题，二月初一日奉旨：“该部速议具奏。”钦此钦遵。于二月初二日抄出到部。该臣等议得，河道总督张鹏翮疏称“山安厅所属山安南北两岸应帮堤工，共估土方银四万六千二百七十三两四钱三分零，内有革职通判吴揆加帮未完应赔马家港东横堤，长一百二十九丈五尺，估银五百二十一两三分零。马家港合龙之后，全黄下注，须资捍御，甚为紧要，若俟吴揆赔修，诚恐迟误，应照例动帑，作速加帮，所用钱粮，仍在吴揆名下追还。外河厅所属山清南北两岸应帮堤工，共估土方埽料银六万七千六百二十一两八钱五分零。以上通共估银十一万三千八百九十五两二钱八分零，请迅拨钱粮，以济紧要工程之用”等因前来。查先经该督将清口以至滨海一带两岸堤工，题请亟宜加帮，经九卿会议覆准在案。今既经该督将山安南北两岸应帮堤工，马家港东横堤并山清南北两岸应帮堤工，估计具题，应如所题，令其乘时帮筑。需用银两，移咨户部，速行就近拨给，工完之日，核减造册题销。其吴揆名下应赔银五百二十一两三分零，应行该督照例追取还项可也。

康熙四十年二月初四日题，本月初七日奉旨：“依议速行。”钦此钦遵。抄出到部，移咨到臣。准此，随经檄行该道遵照速行帮筑去后。续据淮扬道参议王谦，工完造册，转详题销等因到臣。据此，该臣看得，山安、山清二厅所属黄河南北两岸堤工，经臣题估加帮，部议应如所题，令其乘时帮筑，工完之日，核减造册题销。奉旨：“依议速行。”钦遵在案。今据淮扬道参议王谦详称“除山安加帮堤工另详外，今查山清黄河南北两岸堤工，共长二万四千二百四丈八尺六寸，原估土方埽料银六万七千六百二十一两八钱五分三厘一毫一丝七忽五微，内除分拨捐工并赎罪以及外有排桩减去顶土各项，扣除银一千一百九十七两三钱四分五毫二丝七忽二微四纤不支外，其动帑加帮，共计原估银六万六千四百二十四两五钱一分二厘五毫九丝二微六纤。做过工程应销银五万九千八百九十九两七分九厘三毫三丝一忽二微三纤四沙，节省银六千五百二十五两四钱三分三厘二毫五丝九忽二纤六沙。连前捐工并排桩减土，较原估共计节省银七千七百二十二两七钱七分三厘七毫八丝六忽二微六纤六沙，并无浮冒”，造册详送前来。臣覆核无异，除原册送部查核外，相应题销。伏乞皇上睿鉴，敕部核销施行等因。

康熙四十一年二月十三日题，三月初一日奉旨：“着察核，工部知道。”钦此钦遵。于三月初二日抄出到部。该臣等议得，河道总督张鹏翮疏称“加帮山、清黄河南北两岸堤工，共长二万四千二百四丈八尺六寸，原估土方埽料银六万七千六百二十一两八钱五分零，做过工程应销银五万九千八百九十九两七分零，分拨捐工赎罪及减土节省，共银七千七百二十二两七钱七分零，并无浮冒”等因前来。应将用过银两，准其开销，捐工赎罪及减土节省银两贮库，为河工之用可也。

康熙四十一年三月二十二日题，本月二十四日奉旨：“依议。”

又为钦奉上谕事，准工部咨前事。

该臣看得，山、清、安黄河南北两岸堤工，经臣题估加帮，部议应如所题，令其乘时帮筑，工完之日，核减造册题销。奉旨：“依议速行。”钦遵转行。除山、清南北两岸加帮堤工已经完竣，造册题销在案。今据淮扬道参议王谦详称“山、安黄河南北两岸堤工，共长二万一千六百五丈一尺五寸，原估土方埽料银四万六千二百七十三两四钱三分二厘一毫，今工完实销银四万八百六十二两八钱三分六厘六毫四丝，节省银五千四百一十两五钱九分五厘四毫六丝，委无浮冒，理合造册详销。再，实销银两之内，有应追原任通判吴揆承筑马家港东坝尾堤，未完动用银五百二十一两三分二厘五毫，已经全完交库”等因前来。臣覆核无异，除原册送部查核外，相应题销。伏乞皇上睿鉴，敕部核销施行等因。

康熙四十一年闰六月二十八日题，七月二十一日奉旨：“着察核。该部知道。”钦此钦遵。于七月二十二日抄出到部。该臣等议得，河道总督张鹏翮疏称“加帮山、安黄河两岸堤工，长二万一千六百五丈一尺五寸，原估银四万六千二百七十三两四钱零，今工完实销银四万八百六十二两八钱零，节省银五千四百一十两五钱零，委无浮冒。再，应追吴揆承筑马家港尾堤未完银五百二十一两三分零，已经全完交库”等因前来。查前项加帮堤工用过银两，该督既称“委无浮冒”等语，应准开销节省，并追完银两，俱贮库为河工之用可也。

康熙四十一年八月十二日题，本月十六日奉旨：“依议。”

〔修时家马头戗堤等工〕

兵部尚书兼都察院右都御史、总督河道、提督军务、臣张鹏翮谨题，为钦奉上谕事。

康熙三十九年六月二十七日，准工部咨开，九卿议覆，河道总督张鹏翮疏称：“运口以至滨海一带，两岸堤工亟应加帮，拦黄坝已经拆去，海口以经疏通，时家马头饬令速堵完竣，黄水尽皆下注入海，涓滴不令旁溢。伏汛届临，水势必较往年甚大，两岸堤工必须加帮高宽。但此堤工有前经动帑加帮者，有拨捐工人员修筑者，俱未奏销。若俟奏销之后，方行加帮，恐致迟误。见在饬令该管道厅，确查山、清、安三邑堤工，原高宽丈尺若干，领帑帮过若干，捐工帮过若干，今仍应再加帮高宽若干，一面查明造册具题，一面发帑委员加帮。”均应如所奏，一面兴工，一面将需用银两确估具题。奉旨：“依议速行。”钦此钦遵。移咨到臣。准此，当行该道遵照在案。今据淮扬道参议王谦造册估报等因到臣。据此，该臣看得，海滨加帮堤工，关系紧要，经臣具奏，九卿覆准，奉旨俞允，钦遵在案。臣据淮扬道参议王谦呈详：“将海滨两岸加帮工程，已经具疏题估兴修。”今复据该道厅详称：“淮、黄交会，水势加长，修防工程倍加紧要。如时家马头已合龙门，外临黄河急溜，内逼盐河积水深渊，一片埽工，孤立水中，危险堪虞，应帮内戗土堤，以资捍御，计工长一百七十四丈，估计土方埽料银六千六百三十五两九钱零。童家营漫工堵塞年久，埽料陈朽，接连湖家庄，又生险工，应筑越堤，以作重门之障，计工长六百七十七丈，需工料土方银八千九百二十三两七钱零。陈家社逼近大通口，外受黄河漫滩之水，内有地泉涌出，内外皆险，应筑越堤，以备不虞。计工长四百八十丈，需土方银三千七百四十四两。童家营对岸黄河湾曲，致逼溜南趋，又生险工，应遵旨取直，挑挖引河一道，长六百二十丈，计土方银四千一百八十五两。龙潭口外临黄河，内处深潭，一遇风浪，土堤难以抵御，应修排桩钉丁头柴埽，以资捍御，计工长五百五十丈，需工料银四千三百二十一两九钱零。一、歪枝套、辛家荡堤工，系候选知县韩宗愈等捐修之工，在大通口之下，黄河漫滩，水至汹涌汕激，应加帮高厚，临河应下埽镶柴，以御风浪，计工长二千一百三十丈五尺三寸，需工料银三万四千八百一十七两六钱零，内有韩宗愈等捐工不足土方银一万一千八百四十二两三钱零，应追取还项。邢家河堤工，外临黄河，内系积水，风浪汕刷，应镶柴压土，以固堤工，计工长六百五十丈，需工料银一千八百二十五两二钱。马家港坝尾堤工，系浮沙堆成，一经水至，必至消化，恐其贻误工程，应加筑坚固堤根，下埽搪护，以防汕刷，计工长三百五十九丈，需土方工料银五千五百七十四两八钱零，内有冯大奇等修工不足土方银一千三百六十五两四钱零，应追取还项。以上八工，共需银七万二十八两零，不另请钱粮，在于小黄庄石工桩木节省银内动用。委原任同知汪爆、知州张士伸、署外河同知事州同胡熐等领帑承修，中书张百行、员外郎丁易等监工。”再查未汇入前案具题，原从节省钱粮起见，今因淮、黄并长，露出险工，修防紧要，势不可已。除估册另疏具题外，臣谨具题，伏乞皇上睿鉴，敕部议覆施行等因。

康熙四十年三月二十六日题，四月十二日奉旨："该部议奏。"钦此钦遵。于四月十三日抄出到部。该臣等议得，河道总督张鹏翮疏称"淮、黄交会，水势加长，修防工程倍加紧要。时家马头应帮内戗，工长一百七十四丈。童家营应筑越坝，工长六百七十七丈。陈家社应筑越堤，长四百八十丈。童家营对岸黄河湾曲处，应遵旨取直，挑引河一道，长六百二十丈。龙潭口应修排桩钉丁头柴埽，以资捍御，工长五百五十丈。歪枝套、辛家荡堤工，应加帮高厚，临河应下埽镶柴，工长二千一百三十丈五尺三寸。邢家河堤工，应镶柴压土，工长六百五十丈。马家港坝尾堤工，应加筑坚固堤根下埽搪护，工长三百五十九丈。共需银七万二十八两零。在小黄庄石工桩木节省银内动用。除估册另疏具题"等因前来。查该督既称"淮、黄交会，水势加长，修防工程倍加紧要，时家马头等处应行帮筑，并挑挖引河，以及钉桩下埽"等语，应如所题，令其一面兴工，一面将需用钱粮细数，确估具题可也。

康熙四十年五月初二日题，本月初四日奉旨："依议。"钦此钦遵。抄出到部，移咨到臣。准此，当即檄行淮扬道参议王谦，将需用工料钱粮细数确估详报去后。今据该道按工确核，逐一造册详报等因到臣。据此，该臣看得，山、安时家马头等处，应行帮筑，并挑挖引河，以及钉桩下埽等工，经臣具题，部议应如所题，令其一面兴工，一面将需用钱粮细数确估具题等因。奉旨："依议。"钦遵在案。行据淮扬道参议王谦详称"时家马头帮筑戗堤，长一百七十四丈，并内下丁顺埽估用土方、工料银六千六百三十五两九钱八厘。童家营建筑越堤，长六百七十七丈，估用土方、工料银八千九百二十三两七钱四分五厘。陈家社建筑月堤，工长四百八十丈，估用土方银三千七百四十四两。童营西对岸窑湾开挑引河，长六百二十丈，估用土方银四千一百八十五两。龙潭口排桩柴埽，工长五百五十丈，估用工料银四千三百二十一两九钱七分。歪枝套、辛家荡堤工，加帮镶柴，工长二千三十二丈三尺，估用土方工料银三万四千八百一十七两六钱二分一毫五丝五忽五微，内有俊秀、佟世枚等捐工不足土方银一万二千三百五两四钱二毫七丝五忽五微，应追取还项。邢家河工长六百五十丈，估用工料银一千八百二十五两二钱。马家港东西两坝尾工长三百五十九丈，估用土方工料银五千五百七十四两八钱二分九厘三毫七丝五忽，内有冯大奇等修工不足土方银一千三百六十五两四钱九分三厘八毫七丝五忽，应追取还项。共估银七万二十八两二钱七分二厘五毫三丝五微，造册详估，并无浮冒”等因前来。臣覆核无异，除原册送部查核外，相应具疏题估，伏乞皇上敕部议覆施行等因。

康熙四十一年正月十七日题，二月初五日奉旨：“该部议奏。”钦此钦遵。于二月初六日抄出到部。该臣等议得，先经河道总督张鹏翮将时家马头应帮内戗、童家营、陈家社应各筑越堤，童家营对岸应挑引河，龙潭口应修排桩钉丁头柴埽、歪枝套、辛家荡堤工应加帮高厚，临河下埽镶柴，邢家河堤应镶柴压土，马家港坝尾应加筑坚固，堤根下埽搪护等因具题。臣部覆令将需用钱粮细数确估具题去后。今据该督疏称“时家马头帮筑戗堤，长一百七十四丈，估用银六千六百三十五两九钱零。童家营建筑越堤，长六百七十七丈，估用银八千九百二十三两七钱零。陈家社建筑越堤，长四百八十丈，估用银三千七百四十四两。童家营西对岸窑湾开挖引河，长六百二十丈，估用银四千一百八十五两。龙潭口桩埽工长五百五十丈，估用银四千三百二十一两九钱零。邢家河堤工，长六百五十丈，估用银一千八百二十五两二钱。又歪枝套、辛家荡堤工加帮镶柴工，长二千三十二丈三尺，估用银三万四千八百一十七两六钱零。又马家港东西两坝尾，长三百五十九丈，估用银五千五百七十四两八钱零。共估银七万二十八两二钱零。内有俊秀、佟世枚等不足土方银一万二千三百五两四钱零，冯大奇等不足土方银一千三百六十五两四钱零，应追取还项”等因前来。查时家马头等处筑堤挑河，以及钉桩下埽等工，既经该督估计具题，应令速行修筑。工完之日，将用过钱粮核减，造册题销。其佟世枚、冯大奇等应追银两，速行追完还项可也。

康熙四十一年二月二十一日题，本月二十四日奉旨：“依议速行。”

〔修王营减坝浚引河〕

兵部尚书兼都察院右都御史、总督河道、提督军务、臣张鹏翮谨题，为钦奉上谕事。

案准工部咨开，本部等衙门会议，河道总督张鹏翮疏称“前河臣靳辅于王家营修减水大坝，以泄黄河漫溢之水，以免王家营民房淹没。后经前河臣于成龙筑堤堵塞，遇黄河大涨，无处宣泄，淹及王家营。今应动帑酌开十余丈，两头下埽裹住，泄黄涨漫溢之水，由盐河而出。王家营引河，原令冯佑挑挖赎罪，今已淤垫，饬冯佑作速挑挖深通，准其赎罪，如河不成，不准赎罪等语。应如所奏，一面兴工，一面将需用银两确估具题可也”等因。奉旨：“依议速行。”钦此钦遵。抄出到部，移咨到臣。准此，行据淮扬道参议王谦造册详估前来。据此，该臣看得，清河县王家营减坝，经前河臣于成龙筑堤堵塞，遇黄河大涨，无处宣泄，应动帑酌开，泄黄涨漫溢之水，由盐河而出。又王家营引河，原令冯佑挑挖赎罪，今已淤垫，饬令冯佑作速挑挖深通，准其赎罪，如不成河，不准赎罪等因。经臣具奏，九卿议覆，应如所奏。奉旨："依议速行。"钦遵在案。行据淮扬道参议王谦详称"王家营大坝新堤，酌开三十丈，两头下埽裹护，坝下开挖引河，并加修减坝，共估用土方工料银二千七百七十六两九钱七分。又原任管河道冯佑挑挖引河，今已淤垫，屡催赔挑，坚称难赔。议自王家营西兜湾处，开挖引河八百二十丈，接冯佑挑河九百五十丈，加挑一律，估用土方工料银二万三千五百八十三两二钱八分三厘二毫。二共银二万六千三百六十两二钱五分三厘二毫"，造册详估前来。臣复核无异，除原册送部查核外，臣谨具疏题估，并请拨发钱粮，庶便乘时兴工。至冯佑既称不能挑挖成河，其不准赎罪之处，应听部议，伏乞皇上睿鉴，敕部议覆施行等因。

康熙三十九年十二月十八日题，四十年正月二十五日奉旨："该部议奏。"钦此钦遵。于正月二十六日抄出到部。该臣等议得，河道总督张鹏翮疏称"清河县王家营减坝，经前河臣于成龙筑堤堵塞，遇黄河大涨，无处宣泄，应动帑酌开，泄黄涨漫溢之水，由盐河而出。王家营引河，原令冯佑挑挖赎罪，今已淤垫，饬令冯佑作速挑挖深通，准其赎罪；如不成河，不准赎罪。经臣具奏，九卿议覆，应如所奏。奉旨：'依议速行。'钦遵在案。今王家营大坝新堤酌开三十丈，两头下埽裹护，坝下开引河，并加修减坝。又冯佑挑挖引河，今已淤垫，屡催赔挑，坚称难赔。议自王家营西兜湾处开挖引河八百二十丈，接冯佑挑河九百五十丈，加挑一律，共估银二万六千三百六十两二钱零，请拨发钱粮，庶便乘时兴工。至冯佑既称不能挑挖成河，其不准赎罪之处，应听部议”等因前来。查王家营大坝新堤，开挖两头下埽裹护，并坝下挑引河，修减水坝，并接挑冯佑所挑引河，既经该督估计具题，应将共估银二万六千三百六十两二钱零，移咨户部拨给，令其速行乘时挑浚修筑，工完之日，将用过钱粮核减，造册题销。再查先经该督以冯佑所挑引河淤垫，仍令冯佑挑挖赎罪，深通准其赎罪；如不成河，不准赎罪等因具题，经九卿会议覆准在案。今冯佑所挑引河既经淤垫，屡次行催，乃称不能赔挑推诿，以致迟误钦工，大干法纪。应行该督将冯佑名下各案侵帑误工之罪，逐一查明，严审具题，到日交与刑部从重治罪可也。

康熙四十年二月十五日题，本月十九日奉旨："依议。"钦此钦遵。抄出到部，移咨到臣。准此，随行该道转行挑筑，工完报销，并将冯佑名下各案侵帑误工，逐一严审详报具题去后。今据淮扬道参议王谦工完造册详报等因到臣。据此，除冯佑各案钱粮见在交代事案内，淮扬、淮徐两道查审，俟详覆至日，核明另题外，该臣看得，王家营大坝新堤，开挖两头下埽裹护，坝下挑浚引河，修减水坝，并接挑冯佑引河，经臣具题估计，部议令其速行乘时挑浚修筑，工完之日，将用过钱粮核减，造册题销等因。奉旨："依议。"钦遵转行在案。今据淮扬道参议王谦详称"原估修王营减坝并挑浚坝下引河等工，共需银二千七百七十六两九钱七分，今实用工料银二千五百三十二两一钱六分六厘，节省银二百四十四两八钱四厘，并无浮冒。查王家营西迎溜处，开挑引河八百二十丈，接冯佑捐挑引河九百五十丈，原估用银二万三千五百八十三两二钱零。今相度形势，因黄河迎溜之处，乃在王营减坝之上，今减坝已成，一遇黄涨溢漕之水，即入减坝，由盐河下海，分杀水势，则王家营西引河中隔减坝，上源溜水已入减坝，下流平缓，势必淤垫，似属无益，应停其挑挖，节省钱粮，以为别工之用”等因，册详前来。臣覆核无异，除原册送部查核外，相应具题，伏乞皇上敕部议覆，核销施行等因。

康熙四十年十二月初十日题，四十一年正月二十三日奉旨：“着察核。该部知道。”钦此钦遵。于正月二十四日抄出到部。该臣等议得，河道总督张鹏翮疏称“修王家营减坝并挑浚坝下引河等工，共估银二千七百七十六两九钱七分，今实用工料银二千五百三十二两一钱六分零，并无浮冒，节省银二百四十四两八钱零。又因黄河迎溜之处，在王营减坝之上，故于西挑引河，原估银二万三千五百八十三两二钱零，今减坝已成，一遇黄涨，即入减坝，分杀水势，则王家营西引河似属无益，应停其挑挖，节省钱粮，留为别工之用”等因前来。查修王家营减坝并挑坝下引河等工，用过银二千五百三十二两一钱六分零，该督既称“并无浮冒”等语，应准开销，节省银二百四十四两八钱零，应贮库为河工之用。其王家营西引河，该督既称“无益”等语，应停其挑挖，原估银二万三千五百八十三两二钱零，存贮为别工之用可也。

康熙四十一年二月十一日题，本月十五日奉旨：“依议。”

〔改修中河〕

兵部尚书兼都察院右都御史、总督河道、提督军务、臣张鹏翮谨题，为钦奉上谕事。

案准工部咨开，本部等衙门会议，河道总督张鹏翮疏称

“新挑中河窄狭，不如旧中河之宽深足以容水。俟粮船过完，于深秋水涸之时，臣再率河官查勘，若旧中河可以修堤，仍由旧中河行运；如果不能筑堤，将新中河审度形势，另疏奏闻”等语。应如所奏，一面兴工，一面将需用银两确估具题可也。

康熙三十九年六月十三日题，本月十五日奉旨：“依议速行。”钦此钦遵。抄出到部，移咨转行，钦遵在案。行据淮扬道参议王谦、淮徐道副使施世纶、前任江苏按察使赵世显会详前来。该臣看得，先经臣具奏，旧中河可以修堤，仍由旧中河行运，如不能筑堤，将新中河审度形势，另疏奏闻。九卿会覆，俟具题之日再议等因，移咨到臣。臣率淮扬道参议王谦等，查勘得新中河必须全身挑挖，两岸子堤全行加帮。但所需钱粮颇繁，而河头湾曲，粮船行走不顺。且三义坝以上三十一里零，河身狭浅，遇湖水大涨，恐不能容纳。旧中河自河头起三十二里至三义坝，河甚宽深，但三义坝以下至仲庄闸二十五里零，河身甚浅，南岸湖水散漫，难筑子堤，且距黄河岸甚近。今众议在三义坝将旧中河筑拦河堤一道，改入新中河，则旧中河之上段与新中河之下段合为一河，粮船可以通行无滞。至中河应挑应筑之处，关系运道紧要工程，一面发帑委中河通判刘可聘等作速兴修，一面确估造册，另疏具题外，理合先行题明，伏乞皇上睿鉴，敕部议覆施行等因。

康熙三十九年九月二十日题，十月初七日奉旨：“前于成龙奏称将中河改移，朕屡经谕其恐有未便。今张鹏翮所议中河事宜甚当，着照所奏行。该部知道。”钦此钦遵。移咨到臣。准此，该臣看得，新中河窄隘，行运不便，经臣议在三义坝将旧中河筑拦河堤一道，改入新中河，则旧中河之上段与新中河之下段合为一河，粮船可以通行无滞等因具题。奉旨：“着照所奏行。"钦遵在案。行据淮扬道参议王谦、淮徐道副使施世纶详称："中河厅属清河、桃源境内，筑坝挑河帮堤，计估工料土方银二万七千五两五钱一分零。又承修官张芳等挑河筑堤不合式，应追赔土方银计一万七千九百五十两六分零。若俟催提到工修补，势必迟误。新运因系紧要工程，照例拨帑趱筑，将应追银两，查明旗籍造册，另行参追还项。以上各工，共该工料土方银四万四千九百五十五两五钱八分零，乃系中河济运要工，难容缓待，理合具疏题估，并请速拨钱粮，以济急用。"伏乞皇上睿鉴，敕部议覆施行等因。

康熙三十九年十二月二十日题，四十年正月二十五日奉旨："该部议奏。"钦此钦遵。于正月二十六日抄出到部。该臣等议得，河道总督张鹏翮疏称"新中河窄隘，行运不便，经臣议在三义坝将旧中河筑拦河堤一道，改入新中河，则旧中河之上段与新中河之下段合为一河，粮船可以通行无滞等因"具题。奉旨："着照所奏行。"钦遵在案。今清河、桃源境内中河筑坝挑河帮堤，估计工料土方银四万四千九百五十五两五钱八分，内有承修官张芳等挑河筑堤不合式，应追赔土方银一万七千九百五十两零。若俟催提到工修补，势必迟误新运，照例拨帑趱筑，将应追银两查明旗籍，另行参追还项，请迅拨钱粮，以济急用等因前来。查中河筑坝挑河帮堤，既经该督估计具题，应将需用银两，移咨户部，速行拨给，令其乘时挑浚帮筑。工完之日，将用过钱粮核减，造册题销。其张芳等名下应赔银两，照例追取还项可也。

康熙四十年二月初七日题，本月初九日奉旨："依议。"钦此钦遵。抄出到部，移咨到臣。准此，随行淮扬、淮徐二道，转饬修筑完工报销，并查张芳等旗籍，造册详报去后。今据淮扬道参议王谦，署淮徐道事、管理河库司官张弼工完造册请销，并将张芳等旗籍查报等因到臣。据此，该臣看得，清河桃源境内改挑中河案内，筑坝挑河、帮堤、签钉排桩等工，共原估工料土方银四万四千九百五十五两五钱八分零，经臣具题，部议令其乘时挑筑，工完核减，造册题销。奉旨："依议。"钦遵在案。今据淮扬道参议王谦，署淮徐道事、管理河库、兵部员外郎张弼等详称"清河县改挑中河煞坝、修堤、签钉排桩等工，实用银二万四千一百七十一两一钱五分二厘一毫九丝七忽五微，节省银四千二百八十九两四钱八分二厘四毫五丝二忽五微。桃源县中河煞坝挑河帮筑北岸堤工，签钉排桩，及宿迁骆马湖闭坝等工，实用工料土方银一万四千一十一两二钱八分三厘，节省银二千四百八十三两六钱六分一厘三毫七丝五忽。二共实用银三万八千一百八十二两四钱三分零，节省银六千七百七十三两一钱四分零，并无浮冒。其张芳、鲁鲲等应追银两，查明完欠，分别旗籍，造册详送。系旗人，行该旗都统；系汉人，行该省巡抚，照追解还清项"等因前来。臣覆核无异，除原册送部查核外，相应具题，伏乞皇上睿鉴，敕部核销施行等因。

康熙四十一年三月初二日题，本月二十日奉旨："着察核。该部知道。"钦此钦遵。于三月二十一日抄出到部，该臣等议得，先经河道总督张鹏翮，将清河桃源境内中河筑坝挑河帮堤，共估银四万四千九百五十五两五钱八分，内有承修官张芳等应追赔不合式土方银一万七千九百五十两零，先照例拨帑趱筑，将应追银两查追还项等因具题，经臣部覆准在案。今据该督疏称"清河县改挑中河，煞坝、修堤、签钉排桩等工，桃源县中河，煞坝、挑河、帮筑堤工、签钉排桩等工，共实用银三万八千一百八十二两四钱零节省银六千七百七十三两一钱零，并无浮冒。其张芳等应追银两，查明完欠，分别旗籍，照追还项”等因前来。查前项筑堤挑河等项所用银两，该督既称“并无浮冒”等语，应准开销，节省银两，应贮库为河工之用。至张芳等应赔银两，既称“查明完欠，分别旗籍追还”等语，应作速照限追完还项可也。

康熙四十一年四月初八日题，本月初十日奉旨：“依议。”

〔加帮桃源黄河南堤〕

兵部尚书兼都察院右都御史、总督河道、提督军务、臣张鹏翮谨题，为钦奉上谕事。

康熙三十九年六月二十七日，准工部咨开，九卿会议，河道总督张鹏翮疏称“桃源县黄河南岸堤工，臣亲看近长湖一带土堤，长四千二百余丈，卑薄不堪，应动帑加帮高厚，以资捍御”等语。查桃源县黄河南岸堤工，于会勘案内估计加帮在案。今该督既称“此堤卑薄不堪，应行加帮”等语，应如所题，准其加帮。仍令该督将是否在从前估修工内之处，查明具题等因。奉旨：“依议速行。”钦此钦遵。移咨到臣。准此，随行淮徐道转行该厅确估去后。今据淮徐道副使施世纶查明造册估报等因到臣。据此，除在会勘案内估帮之工暂缓外，该臣看得，桃源县黄河南岸近湖一带，堤工卑矮，经臣奏明应行加帮，九卿议覆，准其修理。奉旨：“依议速行。”钦遵在案。行据淮徐道副使施世纶详称“卑矮堤工四段，长一千六百四十一丈，不在会勘等案。估帮之工，共估土方银四千六百八十三两三钱四分四厘四毫，拨发大工钱粮，乘时帮筑”等因前来。臣覆核无异，除原册送部查核外，臣谨具疏题估，并请拨发钱粮，以便兴工，伏乞皇上睿鉴，敕部议覆施行等因。

康熙四十年正月十七日题，二月初一日奉旨："该部议奏。"钦此钦遵。于二月初二日抄出到部。该臣等议得，河道总督张鹏翮疏称"桃源县南岸卑矮堤工四段，长一千六百四十一丈，共估土方银四千六百八十三两三钱零，请拨发钱粮，以便帮筑"等因前来。查先经该督将桃源县黄河南岸近湖一带土堤卑薄不堪，应动帑加帮等因具题。经九卿会议覆准在案。今既经该督估计具题，应如所题，速行乘时帮筑。所需钱粮，移咨户部拨给，工完核减，造册题销可也。

康熙四十年二月初十日题，本月十二日奉旨："依议速行。"钦此钦遵。抄出到部，移咨到臣。准此，随经檄行该道遵照速行帮筑去后。今据淮徐道副使施世纶工完造册，转详题销等因到臣。据此，该臣看得，桃源县黄河南岸卑矮堤工，经臣题估加帮，部议应如所题，速行乘时帮筑，工完核减，造册题销。奉旨："依议速行。"钦遵在案。今据淮徐道副使施世纶详称"工长一千六百四十一丈，原估银四千六百八十三两三钱四分四厘四毫，工完核减，实用银四千一百三十七两六分六厘五毫四丝，节省银五百四十六两二钱七分七厘八毫六丝，并无浮冒"，造册详送前来。臣覆核无异，除原册送部查核外，相应题销，伏乞皇上敕部核销施行等因。

康熙四十一年正月十七日题，二月初五日奉旨："着察核。该部知道。"钦此钦遵。于二月初六日抄出到部。该臣等议得，先经河道总督张鹏翮将桃源县卑矮堤工四段，长一千六百四十一丈，应行帮筑，估银四千六百八十三两三钱零等因具题，经臣部覆准在案。今据该督疏称"加帮桃源县黄河南岸卑矮堤工，实用银四千一百三十七两六分零，节省银五百四十六两二钱七分零，并无浮冒”等因前来。查前项加帮堤工用过银两，该督既称“并无浮冒”等语，应准开销。节省银两，贮库为河工之用可也。

康熙四十一年二月十七日题，本月二十一日奉旨：“依议。”

〔骆马湖口竹络坝〕

兵部尚书兼都察院右都御史、总督河道、提督军务、臣张鹏翮谨题，为钦奉上谕事。

案于康熙三十九年六月二十七日，准工部咨前事，内开：九卿会议，河道总督张鹏翮疏称“骆马湖口正对原筑有竹络坝一座，长五十五丈，节宣黄、湖大涨之水。今黄河身高，自去岁水涨，漫缺二段共七丈，黄水反流入骆马湖口，汇入中河，亟宜堵筑，以御黄水，无致淤垫中河。俟此口堵后，然后将中河煞坝堵塞，引骆马湖水由旧中河进石闸入黄河，助黄刷沙”等语。应如所奏，一面兴工，一面将需用银两确估具题可也等因。奉旨：“依议速行。”钦此钦遵。抄出到部，移咨到臣。准此，随行淮徐道确估详报去后。据淮徐道施世纶详称“系会勘案内发帑修筑之工，未经报销，应责令于展等赔修。今年二月十六日，臣亲往查勘，并未兴工。询据主簿于展供称‘系邓之琮领帑承修之工，微员力莫能赔’。复驳行淮徐道查审去后。今据该道查明，造册估报”等因到臣。据此，该臣看得，骆马湖口竹络坝节宣黄、湖大涨之水，关系紧要，应行堵筑。经臣具奏，九卿会覆，应如所奏等因。奉旨俞允，钦遵转行该道厅修筑去后。据淮徐道施世纶详称：“系会勘案内发帑修筑之工，未经报销，应责令邓之琮等照例赔修。但系紧要工程，若俟追银赔修，势必迟误，应照例拨大工钱粮三千五百三十五两七钱三分零，交该厅叶增英等办料承修，令淮徐道施世纶监工。其用过银两，于邓之琮、冯佑等名下分追还项。”既据该道估计造册前来，除估册送部查核外，臣谨具题，伏乞皇上睿鉴，敕部议覆施行等因。

康熙四十年四月二十九日题，五月十三日奉旨：“该部速议具奏。”钦此钦遵。于五月十三日抄出到部。该臣等议得，河道总督张鹏翮疏称“骆马湖口竹络坝应行堵塞，经臣具奏，九卿会议，应如所奏”等因。奉旨俞允，钦遵转行该道厅修筑去后。今据淮徐道施世纶详称“系会勘案内发帑修筑之工，未经报销，应责令邓之琮等赔修。但系紧要工程，若俟追银赔修，势必迟误，应照例拨大工钱粮三千五百三十五两七钱零，交该厅叶增英等办料承修，令淮徐道施世纶监工。其用过银两，于邓之琮、冯佑等名下分追还项”等因前来。查骆马湖竹络坝，该督既称“系紧要工程，若俟追银赔修，势必迟误，应拨大工钱粮修筑。用过银两，于邓之琮、冯佑等名下追还”等语，应如所题，动大工钱粮作速修筑，将用过银两照例于邓之琮、冯佑等名下追取还项可也。

康熙四十年五月十八日题，本月十九日奉旨：“依议速行。”

卷之二十三　章奏

〔修骆马湖闸〕

兵部尚书兼都察院右都御史、总督河道、提督军务、臣张鹏翮谨题，为钦奉上谕事。

案准工部咨开：本部等衙门会议，河道总督张鹏翮疏称“骆马湖水由旧中河进石闸入黄河，助黄刷沙，如遇黄水大涨，恐其倒灌，则闭闸以御之。此闸系原任知州李经邦承修，因金门下窄上宽，不能下板到底，应饬令李经邦改修金门合式，挑挖引河深通，然后议堵中河，引水入黄”等语。应如所奏，一面兴工，一面将需用银两确估具题可也等因。奉旨：“依议速行。”钦此钦遵。抄出到部，移咨到臣。准此，随行淮徐道副使施世纶将宿迁县骆马湖石闸作速估计改砌去后。今据该道造册转详等因到臣。据此，该臣看得，骆马湖石闸，原系前河臣于成龙委令原任徐州知州李经邦承建，尚未报销。经臣查勘金门上宽下窄，不能下板到底，奏明饬令李经邦改修金门合式，挑挖引河深通，然后议堵中河，引水入黄在案。今据该道厅详称：“李经邦系正蓝旗人，见往福建平和县伊子李师亮任所，并未来工。”查此闸关系紧要，难容迟缓，应照例动帑，委令宿桃中河通判叶增英、宿迁县知县胡三俊如式拆修。所有应用银两，行据淮徐道副使施世纶详估银七千九百五十九两九钱五分四厘四毫八丝，造册前来。除原册送部查核外，此系李经邦应赔之项，仰祈敕部行令该旗都统，于李经邦名下照追还项。理合具题，伏乞皇上睿鉴，敕部议覆施行等因。

康熙三十九年十月十一日题，本月二十七日奉旨："该部议奏。"钦此钦遵。于十月二十八日抄出到部。该臣等议得，先经河道总督张鹏翮将骆马湖石闸系原任知州李经邦承修，金门上宽下窄，不能下板到底，应饬令李经邦改修金门合式，挑挖引河深通等因具题，经九卿会议覆准在案。今据该督疏称"李经邦系正蓝旗人，见往福建平和县伊子李师亮任所，并未来工。此闸关系紧要，难容迟缓，应照例动帑，委令宿桃中河通判叶增英等如式拆修，估用银七千九百五十九两九钱零，系李经邦应赔之项，祈敕部行令该旗都统，于李经邦名下照追还项"等因前来。查该督既称"骆马湖石闸关系紧要，难容迟缓"等语，应如所题，先动帑银，速行如式拆修，工完之日，将用过银两造册题销。其估用银七千九百五十九两九钱零，行文该旗都统，于李经邦名下，照例勒限半年，追取还项可也。

康熙三十九年十一月初八日题，本月十三日奉旨："依议。"钦此钦遵。抄出到部，移咨到臣。准此，当经备行该道，速行拆修去后。今据淮徐道副使施世纶工完造册详销等因，册详到臣。据此，该臣看得，宿迁骆马湖石闸，系原任知州李经邦承修，因金门上宽下窄，不能下板到底，经臣具题动帑，委令宿桃中河通判叶增英等拆修，原估银七千九百五十九两九钱五分四厘四毫八丝。部覆速行拆修，工完造册题销在案。今据淮徐道副使施世纶详称"遵于实用之内，又复核减，计节省银七百九十五两九钱二分，实销银七千一百六十四两三分四厘四毫八丝”等因前来。臣覆核无异，除原册送部查核外，再查改建此闸，原估银七千九百五十九两九钱零，应于李经邦名下追取还项。前准部咨，李经邦见在福建平和县知县伊子李师亮任所，当经移咨福建巡抚查追在案。至今尚未完解，应交与该抚催完还项。相应具题，伏乞皇上睿鉴，敕部核销施行等因。

康熙四十年十二月初七日题，本月二十一日奉旨：“着察核。该部知道。”钦此钦遵。于十二月二十二日抄出到部。该臣等议得，河道总督张鹏翮疏称“宿迁骆马湖石闸，系原任知州李经邦承修，因金门上宽下窄，不能下板到底，经臣具题动帑拆修，估银七千九百五十九两九钱零，今实用银七千一百六十四两零，节省银七百九十五两九钱零。再查改建此闸银两，应于原修李经邦名下追取还项。李经邦见在福建平和县知县伊子李师亮任所，应交与该抚催完还项”等因前来。应将用过银七千一百六十四两零，准其开销，节省银两贮库为河工之用。其应追银两，行文福建巡抚，于李经邦名下，照例勒限半年，追完还项可也。

康熙四十一年二月初四日题，本月初九日奉旨：“依议。”

〔筑王家堂堤〕

兵部尚书兼都察院右都御史、总督河道、提督军务、臣张鹏翮谨题，为钦奉上谕事。

案准工部咨开：本部等衙门会议，河道总督张鹏翮疏称“王家堂缺口，坐落睢宁县黄河南岸地方，大溜顶冲，最属险要，所修月堤，浮沙堆筑，卑薄不堪，而旧决口又与月堤逼近，无容另修，应令该厅陈谦吉将月堤赔修高厚，作为正堤。但该厅已经告病，一时难以设措，恐致误工，应动岁修钱粮，交与署事同知金玉衡，作速趱工修筑，以御伏汛。用过钱粮，仍令陈谦吉等照例追赔还项”等语。应如所奏等因。奉旨：“依议速行。”钦此钦遵。移咨到臣。准此，又于康熙三十九年六月二十六日，准工部咨为恭报微臣勘过河工情形事，都水清吏司案呈，奉本部送工科抄出，该本部覆河道总督张鹏翮题前事等因。

康熙三十九年五月初十日题，六月初一日奉旨：“该部知道。”钦此钦遵。于六月初二日抄出到部。该臣等议得，河道总督张鹏翮疏称“臣到通州看石坝卑薄沙筑，交分司王作舟加谨保固。新改中河堤岸卑薄不堪，清江浦至淮安、宝、高、江等处土堤排桩工程塌卸残缺，永安、界首石堤修砌十不及一二，见饬趱筑。时家马头决口尚未堵塞，饬其趱筑。陶家庄引河，范承勋等挑浚尚未完工，归仁堤临河石工，饬其补砌。高家堰自武家墩至小黄庄堤岸，排桩塌卸，堤身冲刷，石堤并未加砌，甚属危险。临湖钉埽工程，派官修筑，石工估计办料修砌。小黄庄至周桥临湖石工完者甚多，其堤工系王日藻等加帮，尚未全完。周桥已经堵塞。茆家围六坝全冲，办料相机堵塞。拟自古沟以至六坝，照周桥一例砌石，俟堵塞六坝，另行估计。王家堂引河淤塞，仍令冯佑挑浚。邳州王家堂决口已修月堤，尚有旧缺口未堵，饬其堵塞”等因前来。应令总河饬令该管官，将此等各处堤岸卑薄残缺及修筑未完之处，速行修筑完固。时家马头决口，速行堵塞。其邳州王家堂决口，先经原任总河于成龙题报，于九月二十七日堵塞合龙，见在加帮等因在案。今称旧缺口尚未堵塞，系从前捏报完工，应行该督将从前捏报各官，查明题参可也。

康熙三十九年六月初七日题，本月初九日奉旨："依议。"钦此钦遵。抄出到部，拟合就行。为此合咨前去，查照本部题覆奉旨内事理，钦遵施行等因到臣。准此，当经檄行该道，将王家堂决口，饬令速行堵塞，并将从前捏报各官查明详报题参去后。今据淮徐道副使施世纶工完详报等因到臣。据此，该臣看得，王家堂月堤加帮高厚，作为正堤。今据淮徐道副使施世纶详称："俱于八月二十七日一律加帮完竣，共用过岁修银一千七百六十七两一钱九分二厘，应于原任邳睢河务同知陈谦吉名下追赔还项。"查陈谦吉已经告病回籍，应请勒山西抚臣就近追解。再查王家堂漫工，虽未将正口堵塞，而已筑有月堤断流，似非捏报可比，合并声明。臣谨具题，伏乞皇上睿鉴，敕部议覆施行等因。

康熙三十九年九月十三日题，十月初四日奉旨："该部议奏。"钦此钦遵。于十月初五日抄出到部。该臣等议得，先经河道总督张鹏翮疏称"邳州王家堂决口已修月堤，旧决口与月堤逼近，无容另修，应令该厅陈谦吉将月堤赔修高厚，作为正堤。但该厅已经告病，恐致误工，应用岁修钱粮修筑，用过钱粮，仍令陈谦吉等照例追赔还项"等因。经九卿会议覆准在案。今据该督疏称"加帮王家堂月堤，共用过岁修银一千七百六十七两一钱零，应于原任邳睢河务同知陈谦吉名下追赔还项。查陈谦吉已经告病回籍，应请敕山西抚臣就近追解。至王家堂漫工，虽未将正口堵塞，而已筑有月堤断流，似非捏报可比"等因前来。应将陈谦吉名下追赔银两，行令山西巡抚，照例勒限半年追完。至加帮月堤高厚丈尺，并用过夫工银两细数，应行该督开明造册报部。至王家堂漫缺，该督既称已筑有月堤断流，似非捏报可比等语，应毋容议。

康熙三十九年十月二十二日题，本月二十四日奉旨："依议。"

〔修杨家楼月堤〕

兵部尚书兼都察院右都御史、总督河道、提督军务、臣张鹏翮谨题，为钦奉上谕事。

案准工部咨开：本部等衙门会议，河道总督张鹏翮疏称"徐城对岸沙嘴，挺入河心二里许，以致大溜直射郭家嘴，甚属危险。应将沙嘴挑挖引河，俟水势大涨，资其冲刷河嘴，以杀大溜水势。郭家嘴旧有石工，至北门迤西而止，每年钉桩下埽，补救一时，不能经久，加砌石工，庶可经久。臣率河官量度，自北门石工头起，至段家庄止，长六百五十余丈，加砌石工，与旧石工一律平整，不惟可保城池，且可省岁修之费。又余家山石嘴挑出河心，以致南岸韩家山一带顶冲崩溃，逼近徐城，应自杨家楼起至段家庄月堤止，筑月堤长四百余丈，以作重门之障"等语。应均如所奏，一面兴工，一面将需用银两确估具题可也等因。奉旨："依议速行。"钦此钦遵。抄出到部，移咨到臣。准此，当即檄行该道速行估计催修去后。今据淮徐道副使施世纶确估造册等因，册详到臣。据此，该臣看得，徐州郭家嘴旧石工至北门迤西，每年钉桩下埽，不能经久，应自北门石工头起至段家庄止，加砌石工。又韩家山一带，河势顶冲崩溃，逼近徐城，应自杨家楼至段家庄止，创筑月堤，以作重门之障等因。经臣具题部覆，应均如所奏，一面兴工，一面将需用银两确估具题。奉旨："依议速行。"钦遵在案。今据淮徐道副使施世纶详估"郭家嘴石工头起至段家庄止，建筑石工长六百五十一丈三尺，估用工料银五万七千五十两三分四厘一毫。

韩家山一带，自杨家楼起至段家庄止，创建月堤一道，长四百零五丈，估用土方银四千六十五两四分。俱系据实估计，并无浮冒”等因前来。臣覆核无异，随委员外郎丁易监工，徐属同知李梅、徐州知州佟国弼领帑承修。除原册送部查核外，相应具题，伏乞皇上敕部议覆施行等因。

康熙三十九年九月十四日题，十月初四日奉旨：“该部速议具奏。”钦此钦遵。于十月初五日抄出到部。该臣等议得，先经河道总督张鹏翮将徐州郭家嘴自石工头起至段家庄止，应加砌石工。又韩家山一带，自杨家楼至段家庄止，应创筑月堤等因具题，经九卿会议覆准在案。今据该督疏称“徐州郭家嘴石工头起至段家庄止，建筑石工长六百五十一丈三尺，估用工料银五万七千五十两零。韩家山一带，自杨家楼起至段家庄止，创筑月堤一道，长四百零五丈，估用土方银四千六十五两零”等因前来。查前项建筑石工月堤，既经该督估计具题，应令该督速行乘时坚固修筑，工完将用过钱粮核减，造册题销可也。

康熙三十九年十月初六日题，本月初八日奉旨：“依议速行。”钦此钦遵。抄出到部，移咨到臣。准此，当经檄行该道遵照修筑去后。今据淮徐道副使施世纶造册转详题销等因，册详到臣。据此，该臣看得，徐州韩家山一带，自杨家楼起至段家庄止，臣于徐州郭家嘴石工案内，题估创筑月堤一道，计长四百零五丈，估用土方银四千六十五两四分。前据工完详销，经臣驳减。今据淮徐道副使施世纶详称“系照原估修筑，惟于取土稍近者，酌量核减，节省银四百六两五钱四厘，实用过银三千六百五十八两五钱三分六厘”等因前来。臣覆核无异，除原册送部查核外，相应具题，伏乞皇上敕部核销施行等因。

康熙四十一年二月初十日题，本月二十六日奉旨："着察核。该部知道。"钦此钦遵。于二月二十七日抄出到部。该臣等议得，先经河道总督张鹏翮将徐州韩家山一带，自杨家楼起，至段家庄止，创筑月堤长四百零五丈，需用银四千六十五两零等因，估计具题，经臣部覆准在案。今据该督疏称"前项创筑月堤，实用过银三千六百五十八两五钱三分零，节省银四百六两五钱零"等因前来。应将用过银两，准其开销。节省银两贮库，为河工之用可也。

康熙四十一年三月十三日题，本月十五日奉旨："依议。"

〔修郭家觜石工〕

兵部尚书兼都察院右都御史、总督河道、提督军务、臣张鹏翮谨题，为钦奉上谕事。

康熙三十九年十月十八日，准工部咨开，都水清吏司案呈，奉本部送工科抄出，该本部覆河道总督张鹏翮题前事等因。康熙三十九年九月十四日题，十月初四日奉旨："该部速议具奏。"钦此钦遵。于十月初五日抄出到部。该臣等议得，先经河道总督张鹏翮将徐州郭家觜自石工头起至段家庄止，应加砌石工，又韩家山一带，自杨家楼至段家庄止，应创筑月堤等因具题，经九卿会议覆准在案。今据该督疏称"徐州郭家觜石工头起至段家庄止，建筑石工，长六百五十一丈三尺，估用工料银五万七千五十两零。韩家山一带，自杨家楼起至段家庄止，创筑月堤一道，长四百零五丈，估用土方银四千六十五两零"等因前来。查前项建筑石工月堤，既经该督估计具题，应令该督速行乘时坚固修筑，工完将用过银两核减，造册题销可也。

康熙三十九年十月初六日题，本月初八日奉旨："依议速行。"钦此钦遵。抄出到部，移咨到臣。准此，当行该道转行去后。今据淮徐道副使施世纶造册估报等因到臣。据此，该臣看得，徐州郭家嘴一带险工，经臣题建，石工共长六百五十一丈三尺，估用物料匠工银五万七千五十两零，部覆准修，奉旨："依议。"钦遵转行在案。臣复往亲勘，见河溜渐次下徙，暂缓至今年再看伏、秋二汛水势，酌量兴砌，节省钱粮。今据淮徐道副使施世纶详称"段家庄一段，长一百一十二丈，已过秋汛，河溜果然下徙，可以缓修，节省工料银一万二百三十五两零。其奶奶庙西迤下河溜顶冲，临城更近，仍应建砌石工，长五百三十九丈三尺止，应用工料银四万六千八百一十五两零"等因，呈详前来。臣覆核无异。查此工原未请拨钱粮，今仍不另请钱粮，动支武家墩石工扣存银两，给发办料兴修，相应具疏题明，伏乞皇上睿鉴施行等因。

康熙四十年十月初八日题，本月二十二日奉旨："该部知道。"钦此钦遵。于十月二十三日抄出到部。该臣等议得，先经河道总督张鹏翮将徐州郭家嘴石工头起至段家庄止，建筑石工，长六百五十一丈三尺，估用工料银五万七千五十两零等因具题，经臣部覆准在案。今据该督疏称"臣复往亲勘，见河溜渐次下徙，段家庄一段长一百一十二丈，可以缓修，节省银一万二百三十五两零。其奶奶庙西迤下，河溜顶冲，临城更近，仍应建砌石工，长五百三十九丈三尺，止应用工料银四万六千八百一十五两零。此工不另请钱粮，动支武家墩石工扣存银两，给发办料兴修"等因前来。查段家庄一段，既称"河溜下徙，可以缓修"等语，应停其修建。节省银两贮库，为河工之用。其奶奶庙迤下石工，应令该督速行乘时兴砌，工完核减，造册题销可也。

康熙四十年十一月初六日题，本月初七日奉旨："依议速行。"

〔节宣之法〕

兵部尚书兼都察院右都御史、总督河道、提督军务、臣张鹏翮谨题，为谨陈节宣之法，仰祈圣裁事。

臣按：《南河志》，清口至淮安建有五闸，递相启闭，以防黄水之淤。又虑水发湍急，难于启闭，筑坝以遏水冲。每岁粮艘过尽，即于闸外筑坝，以遏横流，一应官民船只，俱暂行盘坝。由此而观，则是伏秋水发，黄水倒灌，自古而已然矣。故建闸筑坝，以防淤垫之患。今运河初经挑挖，俟清水冲刷使深，河底尺寸既定，方为建闸。臣于覆科臣陈诜复闸疏内，曾经题明在案。兹清水虽以出黄，转盼桃、伏、秋汛继至，节宣之道，预防之法，不可不急筹也。今于张福口、裴家场中间，开大引河一道，会张福、裴场等引河之水，并力敌黄。但黄水会合众流，来自万里，频年河身垫高，势大而力强，淮水止发源桐柏，迄今方出清口，一半敌黄，又一半济运，终虞力分而势弱，故蓄高堰之水以助其势，幸而黄水不大发，亦足以敌之。若遇黄水大发，在粮船过完之后，仍遵旨堵闭拦黄坝，使不得倒灌，且可以刷深黄河。在粮船正行之际，遇黄水大发，将裴家场引河口门暂闭，引清水由三汊河至文华寺入运河，以济运行。倘运河水大，山阳一带由泾、涧二河泄水入射阳湖下海，宝应一带由子婴沟泄水入射阳湖下海，高邮一带仍由城南柏家墩二大坝泄水，江都一带由人字河、凤皇桥等河泄水入江。若遇黄、淮并涨，清水由翟家坝天然滚坝泄出，黄水由王家营减水坝泄入盐河，至平旺湖下海。若粮船过完，黄水不大发，将运河头坝煞坝，令清水全入黄水，以资冲刷。一切官民船只，照往例盘坝，俟回空粮船到日，方可启坝，止留三汊河清水，仍由文华寺入运河，即古人设天妃闸于粮船过后闭闸筑坝之意也。臣刍荛之见，未敢擅便，伏乞皇上圣裁施行等因。

康熙四十年正月二十二日题，二月初九日奉旨："这所奏已得河工秘要，着九卿、詹事、科道会同速议具奏。"钦此钦遵。于二月初十日抄出到部，该臣等会议得，河道总督张鹏翮疏称"臣按：《南河志》，清口至淮安建有五闸，递相启闭，以防黄水之淤。又虑水发湍急，难于启闭，筑坝以遏水冲。每岁粮艘过尽，即于闸外筑坝，一应官民船只，俱暂行盘坝。宝应一带由子婴沟泄水入射阳湖下海，高邮一带由城南柏家墩二大坝泄水，江都一带由人字河、凤皇桥等河泄水入江。若遇黄、淮并涨，清水由翟家坝天然滚坝泄出，黄水由王家营减水坝泄入盐河，至平旺河下海。若粮船过完，黄水不大发，将运河头坝煞坝，令清水全入黄河，以资冲刷。一切官民船只，照往例盘坝，俟回空粮船到日，方可启坝，止留三汊河清水仍由文华寺入运河"等因前来。查先经该督题请将泾、涧二河，子婴沟，高邮城南滚坝，王家营减坝，人字河，凤皇桥等河挑浚修建等因，经九卿会议覆准。又请运河建闸，俟运河挑完之日估计具题等因，经工部覆准在案。今该督既称"张福口、裴家场中间开引河一道，会张福、裴场等引河之水，并力敌黄。但黄水势大力强，清水一半敌黄，一半济运，力分势弱，故蓄高堰之水以助其势。若遇黄水大发，在粮船过完后，仍遵旨堵闭拦黄坝，使不得倒灌。在粮船正行之际，遇黄水大发，将裴家场引河口门暂闭，引清水由三汊河至文华寺入运河，以济运行。倘运河水大，由泾、涧等河泄入海，人字等河泄入江，并高邮城南等坝泄水。若粮船过完，黄水不大发，将运河头坝煞坝，令清水全入黄河，以资冲刷。一切官民船只盘坝，俟回空粮船到日启闸，止留三汊河清水仍由文华寺入运河”等语，应均如该督所题可也。

康熙四十年二月十二日题，本月十五日奉旨：“依议速行。”

〔浚盐河〕

兵部尚书兼都察院右都御史、总督河道、提督军务、臣张鹏翮谨题，为谨陈节宣之法，仰祈圣裁事。

案查，康熙四十年二月二十九日，准工部咨开，九卿会议，河道总督张鹏翮疏称“张福口、裴家场中间开引河一道，会张福、裴场等引河之水，并力敌黄。但黄水会合众流，势大而力强，淮水方出清口，一半敌黄，一半济运，终虞力分而势弱，故蓄高堰之水以助其势。幸而黄水不大发，亦足以敌之。若遇黄水大发，在粮船过完后，仍遵旨堵闭拦黄坝，使不得倒灌。在粮船正行之际，遇黄水大发，将裴家场引河口门暂闭，清水由三汊河至文华寺入运河以济运。倘运河水大，山阳一带由泾、涧二河泄水入射阳湖下海，宝应一带由子婴沟泄水入射阳湖下海，高邮一带由城南柏家墩二大坝泄水，江都一带由人字河、凤皇桥等河泄水入江。若遇黄、淮并涨，清水由翟家坝天然滚坝泄出，黄水由王家营减水坝泄入盐河，至平旺河下海。应如该督所题”等因。奉旨：“依议速行。”钦此钦遵。抄出到部，移咨到臣。准此，该臣看得，黄水涨发，由王家营减水坝泄入盐河，至平旺河下海。经臣具题，九卿会覆，应如所题等因。奉旨：“依议速行”，钦遵在案。今时家马头堵闭之后，漫水已涸。臣率河官亲往丈勘，盐河淤塞一千九百一十丈，堤工冲去四千一百八十一丈，则前河臣时刷宽一千二百余丈，因水大未得确实故也。又查两岸残缺堤工长一万九百一十九丈九尺，俱系紧要工程。复委员估计，挑河筑堤，约需银六万四千七百五十八两零。检查旧案，此河原系商人运盐之河，康熙二十六年正月内，前河臣靳辅令商人捐银八万余两挑浚，曾经题准在案。今复河淤堤冲，若责之原任通判余三瀛、原任千总顾德、长乐司巡检闫和鼎、通判叶增英等赔修，工大费繁，力不能措，势必迟误。将应赔银两查明照追，相应仍照往例，令商人助银六万四千七百五十八两零，以为挑河筑堤之需。且两淮商人蒙皇上南巡，时沛浩荡之恩，蠲免加增课银，禁止盐院派取赢余，督抚等衙门陋规不下数十万两，商力已裕。况捐盐商之赀，以挑运盐之河，当亦众商所乐从者也。但桃汛已过，伏秋继至，减水坝开放，为期已迫，恐众商捐解缓不济急，先照数动加捐及节省银两，委海州知州张建烈、安东县知县彭铭等，作速乘时挑河筑堤。用过银两，行令两淮运使，照数于各商名下催解补项。此河一通，不特有利于商，又能宣泄黄河减下之水，兼利河道，且上游一带田亩受益不小，所谓一举而三善备焉者矣。除估册另行咨送工部外，臣谨具题，伏乞皇上睿鉴，敕部议覆施行等因。

康熙四十年三月二十六日题，四月十二日奉旨：“该部议奏。”钦此钦遵。于四月十三日抄出到部。该臣等议得，河道总督张鹏翮疏称“黄水涨发，由王家营减水坝泄入盐河，至平旺河下海。经臣具题，九卿会覆，应如所题等因在案。今亲往丈勘，盐河淤塞一千九百一十丈，堤工冲去四千一百八十一丈，两岸残缺堤工一万九百一十九丈九尺，俱系紧要工程。复委员估计，挑河筑堤，约需银六万四千七百五十八两零。查此系商人运盐之河，康熙二十六年，前河臣靳辅令商人捐银八万余两挑浚，曾经题准在案。今复河淤堤冲，若责之原任通判余三瀛等赔修，工大费繁，力不能措，势必迟误。将应赔银两查明照追，仍照往例，令商人捐助银六万四千七百五十八两零，挑河筑堤。但桃汛已过，伏秋继至，减水坝开放，为期已迫，恐众商捐解，缓不济急，先动加捐及节省银两，委海州知州张建烈等，作速乘时挑筑。用过银两，令两淮运使照数于各商名下催解补项”等因前来。

查康熙二十六年，前河臣靳辅具题“海安境内旧盐河淤塞浅涸二万丈，挑浚之费不下十余万两，盐商情愿帮银八万余两协挑”等因。经九卿会议覆准在案。今此河淤堤冲，例应该管官员赔修。该督既称“若责之原任通判余三瀛等赔修，工大费繁，力不能措，势必迟误。将应赔银两查明照追，仍照往例，令商人捐助。今桃汛已过，伏秋继至，减水坝开放为期已迫，恐众商捐解缓不济急，先动加捐及节省银两，作速乘时挑筑，用过银两，于各盐商催解补项”等语，应均如该督所题。至挑河筑堤需用钱粮细数，应行该督确估具题。再查康熙三十九年十月内，总河张鹏翮以杨家马头漫缺宽一千三百余丈等因，将疏防之署中河通判事候补通判余三瀛等职名，开列题参。臣部会同吏、兵二部议覆，将余三瀛等革职，戴罪勒限半年赔修，并将该管道员作速补参等因具题，行文在案。今半年之限将满，并未赔修，又不将该道题参。且前疏称漫缺堤工一千二百余丈，今疏称四千一百八十一丈，前后互异，应行该督查明，并将不行赔修官员以及该管道员等，作速题参可也。

康熙四十年五月初二日题，本月初四日奉旨：“依议。”钦此钦遵。抄出到部，移咨到臣。准此，随行淮扬道确估，并将前后丈尺互异及不行赔修官员以及道员等，作速详报题参去后。今据淮扬道参议王谦核明造册详报等因到臣。据此，该臣看得，安东盐河南北两岸堤工及淤塞盐河，急应动帑挑筑，经臣具题，约估银六万四千七百五十八两零，部议需用钱粮细数，确估具题等因。奉旨："依议。"钦遵转行在案。今据淮扬道参议王谦详称"安东境内北岸创筑堤工长四千一百八十一丈五尺，加帮卑矮堤工长六千九百三丈五尺，需用土方银四万二千三百七十九两六钱七分七厘九毫；又南岸堤工卑矮残缺，应行加帮工长四千四百七丈四尺，需用土方银一万二千一百五十六两七钱四厘七毫七丝；淤垫河身长一千九百一十丈，共银四千八十六两五钱四分七厘二毫。又因高家马头旧河湾曲，逼近新堤，相度形势，切去河嘴工长一百九十丈，估用银四百六十一两七钱。又原议挑南潮河引水下海。今查孙家林起，至新安镇卢家沟河止，实系运盐故道。若挑浚此河，商、民称便，估用土方银七千七百五两四钱七分。通共估银六万六千七百九十两九分九厘八毫七丝，较比前疏内多银二千三十二两九分零。不另请钱粮，即于本案节省银内动支济用，并无浮冒"，相应造册估计至部。查前疏冲漫堤工，长一千二百余丈。今疏称四千一百八十一丈，前后互异之处，查杨家马头漫缺，及渐次刷宽，顶底全无者，共有一千七百八十四丈五尺。又迤下鲁家马头，亦因漫溢之水，内外汕刷，以致顶底全无，计长二千三十七丈。创筑堤工，该银二万一千三百五十二两三钱一分。已于恭报伏汛等事案内，议令余三瀛等名下追赔还项，并将该管道员题参在案。又高家马头亦因漫溢汕刷三百六十丈，该土方银二千六百三十八两三钱，已于恭报伏汛等事案内，议派前署安清通判事宿桃、中河通判叶增英等名下均赔具题在案。二共四千一百八十一丈。其前疏称“一千二百余丈，以水占未得确数之故”等因，册详前来。臣覆核无异。除原册送部查核外，相应具题，伏乞皇上敕部议覆施行等因。

康熙四十年十二月十七日题，四十一年正月二十五日奉旨：“该部知道。”钦此钦遵。于正月二十六日抄出到部。该臣等议得，先经河道总督张鹏翮疏称“黄水涨发，由王家营减坝泄入盐河，至平旺河下海。今盐河淤塞一千九百一十丈，堤工冲去四千一百八十一丈，西岸残缺堤工一万九百一十九丈九尺。查此系商人运盐之河，康熙二十六年令商人捐银挑浚在案。今复河淤堤冲，若责之原任通判余三瀛等赔修，势必迟误。将应赔银两查明照追，仍照往例，令商人捐银挑筑，恐众商捐解，缓不济急，应先动加捐及节省银两挑筑。将用过银两，令两淮运使于各商名下催解补项”等因。臣部覆令将需用钱粮细数确估具题，并将冲去堤工丈尺前后题报互异之处，查明具题去后。今据该督疏称“安东北岸创筑堤长四千一百八十一丈五尺，加帮堤长六千九百三丈五尺；南岸加帮工长四千四百七丈四尺；淤垫河身长一千九百一十丈。又挑新安镇河，通共估银六万六千七百九十两零，于节省银内动支济用”至部。查前疏冲漫堤工互异之处，查杨家马头漫缺一千七百八十四丈五尺，又鲁家马头漫溢汕刷长二千三十七丈，高家马头汕刷三百六十丈，共四千一百八十一丈。其前疏称“一千二百余丈，以水占未得确数之故”等因前来。查安东南北两岸筑堤挑河，既经该督估计具题，应令速行挑筑。工完之日，将用过钱粮核减，造册题销。一面于应赔之原任通判余三瀛、叶增英等照追，并各商名下追完还项。至冲漫堤工丈尺前后互异之处，既经该督声明，应毋容议。

康熙四十一年二月十五日题，本月十八日奉旨，“依议速行。”

〔加筑武家墩至运口堤工〕

兵部尚书兼都察院右都御史、总督河道、提督军务、臣张鹏翮谨题，为急修紧要工程事。

该臣看得，武家墩至运口一带堤工，捍御湖水风浪，最关紧要。前河臣于成龙等题请大修高堰堤工案内，失于估计，以彼时湖水未出故也。今六坝堵闭全完，洪泽湖水势盛出远流，武家墩一带堤根，而旧堤卑矮单薄，难资捍御，必须作速加帮高厚，签钉排桩，与高堰堤工一律相平。又新大墩至裴家场，从前未有堤工，应创筑拦河坝一道，方可束水御浪，敌黄济运。兹据淮扬道参议王谦详称“武家墩至运口一带堤工，计长一千二百七十二丈，约需工料土方银二万一千八百一十七两零。此工原属高堰工程，应动高堰大工银两，作速兴工早竣，以资捍御”等因前来。臣亲勘委属紧要，一面令淮徐道副使施世纶动支高堰大工银两，委署里河同知事、候补知府萧星拱等作速办料兴工，仍一面估计造册，另疏具题外，所有急修紧要工程，理合恭疏题明，伏乞皇上睿鉴，敕部议覆施行等因。

康熙四十年二月二十四日题，三月初九日奉旨：“该部速议具奏。”钦此钦遵。于三月初十日抄出到部。该臣等议得，河道总督张鹏翮疏称“六坝堵闭全完，洪泽湖水盛出，武家墩一带旧堤卑矮单薄，难资捍御，必须作速加帮高厚，签钉排桩，与高堰堤工一律相平。又新大墩至裴家场，从前未有堤工，应创筑拦河坝一道，方可束水御浪，敌黄济运，约需银二万一千八百一十七两零。此工委属紧要，一面动支高堰大工银两，委署里河同知事、候补知府萧星拱等办料兴工，仍一面估计造册，另疏具题”等因前来。查该督既称“六坝全堵，湖水盛出，武家墩一带堤工卑薄，须加帮高厚，签钉排桩。又新大墩至裴家场，应筑拦河坝一道，方可束水御浪，敌黄济运”等语，应如所题，令其速行建筑，并签钉排桩，一面将需用钱粮细数确估具题可也。

康熙四十年三月十一日题，本月十二日奉旨：“依议速行。”钦此钦遵。移咨到臣。准此，当即檄行淮扬道估计造册详报去后。今据淮扬道参议王谦造册详报题估等因到臣。据此，该臣看得，六坝已闭，湖水盛出，武家墩一带旧堤卑矮单薄，必速加帮高厚，签钉排桩。又新大墩至裴家场，从前未有堤工，应创筑拦河坝一道，束水敌黄济运。经臣具题，部议应如所题，速行建筑，签钉排桩，一面将需用钱粮细数确估具题。奉旨：“依议速行。”钦遵在案。今行据淮扬道参议王谦详称“自武家墩起，至新大墩止，堤长一千一百三十二丈，加帮高厚，于临湖签钉排桩。又新大墩起，至裴家场引河口门止，从前未有堤工，创筑拦河坝一道，长一百四十丈，拦截湖水，敌黄济运。两边清槽下埽，埽上钉镶苇柴，外钉排桩，共估土方工料银二万一千八百一十七两八钱九分七厘三毫。查无浮冒”，造册详送前来。臣覆核无异，除原册送部查核外，相应具疏题估，伏乞皇上敕部议覆施行等因。

康熙四十年五月十九日题，六月十一日奉旨：“该部议奏。”钦此钦遵。于六月十二日抄出到部。该臣等议得，河道总督张鹏翮疏称“自武家墩起，至新大墩止，堤长一千一百三十二丈，加帮高厚，于临湖签钉排桩。又新大墩起，至裴家场引河口门止，创筑拦河坝一道，长一百四十丈，两边清槽下埽，埽上钉镶苇柴，外钉排桩，共估银二万一千八百一十七两八钱零”等因前来。查先经该督将武家墩一带旧堤，加帮高厚，签钉排桩。又新大墩至裴家场应创筑拦河坝一道等因具题，经臣部覆准，行文在案。今既经该督估计具题，应令速行修筑，工完之日，将用过银两核减，造册题销可也。

康熙四十年六月二十四日题，七月初四日奉旨：“依议。”

〔报清水盛出情形〕

兵部尚书兼都察院右都御史、总督河道、提督军务、臣张鹏翮谨奏，为恭报清水盛出情形事。

臣钦奉圣训，指授治河方略，堵闭六坝，大辟清口，引清水畅流出口，会黄入海，济运通行。今三月初二、初三、初四三日，桃汛已至，黄、淮并涨，清水盛出，敌黄有余。时西南风大作，高堰一带水长浪涌，如龙门大坝、高堰大坝堤工卑矮，水从越坝漫过，与石工之顶相平。臣亲率河官抢修，并六坝一带堤工，俱皆平稳。但部臣范承勋等估计加帮时，六坝未闭，未得水势高下确实情形。今六坝开后，全湖蓄水堤岸卑矮者，离水面二三尺，高者离水面五六尺不等，西风鼓浪，危险堪虞，应将卑矮之处再行加帮。臣令河官作速估计，动大工节省银两兴修，另疏具题。其天然滚水坝尚未开放，欲其蓄水敌黄。若湖水再长，相机开放，以保堤工。初八日，臣查看清口形势，武家墩、三汊河、烂泥浅、裴家场、张家庄湖头水势相连，沛然而出，面宽数百丈，直绕大墩。其流至运口也，三汊河、裴家场、张福口、张家庄四引河，汇为一河，宽九十丈。流至二座拦黄坝，坝基淤沙如汤沃雪，自然消化。流至头座拦黄坝，刷宽四十六丈，两坝台亦系淤沙，见在蛰裂，若清水再长，势必刷开，自难存住。询之土人，云：当年黄、淮交会时，此系河心，若刷去坝台，口门宽阔，则清流益畅，方足以泄全湖盛大之势。臣观口阔水溜，粮船扬帆安流而过，则土人之言不诬也。但桃汛湖水已大，伏汛势必加长，大墩一带堤工，御湖水而保运道，关系紧要。令河官作速临湖下埽，加帮堤工高厚，以资捍御。其黄河因会淮合流，桃汛水大，马家港难以合龙，以致走埽口门宽二十丈，目前水长不能进埽，留此口门以泄溢漕之水，亦可保固堤岸。运河之水半长，中河之水亦大，粮船通行快利。黄、运、中三河堤岸见在俱属平稳，除高堰堤工间有浪窝，及龙门大坝、高堰大坝西坎捐工漫水之处，令各官上紧修补，并查明高堰石工间有塌卸段落，照例于桃汛情形另疏具题外，谨将清水盛出情形先行奏报，伏乞皇上睿鉴施行等因。

康熙四十年三月初九日题，本月二十二日奉旨："该部知道。"钦此钦遵。于三月二十三日抄出到部。该臣等议得，河道总督张鹏翮疏称"臣钦奉圣训，指授治河方略，堵闭六坝，大辟清口，引清水畅流出口，会黄入海。今三月初二、初三、初四三日，桃汛已至，淮、黄并长，清水盛出，敌黄有余。但六坝闭后，全湖蓄水堤岸卑矮者离水面二三尺，高者离水面五六尺不等，西风鼓浪，危险堪虞，应将卑矮之处再行加帮。臣令河官作速估计，动大工节省银两兴修，另疏具题。其天然滚水坝尚未放开，蓄水敌黄。若湖水再长，相机开放，以保堤工。初八日，臣查看清口形势，武家墩、三汊河、烂泥浅、裴家场、张家庄湖头水势相连，面宽数百丈，直绕大墩。其流至运口也，三汊河、裴家场、张福口、张家庄四引河，汇为一河，宽九十丈。流出二座拦黄坝，坝基淤沙消化。流至头座拦黄坝，刷宽四十六丈，两坝台亦系淤沙，见在蛰裂，若清水再长，势必刷开。若刷去坝台，口门宽阔，方足以泄全湖盛大之势。大墩一带堤工，御湖水而保运道，关系紧要。令河官作速临湖下埽，加帮堤工高厚，以资捍御。其黄河因会淮合流，桃汛水大，马家港难以合龙，以致走埽口门宽二十丈，因目前水长不能进埽，留此口门以泄溢漕之水。黄、运、中三河堤岸俱属平稳，高堰堤工间有浪窝，及龙门大坝、高堰大坝西坎捐工漫水之处，令各官上紧修补，并查明高堰石工间有塌卸段落，照例于桃汛情形另疏具题外，谨将清水盛出情形先行奏报”等因前来。查高堰一带堤工，应行加帮之处，该督既称“估计动大工节省银两兴修，另疏具题。又高堰石工塌卸段落，查明具题”等语，俱应自具题到日再议。至大墩等处堤工，应行该督饬令该管官速行下埽修补。再，马家港口门既称目前水长不能进埽，应俟水落即行堵塞可也。

康熙四十年四月十一日题，本月十三日奉旨：“依议。”

〔增修高堰等处子堤〕

兵部尚书兼都察院右都御史、总督河道、提督军务、臣张鹏翮谨题，为题明急修紧要工程事。

康熙四十年三月初四等日，准分修宫梦仁咨开“分修唐埂中坝埽工，照估镶柴完竣，今水渐长，应再行估计加高”等因。又准分修马世济咨开“湖水日长，唐埂徐坝汛临湖镶柴已完，今相度形势，应再加高”等因。又准分修金鋐咨开“分修之工，恐桃汛夏月水长，应再加高，以备不虞”等因到臣。维时臣见驻高堰工，所见工程紧急，已委效力知县陈鹏年同该汛通判朱廷植、署事县丞翁煜、该汛守备夏景松等，逐一查丈沿湖镶柴出水面形势，高者五六尺不等，卑者二三尺不等。随于六坝工所传集新旧河员赵世显、李言、王霱等公议，通工加镶柴工以七尺为度，如六尺者加一尺，五尺者加二尺，四尺者加三尺，三尺者加四尺，以次第加高出水面七尺，上压土三尺，方可捍御风浪。一面咨商分修董讷等。据回称，湖水暴长，加镶柴工，以资捍御，悉听酌定遵行等因。又据陈鹏年、朱廷植等造具估册前来，该臣看得，高堰一带堤工，前部臣范承勋等估计加帮时，因六坝未闭，未得水势确实情形，不过约略估计。今六坝已闭，淮水复由故道会黄入海，水势加长，全湖形势可得其真。今三月初二、初三、初四等日，桃汛水长，风暴大作，臣见沿湖镶柴，卑者初浪掣土，再浪掣柴，惟高者风浪不能撼越，则是加高工程实有裨益。臣委员丈量，自出水面至顶，高者五六尺不等，卑者二三尺不等，桃汛初至，水势已如此之大，将来伏、秋二汛，势必更长。臣集新旧河官公议修防之法，佥云：通工加镶柴工，以七尺为度，如六尺者加一尺，五尺者加二尺，以次第加高出水面七尺，庶可捍御风浪。准分修马世济、宫梦仁、金铉等咨称镶柴加高前来。复咨商分修董讷、王起元、线一信、陈汝器、李应廌等，众议相同。随委效力知县陈鹏年同该汛通判朱廷植等，逐一按工确估，自武家墩起至棠梨树止，计长一万四千九百八十一丈二尺三寸，需用工料土方银二万九千三百三十一两二分零。随行淮徐道副使施世纶照数动支高堰大工银两，交原修官照段作速办料加镶，以资捍御。其六坝与王家口新闭，俱系埽工石堤，未能即成，公议于临湖密钉排桩，以抵风浪而固堤身，需银九千九百九十八两五钱七分零，亦照数动高堰大工银两，交原修官作速办料签钉。盖蓄清敌黄，全恃高堰堤工坚固，关系最为紧要，刻不容缓。臣照例一面动帑交原修官作速兴修，估册送部外，理合恭疏题明，伏乞皇上睿鉴，敕部议覆施行等因。

康熙四十年三月二十二日题，四月初六日奉旨："该部知道。"钦此钦遵。于四月初七日抄出到部。该臣等议得，河道总督张鹏翮疏称"六坝已闭，水势加长。今三月初二等日，桃汛水长，风暴大作。臣见沿湖镶柴，卑者初浪掣土，再浪掣柴，惟高者风浪不能撼越，是加高工程，实有裨益。臣集新旧河官公议，通工加镶柴工以七尺为度，如六尺者加一尺，五尺者加二尺，以次第加高出水面七尺，捍御风浪。自武家墩起，至棠梨树止，长一万四千九百八十一丈二尺三寸，需用工料土方银二万九千三百三十一两二分零。又六坝与王家口新闭，俱系埽工，公议签钉排桩，以抵风浪，需银九千九百九十八两五钱零。蓄清敌黄，全恃高堰堤工坚固，关系紧要，臣一面动帑兴修"等因前来。该督既称"蓄清敌黄，全恃高堰堤工坚固，关系紧要"，应如所题，速行坚固修筑，俟工完之日，将用过银两核减，造册题销可也。

康熙四十年四月二十六日题，五月初一日奉旨："依议速行。"

〔修棠梨树迤南埽工〕

兵部尚书兼都察院右都御史、总督河道、提督军务、臣张鹏翮谨题，为估修紧要工程事。

据淮徐道副使施世纶详"据署山盱通判事、清河县知县金启瑞详称'徐坝汛棠梨树迤南至秦家高冈止，向因地势稍高，未经估入加帮案内。近因六坝全堵，湖水聚长，此处较比通堤卑矮，最关紧要。兼之西风叠作，浪汕塌卸，致将蒋坝迤南坦坡顶土汕去四五六尺不等，及蒋坝迤北至天然坝止，临湖皆系土堤汕刷堤工'。卑职亲诣查勘，甚属危险，若不乘时丁镶柴工搪护，实难抵御。计工长八百九十四丈，需用银一万九百六十三两五钱五分八厘二毫一丝，相应造册详报，伏乞本道转详，迅赐委员发帑兴修"等因到道。据此，该本道查得棠梨树至秦家高冈止，向因地势稍高，常侍郎同前任于部院等未曾估入修筑高堰一带大堤之内。今六坝全堵，水势聚积增长，通堤已经加高，此处反觉卑矮，一遇西风鼓浪，土堤难支，急应照六坝一律临湖镶柴，以资捍御。计工长八百九十四丈，需银一万九百六十三两五钱零，即于高堰大工银内动用，分估十五段，造册详送。伏候移行各分修与学道，作速兴工镶筑，仍令该汛厅员协修，以期速竣，与周桥等处一律完整，有裨全湖工程，良非浅鲜等因到臣。

据此，该臣看得，六坝自棠梨树迤南至秦家高冈一带堤工，前河臣于成龙等因彼时六坝未闭，水势东注，此处地势稍高，未经估计加帮。今据淮徐道副使施世纶等详称"今六坝全堵，湖水聚长，通堤既经加高，此处反觉卑矮，一遇西风鼓浪，危险堪虞，必须照六坝一律临湖丁头镶柴，以资捍御。计工长八百九十四丈，需用银一万九百六十三两五钱零，应动用高堰大工银两，交各分修镶柴，仍责令该汛厅员协修，以期速竣"等因前来。臣复亲勘无异，除原册送部查核外，臣谨具疏题估，伏乞皇上睿鉴，敕部迅议施行等因。

康熙四十年三月二十八日题，四月十三日奉旨："该部速议具奏。”钦此钦遵。于四月十四日抄出到部。该臣等议得，河道总督张鹏翮疏称“自棠梨树迤南，至秦家高冈一带堤工，前河臣于成龙等因彼时六坝未闭，水势东注，此处地势稍高，未经估计加帮。今六坝全堵，湖水聚长，通堤既经加高，此处反觉卑矮，一遇西风鼓浪，危险堪虞，必须照六坝一律临湖丁头镶柴，以资捍御。计工长八百九十四丈，需用银一万九百六十三两五钱零，应动用高堰大工银两，交各分修镶筑，仍责令该汛厅员协修，以期速竣”等因前来。查棠梨树迤南至秦家高冈一带堤工，该督既称“六坝全堵，湖水聚长，一遇西风鼓浪，危险堪虞，必须照六坝一律丁头镶柴，以资捍御”等语，应如所题，速行镶筑，工完之日，将用过银两核减，造册题销可也。

康熙四十年四月十七日题，本月十八日奉旨：“依议速行。”

〔保守高堰〕

兵部尚书兼都察院右都御史、总督河道、提督军务、臣张鹏翮谨题，为钦奉上谕事。

康熙四十年四月初四日，工部郎中王进楫传奉上谕：“对总河张鹏翮说，保守高家堰第一要紧。”钦此钦遵。仰见我皇上廑怀国计民生，无时不以河工为念，伫期平成奏绩，万世永赖之盛心也。今六坝全闭，淮水初复故道，水势蓄长，止由清口一路会黄入海，一切堤工俱系新筑，湖宽水盛，风浪易发，最为险要，加谨保守，诚如圣谕。臣等公议保守之法：

一、在分地巡防。自清口历高家堰至六坝，每五里派官二员，不分风雨，昼夜巡防，发帑委能员备料，运至工所备用。其临湖镶柴，预防浪掣。武家墩至高家堰，令原修之厅员住工防守。自小黄庄至周家桥，令分修诸臣住工防守。自周桥至六坝，令分修诸臣及接修学道河员住工防守。臣仍不时亲往高堰适中之地，分头督催。

一、在修理险要工程。查龙门大坝，部臣范承勋等原估镶柴二路，后止镶一路，将一路节省不镶。今湖水盛大，止镶一路，堤身单薄，不足御浪。应将节省一路仍发帑，令分修宫梦仁作速购料加镶。其高涧大坝，地形低洼，内有积水深潭，系分修抚臣高承爵所修之工，里戗旋修旋蛰，旧堤顶宽不满三丈，一遇风浪，甚属危险。臣相度形势，应于里口筑越堤一道，以为重门之障，委效力学道王式谷领帑承筑，该汛官协修。其内戗蛰陷之处，仍令高承爵之弟高荫爵照原估下埽镶填坚实。至于宣泄之方，因三滚水坝尚未修成，从权暂设天然滚坝，遇淮、黄并长之时，清水由天然滚坝泄去，黄水由王家营减坝泄入盐河下海，已经题明，奉旨允行在案。如此则巡防严密，堤工可免汕刷，宣泄以时，堤工可保无虞，似亦保守之一端也。理合题明，伏乞皇上睿鉴施行等因。

康熙四十年四月初七日题，本月二十四日奉旨："该部知道。"钦此钦遵。于四月二十五日抄出到部。该臣等议得，河道总督张鹏翮疏称"工部郎中王进楫传奉上谕：'对总河张鹏翮说，保守高家堰第一要紧。'钦此钦遵。臣等公议，分地巡防，武家墩至高家堰，令原修厅员住工防守。自小黄庄至周桥，令分修诸臣住工防守。自周桥至六坝，令分修诸臣及学道河员住工防守。臣不时亲往高家堰适中之地，分头督催。龙门大坝原估镶柴二路，后将一路节省不镶。今湖水盛大，堤身单薄，不足御浪，应将节省一路发帑，令分修宫梦仁购料加镶。又高涧大坝地形低洼，系高承爵所修之工，里戗旋修旋蛰，一遇风浪，甚属危险，应于里口筑越堤，以为重门之障，委学道王式谷领帑承筑，该汛官协修。其内戗蛰陷之处，令高承爵之弟高荫爵照原估下埽镶填坚实等因”前来。查该督既称“龙门大坝堤身单薄，不足御浪，应加镶柴一路，高涧大坝地形低洼，一遇风浪，甚属危险，应于里口筑月堤，以为重门之障”等语，应如所题，令宫梦仁、王式谷等领帑，作速坚固镶柴，该汛厅员协修，一面将需用钱粮确估，并协修官开明具题。其高堰大坝里戗蛰陷之处，应照原估丈尺，令高承爵之弟高荫爵速行赔修坚实，报部可也。

康熙四十年五月十八日题，本月十九日奉旨：“依议速行。”钦此钦遵。抄出到部，移咨到臣，准此，随经备行该道遵照去后，先据淮扬道参议王谦、淮徐道副使施世纶造册估计转详等因到臣。据此，该臣看得，分修原任巡抚宫梦仁承修高涧龙门大坝，原估镶柴二路，后将节省一路不镶，因湖水盛长，堤身单薄，不足捍御，应将节省一路发帑，令宫梦仁购料加镶。又高涧大坝地势低洼，一遇风浪，旋镶旋蛰，甚属危险，应于堤口修建越堤，以为重门之障，委学道王式谷领帑承筑。经臣具题，部覆作速镶筑，将需用钱粮确估，并协修官开明具题等因。奉旨：“依议速行。”钦遵在案。行据淮徐道副使施世纶详称“复估加镶高涧龙门大坝，节省柴工一路用银一千一百七两八钱四分四厘四毫。淮扬道参议王谦详估高涧大坝堤内越堤长二百五丈五尺，并镶柴挑河共用土方料物银九千四百四十四两八分七厘五毫，承修官系学道王式谷，协修官系山盱通判边声威，并署主簿许瑜、把总陈得功也。其高承爵之弟高荫爵，承修高涧大坝内戗镶柴蛰陷之处，已于十月二十二日开工修补”等因，册详前来。臣覆核无异，除原册送部查核外，相应具题，伏乞皇上睿鉴，敕部议覆施行等因。

康熙四十年十一月十一日题，十二月初二日奉旨："该部议奏。"钦此钦遵。于十二月初三日抄出到部。该臣等议得，先经河道总督张鹏翮以龙门大坝镶柴二路，一路节省不镶，今湖水盛长，堤身单薄，应将节省一路发帑，令宫梦仁购料加镶。又高涧大坝地形低洼，高承爵所修之工，里戗旋修旋蛰，应于里口筑越堤，以为重门之障，委学道王式谷领帑承筑，该汛官协修。其里戗蛰陷之处，令高承爵之弟高荫爵下埽镶填坚实等因具题，经臣部覆准在案。今据该督疏称"加镶龙门大坝柴工一路，估银一千一百七两八钱零，高涧大坝越堤长二百五丈五尺，并镶柴共用银九千四百四十四两零，承修官系学道王式谷，协修官系山盱通判边声威等。其高荫爵承修高涧大坝里戗蛰陷之处，已于十月二十二日开工修补"等因前来。查龙门大坝加镶柴工一路，并高涧大坝建筑越堤，既经该督估计具题，应令其速行修筑，工完之日，将用过钱粮核明造册题销。其高涧大坝里戗蛰陷之处，应令高荫爵作速修补完工，报部可也。

康熙四十年十二月十七日题，本月十九日奉旨："依议速行。高涧大坝里戗蛰陷之处，着高承爵自往河工作速修补。"

〔修龙门大坝石工〕

兵部尚书兼都察院右都御史、总督河道、提督军务、臣张鹏翮谨题，为加修紧要石工事。

该臣看得，六坝全闭，高堰一带堤工，关系最为紧要。龙门坝石工系革职管河道冯佑领帑修砌，原估九层，较之临湖一带石工卑矮四五尺不等，积水湮没石顶，危险堪虞，必须加砌五层，高出水面，方资捍御。行据淮扬道参议王谦详称“工长二百一十丈二尺，加高五层，共需工料银五千五百三十九两六钱六分九厘一毫。屡催冯佑迁延不修，若仍令冯佑修理，势必迟误。此系紧要工程，应照例动高堰大工帑银，委该汛署主簿事许瑜等办料，乘时修砌。所用银两，于冯佑名下照追还项”等因前来。臣覆核无异。除原册送部查核外，臣谨具题，伏乞皇上睿鉴，敕部议覆施行等因。

康熙四十年四月十一日题，本月二十七日奉旨：“该部速议具奏。”钦此钦遵。于四月二十八日抄出到部。该臣等议得，河道总督张鹏翮疏称“六坝全闭，高堰一带堤工关系最为紧要。龙门坝石工系革职管河道冯佑领帑修砌，原估九层，较临湖一带石工卑矮四五尺不等，积水湮没石顶，危险堪虞，必须加砌五层，高出水面，方资捍御。工长二百一十丈二尺，加高五层，共需工料银五千五百三十九两六钱零。若仍令冯佑修理，势必迟误。此系紧要工程，应照例动高堰大工帑银，委该汛署主簿事许瑜等办料，乘时修砌。所用银两，于冯佑名下照追还项”等因前来。查该督既称“龙门坝石工卑矮，必须加砌五层，若仍令冯佑修理，势必迟误。此系紧要工程，应照例动高堰大工帑银修砌，用过银两，于冯佑名下追还”等语，应如所题，发帑速行办料修砌。工完之日，将用过银两核减，造册题销，一面于冯佑名下查追还项可也。

康熙四十年五月初一日题，本月初二日奉旨：“依议速行。”

〔修清水潭越堤〕

兵部尚书兼都察院右都御史、总督河道、提督军务、臣张

鹏翮谨题，为题明亟修紧要工程事。

该臣看得，高堰清水潭工程最为险要。臣率道厅等官亲往看验，原系积水深潭，南一半长二十丈，系督修尚书范承勋等委分修原任贵州巡抚卫既齐承筑之工，估用埽料银四千九百九十五两五钱七分，已经领帑修筑，工程将完，遽而蛰陷，埽土无存。又北一半亦长二十丈，系委分修原任广东巡抚江有良承筑之工，估用埽料银四千九百九十五两五钱七分，亦经领帑修筑，工未及半，今亦蛰陷。臣等公同相度，此工临湖旧堤面宽二丈三尺及三丈不等，虽有石工，尚虞单薄，而内里潭形如釜底，水深底淤，桩埽难施帮筑，里戗土工难于存立。公议于内里加筑月堤一道，以为重门之障，此工最关紧要。又值伏汛伊迩，奉有“保守高家堰第一要紧”之旨。若责令原任巡抚卫既齐、江有良赔修，诚恐一时无措，缓不济急。应照例动支高堰大工银两，令卫既齐及江有良之孙江梦笔作速修筑越堤，以资捍御。用过银两，仍于卫既齐、江有良名下照数追取还项，庶要工不致贻误矣。所有需用钱粮，除委该道厅确估造册，另行咨部外，理合具疏题明，伏乞皇上睿鉴，敕部议覆施行等因。

康熙四十年四月二十一日题，五月初七日奉旨：“该部速议具奏。”钦此钦遵。于五月初八日抄出到部。该臣等议得，河道总督张鹏翮疏称“高堰清水潭工程最为险要，南一半长二十丈，系原任巡抚卫既齐承筑之工，估用埽料银四千九百九十五两五钱七分，已经领帑修筑，工程将完，遽而蛰陷，埽土无存。北一半长二十丈，系原任巡抚江有良承筑之工，估用埽料银四千九百九十五两五钱七分，亦经领帑修筑，工未及半，今亦蛰陷。臣等公同相度，临湖旧堤，面宽二丈三尺及三丈不等，虽有石工，尚虞单薄，而内里潭形如釜底，水深底淤，桩埽难施帮筑，里戗土工难于存立。公议于内里加筑越堤一道，以为重门之障，此工最关紧要。又值伏汛伊迩，若责令卫既齐、江有良赔修，诚恐一时无措，缓不济急。应照例动支高堰大工银两，修筑越堤，以资捍御。用过银两，仍于卫既齐、江有良名下照数追取还项”等因前来。查该督既称“高堰清水潭工程埽土蛰陷，应于内里加筑月堤，以为重门之障，此工应动高堰大工银两修筑”等语，应如所题，动大工帑银作速修筑，将用过银两，仍于卫既齐、江有良名下照数追取还项。其高堰石工，仍令该管河员加谨防护，务期完固可也。

康熙四十年五月初九日题，本月初十日奉旨：“依议速行。”

〔筑高涧大坝埽工〕

兵部尚书兼都察院右都御史、总督河道、提督军务、臣张鹏翮谨题，为钦奉上谕事。

据淮扬道参议王谦详据山盱通判边声威呈称“高堰工程，近奉上谕：‘保守第一要紧。’钦此钦遵。转行到职，敢不恪谨修防。但查高涧大坝，最属险要，系分修高抚院闸分工段，见今候补同知高荫爵接管承筑，所有内戗，乃昔年大坝深潭，势若釜底，难以下埽内镶丁柴，压土加帮。奈下无平坦根底，未免上实下虚，旋帮旋卸。幸蒙本部院临工勘议，内筑越堤一道，以资捍御。第伏汛将届，湖水长发，一遇西风，实难保固。卑职率同汛弁，细阅情形，见在堤顶不满三丈，虽内建越堤，乃新筑土方，仍应于大堤石工之外，离堤三丈五尺，水深丈余，底实坚平，计长一百五丈，密钉排桩，内下丁头埽个，上加套埽一层，埽上再镶鱼鳞柴束，柴上压土，纵遇西风，尽可防护，且又为重门保障，估计工料土方银一万二千五百五十两三钱六分六厘。再查伏汛在迩，料物繁多，一时难以备齐。今先将里口塌卸之处，于外口钉桩下埽三十丈，即使西风汹涌，亦足以资捍御。需用工料土方银三千六百一两三钱四分，其余七十五丈，俟料物备齐之日，即行全筑。但需用钱粮，实因高巡抚承筑之内戗不能如式，恐有不测之虞，是以详请外加桩埽，正所以保其内戗之不实，应高抚院自备修筑。但工程紧急，或拨大工钱粮先行修筑，令高抚院还项等因前来。本道核明无异，相应转详”等因到臣。据此，该臣看得，高涧大坝地势低洼，内有积水深潭，系分修抚臣高承爵所修之工，里戗旋修旋蛰，旧堤顶不满三丈，一遇风浪，甚属危险。臣相度形势，应于里口筑月堤一道，以为重门之障，其内戗蛰陷之处，仍令高承爵之弟高荫爵照原估镶填坚实等因具题在案。

今据淮扬道参议王谦详称：“高涧大坝，乃昔年冲激深潭内戗，旋修旋蛰，实难存立。且堤顶不满三丈，虽内有越堤，但系新筑之土，仍应于大堤石工之外，离堤三丈五尺，密钉排桩，丁下埽个，方保万全。计工长一百五丈，需用银一万二千五百五十两零。时届伏汛，料物难齐，今议将见在里口塌卸危险之处，先下桩埽三十丈，需用工料土方银三千六百一两三钱零，以保伏、秋二汛。所需银两，实因分修抚院高承爵承筑内戗不能如式，应高承爵自备修筑。但工程紧急，应动高堰大工节省银两，修筑完日，令高承爵照数还项，庶急工不致迟误。”既据该道呈详前来，理合具题，伏乞皇上敕部议覆施行等因。

康熙四十年六月初一日题，本月十九日奉旨：“着照总河所题速行。该部知道。”

〔防护高堰〕

兵部尚书兼都察院右都御史、总督河道、提督军务、臣张鹏翮谨奏，为钦奉上谕事。

康熙四十年五月二十九日，接内阁中书李保柱捧旨到臣，内开：康熙四十年五月二十一日，大学士伊桑阿、马齐、王熙、吴琠、熊赐履、张英，学士法良、辛保、傅绅、范承烈、王九龄、曹鉴伦奉旨："高承爵奏报泗州、盱眙地方水灾，着总河张鹏翮会同两江总督阿山亲行察勘具奏。前高家堰闭塞六坝时，朕谓六坝塞完后，泗州、盱眙等处必被水淹，曾向九卿降有谕旨。今六坝方经闭完，洪泽湖水长泛溢，泗州、盱眙等处城郭、田亩果被水灾，高家堰堤益觉危险，朕为此时廑于怀。且天灾靡定，万一有异常风暴及地动、雷震之事，亦未可知。倘若高家堰至于危险，则扬州、淮安等处皆被灾矣。朕为此日夜甚切忧惧。高家堰堤作何保守坚固，或另有修治善策，着张鹏翮陈奏。着差尔衙门中书一员前往。"钦此钦遵。臣跪诵之下，仰见我皇上轸念民生，注意河工，无时不廑圣怀。凡河工之事，洞照于未然之前，应验于已然之后，此皆我皇上大智如神。

臣查泗州水灾，自古已然，即六坝全开之时，泗州亦被水淹。臣于四月二十八日前往泗州查勘水势情形，询据土人云"明季时有水灾，于康熙十九年泗州城被水淹没，官民移徙堤上"等语。查康熙三十八年，李炳题报水灾揭云"泗居山河聚汇之区，连年积水为殃，灾困频仍，历蒙皇恩"等语。则是泗州水灾，不全系六坝之闭也。按：《泗州志》载宋臣欧阳修《泗州先春亭记》云："问民所素病而治其尤暴者，莫大于淮。"则知淮之为暴于泗，自古而已然矣。臣观形势，盱眙在山之腰，泗州在山之下。淮水绕泗州而流三十里，有龟山屹立河中，又十五里流过老子山，出洪泽湖，乃汪洋畅沛，一遇水发，奔涛遏郁，水流不及，势必助长。又有归仁堤诸湖之水，奔泓而下，入于泗州，此其所以多水灾也。桃汛水长淹漫，职此之故。

今四、五两月，清口水流甚畅，洪泽湖水渐消，泗州水势亦渐消。且六坝既闭之后，水不东注，高邮、宝应、兴化、泰州、山阳、盐城、江都等州县田地涸出，人居平土，田可耕种，到处感颂皇仁，欢声如雷。且今岁漕艘运河扬帆遄行，于四月十二日尽数过淮，较往年甚速，此皆由六坝之闭也。其保守高堰之法，派员备料防守，修理高良涧等险要工程，若遇水大，开天然坝宣泄，已经前疏题明，奉旨俞允在案。今捧读纶音，臣虽卧病，传集众河官讲求，另有修治善策，咸称清口畅流，会黄流过惠济祠，达大茭陵一带，皆系清水。今五月已过，湖水较桃汛时消落二尺余，堤岸平稳，此清口引动湖水大溜之所致也。若仿古制，于翟家坝建闸以资宣泄，但石工不能即成，不若马家港口门仍留不堵，以分泄黄水，辛家荡修滚水坝，以泄黄河异涨之水，下流益畅，则淮水之出清口亦畅；淮水之出清口既畅，则泗州之淮流不壅。况马家港在云梯关之下，辛家荡在大通口之下，皆地处海套，并无民田，不关运道。且钦奉上谕“开归仁堤引河，引水出黄，则泗州上源之水又无所入。上无所入，下有所疏，将来泗州水患庶几可减”等语。众河官之议与臣相同，但系一得之愚，未知当否，伏候圣裁指示。臣观天意人心，可保其成。五月初四、五等日，高堰微雨，下河一带则大雨。五月两次风暴，片刻转风，浪不逾堤，河工效力人员踊跃捐赀，疏浚湖头，引水畅流，趋事赴工引领而乐观河工之成。臣等加意防守，过此六、七、八三个月，水落归槽，则具疏题报成功，仰慰睿怀。

总之，黄、运、中三河俱复故道，东南万姓咸庆河工之成，皆仰赖我皇上区画周详，圣谟独断，精诚感孚，天心顺应，河伯效灵所致也。

再照五月二十四日，臣在高堰六坝巡防督催，感冒风寒，于二十七日回清江行署，服药调理，不能即往泗州会勘水灾。随咨商两江督臣阿山，或俟病愈订期会勘，抑或督臣先往查勘。准督臣阿山覆称“先往芜湖、常州秋审”等语。今臣病稍愈，移咨督臣阿山，拟于本月十六日前往泗州等处会勘，另疏具题外，所有高堰目前平稳及水势情形，理合先行奏报。臣谨具折付中书李保住赍捧，谨奏请旨等因。

康熙四十年六月初八日奏，本月二十四日奉旨：“九卿、詹事、科道会同速议具奏。”钦此钦遵。于六月二十五日抄出到部。该臣等会议得，河道总督张鹏翮疏称“臣查泗州水灾，自古已然。臣观形势，盱眙在山之腰，泗州在山之下，淮水绕泗州而流三十里，有龟山屹立河中，又十五里流过老子山，出洪泽湖，乃汪洋畅沛，一遇水发，奔涛遏郁，水流不及，势必助长。又有归仁堤诸湖之水，奔泓而下，入于泗州，此其所以多水灾也。其保守高堰之法，派员备料防守，修理高良涧等险要工程，若遇水大，开天然坝宣泄，已经前疏题明在案。今清口畅流，会黄流过惠济祠，达大茭陵一带，皆系清水。今五月已过，湖水较桃汛时消落二尺余，堤岸平稳，此清口引动湖水大溜之所致也。今不若马家港口门仍留不堵，以分泄黄河之水，辛家荡修滚水坝以泄黄河异涨之水，下流益畅，则淮水之出清口亦畅，淮水之出清口既畅，则泗州之淮流不壅。且钦奉上谕：

‘开归仁堤引河，引水出黄，则泗州上源之水又无所入。上无所入，下有所疏，将来泗州水患庶几可减。’臣感冒风寒，回署服药调理。今臣病稍愈，移咨督臣阿山，拟于本月十六日前往泗州会勘，另疏具题。高堰目前平稳”等因前来。

臣等伏惟今六坝闭完，洪泽湖水长泛溢，泗州、盱眙等处城郭田亩被灾，高家堰堤益觉危险。若高家堰至于危险，则扬州、淮安等处亦皆被灾。圣谕甚是。高堰地方关系甚要，应令该督委道厅官住扎工所，敬谨防守，该督亲身不时往来巡查，毋致危险。再，该督既称“留马家港口门以分泄黄河之水，辛家荡修滚水坝以泄黄河异涨之水，开归仁堤引河，引水出黄，则泗州上源之水上无所入，下有所疏，泗州水患庶几可减”等语，应令该督将归仁堤引河作速挑浚，马家港仍暂留口门，辛家荡滚水坝速行修理。至踏勘泗州水灾，总河既称“移咨督臣阿山，拟于本月十六日会勘，另疏具题”等语，应令速行会勘具题可也。

康熙四十年六月二十八日题，七月初九日奉旨：“这堤岸修筑防护，着照议行。前总河于成龙具疏，欲将高堰六坝堵塞，蓄湖水以敌黄水，疏通清口，九卿覆奏时，朕以为高堰六坝若行堵塞，湖水泛涨，泗州等州县必被水淹没，曾谕九卿，迨遣范承勋等堵塞六坝，此非张鹏翮到任之后始行堵塞。顷因巡抚高承爵题报泗州、盱眙水灾，朕敕张鹏翮会同江南总督阿山踏勘情形，将泗州、盱眙泛溢之水设法修治，作何赈济蠲租，令其奏闻。又以洪泽湖水泛涨，高家堰堤工以致危险，朕于此事，时切踌躇。若高家堰至于危险，扬州、淮安等处州县皆被淹没，朕为此日夜殊切忧惧。高家堰堤作何保守坚固，更有何修治善策？着张鹏翮陈奏。曾遣人敕谕张鹏翮，称病未往泗州、盱眙。今具疏称‘泗州、盱眙水灾，自古已然，即六坝全开，泗州亦被水灾。臣往泗州查勘水势情形，询据土人云："明季时有水灾。"则泗州水灾，不系六坝之闭。按：《泗州志》载宋臣欧阳修《先春亭记》云："民所素病而治其尤暴者，莫大于淮。"则知淮之为暴于泗，自古而已然矣。今清口水流甚畅，洪泽湖水渐消，泗州水势亦渐消。且六坝既闭之后，水不东注，高邮、宝应、兴化、泰州、山阳、盐城、江都等州县田地涸出，民得耕种，皆河伯效灵之所致'等语。朕着张鹏翮会同阿山，将泗州、盱眙泛涨之水，作何设法筑堤帮修，或赈或蠲，俱有益于灾黎，并非欲开高堰六坝，救泗州、盱眙之民，而令淮、扬百姓罹于水灾也。朕念黄河、运河关系国计民生，三次看阅河工，屡行简任河臣，修筑堤岸，每岁不惜数百万帑金解发。夏日雨水时，昼夜忧虑，不时遣人看视。凡被水灾黎，截留漕米，尽出仓粮赈济者，总为拯救灾民，并非止救泗州、盱眙百姓之灾，而淮安、扬州等处百姓听其罹灾之意也。据张鹏翮谓：'泗州、盱眙水灾，自古已然，而淮、扬水灾亦素有也。'张鹏翮奏称：'六坝既闭，淮安、扬州百姓俱免水灾。'是但知淮、扬地方，岂独不知有泗州、盱眙？天下之大，亦并不知，其为愚昧已至于极。朕念四海一家，凡有来朝见者，必细询雨泽田禾。见有居住贺兰山后公允木春来见，问陕省河西田禾雨泽，黄河水势。据允木春奏称：'今岁自正月至六月，滴雨未降，黄河水消二丈有余，西地赖黄河水引入田亩耕种。今年因河水小，不但田禾，即茎草亦未生发。'朕以陕省河西百姓作何拯救，虽督抚未经具题，已昼夜筹度。张鹏翮与众河官乃谓：'清口水出，皆赖河伯效灵，伊等效力所致。'此实因黄河水小，清口之水幸而得出，并非伊等效力之所致也。统一天下之主，坐视灾黎不为拯救，张鹏翮既系读书之人，此果载之何记何书耶？至张鹏翮题请议叙河员疏内，明知朕有谕旨，故称九卿未晰。今览此奏，又含怒具题，意谓必有人阻挠。果如此悬拟，昏愦之极未有如张鹏翮者。这事情又似盐犯大贼孔文泰之案，希图好胜，冒昧不顾，将取罪戾。着将朕谕旨及张鹏翮所奏，一并刊刻于淮安、扬州、泗州、盱眙等处，遍行张挂，令众民观看。天下之人，自有公论。”

〔裴家场引河〕

兵部尚书兼都察院右都御史、总督河道、提督军务、臣张鹏翮谨题，为钦奉上谕事。

康熙三十九年十月二十八日，准工部咨开，都水清吏司案呈，奉本部送工科抄出，该本部覆兵部尚书范承勋等奏前事等因。康熙三十九年十月十一日，尚书萨木哈等转奏，本日奉旨：“工部议奏。”钦此钦遵到部。该臣等议得，兵部尚书范承勋等奏称“臣等奉命督催春初到工，详加体访，并细核河员估册，知决口必须钉埽，其余镶筑可止用丁柴，内戗坦坡亦稍可减省，裁去土方埽料银四十二万一千九百余两。先筑小黄庄至周桥止，原估土方价值，取土百丈之外，及隔河船运者，牵算每方三钱。臣等将此段工程，会同河臣张鹏翮议定，干工每方二钱，水工及百丈以外者每方二钱二分，省银六万七千余两。又盐坝一段，臣等查照旧例，仍令商人承筑，又省银一千九百余两。将各分修用帑细册，移送河臣察核汇销。见完土工高厚，其水工之未完者，亦渐次可竣。但堤系新筑，经风浪雨水，其中间有汕损，或修筑未齐，各分修见在工所，应听河臣察核加工。又臣等前奏开运料小河，不另用帑金，一面筑堤，一面挑浚。今小黄庄以南至周桥止，各分修或咨报已完，或以水占尚未挑浚，亦应听河臣兼催竣工。又裴家场引河照覆估丈尺，令王毓贤、常维桢等挑完，今应听河臣一并核减汇销”等因前来。相应行文总河，将高堰小黄庄等处并运料小河催令分修，及河员速行修筑挑浚完工。其裴家场引河既经完工，应令该督将用过钱粮查核，造册题销可也。

康熙三十九年十月十三日题，本月十四日奉旨：“依议。”钦此钦遵。抄出到部，移咨到臣。准此，当即檄行该道，将高堰、小黄庄等处并运料小河催令速行修筑挑浚，其裴家场引河照例核减，造册详销，又复驳减去后。今据淮徐道副使施世纶造册详销等因到臣。据此，该臣看得，裴家场引河动捐银挑挖，经部臣范承勋等奏明挑完，应听河臣核减汇销。工部议覆，奉旨：“依议。”钦遵在案。今行据淮徐道副使施世纶详称“裴家场挑河并建筑拦黄坝，原估土方工料银一万二千三百五十三两四钱，实用银一万一千三百八十两九钱七分六厘，节省银九百七十二两四钱二分四厘，并无浮冒”，造册详销前来。臣覆核无异，除原册送部查核外，相应题销，伏乞皇上睿鉴，敕部核销施行等因。

康熙四十年八月二十二日题，九月十五日奉旨：“着察核。该部知道。”钦此钦遵。于九月十六日抄出到部。该臣等议得，河道总督张鹏翮疏称“裴家场挑河并建筑拦黄坝，原估土方工料银一万二千三百五十三两四钱，实用银一万一千三百八十两九钱七分零，节省银九百七十二两四钱二分零”等因前来。查挑河筑坝用过土方工料银一万一千三百八十两九钱七分零，与前准销之例相符，应准其开销。其节省银九百七十二两四钱二分零，行令该督贮库，为河工之用可也。

康熙四十年十月初二日题，本月初五日奉旨：“依议。”

卷之二十四　章奏

〔加挑陶庄引河〕

兵部尚书兼都察院右都御史、总督河道、提督军务、臣张鹏翮谨题，为平成仰赖宸谟，引河著有成效，谨陈末议，以备采择事。

康熙四十年九月二十二日，准工部咨开，都水清吏司案呈，工科抄出，都察院左都御史李柟题前事等因。康熙四十年九月初三日题，本月十二日奉旨："这事情着张鹏翮速行详议具奏。该部知道。钦此。"相应抄录原疏，移咨总河知照可也。为此合咨前去，查照施行。

计黏抄一纸，内开：都察院左都御史李柟题，为平成仰赖宸谟，引河著有成效，谨陈末议，以备采择事。

皇上轸念淮扬叠罹水患，亲幸河工，指授方略，不惜百万金钱，坚筑高家堰，必欲淮水之出，将裴家场等处引河开浚深广。又灼见淮水之不出者，皆系黄水所阻，若非逼令黄水北流，止其倒灌，淮水何得宽畅而出？乃于清口相对黄河曲流处之陶庄，直挖引河，又于清口外黄河大溜处筑挑水坝，分引大溜归入陶庄引河。此诚我皇上天授神智，洞悉本源，知舍此再无善策，非一日矣。近见河臣张鹏翮疏称，开放陶庄引河，黄水北流。随奉旨，乘此时自范承勋所筑挑水坝起，宽长加筑堤岸，过清口，又命张鹏翮将此事问知道的官员，详明定议。益见我皇上爱民之深，忧民之切。淮扬在朝诸臣，莫不感激涕零。臣敢不据所闻，为我皇上陈之。陶庄引河既开之后，务令断不复淤，方为有济。筑堤势在难缓，诚如睿虑。而河心水急沙虚，一时恐难着力，当于未筑堤之先，急商一法，以遏水势。臣衙门御史武进贤，平日出言慎重，偶向臣云："曾效力河工，遇大风时，目击百余粮艘阻于清口外，衔尾停泊，黄水忽被逼而北。"由此观之，土人有用木筏之说，似乎可行。夫木乃岁修所必需，筏非波浪所能坏，打散仍可捞取借用，不废帑金。臣请聚木为大筏，联以竹缆，直接南北之坝，分为数截，可离可合，风大暂泊两岸，风小仍结一处，以铁锚沉水钩定。筏上安席蓬，遴善识水性者居之，昼夜巡守。河工必预贮桩木，取之立办。其木堆积多层，入水约可丈许，将黄河大溜永如圣算，北流淮水自宽畅而出，然后堤工可以次第举行。

臣又闻古人于大溜处筑堤，不就辄沉船以塞之。其法每船用五六大铁锅之底铸铁环，中穿以木，倒钉锅于船底，乃实船以土，凿之使沉，锅口陷入泥内，则牢不可动。黄河至深处不过二丈余，倘用木筏不能挡激大溜，将废坏之官船、粮船、沙唬船调齐，兼如此法行之，则目前黄河大溜之上下均被挡隔，自流入陶庄引河，将来筑堤，即以此为根脚，较柳枝柴草最为坚固。臣非谓此说必可行，请敕下河臣议筑堤之外，并商用筏、用船二策，酌其难易，权其后先，遵旨速行，则万世攸赖矣。

抑臣更有请者，陶庄引河虽黄河大溜一入，即可刷令深广。但水性就下，不及黄河大溜之深，夏秋两汛落后，焉能舍卑就高？故土人谓黄河徙之使北，不但河底宜深，亦且河面宜广。臣思此河共用银二万三千两有零，若再加倍深广，其银亦不过加倍而已。大抵黄河之沙，冬则坚固，纵人工稍费，易于施工。今岁冬月，或相其地势机宜，再加挑浚深广，亦一劳永逸之计也。臣前随驾河干，见我皇上乘坐小舟，往来洪涛之上，多方区画，备极焦劳，救此百万生灵。今高堰已修，六坝已闭，而收功于一着，端不能逾此逼黄北徙之法，用敢妄抒管见，缘属条陈河工事宜，字多逾格，贴黄难尽，伏乞御览，采择施行。为此具本，谨题请旨等因，移咨到臣。

准此，该臣看得，左都御史李柟疏称“陶庄引河既开之后，务令断不复淤，筑堤势在难缓，河心水急沙虚，一时恐难着力，请聚木为大筏，联以竹缆，直接南北之坝。又闻古人于大溜处筑堤，不就辄沉船以塞之。并商用筏、用船二策，酌其难易，权其后先”等语。臣集众河官前往清口南北两坝，令汛官探量黄河水势，水深三四丈余不等，水深溜急，木筏难以存住。又河底稀淤土虚，铁锚难以抓实，凿船沉铁，恐碍重运粮船行走。且钦奉特旨，于范承勋所筑挑水坝，至清口筑宽长堤岸，足以逼溜向北，已经具题请旨在案，似且不必用船用筏矣。又疏称“陶庄引河不及黄河大溜之深，焉能舍卑就高？臣思此河共用银二万三千两有零，再加倍深广，其银亦不过加倍而已。今岁冬月，相其地势机宜，再加挑浚深广”等语。应如所题，再加挑浚深广，恭候圣裁训示，以便题估挑浚。缘系遵旨议奏事理，臣谨具疏题覆，伏乞皇上睿鉴施行等因。

康熙四十年十月初二日题，本月十八日奉旨：该部知道。”钦此钦遵。于十月十九日抄出到部。该臣等议得，先经左都御史李柟以“陶庄引河既开之后，务令断不复淤，筑堤势在难缓，河心水急沙虚，一时恐难着力，请聚木为大筏，联以竹缆，直接南北之坝。又闻古人于大溜处筑堤，不就辄沉船以塞之，应商用筏、用船二策。又陶庄引河不及黄河大溜之深，焉能舍卑就高？请再加挑浚深广”等因具题。奉旨：“这事情着张鹏翮速行详议具奏。该部知道。”钦遵行文去后。今据河道总督张鹏翮疏称“臣集众河官前往清口南北两坝，令汛官探量黄河水势，水深三四丈余不等，水深溜急，木筏难以存住。又河底稀淤土虚，铁锚难以抓实，凿船沉铁，恐碍重运粮船行走。且钦奉特旨，于范承勋所筑挑水坝，至清口筑宽长堤岸，足以逼溜向北，似不必用筏用船，其陶庄引河，应再加挑浚深广”等因前来。查该督既称“水深溜急，木筏难以存住，凿船沉铁，恐碍重运粮船行走，将挑水坝加筑宽长，足以逼溜向北，不必用筏用船，其陶庄引河，应再加挑浚深广”等语，应均如题，将所需钱粮，该督确估具题可也。

康熙四十年十一月初四日题，本月初六日奉旨：“依议速行。”钦此钦遵。抄出到部，移咨到臣。准此，又于康熙四十年十一月二十日，准工部咨，为恭报秋汛水势情形事，都水清吏司案呈，奉本部送工科抄出，该本部覆河道总督张鹏翮题前事等因。康熙四十年十月初一日题，本月十八日奉旨：“该部知道。”钦此钦遵。于十月十九日抄出到部。该臣等议得，河道总督张鹏翮疏称“今年秋汛水势，黄河自徐州以至海口，共长水七尺四寸、八尺七寸、九尺九寸不等，然皆随长随消，两岸险工俱各平稳。湖水蓄长，高家堰加谨防守，俱获平稳。清口畅流，淮水依然会黄入海，并无倒灌。又运河自挑浚之后，清水冲刷宽深，加以人字、泾、涧等河宣泄有路，两岸工程俱属平稳。马家港东坝达古礼等所修埽工，已过一年，尽行淌去。姜逢彩等所筑东坝堤工刷卸四丈，但马家港系奉部文暂留口门，以泄黄水，令汛官作速裹头堤头，以防汕刷。高涧大坝里戗柴工蛰陷，饬该道厅严催分修。抚臣高承爵之弟高荫爵作速修筑陶庄引河开放之后，水势畅流。嗣因黄水消落，中段淤垫，见令承挑人员再加挑浚，俟来春桃汛水长，开放冲刷”等因前来。查先经该督将马家港口门留泄黄河之水等因具题，经九卿会议覆准暂留在案。应将马家港淌去东坝埽工刷卸堤工，令汛官作速裹护堤头，以防汕刷。其蛰陷高涧大坝里戗并陶庄引河中段淤垫之处，俱责令原承筑、承挑人员速行挑筑完工报部可也。

康熙四十年十一月初八日题，本月初十日奉旨：“依议速行。”钦此钦遵。抄出到部，移咨到臣。准此，随行淮徐、淮扬二道遵照确估，并催将中段淤垫之处，作速挑挖去后。今据淮徐道副使施世纶、淮扬道参议王谦详据山清外河同知南梦班、徐属河务同知李梅呈报“陶庄引河应再加挑浚深广，蒙总河部院具题，部议应如所题，将所需钱粮确估具题。又陶庄引河中段淤垫之处，责令原承挑人员速挑完工报部等因。奉旨：‘依议速行。’钦遵在案。卑职接蒙檄行，亲诣该工，会同确勘估计。但查从前挑河积土，紧堆南岸，必须先将积土尽行运送北岸，挑至平地，方能施工。其运送积土夫工需银六千五百二十二两六钱二分。今估加挑新河身二十丈，计需用土方埽料银一万二千三百四十二两七钱八分，委无浮冒。又陶庄引河中段淤垫之处，遵奉院行，催令原挑人员速行挑挖去后。续经少詹事邵远平呈称‘陶庄引河淤垫中段，自当遵照挑浚。但职等素来不谙河务，情愿各照所淤尺寸，竭力捐赀，交该管河官挑挖，庶要工不致迟误等因。呈院批道确估，转行到职。该卑职查得陶庄引河，各学院学道捐挑引河，原长七百八十丈，开放遄行，河头河尾，汇入黄河，长一百五十二丈，见今淤垫中段，长六百二十八丈，亟应加挑宽深，以备开放。需用土方埽料银一万三千二十五两六钱二分。若俟各官措银赔挑，缓不济事，应先动帑挑挖，完日于原挑学道史陆舆等名下催补还项。今照各员原挑工段丈估，内原任福建学道史陆舆，应还银四百九十二两六钱八分；原任直隶学院朱阜，应还银四千八百五两六钱；原任陕西学道高尔公，应还银四千二百两六钱；原任少詹事邵远平，应还银一千七百三十七两三钱；原任湖广学道岳宏誉，应还银一千七百八十九两四钱四分。见在工部远平等一面催令照数缴还库项。惟已故学道高尔公应还银两，移咨江宁抚院，转行原借追解还项。内有河兵挑挖土方，值银一千一百八十一两九钱六分，自应扣除，无容动帑，合并声明'等因到道。据此，该本道等查得陶家庄引河应再加挑浚深广，蒙本部院具题，部议应如所题，将所需钱粮确估具题。又陶庄引河中段淤垫，责令原挑人员挑完报部等因。奉旨：'依议速行。'钦遵在案。本道接奉院行，当即檄饬该厅等查丈估计去后。今据外河同知南梦班等呈称'查从前挑河积土堆贮南岸，必须先将积土尽行运送北岸，挑至平地，方能施工，需用夫工银六千五百二十二两六钱二分，加挑新河身二十丈，估用土方埽料银一万二千三百四十二两七钱八分，委无浮冒'。其陶家庄引河中段淤垫之处，遵本部院行催，令原挑人员挑挖。续经少詹事邵远平等呈称'陶庄引河淤垫中段，自应遵照挑浚。但职等不谙河务，情愿各照所淤尺寸，竭力捐赀，交河员挑挖'等因。蒙批确估在案。卑职等亲行丈估，引河原长七百八十丈，开放遄行，河头河尾，汇入黄河，长一百五十二丈，见今淤垫中段，长六百二十八丈，亟应加挑宽深，以备开放。需用土方埽料银一万三千二十五两六钱二分，系紧要工程，若俟原挑官措银赔挑，缓不济事，应先动帑银挑挖，完日于原挑官邵远平等名下催补还项。今照各员原挑工段，细加丈估，内原任福建学道史陆舆，应还银四百九十二两六钱八分；原任直隶学院朱阜，应还银四千八百五两六钱；原任陕西学道高尔公，应还银四千二百两六钱；原任少詹事邵远平应还银一千七百三十七两三钱；原任湖广学道岳宏誉应还银一千七百八十九两四钱四分。见在工部远平等，一面催令照数缴还库项。惟已故学道高尔公应还银两，移咨江宁抚院，转行原借追解还项。内有河兵挑挖土方，值银一千一百八十一两九钱六分，自应扣除，无庸动帑，合并声明”等因前来，相应转详等因到臣。

据此，该臣看得，陶庄引河应再加挑浚深广，经臣具题，部议应如所题，将所需钱粮确估具题。又陶庄引河中段淤垫之处，部议责令原挑人员速挑完工报部等因。俱奉旨：“依议速行。”钦遵在案。行据淮徐道副使施世纶、淮扬道参议王谦详称“陶庄引河，从前挑河积土堆贮南岸，今估加挑新河身二十丈，必须先将积土尽行运送北岸，挑至平地，方能施工。其运送积土需用夫工银六千五百二十二两六钱二分，加挑河身二十丈，需用土方埽料银一万二千三百四十二两七钱八分。其陶庄引河中段淤垫之处，计长六百二十八丈，需用土方埽料银一万三千二十五两六钱二分。奉部文，责令原挑官速挑完工。但系紧要工程，若俟原挑官措银赔挑，缓不济事，应先动帑挑挖，完日于原挑官邵远平等名下照数追取还项。内有学道高尔公病故，应移咨江宁巡抚，转行原籍地方官催追解还清项”等因前来。臣覆核无异，不另请拨钱粮。除加挑河身并运送积土，动支归仁堤节省银两，引河中段淤垫之处，动支周铨元等捐助银两，给发外河同知南梦班等乘时速挑，淮徐道施世纶、淮扬道王谦监工督催，并原册送部查核外，相应具疏题估，伏乞皇上睿鉴，敕部议覆施行等因。

康熙四十年十二月初七日题，本月二十一日奉旨："该部速议具奏。"钦此钦遵。于十二月二十二日抄出到部。该臣等议得，先经河道总督张鹏翮将陶庄引河应再加挑浚深广，又原挑引河中段淤垫等因具题。臣部以陶庄（河）〔引〕河该督既称应再加挑浚深广，应如所题，将所需钱粮确估具题。其引河中段淤垫之处，责令原承挑人员速行挑完等因，题覆行文去后。今据该督疏称"陶庄引河，从前挑河积土堆贮南岸，今估加挑新河，必须先将积土尽行运送北岸，挑至平地，方能施工。运送积土需用夫工银六千五百二十二两六钱二分，加挑河身，估银一万二千三百四十二两七钱八分，其引河中段淤垫之处，估银一万三千二十五两六钱二分。系紧要工程，若俟原挑官措银赔挑，缓不济事，应先动帑挑挖，完日于原挑官邵远平等名下照数追取还项。其工程令外河同知南梦班等乘时速挑"等因前来。查陶庄引河加挑，既经该督估计具题，应如所题，速行挑挖。其旧引河中段淤垫之处，既经先动帑银挑挖，亦应如所题动支，速行挑挖。工完，将用过钱粮核减，造册题销。一面于原挑各官名下追还原项可也。

康熙四十一年正月十八日题，本月十九日奉旨："依议速行。"钦此钦遵。抄出到部，移咨到臣。准此，当即檄行该道趱挑工完核减册详去后。今据淮扬道参议王谦、署淮徐道事淮扬道王谦造册详销等因到臣。据此，该臣看得，陶庄引河南岸积土挑去，加挑深广，并中段淤垫之处，动帑挑挖。经臣题估部议应如所题挑挖。其旧引河中段淤垫之处，用过钱粮，核减造册题销，于原挑各官名下追还原项等因。奉旨："依议速行。"钦遵在案。今据淮扬道参议王谦等详称："查得原挑陶庄引河南岸积土长五百九十丈，运送北岸，原估土方银六千五百二十二两六钱二分。今工完核减，实用银五千八百七十两三钱五分八厘，节省银六百五十二两二钱六分二厘。又南岸积土之下，加挑新河，长五百九十八丈，原估土方料物银一万二千三百四十二两七钱八分。今工完核减，实用银一万一千一百零八两五钱六分二厘，节省银一千二百三十四两二钱一分八厘。其各学院道原捐挑引河中段淤垫工长六百二十八丈，乃属新淤沙陷，人力难施，照估实用银一万三千二十五两六钱二分，内有兵挑河土，值银一千一百八十一两九钱六厘，扣存在库，留为节省，并无浮冒"。查中段淤垫估用银两，原奉部文，于原挑各员名下催补还项。除邵远平应还银一千七百三十七两三钱，已经照数缴还河库，其原任福建学道史陆舆，江南人，应赔银四百九十二两六钱八分；原任顺天学院朱阜，浙江人，应赔银四千八百五两六钱；已故原任陕西学道高尔公，江南人，应赔银四千二百两六钱；原任湖广学道岳宏誉，江南人，应赔银一千七百八十九两四钱四分，尚未完交，应交该省巡抚，于各学院道原籍照追还项等因，册详前来。臣覆核无异，除原册送部查核外，相应题销，伏乞皇上敕部议覆核销施行等因。

康熙四十一年闰六月二十六日题，七月十五日奉旨："着察核。该部知道。"钦此钦遵。于七月十六日抄出到部。该臣等议得，河道总督张鹏翮疏称"加挑陶庄引河，原估银一万八千八百六十五两四钱，今实用银一万六千九百七十八两九钱二分，节省银一千八百八十六两四钱八分。又旧引河中段淤垫挑挖，原估银一万三千二十五两六钱二分，内有兵挑河土，值银一千一百八十一两九钱零，扣存在库。至淤垫估用银两，原奉部文，于原挑官名下补还。此内部远平应追银一千七百三十七两三钱，已经缴库，其史陆舆等应追银一万一千二百八十八两三钱二分，尚未完交，应行该省巡抚，于原籍照追还项”等因前来。应将前项挑河用过银两，准其开销。节省银两，贮库为河工之用。其用过挑挖淤垫原任学道史陆舆等未完银两，应行各该省巡抚，照例勒追还项可也。

康熙四十一年八月初五日题，本月十一日奉旨："依议。"

〔加帮童营内戗等工〕

兵部尚书兼都察院右都御史、总督河道、提督军务、臣张鹏翮谨题，为估计加帮要工事。

据淮扬道参议王谦详据外河同知南梦班呈称"该卑职查得山阳黄河南岸童家营大坝，原筑工长一百七十八丈，于康熙三十六年间，堵塞合龙，历经四载。坝外黄水迎溜顶冲，坝内积水深潭，坝身内陡高一丈五六尺，埽个年久，朽烂塌卸，坝身单薄，每遇风浪一作，内外受敌，虽堤外每年岁修下埽搪护，俱皆浮沙，实难抵御，急应加帮里戗，以资捍御。计工长一百五十五丈，估用土方埽料银一万五千四百二十七两四钱三分八厘。又山阳黄河南岸洪福庄堤工外坦，原有淤滩，离河尚远，近因溜走南岸，将滩冲去，而外坦塌卸，竟成新险，急应里首帮戗，计工长二百丈，估用土方银一千九百七十六两九钱七厘。又清河黄河南岸吴城堤工，因唐埂诸坝堵闭，全湖淮水北注，该工外系黄河，内系湖水，中仅一线孤堤，每遇南风浪刷，致将里陡撞塌五六七八九尺，以致一丈五六七八九尺不等，甚属危险，急应加帮里陡，计工长一千七百八十八丈一尺六寸，估用土方银二千九百六十六两八钱二分九厘三丝。以上堤工三段，均关紧要，加帮实不容缓，所估钱粮，俱无浮冒，相应造册详送，伏乞详请题估，作速帮筑”等因。又据山安同知裘陈佩详称“山阳黄河南岸西坎堤工，坐当迎溜扫湾，兼之对岸新生沙觜，逼黄溜直射南岸，堤面日渐塌卸，堤内急须帮筑里戗，方资捍御。计工长三百九十五丈，共估土方埽料银一千七百五十九两一钱五分六厘，所估钱粮，减而又减，委无浮冒，相应造册，详请题估”等情到道。据此，该淮扬道参议王谦看得“山阳黄河南岸童家营大坝、洪福庄、西坎三处堤工，地居黄河下流，俱系顶冲扫湾之处，旧埽腐朽，堤工单薄。清河南岸吴城缕堤一工，外黄内湖，中仅一线孤堤，每日湖水冲刷，里陡塌卸，急应加帮内戗，以资捍御。以上四处堤工，共长二千五百三十八丈一尺六寸，共估土方埽料银二万二千一百三十两三钱三分三丝。既据该厅造册详估前来，本道覆核，并无浮冒”，相应照造清册，详请具题，发帑修筑，一律完固，用资捍御等因到臣。

据此，该臣看得，童家营大坝，外系黄河顶冲，内系积水深潭，埽个朽烂，坝身单薄，应帮内戗土堤，以资捍御，计工长一百五十五丈，估用土方埽料银一万五千四百二十七两四钱三分八厘。洪福庄堤工，因溜走南岸，外坦塌卸，应帮里戗，工长二百丈，估计土方银一千九百七十六两九钱七厘。吴城缕堤，内湖外黄，中仅一线孤堤，湖水浪刷，里陡塌卸，急应作速加帮，计工长一千七百八十八丈一尺六寸，估用土方银二千九百六十六两八钱二分九厘三丝。西坎堤工，坐当迎溜扫湾，堤面日渐塌卸，堤内急须帮戗，计工长三百九十五丈，共估土方埽料银一千七百五十九两一钱五分六厘。以上四处堤工，共长二千五百三十八丈一尺六寸，共估土方埽料银二万二千一百三十两三钱三分三丝，并无浮冒等因，造册详估前来。臣覆核无异，不另请拨钱粮。动支武家墩石工桩木节省银一千八百八十三两八钱二分，武家墩石工扣存银二万二百四十六两五钱一分零应用。再查黄河两处工程，前估修防此四处堤工，尚未如此危险。臣从节省钱粮起见，故未汇入前案具题。今因黄、淮合流，水盛刷堤，修防紧要，势不可已。除原册送部查核外，相应具题，伏乞皇上睿鉴，敕部议覆施行等因。

康熙四十年十月初七日题，本月二十二日奉旨："该部议奏。"钦此钦遵。于十月二十三日抄出到部。该臣等河道总督张鹏翮疏称"童家营大坝，外系黄河顶冲，内系积水深潭，埽个朽烂，坝身单薄，应帮内戗土堤。洪福庄堤工，因溜走南岸，外坦塌卸，应帮里戗。吴城缕堤，内湖外黄，中仅一线孤堤，湖水浪刷，里陡塌卸，急应加帮。西坎堤工，坐当迎溜扫湾，堤面日渐塌卸，急须帮戗。共工长二千五百三十八丈一尺六寸，共估银二万二千一百三十两三钱三分零，不另请钱粮，动支武家墩节省等银"等因前来。查童家营、洪福庄、吴城、西坎等处堤工，该督既称"应加帮内戗"等语，均应如所题，速行乘时帮筑，工完之日，将用过钱粮核减，造册题销可也。

康熙四十年十一月十一日题，本月十二日奉旨："依议速行。"

〔修理运河排桩〕

兵部尚书兼都察院右都御史、总督河道、提督军务、臣张鹏翮谨题，为修理淮扬运河排桩以固堤岸事。

该臣看得，淮扬运河系各省粮艘经由要道，最关紧要。向因黄水倒灌，河底垫高，一遇水长，盈堤溢岸。前河臣于成龙于康熙三十八年春发帑委员签钉排桩，内填龙尾小埽，以卫堤工。三历伏秋，又值运河大挑之后，清水畅流，两岸泥土渐次冲刷，排桩日见倒坏，亟应乘时修理，以御来年桃、伏、秋三汛。今据淮扬道参议王谦详估，“淮属山阳境内，搀补排桩，改镶丁埽，需用银一万八千九百六十九两八钱四分七厘七毫三丝；扬属高邮、宝应、江都三州县境内，搀桩换柴，改筑坦坡，镶柴压土，需用工料银一万八千九百八十七两二钱九分六厘。通共估银三万七千九百五十七两一钱四分三厘七毫二丝，并无浮冒”等因，造册详估前来。臣覆核无异，不另请拨钱粮，一面动支大挑运河节省银一万九千六百二十八两七钱五分零，武家墩石工桩木节省银一万九百二十三两三钱二分零，盘收外河厅库各官捐排桩银四千八百四十二两三钱六分零，里河、扬河各员追缴排桩银二千五百六十二两七钱一分零，令里河同知王英谋、扬河通判杨兆侨等，作速购备料物，乘时趱修，以资捍御，并原册送部查核外，相应具疏题估，伏乞皇上睿鉴，敕部议覆施行等因。

康熙四十年十月初八日题，本月二十二日奉旨：“该部议奏。”钦此钦遵。于十月二十三日抄出到部。该臣等议得，河道总督张鹏翮疏称“淮扬运河系粮艘经由要道，最关紧要。大挑之后，清水畅流，两岸泥土，渐次冲刷，排桩倒坏，亟应乘时修理，以御来年桃、伏、秋三汛。淮属山阳境内，搀补排桩，改镶丁埽。扬属高、宝、江三州县境内，搀桩换柴砖石工之处，拔起桩木，改筑坦坡，镶柴压土，共估银三万七千九百五十七两一钱零，不另请拨钱粮，动支大挑运河节省等银，购料趱修”等因前来。查该督既称“淮扬运河系粮艘经由要道，应乘时修理”等语，应如所题，修理工完之日，将用过钱粮核减，造册题销可也。

康熙四十年十一月十三日题，本月十四日奉旨：“依议速行。”钦此钦遵。抄出到部，移咨到臣。准此，当即檄行该管道厅，将运河排桩等工速行修理完工，报销去后。今据淮扬道参议王谦造册详销等因到臣。据此，该臣看得，淮扬运河系粮艘经由要道，两岸排桩倒坏，应乘时修理。经臣具疏题估，部覆准修，奉旨：“依议速行。”钦遵转行在案。今据淮扬道参议王谦详称“山阳里河两岸补修排桩工段，原估工料银一万八千九百六十九两八钱四分七厘七毫二丝。今工完核减，实用银一万七千七十一两四钱三分三厘节，省银一千八百九十八两四钱二分四厘七毫二丝。扬属高、宝、江三州县运河两岸，搀桩换柴，改筑坦坡，原估工料土方银一万八千九百八十七两二钱九分六厘。今工完核减，实用银一万七千八十八两五钱六分六厘四毫，节省银一千八百九十八两七钱二分九厘六毫。通共实用银三万四千一百五十九两九钱八分九厘四毫，节省银三千七百九十七两一钱五分四厘三毫二丝。并无浮冒”等因，册详前来。臣覆核，除原册送部查核外，相应题销，伏乞皇上敕部核销施行等因。

康熙四十一年六月初七日题，本月二十五日奉旨：“着察核。该部知道。”钦此钦遵。于六月二十六日抄出到部。该臣等议得，先经河道总督张鹏翮将山阳里河两岸补修排桩，高、宝、江三州县运河两岸搀桩换柴改筑，估银三万七千九百五十七两一钱零等因具题。臣部覆准修理，工完核减，造册题销在案。今据该督疏称“实用银三万四千一百五十九两九钱八分零，节省银三千七百九十七两一钱五分零，并无浮冒”等因前来。查前项工程用过银两，该督既称“并无浮冒”等语，应准开销。

其节省银两册内，并未开明于某段工程节省，应行该督详明造册，送部再议可也。

康熙四十一年闰六月十六日题，本月二十日奉旨："依议。"

〔建辛家荡滚坝〕

兵部尚书兼都察院右都御史、总督河道、提督军务、臣张鹏翮谨题，为钦奉上谕事。

康熙四十年七月二十五日，准工部咨开，本部等衙门会覆河道总督张鹏翮题前事。高堰地方关系甚要，应令该督委道厅官住札工所，敬谨防守，该督亲身不时往来巡查，毋致危险。再该督既称"留马家港口门以分泄黄河之水，辛家荡修滚水坝以泄黄河异涨之水，开归仁堤引河，引水出黄，则泗州上源之水上无所入，下有所疏，泗州水患庶几可减"等语，应令该督将归仁堤引河作速挑浚，马家港仍暂留口门，辛家荡滚水坝速行修理等因。奉旨："这堤岸修筑防护，着照议行。"钦遵移咨转行在案。随行各道等钦遵，并催将辛家荡滚水坝确估去后。今据淮扬道参议王谦确估造册详报等因到臣。据此，该臣看得，山阳县黄河南岸辛家荡修建滚水坝，以泄黄河异涨之水，下流益畅，则淮水之出清口亦畅等因具题。九卿会覆速行修理。奉旨："着照议行。"钦遵在案。今据淮扬道参议王谦详估"辛家荡滚水坝一座，共该工料银三万六千三百四十九两九钱四分八厘六毫，并无浮冒"等因，造册详送前来。臣覆核无异，不另请钱粮动支。原任山盱通判靳治齐缴还会勘案内余存大工银两，照数给发。随委山安同知裘陈佩领帑办料兴修，委淮扬道参议王谦监工督催。除原册送部查核外，相应具疏题估，伏乞皇上睿鉴，敕部议覆施行等因。

康熙四十年十一月初五日题，本月二十八日奉旨：“该部议奏。”钦此钦遵。于十一月二十九日抄出到部。该臣等议得，先经河道总督张鹏翮将山阳县黄河南岸辛家荡应建滚水坝一座，以泄黄河异涨之水等因具题，经九卿会议覆准在案。今据该督疏称“辛家荡修建滚水坝，共估工料银三万六千三百四十九两九钱四分零，不另请钱粮动支。原任山盱通判靳治齐缴还会勘案内余存大工银两，给发办料兴修”等因前来。查辛家荡滚水坝，既经该督估计具题，应令速行兴砌，工完之日，将用过银两核减，造册题销可也。

康熙四十年十二月初十日题，本月十五日奉旨：“依议速行。”

〔恭请阅河〕

兵部尚书兼都察院右都御史、总督河道、提督军务、臣张鹏翮谨题，为河工仰赖圣谟，底绩有庆，恭祈圣驾亲幸阅视，指授善后方略，以永保平成事。

伏惟我皇上至仁如天，大智若神，励精图治，中外晏安。独有河工一事，尚廑圣怀，宵旰忧勤，亲临阅视，洞悉源委，区画精详，畀臣督河重寄。臣本庸愚，未谙河务，凡治河事宜，一一仰遵圣训，夙夜兢惕，恒以弗获钦承圣训是惧。蒙我皇上指授疏通海口，乃得水有归路，黄河刷深；指授坚筑高堰，并广辟清口，乃得引淮水畅流而出；指授筑归仁堤，导泗州上源之水入于河；指授疏人字、芒稻等河，引运河之水注之江；指授筑挑水坝，疏陶庄引河，逼黄水而畅清流，使永无倒灌之虞；指授挑虾、须等河，引下河积水入于海。其余各处工程，指授周悉，莫能殚述。今黄、运两河水循故道，漕运利涉，民田树艺，淮扬苍生，黄童白叟，咸颂皇上天授神智，峻德丰功，亘古莫比其盛。但河工甫得就绪，保固更为紧要。其间尚有应修之处与善后之计。微臣学识浅陋，罔知所措，日夕兢兢，恭祈圣驾于来春二月桃汛未发之前，亲临河工，再赐指授应修工程与善后方略，俾臣知所遵循，始终仰赖圣训，永保安澜，克奏平成之绩。且东南臣民深受皇恩，恋主之心，实为诚切。颙望翠华临幸，亦得慰瞻天仰圣之忱矣等因。

康熙四十年十一月二十六日题，康熙四十一年九月十六日奉旨："这所奏，知道了。该部知道。"

〔修五堡土石堤工〕

兵部尚书兼都察院右都御史、总督河道、提督军务、臣张鹏翮谨题，为估修要工以资保固事。

该臣看得，归仁堤五堡旧石工，经前任河臣于成龙等动帑委员修补，石块不足，经臣于交代案内查明题追在案。今高下不齐，必须动帑补砌一律，庶资捍御。又土堤内戗，原未估计帮筑，多有坍卸残缺，亦应帮筑平整，以资保固。今据淮徐道副使施世纶详称"应修土堤长一千九百二十九丈八尺，并添补石块，二共估用工料土方银三千八百一十七两二钱三分六厘八毫，并无浮冒"等因，册详前来。臣覆核无异，不另请拨钱粮。除一面动支归仁堤节省银两，给发宿虹同知陈之琦等乘时修筑，淮徐道副使施世纶监工督催，并原册送部查核外，相应具疏题估，伏乞皇上敕部议覆施行等因。

康熙四十年十二月初七日题，本月二十一日奉旨："该部议奏。”钦此钦遵。于十二月二十二日抄出到部。该臣等河道总督张鹏翮疏称“归仁堤五堡石工高下不齐，必须补砌一律。又土堤内戗，原未估计帮筑，多有坍卸残缺，亦应帮筑。共估用工料土方银三千八百一十七两二钱零，动支归仁堤节省银两，给发宿虹同知陈之琦等修筑”等因前来。查归仁堤石工高下不齐之处，该督既称“应补砌一律，又土堤坍卸残缺，应行帮筑”等语，应如所题，准其动支归仁堤节省银两，速行修筑。工完之日，将用过钱粮核减，造册题销可也。

康熙四十一年二月初七日题，本月十三日奉旨：“依议速行。”钦此钦遵。抄出到部，移咨到臣。准此，当经檄行该道遵照速行修筑去后。今据署淮徐道事、管理河库、兵部员外郎张弼造册详销等因到臣。据此，该臣看得，归仁堤五堡石工高下不齐，必须补砌。又土堤内戗多有塌坍残缺，亦应帮筑。经臣具题估计，部覆应如所题，速行修筑，工完核减，造册题销等因。奉旨：“依议速行。”钦遵转行修筑去后。今据署淮徐道事、管理河库、兵部员外郎张弼详称“原估工料土方银三千八百一十七两二钱三分六厘八毫，今工完核减，实用银三千四百三十五两八钱五厘六毫，节省银三百八十一两四钱三分一厘二毫，并无浮冒”等因，造册详销前来。臣覆核无异，除原册送部查核外，相应题销，伏乞皇上敕部核销施行等因。

康熙四十一年四月十八日题，五月初六日奉旨：“着察核。该部知道。”钦此钦遵。于五月初七日抄出到部。该臣等议得，先经河道总督张鹏翮将修补归仁堤五堡石工并帮筑土堤估计具题，臣部覆令速行修筑，工完核减，造册题销等因，行文在案。今据该督疏称“原估银三千八百一十七两二钱三分零，实用银三千四百三十五两八钱零，节省银三百八十一两四钱三分零”

等因前来。查钦奉上谕事案内，帮筑堤工，过河取土，每方用银一钱五分，今每方用银一钱六分以至一钱九分零不等，比例浮多，应行该督查明核减，具题到日，再议可也。

康熙四十一年六月初一日题，本月初三日奉旨："依议。"钦此钦遵。抄出到部，移咨到臣。准此，当经檄行该道遵照确核去后。今据淮徐道佥事张弼详称"归仁堤加帮堤工用过银两，俯照前册，准其开销"等情，详覆到臣。据此，该臣看得，报销归仁堤土方工价，部议核减，当行该道确核。今据淮徐道佥事张弼详称"归仁堤加帮戗工委员修筑时，两边皆系水占，搭桥垫路，往返四五里之外取土，照水工例估计，屡经驳减，方准销银一钱六分至一钱九分不等。至宿邑境内，从前并未有过河取土每方银一钱五分之处，且查康熙二十二年内，前河臣靳辅报销归仁堤大工堤土，每方给银一钱七八分至二钱三四分不等，造册题销，部覆允准在案。今本工请销银一钱六分至一钱九分，较前更为节省，所有归仁堤加帮堤土用过银两，俯照原册准销"等情前来。臣覆核无异，相应具疏题覆，伏乞皇上敕部仍照原册核销施行等因。

康熙四十一年七月二十二日题，八月十一日奉旨："该部知道。"钦此钦遵。于八月十二日抄出到部。该臣等议得，先经河道总督张鹏翮将修补归仁堤五堡石工并帮筑土堤用过银两题销。臣部以钦奉上谕事案内，筑堤过河取土，每方用银一钱五分，今每方用银一钱六分至一钱九分零，覆令核减具题去后。今据该督疏称"归仁堤加帮戗工，委员修筑时，两边皆系水占，搭桥取土，每方用银一钱六分至一钱九分不等。且康熙二十二年，前河臣靳辅报销归仁堤大工，每方给银一钱七八分至二钱三四分，今每方给银一钱六分至一钱九分，较前更为节省，请照原册准销”等因前来。查康熙二十二年，前河臣靳辅报销归仁堤大工册开，取土远近不等，每方牵给银一钱七分二厘，今每方牵给银一钱八分一厘零，较前每方多银九厘。但该督既称“委员修筑时，两边皆系水占，搭桥取土，每方用银一钱六分至一钱九分”等语。应将用过银三千四百三十五两八钱零，准其开销。节省银三百八十一两四钱三分，贮库为河工之用可也。

康熙四十一年九月初二日题，本月初四日奉旨：“依议。”

〔加筑清河堤工〕

兵部尚书兼都察院右都御史、总督河道、提督军务、臣张鹏翮谨题，为请筑撑堤加帮缕堤以资保固事。

该臣看得，清河县陶庄闸，奉旨开挑引河，南岸又有挑水坝，挑溜北入引河，溜走北岸，逼近黄河缕堤，汕刷堪虞。臣率同道厅等官，再四相度，应于缕堤之内创筑撑堤一道，自三元庙西起，至护县堤止，计长三百丈，以为重门之障。再将临河缕堤及护县堤头卑矮之处加筑高厚，应帮堤工三段，共长八百七十一丈五尺，连创筑撑堤，共需土方银八千一百二十八两一钱九分四厘。又黄河南岸挑水坝，前接筑宽长堤工，俱已完竣。但此坝坐当黄溜之中，诚恐伏秋水大溢岸，坝后不无侵灌之虞。今议自挑水坝西添筑撑堤一道，自坝基往南至缕堤止，计长三百九十七丈五尺，内有坑塘低洼之处下埽镶填，共需土方料物银二千九百一十九两七钱九分八厘。如此则挑水坝得以巩固，而运道、民生均有攸赖。以上南北两岸撑堤、缕堤、创堤工程，最关紧要，共估土方工料银一万一千四十七两九钱九分二厘。行据淮扬道造册详估，并无浮冒前来。臣覆核无异，不另请拨钱粮，一面动支临清关分司阿锡鼐解到额外银一万两，苏稷捐助银一千四十七两九钱九分二厘，给发外河同知南梦班等趱筑速竣，并原册送部查核外，理合具疏题估，伏乞皇上睿鉴，敕部议覆施行等因。

康熙四十一年二月初十日题，本月二十六日奉旨："该部速议具奏。"钦此钦遵。于二月二十七日抄出到部。该臣等议得，河道总督张鹏翮疏称"清河县陶庄闸，奉旨开挑引河，南岸又有挑水坝，挑溜入引河，溜走北岸，逼近黄河缕堤，汕刷堪虞。请于缕堤之内创筑撑堤一道，长三百丈。再将缕堤及护县堤头卑矮之处加筑高厚，应帮堤内三段，共长八百七十一丈五尺，需银八千一百二十八两一钱零。又黄河南岸挑水坝，坐当黄溜之中，诚恐伏秋水大溢，岸坝后不无侵灌之虞。今自挑水坝西添筑撑堤一道，自坝基往南至缕堤止，长三百九十七丈五尺，内有坑塘低洼之处下埽镶填，需银二千九百一十九两七钱零。如此则挑水坝得以巩固运道，民生有赖。以上共估土方工料银一万一千四十七两九钱零，动支临清关分司阿锡鼐解到银一万两，苏稷捐助银一千四十七两九钱零，给发外河同知南梦班等趱筑"等因前来。查该督既称"缕堤之内应筑撑堤，并加帮缕堤及护县堤卑矮之处，挑水坝西添筑撑堤"等语，应均如所题，速行乘时帮筑坚固。工完之日，将用过钱粮核减，造册题销可也。

康熙四十一年三月初一日题，本月初二日奉旨："依议速行。"

〔建石磡济运闸〕

兵部尚书兼都察院右都御史、总督河道、提督军务、臣张

鹏翮谨题，为亟修闸座以利运道事。

该臣看得，运口为粮艘转输要道，初春运行之际，在桃汛未发之前，水尚未长，漕运需水甚急。去岁于石磡筑草坝，开渠，引三汊河之水以济运，粮艘得以通行。至桃汛水发，即行堵闭。今臣率道厅等官再加相度，与其每岁开闭需用钱粮，不若建造石闸，相时启闭，不独于漕运有益，且省每岁修筑之费。行据淮扬道参议王谦详估"工料银二万三千二百八两八钱六分五厘五毫二丝，并无浮冒"等因，造具估册前来。臣覆核无异，不另请拨钱粮，动支停挑王家营引河银两，给发里河同知王英谋等办料兴修，委淮扬道参议王谦监工督催。除原册送部查核外，理合具题，伏乞皇上睿鉴，敕部议覆施行等因。

康熙四十一年二月二十七日题，三月十三日奉旨："该部议奏。"钦此钦遵。于三月十四日抄出到部。该臣等议得，河道总督张鹏翮疏称"运口为粮艘转输要道，初春运行之际，在桃汛未发之先，水尚未长。去岁于石磡筑草坝，开渠，引三汊河之水以济运，粮艘得以通行。至桃汛水发，即行堵闭。今臣率道厅等官再加相度，与其每岁开闭需用钱粮，不若建造石闸，相时启闭，于漕运有益，且省每岁修筑之费。估银二万三千二百八两八钱零，动支停挑王家营引河银两，给发里河同知王英谋等办料兴修，委淮扬道王谦监工"等因前来。查该督既称"于石磡建造石闸，相时启闭，于漕运有益，且省每岁修筑之费"等语，应如所题，准其建造石闸工完，将用过工料银两核减，造册题销可也。

康熙四十一年三月二十八日题，本月三十日奉旨："依议。"

〔建卞家汪石工〕

兵部尚书兼都察院右都御史、总督河道、提督军务、臣张鹏翮谨题，为亟请建砌石工以保运道、民生事。

该臣看得，清河县黄河南岸卞家汪险工长八十四丈，紧接清口迤东，外当黄、淮二水交冲之区，内临积水深潭，中仅一线土堤，卑薄危险，内外受敌。又天妃坝石工修砌年久，内有坍塌二段，共长四十二丈。每年下埽修防，徒费钱粮，不足以御湍激之势，均应一律趱砌石工，以资巩固。今据淮扬道参议王谦详估"卞家汪创建石工，估用工料银一万八千九百一十八两三钱七分一厘；天妃坝拆砌石工，估用工料银九千二百八十九两五钱五分六厘，二共估用银二万八千二百七两九钱二分七厘，并无浮冒"，造册详估前来。臣覆核无异，不另请拨钱粮。随动支高堰石工节省银二万二千二百六十两九毫二丝四忽，改挑中河节省银五千九百四十七两九钱二分六厘七丝六忽，给发外河同知南梦班办料兴修，淮扬道王谦监工督催，并原册送部查核外，臣谨具题，伏乞皇上睿鉴，敕部议覆施行等因。

康熙四十一年三月十四日题，本月三十日奉旨："该部议奏。"钦此钦遵。于四月初一日抄出到部，该臣等议得，河道总督张鹏翮疏称"清河县黄河南岸卞家汪险工长八十四丈，外当黄、淮二水交冲之区，内临积水深潭，中仅一线土堤，卑薄危险，内外受敌。又天妃坝石工修砌年久，内有坍塌二段，共长四十二丈，每年下埽修防，徒费钱粮，不足以御湍激之势，均应一律趱砌石工，二共估银二万八千二百七两九钱二分零，动支高堰石工及改挑中河节省银两，给发外河同知南梦班兴修，淮扬道王谦监工督催”等因前来。查该督既称“卞家汪险工土堤卑薄危险，内外受敌，应戗建石工，天妃坝石工坍塌二段，应行拆砌”等语，均应如所题，作速建砌，工完之日，将用过钱粮核减，造册题销可也。

康熙四十一年四月二十日题，本月二十一日奉旨：“依议速行。”

〔修谈家庄月堤〕

兵部尚书兼都察院右都御史、总督河道、提督军务、臣张鹏翮谨题，为建筑月堤以保险工事。

该臣看得，桃源谈家庄险工，黄溜顶冲，最为险要。每遇伏秋水发，汕刷异常，必应建筑月堤，以为重门保障。又本工大溜下移，坝尾河崖坍塌，渐近堤根，势必下埽防护，应将坝尾堤工加帮宽厚，以作埽台。今据署淮徐道印务、管理河库、兵部员外郎张弼详估“月堤工长六百一十六丈，并坝尾堤工长一百二十丈，共该土方银五千二百四十一两六钱二厘九毫七丝，委无浮冒”等因，造册前来。臣覆核无异，不另请拨钱粮动支。改挑中河节省银八百二十五两二钱一分七厘七毫五丝一忽五微，堵塞嵇家闸节省银四千四百一十六两三钱八分五厘二毫一丝八忽五微，给发署桃源同知苏稷等修筑，委郎中王进楫监工督催，并原估册送部查核外，相应具题，伏乞皇上睿鉴，敕部议覆施行等因。

康熙四十一年三月二十日题，四月初五日奉旨：“工部速议具奏。”钦此钦遵。于四月初六日抄出到部。该臣等河道总督张鹏翮疏称“桃源谈家庄险工，黄流顶冲，最为险要。每遇伏秋水发，汕刷异常，应建筑月堤，以为重门保障。又本工大溜下移，坝尾河崖坍塌，渐近堤根，势必下埽防护，应将坝尾堤工加帮宽厚，以作埽台。月堤工长六百一十六丈，坝尾堤工长一百二十丈，共估土方银五千二百四十一两六钱零，动支改挑中河并堵塞嵇家闸节省银两，给发署桃源同知苏稷等修筑，委郎中王进楫监工督催”等因前来。应如该督所题，速行修筑。工完之日，将用过钱粮核减，造册题销可也。

康熙四十一年四月初八日题，本月初九日奉旨：“依议速行。”钦此钦遵。抄出到部，移咨到臣。准此，随经檄行该道遵照速行修筑去后。今据淮徐道佥事张弼详称，谈家庄月堤工完核减造册详销等因到臣。据此，该臣看得，谈家庄估筑月堤，加帮坝尾，经臣题估部覆，应如所题，修筑工完核减造册题销等因。奉旨：“依议速行。”钦遵在案。今据淮徐道佥事张弼详称“谈家庄月堤工长六百一十六丈，坝尾堤工长一百二十丈，原估土方银五千二百四十一两六钱二厘九毫七丝，今工完核减，实用银四千四百一十七两四钱四分二厘六毫七丝三忽，节省银五百二十四两一钱六分二毫九丝七忽，委无浮冒”，造册详销前来。臣覆核无异，除原册送部查核外，相应具疏题销，伏乞皇上敕部核销施行等因。

康熙四十一年十一月十六日题，十二月初三日奉旨：“着察核。该部知道。”钦此钦遵。于十二月初四日抄出到部。该臣等议得，河道总督张鹏翮疏称“谈家庄建筑月堤，并加帮坝尾，原估银五千二百四十一两六钱零，今工完，实用银四千七百一十七两四钱零，节省银五百二十四两一钱零，委无浮冒”等因前来。查前项建筑月堤，并加帮坝尾，用过银两，该督既称“委无浮冒”等语，应准开销节省银两，贮库为河工之用可也。

康熙四十一年十二月十六日题，本月十八日奉旨“依议。”

〔加挑运料河〕

兵部尚书兼都察院右都御史、总督河道、提督军务、臣张鹏翮谨题，为高堰工程已竣，敬陈保堤末议，仰祈睿裁事。

窃照高堰运料小河，原属窄浅，经尚书范承勋等具题，议以不动公帑，以加帮大堤，取土挑挖，面宽八丈，底宽五丈，深五尺，以资运料，以保堤工。九卿议覆，应如所奏等因。奉旨：“依议。”钦遵在案。臣查此河南自周桥横堤起，北至武家墩止，乃属无源之水，必借堤内积水，汇流入河，方克有济。今臣等会勘高堰工程，并查验分修诸臣所捐运料小河，虽报完工，但小黄庄一带，地形低洼，见今堤里积水与河面相平，若遇风浪，汕刷堤根，深为可虞。盖部臣初估时，六坝未闭，一片皆水，未得确实情形。今工程已毕，保固堤工，最为紧要。公议将原挑小河再加挑深，使积水泄流河中，由武家墩盐河出口，以免汕刷堤工，约需银一万余两，不另请拨发。应将高堰大工节省银内动支济用，早为竣工，实与高堰工程深有裨益。缘系保固要工起见，臣谨具疏题请，伏乞皇上睿裁施行等因。

康熙四十一年五月二十八日题，六月二十五日奉旨：“这河着照该督所题挑浚，应否永远存留，该督确议具奏。该部知道。”钦此钦遵。工部移咨当行淮扬道参议王谦、淮徐道佥事张弼，确议会详到臣。据此，该臣看得，高堰运料小河，再加挑深，使积水泄入河中，由武家墩盐河出口，以免汕刷堤工，与高堰工程深有裨益。经臣具题，特奉俞旨：“这河着照该督所题挑浚，应否永远存留，该督确议具奏。该部知道。”钦遵移咨到臣。行据淮扬道参议王谦、淮徐道佥事张弼等议详前来。查高堰一带堤根地形洼下，积水浸汕堤根，难免坍卸之虞。今若将运料小河再挑深通，一以宣泄堤根积水，一以运送修工料物，而且通商便民，利益不浅。或虑土塘水泄，偶致稍淤，每俟春融，令河兵捞浚草坝六座，每年修葺，以收束水势，应宜永远存留，以保堤利民。随据该道等估计，共应挑新土一十六万六千八百一十八方三厘四毫四丝三忽，每方银九分，共银一万五千一十三两六钱二分三厘九丝八忽七微；估建草坝六座，共银四百五十三两一钱二分，通共银一万五千四百六十六两七钱四分三厘九丝八忽七微。造具估册，一并呈详。臣覆加确核无异，应动支高堰大工节省银两，委通判朱廷植等照估趱挑修建，淮扬道参议王谦监工督催，并原册送部查核外，相应具题，伏乞皇上睿鉴，敕部议覆施行等因。

康熙四十一年八月初六日题，本月二十四日奉旨：“工部议奏。”钦此钦遵。于八月二十五日抄出到部。该臣等议得，先经河道总督张鹏翮将高堰运料小河应再加挑深等因具题。奉旨：“这河着照该督所题挑浚，应否永远存留，该督确议具奏。”钦遵，行文去后。今据该督疏称“高堰一带堤根地形洼下，积水浸汕堤根，难免坍卸之虞。今若将运料小河再挑深通，一以宣泄堤根积水，一以运送修工料物，而且通商便民，利益不浅，应宜永远存留，以保堤利民。挑河并建束水草坝，共估银一万五千四百六十六两七钱零，动支高堰大工节省银两，委通判朱廷植等趱挑修建”等因前来。查该督既称“高堰一带堤根地势洼下，积水浸刷堤根，应将运料小河再加挑深，建草坝束水，永远存留，宣泄积水”等语，应动高堰大工节省银两，挑河建坝，永远存留，以保堤工。工完之日，将用过银两核减，造册题销可也。

康熙四十一年九月十四日题，本月十六日奉旨："依议。"

〔高堰分修议叙〕

兵部尚书兼都察院右都御史、总督河道、提督军务、臣张鹏翮谨题，为钦奉上谕事。

康熙四十年十月二十六日，准工部咨前事，该臣看得，高家堰效力大臣官员等议叙一案，准工部咨称"俟南河工完，总河查明具题到日，再行议叙"等因，移咨到臣。臣同总漕桑格会勘工程已完，另疏具题外，臣查部咨内原任巡抚王起元、线一信、金铉、卫既济、陈汝器、宫梦仁，原任左都御史董讷，原任学士李应廌，永定河捐银已完，今在南河未捐银，亲身效力，领帑修工，俱已全完。原任尚书王日藻、原任总督朱弘祚，永定河捐银已完，南河未捐银，领帑修小黄庄堤工一段完竣。原任巡抚江有良，永定河捐银已完，南河未捐银，系差伊孙江梦笔领帑修小黄庄堤工一段完竣。

又查档案内，原任侍郎杨雍建，南河领帑承修小黄庄堤工一段完竣，又捐力银五千两，全完，准其回籍。原任总漕马世济，南河未捐银，亲身效力，领帑修工，俱已全完。学道王式谷，南河捐银二千两；学道陆鸣珂，南河捐银四千两；学道姚淳焘，南河捐银三千两；学道陆德元，南河捐银二千两；学道刘谦吉，南河捐银二千两，俱已全完，俱亲身效力，领帑承修高家堰工程全完。江南学院张榕端，南河捐银八千两；浙江学院张希良，南河捐银三千两；浙江学院郑开极，南河捐银一千两；学道汪薇，南河捐银二千两；侍读学士史夔，南河捐银一千两，俱已全完，俱在高家堰防险效力。原任布政使王毓贤，南河捐银五千两，全完；领银承挑裴家场引河，工程全完。原任少詹事前学道邵远平，南河捐银三千两，全完；领银承筑挑水坝工程，全完；又分挑陶庄引河，工完复淤，应赔银一千七百三十七两三钱零，亦已交完。学道王管，南河捐银三千两，全完；分挑陶庄引河，工完。学道史陆舆，南河捐银二千两，全完；领帑承修高堰工程，全完；又分挑陶庄引河，工完复淤，应赔银四百九十二两六钱零，未完。学道岳宏誉，南河捐银二千两，全完；领帑承修高堰工程，全完；又分挑陶庄引河，工完复淤，应赔银一千七百八十九两四钱零，尚未完交。学院朱阜，南河捐银五千两，全完；分挑陶庄引河，工完复淤，应赔银四千八百五两六钱零，未完。学道高尔公，南河捐银二千两，全完；分挑陶庄引河，复淤，应赔银四千二百两六钱零。高尔公今已病故，行原借追银尚未完交。原任同知连璧，（在）[1]南河捐银三千两，全完；领帑承修车逻滚水大坝工程，全完。原任郧襄道蒋兴芑，南河捐银四千两，全完，见在工效力。同知苏稷，南河捐银二千两，全完，见在工效力。河南开归守道周铨元，南河捐银五千两，全完，未到工效力。知府萧星拱，同知李梅，通判朱廷植、胡琪、边声威，原任同知邓之琮、常维祯、刘光业、罗京，原任通判孙调鼐，县丞翁煜，守备夏景松，各领帑协修高堰等处工程，趋事效力，俱各全完。员外郎王登魁、通判宁维邦，领帑堵塞茆家围、夏家桥二坝，坚固全完，如此险要工程，尽心趱堵，劳绩宜叙。升任淮徐道副使施世纶，管理高堰工程钱粮出纳清楚。淮扬道参议王谦，保守高

---

[1] 在　衍字。

堰工程，竭蹶趋事，理合一并叙明，听候部议。解任巡抚高承爵，领帑承修高涧工程一段，内有七十丈蛰陷，奉旨“着自往河工修理”，见在修理尚未完工。再查档案内，虽有捐力学道左岘完银四千两，庄朝生完银三千两，王郙完银二千两，吴自肃、丘园卜、张光豸各完银一千两，但久已回籍，并未在工效力，无劳绩可叙。原任知县金玉璧捐银二千两未完，咨部移该旗都统行追，尚未完交。相应具题，伏乞皇上睿鉴，敕部议覆施行。

〔高堰工竣〕

兵部尚书兼都察院右都御史、总督河道、提督军务、臣张鹏翮谨题，为题报高家堰工程完竣事。

康熙四十一年二月十二日，准工部咨开，都水清吏司案呈，奉本部送工科抄出，该本部覆河道总督张鹏翮题前事等因。康熙四十年十一月二十五日题，十二月十二日奉旨：“该部知道。”钦此钦遵。于十二月十三日抄出到部。该臣等议得，河道总督张鹏翮疏称：“高堰堤工部臣范承勋等分为三段修筑，先筑小黄庄至周桥一段，已经部臣奏报在案。迨后奉旨命臣督催，臣逐段督催，目击分修臣原任巡抚王起元、线一信、金铉、陈汝器、宫梦仁，原任学士李应鹰，原任总漕马世济等，亲住工所，尽心修筑。效力学道陆鸣珂等、协修厅员李梅等亦皆急公趋事，陆续将周桥至棠梨树、武家墩至小黄庄，临湖镶柴加帮里戗工程，各照段俱报完工。又续题准修之秦家高冈新大堤等处堤工，亦俱报全完。”查部臣范承勋等原题疏内有“工竣会同总漕交与总河，责令经防官照例保护抢修”等语。今工程已完，应会同总漕臣查勘收工，令经防官照例保固，用过钱粮，俟核实造册题销等因前来。查高堰小黄庄等处临湖镶柴加帮里戗，并秦家高冈等处堤工，既经报完，应令总河会同总漕查勘，如果工程合式坚固，以收工之日起，令地方经防官照例保护抢修。高家堰关系紧要，应令该督时时督率道员等官巡查，毋致疏虞。至用过钱粮，该督应作速核明，造册具题可也。

康熙四十一年正月二十八日题，二月初二日奉旨："依议速行。"钦此钦遵。抄出到部等因，移咨到臣。准此，当经檄行淮扬、淮徐二道参议王谦，署淮徐道事、管理河库、兵部员外郎张弼造册详送核题等因到臣。据此，该臣看得，高堰小黄庄等处临湖镶柴加帮里戗，并秦家高冈等处堤工完竣，经具题报部，议令臣会同总漕查勘收工，照例保护。至用过钱粮，作速核明造册具题等因。奉旨："依议速行。"钦遵在案。除会同总漕臣桑格查勘，已经会疏题报外，所有用过钱粮，行据淮扬道参议王谦，署淮徐道事、管理河库、兵部员外郎张弼详称"部拨高堰大工银一百二十八万五千四百四十九两，自小黄庄起至周桥止，加帮内戗工长五千六百一丈九尺六寸，共用土方埽料银一十八万九千二百六十一两四钱四分六厘一毫三丝九忽六微，临湖镶柴共用银三万七千四百六十九两三钱九分四厘二毫六丝。又龙门坝工续题镶柴一路，共用银一千一百七两八钱四分四厘四毫。又自武家墩起，至小黄庄止，加帮内戗工长六千五百三十五丈二尺，共用土方埽料银二十万五千四百六十六两八钱四分九厘二毫七丝三忽五微一纤；临湖镶柴，共用银四万八千八十五两四钱九厘。又自周桥起，至棠梨树止，加帮内戗工长二千九百四十一丈六尺七寸，共用土方埽料银一十一万六千一百三十四两七钱六分五厘五毫八丝九忽；临湖镶柴，共用银二万七千三百七十六两四钱六分六厘三毫六丝八忽。以上三工，通共用过银六十二万四千九百二两一钱七分五厘三丝一微一纤。内有高涧大坝戗工七十丈，估银二千二百二十八两五钱二分，分修解任巡抚高承爵。现在修补，尚未完竣，俟工完之日，验明另行题销。今实销银六十二万二千六百七十三两六钱五分五厘三丝一微一纤，较比原估节省银六十六万五百四十六两八钱二分四厘九毫六丝九忽八微九纤。又题准加高柴工，自武家墩至棠梨树止，工长一万四千九百八十一丈二尺三寸，估用银二万九千三百三十一两一分四厘七毫二丝。内有分修原任总漕马世济高堰大坝加镶柴工内节省银四百四十九两八钱八分。又因林格等石工倒塌，牵卸柴工，应追银八百四十四两九钱九分二厘，邓之琮透领银一百一十八两三钱二分，已经缴库，实用银二万七千九百一十七两八钱二分二厘七毫二丝。又天然坝南起，至秦家高冈止，一律镶柴，工长八百九十四丈，估用土方柴束银一万九百六十三两五钱五分八厘二毫一丝，内节省银一千六十八两五钱七厘二毫二丝，尚未缴库，实用银九千八百九十五两五分九毫九丝。又武家墩山阳交界起，至清河运口裴家场口门止，临湖签钉排桩，并加帮创筑堤，工长一千二百七十二丈，估用土方工料银二万一千八百一十七两八钱九分七厘三毫，内节省银一千一百二十四两七分七厘五丝，已经缴库，实用银二万六百九十三两八钱二分二毫五丝。又估筑高涧清水潭越堤，工长九十六丈，实用银九千三百五十八两七钱二分八厘二毫五丝，应于原任巡抚江有良、卫既齐家属追还。又高涧大坝创筑月堤，工长二百五丈五尺，实用银九千四百四十四两八分七厘五毫。以上五工，实应销银七万七千三百九两五钱九厘七毫一丝，查无浮冒，相应造册报销。

“再查自古沟南起至林家西止，创建石工，续经改估，止需银二十万二千一百八两七钱二分八厘六毫四丝，前发过银二十万七千一百三十九两三钱三分六厘八毫四丝，计透领银五千三十两六钱八厘二毫，现在催缴。又高涧大坝密钉排桩丁下埽个，原估银一万二千五百五十两三钱六分六厘，发过银一万一千二百九十五两三钱四分。又补修高堰大坝并六安沟倒卸石工，原估银一万六千二百四两七钱一分四厘四毫八丝，发过银一万五百两。又补修高涧汛未完层次石工，原估银九千二十一两四钱一分六厘二毫八丝，发过银八千一百一十二两一钱七分九厘五毫三丝五忽三微九纤。又加高龙门坝卑矮石工，原估银五千五百三十九两六钱六分九厘一毫，发过银四千九百八十五两七钱二厘一毫九丝。又修建天妃闸工，允估银二万八千二百四十二两九钱四分九厘二毫四丝，发过银一万五千两。以上各工，现在兴修，陆续早发银两，修完另行报销。又王家口等处估钉排桩，因临湖镶柴并估建石工，亦属坚固，则前估排桩节省停止，已经题报在案。所有员外郎王登魁等领修夏家桥排桩银一千两，已经缴库。又修防挑水坝，题明借动银二千两，应俟追出金玉璧捐银还项。原任巡抚卫既齐运料河未完动用银七百六十二两，应于卫既齐家属照追还项。

“以上共止算发过银二十五万四千七百六十三两九钱五分三毫六丝五忽三微九纤，合续题各工通共发过银三十三万二千七十三两四钱六分七丝五忽三微九纤，计应存库银三十二万八千四百七十三两三钱六分四厘八毫九丝四忽五微。内各分修督抚及学道厅员透领及未领节省并李雯等透领石工银两等项，应缴银四万七千五百七十五两一钱一分二厘四毫六丝六忽八微九纤，内原任总督朱弘祚应缴透领银二千一百五十八两六钱五分，原任巡抚江有良应缴透领银四千五百四十五两三钱一分五厘二毫二丝四忽，原任总漕马世济应缴透领银八千四百二十七两九钱五分九毫四丝二忽四微，原任巡抚线一信应缴透领银七千六百五十七两一分四厘三毫八丝六忽，原任巡抚宫梦仁应缴透领银四千六百二十二两一钱五分六厘五毫七丝六忽，原任巡抚陈汝器应缴透领银三千五百五十九两五分九毫五丝，原任巡抚卫既齐应缴透领银一千二百七十九两五钱七分九丝，原任学道刘谦吉应缴透领银三千四百四十五两四钱四分七厘六毫，原任学道史陆舆应缴透领银一千三百九十三两六钱三分八厘一毫八丝四忽，原任学道岳宏誉应缴透领银一千七百三十三两二钱九厘五毫五丝四忽，原任学道陆鸣珂应缴透领银二千三百九十七两一钱二分九厘二毫五丝四微九纤，候补知府李雯等应缴透领石工银五千三十两六钱八厘二毫，原任同知刘光业等应缴节省银一千六十八两五钱七厘二毫二丝，原任通判孙调鼐应缴透领银二百五十六两八钱六分四厘二毫九丝，实存银二十八万八百九十八两二钱五分二厘四毫二丝七忽六微一纤。又收原任左都御史董讷余外节省银五百一十三两九钱九分二厘九毫五丝。又收邓之琮赔还坝工旧土银一百四十六两一钱六分。现实存银二十八万一千五百五十八两四钱五厘三毫七丝七忽六微一纤。其透领未缴银两，系旗人，行该旗都统；系汉人，行该省巡抚，照追解还清项”等因，册详前来。臣覆核无异，除原册送部查核外，相应具疏题销，伏乞皇上睿鉴，敕部核销施行等因。

康熙四十一年六月初二日题，本月十九日奉旨：“着察核。该部知道。”钦此钦遵。于六月二十日抄出到部。该臣等议得，河道总督张鹏翮疏称“高堰等处临湖镶柴加帮里戗堤工完竣，将实用及节省银两造册奏销”等因前来。查小黄庄等处镶柴及帮堤工程，先经尚书范承勋等裁减土方埽料等银四十九万八百两零，奏明在案。今通共告竣，共用银六十二万二千六百七十三两六钱五分零，前后通共裁减并节省银六十六万五百四十六两八钱二分零。该工既经总河张鹏翮、总漕桑格会勘合式完竣，应将用过银两准其开销。至高承爵领筑高涧大坝戗工未完，应作速催完，造册题销。又疏称“节省银两之内，武家墩等处加高柴工，并创筑月堤秦家高冈等五工，共用过银七万七千三百九两五钱零，查无浮冒。林家西等处创建石工，并修高堰、高涧、六安沟、龙门坝、天妃闸等石工，发银二十五万二千一两九钱零，工完题销。又修防挑水坝，借动银二千两，应俟追出金玉璧捐银还项。卫既齐及各员未完透领等银四万八千三百三十七两一钱零，应照追还项，实存银二十八万八百九十八两二钱五分零”等语。查武家墩等处加高柴工，并创筑月堤及秦家高冈五工，该督既称“委无浮冒”，应准开销。其林家西等处工程拨发银两，应俟工完题销之日查核。至金玉璧捐银，已经行旗追取。卫既齐及各员未完银两，应行该督作速追完报部。实存高堰大工节省银二十八万八百九十八两二钱五分零。又董讷缴还节省及邓之琮赔还坝工银，共六百六十两一钱五分零，俱贮库为河工之用可也。

康熙四十一年闰六月十一日题，本月十四日奉旨：“依议。”

〔修桃源烟墩越堤〕

兵部尚书兼都察院右都御史、总督河道、提督军务、臣张鹏翮谨题，为亟修烟墩越堤，以保工程，以卫城社、民生事。

该臣看得，桃源城西烟墩埽工夙称险要，今年黄水大长，积至二十四日不消，大溜直射堤根，甚为危险。臣在安东工次闻报，即星夜遄往，督率河官竭力抢护，已下埽搂崖，见在钉桩套埽，期保无虞。随据桃源士民乔世桢等呈称“烟墩堤下近城有越堤一道，年久残缺，应加筑高宽，既可保护险工，又可捍卫城池”等语。臣即率河官亲勘形势，果于河工、民生两有裨益。但旧越堤只筑近城一半，年久残缺卑薄，而临湖一带，地势低洼之处，必接筑堤工，与越堤相连，方可包固险工，捍御有资。约估加帮越堤长五百七十八丈，接筑堤工长五百九十三丈，约共需帑一万九千四百四十八两零。因水大未消，工程关系紧要，照例动帑，委桃源县知县杜学林等克期兴修，另疏题估外，所有应修越堤情形，理合题明，伏乞皇上睿鉴，敕部迅覆施行等因。

康熙四十一年闰六月十六日题，七月初三日奉旨：“工部速议具奏。”钦此钦遵。于七月初三日抄出到部。该臣等议得，河道总督张鹏翮疏称“桃源城西烟墩埽工夙称险要，今年黄水大长，不消大溜直射堤根，甚为危险。臣闻报星夜遄往，督率河官竭力抢护，已下埽搂崖，见在钉桩套埽，期保无虞。据士民乔世桢等呈称：‘烟墩堤下近城越堤，年久残缺，应加筑高宽，既可保护险工，又可捍卫城池。’臣亲勘，果于河工、民生两有裨益。但旧越堤年久残缺卑薄，而临湖低洼之处，必接筑堤工，与越堤相连，方可包固险工，捍御有资。约估加帮越堤接筑堤工，共需帑一万九千四百四十八两零，工程关系紧要，照例动帑兴修，另疏题估”等因前来。查该督既称“烟墩埽工，黄溜直射险危，请将堤下近城越堤加帮，并接筑堤工，可以保护险工，并捍卫城池”等语，应如所题，速行帮筑。其需用钱粮细数，确估具题可也。

康熙四十一年七月初五日题，本月初十日奉旨：“依议速行。”

〔加帮车路口堤工〕

兵部尚书兼都察院右都御史、总督河道、提督军务、臣张鹏翮谨题，为亟请加帮卑矮堤工事。

该臣看得，山阳黄河南岸老坝口起，至小车路口止，缕堤卑薄，堤外原有淤滩可恃。今据淮扬道参议王谦详称：“近因黄水大涨，溜走南岸，淤滩刷去，危险堪虞，亟宜加帮高厚，以资保固。计工长一百三十九丈，估用土方银一千九十二两六分，委无浮冒。”造具估册，并请发帑兴修前来。臣覆核无异，不另请拨钱粮。因水大工程紧要，除动支高堰大工节省银两，给发外河同知南梦班等帮筑，并原册送部查核外，相应具题，伏乞皇上睿鉴，敕部议覆施行等因。

康熙四十一年闰六月二十六日题，七月十二日奉旨：“工部速议具奏。”钦此钦遵。于七月十三日抄出到部。该臣等议得，河道总督张鹏翮疏称“山阳黄河南岸老坝口起，至小车路口止，缕堤卑薄，堤外原有淤滩可恃。近因黄水大涨，溜走南岸，淤滩刷去，危险堪虞，亟宜加帮高厚，以资保固。工长一百三十九丈，估用土方银一千九十二两零，动支高堰大工节省银，给发外河同知南梦班等帮筑”等因前来。查该督既称“黄水大涨，溜走南岸老坝口起，至小车路口止，缕堤卑薄，危险可虞，亟应加帮”等语，应如所题，速行帮筑，工完将用过银两核减，造册题销可也。

康熙四十一年七月十五日题，本月十八日奉旨：“依议速行。”

〔覆黄河石工〕

兵部尚书兼都察院右都御史、总督河道、提督军务、臣张鹏翮谨奏，为钦奉上谕事。

康熙四十一年六月十八日，于归仁堤勘工处所，接准内阁移文，内开：内阁移咨总河张鹏翮，康熙四十一年六月初三日，大学士伊桑阿、马齐、张玉书、吴琠、熊赐履，学士来道、常寿、铁图、纪尔塔浑、王九龄、曹鉴伦、刘光美等，奉上谕："朕因永定河南岸不时冲坍，特旨令将南岸修筑石堤，看来甚有裨益。今黄河两岸，自徐州以下至于清口，通行修筑石堤，可否永远有益？若果有益，现在库帑不为缺少，朕于钱粮一无所惜。修筑此堤，应于何处采取石料，作何转运，约几年可以告成，着张鹏翮齐集河员详议具奏等因，为此移咨等因到臣。钦此。"仰见我皇上仁德如天，欲河定民安，万世永赖之盛心也。臣以事关重大，随调集众河官详议，咸称堤岸建修石工，必得地基坚实，钉桩砌石，始有捍御之资。

若黄河水性无常，迁徙靡定，沙土虚松，险工之处，水深三四丈不等，难以钉桩。若另筑越堤，修砌石工，而临河险工，每年岁修仍不可废，恐致重费钱粮。若弃险工而不修，异涨之水，势若排山，又恐石工有坍卸之虞。即如高堰土性坚实，从前所修龙门大坝等石工，尚有坍卸之虞，况黄河松虚之地乎？故黄河止有徐州之郭家嘴，清河之惠济祠，缘山根土冈，量修石工，其余两岸，并未通行兴修，诚以土有虚实之不同也。且委员查勘，黄河自清口至徐州南岸，长六万六千七百零一丈五尺，约需银一千二百七十八万五千九百六十两五钱零。北岸除山冈不修堤外，计长五万四千三百九十八丈二尺，约需银九百九十九万七百六十二两五钱零。工巨费繁，旷日持久，钱粮易致花费告成，难以豫料。

臣等愚昧，所以未敢轻为拟议。伏惟我皇上圣明天纵，治河方略，咸荷圣谟指授，乃克底绩。臣等识见卑陋，实无补于涓滴，谨将黄河两岸土性虚松，迁徙靡常情由，据实奏明。其应否修砌石工之处，伏候睿裁。为此具折，由内阁转奏。

〔筑韩、尹二庄月堤〕

兵部尚书兼都察院右都御史、总督河道、提督军务、臣张鹏翮谨题，为亟请加筑越堤，以资保固险要工程事。

该臣看得，今岁自伏汛以来，水势大涨情形，曾经题报在案。今据淮扬道参议王谦详称“山阳外河韩、尹二庄，素称险要，兹值水长逾月，堤根浸虚，又被洪涛冲击，埽个蛰陷，堤岸坍卸，危险堪虞。见今日夜竭力抢护，务期保固。但水势甚大，不得不多方预防。查该工堤里有运料河堤，卑矮难恃，且两头原无格堤，接连缕堤，急应加筑宽厚，作为越堤，以为重门之障，二共工长八百八十丈。又帮筑韩家庄坝台，工长八十丈，约估工料银一万六千六百余两”等因前来。臣亲勘无异。因水大保固，险工关系甚为紧要，照例动帑给发外河同知南梦班等上紧兴修。一面确估造册，另疏具题外，谨将工程紧急，照例先行发帑情由，具疏题明。伏乞皇上睿鉴，迅赐施行等因。

康熙四十一年七月初二日题，本月十八日奉旨：“工部知道。”钦此钦遵。于七月十九日抄出到部。该臣等议得，河道总督张鹏翮疏称“山阳外河韩、尹二庄，素称险要，兹值水长逾月，堤根浸虚，又被洪涛冲击，埽个蛰陷，堤岸坍卸，危险堪虞。见今日夜竭力抢护，务期保固。但水势甚大，不得不多方预防，急应加筑越堤，以为重门之障，工长八百八十丈。又帮筑韩家庄坝台，长八十丈，约估银一万六千六百余两。因关系紧要，照例动帑发给外河同知南梦班等上紧兴修，一面确估，另疏具题"等因前来。查埽个蛰陷，堤岸坍卸之处，应着令经防各官作速赔修完固。其韩、尹二庄，既称应加筑越堤，帮筑埽台等语，应如所题，速行帮筑，所需工料银两，确估具题可也。

康熙四十一年七月二十八日题，八月初五日奉旨："依议速行。"

〔黄、运两河水势〕

兵部尚书兼都察院右都御史、总督河道、提督军务、臣张鹏翮谨题，为恭报微臣勘明黄、运两河水势渐消，堤防保固，仰慰圣怀事。

窃照今年伏汛水势大长甚久，已于恭报伏汛水势情形疏内题明在案。讵意题报后，水势犹复浸长，黄河两岸之烟墩、车路口、韩家庄、童家营、郑家马头、二塘、王家堂、戚字堡、狼矢沟、鸡觜坝、顾家庄等处险工屡报危险。又高家堰湖水积长，于闰六月二十三四至七月十四等日，常起西风，大暴巨浪，拍击堤岸，处处报险。臣四下奔驰，亲督各汛官昼夜竭力抢救，幸获无恙。但积水难消，堤根浸虚，风浪撞击，在在堪虞。正在筹画宣泄之际，见惠济祠下黄水渐落三四寸，从此各汛亦报渐消。据山安同知裘陈佩报称"闰六月二十六日，大通口下二十余里有西磡汛之臧家沟，值黄水顶冲，漫开约三百余丈，河流不移。探看水势分支，由运料小（黄）〔河〕六十里直出海口，分泄黄溜，以致水势渐消，而各处险工得保无虞”。臣闻报遄往查勘，臧家沟以下，俱系一片芦荡溢出之水，由运料河至八滩，会同正河入海。

查此处在大通口下，原属海滨旷衍，无关运道、民生，乃先年宣泄黄流入海之处，原无堤工。自前河臣靳辅因黄、淮未会，故创筑缕堤，水大听其漫溢，水落仍复归（漕）〔槽〕，于工程绝无妨碍。查旧案内，靳辅曾云“河道大坏之日，非筑堤不能束水，河道已俱宽深，此堤虽有坍卸，亦属无碍”等语。今淮、黄会流通畅，兼之今年水势异涨，大通口以下堤岸逼窄，实难容纳，正可仍留此处口门，宣泄异涨，以保上源各处险工。俟水落淤浅，再行相度形势，或堵或留，酌议奏闻。臣勘马家港口门渐淤，全黄尽趋大通口，宽阔通畅，八滩以下海口积沙尽去，极其深通。复勘烟墩等工，各官奋力抢护，见在平稳，运河工程亦俱保固平稳。高家堰六坝一带工程，遇有汕刷，随即修补平稳。前疏内题明宣泄异涨之鲍家营、茆良口、天然坝、清水潭等口门，俱可暂停开放。其下河一带，稻禾成熟，民居晏然。臣所遍历之处，据土人咸称，今年水势大过三十五年，幸赖圣主轸念民生，指授治河方略，精详周至，以至河底深通，堤岸坚固，小民获享盈宁，感颂圣恩，欢声遍野。除秋汛情形，至期照例另疏题报外，臣思我皇上仁德如天，无时不以河工为念，所有目前微臣勘明水势渐消，堤防保固情形，理合具疏报闻，恭慰圣怀，伏乞皇上睿鉴施行等因。

康熙四十一年七月二十二日题，八月初八日奉旨：“该部知道。”钦此钦遵。于八月初九日抄出到部。该臣等议得，河道总督张鹏翮疏称“伏汛水势大长甚久，于恭报伏汛后，犹复浸长，黄河两岸烟墩、车路口等工，处处报险。臣四下奔驰，昼夜抢救，幸获无恙。但积水难消，堤根浸虚，正在筹画宣泄，见惠济祠下黄水渐落，从此各汛亦报渐消。大通口下有西磡汛之臧家沟，值黄水顶冲漫开，由运料小河直出海口。查勘臧家沟以下，俱系芦荡，原属旷衍，无关运道、民生。今淮、黄会流通畅，兼水势异涨，大通口以下，岸窄难容，可仍留此口门宣泄，以保上源各处险工。俟水落淤浅，再相度形势，或堵或留，酌议奏闻。烟墩等工、运河工程、高家堰六坝工程，俱修补平稳”等因前来。查烟墩等处工程，既称俱保固平稳，毋容议。至臧家沟，先经该督疏称“漫溢过水三百余丈，俟水落堵筑”，臣部覆令即行赔修完固，将疏防各官题参在案。臧家沟等处地方，向筑缕堤，束黄水由大通口入海，冲开三百余丈，应即令赔修。今该督既称“俟水落相度形势，或堵或留，酌议奏闻”等语，应俟具题到日再议。至疏防各官，仍行该督题参可也。

康熙四十一年八月二十四日题，本月二十六日奉旨：“依议。”

〔秋汛水势情形〕

兵部尚书兼都察院右都御史、总督河道、提督军务、臣张鹏翮谨题，为恭报秋汛水势情形事。

该臣看得，今年秋汛，黄、运、湖、河水势情形，据各厅呈报，黄河自徐州以至海口，加长六尺四寸及三尺九寸不等，然皆渐次消落，两岸岁、抢工程，相机修防，俱各平稳，马家港前此水深数丈，今已淤平，黄水尽由大通口畅出，海口极其深通。其大通口迤下之臧家沟漫水，今由高门港口门归入正河入海。中河之水、盐河及刘老涧减坝分泄淮、扬运河之水，由泾、涧、人字、芒稻等河分泄，各处工程俱皆修防平稳。归仁堤工程亦俱防守平稳。高家堰及六坝工，遵旨加谨保固，画地防守，随时抢修堤防，俱保固平稳。其高承爵承修高涧大坝未完工程，现在严催修理，如再迟延，另疏题报。天然二坝竟未开放，扶淮水使强，畅出清口，以敌黄水大长之势。今伏、秋二汛，黄、淮并涨，大过三十五年之水，赖有挑水坝加筑宽长，逼黄河大溜直趋陶庄引河，循北岸而行，引河首尾刷成大河，故清水得以畅出，黄水绝无倒灌之虞。立大墩，一望满河皆属清水，惟见一线黄流，河滨土著耆老叹以为从古未有。今年入夏，始而雨水连绵，继而水势大长，幸河道深通，水由地中行，即如高、宝、兴、泰等处，最称洼下，俱得田禾收获，民居晏安。黄童白叟感颂圣主盛德丰功，拯救数百万生灵，出昏垫而登乐土，欢声雷动，遍于郊原。此皆我皇上指画周详，圣谟独断，乃克臻此。所有秋汛水势情形，理合具疏题报，伏乞皇上睿鉴施行等因。

康熙四十一年九月初六日题，本月二十日奉旨："览奏，挑水坝筑成，逼黄河大溜直趋陶庄引河，循北岸而行，黄河从大通口畅出，海口极其深通。淮水从清口畅流敌黄，绝无黄水倒灌之虞。高家堰堤工完固，加谨防守，经伏秋大涨，俱获平稳。运河水由泾河、涧河、人字、芒稻等河分泄，各处工程亦皆保固。知道了。该部知道。"

〔承追限期〕

兵部尚书兼都察院右都御史、总督河道、提督军务、臣张

鹏翮谨题，为钦奉上谕事。

康熙四十一年五月二十日，准工部咨开，都水清吏司案呈，查得总河张鹏翮咨称"运料河堤应追缺少土方，并王公堤排桩核减银两，迄今尚未完解。据淮扬、淮徐二道详称'御史廖腾煃条陈追赔河工银两，定限半年，原指漫缺赔修工程而言。此行追未完缺少土方，并核减银两，应照承追杂项钱粮之例行追，相应咨达等因前来。查定例内，堤岸冲决，河流不移者，将管河各官俱革职戴罪，勒限半年赔修；分司道官俱各降四级督赔，应赔银两，亦照赔修之例处分等语。未完缺少核减等银，俱系应赔银两，廖腾煃条奏甚明，应行该督仍照新例扣追。如限满不完，照例题参可也。为此合咨前去，查照施行'等因到臣。准此，当行各该道遵照去后。今据淮扬道参议王谦、淮徐道佥事张弼会详到臣。据此，该臣看得，承追河工银两，应照杂项钱粮例扣限，经臣咨明工部，续准部议，仍照新例扣追等因，移咨到臣。随行淮扬、淮徐二道转饬遵照行追去后。今据淮扬道参议王谦、淮徐道佥事张弼详称：'承追之员与承修之员不同。'伏查定例，堤岸冲决，河流不移，管河各官戴罪赔修，工完开复。限内不完，则将承修各官分别降革，未完工程，仍令赔修。又云应赔工程，动帑修葺者甚多，将此应赔银两，亦照赔修之例，勒限处分等语。细绎例意，原指承修之员而言。即如康熙四十一年三月内，直隶巡抚李光地题参大兴县知县王廷聘承追刘文灿应赔银两，又限满无完，部议照杂项钱粮未完例，降俸二级，勒限督催。是承追之员不同于承修之员明矣。案查河工一切应追银两，咎在欠帑之人，均与见任道厅无涉。前经咨达工部，照杂项钱粮例行追，正与议处王廷聘之案相符，未经部准。今查河官驻宿工所，较之地方有司安坐衙署者不同。

每遇桃、伏、秋汛，抢救工程，冲风冒浪，寝食不遑。若并责之追比逋欠，势难分身，一经违限，概照新例处分，官如传舍，人尽寒心。惟有尸位半年，坐待参革，无论欠帑终无完日，切恐工程亦与俱误。且同一应赔之银，同一承追之员，刘文灿一案，在大兴县知县王廷聘已照杂项钱粮之例议覆，奉旨：'依议。'钦遵在案。则承追河工一切银两，应援王廷聘之例，均照不作十分之杂项钱粮一例勒追，于理允协，请题为例"等因前来。臣查河工承追银两，自改一年为半年之限，时日迫促，欠帑者措办不及，承追之官徒添处分之累，究于帑项无裨。合无仍照一年之例，岁月宽舒，欠帑者易于措凑完交。倘有违限，无论河员州县，俱照杂项钱粮例议处。例限画一，可杜推议之弊。臣谨具疏题请，伏乞皇上睿鉴，敕部议覆施行等因。

康熙四十一年九月初六日题，本月二十二日奉旨："该部知道。"

〔请指示善后机宜〕

兵部尚书兼都察院右都御史、总督河道、提督军务、臣张鹏翮谨奏，为仰赖圣谟，河工底绩，恭请睿裁指示善后机宜事。

钦惟我皇上励精图治，中外敉宁，圣德神功，亘古莫并。独有河工一事，每廑睿虑，念国计民生攸系，亲临阅视，洞悉原委，区画精详，宸衷独断，指授方略。尽拆拦黄坝以通海口；加筑挑水坝，开陶庄引河，以导黄流北行；加培高堰，堵筑六坝，以束淮敌黄；挑张福口、裴家场、张家庄等引河，以畅淮流；修筑归仁堤堤河闸座，以节宣睢水；加筑黄河堤岸以固堤防；堵邵伯更楼等口，以利转输；塞时家马头，以杜黄水旁溢；

修理运河两岸排桩，浚深运河，改修中河，以利漕运；疏人字、芒稻河、泾、涧等河，以泄运河异涨之水；挑海沟、虾、须等河，以泄下河积水；新建高邮、南关、车逻等处滚水坝，以资蓄泄；开王家营减坝，挑盐河，以泄清黄异涨之水；挖戚字堡等引河，逢湾取直，以分水势。一应紧要工程，次第修理，俱已完毕。今岁伏汛大水，黄、淮并涨，逾月不消，水势大过三十五年，依然堤防保固，淮水敌黄，海口通畅。目今运道深通，民田耕获，黄童白叟感戴天恩，咸颂圣主天纵神智，又不惜数百万帑金，治河底绩，拯救亿万生灵，出昏垫而安乐土，欢声如雷，洋溢郊原。此皆我皇上睿虑周详，圣谟独断，烛照于事前，符验于事后，德同天地，功迈百王，诚万世永赖之伟绩也。微臣自惭学识浅陋，前此治河工程，皆荷皇上指示。今工程修毕，经过大水之后，一切善后机宜，伏乞皇上亲临指示，不特微臣知所遵循，即东南黎庶亦得遂瞻天仰圣之望矣。臣谨具疏绘图，差淮徐道张弼、同知李梅恭呈御览，伏候圣裁等因。

康熙四十一年九月十五日题、十月初五日奉旨："已有谕旨了。该部知道。绘图并发。"

〔河图总说〕

钦惟我皇上德侔天地，泽被寰区，武功耆定，文德覃敷，功化之隆，亘古莫比其盛。河工一事，犹廑睿虑。今仰赖圣谟，平成底绩，方略周详，名言莫罄。谨考黄河自昆仑历雍、豫、兖、徐，至淮之清口，会淮而入海。淮渎自洛及凤，历盱、泗，至清口，会黄而入海。是清口为河道之关键也。但黄势恒强，而淮势恒弱，必有以抑其强而扶其弱，乃资其利。自前河臣误筑拦黄坝，而海口淤塞；六坝溃决，而淮水东注；二渎不交，国计民生，俱受其敝矣。我皇上天纵神智，轸恤民生，三巡河道，洞悉形势，宸衷独断，指画精详。如拆拦黄坝以通海口；筑挑水坝，浚陶庄引河，以疏黄流；开张福口、裴家场等河，以导淮水；加培高堰，坚筑六坝，以束淮敌黄，而淮、黄交会矣；浚运河，增漕堤而运道安；开人字、芒稻等河，引水注之江；浚泾、涧、海沟、虾、须等河，引水注之海而下河治。其他疏筑工程，具有成效，而最要者，在清口大辟，黄、淮交会，虽遇伏秋异涨，依然清淮畅出，逼黄远避，绝无倒灌，顺轨安流。淮扬一带，黄童白叟，欢欣鼓舞，感颂皇仁，谓为数十年来所未有。此皆我皇上睿谟深远，圣虑精微。臣愚惟有洁己奉公，尽瘁河干，以凛遵成算而已。兹值工完，理合绘图，恭呈御览。

兵部尚书兼都察院右都御史、总督河道、提督军务、臣张鹏翮恭进。

〔代题恭请圣驾阅河〕

兵部尚书兼都察院右都御史、总督河道、提督军务、臣张鹏翮谨题，为据呈代题，恭请圣驾来春早临河工，以慰臣民颙望事。

据文华殿大学士兼礼部尚书致仕张英，原任福建巡抚宫梦仁，日讲官起居注翰林院侍读学士史夔，翰林院编修吴世焘，翰林院庶吉士刘师恕，原任右春坊右谕德兼翰林院修撰杨大鹤，翰林院庶吉士周彝，翰林院编修顾图河，翰林院庶吉士徐昂发，候补佥事道程兆麟，原任吏部文选清吏司郎中刘始恢，原任山东提学道刘谦吉，原任山东提学道陆鸣珂，原任陕西提学道陆德元，原任湖广提学道岳宏誉，原任福建提学道史陆舆，原任福建提学道汪薇，候补主事李湝仁，候补刑部主事程兆彪，原任工部屯田司主事刘愈，原任福建延平府知府张楷，原任浙江丽水县知县贾其音，原任浙江台州府同知连璧，原任内阁中书舍人李时震，原任直隶故城县知县许国璠，原任浙江嘉兴县知县许肇起，原任直隶赞皇县知县成永健，原任广东英德县知县刘洛中，原任河南夏邑县知县张豹，候选知县汪汉，候选知县孔鹏，进士杜光先、史泓、许迎年，举人高天骥、乔崇烈、丘闻衣、王式丹、贾良璧、贾珩、贾邦桢、张默、王蕙、成申、朱缵、乔兆栋、乔儆、王爵、王懋讷、李同声、刘肇锳、张翥、高克蕎、周宪、沈俨，生员张于来、张湛、蔡公锡、蔡曰芝等呈为圣驾临视河工以慰臣民颙望事。

我皇上尧仁溥被，禹智旁周，文德武功，亘天弥地，含生负气，食福饮醇。惟兹淮扬一路，频罹水沴，上廑圣怀，法驾三临，指授方略，不惜万亿帑金，拯此一方民命。诸如建挑水坝，开陶庄引河，使黄流不致倒灌；辟清口，拆拦黄旧坝，使二渎得以归墟。上河治则下河自治，莫如堤障洪湖，清流出则浊流自通。惟在坚闭六坝，浚人字、芒稻等河，以疏入江之路；塞邵伯更楼诸口，以收转漕之功；大挑运河，去二十年之淤垫；坚筑归仁，洒数百里之漫流。下及泾涧、虾、须诸河，无不通利。商民两便，田庐俱复，桑麻被野，童叟欢呼。此皆我皇上爱民之周，忧民之至，心参造化，手画平成之所致也。昨蒙具疏，恭请圣驾阅视河工，指授善后方略，英等不胜欢忭，迎至宿迁，见所在绅衿百姓无不踊跃欣感，翘首云霄。伏闻圣驾未即临幸，老幼提携，叩额瞻天，忱悃殷切，恳乞代为题达，恭请圣驾来春早临河工，以慰舆情。瞻仰虫鱼草木，待銮辂而春回，父老人民观翠华而雷动等情。

又据淮、扬二府各州县士民陆权、韩文挺、于廷谏、张国瑞、张敬、李自明、韩邦佐、李长年、杨天培、杨起先、余仲林、余祥、白华、徐子观、金朝兴、殷士贵、叶起、管章、张东晓等公具呈为圣恩弘敷，万民感谢，恳赐代题，请驾南幸，以慰舆情事。

切惟黄、淮二渎，自古为患，数年以来，叠罹水灾。幸蒙我皇上德迈唐尧，功高神禹，轸念民生，频蠲租赋，三次亲阅河工，指授方略，不惜数百万帑金，坚堵六坝，大辟清口，束淮刷黄，海口深通，河流顺轨，水不旁溢，历来沉没之田，尽获耕种，巨浸泽国，一旦变为膏腴，万姓乐业，永奏平成。今蒙恭请圣驾亲临阅视，再授善后方略，民生庆幸，市野欢腾。兹闻圣驾未即临幸，环谢下情未能上达，瞻天仰圣之心，翘望愈切。为此虔叩轸念舆情，准赐题请，恭迎圣驾，早幸江南，以遂万民欣睹天颜之愿等情。

又据河工效力内阁学士兼礼部侍郎张榕端，翰林院侍讲张希良，翰林院侍读学士史夔，候补左春坊左谕德郑开极，原任詹事府少詹事邵远平，候补佥事道程兆麟，原任贵州布政司王毓贤，原任山东提学道刘谦吉，原任湖广岳常道姚淳焘，原任山东提学道陆鸣珂，原任陕西提学道陆德元，原任湖广提学道岳宏誉，原任福建提学道史陆舆，原任福建提学道汪薇，工部屯田司郎中丁易，原任员外达古礼，工部郎中王进楫，工部员外王登魁，候补刑部主事程兆彪，候补中书科中书张百行，候补内阁中书杨守知，候选内阁中书杨穆，候补知府李雯，候补知府傅泽洪，原任同知夏宗尧，原任同知连璧，候选知县孔鹏等，恭请圣驾阅视河工，恳赐代题，以慰臣工瞻仰事。

钦惟我皇上德迈唐尧，功高神禹，念淮、扬二郡频罹水患，不辞劳苦，三次亲临河工，相度情形，指授方略，不惜帑金数千百万，拯此一方之民。建挑水坝，开陶庄引河，辟清口，疏海口，闭六坝，培高堰，挑运河，筑归仁堤，浚人字、芒稻等河，国计民生，万世永赖，皆系睿算所周，亘古轶今，史册罕觏。向蒙恭请圣驾亲临阅视，指授善后事宜，江淮之间，欢声雷动。至榕端等望日瞻云，尤为迫切，不啻百谷之仰膏雨，草木之被阳春。兹闻圣驾未即临幸，瞻望微忱，未能上达，为此公恳代题，恭请銮舆于春初和煦之时，早临河工，以慰瞻天仰圣之意各等情到臣等。

据此，该臣等会看得，据江南乡绅致仕大学士张英等，士民陆权、韩文挺等，效力河工官员张榕端等呈称“我皇上尧仁溥被，禹智旁周，文德武功，亘天弥地，含生负气，食福饮醇。惟兹淮扬一路，频罹水沴，上廑圣怀，法驾三临，指授方略，不惜万亿帑金，拯此一方民命。诸如建挑水坝，开陶庄引河，使黄流不致倒灌；辟清口，拆拦黄旧坝，使二渎得以归墟。上河治则下河自治，莫如堤障洪湖，清流出则浊流自通。惟在坚闭六坝，浚人字、芒稻等河，以疏入江之路；塞邵伯更楼诸口，以收转漕之功；大挑运河，去二十年之淤垫；坚筑归仁，洒数百里之漫流。下及泾、涧、虾、须诸河，无不通利。商民两便，田庐俱复，桑麻被野，童叟欢呼。此皆我皇上爱民之周，忧民之至，心参造化，手画平成之所致。昨闻圣驾阅视河工，再授善后方略，臣民无不踊跃欣感，翘首云霄。伏闻圣驾未即临幸，老幼提携，叩额瞻天，忱悃殷切，叩恳代为题达，恭请圣驾来春早临河工，以慰舆情”等因前来。臣等见江南臣民感戴天恩，颙望圣驾来春早临河工，共伸瞻觐之诚，情词恳切，不敢壅于上闻。谨会同江南江西总督臣阿山、总漕臣桑格、江宁巡抚臣宋荦、安徽巡抚臣喻成龙具疏题达，伏乞皇上睿鉴施行等因。

康熙四十一年十月十六日题，十一月初七日奉旨："知道了。该部知道。"

〔挑浚高邮河道〕

兵部尚书兼都察院右都御史、总督河道、提督军务、臣张鹏翮谨题，为估挑高邮河道，以利运行事。

据淮扬道参议王谦详"据扬河通判杨兆侨等详称'高邮界首迤下一带河道，向年湖河相连，水势甚大，故上年挑挖山、清、宝、应运河之时，未曾挑浚。今六坝久闭，高宝湖水消落，运河水势平缓，上流所刷之沙，聚积下流平缓之处，河底淤垫，恐重运未能利涉，亟应挑挖，一律深通，以利遄往。今自高邮界泥甸桥起，至永安南裹头止，应挑河长四千九百七十五丈，两头筑坝，估挑面宽八丈，底宽四丈，深以一丈为度，又上源运口拦河坝一道，共估土方工料银二万四千一百九十八两八分三厘五毫，并无浮冒'，相应造册详送等因到道。据此，该本道看得，运河为漕艘经由要津，山、清、宝、应河道，自惠济祠后起，至界首止，已于康熙三十九年内，蒙题估发帑挑挖，工完，见今宽深。其界首迤下一带河道，向因湖河相连，水势甚大，故未挑浚。今六坝久闭，高、宝湖水消落，运河水势平缓，上流所刷之沙，聚积下流平缓之处，河底淤垫，恐重运未能利涉，亟应挑挖，一律深通，以利遄往。今据扬河通判杨兆侨等详称'高邮界泥甸桥起，至永安南裹头止，应挑河长四千九百七十五丈，估挑面宽八丈，底宽四丈，深以一丈为度，及两头煞坝，并上源运口筑拦河坝一道，共估土方工料银二万四千一百九十八两八钱三厘五毫，并无浮冒’等因前来。本道覆核，委无浮冒，相应照造转详。查挑挖运河，关系紧要，应请题估。一面发帑委员募夫，于回空粮船过完，作速兴挑”等因到臣。

据此，该臣看得，运河为漕艘经由要津，山、清、宝、应运道，自惠济祠后起，至界首止，已于康熙三十九年内，经臣题估发帑挑挖工完，见今冲刷宽深。其界首迤下一带河道，向年湖河相连，水势甚大，故未挑浚。今六坝久闭，高、宝湖水消落，运河水势平缓，上流所刷之沙，聚积下流平缓之处，河底未免淤淀，恐重运未能利涉，亟应挑挖，一律深通，以利遄往。兹据淮扬道参议王谦详称“高邮界泥甸桥起，至永安南裹头止，应挑河长四千九百七十五丈，估挑面宽八丈，底宽四丈，深一丈，并两头煞筑拦河坝，共估土方工料银二万四千一百九十八两八分三厘五毫，委无浮冒”等因，册详前来。臣覆核无异。查挑挖运河，关系紧要，随动支高堰大工节省银两，给发扬河通判杨兆侨、里河同知王英谋等，率汛员于回空粮船过完，作速闭坝挑浚。一切进贡及差使官兵船只，仍照前过坝者，听其过坝，起旱者即行起旱，不得擅自开放，俟来年新运粮船到时，启坝开行。除委淮扬道王谦监工督催，并原册送部查核外，相应具疏题估，伏乞皇上敕部迅赐议覆施行等因。

康熙四十一年十一月十六日题，十二月初五日奉旨：“界首以下运河，若极其淤浅，有碍漕运，即照所题挑浚。如漕船尚属可行，则挑浚着停止。将此项银两留于紧要工程动用。该部知道。钦此。”

接工部移咨到臣，该臣看得，界首以下河道，康熙三十九年因湖水相连，水大未能挑挖。今六坝坚闭，高邮湖水消落，运河流缓沙停，江西、湖广粮船身重，入水更深，不无浅涩盘剥，仍应遵旨挑挖深通，以利粮艘遄行。查前估计银二万四千一百九十八两零，今相度情形，饬令厅汛各官加意节省银一万二百三十四两零，严催承挑人员，昼夜疾趱，已于十二月二十六日完工，二十八日开坝放水。理合具折奏明，伏乞皇上睿鉴施行。为此具折，专差候补佥事道程兆麟赍捧，谨具奏闻等因。

康熙四十二年正月初一日奏。

整理人：戴甫青，中国水利水电出版社编辑，中国水利学会水利史与水利遗产专委会会员，扬州大学中国大运河研究院特约研究员。长期从事水利史、运河史整理研究。曾参加《江苏省志·水利志》编校、《江苏江河湖泊志》编纂、《江苏水文化丛书》编写，承担《中国水利史典（二期）》行水金鉴卷、运河卷文献整理。

《中国黄河文化大典》编辑出版人员

总　编　辑　涂曙明

总责任编辑　营幼峰

总执行编辑　王厚军　马爱梅　宋建娜

黄河治理（古代部分）二

责任编辑　杨春霞　宋建娜

审稿编辑　王　勤　宋建娜　沈林莉　杨春霞

装帧设计　芦　博　李　菲

责任排版　吴建军　郭会东　孙　静

责任校对　梁晓静　张伟娜

责任印制　崔志强　焦　岩　冯　强